医药高等院校规划教材

供高专高职医药卫生类专业使用

儿 科 学

第四版

主　编　唐建华

副主编　袁爱梅　谢玲莉　罗中元

编　者　（以姓氏汉语拼音为序）

陈　华　红河卫生职业学院

陈　璐　安顺职业技术学院

陈忠英　毕节医学高等专科学校

洪美珍　南昌大学抚州医学院

黄　宏　吉林大学通化医药学院

焦　健　承德护理职业学院

罗中元　重庆医药高等专科学校

唐建华　上海健康医学院

王丽君　承德护理职业学院

谢玲莉　长沙卫生职业学院

袁爱梅　商丘医学高等专科学校

朱士菊　聊城职业技术学院

朱晓红　上海健康医学院

科 学 出 版 社

北　京

内 容 简 介

本教材内容力求体现高职、高专教育的特色，围绕学习目标，以必知和必会内容为基础，强调实用性、实践性和创新性。全书讲授每一个疾病前先以临床案例做引导，讲授疾病后结合案例进行案例分析，前后呼应，学以致用。文中通过链接的形式插入新知识、新技术以及相关的专业前沿知识，以拓宽学生的视野，激发学生兴趣，提高学生分析问题与解决问题的能力。此外，全书每节附有学习目标，每章末附有目标检测题，根据全国卫生专业技术资格考试临床助理医师考试题型编写，有助于学生自学和及时测评。

本教材可供高专高职临床医学、乡村医学、卫生保健、康复治疗技术等专业学生使用。

图书在版编目(CIP)数据

儿科学 / 唐建华主编. —4 版. —北京：科学出版社，2016
医药高等院校规划教材
ISBN 978-7-03-048721-6
Ⅰ. 儿… Ⅱ. 唐… Ⅲ. 儿科学–医学院校–教材 Ⅳ. R72
中国版本图书馆 CIP 数据核字（2016）第 129200 号

责任编辑：张　茵 / 责任校对：张凤琴
责任印制：徐晓晨 / 封面设计：张佩战

科学出版社出版
北京东黄城根北街 16 号
邮政编码：100717
http://www.sciencep.com
北京虎彩文化传播有限公司印刷
科学出版社发行 各地新华书店经销
*
2013 年 8 月第　一　版　开本：787 × 1092　1/16
2017 年 1 月第　四　版　印张：21
2021 年 7 月第十七次印刷　字数：537 600 0
定价：48.00 元
（如有印装质量问题，我社负责调换）

前　言

近年来，高等卫生职业学校开展的模块化教学课程模式和学分制改革，取得了一定的研究成果。本教材第一、二、三版是以 2001 年教育部办公厅（2001）5 号文件的精神为依据，由参与课程模式改革的部分高职院校儿科教师编写。作为全国医药高等学校规划教材，在全国大量高职、高专院校学生使用的基础上进行修订再版。

本教材内容的设置分为三个模块，即基础模块、实践模块和选学模块。基础模块和实践模块为必学内容，选学模块的内容由各高职、高专院校根据专业、学时以及学分等实际情况选择使用。

本教材可供临床医学、乡村医学、卫生保健、康复治疗技术等专业使用。

根据高职、高专教学的特点，本版内容力求体现高职、高专教育的特色，围绕学习目标，以必知和必会内容为基础，强调实用性、实践性和创新性。全书编写时在讲述每一个疾病前先提出一个临床案例，每节末结合案例进行案例分析，前后呼应，学以致用。本教材通过链接的形式插入新知识、新技术以及相关的专业前沿知识，以拓宽学生的视野，不仅能激发学生学习的兴趣，而且有助于提高学生分析问题与解决问题的能力。此外，教材中每一节附有学习目标，根据全国卫生专业技术资格考试临床助理医师考试题型编写多种选择题，附在章末的目标检测中，有助于学生自学和及时测评。

本教材的编写得到了南昌大学抚州医学院、重庆医药高等专科学校、长沙卫生职业学院、商丘医学高等专科学校、吉林大学通化医药学院、安顺职业技术学院、红河卫生职业学院、毕节医学高等专科学校、承德护理职业学院、聊城职业技术学院以及上海健康医学院等单位领导和教师的大力支持，在此表示衷心的感谢。

编　者

2016 年 3 月 5 日

目　录

第1章 绪 论

第1节 儿科学的范围和特点

学习目标

1. 了解儿科学的范围。
2. 熟悉儿科学的特点。
3. 掌握婴幼儿的免疫特点。

一、儿科学的范围

儿科学（pediatrics）是一门研究胎儿至青少年时期的生长发育、卫生保健和疾病防治的综合医学科学。儿科学的宗旨是保障儿童健康，提高生命质量。儿科学的范围较广，从年龄范围来说，我国卫生部规定，从初生至 14 周岁为小儿科范围。儿科学按性质来分为预防儿科学、发育儿科学和临床儿科学。儿科学属临床医学的二级学科。随着社会经济和医学科学的快速发展，儿科学不断向更深入专业的三级学科分化，不断派生出分支学科，如心血管病学、血液病学、神经病学、肾脏病学、内分泌学、遗传病学、小儿传染病学和急救医学等；其中，新生儿学和儿童保健学是儿科学中最具特色的学科。

祖国医学在儿科的贡献

《颅囟经》为我国最早的儿科专著。葛洪的《肘后备急方》最早记述“天行发斑疮（天花）的典型症状和流行”。唐代孙思邈《备急千金方·少小婴孺方》是儿科专著，对小儿传染病及营养病的记载比较详细。宋代钱乙的《小儿药证直诀》反映了其学术思想，并总结了出疹性疾病的诊治经验。有关儿科的专著还有《幼幼新书》《小儿卫生总微论方》和《小儿病源方论》等。1544 年薛铠提出用烧灼脐带来预防破伤风。1567～1572 年已有种痘技术，此后以政府命令推广。

链 接

二、儿科学的特点

小儿不是成人的缩影，不论在解剖、生理、免疫方面，还是在疾病的临床表现和防治等方面，都与成人有诸多不同之处。由于小儿处于不断的生长发育中，其生理和临床特点形成了儿科学的特点。

1. 解剖特点　处于生长发育阶段的儿童，其身长、体重、头围、胸围及腹围的增长和前囟的闭合、牙齿的萌出、骨化中心的出现都有一定的规律；内脏器官（心、肝、肾等）的大小和位置随年龄的增长而不同。

2. 生理特点　小儿年龄越小，代谢越旺盛，生长也越快，其心率、呼吸频率都比成人要快，各种营养物质的需要量也相对比成人多；但其消化功能尚未发育完善，易发生消化系统功能紊乱。小儿由于大脑皮质发育尚未成熟，每天需要睡眠的时间也较长。

3. 病理特点　由于不同年龄小儿解剖生理特点不同，即使同一病因，小儿与成人的病理改变亦有不同。婴幼儿肺炎以支气管肺炎为主，而成人则为大叶性肺炎。维生素 D 缺乏时，婴幼儿出现佝偻病病理改变，而成人则表现为骨软化症。

4. 免疫特点　婴幼儿特异性和非特异性免疫功能均未成熟，抵抗力低，易患感染性疾病。免疫球蛋白中只有 IgG 能通过胎盘，所以出生 6 个月内的小儿由于体内有在胎儿期从母体得到的部分抗体，对麻疹等传染病有一定的免疫力。但是，6 个月以后，从母体获得的免疫抗体渐渐消失，而自身免疫功能尚未成熟，患感染性疾病的机会逐渐增多。此外，新生儿 IgM 量少，易患革兰阴性细菌感染。婴幼儿期 IgA 和 sIgA 均不足，易患呼吸道和肠道感染。

考点：IgG、IgA、sIgA

5. 心理行为特点　儿童时期是心理、行为发育的关键时期，可塑性非常强，及时发现小儿的天赋气质特点，可通过训练促进发展。根据不同年龄儿童的心理特点，提供合适的环境和条件，给予积极的引导和正确的教养，有助于培养儿童良好的个性和行为习惯。

6. 临床表现特点　小儿年龄越小临床表现越不典型。新生儿患感染性疾病时常没有发热，仅表现为反应差、体温不升、不吃、不哭、表情呆滞，且无明显定位症状和体征。婴幼儿患急性感染性疾病时，病情发展快，来势凶险，因免疫功能不完善，感染容易扩散甚至并发败血症。因此，儿科医护人员应仔细观察患儿病情的细微变化，发现异常及时治疗。

7. 诊断特点　小儿许多疾病的临床表现，可因年龄不同差异较大，年龄越小，越缺乏明确的定位症状和体征。加上小儿不能完整、准确地叙述病史，常由父母或他人代诉，其可靠性差别很大。因此，小儿疾病的诊断应重视年龄因素，要依靠详细询问病史，仔细体格检查和必要的辅助检查来帮助诊断。

8. 治疗特点　小儿发育不成熟，免疫功能不健全，代偿调节能力较差，因而病情发展快，变化大，且易发生并发症。因此，小儿患病后应强调及时采取包括护理措施在内的综合治疗。应掌握小儿药物剂量和用药方法，选择最佳给药途径。

9. 预后特点　小儿患病常来势凶猛，年龄越小死亡率越高，预后亦差。但小儿组织的修复及再生能力强，某些严重疾病若能得到及时恰当的治疗，可转危为安，恢复也较快，较少转变成慢性或留下后遗症。

10. 预防特点　预防重点是围生期保健、先天性遗传性疾病的胎儿期或新生儿期筛查和早期干预。儿科许多疾病，如麻疹、百日咳、破伤风、脊髓灰质炎、结核病等可以通过接种疫苗来预防。此外，小儿肺炎、腹泻、营养性贫血和佝偻病作为最常见的“四病”，是卫生部列出的重点防治疾病。

第 2 节　小儿年龄分期及各期特点

学 习 目 标

1. 了解新生儿期的常见疾病。
2. 熟悉胎儿期的特点与保健重点。
3. 掌握各年龄的分期与特点。

小儿生长发育是一个连续不断的动态过程，但也具有一定的年龄阶段特性。根据儿童的解剖、生理和心理特点，将儿童时期分为七个年龄期，但各期之间相互联系相互影响，不能断然分开。

1. 胎儿期 从卵细胞受精开始至小儿出生前统称为胎儿期。从孕妇末次月经第一天算起为 40 周（280 天）。胎儿最初 8 周称为胚胎期，是各系统组织器官原基分化，初具人形的关键时期。第 9 周起到出生称为胎儿期，是各系统、器官发育完善的时期。胎儿的周龄即为胎龄。

胎儿完全依靠母体而生存。因此，孕妇的健康状况、生活工作环境、营养与卫生条件以及疾病和用药等因素都可影响胎儿的生长发育，尤其是胎儿最初 3 个月是各系统、器官分化成形的时期。如果孕妇受到病毒感染或用药不当等会影响胎儿的正常生长发育，甚至导致死胎、流产、先天畸形等。此期保健的重点：预防先天畸形，防止早产，定期进行产前检查，重视孕妇的心理卫生，进行胎教，必要时应遗传咨询。

考点：先天畸形的预防

头小畸形

若头围小于正常小儿 2 个标准差以上时可谓头小畸形。主要因脑发育不全引起。引起脑发育不全的因素很多。如有遗传倾向或父母之间有血缘关系，也可能由于染色体畸变或在妊娠早期受到环境有害因素，如放射线、有害药物、中毒、嗜酒等。孕母营养不良、宫内感染（巨细胞病毒感染、弓形虫病等）及围产期疾病（缺氧、感染、外伤）也能引起脑损伤及脑萎缩，是为继发性头小畸形。头小畸形患儿的脑重量可低于正常儿的 25%。皮质沟回的数目及复杂性缩减。其临床表现为病儿的头顶小而尖，前额狭窄后倾，枕部平坦，面部及双耳相对较大。体格发育和智力发育落后。但并非所有小头者均有智力低下。大约有 7.5%头小畸形患儿智力可正常。

链 接

考点：新生儿概念

2. 新生儿期 从胎儿娩出脐带结扎起至出生后 28 天之前，按年龄划分，此期实际包含在婴儿期内（胎龄 28 周至生后 7 天称为围生期）。

新生儿刚脱离母体开始独立生活，而各器官、组织发育尚不成熟，对外界环境的适应能力很差，需要进行一系列的生理调节，一般需 2～3 周才能适应。此期因早产、产伤、出血、窒息、感染以及先天性畸形等因素造成新生儿的死亡率最高，尤其是在生后 1 周之内。保健重点：提倡母乳喂养，加强皮肤护理，注意保暖，预防感染以及对某些遗传性疾病的新生儿筛查。

3. 婴儿期 从出生到满 1 周岁之前为婴儿期。此期是人一生中生长发育最快的阶段，对营养物质的需要量多而消化吸收功能不完善，若喂养不当易患腹泻和营养不良。应提倡母乳喂养，及时添加辅助食物。5～6 个月后小儿从母体获得的免疫抗体逐渐耗竭，而自身免疫功能尚未成熟，容易患传染病。此期保健重点：合理喂养，及时添加辅食，定期健康检查，开展体格锻炼，按时进行预防接种，完成基础免疫程序。

考点：婴儿期特点

4. 幼儿期 1 周岁以后至满 3 周岁之前为幼儿期。此阶段体格生长稳步增长，速度已较前有所减慢，但智能发展迅速。幼儿已会独立行走，活动范围渐广，接触社会事物增多，好奇心增强，但因识别危险，保护自己的能力尚差，最易发生意外事故。保健重点为：早期教育，定期健康检查，预防疾病，合理膳食和预防意外事故的发生。

考点：幼儿期概念、特点

5. 学龄前期 3 周岁以后至 6、7 岁入小学前为学龄前期。此期小儿大脑功能发育更趋完善，好奇多问，模仿性强，对各种事物容易形成比较牢固的概念，易受环境的影响，因此必须加强学前期教育。此期患免疫反应性疾病，如急性肾炎、风湿热开始增多，也易发生意外事故。保健重点：开展学前教育，合理膳食，发现疾病及时矫治。

6. 学龄期 从 6～7 岁入学至 12～14 岁进入青春期前为学龄期。这一时期除生殖系统外，其他系统器官的发育已基本与成人接近。脑的形态发育基本完成，智力发育更趋成熟，可接

考点：学龄期保健重点

受更多的系统的科学文化教育。保健重点为：创造良好的学习和生活环境，促进儿童德、智、体全面发展，正确处理各种心理卫生问题，预防近视和龋齿等。

考点：青春期概念、特点

7. 青春期　女孩从 11～12 岁到 17～18 岁；男孩从 13～14 岁到 18～20 岁。女孩的青春期开始年龄和结束年龄都比男孩早 2 年左右。青春期的开始和结束年龄存在较大的个体差异，达 2～4 岁。此期最主要的特点是体格生长发育的再度加快和生殖系统的迅速发育成熟，出现了第二性征：男性声音变粗，长出胡须，出现遗精；而女性则骨盆变宽、脂肪丰满，出现月经。由于神经内分泌的变化，在心理、行为、精神等各方面发生了很大变化，且很不稳定。此期保健重点：增加营养，增强体质，加强生理卫生和性的教育。

目标检测

一、A1 型题

1. 我国现定的儿科年龄范围应为（　　）
   A. 初生至 8 岁　B. 初生至 10 岁
   C. 初生至 12 岁　D. 初生至 14 岁
   E. 初生至 18 岁
2. 唯一能通过胎盘的免疫球蛋白是（　　）
   A. IgA　B. IgD
   C. IgE　D. IgG
   E. IgM
3. 新生儿易患革兰阴性细菌感染是由于缺少（　　）
   A. IgA　B. IgD
   C. IgE　D. IgG
   E. IgM
4. 小儿时期生长最快的阶段是（　　）
   A. 新生儿期　B. 婴儿期
   C. 幼儿期　D. 学龄期
   E. 青春期
5. 婴儿从母亲获得的免疫抗体一般在出生几个月后逐渐耗竭（　　）
   A. 2 至 3 个月　B. 4 至 5 个月
   C. 5 至 6 个月　D. 9 至 10 个月
   E. 11 至 12 个月

二、B1 型题

（6～8 题共用备选答案）

A. 新生儿期　B. 婴儿期
C. 幼儿期　D. 学龄期
E. 青春期

6. 小儿死亡率最高的是（　　）
7. 生长发育最快的是（　　）
8. 最容易发生意外事故的是（　　）

（唐建华）

第2章 儿科基础

第1节 生长发育规律及其影响因素

学习目标

1. 熟悉生长发育的规律。
2. 掌握影响生长发育的因素。

一、生长发育规律

生长发育（growth development）是小儿时期的基本特征。生长是指各器官、系统的长大和形态变化，是量的增长；发育是指细胞、组织、器官的分化完善和功能成熟的动态过程，即质的变化。生长是发育的物质基础，而发育成熟状况又反映在生长的量的变化上，两者紧密相关，不能截然分开。

1. 连续性和阶段性　在整个小儿时期，生长发育连续不断地进行，体现出其连续性规律。但不同年龄阶段的小儿，其生长发育的速度有所差异。年龄越小，增长越快。如身高、体重在生后第1年、尤其前3个月增加最快，婴儿期呈现第一个生长高峰；以后增长速度逐渐减慢，到青春期又迅速加快，出现第二个生长高峰。

2. 不平衡性　在生长发育的整个过程中，小儿各系统、器官发育快慢不同，体现出不平衡性。如神经系统发育较早，且在生后两年内发育最快；生殖系统发育最晚，发育速度先慢后快，青春期才迅速发育；淋巴系统则先快后慢，再逐渐萎缩（图2-1）。

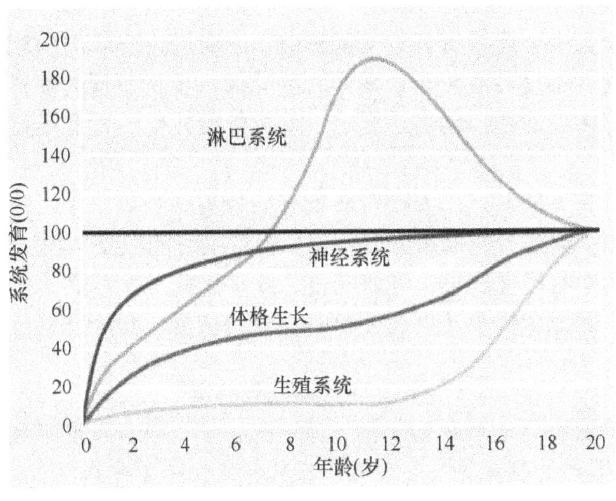

图2-1　各系统器官生长发育不平衡

考点：儿童生长发育规律

3. 顺序性　生长发育遵循由上到下、由近及远、由粗到细、由低级到高级、由简单到复杂的顺序规律。如小儿出生后运动发育的规律是：先抬头，后抬胸，再会坐、立、行（由上到下）；从臂到手，从腿到脚的活动（由近及远）；从全手抓掌发展到以手指拾取（由粗到细）；先会画直线，进而能画圆、画人（由简单到复杂）；先学会观看和感觉事物、认识事物，再发展到记忆、思维、分析、判断（由低级到高级）。

4. 个体差异性　小儿生长发育虽然有一定的规律性，但由于受遗传、环境、性别、营养、教育等因素的影响，存在相当大的个体差异。因此，儿童的生长发育水平有一定的范围，但没有绝对的标准，只有当差异超过一定范围时才考虑生长发育异常。

二、影响生长发育的因素

（一）遗传

小儿的生长发育受父母双方遗传因素的影响。细胞染色体上的基因携带遗传信息，决定每个小儿个体发育的特点，如皮肤和头发的颜色、面部特征、身材高矮、性成熟的迟早及对疾病的易感性等。染色体畸变或代谢缺陷对生长发育均有显著影响。

（二）环境

良好的生活环境，如阳光充足、空气新鲜、水源清洁等，能促进小儿生长发育，反之，则可致生长发育障碍。合理的生活制度、科学的护理、正确的教养、适当的锻炼对小儿体格、智力的成长起重要促进作用。家庭的经济条件、父母的关爱和良好的榜样作用以及良好的学校和社会教育，对小儿性格、品德的形成和精神智能的发育均有深远影响。

（三）营养

合理的营养是生长发育的物质基础。年龄越小，生长发育速度越快，对营养物质的要求也越高。营养不足，首先影响体重增长，长期发展下去，也会影响身高的增长，乃至全身组织器官的功能低下。

（四）疾病和药物

疾病对小儿生长发育的影响十分明显。如急性感染性疾病常使体重减轻；慢性病可影响体重和身高的增长；内分泌疾病常引起骨骼生长和神经系统发育迟缓等。药物也可影响小儿的生长发育，如长期应用肾上腺皮质激素可致身高增长速度减慢等。

（五）孕母情况

胎儿在宫内的生长发育受孕母各方面的影响，特别是妊娠早期，病毒感染可致胎儿先天性畸形；孕母严重营养不良可致流产、早产、胎儿体格生长及脑的发育迟缓；孕母受药物、X线照射、环境毒物污染和精神创伤等影响，均可使胎儿生长发育受阻。

考点：影响生长发育的因素

（六）性别

男女生长发育具有不同特点。女孩青春期开始较男孩约早2年，此时体格生长如身高、体重可暂时超过男孩。男孩青春期虽开始较迟，但持续时间较女孩长，最终身高、体重还是超过女孩。女孩骨化中心出现较早，骨骼较轻，骨盆较宽，肩距较窄，皮下脂肪丰满，而肌肉却不如男孩发达。因此评价小儿生长发育时应分别按男、女标准进行。

生长发育的长期趋势

19世纪后期，欧洲学者观察到儿童身高一代比一代高，性发育也较前提早，将这种现象称之为生长发育的长期趋势。其后研究发现，生长发育的长期趋势可能与营养、生活环境、疾病控制及卫生知识普及等有关。随着社会的进步、经济的发展、人们生活水平的

链接

提高，生长发育呈现长期增长趋势；但是，生长发育的长期增长趋势是有一定限度的。目前在经济发达国家的部分人群中，身高增长已呈停滞现象，性发育亦无明显提前现象；说明这些人群的生长发育已达到遗传所赋予的最大生长发育潜力。

链接

第 2 节　体格生长发育及评价

学 习 目 标

1. 了解体格生长评价内容。
2. 熟悉骨骼和牙齿的发育规律。
3. 掌握评价体格生长的常用指标。

生长发育的长期变化趋势是反映一个社会的经济水平、卫生条件、健康保健和人群生活水平等方面的综合指标。评价儿童体格生长的常用指标有以下几项。

一、评价体格生长的常用指标

（一）体重

体重（weight）是指各器官、组织、体液重量的总和，是反映小儿体格发育和营养状况的重要指标，也是临床计算药物剂量和输液量的依据。

正常足月新生儿出生体重平均 3kg。生后 1 周内由于摄入不足、排便、水分丢失等可造成生理性体重下降，一般下降原有体重的 3%～9%，多在生后 7～10 天恢复到出生体重。小儿体重增长不是等速的。正常情况下，前半年平均每月增加 0.7kg，后半年平均每月增加 0.3～0.4kg。3 个月体重约 6kg，前 3 个月体重的增加值约等于后 9 个月的增加值，到 1 岁时约 9kg；2 岁时增至出生体重的 4 倍，为 12 kg。2～12 岁平均每年增加 2kg（图 2-2）。

12 岁以前小儿体重的推算公式为：

1～6 个月：体重（kg）=出生时体重+月龄×0.7

7～12 个月：体重（kg）=6+月龄×0.25

2～12 岁：体重（kg）=年龄×2+8

小儿体重应在空腹、排便后裸体（或穿背心短裤）测量。测量时，新生儿及婴儿用婴儿磅秤，取卧位，幼儿取坐位，3 岁以上站立，幼儿以上可用体重计测量。

体重增加过快过多见肥胖症，增加过慢过少多见于营养不良。

婴儿体重测量可采用盘式杠杆秤，幼儿体重测量采用坐式杠杆秤，学龄前期和学龄期儿童体重测量采用立式杠杆秤。测量体重应在空腹、排尽大小便、穿背心短裤的情况下进行，如果衣服不能脱成背心短裤，则应设法扣除衣服重量。称重时，婴儿取卧位，1～13 岁儿童取坐位，3 岁以上取站位（两手自然下垂）；将磅秤的读数砝码放置在与儿童年龄相当的体重附近，并迅速调整游锤至杠杆正中水平，所示读数记录以千克为单位，至小数点后两位数（图 2-3 至图 2-5）。

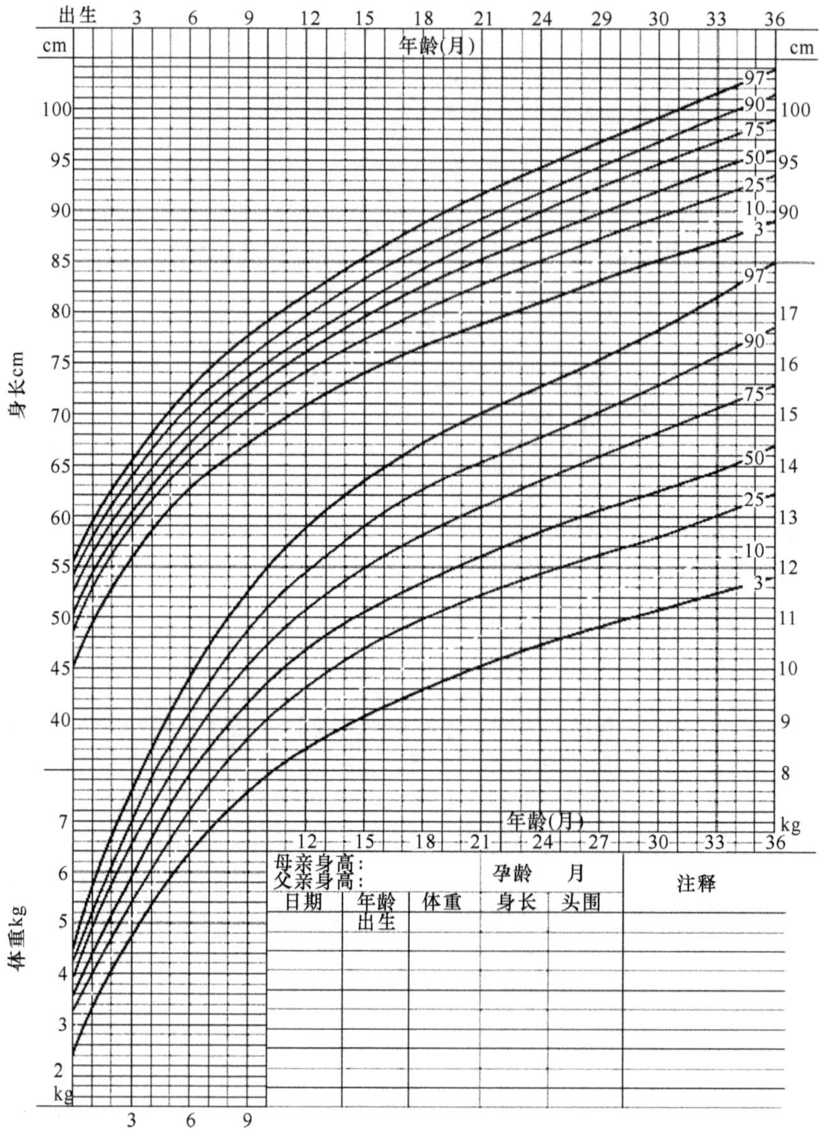

图 2-2 儿童生长曲线

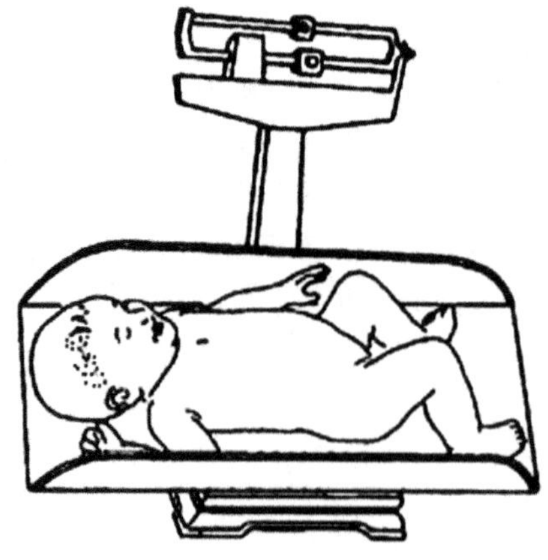

图 2-3 盘式杠杆秤测量体重

（二）身高（长）

身高（长）（height or length）是指从头顶到足底的垂直长度，是反映骨骼发育的重要指标。3 岁以下取卧位测其身长，3 岁以上立位测量身高。正常新生儿出生时身长平均 50cm，前半年平均每个月增长 2.5cm，后半年平均每个月增长 1.5cm，第 1 年增长最快，1 岁时身长达 75cm；第 2 年增长稍慢，2 岁时身长约 85cm。2～12 岁每年平均增长 5～7.5cm。2～12 岁身高推算公式为：

2～12 岁身高（cm）=年龄×7+70

身长包括头部、脊柱和下肢的长度，这三部分发育进度不同，头部较早，下肢较晚。因此临床上有时须测量上部量（从头顶到耻骨联合上缘的距离）和下部量（从耻骨联合上缘到足底的距离），以检查其比例关系。上部量代表头和脊柱的长度，下部量代表下肢的长度。婴儿期上部量长，下部量短，故身体的中点在脐上，2 岁时在脐下，6 岁时在脐与耻骨联合上缘之间，12 岁时在耻骨联合上缘，上部量等于下部量。头、脊柱和下肢的增长速度及所占身高的比例不同（图 2-6）。婴儿期头部生长最快，脊柱次之；到青春期时，下肢生长最快。

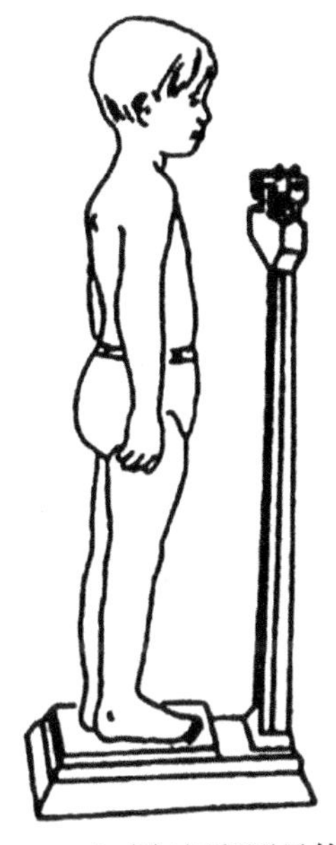

图 2-4　立式杠杆秤测量体重

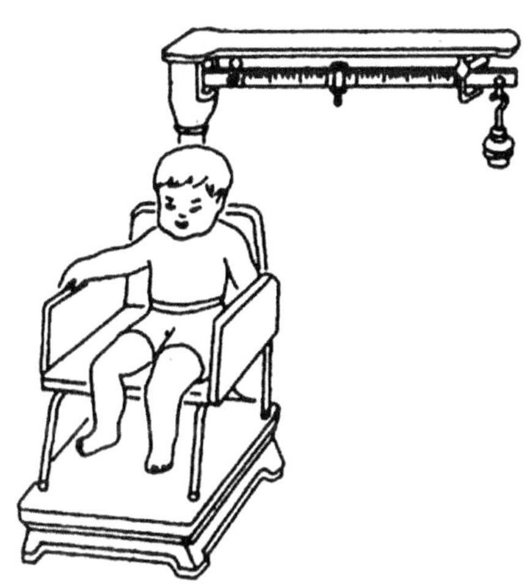

图 2-5　坐式杠杆秤测量体重

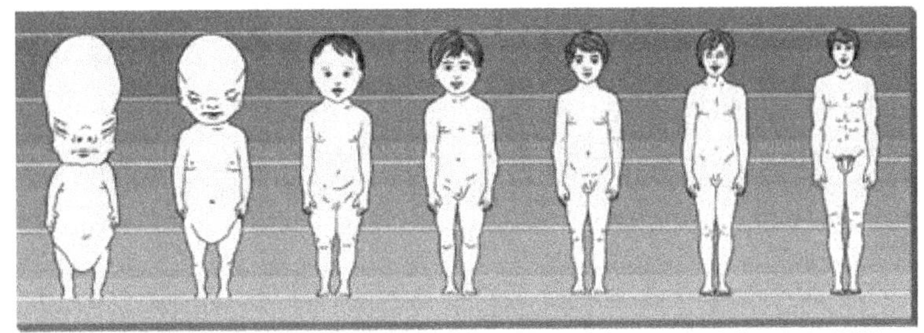

图 2-6　头与身长的比例

身长增加过快时，常见巨人症、肥胖症等；增加过慢或停止时，常见营养不良、呆小病、侏儒症、先天性软骨发育不全症等。

3 岁以内儿童用标准量床测量卧位身长。测量时，脱去帽、鞋、袜，穿单衣裤，仰卧于量床底板中线上，面向上，两耳在同一水平，头顶接触头板。测量者位于儿童右侧，左手握住儿童双膝使腿伸直，右手移动足板使其接触儿童两侧足跟，然后读取刻度（量床两侧数字应一致），误差不超过 0.1cm。3 岁以上儿童采用身高测量计测量立位身高。测量时，儿童取立正姿势，两眼直视正前方，胸部稍挺起，腹部后收，两臂自然下垂，手指并拢，脚跟靠拢，脚尖分开约 60°，脚跟、臀部和两肩胛间几个点同时靠着立柱，头部保持正直位置，使测量板与颅顶点接触，读取测量板垂直交于立柱上的数字，误差不超过 0.1cm（图 2-7，图 2-8）。

图 2-7 测量板测量身长

图 2-8 立式身高测量

（三）坐高（顶-臀长）

坐高（顶-臀长）（sitting height or crown-rump length）是头顶至坐骨结节的长度，可受臀部软组织厚度的影响。坐高（顶–臀长）的增长代表脊柱和头的发育，可间接反映下肢与躯干的比例。由于下肢随年龄的增加其生长速度加快，因此坐高（顶–臀长）占身高的比例也随之下降。出生时坐高占身高 66%，4 岁时占身高 60%，6 岁以后小于 60%。

3 岁以内儿童用标准量床测量顶-臀长。测量时，脱去帽、鞋、袜，穿单衣裤，仰卧于量床底板中线上，面向上，两耳在同一水平，头顶接触头板。测量者位于儿童右侧，左手提起儿童两腿，使双膝关节弯曲、骶骨紧贴底板、大腿与底板垂直，移动足板，使其压紧儿童臀部，读取刻度，误差不超过 0.1cm。3 岁以上儿童采用坐高测量计测量坐高。测量时，儿童坐在高度适中的板凳上，两大腿伸直面与躯干成直角而与地面平行，头和肩部的位置与身高测量要求相同，读取测量板垂直交于立柱上的数字，误差不超过 0.1cm。

（四）头围

头围（head circumference）系自眉弓上缘经枕骨结节绕头一周的长度。出生时头围相对较大，平均 34cm，比胸围大 2cm。生后前 3 个月和后 9 个月头围各增长 6cm，故 1 岁时头围为 46cm。以后增长渐减慢，2 岁时为 48cm，5 岁时为 50cm，15 岁时为 54～58cm（接近成人）。头围反映脑和颅骨的发育程度。

头围过大见于佝偻病、脑积水等；头围过小见于脑发育不全、头小畸形。

测量头围宜采用无伸缩性的软尺测量。儿童取坐位或立位，测量者位于儿童的前方或右侧，用左手拇指将软尺零点固定于儿童头部右侧眉弓上缘处，右手拉软尺向后经枕骨粗隆，从左侧眉弓上缘回至零点，读取头围数字，误差不超过 0.1cm。软尺测量数十次后，注意检查刻度是否因反复牵拉或汗水浸湿而受到影响（图 2-9）。

（五）胸围

沿乳头下缘水平绕胸 1 周的长度为胸围（chest circumference）。出生时胸围较头围小 1～2cm，为 32cm，1 岁时胸围和头围大致相等，约 46cm，以后胸围逐渐超过头围，其差数（cm）约等于年龄减 1。胸围反映胸廓、肌肉、皮下脂肪及肺的发育程度。测量时，3 岁以下取卧位或立位，3 岁以上取立位，取平静呼气与吸气的平均值。

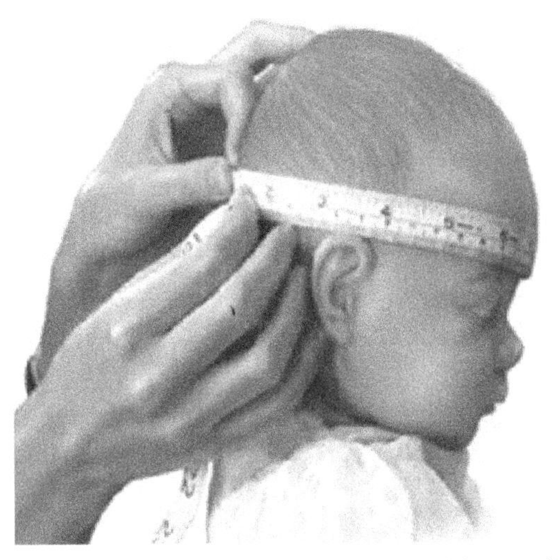

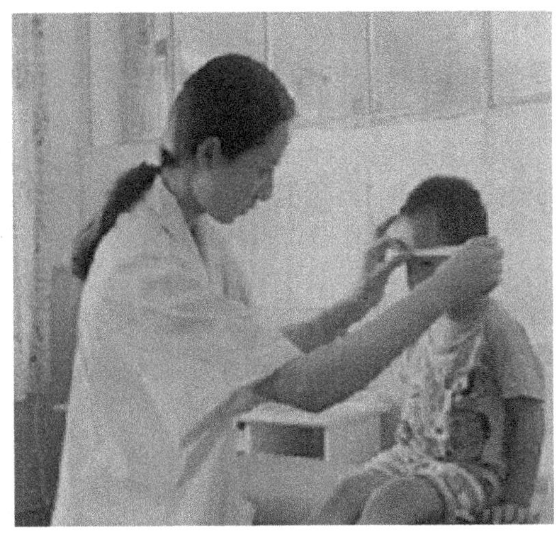

图 2-9　小儿头围的测量

胸围过大见于肥胖症，胸围过小见于营养不良和胸廓发育不良。

测量胸围宜采用无伸缩性的软尺。3 岁以下儿童取卧位，3 岁以上儿童取立位。测量时儿童两手自然平放或下垂，两眼平视。测量者位于儿童的前方或右侧，用左手拇指将软尺零点固定于儿童右胸前乳头下缘处，右手拉软尺从右侧绕到背部，经过两肩胛角下缘回至零点，取平静呼气与吸气的平均值，精确读数至 0.1cm。

（六）上臂围

上臂围（upper arm circumference）代表上臂肌肉、骨骼、皮下脂肪和皮肤的发育，可反映儿童的营养状况。1 岁以内婴儿上臂围增长迅速，1～5 岁增长缓慢（1～2cm）。在无条件测量儿童体重和身高的情况下，上臂围可以用来评估 5 岁以下儿童的营养状况：大于 13.5cm 为营养良好；12.5～13.5cm 为营养中等；低于 12.5cm 为营养不良。

采用无伸缩性的软尺测量上臂围。测量者位于儿童的前方或左侧，儿童取卧位、坐位或立位，两手自然平放或下垂。取左上臂，以自肩峰至尺骨鹰嘴连线的中点为测量点，用臂围尺绕该点水平的上臂 1 周，周径与肱骨成直角，读数至 0.1cm。

（七）指距

指距（span）是两上肢向左右平伸时两中指尖的距离，代表上肢骨的生长。正常人一般比身高（长）稍短。如果指距大于身高 1～2cm，对诊断长骨的异常生长有参考价值，如蜘蛛样指或（趾）（马方综合征）。

考点： 评价体格生长的常用指标

二、与体格生长有关的其他系统的发育

（一）骨骼发育

1. 颅骨发育　在头颅的发育过程中，除头围外，尚需根据前后囟及骨缝闭合时间来衡量颅骨的生长。前囟为额骨和顶骨形成的菱形间隙（图 2-10），出生时对边中点连线为 1.5～2.0cm，以后随着颅骨的发育稍增大，6 个月以后逐渐缩小，一般至生后 12～18 个月闭合，

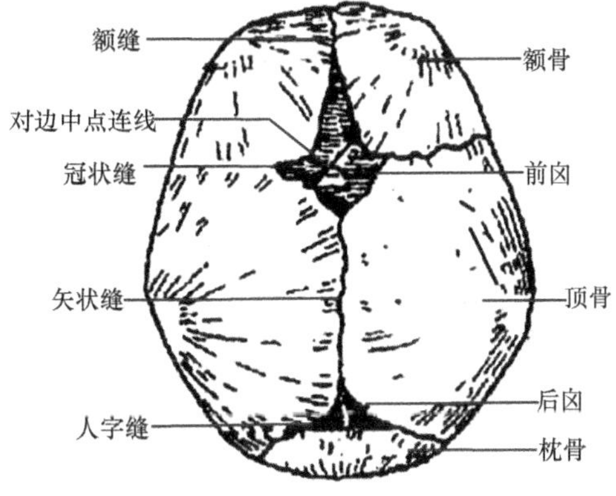

图 2-10　小儿囟门

个别儿童可推迟到2岁左右。前囟早闭见于小头畸形；前囟延迟闭合主要见于佝偻病、脑积水、先天性甲状腺功能减退症；前囟饱满见于颅内压增加；前囟凹陷见于严重脱水及营养不良。

后囟是两块顶骨和枕骨形成的三角形间隙，出生时已近闭合或残留很小，一般在生后6～8周完全闭合。颅骨骨缝在出生时稍分开，至3～4个月时完全闭合。

考点：脊柱的三个生理弯曲

2. 脊柱发育　脊柱的增长代表脊椎骨的发育。生后第一年脊柱生长快于四肢，以后四肢生长快于脊柱。出生时脊柱无弯曲，呈轻微后凸。3个月左右抬头动作的出现使颈段脊柱前凸，脊柱出现第一个生理弯曲；6个月会坐时，胸段脊柱后凸，出现第二个生理弯曲；1岁左右能站立和行走时，腰段脊柱前凸，出现第三个生理弯曲（图2-11）。6～17岁时脊柱的生理弯曲才被韧带所固定。因此，儿童不正确的坐、立、走姿势和骨骼疾病均可影响脊柱的正常形态。

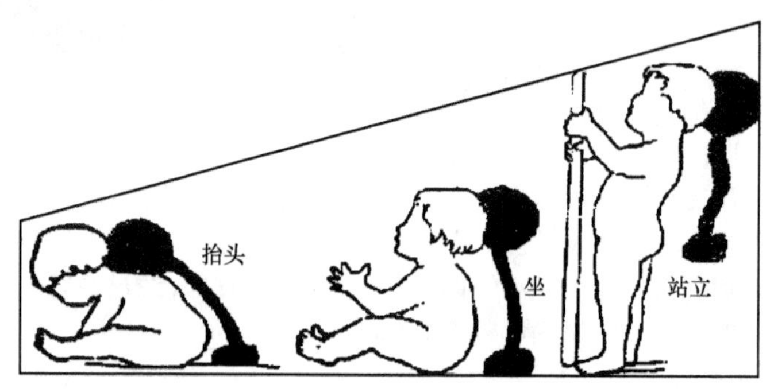

图2-11　小儿生理弯曲出现的年龄阶段

考点：腕部骨化中心出现顺序

3. 长骨发育　长骨生长主要由干骺端的软骨逐步骨化，使长骨增长、增粗，骨骺与骨干的融合标志着长骨生长停止。正常儿童的骨化中心随年龄增长按一定时间和顺序先后出现，该年龄简称骨龄。通过X线检查长骨干骺端骨化中心出现的时间、数目及其融合情况，可判断骨骼发育情况，临床上常选左手腕部为检测部位，1～19岁儿童腕部骨化中心数约为“年龄（岁）+1”，10岁时出齐，共10个（图2-12）。长骨发育与遗传、内分泌激素和营养密切相关，因此骨龄判断在临床上有重要意义。

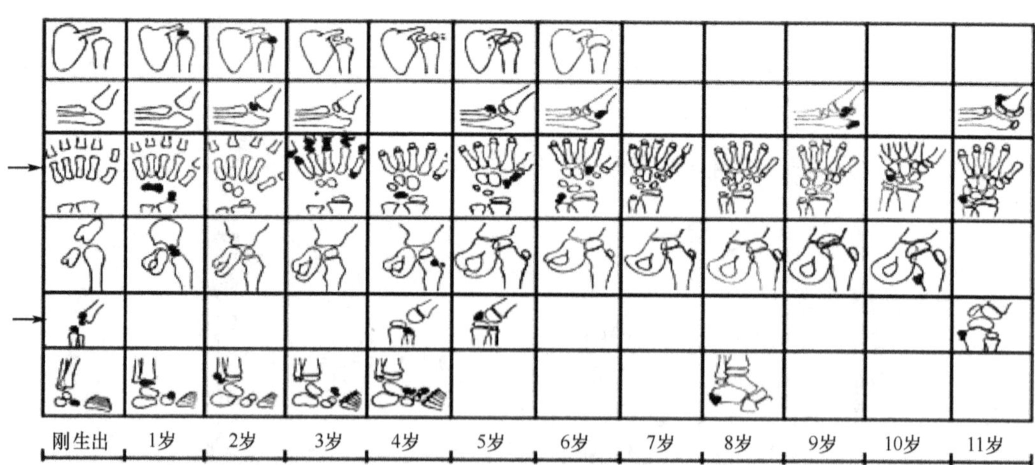

图2-12　骨化中心出现顺序

（二）牙齿发育

牙齿发育与骨骼发育有一定关系，但因胚胎来源不完全相同，牙齿与骨骼的发育不完全平行。儿童出生时无牙，乳牙牙胚隐藏在颌骨中，被牙龈覆盖，出生时乳牙已骨化。恒牙的牙胚此时在乳牙下，恒牙的骨化从新生儿开始，18～24 月龄骨化完成。乳牙共 20 个，恒牙 32 个。生后 4～10 个月乳牙开始萌出，2 岁半乳牙出齐，乳牙萌出时间和顺序（图 2-13）。2 岁以内儿童乳牙总数为月龄减 4～6 颗，12 个月后未萌出者为乳牙萌出延迟。乳牙萌出时间个体差异较大，与遗传、内分泌和食物性状等有关。6 岁左右在第二乳磨牙之后萌出第一恒磨牙，7～8 岁时乳牙开始脱落换恒牙，换牙顺序与乳牙萌出顺序相同，12 岁左右出第二恒磨牙，17 岁左右出第三恒磨牙。一般于 20～30 岁时出齐，也有终生不出第三恒磨牙者。

考点：乳牙萌出的时间和顺序

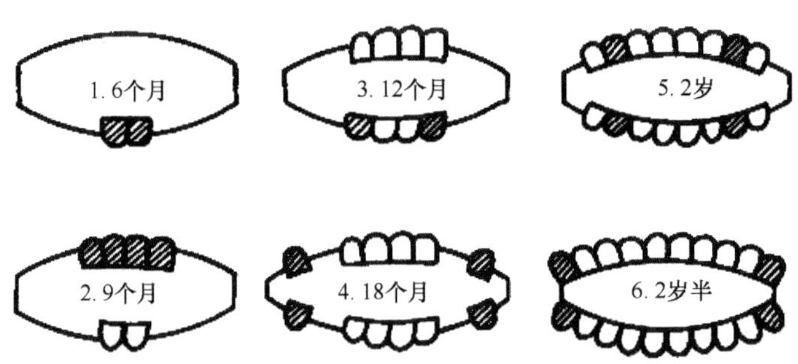

图 2-13　乳牙萌出的时间和顺序

（三）脂肪组织与肌肉发育

1. 脂肪组织　脂肪组织的生长主要表现为脂肪细胞数和体积增大。脂肪细胞数目增加从胎儿中期开始到 1 岁末达高峰，以后呈减速增加。2～15 岁时脂肪细胞数目增加约 5 倍。脂肪细胞体积增大的速度从胎儿后期加快，到出生时增加 1 倍。以后逐渐减慢，学龄前期至青春前期脂肪细胞大小变化不大。脂肪组织占体重的百分比与生长速度一致：出生时占体重的 16%，第 1 年增加至 22%，以后逐渐下降，5 岁为 12%～15%。

2. 肌肉组织　胎儿期肌肉组织生长较差，出生后随着活动增加逐渐生长，基本与体重增加平行，主要是肌纤维增粗。5 岁以后则肌肉增长明显，并有性别差异，女童肌肉占体重比例明显小于男童。出生时婴儿的肌张力较高，以四肢屈肌为著。随着大脑皮质的发育，婴儿的肌张力逐渐减退，一般上肢到 2～2.5 月龄、下肢 3～4 月龄时肌张力正常，肢体可自由伸曲活动。肌肉生长与营养状况、生活方式和运动量密切相关。

（四）生殖系统发育

生殖系统的生长发育分胚胎期性分化和青春期生殖器官、第二性征及生殖功能生长发育两个过程。

1. 青春前期　胚胎期性分化从受精开始，Y 染色体短臂决定胚胎的基因性别，在 H-Y 基因控制下，原基生殖腺的髓层细胞迅速增殖，胚胎 5～6 周时形成胎儿睾丸，8～12 周形成附睾、输精管、精囊、前列腺芽胚。46 XX 合子因无 H-Y 基因，原基生殖腺髓层退化，胎儿 12 周后形成卵巢、输卵管和子宫。胎儿 26 周后，通过下丘脑-垂体-性腺轴的调节，性腺分泌类固醇，抑制黄体促性腺激素释放因子（LRF）的分泌，导致青春前期性腺及性征不发育。因此，在各系统中生殖系统生长发育最迟，从出生到青春前期一直缓慢生长，保持幼稚状态，功能处于静止期。

2. 青春期　进入青春期后，下丘脑对性激素反馈作用敏感度下降，LRF 分泌增加，垂体分泌促卵泡激素（FSH）和促黄体生成激素（LH）增多，性腺和性征开始发育，持续 6～7 年。青春期发育的年龄与第二性征出现顺序有很大个体差异。性早熟指女童在 8 岁以前、男童10岁以前出现第二性征，即青春期提前出现；女童14岁以后，男童16岁以后无第二性征出现为性发育延迟。

（1）女童生殖系统发育：包括女性生殖器官形态与功能发育和第二性征发育。女性生殖器官包括卵巢、子宫、输卵管和阴道。乳房、阴毛及腋毛的发育标志第二性征发育，一般女童第二性征发育顺序依次是乳房、阴毛、初潮、腋毛。女性乳房发育按Tanner分期可分为5个阶段（表2-1）。月经初潮是性功能发育的主要标志，大多在乳房发育1年后（Tanner Ⅲ-Ⅳ期）出现。

（2）男童生殖系统发育：包括男性生殖器官形态与功能和第二性征发育。男性生殖器官包括睾丸、附睾和阴茎。第二性征的发育主要表现为阴毛、腋毛、胡须、变声及喉结的出现。出生时男婴睾丸大多已降至阴囊，约10%男婴的睾丸位于下降途中某一部位，一般1岁内都下降到阴囊，少数未降者称为隐睾。青春期以前睾丸保持婴儿状态，功能处于静止状态。睾丸发育是男性青春期的第一征象。阴茎生长一年左右后，男童出现首次遗精，是男性青春期的生理现象，较女童月经初潮晚2年左右。按Tanner分期将男性生殖器官发育分成5个阶段（表2-1）。

表2-1 Tanner性成熟分期

分期	女童	男童
Ⅰ	婴儿型	婴儿型
Ⅱ	乳房出现硬结，乳头及乳晕稍增大，阴毛稀疏、色浅	双侧睾丸和阴囊增大，阴囊皮肤变红、薄、起皱纹，阴茎稍增大，阴毛稀疏、色浅
Ⅲ	乳房和乳晕增大，侧面呈半圆头型，阴毛变粗、变深	阴囊皮肤色泽变深，阴茎增长及粗，龟头发育，阴毛变粗、变深
Ⅳ	乳晕和乳头进一步增大，侧面观察突起于乳房，阴毛如成人但分布面积少	阴茎进一步增长及粗，龟头发育，阴毛如成人但分布面积少
Ⅴ	成人型	成人型

三、体格生长评价

儿童生长发育阶段有自身的规律和特点，了解与正确评价儿童体格生长发育状况，及时发现问题，给予适当的指导和干预，对促进儿童健康成长十分重要。

（一）常用评价指标

1. 值离差法 适用于呈正态分布的资料，以均值（$\bar{x}$）为基值，标准差（s）为离散距，$\bar{x}\pm1s$含68.3%、$\bar{x}\pm2s$含95.4%、$\bar{x}\pm3s$含99.7%的总体。$\bar{x}\pm2s$为正常范围，超出此范围者为异常，应注意病理改变。

2. 中数百分位法 用于正态和非正态分布资料，以第50百分位数为中位数（P50），采用P3～P97（包括总体的94%）作为界值点（正常范围）。当样本变量呈正态分布时，中位数等于均数与第50百分位数。

3. 指数法 根据机体各部分的比例关系，制定出特定的指数来评价儿童生长发育。常用的有体质指数（BMI，body mass index）：体重（kg）/身高（m）^{2}，实际含义是单位面积中所含的体重数。目前BMI是确定儿童肥胖最常用的指标。

考点：生长发育图

4. 生长发育图 生长发育图是将同一性别、各年龄组儿童的某项体格生长发育指标（如体重、身高）的主要百分位数值标在坐标纸上，分别连成参考曲线，制成生长发育图（图2-2）；可以客观地反映儿童体格生长水平和动态变化，及时发现偏离，早期干预。

（二）体格生长评价内容

对儿童体格生长进行评价是依据儿童体格生长规律来判断其生长状况，包括生长水平、生长速度和匀称程度三个方面。

1. 生长水平　将某一年龄时点所获得的某一项体格生长指标的测量值与参考人群相比较，得出该儿童在同质人群（同年龄、同性别）中所处的位置，即为该儿童该项体格生长指标在此年龄的生长水平。早产儿体格生长有允许“落后”的年龄范围，即此年龄后应“追上”正常足月儿的生长。进行早产儿生长水平评价时，应矫正早产儿的胎龄到 40 周胎龄后再评价。对个体儿童进行生长水平的评价，仅代表该儿童已达到的生长水平，不能说明过去存在的问题，也不能预示该儿童的生长趋势。

2. 生长速度　对某一项体格生长指标进行定期连续测量（纵向观察），所获得的该项指标在某一年龄阶段的增长值即为该儿童该项体格生长指标的速度值，将其与参考人群值的生长速度相比较，可得出正常、不增、增长不足和下降的结果。这种动态纵向观察个体儿童生长的方法最能反映个体儿童的生长轨迹和趋势，体现生长的个体差异。以生长曲线表示生长速度最简单、直观，定期体格检查是生长速度评价的关键。

3. 匀称程度　是用多项生长指标进行综合评价，反映体型和身材的匀称度。

（1）体型匀称：表示体型（形态）发育的比例关系，如：①体质指数为体重（kg）/身高（m^2）；②身高胸围指数为胸围（cm）/身高（cm）×100。实际工作中常选用身高的体重表示一定身高的相应体重增长范围，间接反映身体的密度与充实度。将实际测量值与参考人群值比较，结果常以等级表示。

（2）身材匀称：以坐高（顶–臀长）与身高（身长）的比例表示，反映下肢的生长情况。坐高（顶–臀长）占身高（身长）的比例由出生时的 0.67 下降到 14 岁时的 0.53。将实际测量计算结果与参考人群值计算结果比较，结果以匀称、不匀称表示。

考点：身材匀称

（三）体格生长评价的基本要求

1. 参照标准　要对儿童生长发育进行客观、正确的评价，必须采用具有代表性人群的生长发育测量值作为参照标准。评价时可根据不同目的和卫生资源来选择参照标准。

（1）现状标准：选择对象时，剔除患各种明显影响生长发育的急、慢性基本疾病和各种畸形儿童而得出的参考值。现状标准代表一个国家一段时间一般儿童的生长发育水平，在发展中国家可随社会经济发展逐步提高，故通常每 5 年或 10 年修订一次。我国目前常用的 2005 年九市城区正常儿童体格生长衡量值就是一个现状标准值。

（2）理想标准：选择对象是生活在最适宜环境中、有合理安排的膳食和喂养，能得到足够热量和营养素，有良好的生活条件，并得到良好卫生服务的群体，在这样的环境中生活的儿童，生长发育状况较理想。将所测得数值制定出来的标准，作为理想标准。因此，理想标准高于现状标准，如 WHO 推荐美国国家卫生统计中心（NCHS）儿童体格生长标准。

2. 测量工具和方法　儿童生长发育各项指标的测量，必须应用统一、准确、标准的测量工具和方法，才能正确反映其生长发育情况。

3. 定期纵向观察　不能单凭一次测量就得出儿童体格生长结论，必须定期检查和长期纵向随访，才能正确评价儿童体格生长情况。

第3节 神经心理行为发育及评价

学习目标

1. 了解我国儿童常用心理测验。
2. 熟悉心理行为发育评定方法。
3. 掌握神经心理行为发育规律。

一、神经心理行为发育

儿童心理行为发育包括感知觉、运动、语言、认知、情绪、个性和性格、意志与行为等方面的发育，以神经系统的发育和成熟为物质基础；并与体格生长相互影响、相互促进。和体格生长一样，心理行为发育也具有一定的规律和年龄特点。

（一）神经系统发育

出生时脑重量350～400g，仅为成人的25%。第1年内增长速度最快，6个月时脑重700～800g，为成人的50%；第2年末脑重1 050～1 150g，约为成人的75%；6～7岁时脑重1 280g，接近成人的90%；9岁时脑重1 350g，12岁时脑重1 400g，20岁左右停止生长。3岁之内女童脑发育比男童快，3岁以后男童脑的发育明显加快。大脑皮质细胞的分化从胎龄5个月开始，3岁时已大致分化完成，8岁时与成人相似。出生以后大脑皮质的神经细胞数目基本不再增加，所以脑重量的增加主要是神经细胞体积的增大、突触数量和长度的增加、神经纤维髓鞘形成。4岁时完成神经纤维髓鞘化。

影响儿童神经心理行为发育的环境因素

影响儿童神经心理行为发育的环境因素主要包括营养和养育环境。平衡的膳食营养、适宜的生长环境和系统的潜能训练是促进儿童神经心理行为发育的重要举措。研究发现，脑发育早期严重营养缺乏，将使脑细胞减少20%～30%，突触减少30%～40%，严重阻碍智能发展，导致其远期智能低下、神经系统损害等不可逆的后遗症。同时，研究还发现，在缺乏环境刺激中生长的孩子（极少被抚摸或说话，没有机会接触玩具等），其大脑重量比同龄儿童少20%～30%。

链接

（二）感知觉发育

1. 视感知发育　新生儿已有视觉感应功能，可短暂注视物体，但只能看清15～20cm的物体。新生儿期后视感知发育迅速，1月龄可凝视光源，开始出现头眼协调；3～4月龄时头眼协调好；6～7月龄时目光可随上下移动的物体在垂直方向转动；8～9月龄开始出现视深度感觉；12～18月龄时视力达0.2；2～3岁能识别物体的大小、距离、方向和位置，视力达0.5；5岁时能区别各种颜色，视力达0.6～0.7；6岁后视深度感觉充分发育，视力达1.0；7岁能正确感知上下、左右方向；10岁能判断物体的距离及物体运动的速度。

2. 听感知发育　出生时鼓室无空气，听力差；生后3～7天听觉已相当好；3～4月龄时头可转向声源；7～9月龄时能确定声源，区别语音的意义；12月龄时能听懂自己的名字；2岁时能听懂简单的吩咐；3岁时可精细区别不同的声音；13岁之前儿童的听力一直在增长。

3. 嗅觉和味觉发育　出生时嗅觉中枢与神经末梢已基本发育成熟，3～4 月龄时能区别愉快与不愉快的气味，7～8 月龄时可辨别出芳香的气味。出生时味觉发育已很完善，4～5 月龄时对食物的任何改变都会出现非常敏锐的反应。

4. 皮肤感觉发育 皮肤感觉包括痛觉、触觉、温度觉及深感觉。新生儿对痛觉反应较迟钝，女婴较男婴敏感，生后 2 个月逐渐改善。新生儿的触觉发育较成熟，尤其在眼、口周、手掌、足底等部位有高度灵敏性，臂、大腿、躯干的触觉则较迟钝。新生儿对温度的改变较敏感，尤其是冷刺激；3 月龄时婴儿已能正确区分 31.5℃ 与 33℃的水温。2～3 岁时能辨别物体的软、硬、冷、热等属性。5～6 岁时能区别体积相同而重量不同的物体。

5. 知觉发育 知觉是人对事物各种属性的综合反应。知觉的发育与视、听、触等感觉的发育有密切关系。12 月龄时空间和时间知觉开始萌芽；3 岁时能辨上下；4 岁能辨前后；5 岁能辨自身左右；4～5 岁时已有早上、晚上、今天、明天、昨天的时间概念；5～6 岁能区别前天、后天、大后天。

（三）运动发育

1. 大运动发育

（1）抬头：新生儿俯卧时能抬头 1～2 秒，3 月龄时抬头较稳，4 月龄时抬头很稳、并能自由转动。

（2）翻身：5 月龄时能从仰卧位翻到俯卧位，6 月龄时能从俯卧位翻至仰卧位，7 月龄时转向侧卧位可用一只手支撑身体的重量。

（3）坐：6 月龄时能双手向前撑住独坐，7 月龄时独坐片刻、身体略向前倾，8 月龄时独坐稳、并能左右转身。

（4）爬：8～9 月龄时用双上肢向前爬，12 月龄左右爬时手、膝合用，18 月龄时能爬阶梯。

（5）站、走、跳：8 月龄时搀扶可站立片刻，10 月龄左右扶着两手向前走，11 月龄时可独自站立片刻，15 月龄时可独自走稳，18 月龄时能跑及倒退走，2 岁时能双足并跳，2 岁半时会独足跳。

（6）3 岁时两脚交替走下楼梯，5 岁时能跳绳、溜冰等。

婴儿助行车可能推迟婴儿爬行功能

对婴儿助行车能促进运动发育这一观点尚无证据支持。实际上，婴儿助行车可能推迟婴儿爬行功能；更为重要的是，多达 35%的婴儿在使用助行车后受伤需要治疗。目前美国儿科科学院已建议禁止制造和销售婴儿助行车。

链接

考点：运动发育规律

2. 精细动作发育 生后 3～4 月龄时握持反射消失，能有意识地取物。6～7 月龄能独自摇摆或玩弄小物体，并将物体从一手转移到另一手。9～10 月龄开始试用拇、食指指端取物，12～15 月龄学会用匙和乱涂画，18 月龄能叠起 2～3 块方积木，2 岁能叠起 6～7 块方积木和翻书，3 岁能叠起 9～10 块方积木和用筷子进餐，4 岁基本能自己穿衣服。

（四）语言发育

考点：语言发育的关键期

语言是人类特有的一种高级神经活动，是表达思想、观念的心理过程。语言的发展要经过发音、理解和表达 3 个阶段。新生儿已会哭叫；3～4 月龄时咿呀发音；6 月龄时能听懂自己的名字；12 月龄时能说简单的单词；18 月龄时能用 15～20 个字，指认并说出家庭主要成员的称谓；2 岁时能指出简单的人、物名和图片；3 岁时能指认很多物体，能说由 2～3 个字组成的短句；4 岁时能讲述简单的故事；6 岁以后能完整、连贯、自然、生动和有感情的进行描述。掌握语言的能力与儿童性别有关。女童比男童说话早，会说 50 个词的平均年龄在女童为 18 月龄，在男童为 22 月龄。

（五）心理与行为发展

1. 早期的社会行为　2～3 月龄以笑、停止啼哭、眼神和发音来表示认识父母；3～4 月龄开始出现社会反应性大笑；7～8 月龄开始出现认生，对发声的玩具感兴趣；9～12 月龄是认生的高峰期；12～15 月龄时喜欢玩变戏法、躲猫猫游戏；18 月龄时逐渐有自我控制能力；2 岁时不再认生；3 岁后可与其他小朋友做游戏。

2. 注意的发展　注意是指人们的心理活动指向并集中于一定的人或物。注意是一切认识过程的开始。婴儿期以无意注意为主，随着年龄的增长逐渐出现有意注意。1 岁左右的婴幼儿有意注意一般不超过 15 秒；2～3 岁注意力能集中 10～12 分钟；5～7 岁能较好控制自己注意力的时间约为 15 分钟，7～10 岁为 20 分钟左右，10～12 岁为 25 分钟左右，12 岁以后能达 30 分钟。

3. 记忆的发展　记忆是大脑处理、储存和提取信息的过程，是人在生活实践中所经历的事情在大脑中遗留的印迹。记忆是复杂的心理过程，包括识记、保持及回忆。儿童 3～4 月龄时开始出现对人与物的认知；5～6 月龄时能再认妈妈；1 岁时能再认几日前的事物；3 岁时可再认几个月以前的事；4 岁时可再认 1 年以前的事物；4 岁以后可再认更久以前的事物。

4. 思维的发展　思维是客观事物在大脑中概括的、间接的反映，是借助语言来实现人的理性认识过程。思维的发展经过直觉行动思维、具体形象思维和抽象概括的逻辑思维三个阶段。儿童的思维是在语言发展的基础上，在活动过程中逐渐掌握事物之间一些简单联系而产生的。1 岁以后的儿童开始产生思维；3 岁以前只有最初级的具体形象思维；3 岁以后开始具有初步的抽象思维；6～11 岁以后逐步学会抽象概括的逻辑思维，并在以后的年龄阶段不断发展与提高。

5. 想象的发展　想象是人感知过的客观事物在头脑中再现，并对这些客观事物重新组合、加工、创造出新的客观事物的思维活动。新生儿无想象能力；1～2 岁儿童仅有想象的萌芽；学龄前期儿童仍以无意想象为主；有意想象和创造性想象到学龄期才迅速发展。

6. 情绪、情感的发展　情绪是人们从事某种活动时产生的兴奋心理状态。情感是人们的需要是否得到满足时所产生的一种内心体验。新生儿只有愉快和不愉快两种情绪；6～7 月龄开始产生依恋情绪和分离恐惧，15～18 月龄时达高峰。学龄前儿童的情绪、情感体验已相当丰富，能体验成年人所有情绪的大部分，也可出现恐惧、焦虑、愤怒和妒忌等不良情绪。3 岁和 11 岁是产生恐惧情绪的两个高峰年龄，女童比男童更容易出现恐惧情绪。女童产生妒忌的高峰期在 3 岁，男童在 11 岁，女童比男童更容易产生妒忌。

7. 个性和性格的发展　个性是每个人处理环境关系的倾向性，包括思想方法、情绪反应和行为风格等。性格是人对客观现实稳定的态度和习惯的行为方式。Erikson 将儿童期性格发展划分为五个阶段：信任感－不信任感（婴儿期）；自主感－羞愧及怀疑（幼儿期）；主动感－内疚感（学龄前期）；勤奋感－自卑感（学龄期）；自我认识－角色混淆（青春期）。

考点：心理与行为发展的年龄特征

8. 意志与行为　意志是人自觉的支配和调节自己的行为，克服困难以达到预期目的和任务的心理过程。新生儿没有意志；婴幼儿会意欲用一些动作来达到某种结果（行动或抑制行动）时，出现意志的萌芽；3 岁左右出现“自己干”的行动，标志意志行动开始发展。6～12 岁期间，由于性别之间个性特征和兴趣的差异较大，男童的行为比较冲动、富有竞争性、容易发生争执、躯体攻击性强；女童的行为比较文静、竞争性低。

二、神经心理行为发育评定

儿童心理行为发育水平表现在感知、运动、语言、认知、情绪、个性和社会性等各种能力方面，对这些能力的评价统称为心理测验。心理测验仅能判断儿童心理行为发育水平，不具备诊断疾病的意义。心理测验需由经专门训练的专业人员根据实际需要选用，不可滥用。本部分重点介绍目前临床常用的儿童心理测验。

（一）筛查性测验

1. 丹佛发育筛查测验（Denver developmental screening test，DDST） DDST 适用于 6 岁以下儿童的发育筛查，实际应用时对 4.5 岁以下的儿童更为适用。

（1）DDST 标准测量工具：①红色绒线团 1 个（直径约 10cm）；②葡萄干若干粒（或类似葡萄干大小的小丸）；③细柄拨浪鼓；④8 块正方形木块，每块边长 2.5cm（红色 5 块，蓝色、黄色和绿色各 1 块）；⑤无色透明玻璃瓶 1 个（瓶口直径为 1.5cm）；⑥小铃 1 个；⑦花皮球 2 个（直径分别为 7cm 和 10cm）；⑧红铅笔 1 枝。

（2）测验项目：共 104 项（原著 105 项），分布于 4 个能区：①个人 - 社会：测试儿童人际交往和料理生活的能力。②精细动作 - 适应性：测试儿童精细运动和手眼协调能力。③语言：测试儿童发音、理解和表达语言的能力。④大运动：测查儿童抬头、翻身、坐、爬、站、走、跑、跳等四肢活动能力。

（3）结果评定：DDST 每个项目均按照通过（“P”）和失败（“F”）二级评分，以“R”表示儿童不合作、“NO”表示儿童无机会或条件完成，计算总分时“R”和“NO”不予考虑；最后，将各能区通过的项目数累加得到总分，据此判断儿童心理行为发育属正常、可疑、异常和无法解释。第一次为异常、可疑或无法解释者，于 2～3 周后予以复查。如果复测结果仍为异常、可疑或无法解释时，应做诊断性测验，以确定儿童发育是否异常。

2. 图片词汇测验（peabody picture vocabulary，PPVT） PPVT 可测试儿童听觉、视觉、语言、词汇、推理、分析、注意和记忆等能力，主要用于 4～9 岁儿童的一般智能筛查。因其不用言语和操作，尤其适用于语言或运动障碍的儿童。

（1）测试内容：PPVT 由 120 张图片组成，每张图片上有 4 幅不同的图画，每组图片按所表达的词义，由易到难排列。主试者读出其中一个词，要求被测儿童指出其中相应的那幅画。测验以连续 8 张中有 6 张答错为止。

（2）结果评定：根据每张图片应答正确与否评分，答对计 1 分。将得分相加得到粗分，再将粗分换算成标准分，可根据此分高低评估儿童的智力水平。

（二）诊断性测验

1. 盖塞尔发育诊断量表（Gesell development diagnosis scales，GDDS） GDDS 用于评价和诊断儿童神经系统发育完善情况和心理行为发育水平，适用于出生 4 周至 3 岁的儿童。此量表具有较强的专业性，需要专业人员来完成。

（1）GDDS 标准测量工具：与 DDST 相似。

（2）测验项目：共 63 个项目，分布于 5 个能区：①适应行为：测试儿童对外界刺激物分析综合以适应新环境的能力。②大运动：测查儿童抬头、翻身、坐、爬、站、走、跑、跳等四肢活动和姿势反应、躯体平衡等运动功能。③精细动作：测试儿童使用手和手眼协调的能力。④语言：测试儿童理解和表达语言的能力。⑤个人 - 社会性行为：测试儿童对人、环境的反应和生活自理能力。

（3）结果评定：GDDS 是以正常行为模式为标准来鉴定观察到的行为模式，以年龄来表示，然后与实际年龄相比，计算出发育商数（DQ）。一般情况下适应性行为的成熟水平可代表总的发育水平，如果适应性行为 DQ 在 85 分以下，表明可能有某些器质性损伤；DQ 在

75 分以下，表明存在发育落后。

2. 韦氏学前儿童智力量表（Wechsler preschool and primary scale of intelligence，WPPSI）和韦氏儿童智力量表（Wechsler intelligence scale for children，WISC） WPPSI 和 WISC 是儿童智力评估的重要方法之一，其中 WPPSI 适用于 4～6.5 岁学龄前儿童，WISC 用于 6～16 岁儿童。

（1）测试内容：WPPSI 和 WISC 均包括言语和操作 2 个分量表，WPPSI 包括常识、词汇、算术、理解、背数、类同、动物房子、图画补缺、迷津、几何图形、物体拼凑 11 个分测验，WISC 包括知识、词汇、算术、领悟、分类、数字广度、填图、木块图、图片排列、图形拼凑、编码等分测验。

（2）结果评定：将各分测验累加得到粗分，再把分测验的粗分转换为量表分，最后将量表分相加后查表可得总智商、言语智商和操作智商。总智商为受试儿童总智力的估计值，言语智商和操作智商分别反映受试儿童各种具体能力水平。一般人群总智商的平均范围在 85～115 分，＞115 分为高于平均智力，＜75 分应考虑智力低下。如言语智商与操作智商之差＞15 分，应做进一步的检查，以了解儿童的智力结构。

目前在我国已具有全国或区域标准化常模的儿童心理测验（表 2-2）。

表2-2 我国儿童常用心理测验

测验名称	适用年龄	我国应用情况
发育量表		
丹佛发育筛查测验（DDST）	2 月龄～6 岁	全国标准化常模
盖塞尔发育诊断量表（GDDS）	1 月龄～3 岁	区域标准化常模
贝利婴儿发育量表（BSID）	1 月龄～3 岁半	全国标准化常模
智能量表		
绘人测验	5～9.5 岁	区域标准化常模
图片词汇测验	4～9 岁	区域标准化常模
50 项测验	4～7 岁	区域标准化常模
瑞文测验联合型（CRT）	5～7.5 岁	全国标准化常模
韦氏学前儿童智力量表（WPPSI）	4～6.5 岁	全国标准化常模
韦氏儿童智力量表（WISC）	4～16 岁	全国标准化常模
斯坦福-比奈智能量表（S-B）	2 岁成人	全国标准化常模
适应行为量表		
新生儿行为评定量表（NBAS）	0～28 日龄	全国标准化常模
儿童适应行为评定量表	3～12 岁	全国标准化常模
婴儿-初中生社会生活能力量表	6 月龄～14 岁	全国标准化常模
Achenbach 儿童行为量表（CBCL）	4～16 岁	全国标准化常模
Conners 儿童行为量表	3～17 岁	全国标准化常模
人格测验		
明尼苏达多项人格问卷（MMPI）	14 岁～成人	全国标准化常模
艾森克人格个性问卷（EPQ）	7 岁～成人	全国标准化常模
神经心理测验		
HR 神经心理成套测验（HRB）	9 岁～成人	全国标准化常模
Benton 视觉保持测验（BVRT）	8 岁～成人	区域标准化常模
Bender 格式塔测验（BGT）	5 岁～成人	区域标准化常模

链 接

第4节 健康小儿的营养

学习目标

1. 了解婴儿人工喂养和幼儿膳食安排。
2. 熟悉儿童能量代谢特点及营养素的需要。
3. 掌握母乳喂养的优点及添加辅食的原则。

一、营养素与参考摄入量

营养（nutrition）是指人体获得和利用食物以维持生命活动的过程。合理的营养是满足小儿生理需要、保证儿童生长发育的基础。营养不足可以导致各种营养缺乏性疾病及生长发育障碍；营养过多则易发生肥胖。小儿的营养需要包括能量和营养素两部分。

（一）能量代谢

所有生命活动均需要能量，能量来源于从食物中摄入的碳水化合物、脂肪和蛋白质，这些物质在体内经生物氧化产生能量。1g碳水化合物或蛋白质均产生能量16.87kJ，1g脂肪产生能量37.8kJ。婴儿每日膳食中总能量的分配：蛋白质15%，脂肪35%，碳水化合物50%。婴儿能量总的需要量为460kJ/（kg·d）；以后每增加3岁减少42kJ/（kg·d）；15岁时接近成人，为200～250kJ/（kg·d）（表2-3）。能量摄入不足，小儿表现反应淡漠，活动减少，久之生长缓慢，体重下降；反之，则可引起肥胖。

小儿对能量的需要包括5个方面。

1. 基础代谢（basal mevabolism）　基础代谢指在清醒、安静、空腹情况下，20～25℃环境温度中，维持正常体温、肌张力及内脏生理活动所需要的最基本能量。年龄越小，基础代谢率越高，所需能量相对越多。婴儿基础代谢的能量需要为230kJ/（kg·d），占总能量的60%。

2. 生长发育（growth development）　为小儿时期特有的能量需要。年龄越小，生长发育越快，需要的能量就越多。青春期生长发育加速，需要量也随之增加。婴儿期生长发育快，所需能量为126～167kJ/（kg·d），占总能量的25%～30%。

3. 食物的热力作用（thermic effect of food）　消化、吸收食物所需消耗的能量称为食物热力作用。婴儿此部分所需能量为33～46kJ/（kg·d），占总能量的7%～8%。

4. 活动消耗（for physical activity）　所需能量个体差异很大，好哭、爱动的婴儿比安静、多睡、少哭者需要能量高出3～4倍。婴儿需63～84kJ/（kg·d），占总能量的15%～25%。

考点：儿童能量代谢特点

5. 排泄消耗（for excreta）　每天摄入的食物不能完全消化吸收，剩余的部分随粪便排出，随之损失一部分能量。婴儿该部分能量消耗一般不超过每日总热量的10%。

中国营养学会推荐婴儿能量平均需要量为95kcal/（kg·d）[397kJ/（kg·d）]，1岁后以每日计算（表2-3）。

（二）宏量营养素

1. 碳水化合物　为能量的主要来源，主要以糖原形式储存在肝和肌肉中。6个月以内婴儿，摄入碳水化合物主要是乳糖、蔗糖、淀粉；其碳水化合物摄入量目前无RNI，采用可提供能量的百分比来表示碳水化合物的适宜摄入量。2岁以上儿童膳食中，碳水化合物所产生的能量应占总能量的50%～60%。当碳水化合物供给不足时，可引起低血糖；并且，机体将

表2-3 中国营养学会推荐儿童能量及营养素推荐摄入量（RNI）

年龄（岁）	能量 RNI（kcal）		蛋白质 RNI（g）		脂肪占能量百分比（%）
	男	女	男	女	
0					45～50
0.5	95kcal/（kg · d）		1.5～3g/（kg · d）		35～40
1	1100	1050	35	35	
2	1200	1150	40	40	30～35
3	1350	1300	45	45	
4	1450	1400	50	50	
5	1600	1500	55	55	
6	1700	1600	55	55	
7	1800	1700	60	60	25～30
8	1900	1800	65	65	
9	2000	1900	65	65	
10	2100	2000	70	65	
11	2400	2200	75	75	
14～17	2900	2400	80	80	25～30

链 接

分解蛋白质或脂肪以满足能量需要，以致酮体产生过多而致酸中毒。相反，如能量摄入过多，造成异常的脂肪堆积，与成年期慢性疾病和代谢综合征有关。

2. 脂类 包括脂肪和类脂，是机体能量的重要来源和主要储存形式。脂肪所提供的能量占婴儿总能量的 45%（35%～50%），年长儿占 25%～30%。其中，必需脂肪酸应占脂肪所提供能量的 1%～3%。必需脂肪酸人体不能自身合成，必须由食物供给，如亚油酸、亚麻酸。母乳含丰富的必需脂肪酸，植物可合成亚油酸。亚油酸在体内可转变成亚麻酸和花生四烯酸。膳食中缺乏亚油酸，会影响人体正常的生理功能，表现为皮肤角化、伤口愈合不良、生长停滞、生殖能力减退、心肌收缩能力降低、免疫功能下降和血小板凝聚障碍等。

3. 蛋白质 主要由 20 种基本氨基酸组成，其中 8 种体内不能合成的氨基酸称为必需氨基酸（异亮氨酸、亮氨酸、赖氨酸、蛋氨酸、苯丙氨酸、苏氨酸、色氨酸、缬氨酸）；对婴儿来说，组氨酸为必需氨基酸；早产儿肝脏酶活性较低，胱氨酸、酪氨酸、精氨酸、牛磺酸也是必需的氨基酸。蛋白质主要功能是构成人体细胞和组织，维持人体的生理功能，次要功能是供能，其所提供的能量占总能量的 8%～15%。小儿处于生长发育阶段，对蛋白质的质和量需要相对更高。一岁以内婴儿蛋白质的 RNI 为 1.5～3g/（kg·d），其中优质蛋白质（蛋白质氨基酸的模式与人体蛋白质氨基酸模式接近）应占 50%以上。小儿蛋白质长期缺乏可出现生长发育迟缓、营养不良、贫血、水肿等，摄入过多又可引起便秘和消化不良。

考点：早产儿必需的氨基酸

（三）微量营养素

1. 矿物质 人体内含有多种矿物质，目前发现有 20 余种为人类生命所必需。其中占人体重量的 4%～5%，每日膳食需要量在 100mg 以上的称为常量元素，如钙、磷、镁、钠、氯、钾、硫等。常量元素主要参与构成人体组织成分，维持水电解质平衡，调节神经肌肉兴奋性，参与酶的构成，激活酶的活性等。在体内含量小于体重 0.01%，需通过食物摄入，具有一定生理功能的各种元素称为微量元素。其中包括必需微量元素（碘、锌、硒、铜、钼、铬、钴、铁 8 种）；可能必需微量元素（锰、硅、硼、矾、镍 5 种）；有潜在毒性，但低剂量时可能具有人体必需功能的元素（氟、镉、汞、砷、铝、锂、锡 7 种）。必需微量元素是酶、维生素必需的活性因子，构成或参与激素的作用，参与核酸代谢。

2. 维生素　维生素是维持人体正常生理功能所必需的一类有机物质，在体内含量极微，但在机体代谢、生长发育等过程中起重要作用。多数维生素体内不能合成或合成量不足，故必须由食物供给。脂溶性维生素（维生素 A、维生素 D、维生素 E、维生素 K）排泄缓慢，缺乏时症状出现较迟，过量易致中毒。水溶性维生素（维生素 B 族和维生素 C）易溶于水，其多余部分可迅速从尿中排泄，不易储存，需每日供给；缺乏后迅速出现症状，过量一般不易发生中毒。对儿童来说，维生素 A、维生素 D、维生素 C、维生素 B_1 是容易缺乏的微量营养素。

考点： 儿童容易缺乏的维生素

（四）其他膳食成分和水

1. 膳食纤维　主要来自植物的细胞壁，为不被小肠酶消化的非淀粉多糖，包括纤维素、半纤维素、木质素、果胶、树胶、海藻多糖等。膳食纤维有吸收大肠水分，软化大便，增加大便体积，促进肠蠕动等功能。膳食纤维在大肠被细菌分解，产生短链脂肪酸，降解胆固醇，改善肝代谢，防止肠萎缩。年长儿、青少年膳食纤维的适宜摄入量为 20～35g，婴幼儿可从谷类、新鲜蔬菜、水果中获得一定量的膳食纤维。

2. 水　水为人体内的重要成分，所有的新陈代谢和体温调节活动都必须要有水的参与才能完成。水主要由饮用水和食物中获得，组织代谢和食物在体内氧化过程也可产生一部分水（100kcal 约可产生 12g 水）。儿童全身含水量较成人多，如新生儿全身含水量约占体重的 78%；1 岁时 70%，成人为 55%～60%。体内水的分布也因年龄而异，如表 2-4 所示。儿童水的需要量与能量摄入、食物种类、肾功能成熟度、年龄等因素有关。婴儿新陈代谢旺盛，水的需要量相对较多，为 150ml/（kg · d），以后每 3 岁减少约 25ml/（kg · d）（表 2-5）。

考点： 不同年龄小儿每日所需水量

表2-4　不同年龄体液分布（占体重的%）

体液分布	足月新生儿	1 岁	2～14 岁	成人
总量	78	70	65	55～60
细胞内液	35	40	40	40～45
细胞外液	43	30	25	15～20
血浆	6	5	5	5
间质液	37	25	20	10～15

表2-5　不同年龄小儿每日所需水量

年龄（岁）	需水量（ml/kg）	年龄（岁）	需水量（ml/kg）
<1	120～160	4～9	70～110
1～3	100～140	10～14	50～90

二、小儿消化系统功能发育与营养关系

儿科医生掌握小儿消化系统功能发育知识非常重要，如吸吮与吞咽的机制、食管与肠道运动发育、消化酶的发育水平等，可正确指导家长喂养婴儿，包括喂养的方法、食物的量及比例等。

（一）消化酶的成熟与宏量营养素的消化和吸收

1. 蛋白质　出生时胃蛋白酶的活性低，3 个月后活性逐渐增加，18 个月时达成人水平；

生后1周胰蛋白酶活性增加，1个月时已达成人水平；故新生儿消化蛋白质的能力较好。生后几个月内小肠上皮细胞渗透性高，有利于母乳中免疫球蛋白的吸收，但也会增加异体蛋白、毒素、微生物及未完全分解的代谢产物吸收的机会，产生过敏或肠道感染。因此，对婴儿特别是新生儿，食物的蛋白质应有一定限制。

2. 脂肪　新生儿胰腺分泌胰脂酶极少，几乎无法测定，2岁后达成人水平。母乳的脂肪酶可部分补偿胰脂酶的不足。婴儿吸收脂肪的能力随年龄增加而提高，足月儿脂肪的吸收率为90%（早产儿为65%～75%），生后6个月达95%以上。

3. 碳水化合物　0～6个月婴儿食物中的碳水化合物主要是乳糖，其次为蔗糖和少量淀粉。新生儿肠道中双糖酶发育好，乳糖吸收较好，但缺乏淀粉酶。出生至3个月内唾液腺淀粉酶活性低，3个月后其活性逐渐增高，2岁时达成人水平；4～6个月婴儿开始分泌胰淀粉酶，随淀粉酶的成熟，消化淀粉能力逐渐提高，故不宜过早添加淀粉类食物。

（二）与进食技能有关的消化道发育

1. 觅食和挤压反射　觅食反射是婴儿出生时就具有的一种最基本的进食动作。3～4个月的婴儿对固体食物出现舌体抬高、舌向前吐出的挤压反射。婴儿最初的这种对固体食物的抵抗可被认为是一种保护性反射，其生理意义是防止吞入固体食物到气管引起窒息。在转乳期用勺添加泥状食物时，常需尝试8～10次才能成功。

2. 吸吮与吞咽　新生儿口腔解剖发育特点是吸吮的基础，如口腔小、舌短而宽、无牙、颊脂肪垫、颊肌与唇肌发育好等。2月龄左右的婴儿吸吮动作更成熟；6月龄婴儿以吸吮动作从杯中饮水。食物的口腔刺激、味觉、乳头感觉、饥饿感均可刺激吸吮的发育。出生时吞咽是反射引起，主要为舌体后部运动。4～6月龄时舌体下降，舌前部逐渐开始活动，可判别进食的部位，食物在舌上可咬和吸，食物达舌后部可吞咽。婴儿吸吮与吞咽功能的发育经历了从出生时的反射动作到2～5月龄的有意识动作。当吸吮发育成熟后，出现舌前体至后部的运动，为有效吞咽。

3. 咀嚼　咀嚼是有节奏的咬、滚动、磨的口腔协调运动。咀嚼功能是婴儿食物转换所必需的技能，对儿童语言发育也有直接的影响。其发育需要适宜的生理刺激，后天咀嚼行为学习的敏感期在4～6月龄。有意训练7月龄左右的婴儿咀嚼指状食物和从杯咂水、9月龄学用勺自喂、1岁学用杯喝奶，均有利于儿童口腔发育。

4. 食物接受模式发展　儿童食物接受模式的发展是从其经历的食物刺激所获得。儿童对食物熟悉的程度决定儿童对食物的喜爱。所有新引入的食物，婴儿都可能表现出拒绝或“厌新”；但是，如果婴儿有足够的机会（8～10次），在愉快的情况下去尝试新食物，婴儿会很快从拒绝发展到接受。

三、婴 儿 喂 养

（一）母乳喂养

母乳是婴儿最佳的天然食物，对婴儿生长发育有不可替代的作用。母乳喂养是婴儿健康成长的保证。

1. 母乳喂养的优点

（1）营养丰富：母乳生物效价高，易被婴儿利用。主要表现：①母乳中蛋白质：脂肪：糖的比例为1：3：6。母乳所含白蛋白为乳清蛋白，酪蛋白为β-酪蛋白，其比例为4：1，在胃中形成凝块小，易被消化吸收。初乳中含不饱和脂肪酸较多，有利于脑发育。母乳中乙型乳糖含量丰富，能促进双歧杆菌和乳酸杆菌的生长，抑制大肠埃希菌的生长，减少腹泻的发生。②母乳中含有生长调节因子，如牛磺酸、激素样蛋白等。母乳中牛磺酸含量是牛乳的3～4倍，对脑和视网膜的发育很重要。③母乳含微量元素锌、铜、碘较多，钙、磷适当比例为2：1，铁含量虽与牛奶相似，但其吸收率（49%）却高于牛奶（4%），故母乳喂养儿在生后 4～6 个月不易患缺铁性贫血。④母乳 pH 为 3.6，对酸碱的缓冲力小，不影响胃液酸度，有利于酶发挥作用。

（2）增强婴儿机体的免疫力：①初乳含丰富的 sIgA 和大量免疫活性细胞（初乳中更多），可结合肠道病原体和过敏原，阻止其侵入肠黏膜，有抗感染和抗过敏作用。②母乳含较多乳铁蛋白，初乳含量更丰富（可达 1741mg/L），是人乳中重要的非特异性防御因子。母乳中的乳铁蛋白有杀菌、抗病毒、抗炎症和调理细胞因子的作用。③母乳中的溶菌酶、补体及双歧因子含量也远远多于牛乳，可阻止细菌黏附于肠黏膜，促使乳酸杆菌及双歧杆菌的生长。

（3）增进母婴感情：通过哺喂母乳，可促进母婴间的情感交流，对婴儿早期智力开发和身心健康发展具有重要意义。

考点：母乳喂养的优点

（4）有利于母婴健康：母亲哺乳时可以密切观察婴儿的情况，及时发现问题和疾病的早期征兆。哺乳可刺激母亲子宫收缩，减少产后出血；推迟月经复潮，有利于计划生育、减少患乳腺癌和卵巢肿瘤的发生。

（5）安全、经济和方便：母乳量随小儿生长而增加，温度与泌乳速度适宜，新鲜无污染，可直接喂哺，经济方便。

2. 母乳喂养的方法

（1）产前准备：树立母乳喂养的信心，孕母在妊娠后期，每日用清水（忌用肥皂或酒精之类）擦洗乳头。乳头内陷者用两手拇指从不同的角度按捺乳头两侧并向周围牵拉，每日 1 至数次。

（2）哺乳时间：正常分娩、母婴健康状况良好时，应尽早哺乳（一般生后 1 小时内）。提倡母婴同室，按需哺乳。

（3）哺乳方法：哺乳前给婴儿换好尿布，取正确的喂哺姿势（图 2-14）。

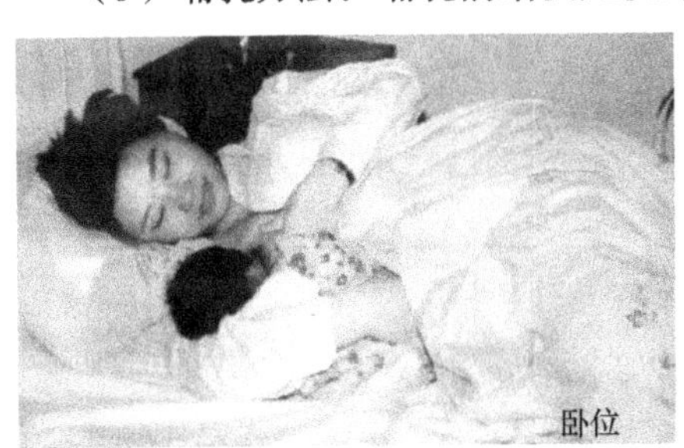

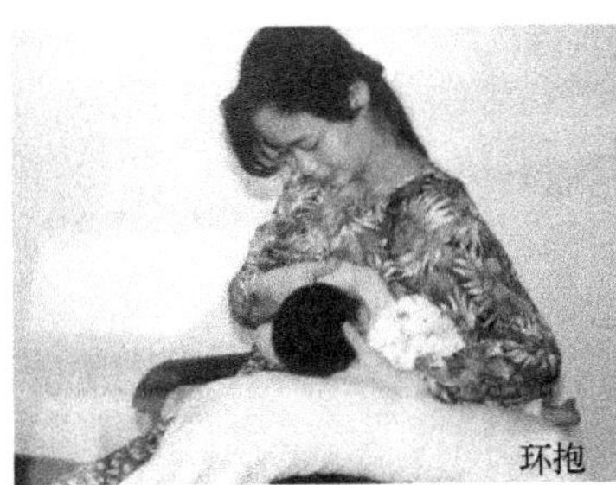

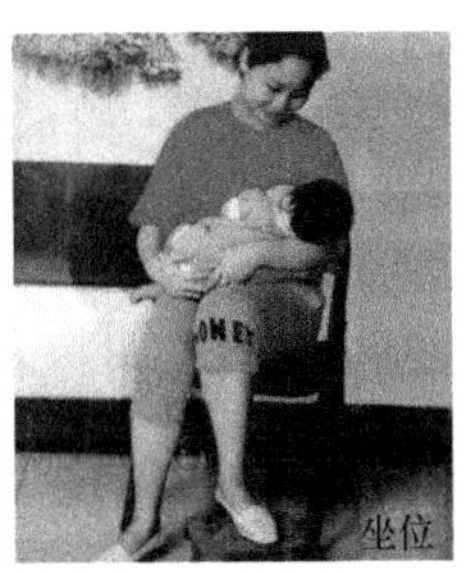

图 2-14　母乳喂养正确姿势

母亲先热敷和按摩乳房，再将整个乳头和大部分乳晕置入婴儿口中（图 2-15）。

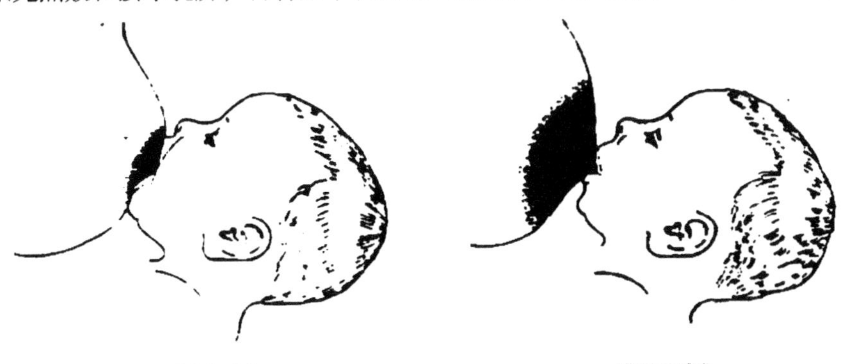

图 2-15　正确与错误的哺乳方法比较

一般先吸空一侧乳房再换另一侧；若一侧乳房奶量已能满足婴儿需要，则可每次轮流哺

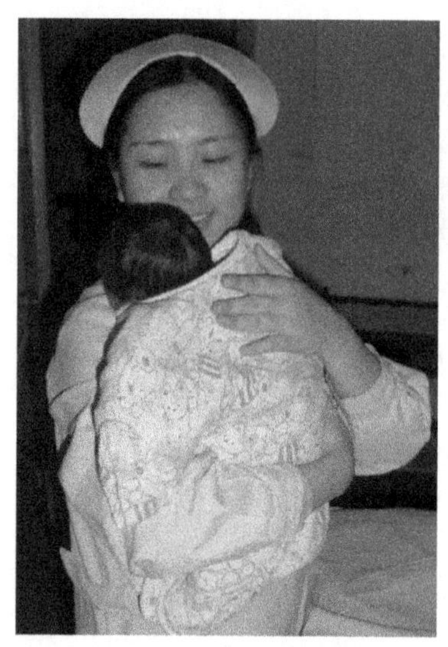

图 2-16 正确喂养姿势

喂一侧乳房，每次哺乳应尽量将两侧乳房的乳汁排空。如果婴儿确实已吃饱而未吸空，可将乳汁用吸奶器吸出，以防乳汁淤积。哺乳完毕，将婴儿竖抱，头伏在母亲肩上，轻拍背部，以帮助其胃内空气排出（图 2-16）。哺乳后宜将婴儿取右侧卧位，以利于胃排空，防止乳汁反流或吸入气管造成窒息。

3. 母乳喂养注意事项

（1）乳母饮食应注意营养丰富，尤其是汤水要多些。保证睡眠充足，心情愉快，生活规律，不随便服药。

（2）保持乳头清洁，如乳头皲裂时暂停直接哺乳，用吸乳器将乳汁吸出，消毒后再喂，并以鱼肝油软膏涂擦乳头，防止感染。如已发生乳腺炎，乳汁仍应定时吸空丢弃。待感染控制后，可继续喂乳。

（3）凡是母亲感染 HIV，患有肺结核，慢性肝、肾、心脏功能不全，糖尿病，癫痫，恶性肿瘤等消耗性疾病时应停止哺乳；乳母患急性传染病时，可将乳汁挤出，经消毒后哺喂。乙型肝炎病毒携带者一般不会通过乳汁传给婴儿，并非哺乳的禁忌证。

4. 断乳 随着婴儿的生长发育，母乳已不能满足需要，同时婴儿的消化功能逐渐完善起来，因此，在 4～5 个月开始逐渐添加辅食，为完全断乳作准备。一般 1 岁左右可完全断乳，世界卫生组织建议母乳喂养应至 2 岁。小儿患病或炎热季节可暂缓断乳。

（二）部分母乳喂养

因母乳不足或其他原因不能全部以母乳喂养，而用其他乳汁喂养婴儿者为部分母乳喂养，优于人工喂养，方法有两种。

考点： 不宜母乳喂养的情况

1. 补授法 当母乳不足时，可采用补授法，即哺母乳次数不变，每次先喂母乳，将乳房吸空，不足部分再以其他乳品补充。

2. 代授法 即母亲乳量充足，因各种原因不能按时哺喂，则可每日哺喂几次母乳，其余几次以其他乳品哺喂。采用此法时，每日哺母乳次数最好不少于 3 次。

（三）人工喂养

4 个月以内的婴儿由于各种原因不能进行母乳喂养时，可完全采用配方奶或其他乳汁（如牛乳、羊乳、马乳等）喂哺婴儿，称为人工喂养。一般人工喂养时应首选配方奶粉。

1. 摄入奶量估计（6 个月以内）

（1）配方奶粉摄入量估计：婴儿能量需要量约为 416kJ [110kcal /（kg · d）]，一般市售婴儿配方奶粉 100g 供能约 2029kJ（500kcal），按婴儿能量需要量为 100kcal/（kg · d）计算，故需婴儿配方奶粉 20g/（kg·d）即可满足生长需要。

（2）牛奶摄入量估计：100ml 全牛奶供能约 272kJ（65kcal），8%糖牛乳 100ml 供能约 418.4kJ（100kcal），按婴儿能量需要量为 418.4kJ/（kg · d）[100kcal/（kg · d）]计算，故婴儿需要 8%糖牛乳为 100ml/（kg·d）。牛奶喂养时，因蛋白质与矿物质浓度较高，应在两次喂奶之间加水，使奶和水总量达 150ml/（kg · d）。

考点： 配方奶粉和鲜牛乳的计算

2. 牛乳改造 若无条件选用配方奶而采用牛乳喂养婴儿时，必须改造。

（1）稀释：降低牛奶矿物质和蛋白质浓度，减轻婴儿消化道和肾脏负荷。新生儿采用稀释奶，生后不满 2 周者采用 2 : 1 奶（即 2 份牛奶加 1 份水），以后逐渐过渡到 3 : 1 或 4 : 1 奶，满月后即可用全奶。

（2）加糖：因牛乳含乳糖低，且以甲型乳糖为主，而且甲型乳糖可促进大肠埃希菌生长，易患腹泻，故可加糖。一般每 100ml 牛奶中可加蔗糖 5～8g。

（3）煮沸：可达到灭菌要求，且能使奶中的蛋白质变性，使之在胃中不易凝结成块而易于消化。

3. 人工喂养注意事项

（1）小儿奶具：奶具应及时清洁、消毒，保持卫生。

（2）乳液的调配：乳液切忌过稀或过稠，用量根据小儿所需能量、食欲、体重增长情况适当增减。

（3）奶头孔大小：奶头孔大小要适宜，过小吸吮费力，过大容易呛咳，孔的大小以奶瓶倒置时液体呈滴状连续滴出为宜。

（4）乳液的温度：乳液的温度应与体温相当，以乳液滴在成人手腕掌侧不烫为宜。

（5）避免空气吸入：喂奶时将奶瓶倾斜，使奶嘴及奶瓶的前半部充满乳汁，以免吸入空气。哺喂完毕竖抱婴儿轻拍背部，促其空气排出，以防溢乳。

（四）婴儿食物转换

婴儿随着消化功能的逐渐成熟，需要由纯乳类向固体食物转换，在食物转换的过渡时期，应及时添加辅食以满足其生长发育的需要。

1. 添加辅食的原则　添加辅食时应遵照循序渐进的原则。①从少到多：使婴儿有一个适应过程。②由稀到稠：即从流质开始，到半流质，最后到固体。③由细到粗：从菜汁到菜泥，再到添加碎菜。④由一种到多种：适应一种食物后，再加另一种，不能同时添加几种。⑤婴儿患病或出现消化不良时，应暂停添加辅食，待恢复正常后，再从开始量或少量添加。

考点：添加辅食的原则

2. 添加辅食的步骤和方法　根据婴儿消化功能成熟程度决定添加辅食。4 月龄后添加辅食的步骤和方法（表 2-6）。

表2-6　添加辅食的步骤和方法

月龄	食物性状	添加辅食	餐次	进食技能
4～6	泥状食物	蛋黄、菜/果泥、配方米粉（含铁）	6 餐奶+1 餐辅食	用勺喂
7～9	末状食物	稀饭、烂面、菜/肉/鱼/肝末	4 餐奶+1 餐饭+1 次水果	用杯喝
10～12	碎食物	软饭、面、碎菜/肉/鱼/蛋/豆腐/水果	3 餐奶+2 餐饭+1 次水果	断奶瓶、自用勺

四、幼儿营养与膳食安排

（一）幼儿进食特点

1. 生长发育状况　1 岁后多数小儿已出 6～8 颗牙，有较准确的判断能量摄入的能力，具有较好的咀嚼功能，消化酶的活力也较强；因此对食物形状和品种的需求日趋多样化。又因幼儿期心理行为发育迅速，常表现出对某些食物强烈的喜好以及自我进食欲望，家长应适当尊重小儿的选择。不要强迫小儿进食其不喜欢的食物，以免引起心理逆反而造成厌食。

2. 家庭环境的影响　幼儿饮食行为受家庭饮食习惯的影响很大，因此，家长不但要注意营造宽松愉快的进餐环境，还应选择适宜小儿的餐具及桌椅，适宜小儿生长发育的营养食物的搭配，注意食物的色、香、味、形的烹调，以刺激小儿的食欲。榜样的作用是无穷的，家长要努力做到不偏食、不挑食、专心进食、细嚼慢咽，饭前不吃零食，定时、定量进餐的良好习惯，不在进食时训斥小儿以免发生消化不良。同时要有意识地训练幼儿使用勺、筷子等，以提高其进食技能。

（二）幼儿膳食安排

幼儿膳食中各种营养素的摄入量需满足该年龄阶段儿童的生理需要，蛋白质：脂肪：碳水化合物产能比为 10%～15%：25%～30%：50%～60%，并且膳食安排需合理，四餐（奶类 2，主食 2）两点为宜。频繁进食、夜间进食、过多饮水均会影响幼儿的食欲。

第5节 儿 童 保 健

学 习 目 标

1. 了解儿童保健的具体内容。
2. 熟悉各年龄期儿童保健重点。
3. 掌握儿童计划免疫程序。

儿童保健的主要任务是研究儿童各年龄期生长发育的规律及其影响因素，以通过有效措施，保障儿童健康成长。

一、合 理 营 养

营养是保证儿童健康成长的先决条件，必须及时对家长和有关人员进行有关母乳喂养、婴儿辅食添加、幼儿期正确的进食行为培养等内容的宣教和指导（详见第 4 节健康小儿的营养）

二、培养良好的生活习惯

（一）饮食习惯

为了使儿童得到丰富的营养，良好的饮食习惯非常重要。生后 3～4 个月逐渐按时喂哺，4～6 个月开始添加多种泥状食物，7～8 个月后训练婴儿进食固体食物，2 岁左右开始培养儿童正确使用餐具和独立进餐的能力。儿童进餐环境宜安静、舒适，进餐地点与座位相对固定，进餐前应避免过度兴奋或疲劳，控制零食，进餐时不宜看电视、玩玩具、说话或训斥，要使儿童愉快进餐、专心进食，细嚼慢咽，不挑食、不偏食、不浪费。

（二）睡眠习惯

小儿年龄越小，需要的睡眠时间越长（表 2-7）。应从小培养小儿良好的睡眠习惯；避免形成不良条件反射，如睡觉用摇篮，口含奶头、咬被子或手绢等不良的习惯。创造安静宜人的睡眠环境，培养儿童独自睡觉。

表2-7　正常儿童平均每日睡眠时间

年龄	昼夜睡眠时间（小时）	日间睡眠频率（次）	日间睡眠时间（小时）
新生儿	18～20	2～3	1.5～2.5
2 个月	16～18	2～3	1.5～2.5
4 个月	14～16	2～3	1.5～2.5
9 个月	14～15	2～3	1.5～2.5
12 个月	13～14	2～3	1.5～2.5
15 个月	13	1～2	1.5～2.5
2 岁	12.5	1～2	1.5～2.5
3 岁	12	1	1.5～2.5
5 岁	11.5	1	1.5～2.5
7 岁以上	9～10	1	1.5～2.5

（三）排便习惯

在婴儿可坐稳、大便次数逐渐减少到每日 1～2 次时，开始训练坐便盆、定时排大便。排尿习惯可从 2～3 个月开始训练，白天在小儿睡前、睡后或吃奶后给小儿排尿，并采取一定姿势，形成排尿的条件反射。1 岁半训练不兜尿布，2 岁左右训练儿童白天控制小便，2～3 岁后夜间可不排尿。

（四）卫生习惯

从婴儿期开始培养良好的卫生习惯，定时洗澡、勤剪指甲、勤换衣服，2 岁时应养成不随地大、小便，不吃生水和未洗净的瓜果、不食掉在地上的食物，不随地吐痰、不乱丢垃圾。3 岁以后培养儿童自己早晚刷牙、饭后漱口、饭前便后洗手的卫生习惯。

三、体格锻炼

（一）户外活动

户外活动可增加儿童对冷空气的适应能力，提高机体免疫力；接受日光照射还能预防维生素 D 缺乏性佝偻病。婴儿出生后应尽早户外活动，到人少、空气新鲜的地方，开始户外活动时间由每日 1～2 次，每次 10～15 分钟，逐渐延长到 1～2 小时；冬季户外活动时仅暴露面、手部，注意身体保暖。年长儿除恶劣气候外，应鼓励在户外玩耍。

（二）皮肤锻炼

1. 婴儿抚触　抚触可刺激皮肤，有益于循环、呼吸、消化、肢体肌肉的放松与活动。抚触不仅给婴儿以愉快的刺激，同时也是父母与婴儿之间最好的情感交流方式之一。抚触可从新生儿开始，一般在洗澡后进行，注意房间温度适宜。抚触时可用少量婴儿润肤霜使之润滑，从婴儿面部至胸部、腹部、背部及四肢有规律地轻柔按摩，每日 1～2 次，每次 10～15 分钟，以婴儿舒适合作为宜。

2. 温水浴　温水浴可提高皮肤适应冷热变化的能力，不仅可保持皮肤清洁，还可促进新陈代谢，增加食欲，有利于睡眠、生长发育和抵抗疾病。新生儿脐带脱落后即可进行。室温 20～22℃，水温 35～37℃，水量以婴儿半卧位时锁骨以下浸入水中为宜，每日 1～2 次，每次 5 分钟左右，浴毕即擦干，用温暖的毛巾包裹，然后穿好衣服。冬季应注意室温和水温，做好温水浴前的准备工作，减少体表热能散发。

3. 擦浴　7～8 个月以后的婴儿可进行身体擦浴。开始水温可用 32～33℃，待婴儿适应后，每隔 2～3 天降 1℃，逐渐降至 26℃。擦浴时先将毛巾浸入温水，拧至半干，然后在婴儿四肢做向心性擦浴，擦浴完毕再用干毛巾擦至皮肤微红。

4. 淋浴　适用于 3 岁以上儿童，效果比擦浴更好。每日一次，每次冲淋身体 20～40 秒，水温 35～36℃，待儿童适应后，可逐渐将水温降至 26～28℃。淋浴顺序为上肢、背部、胸腹、下肢，不可冲洗头部。浴后用干毛巾擦至全身皮肤微红。

（三）体育运动

1. 婴儿被动操　是指由成人给婴儿做四肢伸屈运动。一般认为，被动操可促进婴儿大运动的发育、改善全身血液循环，适用于 2～6 个月的婴儿，每日 1～2 次为宜。

2. 婴儿主动操　6～12 个月婴儿大运动开始发育，可训练婴儿爬、坐、仰卧起身、扶站、扶走、双手取物等动作。

3. 幼儿体操　12～18 个月幼儿学走尚不稳时，在成人的扶持下，帮助婴儿进行有节奏的活动。18 个月至 3 岁幼儿可配合音乐，做模仿操。

考点：体格锻炼的方法

4. 儿童体操　如广播体操、健美操，以增进动作协调性，有益于肌肉和骨骼的发育。

5. 游戏、田径与球类　年长儿可进行田径、球类、舞蹈、跳绳等活动；还可利用器械进行木马、滑梯等体育运动。

四、心理调适与社会支持

1. 早期教育　早期教育是指从儿童出生到 6 岁，根据其生长发育规律和神经、心理与行为发育特点，利用丰富的环境刺激（如语言交流、玩具、图书、游戏、户外活动等），有目的、有计划、有系统地进行教育活动和训练，以发挥儿童最大潜能。目前研究发现，婴儿早期与环境中最亲近的人建立牢固的情感关系，是儿童心理健康发展的重要保证。

2. 培养儿童控制情绪的能力　儿童控制情绪的能力与心理行为的发展和父母的教育有关。儿童常因要求未能满足而不能控制自己的情绪，父母对儿童的要求与行为应按社会标准给予满足、或加以约束、或预见性的处理问题，减少儿童产生消极行为的机会。在处理儿童行为问题时，应采用诱导方法，以减少儿童的对立情绪。

3. 培养儿童独立生活的能力　生活自理是儿童独立性发展的第一步。父母应在日常生活中培养儿童自己进食、独自睡觉、自己穿衣的能力。对年长儿，父母还应注意培养其独立分析问题和解决问题的能力。

4. 发展儿童社交能力　儿童社会交往技巧的发展是儿童早期教育的重要方面。在培养儿童社交能力时，首先父母应做好处理人际关系的言行示范，如关心、爱护、礼貌待人等；并在教养活动中向孩子传授处理同伴关系的简单技巧，鼓励孩子帮助朋友、克服自我中心，养成关心集体和互助友爱的良好品德。

5. 培养坚强的意志　儿童意志力是影响其日后成功的重要心理素质。在儿童意志力培养过程中，父母要以身作则，尊重儿童，以达到潜移默化的效果。教育指导原则要具有适宜性、直观性、主动性、多样性、连续性、一致性和保教结合。培养方法可采用目标导向法、独立活动法、克服障碍法、表扬法、自我控制法等，以塑造儿童自觉、果断、坚定、自制的良好品质。

五、疾病预防

预防接种是提高人群免疫水平，控制和消灭传染病流行的重要措施。计划免疫是根据儿童的免疫特点和传染病发生的情况制定的免疫程序，通过有计划地使用生物制品进行预防接种，以提高人群的免疫水平、达到控制和消灭传染病的目的。

考点：我国卫生部规定的儿童计划免疫程序

（一）计划免疫程序

按照我国卫生部的规定，婴儿必须在 1 岁内完成卡介苗、脊髓灰质炎三价混合疫苗、百白破混合制剂、麻疹减毒疫苗及乙型肝炎病毒疫苗接种的基础免疫（表 2-8）。此外，根据流行地区、季节、家长的意愿，还可进行乙型脑炎疫苗、流行性脑脊髓膜炎疫苗、风疹疫苗、流感疫苗、腮腺炎疫苗、甲型肝炎病毒疫苗等预防接种。

表2-8　我国卫生部规定的儿童计划免疫程序

年龄	接种疫苗		
出生	卡介苗		乙肝疫苗
1 个月			乙肝疫苗
2 个月	脊髓灰质炎三价混合疫苗		
3 个月	脊髓灰质炎三价混合疫苗	百白破混合制剂	
4 个月	脊髓灰质炎三价混合疫苗	百白破混合制剂	
5 个月		百白破混合制剂	

续表

年龄	接种疫苗		
6 个月			乙肝疫苗
8 个月	麻疹减毒疫苗		
1.5～2 岁		百白破混合制剂复种	
4 岁	脊髓灰质炎三价混合疫苗复种	百白破混合制剂复种	
6 岁	麻疹减毒疫苗复种		

（二）基础免疫制剂与接种

1. 卡介苗　卡介苗是采用牛型结核杆菌菌株制成的活疫苗。这种菌株经反复的特殊培养与传代，其毒性与致病性已经丧失，但仍保持抗原性。接种本疫苗后可获得一定的对抗结核病的免疫力。接种后 12 周结核菌素试验（PPD 或 OT）阳转率在 90%以上。

（1）接种对象：为健康的足月新生儿以及结核菌素试验呈阴性反应的儿童。

（2）接种方法：左上臂外侧三角肌中部皮内注射 0.1ml，严禁皮下或肌内注射。

（3）注意事项：①免疫缺陷病、接受免疫抑制药治疗、结核病、急性传染病、肾炎、心脏病、湿疹及其他严重皮肤病的患儿以及对疫苗中任一成分过敏的儿童均不能接种卡介苗；早产儿、难产儿、出生体重低于 2500g 及有明显先天畸形的新生儿、发热或腹泻的患儿暂缓接种卡介苗。②接种后 2～3 个月严格避免与结核病病人接触。

2. 乙肝疫苗　目前我国主要使用乙肝基因工程疫苗。

（1）接种对象：新生儿、学龄前儿童及其易感人群。

（2）接种方法：于右上臂三角肌处肌内注射，剂量为每次 10μg，共接种三次。出生 24 小时内接种第一次，1 个月时接种第二次，6 个月时接种第三次。对 HbsAg、HbeAg 阳性母亲的新生儿，出生后 12 小时内及 1 个月时分别肌内注射乙肝免疫球蛋白 100U 以上，然后于第 2、第 3、第 6 个月时接种乙肝疫苗；也可在出生后 12 小时内肌内注射乙肝免疫球蛋白 200U 以上，1～2 周接种第一针乙肝疫苗。

（3）注意事项：①患有发热、严重急性或慢性疾病及过敏体质者禁用；②严禁使用注射过卡介苗的注射器接种乙肝疫苗。

3. 脊髓灰质炎三价混合疫苗　目前我国主要使用 Sabin 三价混合减毒活疫苗。

（1）接种对象：2 个月以上的正常婴儿。

（2）接种方法：出生后满 2 个月开始口服，每次服 1 丸，连服 3 次，每次必须间隔 1 个月。4 岁时复种一次（口服 1 丸）。

（3）注意事项：①凡有免疫缺陷病、发热、急性传染病、接受免疫抑制药治疗的患儿忌服，严重腹泻的患儿暂缓服用。②需用冷开水喂服，切忌用热开水或人奶喂服，以免影响免疫效果。

4. 百白破混合制剂　百白破混合制剂是用百日咳菌苗、白喉类毒素、破伤风类毒素适量配合生理盐水稀释制成的混合制剂。免疫成功可预防百日咳、白喉和破伤风。

（1）接种对象：3 个月以上的正常婴儿。

（2）接种方法：于臀部外上方 1/4 处或上臂外侧三角肌处肌内注射 0.5 ml。婴儿于出生后 3 个月开始注射，连续 3 次，每次必须间隔 1 个月。1.5 至 2 岁和 6 岁时各复种一次。

（3）注意事项：①有惊厥或脑损伤史的患儿禁用。②注射第 1 针后，因故未按时注射第 2 针时，可延长间隔时间，但最长不超过 3 个月。

5. 麻疹减毒活疫苗　目前常用的是将减毒的麻疹病毒接种于鸡胚细胞上，待病毒繁殖后收集制成的麻疹减毒活疫苗。

考点：预防接种的注意事项

（1）接种对象：出生后 8 个月以上未患过麻疹的正常儿童。

（2）接种方法：于上臂外侧三角肌附着处皮下注射 0.2ml。6 岁时复种一次。

（3）注意事项：①有发热、急性或慢性感染、严重疾病、对鸡蛋过敏的儿童禁止接种。②近期注射过免疫球蛋白的儿童，推迟 3～6 个月接种麻疹疫苗。

（三）接种反应及处理

接种反应一般可分为正常反应和异常反应两种。

1. 正常接种反应

（1）局部反应：一般在接种疫苗后 24 小时左右局部发生红、肿、热、痛等现象，红肿直径在 2.5cm 以下者为弱反应，2.6～5cm 者为中等反应，5cm 以上者为强反应。强反应有时可引起局部淋巴结肿痛，应进行热敷。

（2）全身反应：接种后 5～6 小时体温升高，发热，在 37.5℃左右为弱反应，37.6～38.5℃为中等反应，38.6℃以上者为强反应。除体温上升外，极个别的有头痛、呕吐、腹痛、腹泻等症状。目前所使用的预防接种制剂绝大多数局部反应和全身反应都是轻微的、短暂的、不需要做任何处理，经过适当休息，第 2 日就可以恢复正常。全身反应严重者，可以对症处理，高热、头痛者可以口服解热镇痛药。

考点：异常接种反应的处理

2. 异常接种反应　一般少见。主要见于晕厥，多发生在空腹、精神紧张的儿童。一旦发生，应让儿童立即平卧，密切观察脉搏、心率、呼吸、血压，给温开水或糖水口服，一般可在短时间内恢复正常。其次是过敏性休克，一旦发生反应立即皮下注射 1∶1000 肾上腺素，剂量为每次 0.01～0.03mg/kg，有条件时给以氧气吸入，病情稳定后尽快转至医院抢救。

六、医学检查与监测指导

小儿应定期到固定的社区卫生服务中心进行健康检查，通过连续、纵向观察，可获得个体儿童体格生长和心理行为发育趋势，以便早期发现问题、早期干预指导。

（一）定期健康检查

1. 定期健康检查时间　6 个月以内婴儿，每个月检查一次；7～12 个月婴儿，每 2～3 个月检查一次；生后第 2 和第 3 年，每 6 个月检查一次；3 岁以上儿童，每年检查一次。高危儿、体弱儿应适当增加检查次数。

2. 定期检查的内容包括　①体格测量及评价，3 岁后每年测视力和血压一次；②全身体格检查；③发育筛查；④常见病的定期实验室检查，如缺铁性贫血、寄生虫病等，对临床可疑的疾病如佝偻病、微量元素缺乏、发育迟缓等应做相应的进一步检查。

（二）生长监测指导

儿童生长监测是联合国儿童基金会推荐的一套较完整的儿童系统保健方案，该方案利用儿童生长监测图对个体儿童的体重进行连续的测量与评价，可以直观的监测儿童体重生长的水平和速度，动态地观察婴幼儿生长发育的趋势，早期发现生长迟缓现象。根据生长曲线的变化，对体重增长有问题的儿童，从以下三个方面进行诊断、干预和指导。

1. 对营养缺乏的儿童，分析营养缺乏的原因，指导家长正确添加辅食，合理喂养，纠正不良饮食习惯，解决入量不足或有关营养素不足等问题。

2. 对由于感染所致体重增长减慢的儿童，如腹泻、呼吸道感染等，要针对感染的病因给予治疗。对反复感染的儿童，可选用增强儿童免疫功能的药物，调节机体免疫力，以达到减少和控制感染的目的。

3. 对由于照顾不当所致体重不增的儿童，要采取综合措施，尽可能地改善居住和卫生条件，增加户外活动，加强体格锻炼，积极防治疾病，以保证儿童健康成长。

七、儿童伤害的控制

随着卫生事业的发展、预防接种的普及和医疗技术的进步，儿童传染病及感染性疾病的死亡率已明显下降，而儿童意外伤害的死亡率则逐年上升，成为5岁以下儿童死亡的首位原因；因此，预防儿童意外事故的发生是儿童保健的重要任务之一。预防儿童意外伤害的发生应遵循以下原则。

1. 加强安全管理　安全管理的目的在于创造一个减少或消除危险因素存在的环境，如：①3个月以内的小婴儿应注意防止因被褥、母亲的身体、吐出的奶液等造成窒息；婴幼儿应防止食物、果核、果冻、纽扣、硬币等异物吸入气管。②保证儿童食物的清洁卫生，防止食物在制作、储备、出售过程中处理不当所致的细菌性食物中毒。避免食用有毒的食物，如毒蘑菇、含氰果仁、白果仁、河豚、鱼苦胆等。③药物应放置在儿童拿不到的地方；儿童内外用药应分开放置，防止误服外用药造成的伤害。④婴幼儿居室的窗户、楼梯、阳台、睡床等都应安置栏杆；妥善放置沸水、高温的油和汤等；室内电器、电源应有防止触电的安全装置等。

2. 安全教育与安全训练　过度保护不利于培养儿童避免危险的能力，对有理解能力的儿童要尽早进行安全教育与训练。如：①教育儿童不能随意玩火柴、煤气等危险物品。②教育儿童不可独自或与小朋友去无安全措施的江湖和池塘玩水、游泳。③教育儿童遵守交通规则。④教会儿童自救：遭受外来人侵犯时拨打“110”，家中发生火灾拨打“119”，意外伤害急救拨打120电话等。

3. 提高对意外伤害的警惕性　家长、托幼机构的工作人员和学校的教师必须对意外伤害有预见性，应具备预防意外伤害发生的常识，及时发现和排除意外伤害可能发生的危险因素，使儿童在家庭内外均有一个安全的环境，才能做到防患于未然。

考点：儿童意外伤害的预防

八、各年龄期儿童保健重点

（一）胎儿期

胎儿期与孕母的健康营养状况、生活环境和情绪改变密切相关。母亲妊娠期间如受外界不利因素影响，包括营养缺乏、感染、严重疾病、外伤、心理创伤、滥用药物及毒品、接触放射性物质等都可能阻碍胎儿的正常生长发育，甚至导致流产、畸形或宫内发育不良等。因此，加强孕期保健十分重要。

（二）新生儿期

胎儿发育成熟脱离母体转而独立生存即称新生儿，所处的内外环境发生了根本性变化，但其适应能力尚不完善。加之分娩过程中的损伤、感染延续存在，先天性畸形也常在此期表现。因此，应做好新生儿疾病筛查和新生儿家庭访视，以降低新生儿的发病率和死亡率。

新生儿疾病筛查和新生儿家庭访视

1994年《中华人民共和国母婴保健法》和《母婴保健实施办法》明确规定开展新生儿疾病筛查，我国于20世纪80年代初，首先在我国各大城市进行新生儿疾病筛查。目前已由大城市向中小城市和农村推广，主要包括新生儿听力、苯丙酮尿症和先天性甲状腺功能减退症筛查。建立了新生儿家庭访视制度，其目的是早期发现问题，及时指导处理，以降低新生儿的发病率和死亡率。新生儿家庭访视由社区妇幼保健人员于新生儿出生28天内家访3～4次，高危儿适当增加家访次数。

链接

考点：新生儿疾病筛查、新生儿家庭访视

（三）婴儿期

此期是小儿生长发育极其迅速的阶段，因此对营养的需求量相对较高。但是消化系统不够成熟，尤其常常难以适应大量食物的消化吸收，容易发生消化功能紊乱。又因婴儿体内来自母体的抗体逐渐减少，自身的免疫功能尚未成熟，抗感染能力较弱，易发生各种感染和传染性疾病。因此，应提倡母乳喂养、及时合理地添加辅助食品，采用合理的断奶方法，定期进行体格检查。同时要做好预防接种和常见病、多发病、传染病的防治工作。

（四）幼儿期

此期儿童体格生长发育速度较前稍减慢，语言、思维、动作和社会交往能力发育较快，对危险事物的识别和自我保护能力尚不足，易发生各种意外伤害。此外，小儿消化系统功能仍不完善，营养的需求量仍然相对较高，自身免疫力尚不健全。因此，要有目的、有计划地进行早期教育，预防意外伤害的发生，培养幼儿良好的卫生习惯，加强断奶后的营养指导，注意口腔卫生，定期进行体格检查，继续做好预防接种工作。

（五）学龄前期

此期儿童体格生长处于稳步增长状态，智能发育更加迅速，与外界环境的接触日益增多，特别要防止意外伤害的发生。应开展弱视、斜视、弱听的防治，注意口腔卫生，定期进行体格检查。

（六）学龄期

此期儿童体格生长速度相对缓慢，除生殖系统外，各系统器官外形已接近成人，智能发育也接近成人，可以接受系统的科学文化教育。应注意防止近视、龋齿；端正坐、立、行姿势；安排有规律的生活、学习和锻炼，保证足够的营养和睡眠；防治心理行为问题。

（七）青春期

考点：各年龄期儿童保健重点

此期儿童的体格生长再次加速，出现第二次高峰。同时，生殖系统的发育加速并渐趋成熟，此期儿童求知欲强，是获取知识的最重要时期。该时期应提供适宜的学习条件，培养良好的生活、学习习惯，加强素质教育；引导积极的体育锻炼，加强青春期生理、心理和性卫生教育，防治常见的心理行为问题。

第6节　儿科病历记录及体格检查

学 习 目 标

1. 熟悉儿科病史采集和记录的特点。
2. 掌握儿科体格检查的内容和方法。

儿科的病史采集、体格检查和记录在内容、程序、方法以及分析判断等方面具有自身的特点，熟练掌握与此有关的方法和技巧，是开展儿科临床诊疗工作的基础。

一、病史采集和记录

病史的采集要准确无误。儿科病史询问有其特殊之处，婴幼儿的病史一般由家长提供，年长儿虽然能补充叙述病情，但其准确性受到一定的限制。因此，在病史询问过程中态度要和蔼亲切，语言要通俗易懂，要注重与家长的沟通，以取得家长和孩子的信任，同时要尊重家长和孩子的隐私并为其保密。切不可先入为主，尤其不能用暗示的言语或语气来诱导家长主观期望的回答，这样会给诊断造成困难。

1. 一般内容　正确记录患儿的姓名、性别、年龄（采用实际年龄：新生儿记录天数、婴儿记录月数、一岁以上记录几岁几个月）、种族、父母或抚养人的姓名、职业、年龄、文化程度、家庭住址、联系方式、病史叙述者与病儿的关系以及病史的可靠程度。

2. 主诉　就诊的主要症状、体征及时间。例如“发热5天，抽搐发作1次”。

3. 现病史　为病历的主要部分。详细记录此次患病的起因、发生发展情况、诊治经过等，应特别注意以下特点：①起病时间：不易问准，应认真详细回顾。②主要症状：婴幼儿不会叙述自觉症状，而以特殊行为表示，如头痛时用手打头或摇头等。③有无其他伴随症状：小儿患病常累及多个系统，如呼吸道感染时出现消化道症状等。④有鉴别意义的阴性症状，要详细询问并记录在病史中。⑤与现在所患疾病密切相关的疾病：如风湿热，应询问近期有无扁桃体炎病史。⑥病后小儿的一般情况，如精神状态、吃奶或食欲情况、大小便、睡眠等。⑦诊疗过程：详细询问诊疗过程，包括实验室检查、治疗方法，用药时，要询问药物名称、剂量、方法和时间、治疗效果、有无不良反应等。

4. 个人史　个人史包括出生史、喂养史、生长发育史、生活史、预防接种史和传染病接触史，是儿科病史中最具特征性的部分。询问时应根据不同年龄和不同疾病各有侧重。

考点：个人史内容

5. 既往史　了解以往患过何种疾病，特别是与现在所患疾病有密切关系的。

6. 家族史　询问家族中有无遗传性、过敏性或急慢性传染病病史；父母是否近亲结婚、母亲分娩情况、同胞的健康状况、家庭经济情况、居住环境、父母对小儿的关爱程度和教育情况等。

7. 过敏史　应详细询问患儿有无药物、食物或其他过敏史。

二、体格检查

为了获得准确无误的体格检查资料，在询问病史时，就应该开始和患儿建立良好的关系，以尽可能取得患儿的合作，医生的表现是决定母亲和孩子合作程度的主要因素。

（一）体格检查注意事项

1. 检查时态度和蔼、动作轻柔，冬天时，手和听诊器的胸件要温暖。检查过程中要全面仔细，不要过多暴露身体部位以免着凉，对年长儿要照顾到害羞心理和尊重其自尊心。

2. 检查者的工作衣和听诊器要勤消毒，检查前后均应清洗双手，检查用具应消毒或使用一次性产品，以防止交叉感染。

3. 为增加患儿的安全感，检查时应尽量让患儿与亲人在一起，婴幼儿可坐或躺在家长的怀里检查，检查者顺应患儿的体位。

4. 检查顺序可根据患儿当时的情况灵活掌握，容易观察的部位随时查，安静时进行心肺听诊，患儿不易接受或疼痛的部位最后检查。对急症或危重抢救病例，应先重点检查生命体征或与疾病有关的部位，全面的体检在病情稍稳定后进行，也可边抢救边检查。

（二）体格检查项目

1. 一般测量　除体温、呼吸、脉搏、血压外，小儿还应测量体重、身高（长）、坐高、头围、胸围、前囟大小等。患儿身材异常时，应测量上、下部量和指距。

（1）体温：可根据小儿的年龄和病情选用不同的测温方法。①腋温：最常用，而且安全方便，测量时间不少于5分钟，36～37℃为正常。②口温：准确方便，测量时间为3分钟，正常不超过37℃，适用于6岁以上神志清楚、合作的小儿。③肛温：准确，适用于1岁以内、不合作的小儿和病重患儿，测温时间3～5分钟，36.5～37.5℃为正常。

（2）呼吸和脉搏：应在小儿安静时测量。年幼儿以腹式呼吸为主，可按腹部起伏计数。呼吸过快不易看清者，可用听诊器听呼吸音计数，或用少量棉花纤维贴近小儿鼻孔边缘，观

考点：不同年龄呼吸和脉搏的特点

察其摆动次数。同时注意观察呼吸的节律和深度。测量脉搏时，年长儿一般检查桡动脉，婴幼儿桡动脉不易扪及，可计数颈动脉或股动脉搏动；同时，注意脉搏的速率、节律、强弱及紧张度。各年龄组小儿呼吸和脉搏正常参考值（表 2-9）。

表2-9 各年龄组小儿呼吸和脉搏正常参考值（次/分）

年龄	呼吸	脉搏	呼吸：脉搏
＜ 28 天	40～45	120～140	1：3
＜1 岁	30～40	110～130	1：3～1：4
2～3 岁	25～30	100～120	1：3～1：4
4～7 岁	20～25	80～100	1：4
8～14 岁	18～20	70～90	1：4

考点：儿童血压的计算公式

（3）血压：不同年龄小儿应选择不同宽度的袖带，合适的袖带宽度应为上臂长度的 1/2～2/3。袖带过宽测得的血压值较实际值偏低，过窄时则较实际值偏高。新生儿及小婴儿宜采用多普勒超声监听仪或心电监护仪测定血压。

小儿年龄越小，血压越低。儿童期收缩压正常值可按以下公式推算。

收缩压（mmHg）=80+（年龄×2）；舒张压为收缩压的 2/3。mmHg 与 kPa 的换算为：kPa 值 = mmHg 测定值÷7.5。

2. 一般状况　询问病史的过程中，应注意观察小儿的神志、表情、对周围事物的反应、营养发育状况、皮肤颜色、体位、行走姿势和语言表达能力等，以判断小儿的病情和疾病的种类。

3. 皮肤和皮下组织　应在自然光线下进行。冬天注意保暖。应仔细观察身体各部位皮肤的颜色，有无苍白、黄染、发绀、潮红、皮疹、瘀点（斑）、脱屑、色素沉着等；注意皮肤的弹性、皮下组织及脂肪的厚度，有无脱水或水肿，皮下有无结节等。

4. 淋巴结　一般检查颈部、颌下、耳后、枕后、腋窝、腹股沟等部位的浅表淋巴结。触诊时应注意淋巴结的大小、数目、活动度、质地、有无粘连、压痛等。正常小儿可扪及单个质软、活动、无压痛、黄豆大小的浅表淋巴结。

5. 头部

（1）头面部：注意检查有无特殊面容、头颅大小、形状、有无畸形、前后囟及骨缝大小、有无凹陷或隆起，新生儿注意检查有无产瘤、血肿，小婴儿注意检查有无枕秃、颅骨软化、颅骨缺损等；根据具体情况测量头围。

（2）眼、耳、鼻：注意眼裂大小、眼球活动情况、瞳孔大小形状与对光反射，有无眼睑水肿与下垂，眼球是否突出、震颤、有无斜视、结膜充血、眼分泌物、角膜混浊及溃疡、巩膜黄染等。检查耳郭有无畸形，听力是否正常，双侧外耳道有无分泌物、疖肿、异物，外耳牵拉痛、乳突压痛等；若疑为中耳炎者，应用耳镜检查鼓膜情况。观察鼻形，注意有无鼻翼扇动、鼻腔分泌物及鼻通气情况。

（3）口腔：注意检查唇及口腔有无畸形，口唇有无苍白、发绀、干燥，口角有无炎症、糜烂、疱疹，口腔黏膜有无出血、溃疡、黏膜斑、鹅口疮，腮腺开口处有无红肿、分泌物，伸舌有无震颤及活动度，舌质及舌苔颜色，有无地图舌、杨梅舌，双侧扁桃体是否肿大，有无充血、分泌物、脓点、假膜，咽部有无溃疡、充血、滤泡增生、咽后壁脓肿，牙齿数目及龋齿数等。口腔呼出的气体有助于临床诊断，如呼出酮味提示存在代谢性酸中毒。

6. 颈部　注意颈部姿势及活动度，有无斜颈、短颈或颈蹼等畸形，甲状腺有无肿大，气管是否居中，有无颈静脉怒张、颈动脉搏动，有无颈肌张力增高等。

7. 胸部　注意检查有无胸廓畸形（如鸡胸、漏斗胸、赫氏沟、肋外翻、肋骨串珠等），胸廓两侧是否对称，心前区有无隆起及呼吸运动异常。

（1）肺部：视诊时应注意呼吸频率、节律、深浅度，有无呼吸困难和三凹征（胸骨上窝、肋间隙和剑突下吸气时凹陷）。触诊时注意检查有无双侧语颤增强、减弱及胸膜摩擦感。正常小儿肺部叩诊为清鼓音，肝浊音界在右胸第 4 肋以下。听诊时应注意腋下、肩胛间区及肩胛下区有无异常，正常小儿呼吸音较成人响，呈支气管肺泡呼吸音。

（2）心脏：视诊时仔细观察心前区是否隆起、心尖冲动强弱和范围，正常小儿心尖冲动范围直径在 2～3cm，右位心者心尖冲动在右侧，肥胖小儿不易看到心尖冲动。触诊时明确心尖冲动部位、强弱和范围，注意有无心包胸膜摩擦感及震颤。叩诊可粗略估计心脏大小和有无移位，小儿正常心脏浊音界（表 2-10）。听诊应注意心率、心律、心音及杂音，婴儿肺动脉瓣区第二音比主动脉瓣区第二音响，学龄前期及学龄期儿童常于心尖部闻见生理性收缩期杂音或窦性心律不齐。

考点：正常小儿心浊音界

表2-10　小儿正常心脏浊音界

心脏浊音界	2 岁以下	学龄前期	学龄期
绝对浊音界　上界	第 3 肋骨	第 3 肋骨	第 3 肋骨
左缘	接近锁骨中线	左锁骨中线与胸骨旁线之间	同左
相对浊音界　上界	第 3 肋骨	第 3 肋骨	第 3 肋骨
左缘	左锁骨中线外 1cm	左锁骨中线外 1cm	左锁骨中线上或内 0.5cm
右缘	右侧胸骨旁线	右侧胸骨旁线内	右胸骨线

8. 腹部　视诊检查时应注意腹部形态、大小、膨隆与否、腹壁静脉是否怒张，新生儿应注意脐部有无分泌物、出血、炎症、脐疝。触诊有无压痛，注意观察小儿表情。正常婴幼儿肝脏可在右肋缘下 1～2cm 处扪及，6～7 岁后不应再触及，小婴儿偶可在左肋缘下触及脾，肝脾柔软无压痛。正常除肝脾区叩诊呈浊音外，其余均为鼓音；有腹水时可有移动性浊音。听诊肠鸣音亢进见于肠梗阻，消失见于肠麻痹；如闻及血管杂音，应注意杂音性质、强弱及部位。

9. 脊柱和四肢　注意检查躯干与四肢比例、有无畸形[如脊柱侧弯或后凸、“O”形或“X”形腿、多指（趾）畸形]、手及足镯、杵状指（趾）等。

10. 外生殖器和肛门　观察有无畸形（如先天性无肛、尿道下裂、肛裂、两性畸形、隐睾等），女童有无异常阴道分泌物，男童有无包皮过长、包茎、鞘膜积液和疝等。

11. 神经系统　应注意检查各种原始反射、生理反射和病理反射，在解释检查结果意义时，一定要根据病情、结合年龄特点全面考虑。如新生儿期存在吸吮反射、拥抱反射、握持反射，新生儿和小婴儿期提睾反射、腹壁反射较弱或不能引出，3～4 个月的婴儿凯尔尼格（Kernig）征和布鲁津斯基（Brudzinski）征可阳性，2 岁以下小儿巴宾斯基（Babinski）征可呈阳性。

考点：小儿的各种反射

第 7 节　小儿药物治疗

学 习 目 标

1. 了解小儿药物治疗的特点。
2. 熟悉药物选择和给药方法。
3. 掌握儿科药量计算方法。

药物治疗是防治小儿疾病的重要手段之一。用药不当将会加重药物的毒副作用、降低疗效、贻误病情，甚至危及患儿生命。因此，掌握小儿不同年龄时期药物作用特点、结合病情做到合理、准确用药，以发挥药物的最大疗效，减少不良反应，既是临床儿科医师的基本功，也是儿科临床一直重视的重要原则。

一、药 物 选 择

选择用药的主要依据是小儿年龄、病种和病情，同时要考虑小儿对药物的特殊反应和药物的远期影响。

考点： 抗生素使用原则

1. 抗生素　小儿容易患感染性疾病，故临床上使用抗生素需注意：①长期使用广谱抗生素容易引起肠道菌群失衡，引发二重感染。②滥用抗生素可因各种毒副作用给患儿造成不良后果，也可影响疾病的及时诊断。应根据病原体种类、药物敏感性和病情轻重，严格掌握适应证，选择有效抗生素。如氨基糖苷类药对小儿肾和听力损害的后果较成人严重，应慎用；氯霉素可抑制造血功能，还可导致新生儿、早产儿“灰婴综合征”；四环素可引起牙釉质发育不良，8 岁以下小儿禁用。③如临床已确诊为病毒性感染，不应用抗生素。④联合用药种类不宜过多，注意累加或拮抗作用。

考点： 应用肾上腺皮质激素注意事项

2. 肾上腺皮质激素　短疗程常用于治疗严重感染、过敏性疾病等。长疗程则用于肾病综合征、血液病、自身免疫性疾病等。必须注意肾上腺皮质激素的副作用，短期大量使用可掩盖病情，较长期使用可抑制骨骼生长，影响水、盐、蛋白质和脂类代谢，引起血压增高和库欣病，还可致肾上腺萎缩，降低机体免疫力。水痘患儿禁用激素，以防加重病情。

3. 退热药　使用时应注意：①根据年龄、病情选用恰当的药品、剂型和剂量，儿童不宜使用成人剂型，不要联合使用；②婴儿不宜使用阿司匹林，以免引起 Reye 综合征；③3 个月以下婴儿慎用退热药，多选用物理方法退热；④体弱、失水、虚脱患儿不宜使用发汗药，应鼓励多饮水。

4. 镇静止惊药　在患儿高热、烦躁不安、过度兴奋、惊厥等情况下可考虑给予此类药，常用的有苯巴比妥、地西泮、水合氯醛等。应注意用药后可能掩盖症状，影响原发病的诊断。

5. 镇咳止喘药　婴幼儿一般不用镇咳药，多口服或雾化吸入祛痰药，使分泌物稀释易于咳出。哮喘病儿提倡局部吸入β_2受体激动剂，也可用氨茶碱，但新生儿、小婴儿慎用。

6. 止泻药和泻药　对感染性腹泻患儿原则上不用止泻药。小儿便秘多采用饮食调整和通便法，一般不用泻药。

7. 新生儿用药　新生儿肝、肾代谢功能均不成熟，易引起毒副作用，如磺胺类药、维生素 K_3 可引起高胆红素血症，氯霉素引起“灰婴综合征”等，故应慎重使用。

另外，临床用药还要考虑到用药的目的，病情的轻重，选择的剂量也应做适当调整，如阿托品用于抢救中毒性休克时，剂量要比常规剂量大几倍到几十倍；磺胺药或青霉素类药物在治疗一般感染和化脓性脑膜炎时，剂量也是不同的。

二、药 量 计 算

采用以下任何方法计算的药量，都必须与患儿具体情况相结合，才能得出比较确切的药物用量。

1. 按体重计算　是临床上最常用、最基本的计算方法。

每日（次）剂量＝体重（kg）×每日（次）每千克体重所需药量。患儿体重应以实际测得值为准。年长儿如按体重计算超过成人量，则以成人量为上限。

2. 按年龄计算　剂量幅度大、不需十分精确的药物，如营养类药物等可按年龄计算。

3. 按体表面积计算　此法较按年龄、体重计算更为准确、合理。小儿体表面积计算公式为：＜30kg，小儿体表面积（m^2）=体重（kg）×0.035+0.1

＞30kg，小儿体表面积（m^2）=[体重（kg）−30] ×0.02 + 1.05

4. 按成人剂量折算　小儿剂量=成人剂量×小儿体重（kg）/50，此法仅用于未提供小儿剂量的药物，所得剂量一般都偏小，故不常用。

考点：小儿药量计算方法

三、给 药 方 法

小儿给药方法应根据年龄、病情选择不同的给药途径，以保证药效和尽量减少对病儿的不良影响。原则是能口服者尽量不要选择其他的给药方法。

1. 口服法　是最常用的给药方法。幼儿用糖浆、水剂、冲剂等较合适，也可将药片捣碎后加糖水吞服，年长儿可用片剂或药丸。小婴儿喂药时最好将小儿抱起或头略抬高，以免引起呛咳或窒息。病情需要时可采用鼻饲法给药。

2. 注射法　注射法比口服法奏效快，但对小儿刺激大。肌内注射次数过多可造成臀肌挛缩，影响下肢功能，故非病情必需不宜采用；静脉滴注应根据年龄大小、病情严重程度控制滴速；静脉推注多在抢救时应用。

3. 外用药　以软膏为多，也可用水剂、混悬剂、粉剂等。小儿皮肤薄、体表面积相对大，外用药物容易吸收，不能涂抹过多。注意防止小儿用手抓摸药物，引起意外。

4. 其他方法　小儿呼吸道黏膜薄嫩、血管丰富，用药可采用雾化吸入。

四、小儿药物治疗的特点

由于药物在体内的分布受药物分子量的大小、体液 pH、细胞膜的通透性、药物与蛋白质的结合程度、药物在肝脏代谢和肾脏排泄等因素的影响，因此，小儿药物治疗具有下述特点。

1. 肝肾功能发育不成熟　小儿（特别是新生儿和早产儿）肝脏酶系统发育不成熟，解毒功能不足，易出现毒性作用，如氯霉素不能用于新生儿，以免发生“灰婴综合征”；肾脏排泄功能不足，肾小管分泌功能在新生儿仅为成人的 5%，6 月龄达成人水平，肾小球滤过率需 1 岁左右才达成人水平，以致药物及其分解产物在体内滞留时间延长，增加了药物的毒副作用。因此，小儿用药剂量宜偏小。

考点：新生儿用药特点

2. 年龄差异　小儿对药物的反应随年龄而异，例如，新生儿期氨苄西林、氯霉素、吗啡、苯巴比妥、阿托品等与血清蛋白结合能力差，吗啡对新生儿呼吸中枢的抑制作用明显强于年长儿，麻黄素使血压升高的作用在未成熟儿却较弱，幼儿脑内巴比妥类、吗啡、四环素的浓度明显高于年长儿。

3. 对生长发育的影响　长期应用肾上腺皮质激素可造成生长发育障碍；性激素可促进骨骼生长，也使骨骺与骨干过早融合，影响最终身高；四环素可引起牙釉质发育不良。

第8节　小儿液体疗法

学 习 目 标

1. 了解小儿体液平衡特点。
2. 熟悉水电解质和酸碱平衡紊乱。
3. 掌握小儿静脉补液原则。

液体疗法是儿科疾病治疗的重要手段，其目的是恢复血容量，纠正水、电解质和酸碱平衡紊乱，补充部分热量，保证机体的正常生理功能。

一、小儿体液平衡的特点

（一）体液的总量与分布

体液的总量分布于血浆、间质及细胞内，前两者合称为细胞外液。年龄越小，体液总量相对越多，间质液所占比例越高，不同年龄体液分布参见表 2-4。

（二）体液的电解质组成

考点：细胞内、外液电解质组成

细胞内外液的电解质组成有显著的差别。细胞外液的电解质成分以 Na^+、Cl^-、HCO_3^- 为主，其中 Na^+含量占细胞外液阳离子总量的 90%以上，对维持细胞外液的渗透压起主导作用。细胞内液离子以 K^+、Mg^{2+}、HPO_4^{2-} 为主，其中 K^+ 占 78%，对维持细胞内液的渗透压起重要作用。除新生儿生后数日内血钾、氯、磷和乳酸偏高，血钠、钙和碳酸氢盐偏低外，小儿体液电解质组成与成人相似。

（三）水代谢特点

1. 体液平衡调节　小儿的体液调节功能相对不成熟，正常情况下，主要靠肾脏的浓缩和稀释对体液起着平衡调节作用。小儿年龄越小，肾脏的浓缩和稀释功能越不成熟。当入水量不足或失水量增加，超过肾脏浓缩能力的限度时，易发生代谢产物滞留和高渗性脱水；当摄入水量过多时，易致水肿和低钠血症。此外，由于小儿肾脏排钠、排酸和产氨能力较差，还容易发生高钠血症和酸中毒。

2. 水的需要量　正常人体水的出入量与体液保持动态平衡。每日需水量与热量消耗成正比。小儿热量消耗相对较高，需水量按体重计算较成人高。不同年龄小儿每日所需水量见表 2-5。

3. 水的排出　机体主要通过肾脏排出水分，其次经皮肤和肺的不显性失水和消化道粪便排水，另有极少量的水（0.3%～0.5%）储存在体内供组织生长所需。小儿由于生长发育快，新陈代谢旺盛，摄入热量和蛋白质均较高；加之，体表面积相对较大、呼吸频率快、活动量大，不显性失水量相对多。不同年龄小儿每日不显性失水量见表 2-11。

表2-11　不同年龄小儿每日不显性失水量

不同年龄或体重	不显性失水量（ml/kg）
早产儿或足月新生儿	
750～1000g	80
1001～1250g	56
1251～1500g	46
不同年龄或体重	不显性失水量（ml/kg）
> 1500g	26
婴儿	19～24
幼儿	14～17
儿童	12～14

考点：小儿体液平衡特点

4. 水交换率　小儿由于新陈代谢旺盛，排泄水的速度也较成人快。年龄越小，出入量相对越多。婴儿每日水的交换量为细胞外液量的 1/2，成人仅为 1/7，婴儿体内水的交换率比成人快 3～4 倍。因此，小儿尤其是婴儿对缺水的耐受力比成人差，病理情况下，比成人更易发生脱水。

二、水、电解质和酸碱平衡失调

（一）脱水

脱水是指由于水的摄入不足或丢失过多所引起的体液总量（尤其是细胞外液量）的减少。脱水时除丧失水分外，同时伴有钠、钾和其他电解质的丢失。

1. 脱水程度　脱水程度指患儿病后累积的体液损失量，常以丢失液体量占体重的百分比来表示。临床上主要根据前囟、眼窝凹陷、皮肤弹性、循环情况和尿量等临床表现来评估脱水程度。不同程度脱水其临床表现不同（表2-12）。

考点：脱水的分度及临床特点

表2-12　脱水的分度及临床表现

临床表现	轻度	中度	重度
眼泪	有	少	无
尿量	减少	明显减少	少尿或无尿
酸中毒	无	有	严重
皮肤弹性	稍差	差	极差
口腔黏膜	稍干燥	干燥	极干燥
精神状态	无明显改变	烦躁或萎靡	昏睡或昏迷
周围循环衰竭	无	不明显	明显
前囟及眼窝凹陷	轻度	明显	极明显
失水量占体重百分比	5% 以下	5%～10%	10% 以上

2. 脱水性质　脱水性质反映了水和电解质的相对丢失量。临床常根据血清钠及血浆渗透压水平对其进行评估，不同性质的脱水其临床表现不尽相同（表2-13）。临床上以等渗性脱水最为常见，其次为低渗性脱水，高渗性脱水少见。

考点：不同性质脱水的临床特点

表2-13　不同性质脱水的临床表现

病因及临床表现	低渗性	等渗性	高渗性
病因	以失盐为主	失水与失盐大致相同	以失水为主
口渴	不明显	明显	极明显
血压	很低	低	正常或稍低
神志	嗜睡或昏迷	精神萎靡	烦躁易激惹
皮肤弹性	极差	稍差	尚可
血钠浓度	＜130mmol/L	130～150mmol/L	＞150mmol/L

（二）钾代谢异常

1. 低钾血症　当血清钾浓度＜3.5mmol/L时称为低钾血症。

（1）病因：①钾的摄入量不足：如长期禁食，静脉补钾不足。②消化道丢失过多：如呕吐、腹泻、胃肠道引流或频繁灌肠。③肾脏排钾过多：如长期应用排钾利尿剂。④钾在体内分布异常：如纠正酸中毒治疗过程中，K^+由细胞外向细胞内转移，导致血清K^+浓度降低。

（2）临床表现：低钾血症主要取决于失钾的速度，其次是血钾的浓度。临床表现为：①神经肌肉：表现为肌无力，兴奋性降低，重者出现呼吸肌麻痹，如麻痹性肠梗阻、腱反射及腹壁反射减弱或消失、腹胀等。②心血管：心肌收缩力降低、血压降低、心律失常，甚至发生心力衰竭。心电图表现为T波低平或倒置，ST段下降，U波、Q-T间期延长等。③肾损害：低钾血症使肾脏浓缩功能下降，出现多尿，远曲小管排K^+减少、排H^+增多，导致低钾性碱中毒。

（3）治疗：①积极治疗原发病；②补钾：口服补钾安全、方便，能口服者尽量口服，轻度低钾血症患儿每日口服200～300mg/kg。重症需静脉补钾者，必须见尿补钾。每日总量为100～300mg/kg（10%KCl 1～3ml/kg），均匀分配于全天静脉输液中，浓度不超过0.3%（新

考点：静脉补钾的注意事项

生儿为 0.15％～0.20％），静脉输入时间不少于 8 小时，切忌静脉推注。

2. 高钾血症　血清钾浓度＞5.5mmol/L 时称为高钾血症。

（1）病因：①肾脏排钾减少：肾衰竭、肾小管性酸中毒、肾上腺皮质功能减退、长期使用保钾利尿剂等。②钾分布异常：酸中毒、重度溶血及严重挤压伤等，K^+由细胞内向细胞外转移。③钾摄入过多：静脉补钾过多、过快或输入大量青霉素钾盐、库存血等。

考点：高血钾的临床表现

（2）临床表现：①神经肌肉：患儿精神萎靡，嗜睡，腱反射及腹壁反射减弱或消失，严重者出现弛缓性瘫痪、尿潴留、呼吸麻痹和手足感觉异常等。②心血管：心肌收缩无力、心率减慢、心律失常，心电图出现 T 波高尖、P-R 间期延长、QRS 波增宽、心室颤动及心脏停搏等。

（3）治疗：①积极治疗原发病。②停用含钾药物和食物。③促使 K^+ 向细胞内转移：快速静脉应用 5%碳酸氢钠 3～5ml/kg（一般不超过 100ml）或葡萄糖加胰岛素（0.5～1g 葡萄糖/kg，每 3g 葡萄糖加 1 单位胰岛素）。④拮抗 K^+对心肌的毒性作用：10%葡萄糖酸钙 0.5ml/kg 在数分钟内缓慢静注，起效后改用 10%葡萄糖酸钙 10～20ml 加入 10%葡萄糖 100～200ml 静脉滴注。⑤加速排钾：应用排钾利尿剂、阳离子交换树脂、血液或腹膜透析等。

（三）酸碱平衡紊乱

正常儿童血 pH 与成人一样，维持在 7.35～7.45 的范围。细胞外液 pH 相对稳定，主要取决于血液中 HCO_3^-/H_2CO_3 比值（正常为 20/1）、肺排出或保留 CO_2 和肾排酸保钠。当体内代谢紊乱，使血浆中 HCO_3^-的量增加或减少而引起酸碱平衡紊乱，称为代谢性酸中毒或碱中毒；当肺呼吸功能障碍使 CO_2 排出过少或过多，使血浆中 H_2CO_3 的量增加或减少，从而引起酸碱平衡紊乱，称为呼吸性酸中毒或碱中毒。

1. 代谢性酸中毒　由于 HCO_3^-丢失或 H^+增加所致，是儿科最常见的酸碱平衡紊乱。

（1）病因：①体内碱性物质大量丢失：如腹泻、低位肠梗阻、小肠瘘管引流、肾小管酸中毒等。②酸性代谢产物产生过多或排除障碍：如酮症酸中毒、休克、心脏骤停等。③酸性物质摄入过多：如摄入过多氯化钙（铵）等。

（2）临床表现：轻症可无明显症状，仅表现呼吸稍快；重症表现为呼吸深快（有时呼出酮味）、精神萎靡、嗜睡或烦躁、口唇呈樱桃红色，新生儿和小婴儿呼吸改变不明显，仅表现为精神萎靡、拒奶和面色苍白。

考点：代谢性酸中毒的临床表现及治疗

（3）治疗：①针对病因治疗：积极治疗缺氧、组织低灌注、腹泻等原发疾病。②纠正酸中毒：当血气分析 pH＜7.30 时用碱性药物，大多首选碳酸氢钠。补充碱性液体可根据血气分析测定结果按以下公式计算：碱性溶液量（mmol）=[（22–测得 HCO_3^-（mmol/L）]×0.6×体重（kg），一般将碳酸氢钠稀释成 1.4%的溶液输入，先给计算量的 1/2，静脉滴注 4 小时后复查血气分析，再调整剂量。

2. 代谢性碱中毒　由于 H^+丢失或 HCO_3^-增加所致。

（1）病因：①过多的氢离子丢失，如呕吐、胃液引流或高位肠梗阻等；②应用过多的碳酸氢钠或利尿剂，使水、Na^+、Cl^-排出增加，HCO_3^-浓度增高；③低血钾，使细胞内 K^+ 移出，Na^+、H^+ 进入细胞内，导致低钾性碱中毒。

（2）临床表现：轻度代谢性碱中毒可无明显症状，重症者表现为呼吸浅慢或抑制、头痛、烦躁、手足麻木和抽搐等。

（3）治疗：①治疗原发病，停用碱性药物。②纠正碱中毒：轻者补充生理盐水或纠正低钾血症即可，重症者静脉滴注氯化铵治疗，氯化铵补充量（mmol）=[测得 HCO_3^-（mmol/L）–22]×0.3×体重（kg），先给计算量的 1/2 或 1/3，配成 0.9%的等渗溶液静脉滴注，肝、肾功能不全和合并呼吸性酸中毒时禁用；③伴有低钾、低钙血症者，应同时补钾、补钙。

3. 呼吸性酸中毒 由于通气障碍导致体内 CO_2 潴留、H_2CO_3 量增高所致。

（1）病因：①呼吸道阻塞，如异物、喉头水肿、肺炎、哮喘等；②胸部疾病，如气胸、胸腔积液、胸部外伤等；③呼吸中枢抑制和（或）呼吸肌麻痹，如脑炎、脑膜炎、头颅损伤、麻醉药中毒、人工呼吸机使用不当等；④神经肌肉疾病，如重症肌无力、多发性神经根炎、脊髓灰质炎等。

（2）临床表现：除原发病表现外，缺氧为突出症状，如发绀、胸闷、头痛、呼吸运动减弱，严重时可出现血压下降、谵妄或昏迷等。

（3）治疗：呼吸性酸中毒治疗主要应针对原发病，必要时应用人工辅助通气。呼吸中枢抑制者，可适当应用呼吸兴奋药。

4. 呼吸性碱中毒 由于通气过度导致体内 CO_2 丢失过多、血浆中 H_2CO_3 减少所致。

（1）病因：①呼吸中枢兴奋，如脑炎、脑外伤等；②通气过多，如大哭、高热；③使用机械通气时，通气量过大、呼吸过频过深、持续时间过长等。

（2）临床表现：主要表现为呼吸深快，其他症状与代谢性碱中毒相似。

（3）治疗：①以治疗原发病为主，呼吸改善后，碱中毒可逐渐恢复。②纠正电解质紊乱，手足抽搐者给予钙剂治疗。

三、液体疗法

液体疗法是通过补充不同种类的液体来纠正水、电解质代谢紊乱和酸碱平衡失调的治疗方法。其目的是维持或恢复正常的体液容量和成分，以保证正常的生理功能。液体疗法包括口服补液和静脉补液，补充的液体包含三部分：累积损失量、继续丢失量和生理需要量。

（一）口服补液

1. 口服补液盐（oralrehydrationsalts，ORS） 是世界卫生组织推荐用以治疗急性腹泻合并脱水的一种口服液，经临床应用证明有明显的疗效。ORS 配方：氯化钠 3.5g，碳酸氢钠 2.5g，枸橼酸钾 1.5g，葡萄糖 20g，临用前加温开水 1000ml 溶解。ORS 的总渗透压为 310mmol/L、电解质的渗透压为 220mmol/L（2/3 张）、钾浓度为 0.15 %。ORS 治疗脱水的理论基础是基于小肠黏膜细胞的 Na^+-葡萄糖偶联转运机制。ORS 的作用是扩充血容量，调节体内电解质及酸碱平衡，改善心血管功能，提高全身各脏器的血流灌注。

2. 补液方法 口服补液适用于轻、中度脱水而无呕吐及腹胀患儿。口服补液主要补充累积损失量和继续丢失量。①补充累积损失量：轻度脱水 50～80ml/kg，中度脱水 80～100ml/kg；每 5～10 分钟喂一次，每次 10～20ml，8～12 小时喂完。②补充继续丢失量：按实际丢失补给。③ORS 含电解质较多，一旦脱水纠正即停服。如病情加重则随时改用静脉补液。

（二）静脉补液

静脉补液适用于严重呕吐、腹泻伴中、重度脱水的患儿。在静脉补液的实施过程中需掌握以下原则："三定"：定量、定性、定速；"三先"：先盐后糖、先浓后淡、先快后慢；"两补"：见尿补钾、见惊补钙。

1. 定量 第 1 天补液总量应包括补充累积损失量、继续丢失量和生理需要量，其中轻度脱水为 90～120ml/kg；中度脱水为 120～150ml/kg；重度脱水为 150～180ml/kg。一般需补充继续丢失量和生理需要量。现以小儿腹泻脱水为例，制定第一天的液体疗法。

考点：静脉补液的原则

（1）累积损失量：根据临床检查结果来评估脱水程度。一般而言，补充累积损失量，在婴儿轻度脱水为 30～50ml/kg；中度为 50～100ml/kg；重度为 100～150ml/kg。

（2）继续丢失量：在开始补充累积损失量后，腹泻、呕吐、胃肠引流等损失大多继续存

考点：第一天补液的总量

在，以致体液继续丢失，如不予补充将又成为新的累积损失。此种丢失量依原发病而异，且每日可有变化，对此必须进行评估，根据实际丢失量用类似的溶液补充。一般按每日 10～40 ml/kg。各种体液丢失成分（表 2-14）。

表2-14　各种体液丢失成分（mmol/L）

丢失液体	Na^+	K^+	Cl^-	HCO_3^-
胃液	20～80	5～20	100～150	0
胰液	120～140	5～15	90～120	100
胆汁	120～140	5～15	50～120	40
腹泻液	10～90	5～15	20～115	25～30
回肠造瘘液	45～135	10～80	10～110	50
汗液	10～30	3～10	10～25	0
尿液	0～100	20～100	70～100	0

（3）生理需要量：一般按每消耗 100 kcal（418kJ）能量需 100～150ml 水计算，禁食时基础代谢需要热量为 60～80kcal/kg，故每日生理需水量为 60～80ml/kg。年龄越小，生理需水量相对越多。

2. 定性　根据脱水性质决定输液种类。一般情况下，累积损失量为低渗性脱水补等张或 2/3 张含钠液，等渗性脱水补等张或 1/2 张含钠液，高渗性脱水补 1/5～1/3 张含钠液；继续丢失量按 1/3～1/2 张含钠液补充；生理需要量按 1/5～1/4 张含钠液补充。以上三项总合并即为第一天补液的性质：低渗性脱水补 2/3 张含钠液，等渗性脱水补 1/2 张含钠液，高渗性脱水补 1/3 张含钠液，如临床上判断脱水性质有困难时，可先按等渗性脱水处理。

3. 定速　补液的速度取决于脱水程度，原则上应先快后慢。液体总量的 1/2（相当于累积损失量）应在 8～12 小时补完，输入速度为每小时 8～12ml/kg；余下液体（即继续丢失量和生理需要量）于 12～16 小时补充，输入速度为每小时 5ml/kg。对伴有循环不良或休克的重度脱水患儿，应先扩容，以改善血液循环和肾功能，一般采用 2∶1 等张含钠液（2 份生理盐水∶1 份 1.4% 碳酸氢钠）20ml/kg（总量不超过 300ml），于 30 分钟至 1 小时快速静脉滴注或推注。

4. 纠正酸中毒　见本节酸碱平衡紊乱部分。

5. 纠正低钾血症　见本节钾代谢异常部分。

6. 纠正低钙和低镁血症　营养不良、佝偻病患儿，补液过程中易发生手足搐搦，可采用 10%葡萄糖酸钙 5～10ml 加入等量葡萄糖溶液稀释后静脉滴注，必要时可重复使用。补钙后手足搐搦未控制，应考虑可能存在低镁血症，测定血镁浓度，同时用 25% 硫酸镁 0.1～0.2ml/次深部肌内注射。

（三）液体疗法中几种常用溶液的配制

临床常用液体可分为电解质溶液和非电解质溶液。为了方便临床治疗需要，常把几种液体按不同比例配制成混合液；其中，儿科静脉补液中常用的几种溶液的组成和配制（表 2-15 至表 2-17）。

表2-15　常用溶液的成分

溶液种类	葡萄糖	NaCl	KCl	$NaHCO_3$	NaL	Na^+	K^+	Cl^-	HCO_3^-	L^-
	溶质（g/dl）					（mmol/L）				
生理盐水		0.9				154		154		

续表

溶液种类	葡萄糖	NaCl	KCl	$NaHCO_3$	NaL	Na^+	K^+	Cl^-	HCO_3^-	L^-
	溶质（g/dl）					（mmol/L）				
5%葡萄糖溶液	5.0									
10%葡萄糖溶液	10.0									
5%葡萄糖生理盐水	5.0	0.9				154		154		
5%碳酸氢钠溶液				5.0		690			690	
11.2%乳酸钠溶液					11.2	1000				1000
10% 氯化钾			10.0				1351	1351		
10% 氯化钠		10.0				1710		1710		

表2-16　常用混合溶液的组成（份）

溶液名称	生理盐水	5%或 10 %葡萄糖溶液	1.4 % 碳酸氢钠溶液
2∶1 溶液（等张含钠液）	2	0	1
4∶3∶2 溶液（2/3 张含钠液）	4	3	2
2∶3∶1 溶液（1/2 张含钠液）	2	3	1
1∶1 溶液（1/2 张含钠液）	1	1	0
1∶2 溶液（1/3 张含钠液）	1	2	0
1∶4 溶液（1/5 张含钠液）	1	4	0

表2-17　常用混合液的简易配制（ml）

溶液名称	5% 或 10 %葡萄糖溶液	10%氯化钠溶液	5 %碳酸氢钠溶液
2∶1 溶液（等张含钠液）	500	30	47
4∶3∶2 溶液（2/3 张含钠液）	500	20	33
2∶3∶1 溶液（1/2 张含钠液）	500	15	24
1∶1 溶液（1/2 张含钠液）	500	30	0
1∶2 溶液（1/3 张含钠液）	500	20	0
1∶4 溶液（1/5 张含钠液）	500	10	0

（四）小儿液体疗法的注意事项

1. 新生儿的液体疗法　新生儿体液总量多，约占体重的 80%，细胞外液相对多，心、肺功能差，肝、肾功能发育不成熟，调节水、电解质和酸碱平衡的能力差；因此，新生儿补液时应注意以下几点：①每日补液总量要适当减少，补液速度要慢。②电解质成分应适当减少，宜用 1/5～1/3 张含钠液或生理维持液。③新生儿生后 10 天内，由于红细胞破坏过多，液体疗法时一般不补钾；如确实需要补充，其量比婴儿少，浓度不超过 1.5%，输入速度减慢。④新生儿肝脏发育未成熟，对乳酸盐的代谢速度慢，纠正酸中毒时，首选 1.4%碳酸氢钠。

2. 婴幼儿肺炎的液体疗法　婴幼儿重症肺炎，可引起高渗性脱水和混合性酸中毒。液体疗法时应注意：①液体疗法的原则是尽量口服补液，必须静脉补液时，液体总量不能过多，应控制在生理需要量的低限，为每日 60～80ml/kg；并且静脉补充液体的张力宜用 1/5～1/3

张含钠液，静脉输液速度宜慢，以防发生心功能不全。②出现酸中毒时，首先纠正缺氧和改善肺通气和换气功能，尽量少用碱性溶液；严重酸中毒，确实需要补充时，用量不宜过多，一般先给 1/2，再根据病情变化和实验室检测结果调整用量。③肺炎合并腹泻时，补液总量及钠量按腹泻补液总量的 3/4 计算，且静脉输液速度要慢。

3. 营养不良伴腹泻的液体疗法　婴幼儿营养不良因长期摄入食物不能被吸收利用，如有腹泻多为低渗性脱水，临床需要输液时应注意：①由于患儿皮下脂肪少，皮肤弹性差，脱水程度往往容易估计过高；因此，在计算补液总量时，宜比普通腹泻减少 1/3 的量，一般不要求在第一天内补足，可分 2～3 天完成。②营养不良伴腹泻时，脱水性质多为低渗性脱水，静脉补液应采用 2/3 张液体为宜。③如营养不良合并佝偻病时，常伴有低钙和低镁血症，补液过程中应及时纠正。④营养不良伴腹泻时，易发生低血糖和低蛋白血症，纠正低血糖症时，采用 10 %葡萄糖液比 5 %葡萄糖液更优；必要时可输入氨基酸、白蛋白、血浆或全血，纠正低蛋白血症。

目标检测

一、A1 型题

1. 小儿出生后生长发育最快的时期是（　　）
   A. 新生儿期　B. 婴儿期
   C. 幼儿期　D. 学龄期
   E. 学龄前期
2. 小儿体格发育的两个高峰是（　　）
   A. 青春期、学龄前期　B. 学龄期、青春期
   C. 青春期、婴儿期　D. 青春期、幼儿期
   E. 新生儿期、学龄期
3. 判断小儿体格发育最常用的指标是（　　）
   A. 动作发育年龄　B. 语言发育程度
   C. 智能发育水平　D. 神经反射发育
   E. 体重、身高、头围
4. 乳牙最晚何时出齐（　　）
   A. 1.5 岁　B. 2 岁
   C. 2.5 岁　D. 3 岁
   E. 3.5 岁
5. 正常小儿前囟最晚闭合的年龄是（　　）
   A. 10 个月　B. 1 岁半
   C. 2 岁　D. 2.5 岁
   E. 1 岁
6. 智力发展的关键期是（　　）
   A. 3 岁前　B. 4 岁前
   C. 5 岁前　D. 2 岁前
   E. 6 岁前
7. 小儿语言发育三个阶段的顺序是（　　）
   A. 理解、发音、表达
   B. 发音、理解、表达
   C. 表达、发音、理解
   D. 听觉、发音、理解
   E. 模仿、理解、表达
8. 小儿有牙齿 18 个，会用汤勺吃饭，能说 2～3 个字的词，其年龄约为（　　）
   A. 1 岁　B. 1 岁半
   C. 2 岁　D. 2 岁半
   E. 3 岁
9. 小儿头围和胸围相等的年龄是（　　）
   A. 8 个月　B. 10 个月
   C. 1 岁　D. 1.5 岁
   E. 2 岁
10. 小儿开始会爬的年龄是（　　）
    A. 6 个月　B. 8 个月
    C. 10 个月　D. 1 岁
    E. 1.5 岁
11. 反应小儿骨骼最主要的指标是（　　）
    A. 胸围　B. 体重
    C. 牙齿　D. 囟门
    E. 身长
12. 小儿 1 岁时的头围是（　　）
    A. 34cm　B. 44cm
    C. 46cm　D. 48cm
    E. 50cm
13. 新生儿期是出生脐带结扎到（　　）
    A. 28 天　B. 30 天
    C. 32 天　D. 29 天
    E. 35 天
14. 低渗性脱水主要是（　　）
    A. 血钾低　B. 血钙低
    C. 血镁低　D. 血磷低
    E. 血钠低
15. 口服补液盐（ORS 液）的渗透压为（　　）

A. 1/4　　B. 1/3
C. 1/5　　D. 2/3
E. 1/2

16. 下列符合中度等渗性脱水的是（　　）
A. 失水量占体重的 6%，血清钠 140mmol/L
B. 失水量占体重的 3%，血清钠 130mmol/L
C. 失水量占体重的 7%，血清钠 120mmol/L
D. 失水量占体重的 8%，血清钠 160mmol/L
E. 失水量占体重的 15%，血清钠 150mmol/L

17. 婴儿低渗性脱水时静脉补液应选用（　　）
A. 1/4 张含钠液　　B. 1/3 张含钠液
C. 2/3 张含钠液　　D. 1/2 张含钠液
E. 1/5 张含钠液

18. 2∶3∶1 液的组成成分是（　　）

	生理盐水 1/4	10%葡萄糖	1.4%碳酸氢钠
A.	3 份	1 份	2 份
B.	3 份	2 份	3 份
C.	2 份	1 份	3 份
D.	1 份	2 份	3 份
E.	2 份	3 份	1 份

二、A2 型题

19. 下列小儿生长发育的一般规律中哪项是错误的（　　）
A. 由上到下　　B. 由粗到细
C. 由低级到高级　　D. 由简单到复杂
E. 由远到近

20. 关于母乳喂养，下列哪项是错误的（　　）
A. 母乳中白蛋白含量高
B. 不饱和脂肪酸较多
C. 乳糖含量以甲型乳糖为主
D. 钙∶磷比例适宜
E. 初乳含丰富 sIgA

21. 在我国，1 岁内小儿需完成的基础计划免疫中，不包括下列哪项（　　）
A. 卡介苗
B. 脊髓灰质炎三价混合疫苗
C. 乙型脑炎疫苗
D. 百日咳-白喉-破伤风混合疫苗
E. 麻疹疫苗

22. 氯化钾静滴浓度不得超过（　　）
A. 0.1%　　B. 0.3%
C. 0.2%　　D. 0.4%
E. 0.5%

三、A3 型题

（23～25 题共用题干）

5 个月健康男婴，体重 6 kg，牛奶人工喂养。

23. 每天需总能量为（　　）
A. 450kcal/d　　B. 600kcal/d
C. 500kcal/d　　D. 660kcal/d
E. 550kcal/d

24. 该婴儿蛋白质、糖、脂肪各约需要（　　）

	蛋白质（g/d）	糖（g/d）	脂肪（g/d）
A.	30	50	20
B.	20	60	30
C.	25	82.5	26
D.	37	25	46
E.	25	37	58

25. 如果该婴儿是用羊乳喂养，应特别注意补充下列哪项物质（　　）
A. 铁剂　　B. 锌剂
C. 叶酸和维生素 B_{12}　　D. 钙剂
E. 氨基酸和乳糖

四、B 型题

（26～28 题共用备选答案）

A. 0.9%氯化钠溶液　　B. 4∶3∶2 液
C. 1∶2 液　　D.5%葡萄糖溶液
E. 2∶1 液

26. 低渗性脱水时应补充（　　）
27. 等渗性脱水时应补充（　　）
28. 高渗性脱水时应补充（　　）

（29～30 题共用备选答案）

A. 1/3 张含钠液　　B. 5%～10%葡萄糖溶液
C. 2/3 张含钠液　　D. 1/2 张含钠液
E. 0.9%氯化钠溶液

29. 新生儿补液时宜选用（　　）
30. 营养不良伴腹泻补液时宜选用（　　）

（袁爱梅）

第3章　新生儿与新生儿疾病

第1节　概　　述

学习目标

1. 了解新生儿的分类方法。
2. 熟悉围生期的定义。
3. 掌握新生儿的定义。

一、新生儿概述

新生儿（neonate，newborn）系指从脐带结扎到生后28天内的婴儿。新生儿刚刚脱离母体独立生存，而组织、器官的发育尚不成熟，对外界环境的适应能力差，易出现如窒息、出血、溶血及各种感染性疾病，死亡率较高。

考点：我国关于围生期的定义

围生期（perinatal period）是指产前、产时及产后的一个特定时期。国际上对于围生期的定义有多种表达，我国关于围生期的定义是自妊娠28周（此时胎儿体重约为1000g）至生后7天。围生期具有跨学科性。这一时期是人一生中死亡率及发病率最高的时期。因此，围生期婴儿的死亡率是衡量产科及新生儿科医疗水平、质量的重要指标。

二、新生儿分类

新生儿的分类方法很多，临床常用的有根据胎龄、出生体重、出生体重与胎龄的关系及出生后周龄等分类方法。

（一）根据出生时胎龄进行分类

胎龄（gestational age，GA）是指从孕母最后一次正常月经第一天至分娩时止，通常以周表示，分为足月儿、早产儿及过期产儿。①足月儿：37周≤GA＜42周（260～293天）的新生儿。②早产儿：GA＜37周的新生儿，其中GA＜28周者称为极早早产儿或超未成熟儿，34周≤GA＜37周者称为晚期早产儿。③过期产儿：GA≥42周的新生儿。

（二）根据出生体重进行分类

出生体重（birth Weight，BW）指出生后1小时内的体重，分为正常出生体重儿、低出生体重儿及巨大儿。①正常出生体重儿：2500g≤BW≤4000g的新生儿。②低出生体重儿：BW＜2500g的新生儿，其中BW＜1500g者称为极低出生体重儿，BW＜1000g者称为超低出生体重儿。③巨大儿：BW＞4000g的新生儿。

（三）根据出生体重与胎龄的关系进行分类

分为适于胎龄儿、小于胎龄儿和大于胎龄儿。

1. 适于胎龄儿　婴儿的BW在同胎龄平均出生体重的第10～90个百分位。
2. 小于胎龄儿　婴儿的BW在同胎龄平均出生体重的第10百分位以下。

3. 大于胎龄儿　婴儿的 BW 在同胎龄平均出生体重的第 90 百分位以上。我国 15 城市不同胎龄新生儿出生体重值见表 3-1。

考点：按 GA 分类及 BW 分类的方法

表3-1　中国15城市不同胎龄新生儿出生体重值（1986—1987年）

胎龄（周）	平均值	标准差	百分位数						
			第 3	第 5	第 10	第 50	第 90	第 95	第 97
28	1389	302	923	931	972	1325	1799	1957	2071
29	1475	331	963	989	1057	1453	2034	2198	2329
30	1715	400	1044	1086	1175	1605	2255	2423	2563
31	1943	512	1158	1215	1321	1775	2464	2632	2775
32	1970	438	1299	1369	1488	1957	2660	2825	2968
33	2133	434	1461	1541	1670	2147	2843	3004	3142
34	2363	449	1635	1724	1860	2340	3013	3168	3299
35	2560	414	1815	1911	2051	2530	3169	3319	3442
36	2708	401	1995	2095	2238	2712	3312	3458	3572
37	2922	368	2166	2269	2413	2882	3442	3584	3690
38	3086	376	2322	2427	2569	3034	3558	3699	3798
39	3197	371	2457	2560	2701	3162	3660	3803	3899
40	3277	392	2562	2663	2802	3263	3749	3897	3993
41	3347	396	2632	2728	2865	3330	3824	3981	4083
42	3382	413	2659	2748	2884	3359	3885	4057	4170
43	3359	448	2636	2717	2852	3345	3932	4124	4256
44	3303	418	2557	2627	2762	3282	3965	4184	4342

（四）根据出生后周龄进行分类

分为早期新生儿与晚期新生儿。

（1）早期新生儿：出生后 1 周以内的新生儿。

（2）晚期新生儿：出生后第 2～4 周末的新生儿。

第 2 节　正常足月儿的特点

学 习 目 标

1. 了解新生儿的几种特殊生理现象。
2. 熟悉足月儿的生理特点。
3. 掌握足月儿与早产儿的外观区别。

正常足月儿（normal term infant）是指胎龄≥37 周并＜42 周，出生体重≥2500g 并≤4000g，无畸形及疾病的活产婴儿。正常足月儿在解剖及生理方面有其特点，正确认识及了解这些特点，对于正常足月儿的护理、保健及疾病的防治有重要作用。

一、外 观 特 点

正常足月儿与早产儿的外观特点比较见表 3-2。

表3-2 正常足月儿与早产儿的外观区别

	足月儿	早产儿
皮肤	皮肤红润、皮下脂肪丰满、毳毛少	鲜红发亮、水肿、皮下脂肪少，皮肤多皱褶、毳毛多
头发	发条清楚	细而软、乱如绒线头
耳壳	耳软骨发育良好、耳舟成形、直挺	软骨发育不良，耳舟不清楚
指（趾）甲	达到并超过指（趾）端	未达到指（趾）端
跖纹	足纹遍及整个足底	足纹少
乳腺	结节＞4mm	结节＜4mm 或无结节
外生殖器	男婴睾丸已经降至阴囊、阴囊皱褶多 女婴大阴唇覆盖小阴唇及阴蒂	男婴睾丸未降或未全降，阴囊皱褶少 女婴大阴唇不能覆盖小阴唇及阴蒂

二、生理特点

（一）呼吸系统

胎儿在母亲子宫内无有效呼吸，肺内充满羊水，至分娩时肺液量为 30～35ml。自然分娩时，经产道挤压有 1/3～1/2 的液体经口鼻排出，肺内液体明显减少，同时肺泡上皮细胞活性物质表达增加，肺泡充气扩张，肺循环阻力下降，剩余肺液很快被肺间质毛细血管及淋巴管吸收。剖宫产儿由于缺乏自然分娩时的产道挤压及清除肺液所形成的肺部微环境，常会导致肺液吸收延迟，引起新生儿暂时性呼吸困难。

考点：新生儿呼吸频率、新生儿呼吸急促的概念

新生儿以腹式呼吸为主，呼吸频率较快，安静时约为 40 次/分，呼吸频率超过 60～70 次/分称为呼吸急促，常由呼吸系统或其他系统的疾病所引起。新生儿呼吸道狭窄，黏膜柔嫩，血管丰富，黏液腺分泌不足易致呼吸道干燥，加之纤毛运动清除功能差等，新生儿极易患呼吸道感染。

（二）循环系统

胎儿具有其特有的循环特点。小儿出生后，血流动力学发生了重大的改变：①脐带结扎，脐血循环终止；②随着呼吸的建立，肺循环阻力下降，肺血流增多；③回流至左心房血液量增多，动脉血压随之增高；④卵圆孔功能上关闭；⑤动脉导管先因动脉血压分压的升高而先从功能上关闭，随后从解剖上关闭，从而逐渐完成了胎儿血液循环向成人血液循环的转变。各种使得肺血管压力增高的疾病，如严重的缺氧、酸中毒等都有可能引起胎儿血液循环重新开放。

新生儿心率较快且波动范围较大，为 90～160 次/分，足月儿血压平均约为 70/50mmHg。

（三）消化系统

新生儿出生时唾液分泌量少，口腔黏膜较干燥，易发生破损、感染；食管呈漏斗状，贲门括约肌发育较差，控制力差，易出现胃-食管反流；新生儿胃呈水平位，胃容量在出生时为 30～50ml，胃平滑肌扩张能力差，幽门括约肌紧张，故易出现溢乳。新生儿胃酸酸度较低，杀菌作用弱，消化道特异性免疫功能差，缺乏分泌型 IgA 等，故易发生消化系统感染；新生儿肠道长度相对较长，吸收面积相对较大，肠黏膜柔嫩，血管丰富，通透性高，有益于乳类食物中营养素的消化和吸收，但肠道内毒素和消化不全的产物亦可轻易透过肠黏膜进入

血液，引起中毒症状。同时，肠道固定差，易发生套叠及扭转；新生儿出生时，消化功能相对较差，尤其缺乏淀粉酶，故不宜过早喂养淀粉类食物。

新生儿常于生后 24 小时内排出墨绿色、稀糊状的胎便（由胎儿肠道分泌物及吞咽下的羊水组成），2～3 天后逐渐过渡到正常大便，若超过 48 小时还未排胎便者应考虑消化道畸形可能，如先天性肛门闭锁等。

考点：新生儿溢乳的原因；胎便的性状及排出时间

（四）泌尿系统

新生儿出生时肾脏结构已经发育完成，但功能还不成熟，肾小球滤过率低，浓缩功能不足，排除钠、钾、氧化物、磷酸盐等的功能较差，易发生水肿。大部分新生儿生后 24 小时内甚至在分娩过程中即可排尿，1 周内每日排尿可达 20 余次。少数于生后 48 小时内排尿，若超过 48 小时仍未排尿者应积极寻找原因。

（五）血液系统

新生儿出生后红细胞数可达（5.0～7.0）$\times 10^{12}$/L，血红蛋白平均为 170g/L（140～200g/L）。出生后由于摄入不足及不显性失水而发生血液浓缩，则红细胞数及血红蛋白量会上升，生后 24 小时达高峰，1 周后回复到出生时水平，以后逐渐下降。生后 1 周内静脉血血红蛋白量低于 140g/L 者定义为新生儿贫血。新生儿出生时胎儿血红蛋白占 70%～80%，5 周后下降为 55%，随后逐渐被成人型血红蛋白所取代。白细胞总数在生后第一天为（15～20）$\times 10^9$/L，生后 6～12 小时达（21～28）$\times 10^9$/L，3 天后明显下降，5 天后达婴儿值。新生儿血小板计数为（150～300）$\times 10^9$/L。新生儿血容量约为 100ml/kg。

考点：新生儿贫血的定义

（六）神经系统

新生儿脑相对较大，脑沟及脑回仍未发育完成；脊髓相对较长，其下端在 3～4 腰椎水平，故进行新生儿腰椎穿刺时，应从第 4～5 腰椎处进针。足月儿大脑皮质的兴奋性低，睡眠时间长，一般为 21～22 小时。大脑对下级中枢抑制较弱，常会出现不自主和不协调动作。新生儿在出生时就已经具备多种原始反射，新生儿常用的神经反射检查方法如下。

1. 觅食反射　左手托起新生儿使其呈半卧位，用右手碰触新生儿一侧脸颊时，新生儿的头则会转向该侧并有噘唇动作觅食。

2. 吸吮反射　将乳头或奶嘴放于新生儿口中，则会出现有力的吸吮动作。

3. 握持反射　当用手指或者笔杆触及新生儿手心时，其会立即握住不放。

4. 拥抱反射　新生儿仰卧位，当检查者拍打床板时，其会出现双臂伸直外展，双手张开，继而双上肢屈曲内收，双手握拳呈拥抱状。

考点：新生儿的原始反射及检查方法

正常情况下，上述原始反射在生后数月内消失。新生儿期若这些反射已经消失或者数月后仍未消失，常提示有神经系统疾病。正常足月儿由于神经系统发育不完善，可出现年长儿的病理反射，如凯尔尼格征（kernig 征）、巴宾斯基征（babinski 征）等。

（七）免疫系统

新生儿非特异性及特异性免疫功能差。

1. 非特异性免疫功能　皮肤、黏膜柔嫩、屏障功能差，易破损感染；脐残端未完全闭合，离血管近，感染后细菌易进入血液；呼吸道纤毛运动差，胃酸分泌量少，杀菌作用弱，缺乏分泌型 IgA，易患呼吸道及消化道感染；血脑屏障发育未完全，易患细菌性脑膜炎。

2. 特异性免疫功能　新生儿白细胞吞噬作用弱，血清补体成分少，调理功能不足，使新生儿感染发病率高；新生儿细胞免疫功能尚未完善，出生后体内虽有来自母体的 IgG，但是胎龄越小，IgG 的含量就越少；IgA 及 IgM 不能通过胎盘，而自身合成不足，易患细菌感染，尤其是革兰阴性杆菌感染；T 细胞免疫功能低下是新生儿免疫应答无能的主要原因。

考点：新生儿时期易患的细菌感染类型

考点：新生儿低体温发生的机制

（八）体温

新生儿体温不稳定，体温调节中枢的功能不成熟；体表面积相对较大、皮肤及皮下脂肪薄、血管丰富，易散热；体液调节能力弱，对失热耐受差；寒冷时无寒战反应仅依靠棕色脂肪产热，棕色脂肪产热需氧气参与，故在寒冷环境或缺氧、酸中毒等情况下，小儿极易发生低体温。

（九）能量及体液代谢

考点：生理性体重下降期

新生儿基础代谢的需要量为 209kJ/kg，每日所需总量为 418～502kJ/kg。新生儿体内液体总量占体重的 70%～80%；新生儿生后第 1 日，需水量为 60～100ml/kg，以后每日增加 30ml/kg，直至 150～180ml/kg；出生后由于新生儿排尿及不显性失水致体液丢失量较多，会出现体重下降，并于生后 1 周内达最低值（足月儿不低于出生体重的10%，早产儿不低于 15%～20%），10 天左右恢复到出生时体重，称为“生理性体重下降”。足月儿需钠量为 1～2mmol/（kg·d），新生儿一般于生后 10 天不需要补钾，之后需钾量为 1～2mmol/（kg·d）。

（十）常见的几种特殊生理状态

1. 生理性黄疸　参见本章第 7 节。

2. 新生儿红斑　由于新生儿经历了子宫内外环境的巨大变化，生后 1～2 天皮肤受紫外线、空气中尘埃、气温等的刺激，在头面部、躯干及四肢等处可出现大小不等的多形性斑丘疹，经历 1～2 天后自然消失，常伴糠麸样脱屑。

3. 新生儿粟粒疹　因皮脂腺堆积，新生儿生后常于鼻翼两侧、鼻尖部及颜面部出现黄白色小米粒状的皮疹，称为“新生儿粟粒疹”，于脱皮后自然消退。

4. “马牙”和“螳螂嘴”　在新生儿口腔上颚中线及齿龈部位，因上皮细胞堆积及黏液腺分泌物积留，会出现黄、白色米粒大小的颗粒，俗称“马牙”。数周后可自行消退；新生儿在出生后脸颊两侧各有一隆起的脂肪垫，似“螳螂嘴”，此结构有利于新生儿吸吮。两者均为新生儿正常的生理现象，切不可挑破或挤压，以免发生感染。

考点：新生儿几种特殊生理现象

5. 乳腺肿大和假月经　胎儿期，小儿体内有来自母体水平较高的雌、孕激素及催乳素。出生后这些激素会维持一段时间，因此常导致男女新生儿于生后 4～7 天出现乳腺肿大。肿大的乳腺如蚕豆、核桃大小，有的新生儿乳房中还可分泌出少量的乳汁。2～3 周后随体内激素水平迅速下降，乳腺肿大亦自然消失，切不可挤压；同时，由于来自母体的雌激素突然中断，部分女婴在生后 5～6 天阴道可流出少量血性分泌物，或大量非脓性分泌物，可持续 1 周。

第3节　早产儿的生理特点

学 习 目 标

1. 了解早产儿的生理特点。
2. 熟悉新生儿的护理要点。

早产儿又称为未成熟儿，是指胎龄<37 周的新生儿，其中胎龄<28 周者称为极早早产儿或超未成熟儿，34 周≤胎龄（GA）<37 周者称为晚期早产儿。近年来，我国早产发生率呈逐年上升的趋势，死亡率为 12.7%～20.8%，且胎龄越小，体重越轻，死亡率越高。预防早产对降低新生儿死亡率及减少儿童伤残率具有重要意义。

一、外观特点

外观特点详见本章第 2 节（表 3-2）。

二、生理特点

（一）呼吸系统

早产儿的呼吸中枢发育不完全，调节功能较足月儿差；红细胞内缺乏碳酸酐酶，生成的二氧化碳量少，不能有效刺激呼吸中枢；肺泡数量少与血管间隙大，气体交换率低；肺泡表面活性物质少，易发生呼吸窘迫综合征；呼吸肌发育差，咳嗽反射弱，呼吸浅快不规则，易出现周期性呼吸及呼吸暂停或青紫。胎龄越小，体重越轻，这些疾病的发生率越高。

（二）循环系统

心血管系统发育相对成熟。心率较足月儿快，血压较足月儿低，容易发生低血压。当存在呼吸系统疾患时，易发生肺动脉高压、动脉导管重新开放，易导致循环供血不足、充血性心力衰竭和缺氧性损伤等。部分早产儿动脉导管关闭延迟。

（三）消化系统

早产儿吸吮能力差，吞咽反射弱，常出现拒哺乳；更易发生溢乳和胃-食管反流，常可因乳汁吸入而导致吸入性肺炎；各种消化酶分泌不足，胆酸分泌较少，对脂肪的消化吸收较差；由于肠蠕动慢且形成的胎便少，故常出现胎便排出延迟；当缺氧缺血、炎症损伤或喂养不当时，易发生坏死性小肠结肠炎；肝脏中缺乏 Y、Z 蛋白及葡萄糖醛酸转移酶，且胎龄越小数量越少，酶活性越低，故早产儿生理性黄疸发生率较足月儿高，黄疸程度重且持续时间长，易发生核黄疸；肝脏储存维生素 D 及维生素 K 的量较足月儿少，更易发生佝偻病或出血，因此早产儿应更早补充维生素 D 及维生素 K；肝脏合成蛋白的能力差、糖原储存不足，易出现低蛋白血症、水肿及低血糖。

（四）泌尿系统

早产儿肾脏浓缩功能更差，肾小管对醛固酮的反应低下，对钠的重吸收差，易发生低钠血症；葡萄糖阈值低，易发生糖尿；肾小管排酸能力弱及碳酸氢根阈值极低，易发生代谢性酸中毒。

（五）血液系统

早产儿血容量为 85～110ml/kg；周围血中有核红细胞较多，白细胞及血小板较足月儿稍低；早产儿出生后第 3 周末嗜酸粒细胞增多，并持续 2 周左右；早产儿由于红细胞生成素低，体内储铁量少，加之出生后追赶生长，血容量增加迅速，“生理性贫血”发生时间较足月儿早，胎龄越小持续的时间越长，程度越重。

（六）神经系统

早产儿神经系统的成熟度与胎龄有关，胎龄越小，原始反射就越难引出或反射不完全；早产儿特别是极低出生体重儿，由于其脑室管膜下存在发达的胚胎生发基质，更易发生新生儿颅内出血。

（七）免疫系统

早产儿免疫系统的功能较足月儿更差，来自母体的 IgG 量少，自身细胞免疫及抗体合成不足，因此容易患各种感染性疾病且易发生败血症，死亡率较高。

（八）体温

早产儿体温调节中枢功能不完善，体液调节能力差，体温易随环境温度迅速升降；早产儿较足月儿皮下脂肪更薄、新陈代谢低下、棕色脂肪更少，故产热不足且极易散热，更易发生低体温甚至硬肿症；但其汗腺发育不良，当外界环境温度过高或保暖过度时又易导致体温过高。

（九）能量及体液代谢

热卡摄取较足月儿少，故早产儿生理性体重下降更明显且恢复时间长。液体需要量较足月儿多，若胃肠道入量不足时须经静脉补充液体和营养物质。早产儿生长发育比足月儿快，各种矿物质及维生素的需求更高，若生后未及时补充则易引发多种疾病，如小儿营养性贫血和佝偻病等。

三、护理要点

（一）保暖

考点：不同日龄、出生体重新生儿的中性温度

生后应立即用预热的干毛巾擦干新生儿全身，并采取各种保暖措施，使新生儿处于中性温度中。早产儿，尤其是出生体重＜2000g或低体温者，应置保温箱中，并根据胎龄、出生体重及日龄选择适宜的中性温度，若无暖箱等设备，可选用热水袋、电热毯等保温，但应注意防止烫伤。不同日龄、出生体重的新生儿的中性温度见表3-3。

表3-3 不同日龄、出生体重新生儿的中性温度

出生体重	中性温度			
	35℃	34℃	33℃	32℃
1	初生10天内	10天以后	3周以后	5周以后
1.5	—	初生10天内	10天以后	4周以后
2	—	初生2天内	2天以后	3周以后
＞2.5	—	—	初生2天内	2天以后

中性温度：即适中的环境温度，新生儿在此温度中机体维持正常体温所需的代谢率和耗氧量最低

（二）喂养

合理喂养是保证新生儿生长发育的关键。提倡母乳喂养，正常足月儿生后15～30分钟即可进行母乳喂养，及早地母乳喂养可促进新生儿吸吮反射、减少新生儿低血糖发生等。喂养时提倡母婴同室，按需哺乳。暂无母乳者可用配方乳替代喂养，每3小时1次，每日7～8次。喂养后将婴儿竖抱，轻拍其背部，以排出其吃奶时咽下的空气，可防止及减少溢乳。喂养时还应注意奶量是否充足，如哺乳前乳房不胀、哺乳时间过短、哺乳后小儿睡眠时间短而不安，体重增加缓慢或不增，应积极查找原因加以纠正。

早产儿也应酌情尽早母乳喂养，母乳喂养更有利于早产儿的生长发育。如早产儿有吸吮、吞咽困难或有病者可由母亲挤出母乳经管饲喂养。若无母乳者，可用早产儿奶粉进行喂养。哺乳量因人而异，原则上是胎龄越小、出生体重越低，每次哺乳量越少、每次喂养的间隔时间也越短。对于部分哺乳量不能满足能量需要的早产儿，可给予静脉营养。

（三）呼吸管理

保持呼吸道通畅，早产儿仰卧时可予其肩部底下垫上软垫，避免颈部弯曲。低氧血症时，应予以吸氧，维持动脉血氧分压足月儿在50～80mmHg（早产儿在50～70mmHg）或经皮血氧饱和度90%～95%（＜29周的早产儿维持在85%～92%）为宜。切忌给早产儿常规吸氧，以防止吸入高浓度氧及给氧时间过长而引起早产儿视网膜病和支气管肺发育不良。如出现原

发性呼吸暂停者，给氧及清理呼吸道后，可弹或拍打足底或摩擦背部皮肤等恢复呼吸，若为继发性呼吸暂停者则应积极寻找病因。

考点：早产儿吸氧时的注意事项

（四）预防感染

（1）应避免医源性感染：新生儿护理和处置均应进行无菌操作，接触新生儿必须严格洗手，婴儿室工作人员如患有呼吸道或皮肤感染，应暂时隔离。

（2）加强家庭护理：有新生儿的家庭应减少或谢绝亲友访视，避免室内拥挤、保持室内空气流通。新生儿衣着应选择浅色、纯棉、宽松、避免衣物上有过多的装饰物，衣带不能系得太紧。衣物可反穿，避免线头磨损新生儿皮肤。每日应为新生儿清洗头、面、臀部及会阴部，有条件的家庭可每日为新生儿清水洗澡等。

早产儿较之足月儿非特异性及特异性的免疫功能更差，应更加强护理、预防感染，对其所在的房间及接触的物品均应定期消毒等。

（五）预防接种

详见第2章 第5节。

（六）新生儿筛查

应开展先天性甲状腺功能减低症及苯丙酮尿症等先天性代谢缺陷病的筛查。

第4节　新生儿窒息

学 习 目 标

1. 了解新生儿窒息的病因、病理生理及预防。
2. 熟悉新生儿复苏的要点。
3. 掌握新生儿窒息的临床表现及并发症。

案例3-1

患儿男，系G1P1。孕38周足月剖宫产，其母入院前出现分娩先兆，产科检查：胎位LOP，胎心率115次/分，胎动少；急诊产前彩超检查：胎位LOP、羊水Ⅱ度污染、脐带绕颈2圈。遂行急诊剖宫产。产时见羊水Ⅱ度污染，胎盘正常，脐带绕颈2圈，患儿全身皮肤苍白，无哭声，心率90次/分，肌张力低下，弹足底略皱眉。

查体：脉搏90次/分，体重2900g。患儿反应差，全身皮肤苍白，呼吸不规则、表浅，肌张力降低。原始反射未引出。实验室检查：脐动脉血血气分析：pH 7.1，PaO_2 35mmHg，$PaCO_2$ 67mmHg，BE−5.5mmol/L。

思考题

1. 说出患儿的诊断。
2. 提出处理原则。

新生儿窒息（asphyxia of newborn）指小儿出生后无自主呼吸或出现呼吸抑制，可导致低氧血症、高碳酸血症、代谢性酸中毒及全身多脏器损伤。新生儿窒息是导致新生儿死亡及儿童伤残的重要原因之一。

一、病　　因

新生儿窒息多为胎儿宫内窘迫的延续，凡是可以影响胎儿及新生儿气体交换引起缺氧的因素都有可能引发窒息。

1. 孕母因素　孕母年龄＞35 岁或年龄＜16 岁；孕母自身患有严重的心肺疾病、严重贫血、糖尿病及高血压等；或孕母有妊娠合并症等；孕母吸烟、吸毒或酗酒等。

2. 胎盘因素　胎盘老化、前置胎盘及胎盘早剥等。

3. 脐带因素　脐带绕颈、打结、脱垂等。

4. 胎儿因素　早产儿或巨大儿；胎儿先天畸形，如先天性心脏病、先天性肺发育不良等；胎儿宫内感染；羊水及胎粪吸入等。

5. 分娩因素　头盆不称、宫缩乏力、臀位、胎头吸引、使用高位产钳，产程中麻醉药及镇痛药使用不当等。

二、病理生理

窒息时，新生儿未能建立呼吸，肺泡不能扩张，肺液不能清除，缺氧及酸中毒可使肺泡表面活性物质分泌少，肺循环阻力增加，胎儿血液循环开放。而胎儿血液循环的开放更进一步加重组织缺氧、缺血及酸中毒，最终导致多器官功能受损。

窒息开始时，缺氧及酸中毒引起机体血液重新分布，非生命器官如皮肤、肌肉、肺、肠等处血流减少，以保证脑、心及肾上腺等生命器官的血流。缺氧初期，血液中多种激素表达增加，如心钠素、促肾上腺皮质激素、糖皮质激素等，使心肌收缩力增强，心率增快，心排血量增加，外周血压轻度升高，心、脑血流得以维持灌注。若缺氧持续存在，无氧代谢增加使酸中毒加重，糖原耗尽，心肌功能受损，心率减慢，心排血量减少，最终导致生命器官血流量减少，发生脑损伤，而非生命器官血流更进一步减少则发生多器官受损。

缺氧初期，胎儿或新生儿可出现原发性呼吸暂停，若缺氧持续存在，则可引起继发性呼吸暂停，导致死亡。

窒息时缺氧及酸中毒导致 PaO_2↓、PH↓及混合性酸中毒；糖原消耗增加出现低血糖；心钠素及抗利尿激素分泌异常，发生稀释性低钠血症；钙通道异常开放，钙内流，导致低钙血症；酸中毒使非结合胆红素代谢障碍，引起高胆红素血症等。

三、临床表现

1. 胎儿宫内窘迫　初期胎动增加，胎心率≥160 次/分；晚期则胎动减少，甚至消失，胎心率＜100 次/分，因胎儿缺氧可使胎儿肛门括约肌松弛而出现羊水胎粪污染。

2. 新生儿窒息　Apgar 评分是国际上公认的评价新生儿窒息的最简便、实用的方法。Apgar 评分的内容：皮肤颜色、肌张力、心率、呼吸及对刺激的反应，Apgar 评分标准见表 3-4。新生儿出生后 1 分钟、5 分钟、10 分钟，若需复苏者在 15 分钟及 20 分钟仍要进行评分。每项内容评分（0～2）分，满分 10 分，8～10 分者为正常，4～7 分为轻度窒息，0～3 分为重度窒息（表 3-4）。

考点：Apgar 评分标准

表3-4　新生儿Apgar评分标准

体征	评分标准		
	0 分	1 分	2 分
皮肤颜色	全身皮肤苍白、发绀	身体红但四肢苍白或发绀	全身红
心率	无	<100 次/分	>100 次/分
呼吸	无	慢、不规则	正常、哭声响
肌张力	松弛	四肢略屈曲	四肢活动
弹足底及插鼻管反应	无	有些动作如略皱眉	哭、喷嚏

1 分钟 Apgar 评分反映窒息的严重程度，是复苏的依据；5 分钟评分反映复苏的效果和预后的情况

3. 多脏器功能受损的表现　缺血缺氧可致多器官功能受损，窒息程度不同，发生器官损害的种类及严重程度各异。窒息严重者可发生如新生儿缺氧缺血性脑病、颅内出血、急性呼吸窘迫综合征、肺出血、心力衰竭、肾功能不全、DIC 等疾病。

四、辅助检查

对宫内缺氧的胎儿，可通过羊膜镜检查了解羊水胎粪污染的程度，或当胎头露出宫口时取头皮血进行血气分析，以评估宫内缺氧的程度。生后可进行动脉血气分析、血糖、电解质、血尿素氮、肌酐等指标的检查。

五、诊　　断

窒息的诊断标准：

1. 脐动脉血显示严重代谢性或混合性酸中毒，pH＜7。
2. Apgar 评分 0～3 分，并且持续时间＞5 分钟。
3. 新生儿早期有神经系统的表现如惊厥、昏迷及肌张力低等。
4. 出生早期有多器官功能不全的证据。

考点：诊断标准

六、治　　疗

生后应立即进行复苏及评估，不要延迟到 1 分钟 Apgar 评分结束后才进行，应由产科医师、儿科医师、助产士及麻醉医师共同协作完成。

（一）复苏方案

新生儿复苏采用的是目前国际上公认的 ABCDE 复苏方案。A（airway）：清理呼吸道；B（breathing）：建立呼吸；C（circulation）：维持循环；D（drugs）：药物治疗；E（evaluation）：评估。其中 A 为根本，B 是关键，评估贯穿于整个复苏过程。在每执行一个操作步骤前后需对新生儿的呼吸、心率及血氧饱和度的情况进行评估，再做出决策，而后实施复苏，即遵循“评估→决策→措施”的步骤，如此循环反复直至复苏结束。

考点：新生儿复苏决策的评估内容

（二）复苏步骤

复苏具体流程见图 3-1。

1. 快速评估　新生儿出生后立即用数秒时间检查以下四项：①是足月出生吗？②羊水清吗？③有呼吸或哭声吗？④肌张力好吗？若全为“是”则进行常规护理；若其中有一项为“否”，则立即进行初步复苏。

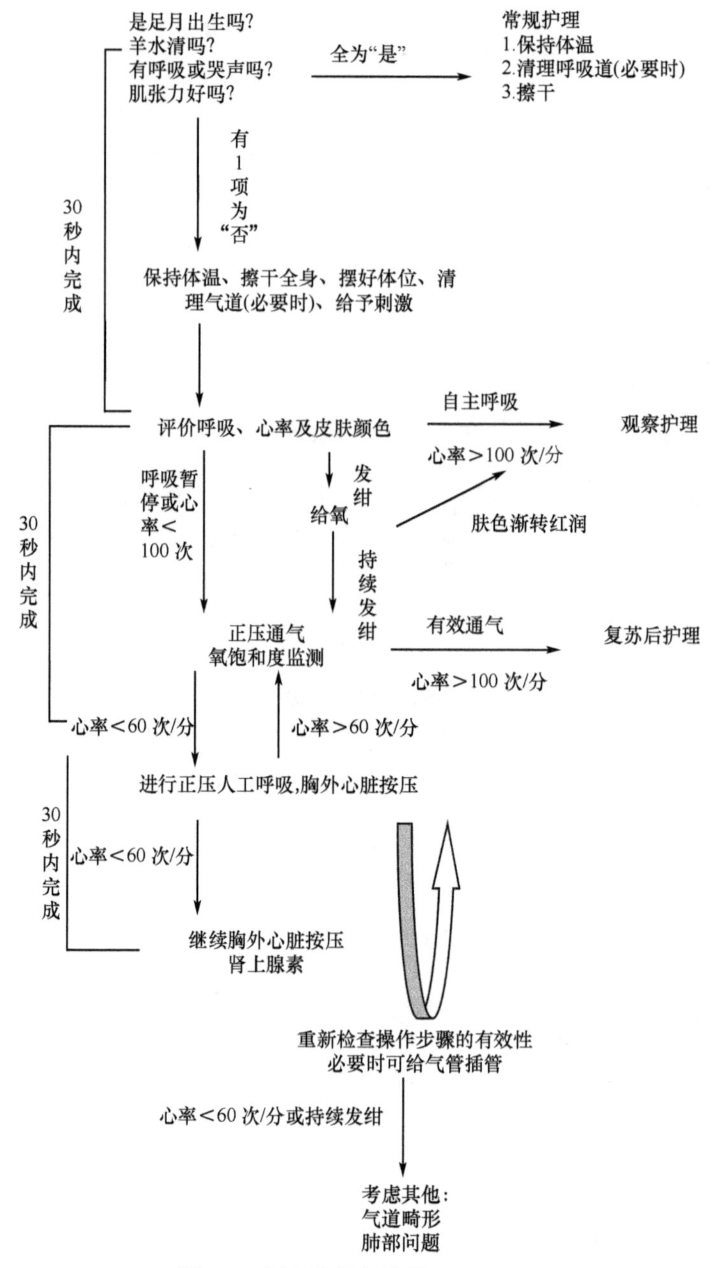

图 3-1 新生儿复苏流程

考点：新生儿初步复苏体位摆法、清理口鼻部液体的顺序、有活力的定义

2. 初步复苏 ①保暖：将新生儿置于已经预热好的远红外或其他的保暖台上，用温热的干毛巾快速擦干新生儿全身。②摆好体位：肩部用 2～3cm 厚的小垫子垫高，使新生儿颈部轻微仰伸。③清理呼吸道：肩部娩出前助产士用手将新生儿口鼻部的液体挤出，新生儿娩出后用吸球或吸管吸净新生儿口鼻部的分泌物，先口后鼻，吸引器的负压应小于 100mmHg，吸引时间不超过 10 秒。若羊水有胎粪污染，且新生儿无活力，则用胎粪吸引管进入气管内吸引；但若新生儿有活力（有活力的定义：呼吸规则或哭声响，肌张力好且心率＞100 次/分）则可以不用进行气管内吸引。④擦干全身：用预热的干毛巾快速擦干全身。⑤给予刺激：用手上下摩擦新生儿背部或弹新生儿足底以诱发呼吸。以上步骤在 30 秒内完成。

3. 正压通气　如新生儿自主呼吸建立、心率＞100 次/分且皮肤颜色红润或仅四肢发绀者可予观察。若新生儿的心率＜100 次/分、呼吸暂停或出现喘息样呼吸，则进行正压通气，同时监测氧饱和度。正压通气时，足月儿可用空气复苏，早产儿用 30%～40%浓度的氧气进行复苏，同时根据氧饱和度调节给氧浓度。通气频率为 40～60 次/分（胸外按压时 30 次/分），压力为 20～25cmH_2O，部分病情严重者可用 30～40cmH_2O，2～3 次后维持在 20cmH_2O。以心率增快接近正常、胸廓起伏、听诊呼吸音正常及氧饱和度达标为宜。经过 30 秒的正压人工呼吸，若新生儿有自主呼吸且心率＞100 次/分，可逐渐减少并停止正压通气。若自主呼吸不充分，或心率仍＜100 次/分，须继续用气囊面罩或气管插管正压通气。

考点： 新生儿胸外心脏按压的方法

4. 胸外心脏按压　如充分正压通气 30 秒后，新生儿心率仍＜60 次/分，则应进行胸外心脏按压，用双手拇指或右手示中指，按压部位为胸骨下 1/3，频率为 90 次/分（按压通气比为 3∶1），深度为前后径的 1/3。在进行持续正压通气时，应常规插入胃管以缓解胃充盈。

5. 药物治疗　对经正压通气和胸外心脏按压 30 秒后心率仍＜60 次/分的新生儿则应使用药物治疗，通常用 1∶10000 的肾上腺素 0.1～0.3ml/kg，经脐静脉导管或气管导管内注入，5 分钟后可重复使用 1 次。给药 30 秒以后，若心率仍＜100 次/分，且有血容量不足表现时，应使用生理盐水 10ml/kg 于 10 分钟以上静脉输注进行扩容。大量失血应输血。

（三）复苏后的监测

复苏后仍需继续监测新生儿的体温、呼吸、心率、血压、氧饱和度及尿量等指标，如出现严重多器官功能损害则需转到 NICU 进行治疗，转运中应注意保温及监测生命指标，同时给予必要的治疗。

七、预防及预后

要加强围生期保健，及时处理高危妊娠；加强胎儿监护，避免胎儿宫内窘迫；产妇分娩时应有掌握新生儿复苏技术的人员在场；推广 ABCDE 复苏方案，培训产科、儿科及麻醉科医生；各级医院都应该配备新生儿复苏的设备。

窒息持续的时间及严重程度与预后密切相关。若有胎儿慢性缺氧或重度窒息复苏不及时或方法不当者预后可能不良。

案例3-1分析

1. 初步诊断　依据患儿有产前宫内窒息的表现与证据，产前彩超：胎位 LOP、胎心率 115 次/分，羊水Ⅱ度污染，脐带绕颈 2 圈。产时见羊水Ⅱ度污染，脐带绕颈 2 圈；其次，患儿产后有重度窒息表现：患儿全身皮肤苍白，无哭声，心率 90 次/分，肌张力低下，弹足底略皱眉。由上述表现，故该患儿 1 分钟 Apgar 评分 3 分，为重度窒息。结合体格检查和实验室检查：脉搏 90 次/分，反应差，全身皮肤苍白，呼吸不规则、表浅，肌张力降低，原始反射未引出；脐动脉血血气分析：pH 7.1，PaO_2 35mmHg，$PaCO_2$ 67mmHg，BE–5.5mmol/L，有酸中毒、低氧血症及高碳酸血症表现。综上所述，该患儿可初步诊断为新生儿窒息。

2. 处理原则　患儿出生后应立即进行新生儿复苏，生后 5 分钟再次进行 Apgar 评分评价复苏效果。监测患儿生命体征及血氧饱和度。维持患儿体温、体液平衡及纠正酸碱平衡紊乱。积极处理并发症，对症治疗。

第5节　新生儿缺氧缺血性脑病

学 习 目 标

1. 了解新生儿缺氧缺血性脑病的预后。
2. 熟悉新生儿缺氧缺血性脑病的病因、发病机制及预防。
3. 掌握新生儿缺氧缺血性脑病的临床表现、诊断及治疗。

案例3-2

患儿男，出生 20 小时。因面色青紫、阵发性面肌颤动半小时由产科转入。患儿系 G1P1，41 周足月，因其母产前检查示“胎盘Ⅲ级老化、羊水过少、胎心率 105 次/分、脐带绕颈 1 圈”于 20 小时前急诊行剖宫产。产时见羊水清、量少，胎盘Ⅲ级老化，患儿生后全身皮肤苍白、肌张力低、呼吸不规则、弹足底微皱眉、心率 118 次/分，生后 1 分钟 Apgar 评分为 4 分，经复苏抢救，5 分钟后 Apgar 评分为 8 分。半小时前该患儿出现全身抽搐、面色青紫、双眼上翻、面肌颤动。急诊转入新生儿科。

查体：体温 36.5℃，脉搏 145 次/分，呼吸 45 次/分，前囟 2.0cm×2.0cm、稍饱满。患儿反应差，面色青紫，口唇发绀，呼吸平稳、规则，双侧瞳孔直径 2mm，等圆等大，光反射灵敏，心、肺、腹检查未见异常，肌张力可。神经系统检查：觅食反射、吸吮反应存在，拥抱反射活跃。实验室检查：血生化检查：K^+ 4.5mmol/L，Ca^{2+} 2.1mmol/L，Na^+ 134mmol/L。血糖检查：3.5mmol/L。

思考题

1. 说出患儿的初步诊断。
2. 提出处理原则。

新生儿缺氧缺血性脑病（hypoxic-ischemic encephalopathy，HIE）是指围生期窒息引起的部分或完全缺氧所致的脑部疾病，以脑组织水肿、软化、出血及坏死为其主要病理改变。临床上常出现神志改变、肌张力低下、原始反射改变及惊厥等症状，是新生儿急性死亡及慢性神经系统损伤的主要原因之一。

一、病因及病理生理

1. 病因　缺氧是引发本病的核心，围生期窒息是主要的原因。此外，出生后肺部的疾病、心脏病、严重失血、贫血等可产生或加重缺氧的疾病亦可引起 HIE。

2. 病理生理改变　窒息早期，体内血流发生重新分布以保证心、脑及肾上腺等生命器官的血液供应，当缺氧持续存在时，心功能受损，血压下降，脑血流灌注减少，血液发生二次分布，保证了脑组织代谢最旺盛部位（如海马、脑干、丘脑、基底节和小脑）的血液供应，但大脑皮质矢状旁区及其下面的白质则易因缺氧缺血而受损。若窒息为急性者，上述代偿机制则不存在，脑组织的损伤会直接发生在代谢最旺盛的部位，而大脑皮质不受影响。

缺氧及高碳酸血症形成“压力被动性脑血流”，即脑血流灌注随全身血压的变化而波动。当血压升高时，脑血管可因过度灌注而破裂；当血压下降时，脑血流减少，则引起缺血性脑损伤。

缺氧时无氧代谢增加，乳酸堆积，糖原消耗量大。若缺氧持续存在，最终则会因糖原耗尽而出现能量衰竭，导致脑细胞死亡的瀑布样反应：细胞膜上钠-钾泵功能不足，Na^+与水进入细胞造成脑细胞水肿；钙通道异常开启，Ca^{2+}进入细胞内造成脑细胞不可逆的损害；氧自由基生成增多；兴奋性氨基酸聚集产生毒性作用可进一步诱发上述的生化反应，最终导致脑细胞水肿、凋亡和坏死。

二、临 床 表 现

临床上以神志改变、肌张力低下、原始反射改变及有无惊厥等为其主要特点，可分为轻、中、重三度（表 3-5）。

考点：主要的临床表现

表3-5　新生儿缺氧缺血性脑病临床表现及分度

临床表现	分度		
	轻	中	重
意识	激惹	嗜睡	昏迷
肌张力	正常	减低	松软或间歇性伸肌张力增高
拥抱反射	活跃	减弱	消失
吸吮反射	减弱	减弱	消失
惊厥	可有肌阵挛	常有	频繁或持续状态
前囟	可正常或稍饱满	饱满	紧张
瞳孔改变	正常或扩大，对光反射灵敏	缩小	不对称或扩大，对光反射迟钝
中枢性呼吸衰竭	无	有	明显
EEG	正常	低电压，可有痫样放电	爆发抑制，等电位
病程及预后	症状在 72 小时内消失，预后好	症状在 14 日内消失，可有后遗症	症状可持续数周，病死率高，存活者多有后遗症

三、辅 助 检 查

1. 实验室检查

（1）血清磷酸肌酸激酶同工酶（CK-BB）检查：该酶主要存在于脑及神经组织中，正常值＜10U/L，当脑组织受损时此酶在血及脑脊液中均升高。

（2）神经元特异性烯醇化酶（NSE）：主要存在于神经元中，正常值＜6μg/L，神经元受损时此酶活性增高。

2. 脑影像学检查

（1）B 超检查：可了解脑水肿、基底核、丘脑、脑室内及周围出血等病变，可在 HIE 病程 72 小时内进行并动态监测。

（2）CT 检查：最宜于生后 4～7 天进行，可了解颅内出血的范围及类型。

（3）核磁共振（MRI）：能清楚显示 B 超及 CT 不能探及的部位，能为判断新生儿脑损伤的部位、类型、范围、严重程度及预后等提供重要的影像学依据。

考点：新生儿缺氧缺血性脑病及各部位颅内出血最适宜的影像学检查及时间

（4）脑电图检查：应在生后1周内进行，可客观反映脑损害的严重程度、判断预后。

四、诊　断

足月儿HIE的病理生理和临床表现与早产儿不同，诊断标准也不同（目前尚无早产儿HIE的诊断标准）。足月儿HIE的诊断主要根据病史及临床表现进行诊断。

1. 病史　有明确可导致胎儿宫内窒息的产科病史以及严重胎儿宫内窘迫的表现[胎心率＜100次/分，持续5分钟以上；和（或）羊水Ⅲ度污染]或在分娩过程中有严重的窒息史。

2. 出生时有重度窒息　Apgar评分1分钟≤3分，并持续至5分钟时Apgar评分仍然≤5分或者出生时动脉血气分析pH≤7.00。

3. 出生后24小时内出现神经系统的表现　如意识改变、肌张力改变、原始反射改变及前囟张力增高等。

考点：HIE的诊断标准

4. 排除其他原因引起的抽搐　如低钙血症、低血糖症、颅内出血等；以及排除了其他遗传性疾病和某些先天性疾病引起的脑损伤。

同时具备上述4条者可确诊本病，第4条暂不能确定者可作为拟诊病历。

五、治　疗

发现胎儿宫内窘迫证据，应及时采取相应措施。对出生时已经发生窒息的患儿应积极进行复苏和抢救；对已经发生本病的患儿应及早治疗，减轻病情改善预后。

1. 支持疗法　改善通气功能，维持PaO_2＞60～80mmHg，$PaCO_2$＜40mmHg及pH在正常范围，同时采用适合的氧疗方式；维持良好的全身及脑部灌注，低血压者可给予多巴胺2～5μg/（kg·min），同时加用等剂量的多巴酚丁胺；维持血糖在正常高值5.55mmol/L以满足神经细胞代谢所需。

2. 控制惊厥　首选的药物为苯巴比妥，负荷量为20mg/kg，于15～30分钟静脉滴入，若不能控制惊厥，1小时后可加用10mg/kg，12～24小时给维持量，每日3～5mg/kg。顽固性抽搐可加用地西泮，每次0.3～0.5mg/kg，或加用水合氯醛50mg/kg灌肠。

考点：HIE的治疗原则

3. 减轻脑水肿　控制每日液体总入量在60～80ml/kg。颅内压增高时首选利尿药呋塞米，每次0.5～1mg/kg，静脉注射；严重者可用20%甘露醇，每次0.25～0.5g/kg，静脉注射，每6～12小时1次，连用3～5天。

4. 康复治疗　病情稳定后，应尽早进行智能训练和体能的恢复训练，有利于促进大脑功能恢复，减少后遗症。

亚低温疗法

亚低温疗法即通过降低病人体温来治疗疾病的方法。研究发现适当降低病人体温，可调节脑部血流、降低脑氧代谢率、改善脑细胞能量代谢、减少兴奋性氨基酸的释放、减少氧自由基的生成、减少细胞内钙超载，增加神经元泛素的合成、减少神经元坏死和凋亡、促进细胞间信号传导的恢复、减少脑梗死的面积、减轻脑水肿和降低颅内压等。同时，研究还证实，适当降低病人体温，并不会增加其他组织的损害。目前该方法已经广泛应用于临床，并取得了较好的临床效果。通过亚低温治疗HIE，其效果与安全性已经得到了初步肯定。

链接

六、预防及预后

新生儿缺氧缺血性脑病关键在于预防，要做好围生期的保健工作。本病的预后主要与病情的严重程度、治疗时间是否及时、抢救方式是否正确等有关。病情严重、惊厥、脑干症状超过7

天，血清 CK-BB 和脑电图持续异常者预后差。幸存者常出现智力障碍、脑瘫及癫痫等后遗症。

案例3-2分析

1. 初步诊断 依据患儿有产科异常分娩史及生后有窒息史，如患儿生后全身皮肤苍白、肌张力低、呼吸不规则、弹足底微皱眉、心率 118 次/分，生后 1 分钟 Apgar 评分为 4 分，经复苏抢救，5 分钟后 Apgar 评分为 8 分；此外，半小时前患儿出现神经系统症状：全身抽搐、面色青紫、双眼上翻、面肌颤动。结合体格检查：前囟 2.0cm×2.0cm、稍饱满，患儿反应差，面色青紫，口唇发绀，肌张力可，觅食反射、吸吮反应存在，拥抱反射活跃。血生化检查及血糖检查：K^+ 4.5mmol/L，Ca^{2+} 2.1mmol/L，Na^+ 134mmol/L，血糖 3.5mmol/L，排除了其他几项电解质紊乱及低血糖原因引起的神经系统症状。根据足月儿 HIE 的诊断标准，最有可能的诊断：①新生儿缺氧缺血性脑病；②新生儿颅内出血：该病的诊断需依赖进一步检查，如 B 超、CT 等。

2. 处理原则 监测患儿生命体征及血氧饱和度，改善通气，维持 PaO_2＞60～80mmHg，$PaCO_2$＜40mmHg 及 pH 在正常范围，同时采用适合的氧疗方式。维持体温及体液平衡、恢复及维持良好的全身及脑部灌注。控制惊厥，减轻脑水肿。有条件可行亚低温疗法，进一步减轻脑组织水肿，减少脑细胞坏死及降低颅内压。待患儿病情稳定后可行康复训练。

第6节 新生儿颅内出血

学习目标

1. 了解新生儿颅内出血的病因。
2. 熟悉新生儿颅内出血的发病机制及预后。
3. 掌握新生儿颅内出血的临床表现、诊断及治疗。

案例3-3

患儿女，2 天。因烦躁不安、双眼凝视、四肢抖动 6 小时急诊转入新生儿科。患儿系 G1P1，孕 34 周早产，出生体重 1.9kg，生后 1 分钟 Apgar 评分 4 分，经新生儿复苏抢救，5 分钟 Apgar 评分为 8 分。患儿 6 小时前出现烦躁不安，双眼凝视，有时尖叫，四肢抖动，遂急诊转入新生儿科治疗。

入院查体：体温 36℃，脉搏 160 次/分，呼吸 58 次/分，血压 70/50mmHg。患儿嗜睡，面色灰暗，皮肤黏膜轻度黄染，前囟饱满紧张，呼吸表浅，心音尚有力，腹软，四肢肌张力增高，原始反射减弱。实验室检查：血常规检查：白细胞 15×10^9/L，血糖检查：2.25mmol/L。

思考题

1. 说出患儿的初步诊断。
2. 提出基本的处理原则。

新生儿颅内出血（intracranial haemorrhage of the newborn）是严重脑损伤的常见形式。由产伤和（或）缺氧引起，是新生儿时期常见的严重疾病，是造成新生儿早期死亡的主要原因之一，部分存活者常有各种神经系统的后遗症。

一、病因及发病机制

考点：早产儿颅内出血的好发部位

1. 早产儿　胎龄<32 周的早产儿，在其脑室周围的室管膜下及小脑软脑膜下的颗粒层中均留存胚胎生发基质，此结构是一组未成熟的毛细血管网，仅有一层内皮细胞，对缺氧及酸中毒敏感，当窒息或脑部血流动力学发生变化时，易破损出血。故<32 周的早产儿发生颅内出血的类型常为脑室周围-脑室内出血。

2. 缺氧缺血　窒息时低氧血症、高碳酸血症及代谢性酸中毒，可引起脑组织损伤，脑血管扩张及形成压力被动性脑血流，脑血管内压力增高，易破损出血；静脉淤血，血栓形成，脑静脉破裂出血。

3. 产伤　由于分娩损伤使颅内血管破裂，如胎头过大、头盆不称、胎位异常、使用高位产钳助产、胎头吸引器等。此种原因造成的出血常在顶部硬膜下或小脑天幕附近。

4. 其他　其他损伤亦可致颅内出血如头皮静脉穿刺、呼吸机使用参数设置不当、气管插管等；患有血液系统疾病如血小板减少性紫癜等；或母孕期长期使用苯巴比妥、利福平等药物；临床不适当输入甘露醇、碳酸氢钠、葡萄糖酸钙等高渗溶液等。

二、临床表现

临床表现因出血部位、程度及出血速度的不同，而表现各异。轻症者可无任何表现，出血量大者临床表现严重，部分患儿常于发病数小时内死亡。

1. 神经系统的症状与体征　神志改变，如嗜睡、昏迷等；呼吸增快、变慢或不规则，甚至出现呼吸暂停；颅内压增高，前囟饱满、紧张，抽搐，角弓反张，斜视、凝视等；瞳孔不等大或对光反射消失；肌张力增高、减弱或消失。

2. 根据出血部位不同，可分为 5 种类型。

考点：PVH-IVH 多发生<32 周的早产儿

（1）脑室周围-脑室内出血（PVH-IVH）：是早产儿颅内出血中常见的一种类型，尤其是胎龄<32 周，出生体重低于 1500g 的早产儿。胎龄越小，发病率越高。出血大多发生在生后 72 小时内，常表现为呼吸暂停、嗜睡、肌张力低下和原始反射消失等，其预后取决于 PVH-IVH 的严重程度。

（2）原发性蛛网隙下腔出血（SAH）：出血的原发部位在蛛网膜下隙内，与缺氧、酸中毒及产伤等因素有关，是新生儿颅内出血的常见类型，早产儿多发。典型表现为生后第 2 天出现抽搐，发作的间歇期情况良好。出血量大者预后差。

考点：引起硬膜下出血的常见原因

（3）硬膜下出血（SDH）：多由产伤引起，多见于足月巨大儿、臀位异常难产、高位产钳助产儿等。出血量少者无症状，出血量大的患儿常于生后 24 小时内出现抽搐、偏瘫及斜视等神经系统的症状，部分患儿可于数小时内死亡。

（4）小脑出血（CH）：多见于胎龄<32 周的早产儿或有产伤史的足月儿。表现为神经系统症状，严重者可出现脑干压迫，最终因呼吸衰竭而死亡。

考点：各种类型的颅内出血的主要临床表现

（5）脑实质出血（IPH）：常见于足月儿，多因小静脉栓塞后毛细血管内压力增高、破裂出血。由于出血量及出血部位不同，临床表现各异。点片状出血可无临床表现。脑干出血者早期即可发生瞳孔改变、呼吸不规则及心动过缓等，前囟张力不高。主要后遗症为脑瘫、癫痫和精神发育迟缓，下肢运动障碍多见。

三、辅助检查

（一）实验室检查

1. 血象检查　出血严重者，可有贫血，血红蛋白、血小板、血细胞比容下降等。

2. 血液检查　生化检查可有 CPK-BB、NSE 活性增高；血气分析可反映酸中毒及低氧血症的程度。

3. 脑脊液检查　若需与其他中枢神经系统疾病相鉴别时，可行脑脊液检查。颅内出血时镜下可见皱缩红细胞，蛋白含量明显升高；严重者在出血后 24 小时内脑脊液糖含量降低，5～10 天最明显，同时乳酸含量低。

4. 其他　可有间接胆红素增高，凝血酶原时间延长等。

（二）辅助检查

1. 头颅 B 超　对颅脑中心部位病变分辨率高，是诊断 PVH-IVH 的首选方法。床旁连续头颅超声对早产儿 PVH-IVH 的开始时间、出血部位及严重程度提供可靠的信息，而且价廉方便，无须搬动患儿，应在生后尽早进行，1 周后动态监测。尤其是极低出生体重儿应常规进行头颅超声的筛查。

2. 头颅 CT 或 MRI　硬膜下、后颅凹、蛛网膜下隙等部位的出血 B 超不易探及，需行 CT、MRI 检查，尤其是后者，是确诊各种颅内出血、评估预后最敏感的检测手段。

四、诊　　断

病史、症状及体征可提供诊断线索，但确诊需依赖头颅影像学检查。

1. 病史　如早产儿，尤其是胎龄<32 周的早产儿或母孕期长期应用苯巴比妥、利福平等药物者；有围生期窒息史的患儿；有产伤或外伤史的患儿，如高位产钳助产、胎头吸引器、急产、头盆不称、头皮静脉穿刺者等。

2. 有神经系统的症状及体征　如拒奶、嗜睡、反应低下、肌张力低下或增高、原始反射减弱或消失。重症者可出现呼吸暂停、惊厥、昏迷、前囟饱满、双眼凝视、脑性尖叫、瞳孔改变及对光反射减弱或消失等。

3. 辅助检查　头颅 B 超、CT 或 MRI 检查可精确了解病变类型、部位及程度，并对疾病预后作出评估，是确诊本病的重要依据。

五、治　　疗

1. 支持疗法　保持患儿安静，避免搬动及刺激性操作。注意体液平衡，维持正常的渗透压及血压，保证能量供应。

2. 药物治疗及对症治疗　应使用维生素 K_1、酚磺乙胺及注射用巴曲酶等进行止血治疗；有惊厥者可给予苯巴比妥及地西泮等镇静药物；有颅内压增高者，用呋塞米每次 0.5～1mg/kg，每日 2～3 次静脉注射；脑积水者可用乙酰唑胺减少脑脊液的产生。

3. 外科治疗　根据病情可采取外科治疗。

六、预防及预后

该病的预后与出血部位、出血量及程度等因素有关。出血部位在脑干、脑实质且出血量较大者，预后不良。预防本病的关键在于加强围生期保健、提高产科技术，避免各种可能导致医源性颅内出血的因素。

案例3-3分析

1. 初步诊断　该患儿有异常产科分娩史：患儿系 G1P1，孕 34 周早产，出生体重 1.9kg；生后有新生儿窒息证据：生后 1 分钟 Apgar 评分为 4 分，经新生儿复苏抢救后 5 分钟 Apgar

评分为8分；6小时前出现神经系统症状：患儿6小时前出现烦躁不安、双眼凝视、四肢抖动的症状；结合入院体格检查：体温36℃，脉搏160次/分，呼吸58次/分，血压70/50mmHg，患儿嗜睡，面色灰暗，前囟饱满紧张，呼吸表浅，四肢张力增高，原始反射减弱；该患儿最有可能的诊断为：新生儿颅内出血。确诊需进一步行头颅影像学检查。

2. 处理原则　密切监测患儿生命体征，保持患儿安静，维持体液平衡，保证能量供应。控制惊厥、止血、降低颅内压。必要时可行外科手术治疗。

第7节　新生儿黄疸

学习目标

1. 熟悉新生儿黄疸的病因及鉴别诊断。
2. 掌握新生儿生理性黄疸及病理性黄疸的分类。

案例3-4

患儿女，42天，因“黄疸至今不退”来诊。患儿系G1P1，足月顺产，出生体重3.1kg，无特殊孕产史，纯母乳喂养，生后第3天出现黄疸，且一直持续至今不退，遂就诊。

入院查体：体温36.5℃，脉搏145次/分，呼吸40次/分，血压80/55mmHg。患儿体重为4.5kg，精神佳，吃奶好，反应好，全身皮肤、黏膜轻度黄染，无皮疹及皮下出血；前囟平软，大小2.0cm×1.8cm，巩膜黄染，双侧瞳孔等圆等大，对光反射灵敏；颈软，四肢肌张力可，心肺检查无异常；腹平软，肝右肋下1cm，剑突下2cm，质软，脾未扪及，脐残端已脱落，脐窝干燥，听诊肠鸣音正常，大便金黄。

实验室检查：血常规检查：WBC 10.26×10^9/L，L 0.35，N 0.6，Hb 125g/L，PLT300 $\times10^9$/L；血清胆红素测定：TB 175.25μmol/L，IBIL 167.89μmol/L，DBIL 7.36μmol/L；肝功能检查：ALT 37μmol/L，AST 45μmol/L，AKP 122.25μmol/L。

思考题

1. 说出患儿的初步诊断。
2. 提出基本的治疗原则。

新生儿黄疸（neonatal jaundice）是指由于新生儿血液中胆红素浓度过高，引起皮肤、黏膜及巩膜黄染的现象。若新生儿血中胆红素浓度超过5～7mg/dl（成人超过2mg/dl），即可出现肉眼可见的黄疸。部分高未结合胆红素血症患儿可发生胆红素脑病，一般多留有不同程度的神经系统后遗症，重者甚至死亡。

一、新生儿胆红素代谢的途径及特点

（一）新生儿胆红素产生过多

新生儿每日生成的胆红素明显高于成人（新生儿约8.8mg/kg，成人约3.8mg/kg）。新生儿胆红素产生过多的原因有以下几点。

1. 胎儿时期宫内环境相对缺氧，胎儿体内促红细胞生成素分泌增多，新生儿出生后延续了胎儿时期的血象特点，红细胞及血红蛋白量较高，随呼吸建立，血氧分压迅速上升，过多的红细胞则被破坏。

2. 新生儿红细胞寿命短（足月儿约为 80 天，早产儿为 60 天，成人为 120 天），形成胆红素的周期缩短。

3. 旁路胆红素来源多。

4. 血红素加氧酶在生后 7 天内含量高，产生胆红素的潜力大。

（二）血清蛋白联结胆红素能力弱

新生儿出生后多有不同程度的缺氧及酸中毒，可减少与血清白蛋白的联结。早产儿胎龄越小，血液中的白蛋白越少，联结非结合胆红素的能力越弱。

（三）肝脏摄入及处理胆红素能力差

与白蛋白联结后的非结合胆红素被运往肝脏进行代谢，与肝细胞内的 Y、Z 受体蛋白结合后转运至肝细胞内质网，在尿苷二磷酸葡萄糖醛酸转移酶（UDPGT）的作用下生成结合胆红素。新生儿出生时肝脏中的 Y、Z 蛋白含量极微（仅为成人的 5%～20%，生后 5～10 天达正常），UDPGT 含量低（仅为成人的 1%～2%）且活性差（为正常的 0%～30%）。早产儿胎龄越小，Y、Z 蛋白及 UDPGT 含量越少，酶活性越低，故早产儿更易发生黄疸。

（四）肠肝循环增加

新生儿肠道蠕动差且肠道内菌群尚未完全建立；肠道内 β-葡萄糖醛酸苷酶活性相对较高，此酶可将结合胆红素转变为非结合胆红素，增加了肠肝循环，导致血中非结合胆红素增高。

二、新生儿黄疸的分类

（一）生理性黄疸

由于新生儿胆红素代谢的特点，50%～60%的足月儿及 80%的早产儿可出现生理性黄疸。其特点为：

1. 一般情况良好。

2. 足月儿于生后 2～3 天出现黄疸，4～5 天达高峰，5～7 天开始消退，最迟不超过 2 周；早产儿于生后 3～5 天出现，5～7 天达高峰，7～9 天开始消退，最迟不超过 4 周。

3. 每日血清总胆红素升高＜85μmol/L（5mg/dl）。

既往还曾规定生理性黄疸血清胆红素上限值，足月儿＜221μmol/L（12.9mg/dl）和早产儿＜257μmol/L（15mg/dl），但由于血清胆红素的值易受遗传、种族、地区、个体差异及喂养方式的影响，迄今尚无统一的标准。

（二）病理性黄疸

其特点为：

1. 生后 24 小时内发生黄疸。

2. 黄疸程度重　若足月儿＞221μmol/L，早产儿＞257μmol/L，则应考虑病理性黄疸可能；或每日血清总胆红素升高＞85μmol/L（5mg/dl）[或者每小时血清总胆红素升高＞0.85μmol/L（0.5mg/dl）]。

考点：新生儿黄疸的分类

3. 黄疸持续时间长　足月儿超过 2 周不退，早产儿超过 4 周不退。

4. 黄疸退而复现。

5. 血清结合胆红素＞34μmol/L（2mg/dl）。

具备其中任何一项者，即可诊断为病理性黄疸。

三、病理性黄疸的常见病因

引起病理性黄疸的疾病较多，常为多种病因同时存在。

（一）胆红素生成过多

由于红细胞破坏增多及肠肝循环增加，使血液中非结合胆红素水平增高。

1. 红细胞增多症　如球形红细胞增多症，糖尿病母亲所生的新生儿，脐带结扎延迟等。

2. 体内出血　如较大的头皮血肿、颅内出血、皮下血肿及肺出血等。

3. 同族免疫性溶血　母婴血型不合引起的溶血，如ABO溶血、Rh溶血。详见本章第8节。

4. 肠肝循环增加　先天性肠道闭锁、巨结肠、饥饿及喂养延迟等。

5. 母乳喂养

（1）母乳喂养相关性黄疸：指母乳喂养的新生儿在生后1周内，因热量及液体量摄入不足，胎便排除延迟等原因所引起，随母乳分泌量及喂养频率增加，黄疸可逐渐减轻，一般不发生胆红素脑病。几乎2/3的新生儿可出现这种黄疸。

（2）母乳性黄疸：指母乳喂养的新生儿在生后3个月内黄疸不退，可能与母乳中的β-葡萄糖醛酸苷酶水平较高，增加肠肝循环所引起。一般不需要任何治疗，停喂母乳3～5天黄疸减退或消失可帮助诊断。

6. 感染　细菌、病毒、支原体、衣原体等所致的严重感染可导致溶血，以金黄色葡萄球菌及大肠杆菌感染引起的败血症多见，详见本章第11节。

7. 其他原因　如红细胞酶缺乏、红细胞形态异常、各种血红蛋白病及维生素E缺乏及低锌血症等。

（二）肝脏胆红素代谢障碍

由于肝细胞摄取非结合胆红素的能力弱，使血中非结合胆红素升高。

1. 窒息、缺氧、酸中毒及感染等可使UDPGT活性降低。

2. Crigler-najjar综合征　即先天性UDPGT酶缺乏。

3. 家族及遗传性疾病　如Gilbert综合征、Lucey-Driscoll综合征等。

4. 药物影响　某些药物如水杨酸盐、磺胺、吲哚美辛、毛花苷C等可与胆红素竞争Y、Z蛋白结合位点。噻唑类利尿剂可使胆红素与血清白蛋白分离，增加血中胆红素水平。

5. 其他　如甲状腺功能低下、先天愚型及垂体功能低下等。

（三）胆红素排泄障碍

由于肝细胞和（或）胆道分泌和（或）排泄胆汁的功能障碍，引起血中结合胆红素增高。若同时伴有肝细胞损伤，则血中非结合胆红素亦增高。

考点：引起病理性黄疸的主要原因、各种原因引起的黄疸以哪一种胆红素增加为主

1. 新生儿肝炎　多由病毒引起的宫内感染所致。如乙型肝炎病毒、巨细胞病毒、风疹病毒、单纯疱疹病毒、EB病毒等。

2. 胆道阻塞　如先天性胆道闭锁、先天性胆道囊肿、胆汁黏稠综合征等。

3. 其他　如α_1-抗胰蛋白酶缺乏症、半乳糖血症、乳糖不耐受等各种先天性代谢缺陷病引起的肝细胞损害等。

案例3-4分析

1. 初步诊断　患儿无特殊孕产史，系G1P1，足月顺产，纯母乳喂养。生后第3天出现黄疸，至今未退。结合入院体格检查：精神佳，吃奶好，反应好，全身皮肤、黏膜、

巩膜黄染，心肺及神经系统检查（–），腹平软，肝脾无肿大，大便色黄，脐残端已脱落，脐窝干燥。实验室检查：血常规、肝功能检查无异常，血清总胆红素增加，以非结合胆红素增加为主。根据病史、喂养方式、临床表现及实验室检查，可初步诊断为母乳性黄疸。停喂母乳 3～5 天，若黄疸减轻或消失，可帮助诊断。

2. 处理原则　进一步完善相关检查，排除其他引起非结合胆红素增高的疾病。注意保暖，维持体液平衡，预防感染。继续母乳喂养，当血清总胆红素＞205μmol/L（12mg/dl）时，可给予光照治疗。此外，可给予肝酶诱导剂等药物治疗。

第 8 节　新生儿溶血病

学习目标

1. 了解新生儿溶血病的发病机制。
2. 掌握新生儿溶血病的临床表现、诊断及治疗。

案例3-5

患儿女，5 天。因“黄疸进行性加重 3 天”就诊。患儿系 G1P1，孕 38 周足月顺产，出生体重为 3.5kg，无窒息、产伤史，母乳喂养。患儿于生后第 2 天出现黄疸，并进行性加重，遂就诊。

入院查体：体温 36℃，脉搏 160 次/分，呼吸 55 次/分，血压 80/55mmHg。患儿精神可，吃奶好，全身皮肤、黏膜、巩膜黄染。前囟平软、大小为 2cm×2cm，颈软，原始反射存在，四肢肌张力可，心肺检查未见明显异常。腹平软，肝右肋下 2cm、质软，脾未扪及，大便金黄色。

实验室检查：血常规检查：白细胞 15.7×10^9/L，血红蛋白 135g/L；血型测定：患儿为“A 型 Rh（+）”，其母为“O 型 Rh（+）”；血清胆红素测定：TBIL 260μmol/L，IBIL 252.75μmol/L，DBIL 7.25μmol/L；肝功能检查：转氨酶正常。

思考题

1. 说出患儿的初步诊断。
2. 提出疾病的处理原则。

新生儿溶血病（hemolytic disease of newborn，HDN）是指由于母婴血型不合而引起的胎儿或新生儿同族免疫性溶血。在已发现的人类 26 个血型系统中，以 ABO 血型不合最常见，Rh 血型不合次之。临床以贫血、黄疸、肝脾大为主要表现。溶血程度不同，症状轻重不一，重症者可并发胆红素脑病，导致小儿伤残或死亡。

一、病因及发病机制

新生儿溶血病的主要病因是由于母婴血型不合引起的抗原抗体反应。若胎儿的红细胞中存在着来自父亲且母体内没有的血型抗原，当此红细胞进入母体后，即可刺激母体产生相应的血型抗体（IgM 或 IgG）。抗体（IgG）可通过胎盘进入胎儿体内，引起胎儿或新生儿红细胞破坏，出现溶血。

（一）ABO 溶血

主要发生在母亲 O 型，胎儿 A 型或 B 型；若母亲为 AB 型或胎儿为 O 型则不会发病。由于 A、B 血型物质广泛存在于自然界中（如某些植物、寄生虫、伤寒疫苗、破伤风及白喉类毒素等），O 型血母亲常在孕前就已经受到 A、B 血型抗原物质的刺激，并已致敏。在妊娠时（虽为第一胎），若再次接触到 A、B 血型抗原物质，即可产生相应的抗 A 及抗 B 抗体（IgG），IgG 经胎盘进入胎儿体内即可发生溶血，故 ABO 溶血症第一胎即可发病。

在 ABO 血型不合的母子中，仅有 20%的新生儿发生 ABO 溶血，因为：①胎儿红细胞中 A、B 血型抗原数量少且抗原性强弱不等，故很少发生严重溶血。②新生儿血浆及其他组织中也含有 A、B 血型抗原物质，可与来自母体中的抗体结合，使血中的抗体数量减少。

（二）Rh 溶血

该种类型的溶血发生在母亲 Rh 阴性，胎儿 Rh 阳性；一般不发生在第一胎，胎次越多发病率越高，病情越严重。

Rh 血型系统中，有 6 种抗原 D、E、C、c、d、e，与人类关系最为密切的有五种抗原，抗原性强弱为 D＞E＞C＞c＞e，故 RhD 溶血病最多见。传统上将红细胞表面具有 D 抗原的称为 Rh 阳性，缺乏 D 抗原的则为 Rh 阴性。国人中绝大多数为 Rh 阳性。若母体红细胞中有 D 抗原，但缺乏其他抗原，如 E，而胎儿具有该抗原，也会发生 Rh 溶血病。

考点： ABO 溶血及 Rh 溶血症发生的血型依据及胎次

Rh 抗体只能由人类红细胞的 Rh 抗原物质刺激产生。若胎儿为 Rh 阳性，母亲为 Rh 阴性，当胎儿血首次进入母体时（途径：妊娠晚期、分娩过程、流产或刮宫），母体免疫系统经 8～9 周产生 IgM 及少量的 IgG，IgG 虽可透过胎盘但此时胎儿已经娩出，故 Rh 溶血症第一胎不会发病。当 Rh 阳性的胎儿血（低至 0.2ml）再次进入母体时，母体则在短时间内产生大量的 IgG，引起胎儿溶血，故胎次越多发病率越高。但若既往输过 Rh 阳性血的 Rh 阴性血型的母亲，第一胎亦可发病。发病机制如图 3-2。

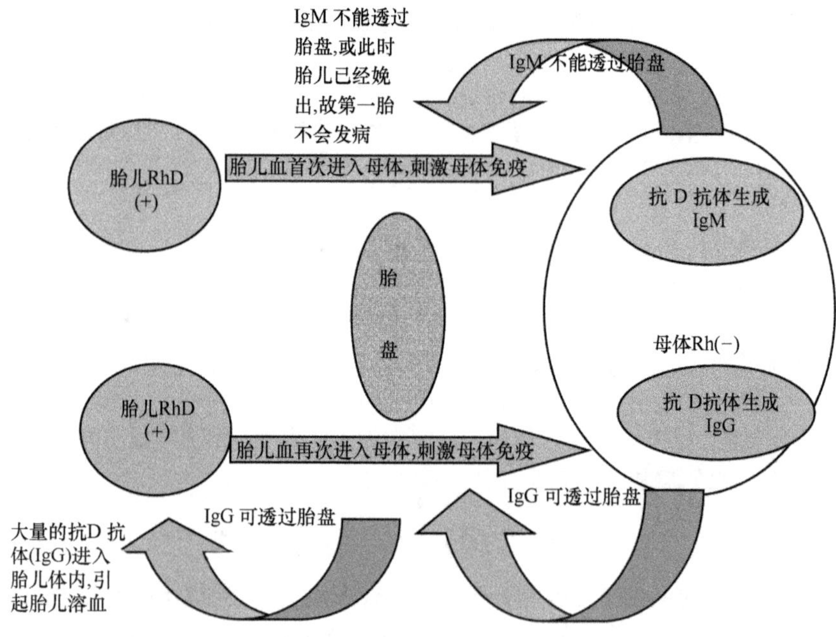

图 3-2 Rh 溶血症发病机制

二、临床表现

症状轻重与溶血程度基本一致。多数 ABO 溶血症患儿主要表现为黄疸、贫血，而 Rh 溶血症症状较重，严重者甚至死胎。

1. 黄疸　溶血症患儿血清中以非结合胆红素增高为主。大多数 Rh 溶血症患儿常于生后 24 小时内出现黄疸并迅速加重，而 ABO 溶血症患儿的黄疸多于生后 2～3 天出现。

考点：主要的临床表现

2. 贫血　程度不一。ABO 溶血症患儿贫血较轻，而 Rh 溶血症患儿贫血出现早且程度重。重症 Rh 溶血患儿，甚至可出现心力衰竭及全身水肿（胎儿水肿）。

3. 肝脾大　Rh 溶血症患儿可有不同程度的肝脾大，而 ABO 溶血症则不明显。

三、并发症

当血清中非结合胆红素的浓度过高时，可透过血脑屏障，造成神经损伤，称为胆红素脑病，是新生儿溶血症最严重的并发症。在对死亡患者进行尸检时可见神经核黄染，故胆红素脑病又称为核黄疸。

胆红素脑病常发生于生后 1 周内，少数患儿于生后 1～2 天就可出现神经系统症状。通常将胆红素脑病分为 4 个期。

1. 警告期　表现为嗜睡、反应低下、肌张力减弱、吸吮无力、拥抱反射减弱。偶有尖叫和呕吐，持续 12～24 小时。

2. 痉挛期　出现抽搐、角弓反张及发热（发热常与抽搐同时出现）。轻者仅有双眼凝视，重者出现肌张力增高、呼吸暂停、双手紧握、双臂伸直内旋、甚至角弓反张。此期持续 12～48 小时。

考点：胆红素脑病的主要表现

3. 恢复期　吃奶及反应好转，抽搐次数减少，角弓反张逐渐消失，肌张力逐渐恢复。此期持续约 2 周。

4. 后遗症期　多表现为手足徐动、眼球运动障碍、听觉障碍及牙釉质发育不良，部分患儿还可出现脑瘫、智能落后、抽搐及抬头无力等后遗症。

四、辅助检查

1. 母子血型检查　检查母婴 ABO 及 Rh 血型，证实确有母子血型不合存在。

2. 血象检查　当溶血时红细胞及血红蛋白计数减少，早期新生儿血红蛋白＜140g/L 时即可诊断为贫血；网织红细胞计数增高（＞6%）；血涂片检查可见有核红细胞增多；血清总胆红素升高以非结合胆红素增高为主。

3. 致敏红细胞和血型抗体测定　①改良直接抗人球蛋白试验（改良的 Coombs 试验）：该试验阳性表明红细胞已致敏，Rh 溶血病阳性率高，ABO 溶血症仅少数阳性。②抗体释放试验：是检测致敏红细胞的敏感性试验，Rh 溶血症及 ABO 溶血症一般均为阳性。上述两项均为确诊试验。③游离抗体试验：该试验阳性表明血清中存在游离的 ABO 及 Rh 血型抗体，并有可能与红细胞结合引起溶血。此项试验有助于判断是否有继续溶血、换血后的效果，但不是确诊试验。

考点：确诊检查

4. 辅助检查　头部 MRI 对早期胆红素脑病的诊断有重要价值。

五、诊断与鉴别诊断

（一）诊断

1. 产前诊断　凡既往有不明原因的死胎、流产及新生儿重度黄疸史的孕妇及其丈夫均应进行ABO及Rh血型测定，若为血型不合者应对孕妇进行动态监测。孕妇血清中IgG抗A或抗B＞1∶64，提示可能发生ABO溶血。对Rh阴性血的孕妇在妊娠16周时应检测血中Rh血型抗体作为基础值，以后每2～4周检测1次，抗体效价有升高者提示Rh溶血可能。

2. 生后诊断　新生儿娩出后，黄疸出现早且程度重，有母婴血型不合，改良的Coombs试验或抗体释放试验中有一项为阳性者可确诊。

（二）鉴别诊断

1. 新生儿生理性黄疸　ABO溶血常于生后2～3天出现黄疸，且黄疸可为唯一表现，易与生理性黄疸混淆，有母婴ABO血型不合证据及溶血三项阳性有助于鉴别。

2. 新生儿贫血　双胞胎的胎-胎间输血，或母-胎间输血可引起新生儿贫血，但无严重黄疸、血型不合及无溶血三项试验阳性。

六、治　　疗

（一）产前治疗

提前分娩、血浆置换或胎儿宫内换血。孕妇于预产期前2～4周服用苯巴比妥等肝酶诱导剂，以减轻新生儿黄疸。

（二）新生儿治疗

关键在于降低胆红素水平，预防胆红素脑病的发生。

1. 光照疗法　是降低非结合胆红素水平最简单有效的治疗方法。各种原因导致的足月儿血清总胆红素＞205μmol/L（12mg/dl）时均可给予光疗，早产儿更应积极治疗，必要时可行预防性光疗。

（1）原理：在特殊光线的作用下，非结合胆红素会转变为水溶性异构体，直接从胆汁及尿液中排出。波长为425～475nm的蓝光和波长为510～530nm的绿光效果最好，日光灯及太阳光亦有一定的作用。

考点：血清结合胆红素增高时光疗可产生的副作用

（2）设备：主要有光疗箱、光疗灯和光疗毯等。光疗时，用眼罩保护婴儿眼睛，除会阴及肛门部用尿布遮挡外其余均裸露。光疗可持续也可间歇进行，一般光疗时间不宜超过4天。

（3）副作用：光疗副作用少，常有发热、皮疹及腹泻，但多不严重，可继续光疗。蓝光可使核黄素分解增加、降低红细胞谷胱甘肽还原酶活性，应及时补充核黄素，否则有加重溶血的可能，光疗时每次5mg，每日3次；光疗结束后每日1次，连用3天。血清结合胆红素高的患儿，在光疗时皮肤可呈青铜色，即青铜症，光疗结束后可自行消失。

2. 药物治疗

（1）补充白蛋白或血浆：可增加与非结合胆红素的联结，减少胆红素脑病的发生。输血浆，每次10～20ml/kg或白蛋白1g/kg。

（2）肝酶诱导剂：诱导UDPGT产生，增强肝脏代谢非结合胆红素的能力。常用苯巴比妥，剂量为5mg/（kg·d），分2～3次口服，连用4～5天。

（3）静脉用免疫球蛋白（IVIG）：可阻断Fc受体，抑制吞噬细胞破坏已被抗体致敏的红细胞，早期应用临床效果好。采用一次性大剂量1g/kg，于6～8小时静脉滴入。

（4）其他：如肠道微生态制剂、碳酸氢钠、肾上腺皮质激素（因其副作用，目前不主张使用）等。

3. 换血疗法　通过换出血中部分游离抗体、致敏红细胞及非结合胆红素可减轻溶血及预防胆红素脑病的发生。大部分Rh溶血症及少数严重的ABO溶血症患儿需要换血治疗。

换血指征：符合下列条件之一者，应立即行换血治疗：①产前已经明确诊断，出生时脐血总胆红素＞68μmol/L（4mg/dl），血红蛋白低于120g/L，伴水肿、心力衰竭者；②生后12

小时内胆红素每小时上升＞12μmol/L（0.7mg/dl）者；③总胆红素已达 342μmol/L（20mg/dl）者；④不论血清胆红素水平高低，已经出现胆红素脑病的早期表现者；⑤小早产儿，合并缺氧、酸中毒者或上一胎溶血严重者，应该放宽指征。

考点：光照疗法、换血指征

4. 其他治疗　防止低血糖、低体温，纠正缺氧及酸中毒等。

案例3-5分析

1. 初步诊断　患儿系 G1P1，孕 38 周足月顺产，无窒息及产伤史；生后第 2 天出现黄疸，且进行性加重；结合体格检查：体温 36℃，脉搏 160 次/分，呼吸 55 次/分，血压 80/56mmHg。全身皮肤、黏膜、巩膜黄染，心肺及神经系统检查无异常。腹平软，肝右肋下 2cm、质软，脾未扪及。大便金黄。实验室检查：Hb 135g/L（为新生儿贫血）；有母婴 ABO 血型不合证据，母“O”型，患儿“A”型；血清总胆红素增高 TBIL 为 260μmol/L，以非结合胆红素增高为主，IBIL 252.75μmol/L；肝功能检查无异常。根据患儿临床表现及实验室检查可初步诊断为：新生儿 ABO 溶血症，为明确诊断，可行抗体释放试验，若为阳性即可确诊。

2. 处理原则　监测患儿生命体征，维持体温、能量供应及体液平衡。光疗时注意补充液体及核黄素。可补充白蛋白或输入新鲜血浆、给予肝酶诱导剂，早期还可一次性注射大剂量 IVIG。若患儿溶血严重，达到换血指征，可行换血治疗。

第 9 节　寒冷损伤综合征

学习目标

1. 熟悉新生儿寒冷损伤综合征的病因。
2. 掌握新生儿寒冷损伤综合征的临床表现及治疗。

案例3-6

患儿男，2 天。因“不吃、哭声弱、少动半天”于 2016 年 1 月 2 日急诊转入新生儿科。患儿系 G1P1，孕 35 周早产，出生体重 2.1kg，无难产、产钳分娩及窒息史。半天前，家属在为其更换尿布后，患儿逐渐出现拒哺、反应差、哭声弱、少动等症状，遂转入新生儿科。

入院查体：体温 34℃，脉搏 120 次/分，呼吸 45 次/分，血压 70/50mmHg，患儿精神差，反应低下，不吃，哭声弱，口唇青紫。前囟平软、大小为 1.5cm×1.8cm，四肢肌张力可，原始反射减弱。全身皮肤冰凉、弹性差、无皮疹及皮下出血、无破损及溃疡，双侧小腿处皮肤稍硬，病变处色红、边缘不清，不易捏起。心肺检查未见异常。腹平软，肝脾未扪及，肠鸣音可。脐残端包扎好，敷料干燥，局部皮肤无红肿。

实验室检查：血常规：RBC 5.5×10^{12}/L，Hb 155g/L，WBC 10.2×10^{9}/L；血糖：2.75mmol/L；血钾：3.7mmol/L。

思考题

1. 说出患儿的初步诊断。
2. 提出基本的处理原则。

新生儿寒冷损伤综合征（neonatal cold injury syndrome）简称新生儿冷伤，又称为新生儿硬肿症。系由于寒冷及感染等多种原因引起的，以体温不升、皮肤硬肿为主要表现的一组临床综合征。

一、病因及病理生理

1. 寒冷和保暖不足

（1）新生儿体温的特点：新生儿体温调节中枢的功能不成熟；体表面积相对较大、皮肤及皮下脂肪薄、血管丰富，易散热；体液调节能力弱，对失热耐受差；寒冷时无寒战反应仅依靠棕色脂肪代谢产热，其代偿能力有限，胎龄越小棕色脂肪储存越少。综上所述，当环境温度低和保暖不足时，易导致新生儿体温降低。

考点：硬肿症皮肤硬肿发生的机制

（2）发生硬肿的机制：新生儿皮下脂肪（白色脂肪）中含有大量饱和脂肪酸（约为成人的 3 倍），熔点低，当低体温时易凝固，导致皮肤变硬。同时由于病变部位血液循环淤滞、组织缺氧及酸中毒可使皮下毛细血管通透性增加，出现水肿。若病情严重者，硬肿可遍及全身，造成多器官功能损害。

考点：主要病因

2. 疾病因素　当新生儿发生窒息、感染、心力衰竭或休克等疾病时，体内产能物质不足或消耗过多，即使在正常散热的情况下，新生儿也会发生体温降低。另外，严重的颅脑疾病可直接影响体温调节中枢的功能，亦可诱发本病。

二、临 床 表 现

主要发生在寒冷季节或重症感染时，多于生后 1 周内发病，早产儿多见。低体温及皮肤硬肿是本病的主要表现。

1. 一般表现　反应低下、吸吮差甚至拒哺，哭声低弱或不哭，少动。部分患儿还可出现呼吸暂停。

2. 低体温　肛门温度＜35℃即为新生儿低体温。轻症为 30～35℃，重症＜30℃。可出现四肢甚至全身冰凉。低体温时常伴有心率减慢。

考点：主要表现-皮肤硬肿的特点、最常见的并发症

3. 皮肤硬肿　病变处皮肤及皮下脂肪变硬不易捏起、推动，按之似橡皮样，皮肤颜色蜡黄、暗红甚至青紫，伴水肿者可有指压凹陷。硬肿常呈对称性，硬肿发生的顺序：小腿→大腿外侧→整个下肢→臀部→面颊→上肢→全身。皮肤硬肿面积的估计：头颈部 20%，双上肢 18%，前胸及腹部 14%，背部及腰骶部 14%，臀部 8%，双下肢 26%。

4. 多器官功能损害　重症者可出现全身多器官功能损害，如急性肾衰竭、休克、DIC 等。肺出血是常见的并发症。

三、辅 助 检 查

1. 白细胞计数　一般无明显变化。若感染时可有不同程度的增高或降低。若白细胞计数明显增高或降低者，常提示并发败血症可能。

2. DIC 筛查　对危重的硬肿症患儿应行 DIC 筛查试验。

3. 动脉血气分析　由于缺氧及酸中毒，可使血 pH 下降，PaO_2降低，$PaCO_2$增高。

4. 其他检查　根据病情可进行血液生化、血糖、肌酐、尿素氮及 ECG、X 线检查等。

四、诊断与鉴别诊断

在寒冷季节，环境温度低和保暖不足，或有其他可诱发本病的疾病；有体温降低、皮肤硬肿即可诊断。新生儿寒冷损伤综合征病情分度见表 3-6。

表3-6　新生儿寒冷损伤综合征病情分度

临床表现 /分度	轻度	中度	重度
肛温	>35℃	30～35℃	<30℃
硬肿范围	<20%	20%～50%	>50%

本病应与新生儿水肿及新生儿皮下坏疽相鉴别。

1. 新生儿水肿

（1）局限性水肿：常发生于女婴会阴部，数日内可痊愈。

（2）早产儿水肿：下肢常见凹陷性水肿，有时延及手背、眼睑或头皮，大多数可自行消退。

2. 新生儿皮下坏疽　常由金黄色葡萄球菌感染引起。多见于寒冷季节，常有难产或产钳分娩史，好发于身体受压部位或受损部位，表现为局部皮肤变硬、略肿、发红，边界不清楚并迅速蔓延，病变区中央初期变硬以后软化，颜色由暗红逐渐转变为黑色，重者可有出血和溃疡形成，亦可融合成大片坏疽。

五、治　疗

考点：复温的主要方法

1. 复温　是治疗本病的首要措施。通过提高环境温度或外加热，恢复并维持新生儿正常体温。临床上根据体温下降的程度来选择不同的复温方法。

新生儿腋窝下有较多的棕色脂肪，正常状态时，棕色脂肪不产热，腋温小于肛温，故腋温-肛温差小于 0℃（$T_{A\text{-}R}<0$℃）；寒冷和保暖不足时，初期棕色脂肪代偿产热，腋温升高，故 $T_{A\text{-}R}\geq 0$℃，当冷伤严重时，棕色脂肪耗尽，则 $T_{A\text{-}R}<0$℃。

（1）若肛温>30℃：可通过减少散热使体温恢复。将新生儿置于已经预热至适宜的中性温度（参见本章表 3-3）的暖箱中，一般 6～12 小时即可恢复体温。

（2）若肛温<30℃：将患儿置于箱温比肛温高 1～2℃的暖箱中进行外加温，每小时提高 0.5～1℃（箱温不超过 34℃），12～24 小时可恢复正常体温。然后根据患儿体温调整暖箱温度。

若无上述条件的医院或基层卫生机构，可采用电热毯、热水袋、温水浴等方式，或让母亲怀抱婴儿进行复温。

2. 热量及液体的补充　供给充足的热量和液体有助于复温及维持正常体温。热量的供给从每日 210kJ/kg（50kcal/kg）开始，逐渐增加至每日 418～502 kJ/kg（100～120 kcal/kg）；液体量的供给按 0.24ml/kg（1ml/kcal）计算，有明显心、肾功能损害者，应严格控制液体量及输液速度。

3. 控制感染　可根据血培养及药敏试验选择应用抗生素。

4. 纠正器官功能紊乱　对有心力衰竭、肾衰竭、肺出血等患儿应给予相应的治疗。

案例3-6分析

1. 初步诊断　患儿系 35 周早产，出生体重为 2.1kg；半天前，家属曾为患儿更换尿布，随后患儿即出现拒哺、哭声弱、少动等症状；入院体格检查：体温 34℃，患儿精神差，反应低下，不吃，哭声弱，口唇青紫，原始反射减弱，全身皮肤冰凉，弹性差，双侧小腿处皮肤稍硬，病变处色红、边缘不清，不易捏起。结合实验室检查：血常规、血糖及血钾检查均正常。根据该患儿发病的季节及低体温、皮肤硬肿等临床表现，可初步诊断为新生儿寒冷损伤综合征。

2. 处理原则　复温为治疗本病的首要措施。供给充足的热量和液体，维持和改善循环。控制及预防感染，纠正器官功能紊乱及对症治疗。

第 10 节　新生儿脐部疾病

学习目标

1. 了解新生儿常见脐部疾病的病因。
2. 掌握新生儿常见脐部疾病的临床特点。

一、新生儿脐炎

新生儿脐炎（omphalitis of newborn）是指细菌入侵新生儿脐残端，并在其中繁殖所引起的急性炎症，常见的病原菌为金黄色葡萄球菌，其次为大肠埃希菌、铜绿假单胞菌、溶血性链球菌等。新生儿在断脐时或断脐后，脐残端消毒处理不严、护理不当很容易造成感染，引起本病，感染早期，脐部发红，脐窝湿润、流水；随病情发展，脐周皮肤出现红肿、变硬，脐窝分泌物增多且呈脓性，带臭味，病变甚至可向周围组织及器官扩散，引起败血症、腹壁蜂窝织炎、皮下坏疽、门静脉炎等。治疗本病，轻症者可用 3%过氧化氢及 75%的乙醇清洗，每日 2～3 次；重症者可选用适当的抗生素静脉注射，脓液较多者，需切开引流。

二、脐　　疝

脐疝（umbilical hernia）系由于脐环关闭不全或薄弱，腹腔脏器或组织由脐环处向外突出到皮下形成的疝。婴儿发病率较高，尤其是早产儿或出生体重低于 1500g 者发病率更高。婴儿脐疝，疝囊大小不一，直径多在 1cm 左右，当腹内压增高时（如哭闹时）脐疝外凸明显，平卧或安静时疝囊缩小，用手指压迫疝囊可回纳，不易发生嵌顿。出生后 1 年内腹肌逐渐发育，疝环可逐渐狭窄、缩小，自然闭合，预后良好。若疝囊较大或 4 岁以上脐环仍未闭合者可行手术修补。

第 11 节　新生儿败血症

学习目标

1. 熟悉新生儿败血症的病因及发病机制。
2. 掌握新生儿败血症的临床表现、诊断及治疗。

案例3-7

患儿男，18 天，因“反应低下、不吃、少动 1 天”就诊。患儿系 G2P1，孕 39 周足月顺产，无窒息史及产伤史等，出生体重 3.2kg，生后第 3 天出现黄疸，1 周后黄疸自行消退。

3天前，患儿脐部红肿伴发热，体温39℃，未就医，家属自行喂服患儿退热药及脐部涂抹药膏，具体不详，效果不佳。1天前，患儿出现反应低下，不吃、不动、哭声弱，遂急诊入院。入院查体：体温35℃，脉搏155次/分，呼吸50次/分，血压75/54mmHg，患儿精神差，反应低下，哭声弱。全身皮肤、黏膜及巩膜黄染。前囟平软，双侧瞳孔等圆等大、对光反射灵敏，颈软。四肢肌张力可，原始反射存在。心肺检查未见异常。腹稍胀、软，肝右肋下2.0cm，脾未触及。脐残端已脱离，脐周围皮肤红肿、变硬，脐窝处有黄色脓性分泌物流出，量中，有臭味。实验室检查：血常规检查：WBC 22.9×10^9/L，核左移；末梢血CRP：152μg/ml；血清总胆红素TBIL 175.5μmol/L，非结合胆红素IBIL 168.3 μmol/L。

思考题

1. 说出患儿的初步诊断。
2. 提出疾病的处理原则。

新生儿败血症（neonatal septicemia）是指病原体入侵新生儿血液循环，并在其中生长繁殖、产生毒素而造成的全身性炎症反应。新生儿败血症是新生儿时期重要的感染性疾病之一，胎龄越小，发病率及病死率越高。

一、病因及发病机制

1. 病原体　可为细菌、病毒、真菌或原虫等。本节重点讲述的是细菌感染引起的败血症。在我国，细菌性败血症的主要病原以葡萄球菌（主要为金黄色葡萄球菌）最常见，大肠埃希菌次之。其他如克雷伯杆菌、铜绿假单胞菌、B组溶血性链球菌、李斯特杆菌等细菌感染也可引起败血症。

考点：病原菌

2. 易感因素　新生儿非特异性及特异性免疫功能差，是新生儿发生感染后容易发展为败血症的主要原因。

（1）非特异性免疫功能差：新生儿皮肤角质层薄、黏膜柔嫩易破损；脐残端未闭合，离血管近，感染后细菌易进入血液循环；呼吸道纤毛运动差；胃酸酸度低，杀菌作用弱；血脑屏障功能差，易患细菌性脑膜炎。新生儿中性粒细胞产生及储存少，吞噬及杀菌作用弱，早产儿更甚。

（2）特异性免疫功能差：新生儿体内的IgG主要来自母体，胎龄越小储存量越少，故早产儿更易发病；IgM及IgA不能透过胎盘，加之新生儿自身分泌不足，易患革兰阴性杆菌感染；T、B免疫细胞功能差。

二、临床表现

1. 分型　根据发病时间分为早发型和晚发型。

（1）早发型：产后7天内发病。感染发生在产前或产时，与围生期因素有关，多由母亲垂直传播引起。病原菌以大肠埃希菌等革兰阴性杆菌为主；早发型败血症多呈爆发起病，多器官受累，死亡率高。

（2）晚发型：出生7天之后起病。感染发生在产时或产后，多为水平传播；病原菌多为葡萄球菌、机会致病菌；常有脐炎、肺炎、肠炎及脑膜炎等其他部位的感染；死亡率较早发型低。

2. 症状及体征　新生儿败血症的早期表现不典型，早产儿尤其如此。一般表现为面色苍白，反应低下，精神萎靡或嗜睡，不吃，少动，哭声低弱或不哭，发热或体温不升，体重不增等。出现以下表现时高度怀疑败血症。

（1）黄疸：有时黄疸可为败血症的唯一表现，表现为生理性黄疸迅速加重或退而复现，有时甚至可发生胆红素脑病。

（2）肝脾大：出现较晚，多为轻至中度肿大。

（3）出血倾向：皮肤黏膜瘀点、瘀斑，针眼渗血不断，肺出血、消化道出血等。

考点：分型及主要表现

（4）休克：面色苍白或皮肤出现大理石样花纹，血压下降、尿少或无尿。

（5）其他：如呼吸窘迫、呼吸暂停、中毒性肠麻痹等。

（6）其他：有脐炎、重症肺炎、脑膜炎、骨髓炎及化脓性关节炎等。

三、辅助检查

（一）非特异性检查

1. 外周血象　白细胞总数减少<5×10⁹/L或增高（≤3天者WBC>25×10⁹/L，>3天者WBC>20×10⁹/L）；杆状核细胞/中性粒细胞比例≥0.16；血小板计数<100×10⁹/L；若引发严重溶血时，可出现红细胞及血红蛋白计数下降。新生儿血象特点变化较大，应根据具体的日龄进行分析。

2. C-反应蛋白（CRP）　是急相蛋白中开展较为普遍且灵敏度较高的参数。在急性感染6～8小时后即上升，8～60小时达高峰，感染控制后迅速下降。末梢血方法检测，CRP≥10μg/ml为异常，有助于诊断。

（二）细菌学检查

考点：血象检查及血培养检查

1. 血培养检查　应在使用抗生素之前，抽血时必须严格消毒。细菌培养的同时应做药敏试验，以指导治疗。对疑似肠源性感染者应同时做厌氧菌培养；对长期使用青霉素类及头孢类抗生素者应做L型细菌培养，以提高阳性率。

2. 脑脊液、尿液培养检查　取脑脊液做细菌培养，同时做涂片检查。做尿液培养时最好从耻骨联合上行膀胱穿刺取尿，以免尿液污染。培养结果阳性有助于诊断。

3. 其他培养　可酌情取胃液、脐残端分泌物、皮肤拭子、咽拭子或外耳道分泌物（生后1小时内）做细菌培养。培养阳性只能说明定殖菌存在，不能确定败血症诊断。

（三）其他

有条件还可进行病原菌抗原检测、分子生物学检测等。

四、诊　断

（一）确定诊断

具有临床表现并符合下列任一条。

1. 血培养或无菌体腔内培养出致病菌。

2. 如果血培养标本培养出条件致病菌，则必须与另次（份）血、或无菌体腔内、或导管头培养出同种细菌。

（二）临床诊断

具有临床表现且具备以下任一条。

1. 非特异性检查≥2条。

2. 血标本病原菌抗原或DNA检测阳性。

五、治　疗

1. 抗生素治疗

（1）早用药：对临床上疑似败血症的患儿应先治疗，不必等细菌培养结果。

（2）静脉联合用药：根据当地菌种流行病学特点及耐药菌株情况选择两种抗生素联合用药，静脉给药，待到细菌培养及药敏试验结果出来再调整用药。若临床有效，但药敏不敏感者也可不必换药。

（3）用药时间：血培养阴性者，经抗生素治疗病情好转后应继续用药 5～7 天。血培养阳性者，疗程至少为 10～14 天。有并发症者应治疗 3 个星期以上。新生儿抗生素选择及使用方法，如表 3-7 所示。

考点：治疗新生儿败血症抗生素的应用原则

表3-7　新生儿抗生素选择及使用方法

抗菌药物	每次剂量（mg/kg）	每日次数		主要病原菌
		<7 天	>7 天	
青霉素	5 万～10 万 U	2	3	肺炎球菌、链球菌、对青霉素敏感的葡萄球菌、革兰阴性球菌
氨苄西林	50	2	3	流感嗜血杆菌、革兰阴性杆菌、革兰阳性球菌
苯唑西林	25～50	2	3～4	耐青霉素葡萄球菌
羧苄西林	100	2	3～4	铜绿假单胞菌、变形杆菌、多数大肠埃希菌、沙门菌
哌拉西林	50	2	3	铜绿假单胞菌、变形杆菌、大肠埃希菌、肺炎球菌
头孢拉定	50～100	2	3	金黄色葡萄球菌、链球菌、大肠埃希菌
头孢呋辛酯	50	2	3	革兰阴性杆菌、革兰阳性球菌
头孢噻肟	50	2	3	革兰阴性菌、革兰阳性菌、需氧菌、厌氧菌
头孢曲松	50～100	1	1	革兰阴性菌、耐青霉素葡萄球菌
头孢他啶	50	2	3	铜绿假单胞菌、脑膜炎双球菌、革兰阴性杆菌、革兰阳性厌氧球菌
红霉素	10～15	2	3	革兰阳性菌、衣原体、支原体、螺旋体、立克次体
万古霉素	10～15	2	3	金黄色葡萄球菌、链球菌
美罗培南	20	2	2	对绝大多数革兰阴性、革兰阳性需氧和厌氧菌有强大的杀菌作用
甲硝唑	7.5	2	2	厌氧菌

2. 严重并发症的处理

（1）及时纠正休克：输入新鲜血浆或全血，多巴胺及多巴酚丁胺治疗。

（2）纠正酸中毒及低氧血症。

（3）减轻脑水肿。

3. 支持疗法　注意保温，若发生硬肿症，则患儿预后不良。供给足够的热量和液体，维持电解质及血糖水平。

4. 免疫疗法　静脉注射免疫球蛋白，每日 300～500mg/kg，连用 3～5 日，对重者患儿可行交换输血，输血量为 100～150ml/kg。中性粒细胞明显减少者，可用粒细胞集落因子（G-CSF）。血小板减少者输注血小板 0.1U～0.2U/kg。

5. 清除局部感染病灶。

案例3-7分析

1. 初步诊断　根据患儿3天前脐部红肿伴发热，体温39℃，1天前患儿出现反应低下、不吃、不动、哭声弱。结合体格检查：体温35℃、脉搏155次/分、呼吸50次/分、血压75/54mmHg，患儿精神差，反应低下，哭声弱。全身皮肤、黏膜及巩膜黄染。脐残端已脱离，脐周围皮肤红肿、变硬，脐窝处可见黄色脓性分泌物流出，量中，有臭味。实验室检查：血常规检查：WBC 22.9×10^9/L，核左移；末梢血CRP：152μg/ml；血清总胆红素升高，以非结合胆红素增高为主。可初步诊断：①新生儿脐炎；②新生儿败血症。为进一步明确诊断，可行血培养，同时做药敏试验，指导治疗。

2. 处理原则　应立即使用抗生素；联合、静脉用药，可结合当地菌种流行病学特点及耐药性等，选择针对革兰阳性球菌和革兰阴性杆菌的两种抗生素联合使用，待病原菌明确后可根据药敏试验及临床疗效调整用药。此外，应加强护理，供给足够的能量和液体，注意维持血糖及电解质在正常水平。积极清理脐部感染病灶，若脓液较多，必要时可切开引流。

目标检测

一、A1型题

1. 足月儿是指（　　）
   A. 37周≤胎龄≤42周
   B. 37周<胎龄<42周
   C. 37周<胎龄≤42周
   D. 37周≤胎龄<42周
   E. 胎龄≥37周
2. 早产儿是指（　　）
   A. 37周≤胎龄　　B. 胎龄>42周
   C. 胎龄>37周　　D. 28周<胎龄<37周
   E. 胎龄<37周
3. 小儿时期中患病率及死亡率最高的时期是（　　）
   A. 胎儿期　　B. 新生儿期
   C. 围生期　　D. 婴儿期
   E. 幼儿期
4. 新生儿呼吸急促是指呼吸频率（　　）
   A. >26次/分　　B. >60～70次/分
   C. >70～80次/分　　D. >50～60次/分
   E. >40～50次/分
5. 新生儿易发生溢乳的原因，错误的是（　　）
   A. 新生儿食管平滑肌紧张，张力高
   B. 新生儿食管贲门括约肌松弛
   C. 新生儿胃呈水平位
   D. 新生儿胃幽门括约肌紧张
   E. 新生儿胃平滑肌扩张能力弱
6. 新生儿出生后头3个月内不宜喂养（　　）类食物
   A. 碳水化合物　　B. 脂肪
   C. 蛋白质　　D. 淀粉
   E. 矿物质
7. 若新生儿血红蛋白（　　）则可诊断为新生儿贫血
   A. <170g/L　　B. <220g/L
   C. <150g/L　　D. <140g/L
   E. <120g/L
8. 正常新生儿（　　）引不出来是正常的
   A. 觅食反射　　B. 拥抱反射
   C. 握持反射　　D. 腹壁反射
   E. 吸吮反射
9. 关于新生儿免疫功能，（　　）是错误的
   A. 易患呼吸道及消化道感染
   B. IgG能透过胎盘，且与胎龄无关
   C. 皮肤屏障功能差
   D. 细胞免疫功能未达成人水平
   E. IgA及IgM不能透过胎盘，易被革兰阴性杆菌感染
10. 下列几项中，（　　）不是新生儿特殊的生理现象
    A. 新生儿红斑及粟粒疹
    B. “马牙”及“螳螂嘴”
    C. 新生儿乳腺肿大
    D. 新生儿红臀
    E. 假月经
11. 生理性体重下降常发生（　　）
    A. 生后2天内　　B. 生后3天内

C. 生后 1 周内　　D. 生后 10 天内
E. 生后 2 周内

12. 为防止早产儿视网膜病及肺发育不良，早产儿在吸氧时应该维持动脉血压分压在(　　)mmHg
A. 30～40　　B. 40～50
C. 50～70　　D. 70～80
E. 50～80

13. ABC 复苏方案指（　　）
A. Apgar 评分，碳酸氢钠和胸外按压
B. 评估，责任和危急
C. Apgar 评分，血容量和协作护理
D. 气道，呼吸和循环
E. Apgar 评分，呼吸和循环

14. 复苏过程中评估和决策主要基于（　　）
A. 呼吸，血压，肤色
B. 血压，肤色，心率
C. 呼吸，心率，肤色
D. 呼吸，血压，心率
E. 呼吸，心率，肌张力

15. 关于新生儿初步复苏的叙述,(　　)是错误的
A. 新生儿复苏前应立即用预热后的干毛巾擦干全身
B. 将新生儿置于已经预热的保暖台上
C. 摆好体位（使新生儿头部略向后仰，通畅气道）
D. 吸净新生儿口鼻部的分泌物，先鼻后口
E. 给予适当刺激，帮助新生儿呼吸建立

16. 在进行新生儿胸外心脏按压时，按压：通气比、频率、按压深度分别为（　　）
A. 2∶1，90 次/分，前后径 1/3
B. 3∶1，60 次/分，前后径 1/3
C. 4∶1，90 次/分，前后径 1/3
D. 5∶1，90 次/分，前后径 2/3
E. 3∶1，90 次/分，前后径 1/3

17. 轻度新生儿缺氧缺血性脑病的临床表现中不正确的是（　　）
A. 肌张力正常　　B. 前囟稍饱满
C. 拥抱反射减弱　　D. 可有阵发性肌阵挛
E. 无中枢性呼吸衰竭

18. 脑室周围-脑室内出血患儿在病后 72 小时内最适宜的影像学检查为（　　）
A. 头颅 B 超　　B. 头颅 MRI
C. 头颅 CT　　D. 头颅 X 线
E. 颅内介入

19. 对新生儿颅内出血患儿,CT 检查可有助于了解病变的部位、出血的类型及严重程度等，最适宜的时间是（　　）
A. 1～2 天　　B. 2～3 天
C. 3～5 天　　D. 4～7 天
E. 7～10 天

20. 足月儿红细胞的寿命为（　　）
A. 120 天　　B. 60 天
C. 80 天　　D. 100 天
E. 100～120 天

21. 新生儿血清中胆红素浓度超过（　　）即可出现肉眼可见的黄疸
A. 2mg/dl　　B. 3mg/dl
C. 5mg/dl　　D. 6mg/dl
E. 7mg/dl

22. 新生儿 ABO 溶血症多发生于（　　）
A. 母亲 A、胎儿 O 或 B
B. 母亲 AB、胎儿 A 或 B
C. 母亲 O、胎儿 A 或 B
D. 母亲 A 或 B、胎儿 O
E. 母亲 B、胎儿 O 或 A

23. 新生儿光疗时（蓝光），其光源最有效的波长为（　　）
A. 320～350nm　　B. 425～475nm
C. 400～420nm　　D. 470～500nm
E. 550～600nm

24. 下列（　　）不是光疗的副作用
A. 青铜症　　B. 腹泻
C. 肝脾大　　D. 发热
E. 皮疹

25. 新生儿 Rh 溶血病可伴有如下的临床表现，但哪项除外（　　）
A. 黄疸　　B. DIC
C. 胎儿水肿　　D. 贫血
E. 胆红素脑病

26. 新生儿硬肿症最主要的病因是（　　）
A. 寒冷和保暖不足　　B. 感染
C. 窒息　　D. 心力衰竭
E. 休克

27. 新生儿硬肿症常见的并发症是（　　）
A. DIC　　B. 败血症
C. 肺出血　　D. 心力衰竭
E. 肾衰竭

28. 新生儿硬肿症硬肿发生的顺序是（　　）
A. 双下肢→臀部→双上肢→面颊→全身
B. 双下肢→面颊→臀部→双上肢→全身
C. 臀部→双下肢→面颊→双上肢→全身
D. 双下肢→臀部→面颊→双上肢→全身
E. 双上肢→面颊→臀部→双下肢→全身

29. 在我国，引起新生儿细菌性败血症的主要病原体是（　　）

A. B 组溶血性链球菌　B. 金黄色葡萄球菌
C. 大肠埃希菌　D.李斯特杆菌
E. 铜绿假单胞菌

30. 在治疗新生儿败血症时，抗生素的使用时间正确的为（　　）
A. 血培养阴性者，经抗生素治疗病情好转后应继续用药 7～10 天
B. 血培养阴性者，经抗生素治疗病情好转后应继续用药 10～14 天
C. 血培养阳性者，疗程至少 10～14 天
D. 血培养阳性者，疗程至少 14 天以上
E. 血培养阳性者，疗程至少 5～7 天

二、A2 型题

31. 一新生儿，娩出过程顺利，胎龄 257 天，出生体重 1.6kg，其体重位于同胎龄平均体重的第 3 百分位，下列哪个诊断正确而且全面（　　）
A. 足月儿，小于胎龄儿
B. 早产儿
C. 低出生体重儿
D. 早产儿，小于胎龄儿
E. 早产儿，适于胎龄儿

32. 一新生儿，胎龄 295 天，出生体重 3.9kg，身长 47cm，头围 33cm，下列诊断中正确的是（　　）
A. 过期产儿　B. 早产儿
C. 足月儿　D. 巨大儿
E. 适于胎龄儿

33. 一新生儿孕 232 天出生，顺产娩出，出生体重为 1.8kg，需即刻入暖箱保暖，最适宜的暖箱温度是（　　）
A. 32℃　B. 33℃
C. 34℃　D. 35℃
E. 36℃

34. 患儿男，G1P1。38 周足月，因“胎儿宫内窘迫，脐绕颈 2 圈，羊水Ⅱ度污染”在妇产科剖宫产分娩，胎头取出顺利，胎盘完整，无羊水呛入，生后无自主呼吸及心跳，颜面及全身皮肤青紫，四肢略屈曲，插鼻管尚有反应。该患儿生后 1 分 Apgar 评分为（　　）
A. 2 分　B. 3 分
C. 4 分　D. 5 分
E. 6 分

35. 患儿女，2 天。因“反复抽搐半天”转入儿科治疗。患儿系 39 周孕足月，胎头吸引器助产娩出，生后 1 分钟 Apgar 评分 3 分，经复苏抢救情况好转。体检：患儿呼吸表浅，嗜睡，四肢肌张力增高，原始反射减弱，皮肤轻度黄染，前囟隆起，心、肺检查无异常。该患儿除新生儿缺氧缺血性脑病之外，还应该考虑（　　）
A. 新生儿败血症　B. 新生儿低钙血症
C. 新生儿低血糖症　D. 新生儿颅内出血
E. 胆红素脑病

36. 患儿男，10 天。因“黄疸至今未退”来诊。该患儿系 37 周足月顺产，无特殊孕产史，出生体重 3.5kg。生后第 3 天出现黄疸，一般情况好，大便金黄色。查体：患儿体重 3.7kg，皮肤黏膜轻度黄染，心肺检查无异常，腹软，肝右肋下 1cm，脾未扪及。实验室检查：血 WBC12.5×10^9/L，血清总胆红素 208μmol/L（12.2mg/dl），以非结合胆红素为主，转氨酶正常。该患儿最有可能的诊断是（　　）
A. 新生儿肝炎
B. 新生儿生理性黄疸
C. 新生儿胆汁淤积综合征
D. 新生儿败血症
E. 新生儿溶血症

37. 患儿女，2 个月。因“黄疸至今未退”入院。患儿系 38 周足月顺产，出生体重 3.1kg，无特殊孕产史，生后即纯母乳喂养。患儿生后 3 天出现黄疸，至今未退，自黄疸发生以来，患儿精神好，吃奶好。期间曾停喂母乳 3 天，其母发现患儿黄疸明显减轻。入院查体：体重 4.5kg，皮肤黏膜轻度黄染，心肺检查无异常，腹软，肝右肋下 1.5cm，脾未扪及，大便金黄。该患儿最有可能的诊断是（　　）
A. 生理性黄疸
B. 新生儿肝炎
C. 新生儿胆汁淤积综合征
D. 新生儿溶血症
E. 母乳性黄疸

38. 患儿女，3 天。因“生后第 2 天出现黄疸并进行性加重”由产科转入。患儿系 G1P1，足月顺产，无窒息史，生后第 2 天即出现黄疸，并进行性加重，自黄疸出现后，患儿精神好，食欲可。因其母产前查血为 Rh（+），O 型，患儿生后即查血型示：Rh（+），B 型。转入儿科后行实验室检查：抗体释放试验阳性，改良 Coombs 试验阴性，抗体游离试验阴性，血 WBC13.4×10^9/L，Hb140g/L，血清胆红素 260μmol/L（15.2mg/dl），以非结合胆红素为主，转氨酶正常。该患儿最有可能的诊断是（　　）

A. 新生儿生理性黄疸
B. 新生儿肝炎
C. 新生儿 Rh 溶血症
D. 新生儿 ABO 溶血症
E. 新生儿败血症

39. 患儿女，10 天。34 周早产，出生体重 2.4kg，因“不吃、少动 4 天”来诊。查体：体温 35.6℃，体重 2.3kg，反应差，吸吮反射及拥抱反射减弱，全身皮肤冰凉，黄染明显，前囟 2.0cm×2.0cm，张力高。颈部无抵抗感，心肺检查无异常。腹软，肝右肋下 2.0cm，脾未扪及。实验室检查：血 WBC4.0×10^9/L、Hb125g/L。该患儿最有可能的诊断是（　　）
A. 新生儿生理性黄疸
B. 新生儿硬肿症
C. 新生儿败血症
D. 新生儿溶血症
E. 新生儿脑膜炎

三、A3 型题

（40～44 题共用题干）

患儿女，34 周。急产娩出，脐带绕颈，出生后 1 分钟、5 分钟 Apgar 评分分别为 2 分、5 分，经复苏抢救；生后 24 小时，该患儿出现全身抽搐，遂转入新生儿科治疗。查体：体温 36.5℃、呼吸微弱，反应低下，四肢瘫软，原始反射减弱，前囟紧张，瞳孔缩小、对光反射迟钝，颈软，心肺检查无明显异常。实验室检查：Ca^{2+} 2.0mmol/L，血钾 3.9mmol/L，血糖 2.2mmol/L。

40. 对该患儿进行复苏，最关键的步骤是（　　）
A. 擦干和刺激
B. 静脉推注 1∶10000 的肾上腺素
C. 胸外心脏按压
D. 改善肺部通气
E. 快速评估

41. 若需对该患儿进行正压通气，最适宜的氧气浓度为（　　）
A. 空气　　B. 30%～40%
C. 60%～70%　　D. 70%～80%
E. 100%纯氧

42. 该患儿生后 24 小时内出现神经系统的症状，最有可能的诊断是（　　）
A. 新生儿低钙血症
B. 新生儿低血糖症
C. 新生儿脑膜炎
D. 新生儿缺氧缺血性脑病
E. 新生儿低钾血症

43. 控制惊厥首选的药物是（　　）
A. 苯巴比妥　　B. 苯妥英钠
C. 地西泮　　D. 水合氯醛
E. 卡马西平

44. 在对该患儿进行治疗的其他措施中，不正确的是（　　）
A. 氧疗、改善通气功能
B. 恢复脑部灌注
C. 利尿药
D. 适当补充血糖
E. 补钙

（45～48 题共用题干）

患儿女，22 小时。因“2 小时前出现黄疸并进行性加重”由产科急转入儿科。患儿系 G2P2，足月剖宫产，其母产前血型检测为 Rh（-），A 型，后检测其父为 Rh（+），B 型，患儿生后即查血型：Rh（+），AB 型。无母-胎间输血史。患儿生后 20 小时出现黄疸，并进行性加重。查体：体温 36.5℃，呼吸平稳，足月新生儿样貌，皮肤黄染，口唇黏膜苍白，心肺无异常，腹软，肝右肋下 3cm，质软，前囟平软，拥抱反射及吸吮反射均正常。

45. 该患儿最有可能的诊断是（　　）
A. 新生儿肝炎
B. 新生儿生理性黄疸
C. 新生儿 ABO 溶血症
D. 新生儿 Rh 溶血症
E. 新生儿贫血

46. 若要进一步确诊该疾病，急需进行的检查是（　　）
A. 血常规
B. 改良的 Coombs 试验
C. 血清胆红素测定
D. 血清抗体游离试验
E. 血培养

47. 若该患儿第二天黄疸继续加重，并出现烦躁不安，肌张力减弱，吸吮无力，该患儿可能出现了（　　）
A. 新生儿缺氧缺血性脑病
B. 新生儿颅内出血
C. 新生儿胆红素脑病
D. 新生儿化脓性脑膜炎
E. 新生儿败血症

48. 若该患儿已经出现上述第 3 题中的疾病，则首要的治疗措施是（　　）
A. 光照治疗　　B. 静脉注射丙种球蛋白
C. 降低颅内压　　D. 换血治疗
E. 抗生素治疗

（49～50 题共用题干）

患儿男，15 天。因“不吃、少动 1 天，双下肢硬肿半天”于2016年1月5日就诊。患儿系38周足月分娩，无窒息史。患儿于1天前，出现不吃、少动，半天前双下肢出现硬肿，遂就诊。入院查体：体温34.8℃、脉搏120次/分，患儿保暖差，反应迟钝，吸吮差，少动，哭声弱，前囟平软。双下肢皮肤硬肿，暗红色不易捏起，似橡皮样。实验室检查：血白细胞10.8×10^9/L，血红蛋白150g/L。

49. 该患儿最有可能的诊断是（　　）
   A. 新生儿皮下坏疽
   B. 新生儿寒冷损伤综合征
   C. 新生儿败血症
   D. 新生儿水肿
   E. 先天性心脏病

50. 治疗本病的首要措施是（　　）
   A. 抗生素治疗　　B. 清除病灶
   C. 补充足够的热量和液体　　D. 手术治疗
   E. 复温治疗

四、B1型题

（51～52题共用备选答案）

A. 足月儿　　B. 早产儿
C. 低出生体重儿　　D. 过期产儿
E. 巨大儿

51. 一新生儿孕242天出生，出生体重为2.4kg，全身皮肤红、头发细而乱，足底纹理少，该新生儿最可能为（　　）

52. 一新生儿孕286天出生，出生体重为3.5kg，全身皮肤红润，头发分条清楚，指甲超过指端，足纹遍及整个足底，该新生儿最可能为（　　）

（53～55题共用备选答案）

A. 硬脑膜下出血　　B. 脑实质出血
C. 小脑出血　　D. 脑室周围-脑室内出血
E. 原发性蛛网膜下腔出血

53. 早产儿颅内出血最常见的类型是（　　）

54. 产伤所致的颅内出血最常见的类型是（　　）

55. 多见于足月儿的颅内出血类型是（　　）

（56～58题共用备选答案）

A. 抗生素治疗　　B. 复温
C. 光疗　　D. 换血
E. 改善通气

56. 新生儿败血症治疗的关键是（　　）

57. ABO溶血症患儿治疗的首要措施是（　　）

58. 大部分Rh溶血症患儿治疗的关键是（　　）

五、X型题

59. 以下关于新生儿生理性黄疸的特点，正确的是（　　）
   A. 足月儿生理性黄疸多发生在生后2～3天
   B. 一般情况良好
   C. 黄疸持续时间足月儿不超过2周，早产儿不超过4周
   D. 早产儿发生率较足月儿高，出现时间较足月儿早
   E. 每日胆红素升高＞85μmol/L（5mg/dl）

60. 以下符合病理性黄疸特点的是（　　）
   A. 发生病理性黄疸的患儿，一般情况差
   B. 黄疸出现时间较生理性黄疸早
   C. 血清结合胆红素＞34μmol/L（2mg/dl）
   D. 黄疸退而复现
   E. 黄疸持续时间长，足月儿超过2周，早产儿超过4周

61. 以下引起病理性黄疸的疾病中，以血清非结合胆红素增高为主的是（　　）
   A. 新生儿溶血症
   B. 新生儿胆汁淤积综合征
   C. 红细胞增多症
   D. 母乳性黄疸
   E. 新生儿颅内出血

62. 关于新生儿硬肿症的病因及病理生理改变，正确的是（　　）
   A. 新生儿体温调节中枢的功能差
   B. 棕色脂肪代偿产热少
   C. 新生儿体表面积相对较大，易散热
   D. 新生儿对失热耐受差
   E. 新生儿皮下白色脂肪中含大量的不饱和脂肪酸，熔点低，体温降低时易凝固

63. 下列关于新生儿败血症，抗生素的使用正确的是（　　）
   A. 早用药
   B. 静脉给药
   C. 可选择两种抗生素联合用药
   D. 应严格根据血培养结果及药敏试验准确用药
   E. 疗程足

（陈　璐）

第4章　营养性疾病

第1节　蛋白质-能量营养不良

学习目标

1. 了解营养不良的病理生理。
2. 熟悉营养不良的概念、病因。
3. 掌握营养不良的临床表现、治疗及预防。

案例4-1

患儿男，8个月。因厌食、腹泻、渐进消瘦2个月余入院。2个月前，因患儿母亲到外地打工突然断奶后进行人工喂养，出现少食、厌食、哭闹不安。大便每日4～6次，量不多，为黄色稀便，无脓血。稍加肉、蛋类等辅食即恶心、呕吐，逐渐消瘦，反复感冒。曾在当地卫生院治疗（具体方案不详）未见明显好转。患儿系G1P1，足月顺产，出生体重3.1kg。体格检查：体温36.2℃，脉搏108次/分，呼吸32次/分，身长64cm，体重5.6kg。发育落后，营养差，精神欠佳，全身皮肤苍白、干燥、弹性差。全身浅表淋巴结无肿大。头发稀少、干枯，前囟1cm×1cm，平坦，双眼窝凹陷，唇无发绀，未出牙。颈软，胸廓无畸形，双肺呼吸音清晰。心率108次/分，律齐，无杂音。腹软，腹壁皮下脂肪0.3cm，肝肋下2.5 cm，质软，脾肋下未及，肠鸣音亢进，四肢肌张力减低。实验室检查：血常规：Hb80g/L，WBC9.2 $\times 10^9$/L，N 0.40，L 0.58；大便常规：黄色稀便，白细胞0～2个/HP。

思考题

1. 临床初步诊断是什么？
2. 治疗原则是什么？患儿饮食调整时，能量如何供给？

蛋白质-能量营养不良（protein-energy malnutrition，PEM）是由于缺乏能量和（或）蛋白质所致的一种营养缺乏症，主要见于3岁以下婴幼儿。临床上以体重不增、体重减轻渐进性消瘦、皮下脂肪减少和皮下水肿为特征，常伴有全身各器官系统的功能紊乱。PEM者常有多种营养素缺乏。临床可分为三种类型：消瘦型以能量摄入不足为主；水肿型以蛋白质严重缺乏为主，中间型介于上述两者之间。

考点：营养不良的概念

一、病因及病理生理

（一）病因

1. 喂养不当　喂养不当是导致营养不良的主要原因，如母乳不足而未及时添加其他富含蛋白质的食品；奶粉配制过稀；突然断奶而未及时添加辅食或者添加不合理。较大儿童的营养不良常为婴儿期营养不良的继续，或者因不良的饮食习惯引起，如挑食、偏食、不吃早餐、吃零食过多等。

2. 消化吸收障碍　唇裂、腭裂、幽门梗阻等先天畸形影响食物的摄入或者消化吸收，迁延性腹泻、过敏性肠炎、肠吸收不良综合征等均可影响食物的消化和吸收。

考点：主要病因

3. 需要量增加　急、慢性传染病（如麻疹、肝炎、结核等）的恢复期、早产、双胎或多胎、生长发育快速阶段等均可因需要量增多而造成营养相对缺乏；大量蛋白尿、糖尿病、长期发热、甲状腺功能亢进、恶性肿瘤等均可使营养素的消耗量增多而导致营养不足。

（二）病理生理

1. 新陈代谢异常

（1）蛋白质：蛋白质摄入不足或蛋白质丢失过多，使体内蛋白质代谢处于负平衡，当血清总蛋白浓度＜40g／L、白蛋白＜20g／L 时，可发生低蛋白性水肿。

（2）脂肪：能量摄入不足时，体内脂肪大量消耗以维持生命活动的需要，故血清胆固醇浓度下降。肝脏是脂肪代谢的主要器官，当体内脂肪消耗过多，超过肝脏的代谢能力时可造成肝脏脂肪浸润及变性。

（3）糖类：由于摄入不足和消耗增多，故糖原不足和血糖偏低，轻者症状不明显，重者可引起低血糖、昏迷甚至猝死。

（4）水、盐代谢：脂肪大量消耗致细胞外液容量增加，加之低蛋白血症，患儿呈现水肿；ATP 合成减少可影响细胞膜上钠-钾-ATP 酶的运转，钠潴留在细胞内，故细胞外液呈低渗状态。当胃肠功能紊乱时，易出现低渗性脱水、酸中毒、低钾血症及低钙血症。

（5）体温调节能力下降：营养不良患儿体温偏低，可能与热能摄入不足、皮下脂肪菲薄、散热快、血糖降低、氧耗量低、脉率和周围血循环量减少等有关。

2. 各系统功能低下

（1）消化系统：由于消化液和酶的分泌减少、酶活力降低，肠蠕动减弱，肠道菌群失调，致消化功能低下，易发生消化功能紊乱和腹泻。

（2）神经系统：精神抑郁但时有烦躁不安、表情淡漠、记忆力减退、反应迟钝、条件反射不易建立，重者可致永久性运动功能和智力下降。

（3）循环系统：心脏收缩力减弱，心搏出量减少，血压偏低，脉细弱。

（4）泌尿系统：肾小管重吸收功能减低，尿量增多、尿比重下降。

（5）免疫功能：非特异性和特异性免疫功能均明显降低，常伴 IgG 亚类缺陷和 T 细胞亚群比例失调等。由于免疫功能全面低下，易并发各种感染。

二、临床表现

考点：早期表现、皮下脂肪减少的顺序

体重不增是营养不良最早出现的症状，随后体重下降，皮下脂肪逐渐减少以至消失，患儿表现为消瘦，皮肤干燥、苍白、逐渐失去弹性，额部出现皱纹如老人状，肌张力逐渐降低、肌肉松弛、肌肉萎缩呈“皮包骨”时四肢可有挛缩。营养不良初期，身高无影响，但随着病情加重，身高低于正常，智力发育落后。皮下脂肪层厚度是判断营养不良程度的重要指标之一，其减少的顺序首先是腹部，其次为躯干、臀部、四肢，最后为面颊。临床上通常把 3 岁以下婴幼儿营养不良分为三度（表 4-1）。

表4-1　婴幼儿营养不良的分度

	Ⅰ度（轻度）	Ⅱ度（中度）	Ⅲ度（重度）
体重低于正常均值	15%～25%	25%～40%	40%以上
腹部皮褶厚度	0.8～0.4cm	<0.4cm	完全消失
身长	正常	稍低于正常	明显低于正常
消瘦	不明显	明显	皮包骨样
皮肤	正常或稍干燥	干燥、苍白	明显苍白、干皱、无弹性
肌张力	正常	降低、肌肉松弛	低下、肌肉萎缩
精神状态	正常	烦躁不安	萎靡、反应低下、抑制与烦躁交替
组织器官功能低下	无	无	明显（低体温、代谢率低）

常见的并发症：①营养性贫血：以缺铁性贫血最为常见，也可伴有巨幼红细胞贫血。②微量营养素缺乏：可有多种维生素缺乏，以维生素 A 缺乏常见，在恢复期维生素 D 缺乏症状比较明显；多数患儿伴有锌缺乏。③感染：如反复呼吸道感染、鹅口疮、肺炎等。④自发性低血糖：患儿可突然表现为面色灰白、神志不清、脉搏减慢、呼吸暂停、体温不升但无抽搐等，若不及时诊治，可危及生命。

考点：最常见的并发症

三、辅助检查

血清白蛋白浓度降低是特征性改变，但其半衰期较长故不够灵敏。视黄醇结合蛋白、前白蛋白、甲状腺结合前白蛋白等代谢周期较短的血浆蛋白质具有早期诊断价值。胰岛素样生长因子 1（IGF-1）不仅反应灵敏且不受肝功能影响，被认为是早期诊断灵敏、可靠的指标。血清淀粉酶、脂肪酶、胆碱酯酶、转氨酶、碱性磷酸酶、胰酶和黄嘌呤氧化酶等活力均下降；胆固醇、各种电解质及微量元素浓度皆可下降；生长激素水平升高。

四、诊　断

根据小儿年龄及喂养史，有体重下降、皮下脂肪减少、全身各系统功能紊乱及其他营养素缺乏的临床症状和体征，典型病例的诊断并不困难。轻度患儿易被忽略，需通过定期生长监测、随访才能发现。5 岁以下营养不良的体格测量指标的分型和分度有三项。

1. 体重低下　体重低于同年龄、同性别参照人群值的均值减 2SD 以下为体重低下，如在均值减 2SD～3SD 为中度；在均值减 3SD 以下为重度。该指标主要反映慢性或者急性营养不良。

2. 生长迟缓　其身长低于同年龄、同性别参照人群值的均值减 2SD 以下为生长迟缓，如在均值减 2SD～3SD 为中度；在均值减 3SD 以下为重度。该指标主要反映慢性营养不良。

3. 消瘦　其体重低于同性别、同身高参照人群值的均值减 2SD 以下为消瘦，如在均值减 2SD～3SD 为中度；在均值减 3SD 以下为重度。该指标主要反映近期、急性营养不良。

临床常综合应用以上指标来判断患儿营养不良的类型和严重程度。以上三项判断营养不良的指标可以同时存在，也可仅符合其中一项。符合一项即可作出营养不良的诊断。

五、治　疗

营养不良的治疗原则为积极处理各种危及生命的并发症、祛除病因、调整饮食、促进消化功能。

考点：治疗原则

1. 处理危及生命的并发症 严重营养不良常发生危及生命的并发症，如腹泻时的严重脱水、电解质紊乱、酸中毒、休克、肾衰竭、自发性低血糖、继发感染及维生素 A 缺乏所致的眼部损害等。有真菌感染的患儿，除积极给予支持治疗外，要及时进行抗真菌治疗及其他相应的处理。

2. 祛除病因 在查明病因的基础上，积极治疗原发病，如改进喂养方法，控制感染性疾病，根治各种消耗性疾病等。

3. 调整饮食 PEM 患儿的饮食调整量和内容应根据实际的消化能力和病情逐步完成，不能操之过急，因患儿消化道长期摄入过少，已适应低营养的摄入，过快增加摄食量易出现消化不良、腹泻。饮食调整原则为由少到多，由稀到稠，循序渐进。

（1）能量供给：轻度营养不良热量从 250～330kJ/（kg · d）[60～80kcal/（kg · d）]开始。中、重度可参考原来的饮食情况，热量从 165～230kJ/（kg · d）[40～55kcal /（kg · d）]开始，逐步少量增加，若消化吸收能力较好，可逐渐加到 500～727kJ/（kg · d）[120～170kcal/（kg · d）]，并按实际体重计算热能需要。待体重恢复接近正常后，恢复至正常需要量。

考点：饮食调整方案

（2）食物调整：母乳喂养儿可根据患儿的食欲哺乳，按需哺喂；人工喂养儿从给予稀释奶开始，适应后逐渐增加奶量和浓度。除乳制品外，可给予蛋类、肝泥、肉末、鱼粉等高蛋白食物，必要时也可添加酪蛋白水解物、氨基酸混合液或要素饮食。蛋白质摄入量从 1.5～2.0g/（kg · d）开始，逐步增加到 3.0～4.5g/（kg · d），过早给予高蛋白食物可引起腹胀和肝大。食物中应含有丰富的维生素和微量元素。

考点：促进消化的具体措施

4. 促进消化 给予胃蛋白酶、胰酶和 B 族维生素等以促进消化；蛋白质同化类固醇制剂如苯丙酸诺龙能促进蛋白质合成，并能增加食欲，每次肌内注射 10～25mg，每周 1～2 次，连续 2～3 周，用药期间应供给充足的热量和蛋白质。对食欲差的患儿可给予胰岛素注射，降低血糖，增加饥饿感以提高食欲，通常每日一次皮下注射正规胰岛素 2～3 单位，注射前先服葡萄糖 20～30g，每 1～2 周为 1 个疗程。锌制剂可提高味觉敏感度，有增加食欲的作用，口服元素锌 0.5～1mg /（kg · d）。中药参苓白术散能调整脾胃功能，改善食欲。针灸、推拿、抚触、捏脊等也有一定疗效。

5. 其他 病情严重、伴明显低蛋白血症或严重贫血者，可考虑成分输血。此外，适当的户外活动、充足的睡眠、纠正不良的饮食习惯和良好的护理也极为重要。

六、预　　防

本病的预防应采取综合措施。大力提倡母乳喂养，及时添加辅助食品，纠正不良的习惯；合理安排生活作息制度，坚持户外活动，保证充足睡眠；按时进行预防接种，防治传染病；积极推广应用生长发育监测图，如发现体重不增或增长缓慢，应尽快查明原因，及时予以纠正。

案例4-1分析

1. 初步诊断 患儿 8 个月。依据患儿有突然断奶后厌食、腹泻、逐渐消瘦及反复感冒的病因，有发育落后，营养差，精神欠佳，全身皮肤苍白、干燥、弹性差，腹部皮下脂肪厚度 0.3cm，体重低下（5.6kg），较同年龄、同性别参照人群值的平均体重低 30% 的症状和体征。确诊为蛋白质-能量营养不良（中度）。

2. 处理原则 主要是祛除病因、调整饮食、促进消化和改善代谢功能。如果有危及生命的并发症要首先积极处理。热量供给从 165～230kJ/（kg·d）[40～55kcal/（kg·d）] 开始，逐步少量增加到 500～727kJ/（kg·d）[120～170kcal/（kg·d）]，待体重恢复接近正常后，恢复至正常需要量。

第 2 节　维生素 D 缺乏性佝偻病

学 习 目 标

1. 了解维生素 D 的来源、代谢。
2. 熟悉佝偻病的概念、病因及生理功能。
3. 掌握佝偻病的临床表现、防治措施。

案例4-2

患儿女，12 个月。因睡眠不安 2 个月就诊。患儿 2 个月前出现睡眠不安，夜间为甚，夜间入睡难且经常夜间醒来哭闹。白天患儿烦躁、不易安慰，易出汗（与穿衣无关），夜间为重。无特殊既往史。患儿系 G1P1，足月自然分娩，生后母乳喂养，按时添加辅食，但未补充维生素 D 和钙剂，因家住高楼而很少户外活动。患儿 3 个月抬头，8 个月会坐，现可扶站，未出牙。体格检查：体温 36.9℃，脉搏 120 次/分，呼吸 35 次/分，血压 80/50mmHg，体重 8.2kg，身长 72cm。发育尚可，营养稍差，方颅，前囟 1.5cm×1.5cm，平坦。胸廓可见肋缘外翻，双肺呼吸音清，心率 120 次/分，律齐。腹膨隆呈蛙腹，肝脾肋下未及。四肢活动可，肌张力偏低，可触及手镯及脚镯。实验室检查：血清钙 2.1mmol/L，血磷 0.85 mmol/L，碱性磷酸酶 360U/L。

思考题

1. 最可能的临床诊断是什么？
2. 治疗方案是什么？

维生素 D 缺乏性佝偻病（rickets of vitamin D deficiency）是由于体内维生素 D 不足致钙、磷代谢紊乱，产生的一种以骨骼病变为特征的全身慢性营养性疾病。典型的表现是生长着的长骨干骺端和骨组织矿化不全。本病多见于 2 岁以内婴幼儿，北方佝偻病患病率高于南方。近年来，随我国社会经济文化水平的提高，严重佝偻病发病率已逐年降低，但轻、中度佝偻病发病率仍较高。

一、维生素 D 的来源、代谢及生理功能

1. 维生素 D 的来源　维生素 D 是脂溶性类固醇衍生物，其来源：①皮肤的光照合成：是人类维生素 D 的主要来源。人类皮肤中的 7-脱氢胆固醇（即维生素 D_3 原）经日光中紫外线照射后变为胆骨化醇即维生素 D_3。②食物中摄取：动物肝脏、蛋黄、鱼肝油、乳类等含维生素 D_3，酵母、植物油中含维生素 D_2。③母体-胎儿转运：胎儿可通过胎盘从母体获得维生素 D，胎儿体内 25-（OH）D_3 的储存可满足生后一段时间的生长需要，早期新生儿体内维生素 D 的量与母体维生素 D 的营养状况及胎龄有关。

考点：维生素 D 的来源

2. 维生素 D 的代谢　维生素 D 在体内必须经过两次羟化作用后才能发挥生物效应。首

先在肝脏经25-羟化酶作用生成有弱活性的25-羟维生素D，即25-（OH）D_3，再到肾脏经1-羟化酶的作用生成具有很强生物活性的1，25-二羟维生素D，即1，25-（OH）$_2D_3$。

考点：维生素D的主要代谢器官

3. 维生素D代谢的调节　1，25-（OH）$_2D_3$的量达到一定水平时，可抑制自身在肝、肾内的羟化过程。当血钙过低时，甲状旁腺（PTH）分泌增加，共同作用于骨组织使血钙升高，以维持正常生理功能。血钙过高时，降钙素（CT）分泌，抑制肾小管羟化生成1，25-（OH）$_2D_3$。血磷降低可直接促进肾脏羟化生成1，25-（OH）$_2D_3$，高血磷则抑制其合成。

考点：维生素D的生理功能

4. 维生素D的生理功能　1，25-（OH）$_2D_3$是维持钙、磷代谢平衡的主要激素之一，主要通过作用于靶器官（肠、肾、骨）而发挥其抗佝偻病的生理功能：①促进小肠黏膜对钙、磷的重吸收。②增加肾小管对钙、磷的重吸收，特别是磷的重吸收，提高血磷浓度，有利于骨的矿化作用。③促进旧骨质脱钙，使钙盐溶解，增加血中钙、磷浓度。另一方面促进成骨细胞功能，使血液内钙磷沉积于骨骼，使骨骼不断生长。④近年来还发现1，25-（OH）$_2D_3$尚参与多种细胞的增殖、分化和免疫功能的调控过程。

二、病　因

1. 围生期维生素D不足　母亲妊娠期，特别是妊娠后期维生素D营养不足，如孕妇严重营养不良、慢性腹泻、肝肾疾病，早产、双胎均可使婴儿的体内储存不足。

2. 日光照射不足　是佝偻病最主要的原因。因紫外线不能透过普通的玻璃，儿童缺少户外活动，可使内源性维生素D不足。大城市高大建筑可阻挡日光照射，大气污染如尘埃、烟雾可吸收部分紫外线，气候因素如冬季日照时间短，紫外线较弱，亦可影响内源性维生素D的合成。

3. 生长速度影响　婴幼儿生长速度快，特别是早产及双胎婴儿生后生长发育快，需要维生素D多，且体内储存的维生素D不足，易发生维生素D缺乏性佝偻病。

4. 维生素D摄入不足　因天然食物中含维生素D少，即使纯母乳喂养婴儿若户外活动少亦易患佝偻病。

考点：佝偻病的病因

5. 疾病影响　胃肠道、肝胆疾病影响维生素D的吸收；肝、肾严重损害可影响维生素D的羟化；长期服用抗惊厥药物可使维生素D加速分解为无活性的代谢产物；糖皮质激素可对抗维生素D对钙的转运作用。

三、发病机制

当维生素D缺乏时，肠道吸收钙磷减少，血中钙、磷水平降低，血钙降低刺激甲状旁腺分泌甲状旁腺素（PTH）增加，从而加速旧骨溶解，释放骨钙入血，以维持血钙正常或接近正常水平。但因PTH抑制肾小管对磷的重吸收而使尿磷排出增加，导致血磷降低，钙磷乘积降低，使骨样组织钙化受阻，成骨细胞代偿性增生，骨样组织堆积在骨骺软骨处，从而形成以骨骼病变为特征的一系列变化及生化异常（图4-1）。

四、临床表现

考点：神经兴奋性增高的表现

多见于3个月至2岁婴幼儿，主要表现为生长最快部位的骨骼改变、肌肉松弛和神经兴奋性增高的症状，临床分为以下四期。

（一）初期（活动早期）

多见6个月以内，特别是3个月以内小婴儿。多为神经兴奋性增高的表现，如易激惹、烦躁、夜惊、夜啼、睡眠不安、多汗（与季节无关）等。汗多刺激头皮而摇头，摩擦枕部出现“枕秃”现象。

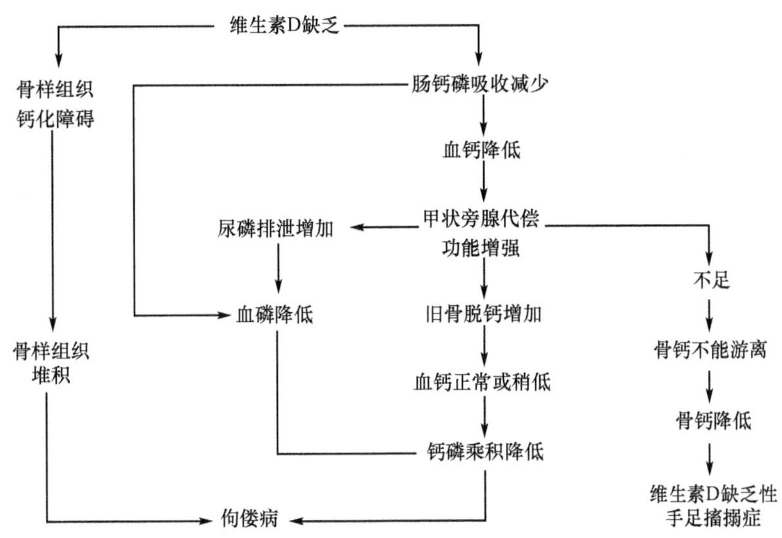

图 4-1 维生素 D 缺乏性佝偻病和手足搐搦症的发病机制

（二）激期（活动期）

早期症状进一步加重，且出现骨骼改变，肌肉关节松弛。

1. 骨骼改变

（1）头部：①颅骨软化：3～6 个月婴儿多见，颅骨薄，检查者用双手固定婴儿头部，指尖稍用力压迫枕骨或顶骨，可有压乒乓球样的感觉，故称“乒乓头”。②方颅：8～9 个月以上婴儿多见，额骨和顶骨双侧骨样组织堆积呈对称性隆起，形成“方盒样”（从上向下看），严重者呈十字或者鞍状头型，头围也较正常增大。③前囟闭合延迟：可延迟到 2～3 岁闭合或前囟过大。④出牙延迟：可延迟到 1 岁后出牙，有时出牙顺序颠倒，牙釉质发育差。

（2）胸部：多见于 1 岁左右婴儿。①肋骨串珠：肋骨与肋软骨交界处因骨样堆积而膨大呈圆形隆起，从上至下如串珠样，以第 7～10 肋骨最明显。②肋膈沟：膈肌附着处的肋骨受牵拉而内陷形成的一水平凹陷，又称为郝氏沟（Harrison groove）。③鸡胸：因胸骨和邻近的软骨向前突起，形成“鸡胸样”畸形。④漏斗胸：胸骨剑突部向内凹陷，可形成漏斗胸。上述胸廓病变均会不同程度影响呼吸功能，易并发呼吸道感染或者肺不张。

（3）四肢：①腕踝畸形：多见于 6 个月以上小儿，在手腕、足踝部由于骨样组织堆积形成的钝圆形、环状隆起，称手镯、脚镯。②下肢畸形：1 岁左右小儿，由于骨质软化与肌肉关节松弛，小儿开始站立与行走后双下肢负重，可出现股骨、胫骨、腓骨弯曲，形成严重膝内翻（“O”形）或膝外翻（“X”形）。

考点：激期主要表现、各种骨骼畸形及好发年龄

（4）脊柱：患儿会坐与站立后，因韧带松弛可致脊柱畸形，严重者可能出现骨盆畸形，女孩成年后怀孕可能造成流产。

2. 肌肉关节松弛　严重低血磷使肌肉糖代谢障碍，全身肌肉松弛，肌张力降低和肌力减弱，表现为颈软无力，坐、立、行发育落后，肝脾下移致使腹部膨隆出现“蛙腹”。

（三）恢复期

以上任何一期经日光照射或治疗后，临床症状和体征可逐渐减轻或消失。

（四）后遗症期

多见于 2 岁以后的小儿。无任何临床症状，少数严重者可残留不同程度的骨骼畸形。

考点：后遗症诊断标准

晚发性佝偻病

晚发性佝偻病是儿童时期发生的佝偻病，又称迟发性佝偻病。临床症状均开始出现于5岁以后，其主要特点为行走乏力，下肢疼痛，尤其是膝、踝关节或足跟痛，常诉腓肠肌痉挛，除有与气候无关的多汗或睡眠不安外，无全身性症状，无关节炎症的体征，病程长者可有下肢变形（“O”形或“X”形腿），少数可见肋串珠、肋外翻或鸡胸等胸廓畸形。

晚发性佝偻病最敏感的生化指标是 25-（OH）D_3，多数患者均低于正常。目前研究发现血清骨钙素、β-1 型胶原羧基前肽水平可作为晚发型佝偻病早期诊断的一个灵敏的生化指标；骨密度 B 超检测在晚发性佝偻病诊断中也具有较高的特异性及敏感度。

链 接

五、辅 助 检 查

1. 初期　血钙正常或稍低（正常血钙浓度 2.24～2.74mmol/L），血磷降低（正常 1.29～1.94mmo1/L），钙磷乘积降低＜30～40（正常＞40），碱性磷酸酶正常或升高（正常＜250U/L），25-（OH）D_3 下降（正常 11～60ng/dl）。X 线正常或显示长骨临时钙化带轻度模糊。

2. 激期　血钙降低，血磷明显降低＜1.29mmol/L，钙磷乘积降低＜30，碱性磷酸酶明显升高，25-（OH）D_3 明显降低为最可靠的诊断标准（＜8 ng/dl 可诊断）。X 线显示长骨钙化带消失，干骺端呈毛刷样、杯口状改变，骨骺软骨盘增宽（＞2mm）；骨质稀疏，骨皮质变薄，可有骨干弯曲畸形或青枝骨折，骨折可无临床症状。

考点：激期生化改变，X 线典型变化

3. 恢复期　血钙血磷很快恢复正常，钙磷乘积逐渐恢复正常，碱性磷酸酶在 1～2 个月后逐渐正常，25-（OH）D_3 数天内恢复正常。X 线显示临时钙化带重新出现，骨骺软骨盘增宽（＜2mm）。

4. 后遗症期　血钙、血磷、钙磷乘积、碱性磷酸酶、25-（OH）D_3 恢复正常。X 线也恢复正常。严重者留下不同程度的骨骼畸形。

六、诊断与鉴别诊断

（一）诊断

依据维生素 D 缺乏的病因、临床表现、血生化及骨骼 X 线检查可做出诊断。应注意早期的神经兴奋性增高的症状无特异性，多数以血生化与骨骼 X 线的检查来进行诊断。血清 25-（OH）D_3 水平测定早期降低为最可靠的诊断标准。

（二）鉴别诊断

1. 软骨营养不良　是遗传性软骨发育障碍，出生时即可见四肢短、头大、前额突出、腰椎前突、臀部后凸。根据特殊的体态（短肢型矮小）及骨骼 X 线作出诊断。

2. 低血磷抗维生素 D 佝偻病　本病多为性连锁遗传，亦可为常染色体显性或隐性遗传，也有散发病例。为肾小管重吸收磷及肠道吸收磷的原发性缺陷所致。佝偻病的症状多发生于 1 岁后，因而 2～3 岁后仍有活动性佝偻病表现；血钙多正常，血磷明显降低，尿磷增加。对使用一般治疗剂量维生素 D 治疗佝偻病无效时应考虑本病。

3. 维生素 D 依赖性佝偻病　为常染色体隐性遗传，可分两型：Ⅰ型为肾 1-羟化酶缺陷，使 25-（OH）D_3 转变为 1，25-（OH）$_2D_3$ 发生障碍，血中 25-（OH）D_3 浓度正常；Ⅱ型为靶器官 1，25-（OH）$_2D_3$ 受体缺陷，血中 1，25-（OH）$_2D_3$ 浓度增高。两型临床表现均有严重的佝偻病体征，低钙血症、低磷血症，碱性磷酸酶明显升高及继发性甲状旁腺功能亢进，Ⅰ型患儿可有高氨基酸尿症；Ⅱ型患儿的一个重要特征为脱发。

4. 远端肾小管性酸中毒　为远曲小管泌氢不足，从尿中丢失大量钠、钾、钙，继发甲状旁腺功能亢进，骨质脱钙，出现佝偻病体征。患儿骨骼畸形显著，身材矮小，有代谢性酸中毒、多尿、碱性尿，除低血钙、低血磷以外，血钾也低，血氨增高，并常有低血钾症状。

5. 肾性佝偻病　由于先天或后天原因所致的慢性肾功能障碍，导致钙磷代谢紊乱，血钙低，血磷高，甲状旁腺继发性功能亢进，骨质普遍脱钙，骨骼呈佝偻病改变。多于幼儿后期症状逐渐明显，形成侏儒状态。

6. 先天性甲状腺功能低下　生后 2～3 个月开始出现甲状腺功能不足现象，患儿智能低下，有特殊面容，血清 TSH、T_4测定可鉴别。

七、治　　疗

（一）一般疗法

坚持每日户外活动，加强营养，及时添加富含维生素 D 的食物。患儿衣着柔软、宽松，避免患儿过早过久坐、立、行，以防骨骼畸形。

（二）药物治疗

1. 维生素 D 制剂　不主张采用大剂量维生素 D 治疗，治疗的原则应以口服为主，一般剂量为每日 50～125μg（2000～5000U），持续 4～6 周，之后小于 1 岁婴儿改为每天 400U，大于 1 岁幼儿改为每天 600U。治疗 1 个月后应复查，如临床表现、血生化与骨骼 X 线改变有无恢复征象。

2. 钙剂　主张从膳食的牛奶、配方奶和豆制品中补充钙和磷，只要每天 500ml 牛奶就不需要补充钙剂。但如果膳食中钙摄入不足，可适当补充钙剂，乳酸钙每次 0.2～0.6g，每日 3 次，或葡萄糖酸钙每次 0.5～1.0g，每日 3 次。钙剂不能与乳类同服，以免影响吸收。

考点： 维生素D治疗剂量与方法

（三）整形治疗

对已有骨骼畸形的后遗症期患儿应加强体格锻炼，可采用主动或者被动运动方法矫形，畸形严重者，可考虑到 4 岁后手术矫治。

八、预　　防

目前研究证实充足的日光照射和生理剂量的维生素 D（400U）可治疗佝偻病。因此，现认为确保儿童每日获得维生素 D400U 是预防和治疗的关键。

1. 围生期　孕母应多户外活动，食用富含钙、磷、维生素 D 以及其他营养素的食物。妊娠后期适量补充维生素 D 每天 800U 有益于胎儿储存充足维生素 D，以满足生后一段时间生长发育的需要。

2. 婴幼儿期　日光浴与适量维生素 D 的补充是预防的关键。生后 1 个月后可让婴儿逐渐坚持户外活动，冬季也要注意保证每日 1～2 小时户外活动时间。有研究显示，每周让母乳喂养的婴儿进行户外活动 2 小时，仅暴露面部和手部，可维持婴儿血 25-（OH）D_3 浓度在正常范围的低值（＞11ng/dl）。早产儿、低出生体重儿、双胎儿生后 2 周开始补充维生素 D 每天 800U，3 个月后改预防量。足月儿生后 2 周开始补充维生素 D 每天 400U，至 2 岁。夏季户外活动多，可暂停服用或减量。一般可不加服钙剂。

考点： 维生素D的预防量及佝偻病的预防

案例4-2分析

1. 初步诊断　患儿 12 个月，睡眠不安 2 个月。夜间重，伴哭闹、烦躁、不易安慰，易出汗。生后未补充维生素 D 和钙剂，很少户外活动。查体可见营养稍差，方颅，前囟

1.5cm×1.5cm，胸廓可见肋缘外翻，腹膨隆呈蛙腹，肌张力偏低，可触及手镯及脚镯。实验室检查：血清钙稍低，血磷降低，碱性磷酸酶增高。最可能的临床诊断是维生素 D 缺乏性佝偻病（激期）。

2. 治疗原则 患儿应每日坚持户外活动，加强营养，添加富含维生素 D 的食物。衣着柔软、宽松，为防止骨骼畸形，避免久坐、久立，避免早行。每日口服维生素 D50～125μg（2000～5000U），1 个月后改预防量每天 400U。口服乳酸钙每次 0.2g，每日 3 次。注意钙剂不能与乳类同服，以免影响吸收。

第 3 节 维生素 D 缺乏性手足搐搦症

学 习 目 标

1. 了解维生素 D 缺乏性手足搐搦症的发病机制及鉴别诊断。
2. 熟悉维生素 D 缺乏性手足搐搦症的诊断。
3. 掌握维生素 D 缺乏性手足搐搦症的临床表现和急救措施。

案例4-3

患儿男，3 个月。因反复抽搐 3 次入院。患儿 1 天前出现无明显诱因抽搐，表现为两眼上翻，口角抽动，四肢抖动，可自行缓解，发作间歇期精神好，吃奶可，无发热、咳嗽，无呕吐及腹泻。在当地医院给予肌内注射药物（具体不详）无效今晨又抽搐 2 次而来我院就诊。患儿 G1P1，35 周早产，出生体重 2.5kg，无窒息，生后混合喂养（以奶粉为主），至今未加鱼肝油及钙剂，很少晒太阳。现患儿抬头不稳，夜间多汗，易惊。否认外伤史。体格检查：体温 36.3℃，脉搏 110 次/分，呼吸 35 次/分，体重 5.5kg，身高 60cm，头围 40cm。发育正常，营养中等，神清，精神反应好，皮肤无皮疹及出血点，头颅无畸形，轻度枕秃，前囟 2.0cm×2.5cm，平软，无颅骨软化，无特殊面容。颈软，胸廓无畸形，双肺呼吸音清晰，心率 110 次/分，律齐无杂音。腹软，肝肋下 1cm，脾未触及，四肢肌张力正常。面神经征阳性，余神经系统检查未发现其他阳性体征。

思考题

1. 首先考虑什么疾病？需做哪些检查明确诊断？
2. 应与哪些疾病鉴别？
3. 写出治疗方案。

维生素 D 缺乏性手足搐搦症（tetany of vitamin D deficiency）又称婴儿手足搐搦症，本病是维生素 D 缺乏性佝偻病的伴发症状之一，多见于 2 岁以内婴幼儿，尤其是 6 个月以内的小婴儿。主要由于维生素 D 缺乏导致血钙降低，使神经肌肉兴奋性增高，出现惊厥、手足搐搦和喉痉挛。目前因预防维生素 D 缺乏工作的普遍开展，维生素 D 缺乏性手足搐搦症已较少发生。

一、病因及发病机制

维生素D缺乏性手足搐搦症的病因与佝偻病相同，当血钙降低时，甲状旁腺反应迟钝，不能充分发挥调节钙磷代谢的作用，使血钙进一步降低成为本病的直接原因。除此之外还有一些诱因可造成血钙降低：①维生素D治疗初期或春季开始接触日光增多，体内维生素D骤增，血磷上升，钙磷乘积达到40，大量钙沉着于骨，血钙暂时下降而促发本病。②发热、感染、饥饿时，组织分解释放磷增加，导致血磷升高，血钙下降。③6个月以内婴儿生长发育快，钙需要较多，若饮食中供应不足，当维生素D缺乏时易发本病。未成熟儿与人工喂养儿容易发病。

考点：手足搐搦症的直接病因

维生素D缺乏时，血钙下降而甲状旁腺不能代偿性分泌增加。血钙继续降低，当总血钙低于1.75～1.88mmol/L（7～7.5mg/dl），或离子钙低于1.0mmo1/L（4mg/dl）时可引起神经肌肉兴奋性增高，出现抽搐。

考点：甲状旁腺功能和血钙变化的特点

血钙与神经肌肉兴奋性的关系

正常血清钙分为非弥散钙和可弥散钙（约占血清总钙的60%）两种形式，前者主要是与血浆白蛋白相结合，大部分与白蛋白结合，其余部分与球蛋白结合。80%的可弥散钙呈离子化状态存在，其生理功能最重要。影响血清钙离子浓度的主要因素为H^+浓度，磷酸盐离子浓度和蛋白质浓度。当血中pH降低时，钙与蛋白质结合减少，Ca^{2+}增加，当pH增高或血浆蛋白浓度增加时，结合钙增多，Ca^{2+}减少，血磷增加可抑制25-（OH）D_3转化为1，25-（OH）$_2D_3$，Ca^{2+}减少。离子钙有降低神经肌肉应激性的作用。因此，当血钙低于1.75mmol/L或离子钙低于1.0mmol/L时，神经肌肉应激性升高，可发生手足抽搐。血清钙大于2.75mmol/L或血清钙离子大于1.25mmol/L，即高钙血症，可使神经、肌肉兴奋性降低，表现为乏力、表情淡漠、腱反射减弱，严重者可出现精神障碍、木僵和昏迷。

链接

二、临床表现

主要表现为惊厥、喉痉挛和手足搐搦，并有程度不等的活动期佝偻病的表现。

1. 典型症状

（1）惊厥：以婴儿多见，为最常见的发作形式，一般无发热。突然发生四肢抽动、两眼上窜，面肌颤动、神志不清，发作时间可短至数秒钟，或长达数分钟以上，发作时间长者可伴口周发绀。发作停止后，意识恢复，精神萎靡而入睡，醒后活泼如常。发作次数可数日1次或1日数次。

（2）手足搐搦：见于较大婴儿和幼儿，突发手足痉挛呈弓状，双手腕部屈曲、手指伸直、拇指内收掌心，足踝关节伸直，足趾同时向下弯曲。

（3）喉痉挛：6个月以内小婴儿多见，喉部肌肉及声门突发痉挛，呼吸困难，有时可突然发生窒息，严重缺氧甚至死亡。

2. 隐性体征　没有典型发作时可通过刺激神经肌肉而引出体征。

（1）面神经征：以手指尖或叩诊锤骤击患儿颧弓与口角间的面颊部，引起眼睑和口角抽动为面神经征阳性，新生儿期可呈假阳性。

（2）腓反射：用叩诊锤骤击膝下外侧腓骨小头上方腓神经处，引起足向外侧收缩者即为腓反射阳性。

考点：典型症状和隐性体征

（3）陶瑟征：以血压计袖带包裹上臂，使血压维持在收缩压与舒张压之间，5分钟内该手出现痉挛症状属阳性。

三、诊断与鉴别诊断

（一）诊断

考点：诊断标准

突发无热惊厥，且反复发作，发作后神志清醒无神经系统体征，同时有佝偻病存在，总血钙低于1.75～1.88mmol/L，钙离子低于1.0mmol/L，首先考虑本病。

（二）鉴别诊断

1. 其他无热惊厥性疾病

（1）低血糖症：常发生于清晨空腹时，有进食不足或腹泻史，重症病例惊厥后转入昏迷，一般口服或静脉注射葡萄糖液后立即恢复，血糖常低于2.2mmo1/L。

（2）低镁血症：常见于新生儿或小于3个月牛乳喂养婴儿，常有触觉、听觉过敏肌肉颤动，甚至惊厥、手足搐溺，血镁常低于0.58mmol/L（1.4mg/dl）。

（3）婴儿痉挛症：为癫痫的一种表现。起病于1岁以内，呈突然发作，头及躯干、上肢均屈曲，手握拳，下肢弯曲至腹部，伴点头状抽搐和意识障碍。发作数秒至数十秒自停，伴智能异常，脑电图有特征性高幅异常节律波。

（4）原发性甲状旁腺功能减退：表现为间歇性惊厥或手足搐搦，间隔几天或数周发作1次。血磷升高＞3.2mmol/L（10mg/dl），血钙降至1.75mmol/L（7mg/dl）以下，碱性磷酸酶正常或稍低，颅骨X线可见基底节钙化灶。

2. 中枢神经系统感染　脑膜炎、脑炎、脑脓肿等大多伴有发热和感染中毒症状，精神萎靡，食欲差等。有颅内压增高体征及脑脊液改变。

3. 急性喉炎　大多伴有上呼吸道感染症状，也可突然发作，声音嘶哑伴犬吠样咳嗽、吸气困难，无低血钙症状，钙剂治疗无效。

四、治　　疗

治疗原则：控制惊厥，解除喉痉挛，纠正低钙血症，补充维生素D。

1. 急救处理

（1）氧气吸入：立即吸氧，喉痉挛者须立即将舌头拉出口外，防止舌咬伤，并进行口对口人工呼吸或加压给氧，必要时做气管插管以保持呼吸道通畅。

（2）控制惊厥或喉痉挛：首选地西泮肌内或静脉注射，每次0.1～0.3mg/kg；或10%水合氯醛，每次40～50mg/kg，保留灌肠。也可同时进行针刺疗法，常用穴位为水沟、合谷、少商、印堂等。

考点：急救处理方法

2. 钙剂治疗　惊厥发作时10%～25%葡萄糖液10～20ml加入10%葡萄糖酸钙5～10ml，缓慢静脉注射（10分钟以上），必要时重复给药，每日2～3次。惊厥停止后改为口服10%氯化钙，每次5～10ml（用糖水稀释后服用），每日3次，3～5天后改为口服葡萄糖酸钙或乳酸钙。

3. 维生素D治疗　口服钙剂同时按维生素D缺乏性佝偻病补充维生素D。

五、预　　防

积极防治佝偻病，注意在佝偻病治疗初期或春季开始接触日光照射时，以及6个月以内婴儿、未成熟儿与人工喂养儿在补充维生素D的同时注意补充钙剂。此外，积极防治发热、感染、饥饿，避免组织分解释放磷，导致血磷升高，血钙下降。

案例4-3分析

1. 初步诊断　患儿男，3 个月。反复抽搐为全身性，无发热，发作间歇期一切活动正常为本病症状的特点。患儿为早产儿，混合喂养，以奶粉为主，多汗易惊，少晒太阳，又未补充维生素 D，有头抬不稳、枕秃、囟门增大等佝偻病的表现，且面神经征阳性。初步诊断为维生素 D 缺乏性手足搐搦症。进一步需做血钙、血磷及碱性磷酸酶检查，同时也要注意血糖、血镁含量有无偏低。

2. 鉴别　本病还需要与低血糖、低血镁、婴儿痉挛症、原发性甲状旁腺功能减退等疾病进行鉴别。

3. 处理原则　首先应控制惊厥，首选地西泮，肌内注射，同时保持呼吸道通畅，必要时吸氧；有喉痉挛时立即拉出舌头进行人工呼吸，或加压给氧，必要时气管插管。惊厥控制后应立即给予葡萄糖酸钙静脉注射，重症可重复使用，直至发作停止后改口服钙剂。口服钙剂治疗开始后即可同时加用维生素 D 口服或肌内注射维生素 D。

第 4 节　小儿单纯性肥胖症

学 习 目 标

1. 了解小儿单纯性肥胖症的病因、鉴别诊断。
2. 熟悉小儿单纯性肥胖症的临床表现、诊断。
3. 掌握小儿单纯性肥胖症的治疗原则和预防措施。

案例4-4

患儿男，4 岁。因肥胖入医院保健门诊就诊。患儿足月顺产，出生体重 3.1kg，生后混合喂养，3 个半月开始添加辅食，食欲好，5 个月时已能吃稀饭，6 个月时体重达 8.6kg，1 岁时体重为 14kg。患儿智力发育正常，平时食欲旺盛，喜欢吃甜食和高脂肪食物，饮食以荤食为主，不爱运动。父母均为公司职员，母亲体重超重。体格检查：体重 26kg，身高 99cm，皮下脂肪丰满且分布均匀，心肺腹无异常发现。动作较笨拙，阴茎短小。实验室检查：三酰甘油 1.75mmol/L，胆固醇 6.3mmol/L。

思考题

1. 临床诊断及诊断依据是什么?
2. 该患儿应监测哪些指标?请为该患儿制订治疗方案。

小儿单纯性肥胖症（obesity）是由于长期能量摄入超过人体的消耗，使体内脂肪过度积聚、体重超过一定范围的一种营养障碍性疾病。体重超过同性别、同身高参照人群均值的20%即为肥胖。肥胖不仅影响儿童健康，且与成年期代谢综合征发生有密切相关。目前肥胖症在我国有逐步增多趋势，我国部分城市学龄期儿童超重和肥胖已高达 10%以上。所以对本病的防治应引起社会及家庭的高度重视。

一、病　　因

1. 长期能量摄入过多　是肥胖的主要原因，小儿食欲亢进，喜食油腻、甘甜食物。摄入的营养超过机体代谢需要，多余的能量便转化为脂肪贮存于体内导致肥胖。

2. 活动量过少 电子产品的流行、久坐活动过少和缺乏适当的体育锻炼是引起肥胖的重要原因，即使摄入不多，也可发生肥胖。肥胖儿童大多不喜爱运动，形成恶性循环。

考点：肥胖症的病因

3. 遗传因素 肥胖的家族性与多基因遗传有关，肥胖双亲的后代发生肥胖者高达70%～80%；双亲之一肥胖者，后代肥胖发生率为40%～50%；双亲正常的后代发生肥胖者仅10%～14%。

4. 其他 如进食过快或饱食中枢和饥饿中枢调节失衡以致多食；精神创伤（如亲人病故或学习成绩低下）以及心理异常等因素亦可致过量进食而导致肥胖。

二、发病机制

肥胖的主要病理改变为脂肪细胞数目增多或体积增大。人体脂肪细胞数量的增多主要在出生前3个月、生后第1年和11～13岁三个阶段，若肥胖发生在这三个时期，即可引起脂肪细胞数目增多性肥胖，治疗较困难且易复发。而不在脂肪细胞增殖时期发生的肥胖，脂肪细胞体积增大而数目正常，治疗较易奏效且不易复发。重度肥胖者几乎都有脂肪细胞数目增加，而中度肥胖可能主要是细胞增大。

考点：人体脂肪细胞数目增多的几个阶段

肥胖患儿根本的病理变化是脂类代谢异常：常伴有血浆三酰甘油、总胆固醇、极低密度脂蛋白（VLDL）及游离脂肪酸增加，而高密度脂蛋白（HDL）减少，故易合并动脉硬化、冠心病、高血压、胆石症等疾病。嘌呤代谢异常，血尿酸水平增高，易发生痛风。内分泌失调：女患儿雌激素水平增高，男患儿雄激素水平下降；患儿存在高胰岛素血症和胰岛素抵抗，致糖代谢异常，可出现糖耐量减低或者糖尿病；生长激素减少。对外界温度的变化反应较不敏感，有低体温倾向。

三、临床表现

肥胖可发生于任何年龄，但最常见于婴儿期、5～6岁和青春期，且男多于女。患儿食欲旺盛且喜吃甜食和高脂肪食物，不愿运动，动作笨拙且常有疲劳感，用力时气短或腿痛。严重肥胖者有1/3患儿可出现睡眠性呼吸暂停，造成认知能力下降，甚至猝死。少数患儿由于脂肪过度堆积限制了胸廓和膈肌运动，使肺通气量不足、呼吸浅快，故肺泡换气量减少，造成低氧血症、气急、发绀、红细胞增多、心脏扩大或出现充血性心力衰竭甚至死亡，称肥胖-换氧不良综合征（pickwickian syndrome）。

考点：肥胖症的易发年龄

体格检查可见患儿皮下脂肪丰满但分布均匀，腹部膨隆下垂，胸腹、臀部及大腿皮肤可出现皮纹；由于两下肢负荷过重可致膝外翻和扁平足。男孩因大腿、会阴部脂肪堆积，阴茎可隐匿在阴阜脂肪垫中而被误诊为阴茎发育不良。性发育常较早，最终身高常略低于正常小儿。患儿不愿与其他小儿交往，常有心理障碍，如自卑、胆怯、孤独等。

四、辅助检查

肥胖儿常规检测血压、腰围、糖耐量、血糖、三酰甘油、胆固醇等指标，根据肥胖的不同程度可能出现其中某些指标的异常，严重患儿肝脏超声检查常有脂肪肝。

五、诊断与鉴别诊断

（一）诊断

2岁以上儿童肥胖诊断标准有两种：①体质指数（body mass index，BMI）：当儿童的BMI在同年龄、同性别的P_{85}～P_{95}为超重，超过P_{95}为肥胖。②身高（身长）/体重：当体重高于同年龄、同性别参照人群均值 10%～19%为超重；超过 20%可诊断为肥胖症；20%～29%为轻度肥胖；30%～49%为中度肥胖；超过 50%为重度肥胖。

（二）鉴别诊断

单纯性肥胖儿因体脂过多，可将外生殖器掩盖，临床上误认为外生殖器发育迟缓，应加注意。内分泌系统疾病及遗传性疾病所致肥胖比较少见，并且伴有其他症状，以资鉴别。

1. 伴肥胖的内分泌疾病

（1）肥胖生殖无能症：本病继发于下丘脑及垂体病变，其体脂主要分布在颈、颏下、乳房、臀部及下肢，手指、足趾纤细，身材矮小，第二性征延迟或者不出现。

（2）甲状腺功能减退：体脂积聚主要在面、颈，常伴有黏液水肿，生长发育明显低下，基础代谢率与食欲皆低下。

（3）肾上腺皮质肿瘤和长期应用肾上腺皮质激素：两者都可引起库欣（Cushing）综合征，两颊、颏下、胸、背体脂较厚，形成特殊面容，常伴有高血压、皮肤红紫、毛发增多和生殖器早熟现象。腹部有时可触及肿块，X 线腹部平片可见钙化阴影。

2. 伴肥胖的遗传性疾病

（1）普拉德-威利（Prader-Willi）综合征：从婴儿晚期开始肥胖，肌张力低下、身材矮小、手足小、智能低下及生殖腺发育不全、斜视等症状，往往到青年期并发糖尿病。

（2）劳-穆-比（Lauience-Moon-Biedl）综合征：是一种多发性畸形，包括指（趾）畸形、周围性肥胖、智力轻度低下、视觉障碍及性功能减低。

六、治　　疗

小儿单纯性肥胖症的治疗原则是减少产热性食物的摄入和增加机体对热量的消耗，使体内脂肪不断减少，体重逐步下降。饮食治疗和运动疗法是两项最主要的措施。

1. 饮食治疗　由于小儿正处于生长发育阶段及肥胖治疗的长期性，故多推荐低脂肪、低糖类、高蛋白质、高微量营养素、适量纤维素饮食，应鼓励患儿多吃体积大而热能低的蔬菜类食品，使患儿产生饱腹感，其纤维还可减少糖类的吸收和胰岛素的分泌，并能阻止胆盐的肠肝循环，促进胆固醇排泄，且有一定的通便作用，可选择萝卜、胡萝卜、青菜、黄瓜、番茄、莴苣、苹果、柑橘、竹笋等。

培养良好的饮食习惯，避免晚餐过饱，不吃夜宵、零食，少食多餐，细嚼慢咽等。

七条进食习惯改变“小胖墩”

教会“小胖墩”七条进食习惯：①每次饭前 15 分钟喝一大杯水或者汤。②进餐时习惯用小碗和小盘。③取一小部分食物，把盛食物的碗留在厨房。④只在餐桌旁进食，不能在电视前或厨房里进食。⑤小口吃，在每吃一口之间放下筷子或刀叉。⑥尽量慢吃，每口食物要嚼三遍才吞。⑦每一种食物都吃剩一点留在盘子里。

链接

2. 运动疗法　适当的运动能促使脂肪分解，减少胰岛素分泌，使脂肪合成减少，蛋白质合成增加，促进肌肉发育。鼓励和选择患儿喜欢、有效且易于坚持的运动，如晨间跑步、散步、做操、跳绳、游泳等，每天坚持运动至少 30 分钟，活动量以运动后轻松愉快、不感到疲劳为原则。

3. 药物治疗　一般不主张用药，苯丙胺类和马吲哚类等食欲抑制药及甲状腺素增加消耗类药物对儿童均应慎用。

考点：治疗方法

4. 心理疗法　经常给予鼓励，增强患儿减肥成功的信心，改变其孤僻、自卑心理。

七、预　　防

加强健康教育，保持平衡膳食，增加运动；世界卫生组织建议，预防儿童肥胖应从胎儿期开始，肥胖的预防是全社会的责任。

世界卫生组织对家庭和学校儿童肥胖预防的建议

家庭：婴儿至少母乳喂养3个月，推迟引入固体食物和甜食的时间；固定家庭吃饭的地点和时间；不要忽略进餐，尤其是早餐；吃饭时不看电视；使用小盘子，并使餐具远离餐桌；避免不必要的甜或油腻的食物和饮料；搬走儿童卧室中的电视机，限制看电视和玩游戏的时间。

学校：排除糖果和饼干销售的募捐活动；检查自动售货机的物品，并替换成健康的物品；安装饮水机；对老师进行基础营养与体力活动益处的教育；儿童从幼儿园到高中均进行适宜的饮食与生活方式教育；制定体育教育的最低标准，包括每周2～3次，每次30～45分钟强度的运动；鼓励"走学儿童"，1个成人带领几组儿童走路上学。

案例4-4分析

1. 初步诊断　最可能的临床诊断是小儿单纯性肥胖症（重度）。患儿食欲旺盛，比较早引入固体食物，喜食甜食及高脂肪食物，不爱运动；有母亲肥胖的遗传史；体重超过标准体重的62.5%，皮下脂肪分布均匀，动作笨拙，三酰甘油水平、胆固醇增高，患儿阴茎短小可能与皮下脂肪丰满，尤其是大腿及会阴部脂肪堆积将阴茎掩埋之中有关。根据患儿体脂分布均匀，智能正常及体格检查无异常，基本可以排除遗传性、内分泌性疾病所导致的继发性肥胖。

2. 处理原则　该患儿首先要定期监测体重，另外，由于心血管疾病、糖尿病是小儿肥胖症最危险的并发症，故应动态监测血脂、血糖和胰岛素水平。

目前主张采用综合治疗方法，既要减少体脂，又不能影响儿童身体健康和生长发育。该患儿以每周减轻体重0.5kg为宜。纠正不良的饮食习惯和生活方式，给予优质高蛋白、低脂肪、低糖、高微量营养素、适量纤维素饮食；选择既有效又易于坚持的运动，运动量由小到大，逐步适应；家人应经常给予鼓励增强减肥成功的信心。一般不主张药物减肥。

目标检测

一、A1型题

1. 婴儿蛋白质-热能营养不良的主要原因是（　　）
   A. 蛋白质不足　B. 总热量不足
   C. 脂肪供给不足　D. 总热量和蛋白质缺乏
   E. 蛋白质和维生素缺乏
2. 营养不良的最初症状是（　　）
   A. 智力发育呆滞　B. 肌张力低下
   C. 运动功能发育迟缓　D. 身高低于正常
   E. 体重不增
3. 营养不良患儿皮下脂肪减少，最先减少的部位是（　　）
   A. 面部　B. 腹部
   C. 胸部　D. 臀部
   E. 下肢
4. 按婴幼儿营养不良分度标准，Ⅰ度营养不良的表现是（　　）

体重低于正常比例	腹壁皮下脂肪厚度
A. 8%～10%	0.8～1cm
B. 10%～15%	0.6～0.8cm
C. 15%～25%	0.4～0.8cm
D. 25%～40%	0.4cm 以下
E. 40%	完全消失

5. 营养不良患儿最易并发缺乏（　　）
   A. 维生素 A　　B. 维生素 B_1
   C. 维生素 C　　D. 维生素 D
   E. 维生素 B_{12}
6. 中度营养不良患儿热量供给开始应为每日每千克体重（　　）
   A. 40～60kcal　　B. 60～80kcal
   C. 80～100kcal　　D. 100～120kcal
   E. 120～140kcal
7. 蛋白质-热能营养不良患儿应用苯丙酸诺龙的主要作用是（　　）
   A. 促进消化功能　　B. 促进食欲
   C. 促进糖原合成　　D. 促进蛋白质合成
   E. 增强机体免疫功能
8. 导致婴幼儿佝偻病最主要的原因是（　　）
   A. 饮食中缺乏矿物质
   B. 甲状旁腺功能不全
   C. 接受日光照射不足
   D. 慢性肝、肾疾病
   E. 慢性胃肠道疾病
9. 3～6 个月的婴儿维生素 D 缺乏性佝偻病最常见的骨骼改变是（　　）
   A. 颅骨软化　　B. 方颅
   C. 郝氏沟　　D. 肋骨串珠
   E. “O”形腿
10. 维生素 D 缺乏性佝偻病骨样组织堆积的表现是（　　）
   A. 脊柱异常弯曲　　B. 颅骨软化
   C. 肋膈沟　　D. 鸡胸
   E. 方颅
11. 佝偻病活动早期的主要临床表现是（　　）
   A. 烦哭、夜惊、汗多　　B. 烦哭、方颅
   C. 多汗、蛙状腹　　D. 夜惊、手镯
   E. 夜惊、多汗、方颅
12. 维生素 D 缺乏性佝偻病激期血生化的特点是（　　）
   A. 血钙正常，血磷降低，碱性磷酸酶降低
   B. 血钙降低，血磷降低，碱性磷酸酶增高
   C. 血钙降低，血磷升高，碱性磷酸酶降低
   D. 血钙降低，血磷正常，碱性磷酸酶增高
   E. 血钙正常，血磷降低，碱性磷酸酶升高
13. 维生素 D 缺乏性佝偻病最可靠的早期诊断指标是（　　）
   A. 血钙浓度降低
   B. 血磷浓度降低
   C. 血清碱性磷酸酶增高
   D. 血 PTH 降低
   E. 血 1，25-（OH）$_2D_3$ 水平下降
14. 维生素 D 缺乏性手足搐搦症的发病机制主要是（　　）
   A. 甲状腺反应迟钝
   B. 甲状旁腺反应迟钝
   C. 腺垂体反应迟钝
   D. 肾上腺皮质反应迟钝
   E. 肾上腺髓质反应迟钝
15. 当血钙低于哪个数值时可引起手足搐搦（　　）
   A. 血总钙＜2.2～2.35mmol/L
   B. 血总钙＜2.0～2.45mmol/L
   C. 血离子钙＜1.88～2.2mmol/L
   D. 血离子钙＜1.75～1.88mmol/L
   E. 血总钙＜1.75～1.88mmol/L
16. 脂肪细胞数目增加最快的年龄段是（　　）
   A. 胎儿期头 3 个月及幼儿期
   B. 胎儿出生前 3 个月及出生后第 1 年
   C. 幼儿期
   D. 学龄前期
   E. 学龄期
17. 对单纯性肥胖儿童的干预方式不包括（　　）
   A. 限制甜食
   B. 加强运动和体格锻炼
   C. 避免剧烈运动
   D. 针对性进行行为心理治疗
   E. 胰岛素治疗

二、A2 型题

18. 1 岁男婴。因发热 1 天入院。查体：体温 39℃，体重减轻 18%，面红而光滑，唇红不干，咽充血，轻度肋外翻，心肺（－），腹壁皮下脂肪 0.7cm，皮肤弹性可。此患儿除上呼吸道感染外，伴有的疾病是（　　）
   A. 中度脱水　　B. 活动性佝偻病
   C. 营养不良　　D. 酸中毒
   E. 呆小病
19. 4 岁男孩。身高 90cm，体重 11kg，皮肤较松弛，腹部皮下脂肪约 0.3cm，该小儿的营养状况属于（　　）
   A. 正常　　B. 轻度营养不良
   C. 中度营养不良　　D. 重度营养不良
   E. 极重度营养不良

20. 冬季出生的婴儿，出生 2 周后应给予维生素 D 预防佝偻病，每日剂量为（　　）
A. 100U　　B. 400U
C. 1000U　　D. 5000U
E. 10000U
21. 5 个月小儿。夜间烦躁不安，多汗，枕秃，有颅骨软化，血钙 2mmol/L、血磷 1.0mmol/L，碱性磷酸酶 510U/L。临床诊断及治疗应为（　　）
A. 佝偻病活动期初期，维生素 D 治疗
B. 佝偻病活动期激期，维生素 D 治疗
C. 佝偻病恢复期，维生素 D 治疗
D. 佝偻病恢复期，维生素 D 预防
E. 佝偻病后遗症期，不需治疗
22. 2 岁患儿。头颅大，前额突出，前囟未闭，肋骨串珠，血清钙 2.0mmol/L，血清磷 1.13mmol/L，碱性磷酸酶增高，智力一般。诊断为（　　）
A. 软骨营养不良　　B. 散发性呆小病
C. 地方性呆小病　　D. 脑积水
E. 佝偻病
23. 4 岁小儿。体检：有鸡胸及轻度“O”形腿，血钙 2.5mmol/L，血磷 1.6 mmol/L，碱性磷酸酶正常，其佝偻病应处于（　　）
A. 佝偻病前驱期　　B. 佝偻病初期
C. 佝偻病激期　　D. 佝偻病恢复期
E. 佝偻病后遗症期
24. 11 个月小儿。扶起时尚站立不稳，经检查诊断为佝偻病活动期，下列治疗与护理哪项不妥（　　）
A. 鼓励母亲多抱患儿到户外晒太阳
B. 增加富含维生素 D 的辅食
C. 补充钙剂
D. 口服维生素 D
E. 加强站立和行走锻炼
25. 6 个月患儿。人工喂养，平时多汗，睡眠不安，突然出现惊厥，查血钙 1. 3mmol/L，在静脉补钙前应采取的紧急处理是（　　）
A. 做人工呼吸
B. 口服钙剂
C. 肌内注射地西泮
D. 肌内注射维生素 D_3
E. 使用脱水剂
26. 4 个月患儿。生后牛乳喂养，突发四肢抽搐，面肌颤动，两眼上翻，持续数秒至数分钟后自然缓解，1 天来发作 4～5 次，每次缓解后一切活动正常，就诊时又出现四肢抽搐，及时处理应给予（　　）
A. 止惊剂+钙剂　　B. 止惊剂+脱水剂
C. 止惊剂+抗生素　　D. 止惊剂+维生素 D
E. 以上都不是

三、A3/A4 型题

（27～29 题共用题干）

女婴，2 岁。自幼牛乳喂养，未按要求添加辅食，有时腹泻，逐渐消瘦。体检：身高 78cm，体重 7kg，皮下脂肪减少，腹壁皮下脂肪厚度＜0.4cm，皮肤干燥、苍白，肌张力明显减低，肌肉松弛，脉搏缓慢，心音较低钝。

27. 此患儿目前最可能的主要诊断应是（　　）
A. 营养性缺铁性贫血
B. 先天性甲状腺功能减低症
C. 营养不良
D. 婴幼儿腹泻
E. 心功能不全
28. 假设此患儿清晨突然出现面色苍白、神志不清、体温不升、呼吸暂停。首先应考虑的原因是（　　）
A. 急性心力衰竭
B. 低钾血症引起的呼吸肌麻痹
C. 重度脱水伴休克
D. 低钙血症引起的喉痉挛
E. 自发性低血糖
29. 该情况下，除立即给氧外，首先应采取的紧急抢救措施是（　　）
A. 给予呼吸兴奋药
B. 输液纠正脱水
C. 立即测血糖，静脉注射高渗葡萄糖
D. 立即测血钙，补充钙剂
E. 立即给强心药治疗

（30～31 题共用题干）

4 个月女婴。10 月份出生，足月顺产，单纯牛奶喂养，近半个月来烦躁多汗、易惊、夜间不易入睡。

30. 体检时应特别注意的体征是（　　）
A. 头围　　B. 鸡胸
C. 方颅　　D. 前囟张力
E. 颅骨软化
31. 患儿合理的治疗是（　　）
A. 肌内注射维生素 $D_3$50 万 U
B. 每天口服维生素 D 400U，持续 1 个月
C. 每天口服维生素 D 800U，持续 1 个月
D. 每天口服维生素 D 2000U，持续 1 个月
E. 口服大量钙剂

（32～34 题共用题干）

小儿 4 个月。人工喂养，平时易惊，多汗，睡眠少，近 2 日来咳嗽、低热，今晨突然双眼凝

视，手足抽动。查体：枕后有乒乓球感。

32. 患儿最可能是（　　）
   A. 血糖降低　　B. 血清钙降低
   C. 血清镁降低　　D. 血清钠降低
   E. 脑脊液细胞数增多

33. 可能的诊断是（　　）
   A. 热性惊厥　　B. 低血糖症
   C. 颅内感染　　D. 低钠血症
   E. 维生素 D 缺乏性手足搐搦症

34. 止抽后的处理是（　　）
   A. 静脉滴注钙剂
   B. 供给氧气
   C. 肌内注射呋塞米
   D. 肌内注射维生素 B_{12}
   E. 静脉滴注葡萄糖液

四、B 型题

（35～39 题共用备选答案）

A. 体重下降，生长发育迟缓
B. 易惊、多汗，方颅
C. 眼结膜干燥，角膜失去光泽
D. 多脏器出现钙化灶
E. 无热惊厥，缓解后一切活动正常

35. 维生素 A 缺乏（　　）
36. 维生素 D 缺乏性手足搐搦症（　　）
37. 营养不良（　　）
38. 维生素 D 中毒（　　）
39. 佝偻病（　　）

（谢玲莉）

第5章　消化系统疾病

第1节　小儿消化系统解剖生理特点

学习目标

1. 了解小儿消化系统解剖特点。
2. 熟悉小儿正常粪便特点。
3. 掌握小儿肝脏、胰腺、肠道菌群特点。

一、口　　腔

新生儿出生时已有舌乳头，舌短而宽，口腔黏膜柔嫩，唇肌、咀嚼肌、两颊部脂肪垫发育良好。足月新生儿生后即有较好的吸吮功能、吞咽功能；早产儿则较差。新生儿唾液腺发育不成熟，3～4个月时唾液分泌逐渐增多，而吞咽功能尚不完善，故常出现生理性流涎。

二、食　　管

新生儿食管似漏斗状，食管下端贲门括约肌发育不成熟，控制能力较差，常发生胃食管反流，一般在9个月时消失。新生儿食管长约10cm，1岁时11～12cm，5岁时16cm，学龄儿童20～25cm。新生儿食管具有与成年人相同的3个狭窄部位，其中通过膈部的部位相对较窄。

三、胃

婴儿胃呈水平位，贲门括约肌发育差，幽门括约肌发育良好，婴儿常发生胃肠逆向蠕动，若哺乳时吸入空气，易发生溢乳或呕吐。新生儿胃容量30～60ml，1～3个月90～150ml，1岁时250～300ml。胃排空时间因食物种类不同而不同：水为1.5～2小时，母乳为2～3小时，牛乳为3～4小时。早产儿胃排空慢，易发生胃潴留。

四、肠及肠道菌群

婴儿肠道相对较长，分泌面积及吸收面积较大，利于消化吸收。肠系膜相对较长且活动度大，易患肠套叠及肠扭转。早产儿肠乳糖酶活性低，肠壁屏障功能差和肠蠕动协调能力差，易发生乳糖吸收不良、全身性感染和功能性肠梗阻。新生儿哺乳后结肠和直肠有细菌繁殖，母乳喂养儿以双歧杆菌为主，人工喂养儿则以大肠埃希菌为主。

五、肝　　胆

小儿年龄越小，肝脏相对越大。但肝细胞发育尚未完善，肝功能也不成熟，解毒能力较差。婴幼儿在右肋缘下1～2cm易触及，6岁后肋缘下不能触及。婴儿期胆汁分泌较少，对脂肪消化、吸收功能较差。

六、胰 腺

胰腺分为内分泌部和外分泌部，前者分泌胰岛素控制糖代谢；后者分泌胰腺液，内含各种消化酶，与胆汁及小肠的分泌物相互作用，共同消化蛋白质、脂肪及糖类的消化。出生后 3～4 个月时胰腺发育较快，1 岁时胰腺外分泌部为出生时的 3 倍，胰腺分泌量随年龄而增加，至成人每日可分泌 1～2L。婴幼儿时期胰腺液及其消化酶的分泌极易受炎热天气和各种疾病影响而被抑制，容易发生消化不良。

七、肠道细菌

胎儿的肠道是无菌的，生后数小时细菌入侵至肠道。一般情况下，小儿胃内几乎无菌，十二指肠和上部小肠也较少，结肠和直肠细菌最多。肠道菌群受食物成分影响，单纯母乳喂养儿肠内的大肠埃希菌、嗜酸杆菌、双歧杆菌及肠球菌所占比例几乎相等。正常肠道菌群对侵入肠道的致病菌有一定的拮抗作用，婴幼儿肠道正常菌群，易受许多内外因素影响而使菌群失调，导致消化功能紊乱。

八、消 化 酶

3 个月以下小儿唾液淀粉酶产生较少，婴儿胃酸分泌比成人少，各种酶的活性较成人低，6 个月以下小儿胰淀粉酶活性较低，1 岁接近成人。新生儿胰脂肪酶活性也很低，6～12 个月时才接近成人。故不宜过早喂淀粉类食物，对脂肪和蛋白质的摄入也应有一定比例。

九、健康小儿粪便

1. 胎粪　新生儿出生 24 小时内排出胎粪，3～4 日排完，胎粪颜色黑绿或深绿，黏稠，无臭，由脱落的上皮细胞、浓缩消化液及胎儿时期吞入的羊水所组成。若喂乳充分，2～3 日后即转为正常婴儿粪便。

2. 人乳喂养儿粪便　为黄色或金黄色，多为糊状，或带少许粪便颗粒，或较稀薄，绿色、不臭，呈酸性反应（pH4.7～5.1）。每日排便 2～4 次，一般在增加辅食后次数即减少。

3. 人工喂养儿粪便　牛、羊乳喂养的婴儿粪便为淡黄色或灰黄色，较干稠，呈中性或碱性反应（pH6～8）。因牛乳含蛋白质较多，粪便有明显的蛋白质分解产物的臭味，大便每日 1～2 次，易发生便秘。

4. 混合喂养儿粪便　人乳加牛乳喂养者的粪便与喂牛乳者相似，但较软、黄。添加淀粉类食物可使大便增多，稠度稍减，稍呈暗褐色，臭味加重。添加各类蔬菜、水果等辅食时大便外观与成人相似，每日 1～2 次。

第2节 口 炎

学习目标

1. 了解鹅口疮、疱疹性口腔炎病因。
2. 熟悉鹅口疮、疱疹性口腔炎治疗。
3. 掌握鹅口疮、疱疹性口腔炎临床表现。

案例5-1

患儿女，11 月。因“发热 1 天、流涎伴拒食半天”就诊。体格检查：体温 39.5℃，发育正常，神志清楚。上颚、舌根、颊黏膜可见数个小水疱，左侧颊黏膜可见溃疡。心肺腹无异常发现。全身皮肤无皮疹。血常规检查：白细胞 5.8×10^9/L，N0.3，L0.7。

思考题

1. 请拟出该患儿最可能的诊断及诊断依据。
2. 请写出该患儿的治疗原则。

口炎（stomatitis）是指口腔黏膜的炎症，可由病毒、真菌、细菌等感染引起，亦可因局部受理化刺激而引起，临床以口腔黏膜破损、疼痛、流涎及发热为特点。可波及颊黏膜、舌、齿龈、上腭等处，若病变仅仅局限在舌、齿龈、口角也可称为舌炎、齿龈炎或口角炎。在小儿时期较多见，尤其是婴幼儿，可单纯发病也可继发于腹泻、营养不良、急性感染、久病体弱等全身性疾病时。

一、鹅 口 疮

鹅口疮（thrush，oral candidiasis）又称雪口病，本病是白色念珠菌感染所引起。多见于新生儿及婴幼儿，营养不良、腹泻、长期服用广谱抗生素或激素的患儿容易患病。

（一）临床表现

口腔黏膜表面覆盖白色乳凝块样点状或片状物，可逐渐融合成大片，不易褪去，周围无炎症反应，强行剥离后局部黏膜潮红、粗糙、可有溢血。不痛、不流涎、不影响吃奶，无全身症状。病情较重时，全部口腔均被白色斑膜覆盖，可蔓延至咽、喉、食管、支气管、肺等处，出现呼吸、吞咽困难，此时可危及生命。

（二）辅助检查

取白膜少许放玻片上加 10%氢氧化钠溶液一滴，在显微镜下可见真菌的菌丝和孢子。

（三）治疗

一般不需静脉或口服抗真菌药物。可用 2%碳酸氢钠溶液于哺乳前后清洁口腔，或局部涂抹 10 万～20 万 U/ml 制霉菌素鱼肝油混合悬溶液，每日 2～3 次。可口服肠道微生态制剂，纠正肠道菌群失调，抑制真菌生长。预防应注意哺乳卫生，加强营养，适当增加维生素 B_2 和维生素 C。

二、疱疹性口腔炎

疱疹性口腔炎（herpetic stomatitis）为单纯疱疹病毒Ⅰ型感染所致。多见于 1～3 岁小儿，口腔、唇可见单个或成簇的小疱疹，发病无明显季节差异。

（一）临床表现

本病好发于颊黏膜、齿龈、舌、口唇及唇周皮肤。病初可有发热，体温可达 38～40℃，1～2 天后，口腔黏膜出现单个或成簇的小疱疹，直径约 2mm，周围有红晕，迅速破溃后形成溃疡，有黄白色纤维素性分泌物覆盖，多个溃疡可融合成不规则的大溃疡，有时累及软腭、舌和咽部。由于疼痛剧烈，患儿可表现拒食、流涎、烦躁，常因拒食啼哭才被发现。所属淋巴结肿大和压痛，可持续 2～3 周。体温在 3～5 天后恢复正常，病程 1～2 周。从患者的唾液、皮肤病变和大小便中均能分离出单纯疱疹病毒。

本病应与疱疹性咽峡炎鉴别，后者大多由柯萨奇病毒引起，疱疹主要发生在咽部和软腭，有时见于舌但不累及齿龈和颊黏膜，此点与疱疹性口腔炎不同。

（二）治疗

保持口腔清洁，多饮水。食物以微温或凉的流质为宜，避免刺激性食物。局部可涂碘苷（疱疹净）抑制病毒，亦可喷洒西瓜霜、锡类散等。为预防继发感染可涂 2.5%～5%金霉素鱼肝油。疼痛严重者可在餐前用 2%利多卡因涂抹局部。发热时可用退热药物，及时抗病毒治疗。抗生素不能缩短病程，仅用于继发细菌感染者。

案例5-1分析

1. 初步诊断　根据患儿的病史以及发热、流涎和拒食的临床表现，体格检查：体温 39.5℃，上颚、舌根、颊黏膜有数个小水疱，左侧颊黏膜有溃疡。结合血常规检查提示病毒感染。该患儿最可能的诊断为疱疹性口腔炎。

2. 处理原则　①加强口腔护理；②对症治疗：疼痛严重而影响进食时，餐前可用 2%利多卡因涂抹局部；发热时给予降温处理；③抗病毒治疗。

第3节　腹　泻　病

学 习 目 标

1. 了解腹泻病的发病机制。
2. 熟悉腹泻病的病因。
3. 掌握腹泻病的临床表现、诊断与治疗。

案例5-2

患儿男，11 月。因“呕吐、腹泻 3 天，发热半天”入院。大便每日 10 多次，黏液便，无明显脓血，尿极少。体格检查：体温 37.7℃，体重 9.5kg，精神萎靡，意识模糊，呼吸深快，有烂苹果味，面色苍白。前囟、眼窝明显凹陷，哭无泪，口唇干燥、樱桃红色，皮肤弹性极差，四肢冷，脉细弱，心音低钝可闻及早搏。大便常规见较多白细胞；血钠 135mmol/L，血钾 3.6mmol/L，CO_2CP8.9mmol/L。

思考题

1. 请写出该患儿的诊断及诊断依据。
2. 请写出该患儿的治疗原则。

腹泻病（infantile diarrhea）是由多病原、多因素引起的以大便次数增多和大便性状改变为特点的消化道综合征。严重者可伴有脱水、酸碱失衡及电解质紊乱。本病是婴幼儿最常见的疾病之一，也是我国小儿重点防治的“四病”之一。6 个月至 2 岁发病率高，其中 1 岁以内约占半数，可导致小儿营养不良、生长发育障碍甚至死亡。

一、病因与发病机制

（一）病因

1. 易感因素

（1）消化系统特点：婴幼儿消化系统发育尚未成熟，胃酸和消化酶分泌少，消化酶活力低，不能适应食物质和量的较大变化。生长发育快，所需营养物质相对较多，胃肠道负担重，因而容易发生消化功能紊乱。

（2）机体防御功能差：婴儿胃酸偏低，胃排空快，杀菌能力较弱；血清免疫球蛋白和胃肠道 SIgA 均较低，免疫功能较差；新生儿生后正常肠道菌群尚未完全建立，对入侵的致病微生物缺乏拮抗作用等因素，易发生肠道感染。

（3）人工喂养：牛乳等动物乳类含有的一些抗感染物质（sIgA、溶酶体等），在乳类加热过程中会被破坏，且人工喂养的食物和食具易受污染，故人工喂养儿肠道感染发病率明显高于母乳喂养儿。

2. 感染因素

（1）肠道内感染：可由病毒、细菌、真菌、寄生虫等引起，尤以病毒、细菌多见。①病毒：秋冬季节的婴幼儿腹泻 80%由病毒感染引起，其中以人类轮状病毒引起者最常见，其次是星状病毒、埃柯病毒、柯萨奇病毒、诺沃克病毒、冠状病毒等。②细菌（除法定传染病以外的病原）：大肠埃希菌是引起夏季腹泻的主要病原，包括致病性、产毒性、侵袭性、出血性和黏附-集聚性大肠埃希菌 5 种类型。其他有空肠弯曲菌、耶尔森菌、沙门菌、难辨梭状芽胞杆菌、金黄色葡萄球菌、铜绿假单胞菌、变形杆菌等。③真菌：常见为白色念珠菌，其次有曲菌、毛霉等。④寄生虫：常见为蓝氏贾第鞭毛虫、阿米巴原虫和隐孢子虫等。

（2）肠道外感染：上呼吸道感染、肺炎、中耳炎、肾盂肾炎、皮肤感染以及急性传染病时可引起腹泻，因发热及病原体毒素作用使消化功能紊乱，偶有病原体同时感染肠道。

（3）肠道菌群紊乱：营养不良、免疫功能低下、长期应用肾上腺糖皮质激素或广谱抗生素，可引起肠道菌群紊乱，正常菌群减少，金黄色葡萄球菌、变形杆菌、铜绿假单胞菌、难辨梭状芽胞杆菌及白色念珠菌等大量繁殖引起药物较难控制的肠炎，称为抗生素相关性腹泻（antibiotic-associated diarrhea，AAD）。

考点：秋季腹泻的病原

3. 非感染因素

（1）饮食因素：引起腹泻的常见原因多为喂养不当，常见于人工喂养儿，如喂养量不当、喂养不定时，或食物成分不适宜、过早喂淀粉类或脂肪类食品、突然改变食物种类等造成消化功能紊乱而引起腹泻。对牛奶、大豆等食物过敏而引起腹泻。原发性或继发性双糖酶（主要为乳糖酶）缺乏或活性下降，对糖的消化吸收不良可致腹泻等。

（2）气候因素：气候突然变冷，腹部受凉使肠蠕动增加；天气过热使消化液分泌减少，而喂奶过多则增加消化道负担，易诱发腹泻。

（二）发病机制

1. 感染性腹泻

（1）病毒性肠炎：病毒侵入肠道后，在小肠绒毛顶端的柱状上皮细胞上复制，使细胞发生变性、坏死，微绒毛肿胀、变短、脱落，致小肠黏膜回吸收水分和电解质的功能受损，肠液在肠腔内大量积聚而引起水样腹泻。同时，病变的肠黏膜细胞分泌双糖酶不足且活性下降，使食物中糖类消化不全而积滞在肠腔内，并被细菌分解成小分子的短链有机酸，使肠液渗透压增高；加之微绒毛破坏后使载体减少，上皮细胞钠转运功能障碍，引起水和电解质进一步丧失，致腹泻加重，并出现水、电解质及酸碱平衡紊乱。

（2）细菌性肠炎：①肠毒素性肠炎：由各种产生肠毒素的细菌如产毒性大肠杆菌等所致的分泌性腹泻。细菌侵入肠道后在肠腔内繁殖，并产生不耐热肠毒素（LT）和耐热肠毒素（ST），分别与小肠黏膜上皮细胞膜上的受体结合后激活腺苷酸环化酶和鸟苷酸环化酶，使三磷腺苷（ATP）转变为环磷酸腺苷（cAMP），三磷酸鸟苷（GTP）转变为环磷酸鸟苷（cGMP）均增多，两者均导致肠上皮细胞对 Na^+、Cl^-和水的吸收减少，而促进 Cl^-的分泌，使小肠液总量增加，当超过结肠的吸收限度时即排出大量水样便，引起脱水和电解质紊乱。②侵袭性肠炎：由各种侵袭性细菌（如侵袭性大肠埃希菌、沙门菌属、空肠弯曲菌、耶尔森菌、金黄色葡萄球菌等）感染所致的渗透性腹泻。细菌直接侵袭小肠或结肠壁，使肠黏膜充血、水肿、渗出，甚至发生溃疡而出现黏液脓血便，大便中可有大量白细胞和红细胞。由于肠道受损后吸收水分受限以及细菌毒素的作用，也可出现水样便。

2. 非感染性腹泻　主要由饮食不当引起。当食物的成分不当或量过多时，可使正常消化过程发生障碍，食物不能被充分消化吸收而积滞于小肠上部，使局部酸度降低，肠道下部细菌上移、繁殖，食物发酵和腐败，造成内源性感染和消化功能紊乱。同时产生的短链有机酸使肠腔内渗透性增加，腐败性毒性产物刺激肠道，使肠蠕动增加而发生腹泻。

各种不同原因引起腹泻，可出现失水、失电解质、酸碱失衡和失营养，最终发生脱水、电解质酸碱平衡紊乱和营养障碍。

二、临床表现

根据病程可分为急性腹泻（病程2周以内）、迁延性腹泻（病程2周至2个月）和慢性腹泻（病程2个月以上）。根据病情可分轻型腹泻和重型腹泻。

（一）急性腹泻

1. 轻型腹泻　多由饮食因素及肠道外感染引起。以胃肠道症状为主，主要表现为食欲缺乏，可有溢乳或呕吐，大便次数增多，每次量少，呈黄色或黄绿色稀便或水样便，可有白色或黄白色奶瓣和泡沫，有酸味。无明显脱水及全身中毒症状，多在数日内痊愈。

2. 重型腹泻　多由肠道内感染引起或由轻型腹泻加重、转变而来。除有较重的胃肠道症状，还有明显的全身中毒症状、脱水及电解质紊乱。

考点：轻型腹泻与重型腹泻的判断

（1）全身中毒症状：如发热、烦躁不安、精神萎靡、嗜睡甚至昏迷、休克。

（2）胃肠道症状：食欲低下，常有呕吐，严重者可吐咖啡渣样物；腹泻频繁，每日大便10次以上，严重时可达数十次，为黄色水样或蛋花汤样便、量多，可有少量黏液。

（3）明显水、电解质及酸碱平衡紊乱

1）脱水：由于吐泻丢失体液和摄入量不足，使体液总量尤其是细胞外液量减少，导致不同程度的脱水（轻、中、重）。腹泻患儿丢失的水和电解质的比例不相同，可造成等渗性脱水、低渗性脱水和高渗性脱水，以前两者多见。

脱水程度判断：根据“一弹（皮肤弹性）”、“二凹陷（前囟、眼窝）”、“三减少（体重、眼泪、尿量）”、精神状态、循环情况等综合判断。①轻度脱水：失水量约为体重的5%（丢失液体量50ml/kg）。精神稍差，皮肤干燥、弹性稍差，前囟、眼窝凹陷，哭时有泪，口腔黏膜稍干燥，尿量减少等。②中度脱水：失水量占体重的 5%～10%（丢失液量 50～100ml/kg）。精神萎靡或烦躁，皮肤干燥、弹性差，捏起皮肤褶皱展开缓慢，前囟和眼窝明显凹陷，哭时少泪，口腔黏膜干燥，四肢稍凉，尿量减少等。③重度脱水：失水量约为体重的10%以上（丢失液量100～120ml/kg）。精神极度萎靡、昏睡或昏迷，皮肤明显干燥、弹性极差，捏起皮肤褶皱不易展平，眼窝和前囟深陷，眼睑不能闭合，哭时无泪，口腔黏膜极干燥，循环障碍，如皮肤花斑、尿极少或无尿，四肢厥冷、脉细弱等。

脱水性质判断：脱水性质因水和电解质丢失比例的不同，可分为等渗性脱水、低渗性脱水和高渗性脱水。①等渗性脱水：水与电解质成比例丢失，血清钠在130～150mmol/L，临床等渗性脱水较多见。这类脱水主要丢失细胞外液，临床上表现为一般性的脱水症状：如体重减轻，皮肤干燥、弹力减低，前囟及眼窝凹陷，眼泪减少，重者可导致休克。②低渗性脱水：电解质的丢失相对大量水的丢失，血钠低于130mmol/L。这类脱水由于导致细胞外液渗透压过低，一部分水进入细胞内，血容量明显减少。低渗性脱水多见于吐泻时间较长的营养不良患儿，在失水量相同的情况下，脱水症状较其他两种脱水严重。循环血量明显减少，更易发生休克。③高渗性脱水：水的丢失相对比电解质丢失多，血钠超过150mmol/L。这类脱水由于细胞外液渗透压较高，细胞内液一部分水转移到细胞外，主要表现为细胞内脱水。在失水量相同的情况下，其脱水体征比其他两种脱水为轻，循环障碍的症状也最轻，但严重脱水时亦可发生休克。由于高渗和细胞内脱水，可使黏膜和皮肤干燥，出现烦渴、高热、烦躁不安、肌张力增高甚至惊厥等。

考点：脱水的程度和性质的判断

2）代谢性酸中毒

A. 原因：大量碱性物质随粪便丢失；脱水时肾血流量不足，尿量减少，体内酸性代谢产物不能及时排出；肠道消化和吸收功能不良，摄入热量不足，脂肪氧化增加，代谢不全，致酮体堆积且不能及时被肾脏排出；严重脱水者组织灌注不足，组织缺氧，乳酸堆积。

考点：代谢性酸中毒的临床表现

B. 临床表现：主要表现为精神萎靡、嗜睡、呼吸深长，口唇樱红，严重者意识不清、新生儿及小婴儿呼吸代偿功能差，呼吸节律改变不明显。主要表现为嗜睡、面色苍白、拒食、衰弱等，应注意及早发现。根据二氧化碳结合力（CO_2CP）分轻、中、重度酸中毒，轻度酸中毒为CO_2CP 13～18mmol/L，中度酸中毒为CO_2CP 9～13mmol/L，重度酸中毒为$CO_2CP<$ 9mmol/L。

3）低钾血症

A. 原因：吐泻钾丢失过多和摄入不足及钾在细胞内外分布异常。脱水、酸中毒未纠正前，由于酸中毒时细胞外液H^+进入细胞内，与K^+交换，故细胞内K^+下降；脱水时肾功能低下，钾由尿液排出减少，此时血清钾不降低。但在补液后，尤其是输入不含钾的溶液，血清钾被稀释并随尿液排出增多，酸中毒纠正后钾又从细胞外转移至细胞内，故易出现低钾血症。

考点：低钾血症的临床表现

B. 临床表现：患儿精神萎靡，肌无力，腱反射减弱或消失，腹胀，肠鸣音减弱，心音低钝，心律失常，严重者心脏停搏。血清钾低于3.5mmol/L。

4）低钙血症：腹泻较久或有活动性佝偻病患儿容易发生，尤其易发生在输液和酸中毒纠正后。可发生喉痉挛、手足搐搦、惊厥，一般血清钙低于1.75～1.88mmol/L。

5）低镁血症：当低血钙症状用钙剂治疗无效时，应考虑低血镁可能，血镁常低于0.6～0.75mmol/L。

（二）迁延性和慢性腹泻

急性腹泻治疗不彻底或营养不良、免疫功能低下、感染、食物过敏、药物因素、肠道菌群失调、先天畸形等疾病均可导致急性腹泻迁延不愈甚至转为慢性，人工喂养和营养不良的婴幼儿最为常见。患儿多无全身中毒症状，脱水、酸中毒及电解质紊乱也不明显，主要以消化功能紊乱和慢性营养紊乱为特点。营养不良患儿易致腹泻迁延不愈，持续腹泻又加重了营养不良。

考点：轮状病毒肠炎的临床特点

（三）不同病原所致腹泻的临床特点

1. 轮状病毒肠炎　又称秋季腹泻，多发生于秋、冬季，6～24个月的婴幼儿多见，呈散发或小流行。起病急，常伴发热和上感症状，一般无明显感染中毒症状。病初即可发生呕吐，随后出现腹泻，大便次数多、量多，每日可达数十次，呈黄色或淡黄色水样或蛋花汤样，含少量黏液，无腥臭味。常伴有脱水、电解质紊乱和酸中毒。自限性病程，一般 3～8 天。大便镜检偶有少量白细胞。

2. 产毒性大肠埃希菌肠炎　多发生于夏季。起病较急，轻症仅大便次数稍增多。重症腹泻频繁，大便呈蛋花汤样或水样，含有黏液，量多，常伴呕吐，易发生脱水、电解质紊乱和酸中毒。大便镜检无白细胞。为自限性疾病，病程多为 3～7 天。

3. 侵袭性细菌肠炎　多见于夏季，临床表现与细菌性痢疾相似。起病急，高热，腹泻频繁，大便呈黏液脓血便，有腥臭味；常伴恶心、呕吐、腹痛和里急后重，可出现严重的全身中毒症状，甚至休克。大便镜检可见大量白细胞及数量不等的红细胞，细菌培养可培养出相应致病菌。空肠弯曲菌常侵犯空肠和回肠，腹痛剧烈，且有脓血便，易误诊为阑尾炎或肠套叠。鼠伤寒沙门菌肠炎，多见于新生儿和婴儿，有败血症型和胃肠型，新生儿多为败血症型，易在新生儿室流行。

4. 金黄色葡萄球菌肠炎　多继发于长期应用大量广谱抗生素后。主要表现为发热、呕吐、腹泻及不同程度的中毒症状、脱水和电解质紊乱，甚至发生休克。典型大便为暗绿色似海水样，量多，有黏液，少数为血便。大便镜检有大量脓细胞和成簇的 G^+球菌，培养有葡萄球菌生长，凝固酶试验阳性。

5. 真菌性肠炎　多见于 2 岁以下婴儿，特别是营养不良、长期应用广谱抗生素患儿。多为白色念珠菌感染所致，病程迁延，常伴鹅口疮。主要表现为大便次数多，为黄色稀便，泡沫较多带黏液，有时可见豆腐渣样细块（菌落）。大便镜检可见真菌孢子和菌丝，真菌培养可确定诊断。

6. 假膜性肠炎　由难辨梭状芽胞杆菌引起，多种抗生素可诱发。主要表现为腹泻，轻者大便每日数次，停抗生素后很快痊愈；重者腹泻频繁，黄色或黄绿色水样便，可有假膜（为坏死毒素所致肠黏膜坏死组织）排出，假膜脱落后，黏膜下层暴露，可大便带血，出现脱水、电解质紊乱和酸中毒。伴有腹痛和全身中毒症状，甚至休克。大便厌氧菌培养可助诊断。

三、辅助检查

1. 大便检查　大便常规检查无或偶见白细胞者常为非侵袭性细菌肠炎；有较多白细胞者多由各种侵袭性细菌感染引起。大便细菌培养可检出致病菌，真菌性肠炎大便涂片可发现真菌孢子和菌丝。病毒感染者可进行病毒分离、病毒抗体测定，或利用 PCR 及核酸探针技术检测病毒抗原。

2. 血常规　白细胞总数及中性粒细胞增多提示细菌感染，白细胞总数减低及淋巴细胞增多常提示病毒感染；嗜酸粒细胞增多可为过敏性病变或寄生虫感染。

3. 血液生化检查　血钠测定可提示脱水性质，血钾、钙、镁测定可反映体内电解质变化情况。血气分析及 CO_2CP 测定可了解酸碱失衡的程度和性质。

4. 其他检查　十二指肠液检查可了解肠道的消化吸收能力；纤维结肠镜检和小肠黏膜活检可了解肠黏膜的病理变化等。

四、诊断与鉴别诊断

根据大便次数增多和大便性状，排除其他疾病就可诊断腹泻病。同时应判定有无脱水（程度和性质）、电解质紊乱和酸碱失衡，查找腹泻病因，确定病原。需与以下疾病相鉴别。

1. 生理性腹泻　多见于 6 个月以内、外观虚胖、常有湿疹的婴儿。生后不久即出现腹泻，除大便次数增多外，无其他症状，精神、食欲好，不影响生长发育。不需特殊治疗，添加辅食后，大便即逐渐转为正常。

2. 细菌性痢疾　常有流行病学史，多为夏季发病，起病急，全身症状重，大便次数多、量少，为黏液脓血便，里急后重明显。大便镜检可见较多脓细胞、红细胞和吞噬细胞，大便细菌培养可以确诊。

考点：腹泻病诊断

3. 坏死性肠炎　中毒症状重，腹痛、腹胀、频繁呕吐，大便呈暗红色糊状，逐渐出现典型的赤豆汤样血水便，有腐败腥臭味。腹部平片可见小肠呈局限性扩张充气、肠间隙增宽、肠壁积气等，直立位可有大小不等的液平面。

五、治　疗

治疗原则：调整饮食，预防和纠正水、电解质紊乱及酸碱失衡，加强护理，合理用药，预防并发症。

（一）调整饮食

适宜的营养摄入对促进肠黏膜损伤的恢复、补充疾病的消耗、缩短腹泻病程非常重要，故腹泻患儿除严重呕吐者暂禁食 4～6 小时外（不禁水），均应继续进食。母乳喂养儿继续哺喂母乳，暂停辅食；人工喂养儿可喂以等量水稀释的牛奶、腹泻奶粉或其他代乳品，腹泻次数减少后，可给予半流质，少量多餐，逐渐过渡到正常饮食；病毒性肠炎多继发有双糖酶缺乏，可暂停乳类喂养，改为豆制代乳品、去乳糖配方奶或发酵乳，以减轻腹泻，缩短病程。腹泻停止后逐渐恢复营养丰富的饮食，每日加餐 1 次，共 2 周。

（二）纠正水、电解质紊乱及酸碱失衡

1. 口服补液　一般适用于腹泻时预防脱水和纠正轻、中度脱水无严重呕吐者。常用口服补液盐（ORS），具体用法：轻度脱水 50ml/kg，中度脱水 80ml/kg，继续补充量根据腹泻的丢失量而定，一般每次大便后给 10ml/kg。患儿极度疲劳、昏睡或昏迷、休克、心肾功能不全、腹胀者不适宜用 ORS 盐。

2. 静脉补液　适用于严重呕吐、腹泻，伴中、重度脱水的患儿。

（1）第一天补液：包括累积损失量、继续损失量和生理需要量三方面。①定量：累积损失量，轻度脱水 50ml/kg，中度脱水 50～100ml/kg，重度脱水 100～120ml/kg。继续损失量，失多少补多少，一般 10～40ml/kg。生理需要量，一般 60～80ml/kg。累积损失量、继续损失量和生理需要量三方面加起来第一天总量：轻度脱水 90～120/kg，中度脱水 120～150ml/kg，重度脱水 150～180ml/kg。如患儿伴有营养不良、肺炎、心肾功能不全时应适当减少。②定性：根据体液累积损失所致脱水性质选择不同张力的液体，低渗性脱水用 2/3 张含钠液，等渗性脱水用 1/2 张含钠液，高渗性脱水用 1/5～1/3 张含钠液；继续损失量用 1/3～1/2 张含钠液；生理需要量用 1/5～1/4 张含钠液补充。若判断脱水性质有困难时，先按等渗性脱水处理。③定速：主要取决于脱水程度和继续损失的量和速度，重度脱水有周围循环障碍者先快速扩容，用 2∶1 等张含钠液 20ml/kg（最大量不超过 300ml），于 30～60 分钟快速输入。累积损失量（扣除扩容液体量）一般在 8～12 小时补充，8～10ml/（kg·h）；继续损失量和生理需要量在 12～16 小时补完，约 5ml/（kg·h）。④纠正酸中毒：轻、中度酸中毒在补液后可以得到纠正。重度酸中毒需补充碱性液。⑤纠正低钾血症：有尿应补钾，补钾浓度不宜超过 0.3%，每日静脉补钾时间不应少于 8 小时，一般静脉补钾需持续 4～6 天。能口服时可改为口服补充。⑥纠正低钙、低镁血症：出现低钙症状时可用 10%葡萄糖酸钙 5～10ml 加等量葡萄糖溶液稀释后缓慢静脉注射，低镁者用 25%硫酸镁每次 0.1ml/kg 深部肌内注射，每 6 小时一次，症状缓解后停用。

（2）第二天及以后补液：经第一天补液后，脱水已基本纠正，第二天则主要补充继续损失量和生理需要量，一般可改为口服补液。若腹泻、呕吐仍频繁者仍需静脉补液。生理需要

量一般按 60～80ml/（kg·d）补充，用 1/4～1/5 张含钠液；继续损失量应及时补充，并按照“失多少补多少”的原则补充，用 1/3～1/2 张含钠液。将两部分相加于 12～24 小时均匀静脉滴注。仍要注意继续补钾和纠正酸中毒。

考点：腹泻病的液体疗法

（三）加强护理

腹泻患儿选用柔软、吸水性好的布类尿布。勤清洗，保持臀部及会阴部皮肤干燥、清洁，防止尿布皮炎。呕吐频繁者注意勤饮水，保持口腔清洁。

（四）药物治疗

1. 控制感染　病毒及非侵袭性细菌感染所致肠炎，一般不用抗生素；如伴有明显感染中毒症状、新生儿、营养不良或免疫缺陷患儿应选用抗生素治疗。侵袭性细菌肠炎可首先根据临床特点选用抗生素治疗，再根据大便细菌培养及药敏试验结果进行调整。大肠杆菌、空肠弯曲菌、鼠伤寒沙门菌所致肠炎可选用氨苄西林、头孢菌素、环丙沙星或大环内酯类抗生素。金黄色葡萄球菌肠炎应立即停用原抗生素，选用半合成耐青霉素酶的氯唑西林、苯唑西林或头孢菌素等；真菌性肠炎应停用抗生素或糖皮质激素，采用制霉菌素等抗真菌药物治疗。

2. 肠黏膜保护药　能吸附肠腔内的病原体和毒素，维持肠细胞的吸收和分泌功能，可增强肠道的屏障功能。临床常用十六角蒙脱石（思密达）。

3. 微生态疗法　恢复肠道正常菌群的生态平衡，抑制病原菌的定植和侵袭。常用双歧杆菌（如丽珠肠乐、双歧三联活菌、促菌生）、乳酸杆菌制剂（如妈咪爱、乐托尔、乳酸杆菌素）等。

4. 补锌治疗　疗程 10～14 天。

5. 对症治疗　急性腹泻一般不用止泻药。经治疗一般情况好转、中毒症状消失、仍频繁腹泻者，可酌情选用鞣酸蛋白、碱式碳酸铋等。因肠道产气过多、低钾血症或中毒性肠麻痹引起腹胀，可早期补钾、肛管排气或肌内注射新斯的明等。呕吐严重者可肌内注射氯丙嗪等。

（五）迁延性和慢性腹泻的治疗

1. 病因治疗　积极寻找病因，针对病因进行治疗。

2. 调整饮食，加强营养　母乳喂养儿继续母乳喂养；人工喂养儿应调整饮食，以保证足够的热量。双糖不耐受患儿，采用去双糖饮食，如豆浆及去乳糖配方奶粉。对蛋白质过敏患儿应改用其他饮食或水解蛋白饮食。随着消化功能好转，逐渐过渡到一般饮食。必要时，可根据治疗条件给予要素饮食和静脉营养。

3. 药物治疗　①抗生素应用：只对确认有细菌感染的患儿考虑应用抗生素，并要根据药敏试验选用，切忌滥用，以免造成顽固性肠道菌群失调。②补充微量营养素：供给锌、铁、维生素 A、维生素 C、维生素 B 族和叶酸等，以加快肠黏膜修复、促进免疫功能恢复。③应用微生态调节剂和肠黏膜保护药。④中医辨证施治，辅以推拿、捏脊、针灸等疗法，常可奏效。

六、预　　防

1. 合理喂养，提倡母乳喂养，按时、正确添加辅食，科学断乳。人工喂养者选择合适代乳品。

2. 良好的饮食卫生习惯，注意食物的新鲜和食具、玩具等的清洁和消毒。

3. 感染性腹泻患儿应注意隔离治疗，排泄物要消毒处理。感染性腹泻流行期间要注意集体机构的消毒隔离，防止感染的传播。

4. 及时治疗营养不良、佝偻病、贫血等。避免长期应用广谱抗生素或肾上腺皮质激素引起菌群失调。

5. 适当户外活动，增强体质，注意天气变化。有条件者可进行轮状病毒疫苗接种，保护率达 80%以上。

案例5-3分析

1. 初步诊断　根据患儿的病史，以呕吐、腹泻和发热为主要症状，大便每日 10 多次，黏液便，无明显脓血，尿极少。体格检查发现患儿低热、精神萎靡，意识模糊，呼吸深快，有烂苹果味，面色苍白。前囟、眼窝明显凹陷，哭无泪，口唇干燥，樱桃红色，皮肤弹性极差，四肢冷，脉细弱，心音低钝可闻及早搏。大便常规提示细菌感染。化验检查：血钠 135mmol/L，血钾 3.6mmol/L，CO_2CP8.9mmol/L。可以初步诊断为腹泻病伴重度脱水、等渗性脱水、重度酸中毒。

2. 处理原则　①调整饮食；②纠正水、电解质及酸碱紊乱；③加强护理；④药物治疗包括控制感染、微生态治疗、使用肠黏膜保护剂和对症治疗。

目标检测

一、A1 型题

1. 单纯母乳喂养儿肠道内占绝对优势的细菌为（　　）
   A. 大肠杆菌　　B. 嗜酸杆菌
   C. 双歧杆菌　　D. 肠球菌
   E. 空肠弯曲菌
2. 关于腹泻病不正确的是（　　）
   A. 多病原引起
   B. 多因素引起
   C. 主要表现为大便次数增多和大便性状改变
   D. 6 个月至 2 岁婴幼儿发病率高
   E. 不会对小儿的生长发育产生影响
3. 腹泻病的病因不包括（　　）
   A. 消化系统发育不成熟
   B. 胃酸和消化酶分泌少，酶活力偏低
   C. 生长发育快，所需营养物质较多，胃肠道负担重
   D. 婴儿胃酸偏低，胃排空快
   E. 母乳喂养儿的发生率高
4. 腹泻患儿补充累积损失量应于开始输液的多长时间内完成（　　）
   A. 30～60 分钟　　B. 1～2 小时
   C. 3～4 小时　　D. 8～12 小时
   E. 12～16 小时
5. 小儿秋季腹泻最常见的病原是（　　）
   A. 轮状病毒　　B. 埃柯病毒
   C. 腺病毒　　D. 诺沃克病毒
   E. 柯萨奇病毒
6. 轻型和重型腹泻的区别是（　　）
   A. 呕吐的次数　　B. 发热
   C. 脱水和酸中毒　　D. 不能进食
   E. 大便每天超过 10 次以上
7. 腹泻病时低钾血症的原因主要指（　　）
   A. 丢失增多　　B.进食少，钾入量少
   C. 肾脏排泄　　D. 钾向细胞外转移
   E. 肾脏保钾功能差
8. 婴儿腹泻伴低钾血症时下列哪一项不正确（　　）
   A. 腹泻时排钾过多致低钾
   B. 酸中毒时血钾更低
   C. 血钾低于 3.5mmol/L 时出现低钾症状
   D. 补液后钾从尿中排出增加
   E. 补液后血钾较补液前相对较低
9. 小儿秋季腹泻的临床表现不正确的是（　　）
   A. 多见于 6～24 个月的婴幼儿
   B. 潜伏期 1～3 天
   C. 常伴发热和上呼吸道感染
   D. 大便水样或黄色蛋花样，无腥臭味
   E. 不易发生脱水和酸中毒
10. 腹泻病在脱水性质不明时，第一天静脉补液可选用（　　）
    A. 1/2 张含钠液　　B. 1/3 张含钠液
    C. 1/4 张含钠液　　D. 2/3 张含钠液
    E. 2∶1 等张含钠液
11. 腹泻病有明显的周围循环障碍者，扩容宜选用（　　）
    A. 1/2 张含钠液 20ml/kg
    B. 等张含钠液 20ml/kg
    C. 2/3 张含钠液 20ml/kg
    D. 等张含钠液 30ml/kg
    E. 3∶2∶1 含钠液 20ml/kg

二、A2 型题

12. 7 个月婴儿。以“呕吐、腹泻、高热 3 天”入院。大便每日 6～8 次，暗绿色，量多，黏液和脓血，患儿有长期应用抗生素史。体格

检查：体温 39.0℃，精神差，哭无泪，眼窝明显凹陷，口唇和皮肤干燥，四肢冰凉，尿量明显减少。大便镜检见较多脓细胞和 G^+ 球菌。最可能的诊断是（　　）

A. 致病性大肠埃希菌性肠炎伴中度脱水
B. 侵袭性大肠埃希菌性肠炎中度脱水
C. 出血性大肠埃希菌性肠炎伴重度脱水
D. 空肠弯曲菌性肠炎伴中度脱水
E. 金黄色葡萄球菌性肠炎伴重度脱水

13. 6 个月婴儿。呕吐、腹泻 3 天，大便黄色水样，量多，无发热，精神萎靡，呼吸深快，唇樱红，面色苍灰，前囟眼窝明显凹陷，尿量减少，哭无泪，皮肤弹性极差，四肢冰冷。补液应首选（　　）

A. 2/3 张含钠液 50ml/kg
B. 5%碳酸氢钠 20ml/kg
C. 2∶1 等张含钠液 20ml/kg
D. 1/2 张含钠液 40ml/kg
E. 1/3 张含钠液 20ml/kg

14. 10 个月婴儿。呕吐、腹泻 2 天，大便黄色蛋花汤样，不臭，无黏液和脓血，精神萎靡，皮肤弹性差，眼窝凹陷，唇樱红，呼吸深快有丙酮味，尿量减少，四肢稍凉，静脉需补充液体为（　　）

A. 第一天总量为 120～150ml/kg
B. 第一天用等张含钠液 30ml/kg
C. 开始的 30～60 分钟用 2∶1 等张含钠液
D. 补充累积损失按 20ml/kg
E. 补充氯化钾按 0.3%的浓度，40ml/(kg·d)

三、A3 型题

（15～16 题共用题干）

9 个月婴儿。因秋季腹泻伴中度脱水入院，经治疗后病情好转，尿量增加，脱水纠正，但患儿突然出现腹胀，心音低钝，可闻及早搏，肠鸣音 1～2 次/分，膝反射消失。

15. 最可能的诊断是（　　）

A. 中毒性心肌炎 B. 中毒性肠麻痹
C. 低钾血症 D. 低钠血症
E. 低血糖

16. 应给予下列哪项治疗（　　）

A. 加大抗感染力度 B. 补钾
C. 用高张含钠液静脉滴注 D. 输葡萄糖
E. 补钙

四、A4 型题

（17～20 题共用题干）

患儿 1 岁，突然出现腹泻，大便每日 10 多次，黏液脓血，伴恶心、呕吐、高热和腹痛。查体：体温 39.5℃，精神极差，意识模糊，呼吸深快，有烂苹果味，面色苍灰，前囟眼窝明显凹陷，哭无泪，口唇干燥，皮肤弹性差，脉细弱，尿少，四肢冰冷，心音低钝可闻及早搏。化验：大便常规见较多的红白细胞；血钠 138mmol/L，血钾 3.3mmol/L，CO_2CP9mmol/L。

17. 该患儿的诊断可能为（　　）

A. 病毒性肠炎、重度脱水、酸中毒
B. 致病性大肠埃希菌性肠炎、重度脱水、酸中毒
C. 产毒性大肠埃希菌性肠炎、重度脱水、酸中毒
D. 侵袭性大肠埃希菌性肠炎、重度脱水、酸中毒
E. 出血性大肠埃希菌性肠炎、重度脱水、酸中毒

18. 该患儿的治疗应首选（　　）

A. 抗感染、扩容、纠酸 B. 禁食
C. 止泻 D. 微生态疗法
E. 肠黏膜保护药

19. 第一天的补液总量为（　　）

A. 50ml/kg B. 60～90ml/kg
C. 90～120ml/kg D. 120～150ml/kg
E. 150～180ml/kg

20. 入院后经治疗患儿的呕吐和腹泻减轻，第二天体温正常，但输液过程中突然出现惊厥，应首先考虑合并（　　）

A. 低血糖 B. 低钠血症
C. 低钙血症 D. 低镁血症
E. 低钾血症加重

五、B1 型题

（21～24 题共用备选答案）

A. 生理性腹泻 B. 病毒性肠炎
C. 细菌性痢疾 D. 坏死性肠炎
E. 大肠杆菌性肠炎

21. 病初呕吐，大量黄色水样或蛋花汤样便，少量黏液无脓血（　　）

22. 发病 5～8 月为多，中等量蛋花汤样稀便，伴较多黏液有霉臭味，镜检少量白细胞（　　）

23. 5 个月虚胖患儿，大便每日 8～10 次，食欲好，生长发育正常（　　）

24. 腹胀、腹痛、呕吐伴血便，X 线片示小肠局限性充气扩张肠壁积气（　　）

（洪美珍）

第6章　呼吸系统疾病

第1节　小儿呼吸系统解剖生理特点

学习目标

1. 熟悉小儿呼吸系统解剖生理特点。
2. 掌握小儿呼吸系统免疫特点。

一、解剖特点

（一）上呼吸道

1. 鼻和鼻窦　婴幼儿鼻腔狭小，无鼻毛，鼻黏膜柔嫩且血管丰富，易受感染，感染时因鼻黏膜的充血肿胀致鼻腔更加狭窄，甚至闭塞，影响呼吸和吸吮。

考点：鼻与鼻窦特点

婴幼儿鼻窦不发达，到青春期后发育完善，因鼻窦发育差，婴幼儿易患呼吸道感染，但不易发生鼻窦炎。婴幼儿鼻泪管较短且开口部的瓣膜发育不全，位于眼的内眦，所以上呼吸道感染容易侵及结膜。

考点：咽鼓管特点

2. 咽　咽部上宽下窄，形似漏斗，耳咽管较宽、短、直且呈水平位，患感冒时易引起中耳炎。咽扁桃体在6～12个月开始发育，肥大时可导致后鼻孔堵塞，影响呼吸。腭扁桃体1岁末才逐渐增大，4～10岁达发育高峰，14～15岁后逐渐退化，故咽峡炎常见于学龄儿童。

3. 喉　喉部呈漏斗形，相对较窄，声门狭小，软骨柔软，黏膜柔嫩而富有血管及淋巴组织，炎症时局部充血肿胀引起声音嘶哑，呼吸困难甚至有窒息的危险。

（二）下呼吸道

1. 气管、支气管　管腔狭窄，软骨柔软，弹力组织缺乏，支撑作用差；黏膜柔嫩，血管丰富；黏液腺分泌不足，气道较干燥，纤毛运动差，不易将微生物和黏液清除，容易感染和发生呼吸道梗阻。气管分叉在新生儿位于第3～4胸椎，右侧支气管较直，因此气管插管易滑入右侧，支气管异物以右侧多见。

考点：肺组织特点

2. 肺　肺泡数量较少、体积较小，间质发育旺盛，血管丰富，弹力纤维发育差，肺的含气量少而含血量多，容易感染引起间质性炎症、肺气肿和肺不张等。

（三）胸廓

考点：小儿胸廓特点

婴幼儿桶状胸，肋骨呈水平位。膈肌呈横位，且位置较高，胸腔小而肺相对较大，呼吸肌不发达，故小婴儿呼吸肌易于疲劳，是导致呼吸衰竭的重要因素。纵隔相对大、柔软且疏松，胸腔积液或积气时易发生纵隔移位。呼吸时胸廓活动范围小，肺不能充分扩张，而影响通气和换气。肺部感染时，易发生缺氧和CO_2潴留而出现发绀。

二、生理特点

小儿呼吸中枢发育不完善，易出现呼吸节律不齐。小儿年龄越小，呼吸频率越快

（表 6-1）。

表6-1 各年龄小儿呼吸、脉搏正常值

年龄	呼吸（次/分）	脉搏（次/分）	呼吸：脉搏
新生儿	40～45	120～140	1：3
1 岁以内	30～40	110～130	1：3～1：4
2～3 岁	25～30	100～120	1：3～1：4
4～7 岁	20～25	80～100	1：4
8～14 岁	18～20	70～90	1：4

1. 呼吸类型　婴幼儿呈腹（膈）式呼吸，随着年龄增长，呼吸肌逐渐发达，膈肌下降，肋骨由水平位渐成斜位，出现胸腹式呼吸。

考点：小儿呼吸类型

2. 呼吸功能　小儿肺活量、潮气量、每分通气量、气体弥散量都比成人小，而小儿气道管径细小，气道阻力大于成人。小儿肺活量为 50～70ml/kg，相当于成人的 1/3。年龄越小，潮气量越小，1 岁以内小儿的潮气量平均为 42ml。小儿的呼吸储备能力差，患呼吸系统疾病时易发生呼吸功能不全。

考点：小儿呼吸功能特点

三、呼吸道免疫特点

小儿呼吸道的非特异性和特异性免疫功能均较差，咳嗽反射及呼吸道纤毛运动功能较差，不能有效清除吸入的尘埃及异物颗粒。婴幼儿的 sIgA、IgA、IgG 和 IgG 亚类含量均较低。此外，肺泡巨噬细胞功能不足，乳铁蛋白、溶菌酶、干扰素及补体的数量和活性不足，易患呼吸道等感染。

考点：小儿易发生呼吸道感染的免疫特点

第 2 节　急性上呼吸道感染

学 习 目 标

1. 理解急性上呼吸道感染的辅助检查、诊断与鉴别诊断。
2. 掌握急性上呼吸道感染的病因。
3. 掌握急性上呼吸道感染的临床表现和防治原则。

案例6-1

患儿男，1 岁 5 个月。因“发热两天，伴咳嗽、流涕而来院”就诊。患儿 G1P1，早产 1 周，无窒息抢救史。母乳喂养。近两天出现发热、流涕、烦躁、精神较差、鼻塞，食欲减退，大便次数增多。体检：体温 38.8℃，脉搏 104 次/分，呼吸 45 次/分。皮肤、黏膜无发绀，咽部充血明显。心率 104 次/分，律齐，两肺听诊无干湿啰音。腹部检查无异常体征。血常规：白细胞 8×10^9/L，中性粒细胞 0.4，淋巴细胞 0.6，红细胞 4×10^{12}/L，血红蛋白 115g/L。

思考题

1. 本案例最可能的临床诊断及诊断依据是什么？
2. 请提出此病的处理原则。

急性上呼吸道感染（acute upper respiratory infection，AURI）简称上感，俗称“感冒”，是小儿最常见的疾病，是指喉部以上，上呼吸道的鼻和咽部的急性感染。如上呼吸道某一局部炎症特别突出，则按该部炎症命名，如急性鼻咽炎、急性咽炎、急性扁桃体炎等，统称为急性上呼吸道感染。

一、病 因

1. 病毒 小儿急性上呼吸道感染 90%以上的为病毒所致，主要为呼吸道合胞病毒、流感病毒、副流感病毒、腺病毒、鼻病毒、柯萨奇病毒和艾柯病毒等。

考点：上感常见病毒及细菌

2. 细菌 仅为原发性上呼吸道感染的 10%左右，最常见的为溶血性链球菌，其次为肺炎链球菌、嗜血流感杆菌及葡萄球菌。病毒感染后上呼吸道黏膜抵抗力下降，细菌可乘虚而入，并发混合感染。

3. 肺炎支原体 不但引起肺炎，也可引起上呼吸道感染。

营养不良、缺乏锻炼或过度运动及过敏体质的小儿因身体防御能力低易上呼吸道感染。特别是维生素 D 缺乏性佝偻病、消化不良、免疫缺陷疾病等患儿反复感染使病程迁延，出现严重症状。

二、发 病 机 制

小儿由于防御功能不完善，易患呼吸道感染。本病通过含病毒、细菌的飞沫经呼吸道传播，或经污染的用具进行传播。当机体由于受凉、疲劳等诱因导致免疫功能下降时，病毒、细菌得以迅速繁殖，引起鼻咽充血、水肿、上皮细胞破坏和黏液性渗出而迅速发病。

三、临 床 表 现

考点：婴幼儿一般类型感冒的特点

1. 一般类型上感 因年龄大小、体质强弱和病原体的不同，临床表现轻重不一，婴幼儿则以全身症状为主，表现为突起高热，可伴有呕吐、腹泻、烦躁、哭闹，甚至出现高热惊厥。部分患儿可出现阵发性脐周疼痛，与疾病引起的肠痉挛或肠系膜淋巴结炎有关。年长儿以呼吸道局部表现为主，如鼻塞、流涕、喷嚏、咽痛、干咳、畏寒、头痛、食欲差、乏力、关节疼痛等。体检咽部充血、扁桃体红肿、颌下淋巴结增大、有压痛。

考点：疱疹性咽峡炎临床特点

2. 特殊类型的上感

（1）疱疹性咽峡炎：由柯萨奇 A 组病毒引起，好发于夏秋季。起病急，临床表现为高热、咽痛、流涎和拒食等。体检可见咽部充血，咽腭弓、软腭、扁桃体及悬雍垂等处有 2～4mm 的疱疹，周围有红晕，疱疹破溃后形成小溃疡。病程 1 周左右。

考点：咽-结膜热临床特点

（2）咽-结膜热：由腺病毒引起，春夏季多发，可在集体儿童中流行。临床表现为高热、咽痛、一侧或两侧滤泡性眼结膜炎；咽部充血，颈部、耳后淋巴结肿大，病程 1～2 周。

四、并 发 症

婴幼儿时期多见，感染自鼻咽部向邻近组织蔓延可并发急性结膜炎、中耳炎、鼻窦炎、颈淋巴结炎、喉炎、咽后壁脓肿；向下蔓延可并发支气管炎、支气管肺炎等。病原通过血液循环播散至全身，细菌感染并发败血症时，可导致脓胸、心包炎、腹膜炎、脑膜炎等化脓性病灶。因感染和变态反应对机体的影响，可引起肾炎、风湿热、心肌炎、紫癜、类风湿病等。

急性喉炎

由于婴幼儿喉部呈漏斗形，喉腔较窄，声门狭小，软骨柔软，黏膜柔嫩而富有血管及淋巴组织，故轻微的炎症可引起局部充血、水肿而出现不同程度的喉梗阻。因此，婴幼儿发生喉炎时，除了犬吠样咳嗽，声音嘶哑外，还有喉鸣以及吸气性呼吸困难。病情严重时，患儿因严重的喉梗阻而致缺氧。若诊治不及时，会危及患儿生命；治疗上除抗感染及对症治疗外，用糖皮质激素可减轻喉头水肿而缓解喉梗阻，必要时行气管切开。

链接

五、辅助检查

1. 血常规　病毒感染者白细胞计数正常或偏低，淋巴细胞计数增高；细菌感染者白细胞及中性粒细胞可增高。

2. 病原学检查　咽拭子培养、鼻咽分泌物分离病毒、抗原及血清学检测可明确病原。

六、诊断及鉴别诊断

（一）诊断

轻症无热或低热。有鼻塞、流涕、喷嚏、咽痛、轻咳等。重症全身症状较重，高热、流涕、鼻塞、咽及扁桃体充血，有黄色或白色渗出物，咽壁及附近可见疱疹、溃疡。婴儿常有呕吐、腹泻、腹痛等，起病时可有高热惊厥。病毒感染一般白细胞偏低或者正常范围；细菌感染者则白细胞总数和中性粒细胞大多增高。

（二）鉴别诊断

根据临床表现不难诊断，但应与下列疾病鉴别。

1. 流行性感冒　流行性感冒有明显的流行病史，多有全身症状，如高热、四肢酸痛、头痛等，可有衰竭状态，一般鼻咽部症状如鼻分泌物多和咳嗽等较全身中毒症状轻。

2. 急性传染病早期　某些急性传染病如幼儿急疹、麻疹、百日咳、猩红热、流行性脑膜脊髓炎等，前驱症状与急性上呼吸道感染相似。应仔细询问病史，结合流行病学、体征及观察病情发展才能及时做出诊断。

3. 与消化系统疾病　婴幼儿时期的急性上呼吸道感染往往有消化道症状，如呕吐、腹痛、腹泻等，可误诊为原发性胃肠病。上呼吸道感染伴有腹痛，可由蛔虫蠕动、肠系膜淋巴结炎引起，需与急腹症、急性阑尾炎相鉴别。

考点：上感诊断依据及鉴别诊断

4. 传染性单核细胞增多症　急性咽炎伴有皮疹、全身淋巴结肿大及肝脾大者应检查血常规，如白细胞特别高，异常淋巴细胞高时，应除外传染性单核细胞增多症。

七、治　　疗

1. 一般治疗　注意休息，保持室内空气清新，注意呼吸道隔离。多饮水，饮食清淡易消化。发热患儿每4小时测体温1次，有高热惊厥史的患儿需1～2小时测1次，预防并发症。

2. 病因治疗

（1）抗病毒药物：利巴韦林10～15mg/（kg·d），疗程为3～5天。局部可用1%利巴韦林滴鼻液，每日4次。结膜炎可用0.1%阿昔洛韦滴眼，每1～2小时1次。

（2）抗生素：细菌性感染者常选用青霉素类、头孢菌素类、大环内酯类等抗生素，一般用

考点：上感的治疗原则

药 3～5 天。如确认为链球菌感染或既往有风湿热、急性肾炎病史者，青霉素疗程应为 10～14 天。

3. 对症治疗　高热者可使用对乙酰氨基酚等药物降温，亦可用温湿敷、冷敷或酒精擦浴等物理降温。高热惊厥者，可给予镇静、止惊等处理；痰多者用祛痰药物；咽痛者可含服润喉片。

4. 中成药治疗　银翘散、双黄连口服液、板蓝根冲剂等具有一定的抗病毒作用。

八、预　防

加强体格锻炼，增强抵抗力。提倡母乳喂养，按时添加辅食，防止佝偻病及营养不良等慢性疾病。避免去人多拥挤的公共场所。

案例6-1分析

1. 初步诊断　根据患儿急性起病，近两天出现发热、流涕、烦躁、精神较差、鼻塞。体格检查：体温 38.8℃，脉搏 104 次/分，呼吸 45 次/分，咽部充血明显，心肺无异常。血常规检查白细胞 8×10^9/L，中性粒细胞 0.4，淋巴细胞 0.6，初步诊断为急性上呼吸道感染。

2. 处理原则　注意休息，多饮水，饮食清淡易消化，可给予抗病毒药物治疗。高热可采取物理降温等措施。

第 3 节　急性支气管炎

学习目标

1. 了解急性支气管炎病因及辅助检查。
2. 熟悉急性支气管炎的临床表现及并发症。
3. 掌握急性支气管炎的诊断与防治原则。

案例6-2

患儿女，11 个月。因咳嗽 4 天就诊。患儿 4 天前出现鼻塞、流涕、咳嗽并有发热，体温 37.8℃，用“感冒冲剂”治疗后，体温正常，流涕减轻，但咳嗽仍明显。开始为干咳，现在有痰，咳嗽后有时会引起呕吐、气促等。体格检查：体温 37.8℃，呼吸 36 次/分，脉搏 132 次/分。精神尚好，咽部轻度充血。心脏听诊无异常，双肺呼吸音粗，有不固定的干啰音。腹部检查无异常体征。血常规：血红蛋白 112g/L，红细胞 3.9×10^{12}/L，白细胞 11.3×10^9/L。X 线：双肺纹理增多。

思考题

1. 该患儿首先考虑何种临床诊断？
2. 请提出此病的处理原则。

急性支气管炎（acute bronchitis）指气管及支气管黏膜的炎症，由于气管同时受累，故称为急性气管支气管炎（acute tracheobronchitis）。多继发于上呼吸道感染。

一、病　　因

凡可引起上呼吸道感染的病原体都可引起支气管炎，病原多为病毒、细菌、肺炎支原体，或为合并感染。环境污染、气候突变、过敏因素以及免疫功能低下等常为本病的诱因。

二、发 病 机 制

急性支气管炎是由感染、物理、化学刺激或过敏等因素引起的气管-支气管黏膜的急性炎症。也可由急性上呼吸道感染迁延而来。本病常在病毒感染的基础上继发细菌感染。此外，冷空气、粉尘、刺激性气体或烟雾的吸入，对气管-支气管黏膜急性刺激亦可引起。花粉、有机粉尘、真菌孢子等的吸入；钩虫、蛔虫的幼虫在肺移行；或对细菌蛋白质的过敏，引起气管-支气管的过敏性炎症反应，亦可导致本病。

三、临 床 表 现

发病大多先有上呼吸道感染症状，也可忽然出现频繁而较重的干咳，以后有痰，在双肺部可闻及干、湿啰音。湿啰音随体位变化、咳嗽而改变。一般无气促和发绀。婴幼儿全身症状较明显，重者发热 38～39℃，多 2～3 天，有时迁延 2～3 周，或反复发作。如治疗不当可引起肺炎、中耳炎、喉炎及副鼻窦炎。

考点：支气管炎主要症状与体征

哮喘性支气管炎是婴幼儿的一种特殊类型的支气管炎。其特点：①多见于 3 岁以下有湿疹或其他过敏史的婴幼儿。②类似哮喘的表现，如呼气性呼吸困难，肺部叩诊呈鼓音，听诊两肺广泛哮鸣音及少量粗湿啰音。③反复发作倾向，一般随年龄增长而发作次数减少，渐趋康复，少数可发展为支气管哮喘。目前有学者认为本病实际上是婴幼儿哮喘的一种表现。

考点：哮喘性支气管炎临床特点

四、辅 助 检 查

1. 血常规　白细胞计数正常或稍高，继发细菌感染者白细胞升高。喘息性支气管炎患儿血白细胞分类中嗜酸性粒细胞升高，血清 IgE 水平升高。

2. X 线检查　胸片显示正常，或可见肺纹理增粗。

考点：急性支气管炎 X 线特点

五、诊断与鉴别诊断

（一）诊断

支气管炎主要依据咳嗽，痰鸣，肺部有不固定的干、湿啰音等作出诊断。哮喘性支气管炎主要依据反复发作史和明显的呼气性喘鸣，肺部广泛的哮鸣音及呼气延长等诊断。

考点：支气管炎诊断依据

（二）鉴别诊断

1. 上呼吸道感染　上呼吸道感染表现为发热、鼻塞、流涕、喷嚏、咳嗽；乏力、食欲缺乏、呕吐和腹泻等。儿童可诉头痛、腹痛、咽部不适；咽部充血，有时扁桃体充血、肿大，颈淋巴结可肿大并有压痛，肺部听诊多正常。

2. 支气管异物　当有呼吸道堵塞伴感染时，其呼吸道症状与急性气管炎相似，应注意询问有无呼吸道异物吸入史。此病经治疗后，疗效不好，迁延不愈，反复发作史。胸部 X 线检查表现有肺不张、肺气肿等梗阻现象。

3. 肺门支气管淋巴结结核　根据结核接触史，结核菌素试验及胸部 X 线检查有助于鉴别。

4. 毛细支气管炎　多见于 6 个月以下婴儿，有明显的急性发作性喘憋及呼吸困难。体温不高，喘憋发作时肺部啰音不明显，缓解后可听到细湿啰音。胸部 X 线检查可作鉴别。

5. 支气管肺炎　急性支气管炎症状较重时，应与支气管肺炎作鉴别。一般支气管肺炎

考点：急性支气管炎的鉴别诊断

呼吸频率明显增快，2 个月以下小儿≥60 次/分，2～12 个月小儿≥50 次/分，1～5 岁≥40 次/分。有呼吸困难，两肺可闻固定的细小湿啰音或捻发音，尤以肺底、脊柱旁、腋下明显，咳嗽后啰音无明显减少应考虑肺炎。可做胸部 X 线检查以确诊。

6. 支气管哮喘　本病多见于年长儿，有反复发生的哮喘病史，哮喘发作可与感染无关，也可由感染诱发。一般不发热，常在清晨和夜间突然发作，应用支气管扩张药能迅速缓解。

六、治　　疗

1. 一般治疗　保持房间清洁、安静，光线充足和通风。高热时卧床休息。经常变换体位，使呼吸道分泌物易于排出。咳嗽频繁妨碍休息时可给祛痰药，但避免给异丙嗪类或含有阿片、可待因成分的镇咳药物，以免抑制分泌物的排出。给予易消化饮食，供给足够水分。注意口腔、鼻及眼的局部清洁并注意呼吸道隔离。

2. 控制感染　病毒感染，一般不用抗生素；对有发热、黄痰、白细胞增多，考虑为细菌感染者，可用青霉素类、头孢菌素类、大环内酯类等药物。

考点：急性支气管炎的治疗原则

3. 对症治疗　一般不用镇咳剂或镇静剂，以免抑制咳嗽反射，影响痰液排出。止咳化痰：可用复方甘草合剂，痰液黏稠者可用溴已新口服或沐舒坦超声雾化吸入。止喘：氨茶碱每次 2～4mg/kg，每 6 小时一次，或沙丁胺醇雾化吸入。喘息严重者可用泼尼松，1mg/(kg·d)，共 3～5 天。

超声雾化吸入的作用

婴幼儿患急性支气管炎，气道黏膜充血、水肿、分泌物增多，雾化吸入十分重要，可增加湿度，以利于分泌物咳出。超声雾化液一般含有糜蛋白酶、沐舒坦、生理盐水及各种抗生素溶液等，根据病情可交替使用。

链接

七、预　　防

急性支气管炎 1 周左右可治愈。有部分病儿咳嗽的时间要长些，会逐渐减轻、消失，适当服用止咳药即可。也有部分病儿发展为肺炎，若缺氧得不到及时纠正会发生脑、心力衰竭等并发症。极少数喘息性支气管炎可发展成支气管哮喘。

案例6-2分析

1. 初步诊断　根据患儿近几天出现鼻塞、流涕、咳嗽并有发热的病史。体格检查：体温 37.8℃，呼吸 36 次/分，精神尚好，咽部轻度充血。两肺听诊双肺呼吸音粗，有不固定的干啰音。结合血常规白细胞 11.3×10^9/L 和 X 线片示双肺纹理增粗，可初步诊断为急性支气管炎。

2. 处理原则　高热时卧床休息。经常变换体位，使呼吸道分泌物易于排出。针对可能的病原体进行抗感染治疗以及对症处理。

第4节　肺　　炎

学 习 目 标

1. 了解小儿肺炎的分类和病因。

2. 掌握小儿支气管肺炎的临床表现、诊断、鉴别诊断与治疗。
3. 理解支气管肺炎的并发症。
4. 掌握不同病原体所致支气管肺炎的临床特点。

案例6-3

患儿男，2 岁。因“发热、咳嗽 5 天，气促 2 天，抽搐 1 天”入院。个人史，既往史，家族史，无特殊。体格检查：神清，反应良好。体温 38℃，呼吸 55 次/分，脉搏 135 次/分，体重 13kg。呼吸急促，可见鼻翼扇动，三凹征（+），颈抵抗。双肺呼吸音粗，可闻中小水泡音。心率 135 次/分。律齐，各瓣膜区未闻病理性杂音。腹软，肝右肋下 1.5cm，质软，脾左肋下未及。肠鸣音活跃。神经系统检查：颈软；四肢肌张力稍增高；布鲁津斯基征、凯尔尼格征（–），双侧巴宾斯基征（–）。

血常规：4.0×10^{12}/L，Hb：110g/L，WBC：8.0×10^{9}/L，L：75%，N：25%，PLT：180×10^{9}/L。血型：“O”型。脑脊液检查：压力：30kPa。常规：色清，蛋白定性：阴性，WBC：5×10^{8}/L，生化：蛋白：0.3g/L，糖：3.5mmol/L，氯化物：112mmol/L。胸片：双肺纹理增粗，双下肺可见斑点状阴影。

思考题

1. 写出诊断及诊断依据。
2. 给出相应的处理原则。

肺炎（pneumonia）系指不同病原体或其他因素所致的肺部炎症。临床各型肺炎共同表现为发热、咳嗽、气促、呼吸困难和肺部固定细湿啰音。肺炎是儿童时期常见的疾病，严重威胁小儿健康，占我国儿童死因的第一位，是我国儿童保健重点防治的“四病”之一。

考点：小儿肺炎共同临床表现

一、肺 炎 分 类

目前尚无统一的分类法，临床上如果病原体明确，按病因分类，利于指导治疗，否则按病理分类。常见分类如下。

1. 病理分类　支气管肺炎、大叶性肺炎和间质性肺炎等。以支气管肺炎最常见。

2. 病因分类　感染性肺炎如病毒性肺炎、细菌性肺炎、支原体肺炎、衣原体肺炎、真菌性肺炎和原虫性肺炎等；非感染性肺炎如吸入性肺炎和坠积性肺炎等。以感染性肺炎多见。

3. 病程分类　急性肺炎（病程＜1 个月）、迁延性肺炎（病程 1～3 个月）和慢性肺炎（病程＞3 个月）。

考点：肺炎的分类

4. 病情分类　根据是否有呼吸系统以外的系统受累，分为轻症肺炎和重症肺炎。

肺炎按临床表现典型与否分类

1. 典型肺炎　肺炎链球菌、金黄色葡萄球菌和大肠埃希菌等引起的肺炎。

2. 非典型性肺炎　肺炎支原体、衣原体、军团菌和病毒等感染引起的肺炎。传染性非典型性肺炎（infectious atypical pneumonia）为新型冠状病毒（coronavirus）引起，世界卫生组织（WHO）将其命名为严重急性呼吸综合征（severe acute respiratory syndrome，SARS）。该病以肺间质病变为主，传染性强，死亡率高，儿童患者较成人轻。近年来还发生了禽流感病毒所致的肺炎。

链 接

二、支气管肺炎

支气管肺炎是小儿最常见的肺炎，具有肺炎的共同表现，婴幼儿多见。多发生于冬春寒冷季节及气候骤变时，居室拥挤、通风不良和空气污浊等环境因素以及营养不良、佝偻病、先天性心脏病和免疫系统缺陷者等均易诱发本病。

（一）病因

考点：支气管肺炎常见病因

支气管肺炎的病原体以细菌和病毒为多见。常见的细菌为肺炎链球菌、金黄色葡萄球菌、溶血性链球菌、大肠埃希菌和流感杆菌等。常见的病毒有呼吸道合胞病毒、腺病毒、流感及副流感病毒等。近年来肺炎支原体、衣原体引起的肺炎有增多趋势。

（二）病理生理

主要病理变化是支气管黏膜因炎症而充血、水肿使管腔变窄，产生通气功能障碍；肺泡毛细血管扩张充血，肺泡内水肿及炎性渗出引起换气功能障碍，导致低氧血症和二氧化碳潴留，从而引起一系列病理生理改变（图 6-1）。

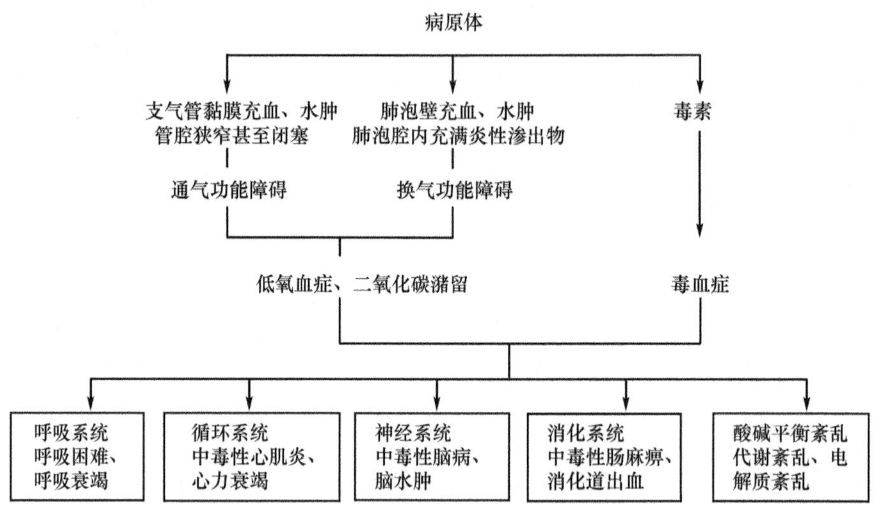

图 6-1　支气管肺炎的病理生理

1. 呼吸功能不全　主要引起低氧血症，重者可出现高碳酸血症。由于代偿性缺氧，患者呼吸增快；为增加呼吸深度，呼吸辅助肌参与呼吸活动，出现鼻翼煽动和三凹征。动脉血氧分压及血氧饱和度显著降低时出现发绀。若严重缺氧和二氧化碳排出受阻，动脉血二氧化碳分压增高，则可发生呼吸衰竭。

2. 循环系统　病原体及其毒素侵袭心肌引起心肌炎；缺氧使肺小动脉反射性收缩，引起肺动脉高压，加重右心负荷；前两者是诱发心力衰竭的主要原因。重症患儿还可出现微循环障碍、休克甚至弥散性血管内凝血。

3. 神经系统　缺氧、二氧化碳潴留以及病原体毒素可引起脑血管扩张，血管通透性增加，导致脑水肿、颅内压增高。严重缺氧可使脑细胞能量代谢障碍，细胞膜上的离子泵功能失常引起脑细胞内水、钠潴留，进一步加重脑水肿。

考点：支气管肺炎病理生理变化特点

4. 消化系统　低氧血症和病原体毒素损害胃肠道黏膜，导致胃肠功能紊乱，出现呕吐、腹泻等症状，严重者可引起中毒性肠麻痹和消化道出血。

5. 水、电解质和酸碱平衡失调　严重缺氧引起体内代谢发生障碍，酸性代谢产物增多；发热、进食少、脂肪分解等因素，常可引起代谢性酸中毒；二氧化碳排出受阻可产生呼吸性酸中毒。重症肺炎因常伴有高热、呕吐、腹泻等，患儿有不同程度的混合性酸中毒、低血钾等。

（三）临床表现

1. 轻症肺炎　主要为呼吸系统表现。患儿可有精神不振、食欲减退、烦躁不安、轻度腹泻或呕吐等。

（1）症状：①发热：热型不定，多为不规则热，亦可为弛张热或稽留热；新生儿可出现体温不升。②咳嗽：较为频繁，早期为刺激性干咳，以后有痰，可有呛奶、呕吐。新生儿仅表现为口吐白沫。③气促：多在发热、咳嗽后出现。

（2）体征：①呼吸增快：呼吸可达到 40～80 次/分，重者有鼻翼煽动，呼气性呻吟，三凹征。②发绀：口周、鼻唇沟、指（趾）端发绀。③肺部啰音：典型病例可闻及固定的中、细湿啰音，以背部两侧下方及脊柱两旁较多，吸气末更显著。

考点：支气管轻症肺炎的临床表现

2. 重症肺炎　除呼吸系统外，其他系统亦受累及全身中毒症状明显，甚至发生生命体征危象。

（1）循环系统：常见中毒性心肌炎和心力衰竭。中毒性心肌炎表现为面色苍白、心动过速、心音低钝、心律不齐，心电图示 ST 段下移和 T 波低平、倒置等。心力衰竭的表现：①心率突然增快达 160 次/分以上；②呼吸困难、青紫突然加重，呼吸达 60 次/分以上；③肝脏在短期内迅速增大；④心音低钝或出现奔马律；⑤突然烦躁不安、面色苍白或发灰。

（2）神经系统：常见中毒性脑病和脑水肿。患儿精神萎靡、烦躁不安或嗜睡。脑水肿时出现意识障碍、惊厥、前囟隆起，呼吸不规则，瞳孔对光反射迟钝或消失。

考点：支气管重症肺炎的临床表现

（3）消化系统：呕吐、腹泻、腹痛。发生中毒性麻痹时严重腹胀、肠鸣音消失而加重呼吸困难。消化道出血时，可呕吐咖啡样物，大便潜血阳性或排柏油样便。

（4）弥散性血管内凝血（DIC）：重症革兰阴性杆菌感染可发生微循环衰竭，表现为血压下降，四肢凉，脉速而弱，皮肤、黏膜及胃肠道出血。

（四）并发症

在肺炎治疗过程中，体温持续不退或退而复升、中毒症状或呼吸困难突然加重，均应考虑并发症的可能。

1. 脓胸　主要表现高热不退，呼吸困难加重，患侧呼吸运动受限，语颤减弱，叩诊浊音，听诊呼吸音减弱或消失。积液多时，患侧肋间隙饱满，纵隔和气管移向对侧。胸部 X 线患侧肋骨角变钝。

2. 脓气胸　肺边缘的脓肿破裂与肺泡或小气管相通所致。表现为突然出现呼吸困难加剧，剧烈咳嗽，烦躁不安，面色发绀。积液上方叩诊呈鼓音，呼吸音减弱或消失。若支气管破裂处形成活瓣气体只进不出则引起张力性气胸，可危及生命，必须紧急抢救。胸部 X 线可见液气平面。

3. 肺大疱　细支气管形成活瓣性阻塞导致气体入多出少或只进不出，致肺泡扩大、破裂形成肺大疱，数目不定。体积小者无症状，体积大者可有呼吸困难。胸部 X 线可见薄壁空洞。

考点：支气管肺炎常见并发症

（五）几种不同病原体所致肺炎的特点

1. 呼吸道合胞病毒肺炎（respiratory syncytial virus pneumonia）　呼吸道合胞病毒感染引起间质性炎症，多见于婴幼儿，尤其是 2～6 个月婴儿。有合胞病毒肺炎和毛细支气管炎两种类型，临床表现不易区分。起病急，发热、呼吸困难较明显，有憋喘、口唇发绀、鼻翼扇动及三凹征。肺部听诊多有喘鸣音及中、细湿啰音。胸部 X 线检查两肺可见小点片状、斑片状阴影，部分患儿有不同程度的肺气肿。白细胞总数多正常。

考点：呼吸道合胞病毒肺炎的特点

考点：腺病毒肺炎的特点

2. 腺病毒肺炎（adenovirus pneumonia） 为腺病毒感染所致，多见于6个月至2岁小儿。临床特点为起病急骤，多呈稽留高热可持续2～3周。中毒症状重，面色苍白或发灰，萎靡嗜睡，烦躁不安。咳嗽频繁而剧烈。呈阵发性憋喘、呼吸困难和发绀。肺部啰音出现较迟，多于高热4～5天后才出现，以后肺部病变融合出现肺实部病变体征。X线改变较肺部体征出现早，显示大小不等的片状阴影或融合成大病灶，病灶吸收较慢，需数周或数月。白细胞总数正常或偏低。

考点：金黄色葡萄球菌肺炎的特点

3. 金黄色葡萄球菌肺炎（staphylococcal aureus pneumonia） 多见于新生儿和婴幼儿。起病急、病情重、进展快。多呈弛张型高热，中毒症状明显，皮肤常见荨麻疹或猩红热样皮疹。可并发循环、神经及消化系统功能障碍，易发生脓胸、脓气胸、肺大疱等并发症。肺部体征出现早，双肺可闻及中、细湿啰音。胸部X线可有小片状阴影，病变发展迅速，数小时内可出现脓肿、肺大疱、脓胸或脓气胸等。白细胞总数多明显增高、中性粒细胞增高伴核左移和中毒颗粒。

考点：支原体肺炎的特点

4. 支原体肺炎（mycoplasma pneumoniae pneumonia） 病原为肺炎支原体，主要通过呼吸道传染，好发于年长儿，婴幼儿亦不少见。起病缓慢，常有发热，体温可达39℃左右，热程1～3周。刺激性咳嗽为突出表现，或类似百日咳样咳嗽，咳出黏稠痰液，偶带血丝。肺部体征不明显，与剧咳、发热等临床表现不一致。婴幼儿起病急、病程长、病情重，呼吸困难、喘憋及哮鸣音较突出，肺部湿啰音比年长儿多。部分患儿可有心肌炎、脑膜炎、溶血性贫血、肾炎、吉兰-巴雷综合征等肺外表现。肺部X线改变为本病的重要诊断依据，可分为：①呈支气管肺炎改变；②间质性肺炎改变；③以肺门阴影增粗为主；④均一的实变影。

（六）辅助检查

考点：支气管肺炎血液检查特点

1. 血液检查

（1）血常规：细菌感染者白细胞总数及中性粒细胞增高，可见核左移，胞质中有中毒颗粒。病毒性感染者白细胞大多正常或稍低，淋巴细胞数增高，偶见异型淋巴细胞。

（2）C反应蛋白（CRP）：细菌感染血清CPR浓度上升，非细菌感染则上升不明显。

2. 病原学检查

（1）细菌培养：取血液、痰液、气管吸出物、胸腔穿刺液等进行细菌培养加药敏试验，可确定病原菌和指导治疗。

考点：肺炎支原体检查特点

（2）病毒分离和鉴定：阳性率高，但费时长，不能用作早期诊断，宜做回顾性诊断。

（3）特异性抗原、抗体检测：简单、快速。常用免疫荧光技术、免疫酶标法或放射免疫法等检测特异性抗原。用IgM抗体捕获法及间接免疫荧光法测定血清中IgM特异性抗体，有早期诊断价值。

（4）冷凝集试验：可作为肺炎支原体感染的过筛试验，滴度≥1∶32有参考价值，但无特异性。特异性诊断依靠补体结合试验、基因探针等技术进行肺炎支原体分离培养和特异性IgM、IgG测定。

考点：支气管肺炎X线检查特点

3. X线检查 早期肺纹理增粗，以后出现大小不等的点状或小片絮状阴影，以双肺下野、中内带及心膈区居多；可有肺不张、肺气肿；伴发脓胸、脓气胸或肺大疱则有相应改变。

（七）诊断与鉴别诊断

1. 诊断 依据病史、临床表现和X线检查即可诊断。还需进一步判断病情轻重及有无并发症。

（1）轻症肺炎：以呼吸系统症状为主，无其他脏器或系统功能的明显损伤或衰竭。

（2）重症肺炎：下列情况均属重症：①除呼吸系统症状外，并发心力衰竭、呼吸衰竭、弥散性血管内凝血、中毒性脑病、中毒性肠麻痹等之一者。②伴有先天性心脏病、重度营养不良或新生儿肺炎。

2. 鉴别诊断

（1）急性支气管炎：以咳嗽为主，一般无发热或仅有低热，肺部呼吸音粗糙、有不固定的湿啰音或散在干啰音。如症状较重不易于肺炎区分者，则按肺炎处理。

考点： 支气管肺炎的鉴别诊断

（2）肺结核：多有结核接触史及结核中毒症状，结核菌素试验及胸部 X 线检查可鉴别。

（3）支气管异物：有异物吸入史，突然出现呛咳、呼吸困难，胸部 X 线检查可以鉴别，必要时可行支气管纤维镜检查。

（八）治疗

小儿支气管肺炎宜采取合理的综合措施。积极控制感染，保持呼吸道通畅、纠正缺氧，防治并发症，增强机体抵抗力和免疫力以促进康复。

1. 一般治疗　室内空气要清新，温度 18～20℃，相对湿度 55%～65%，执行严格的呼吸道隔离制度，防止交叉感染。注意营养及水分的供应；应尽量母乳喂养；饮食清淡，富含维生素和蛋白质，少量多餐，恢复期病儿应给营养丰富，高热量食物。重症不能进食者可静脉补充热量和水分，液体量每日 60～80ml/kg 为宜，必要时输注全血或血浆。同时患有佝偻病者宜给维生素 D_3 治疗。密切观察病情变化，及时给予相应的处理。

2. 抗感染治疗

（1）抗生素治疗：细菌感染者使用抗生素原则：选用高效敏感易渗入下呼吸道的药物；早期、联合、足量、足疗程和静脉给药。

抗生素的选择：①肺炎链球菌：首选青霉素，也可选用阿莫西林（羟氨苄青霉素）。②金黄色葡萄球菌：对甲氧西林敏感者首选苯唑西林钠或氯唑西林钠。③流感嗜血杆菌：首选阿莫西林克拉维酸。④G^-杆菌：大肠埃希菌和肺炎杆菌首选头孢曲松或头孢噻肟，铜绿假单胞菌首选替卡西林/克拉维酸。⑤肺炎支原体和衣原体：首选大环内酯抗生素如红霉素、罗红霉素、阿奇霉素等。⑥对于细菌不明确的肺炎，应根据病情选择广谱抗生素，联合用药（其中一种应偏重于 G^-杆菌药物），待细菌明确后再酌情更换相应敏感的抗生素。

WHO 推荐 4 种一线抗生素：复方磺胺甲噁唑、青霉素、氨苄西林和阿莫西林。其中青霉素是首选药；氨苄西林和阿莫西林是广谱抗生素；复方磺胺甲噁唑不能用于新生儿。推荐另一种抗生素为氨苄西林、氯霉素、苯唑西林或氯唑西林和庆大霉素，适用于临床怀疑为金黄色葡萄球菌肺炎。庆大霉素对 G^-杆菌有效。

我国卫生部对轻症肺炎推荐使用头孢氨苄。头孢菌素类药物抗菌谱广，抗菌活性强，特别对产酶耐药菌效果较好。

用药一般应持续至体温正常后 5～7 天，临床症状、体征基本消失后 3 天停药。支原体肺炎至少用药 2～3 周，以免复发。葡萄球菌肺炎比较顽固，易复发和发生并发症，疗程宜长，一般于体温正常后继续用药 2 周，总疗程 6 周。

考点： 支气管肺炎抗生素治疗原则及用药时间

（2）抗病毒治疗：①利巴韦林：10ml/（kg·d），肌内注射或静脉滴注。② α-干扰素：常用基因工程α-干扰素肌内注射，疗程 5～7 天，雾化吸入较肌内注射疗效佳。

3. 对症治疗

（1）氧疗：有缺氧表现，如烦躁、口唇发绀、喘憋时需吸氧，一般采用鼻前庭导管给氧，氧流量为 0.5～1L/min，氧浓度＜40%，氧气应湿化。缺氧明显者可用面罩和头罩给氧，氧流量为 2～4L/min，氧浓度为 50%～60%。若出现呼吸衰竭则使用人工呼吸机治疗。

（2）保持呼吸道通畅：保证足够液体量的摄入，以免痰液黏稠。及时清除上呼吸道分泌物，经常变换体位或拍背促使排痰；酌情选用祛痰剂。痰黏稠不易咳出者吸痰或行雾化吸入；憋喘严重者可选用支气管扩张剂。

雾化吸入液体配方

生理盐水或蒸馏水 30ml，庆大霉素 2 万 U，α－糜蛋白酶 5mg，地塞米松 1ml，每次吸入 10～15 分，每日 2～3 次。

链接

（3）腹胀的处理：伴低钾血症者应及时补钾。如系中毒性肠麻痹应禁食、胃肠减压、皮下注射新斯的明，每次 0.04mg/kg；亦可连用酚妥拉明（0.5mg/kg）及间羟胺（阿拉明）（0.25mg/kg），加入 10%葡萄糖液 20～30ml 静脉滴注，1 小时后可重复应用，一般 2～4 次可缓解。

（4）心力衰竭的治疗：①给氧。②镇静。③增强心肌的收缩力：常用洋地黄类强心药。心力衰竭严重者或伴有先天性心脏病者，宜先用毛花苷 C（西地兰）饱和量为 0.02～0.04mg/kg，首剂给总量的 1/2，余量分两次，每隔 4～6 小时给予。洋地黄化后 12 小时开始给予维持量，常用地高辛口服。维持量的疗程视病情而定。心力衰竭较轻者可用毒毛花苷 K，每次 0.007～0.01mg/kg。④利尿：常用呋塞米每次 1mg/kg。⑤血管活性药：常用酚妥拉明或卡托普利等。限制液体总量和输入速度。

考点：支气管肺炎对症治疗原则

（5）其他：高热时物理降温或药物降温。若伴烦躁不安可给予苯巴比妥 5mg/kg 肌内注射。肺炎恢复期如肺部啰音消失缓慢，可用超短波等物理疗法以促进炎症的吸收。病情较重、病程较久、体弱、营养不良者可酌情应用人血丙种球蛋白、胸腺素等免疫调节药，以提高机体抵抗力。适当补充维生素 C、维生素 E 等氧自由基清除剂，可促进机体康复。

考点：支气管肺炎应用激素的指征

4. 糖皮质激素的应用　糖皮质激素可减少炎症渗出，解除支气管痉挛，改善血管通透性和微循环，降低颅内压。使用指征：①全身中毒症状明显；②严重憋喘或呼吸衰竭；③感染性休克；④脑水肿。常用地塞米松 0.1～0.3mg/（kg·d）或氢化可的松 4～8mg/（kg·d）静脉滴注，疗程 3～5 天。

5. 并发症的治疗　脓肿、脓气胸者应及时抽脓、抽气处理；对年龄小、中毒症状重、反复穿刺抽脓不畅或发生张力性气胸者，应考虑胸腔闭式引流。肺大疱一般可随炎症的控制而消失。

（九）预防与预后

婴幼儿应注意营养，及时增添辅食，培养良好的饮食及卫生习惯，多晒太阳。积极防治佝偻病及营养不良是预防重症肺炎的关键。婴幼儿应避免接触呼吸道感染的患者，注意防治容易并发严重肺炎的呼吸道传染病，如百日咳、流感、腺病毒及麻疹等。

小儿肺炎预后受多种因素的影响，婴幼儿重症肺炎预后差，死亡率高。在营养不良、佝偻病、先天性心脏病、结核病、麻疹、百日咳的基础上并发炎症，则预后较差；而金葡菌肺炎并发症多，病程迁延，预后较差。腺病毒肺炎病情较重，病死率也较高。支原体肺炎病情轻重不一，自然病程较长，但多能治愈。

案例6-3分析

1. 初步诊断　根据患儿发热、咳嗽 5 天，气促 2 天的病史。体格检查：呼吸 80 次/分、三凹征（+），鼻翼翕动，双肺可闻及中小水泡音。胸片：双肺纹理增粗，双下肺可见斑点状阴影。可以初步诊断为支气管肺炎。患儿有抽搐，神经系统检查：颈软，四肢肌张力稍增高，布鲁津斯基征、凯尔尼格征（－），双侧巴宾斯基征（－），可以排除神经系统感染性疾病。

2. 处理原则　应采取积极的治疗措施，保持呼吸道通畅、纠正缺氧，控制感染，防治并发症。

目 标 检 测

一、A1 型题

1. 小儿易患呼吸道感染免疫特点的原因是（　　）
   A. 非特异性免疫功能差
   B. 特异性免疫功能差
   C. 肺泡吞噬细胞功能不足
   D. 分泌型 IgA、IgG 含量低
   E. 以上均是
2. 有关小儿肺的解剖特点错误的一项是（　　）
   A. 肺泡数量少且面积小
   B. 血管稀少，间质发育弱
   C. 弹力纤维发育较差
   D. 肺含血量多而含气量少
   E. 感染时易致黏液阻塞
3. 婴幼儿急性上呼吸道感染的临床特点是（　　）
   A. 以消化道症状为主
   B. 以呼吸道症状为主
   C. 以鼻咽部症状为主
   D. 以全身症状为主
   E. 多无发热
4. 下列哪一项不符合咽结膜热的特点（　　）
   A. 发热　B. 咽炎
   C. 结膜炎　D. 病原体为腺病毒
   E. 病原体为柯萨奇 A 组病毒
5. 毛细支气管炎的病原体主要是（　　）
   A. 副流感病毒　B. 腺病毒
   C. 支原体　D. 鼻病毒
   E. 呼吸道合胞病毒
6. 腺病毒肺炎发病年龄最多见于（　　）
   A. 新生儿　B. 2 个月以内的婴儿
   C. 2～6 个月　D. 6 个月至 2 岁
   E. 5 岁以上
7. 急性肺炎的病程是（　　）
   A. 1 个月以内　B. 1～2 个月
   C. 2～3 个月　D. 3～6 个月
   E. 6 个月至 1 年
8. 支原体肺炎和支气管炎的主要鉴别点是（　　）
   A. 发热、咳嗽　B. 气促
   C. 粗湿啰音　D. 固定细湿啰音
   E. 周围血白细胞增高
9. 肺炎分类中下列哪个是按病理分类的（　　）
   A. 病毒性肺炎　B. 细菌性肺炎
   C. 支原体肺炎　D. 支气管肺炎
   E. 衣原体肺炎
10. 可以出现全身各系统临床表现，如溶血性贫血、心肌炎、脑膜炎等的肺炎是（　　）
    A. 呼吸道合胞病毒肺炎
    B. 腺病毒肺炎
    C. 金黄色葡萄球菌肺炎
    D. 革兰阴性杆菌肺炎
    E. 肺炎支原体肺炎
11. 易发生脓胸、脓气胸、肺大疱的肺炎是(　　)
    A. 腺病毒肺炎
    B. 呼吸道合胞病毒肺炎
    C. 金黄色葡萄球菌肺炎
    D. 衣原体肺炎
    E. 肺炎支原体肺炎

二、A2 型题

12. 4 个月婴儿。咳嗽伴喘息 3 天，有低热，曾肌内射注青霉素无效而收住院。体格检查：烦躁，三凹征（+），呼气时间延长，呼吸 80 次/分，心率 180 次/分，双肺哮鸣音为主，少量中细湿啰音，肝肋下 3cm。最可能的诊断是（　　）
    A. 上呼吸道感染　B. 支气管炎
    C. 毛细支气管炎　D. 支气管哮喘
    E. 支气管肺炎
13. 2 个月，女婴。鼻塞 5 天，近 3 天气促；阵发性不连贯咳嗽，发热不明显，可见结膜炎，肺部少许中细湿啰音，X 线可见两肺有少许斑片阴影及过度充气。诊断应考虑为（　　）
    A. 肺炎支原体肺炎
    B. 呼吸道合胞病毒肺炎
    C. 金黄色葡萄球菌肺炎
    D. 腺病毒肺炎
    E. 衣原体肺炎
14. 患儿，男，1 岁。发热、咳嗽 5 天，呼吸困难 2 天，体温 39℃，口周发绀，气管向左侧移位，右侧肺部呼吸运动减弱，叩诊实音，听诊呼吸音减弱，左侧可闻及中细湿啰音，WBC19.7 × 10^9/L。诊断应考虑为（　　）
    A. 肺炎支原体肺炎合并胸腔积液
    B. 呼吸道合胞病毒肺炎合并胸腔积液
    C. 腺病毒肺炎合并胸腔积液
    D. 金黄色葡萄球菌肺炎合并胸腔积液
    E. 衣原体肺炎合并胸腔积液
15. 9 个月，女婴。高热、咳嗽 4 天，体温 39～40℃，面色苍白、发灰，双肺呼吸音粗，未闻及啰音，

白细胞 5.1×10^9/L，胸部 X 线右下肺可见大小不等的片状阴影。首先考虑（　　）

A. 呼吸道合胞病毒肺炎　B. 金葡菌肺炎
C. 肺炎链球菌肺炎　D. 腺病毒肺炎
E. 支原体肺炎

16. 患儿女，1 岁。发热、咳嗽、喘息 5 天，以肺炎收入院。入院第 2 天突然呼吸困难加重，极度烦躁不安、发绀，左肺叩诊呈鼓音，听诊呼吸音消失，心率 160 次/分，肝肋下 1.0cm，X 线胸片示纵隔向右移位。最有可能的诊断为（　　）

A. 脓胸　B. 气胸
C. 心力衰竭　D. 肺不张
E. 支气管异物

17. 患儿女，6 岁。发热、咳嗽 1 周，体温 39℃，近 3 天加重，剧烈咳嗽，曾用头孢菌素Ⅱ治疗 4 天无效。查体：一般状况好，双肺呼吸音粗糙，未闻及啰音。胸片右下肺片状云絮状阴影。最有可能的诊断是（　　）

A. 大叶性肺炎
B. 腺病毒肺炎
C. 金黄色葡萄球菌肺炎
D. 肺炎支原体肺炎
E. 呼吸道合胞病毒肺炎

18. 患儿男，16 个月。因发热、咳嗽 5 天入院，诊断为肺炎，入院后持续高热，第 3 天病情加重，呼吸困难加重，剧烈咳嗽，发绀，左肺上方叩诊鼓音，下方叩诊实音。听诊呼吸音减低，右肺可听到中细湿啰音，心率 140 次/分，肝肋下 1.0cm。考虑并发症是（　　）

A. 肺大疱　B. 脓胸
C. 脓气胸　D. 气胸
E. 心力衰竭

19. 患儿女，4 岁。因发热、咳嗽 5 天入院，咳嗽呈阵发性剧咳。查体：一般状况好，双呼吸音粗，偶闻及痰鸣音。胸片示左下肺片状云絮状阴影，白细胞 10.2×10^9/L。首选抗生素为（　　）

A. 青霉素　B. 头孢菌素
C. 红霉素　D. 庆大霉素
E. 环丙沙星

三、A3 型题

（20～22 题共用题干）

5 个月，婴儿。咳嗽 4 天，阵发性喘息发作 3 天，伴低热、流涕。体检：呼吸急促，呼吸 76 次/分，两肺内满布哮鸣音。胸部 X 线片示间质性改变伴肺气肿。以往无类似发作。

20. 最可能的诊断是（　　）

A. 急性支气管炎　B. 间质性肺炎
C. 支气管哮喘　D. 毛细支气管炎
E. 支气管肺炎

21. 若考虑病毒感染，可能由哪种病毒引起（　　）

A. 呼吸道合胞病毒　B. 腺病毒
C. 副流感病毒　D. 鼻病毒
E. 柯萨奇病毒

22. 对其治疗，以下哪项不正确（　　）

A. 吸氧
B. 首选镇咳剂
C. 可氧化吸入糖皮质激素
D. 静脉补液
E. 可静脉滴注糖皮质激素

（23～25 题共用题干）

患儿男，8 个月。发热、咳嗽 4 天，加重伴气促 2 天，精神不振，食欲减退。查体：体温 39.7℃，呼吸 46 次/分，咽部充血，双肺可闻及细湿啰音，心率 140 次/分，肝肋下 1cm。血常规：白细胞 8.2×10^9/L，L0.72。X 线胸片示两肺可见小点片状阴影，伴肺气肿。

23. 对诊断最有价值的实验室检查应是（　　）

A. 血常规　B. 血沉
C. 结核菌素试验　D. 病原抗体检测
E. C 反应蛋白

24. 临床诊断考虑为（　　）

A. 呼吸道合胞病毒肺炎　B. 婴幼儿哮喘
C. 腺病毒肺炎　D. 支原体肺炎
E. 金黄色葡萄球菌肺炎

25. 按可能的病原体选择药物（　　）

A. 青霉素　B. 利巴韦林
C. 红霉素　D. 头孢曲松钠
E. 阿莫西林

（26～29 题共用题干）

患儿女，10 岁。因发热、咳嗽 10 天入院。体温波动在 38.5～39.5℃，刺激性干咳，少痰，以清晨及夜间为著。于外院先后静脉滴注青霉素及头孢类抗生素共 6 天，病情无明显好转。查体：一般状态良好，双肺呼吸音粗，余无阳性体征。血常规正常，结核菌素试验阴性，X 线胸片示右肺中叶大片状阴影。

26. 患儿应进一步做何检查（　　）

A. 血沉　B. 抗“O”
C. 结核抗体　D. 支原体抗体
E. 腺病毒抗体

27. 临床诊断考虑为（　　）

A. 腺病毒肺炎　B. 肺结核
C. 肺炎支原体肺炎　D. 大叶性肺炎

E. 金黄色葡萄球菌肺炎

28. 下一步治疗方案应选择（　　）
A. 改用第三代头孢菌素
B. 异烟肼
C. 红霉素
D. 加用地塞米松退热
E. 氨苄西林

29. 用药时间（　　）
A. 至少 2～3 周　B. 热退后 3 天
C. 5～7 天　D. 热退咳止即停药
E. 3 天

四、A4 型题

（30～33 题共用题干）

患儿女，2 岁。因发热、咳嗽 8 天，加重伴气促 1 天而住院。体温 39.5～40℃，静脉滴注青霉素疗效差。查体：体温 39.5℃，一般状态差，呼吸急促，口周发绀，鼻翼煽动，三凹征阳性，气管略向右移，左下肺呼吸音减弱，叩诊呈浊音。肝肋下 2cm。血常规：白细胞 19.0×10^9/L，N 0.76。X 线胸片示两肺散在斑片状阴影，左肺下野密度增浓，可见自外上向内下的反抛物线状边缘。

30. 本病例诊断考虑为（　　）
A. 腺病毒肺炎　B. 支原体肺炎
C. 金黄色葡萄球菌肺炎　D. 链球菌肺炎
E. 毛细支气管炎

31. 本例发生的并发症为（　　）
A. 脓胸　B. 脓气胸
C. 肺大疱　D. 肺脓肿
E. 败血症

32. 本病敏感抗生素为（　　）
A. 第三代头孢菌素　B. 庆大霉素
C. 红霉素　D. 氨苄西林
E. 万古霉素

33. 本病抗生素疗程（　　）
A. 体温正常后 5～7 天
B. 症状、体征消失后 3 天
C. 2～3 周
D. 体温正常后 2～3 周
E. 脓液吸收后即停药

（朱士菊）

第7章　循环系统疾病

第1节　小儿循环系统解剖生理特点及辅助检查

学习目标

1. 了解小儿心尖冲动的位置。
2. 熟悉心导管检查在先天性心脏病诊断的价值。
3. 掌握胎儿血液循环。

一、心脏胚胎发育

为理解先心病发育障碍的机制，首先应了解正常心脏的胚胎发育过程。原始的心脏是一个纵直的管道，由胚盘的中胚层细胞发育而来，于胚胎第2周开始形成。第4周起有循环作用，第5周心房间隔形成，第8周心室间隔发育完成，成为具有四个腔的心脏。房室间隔形成过程中，二尖瓣和三尖瓣也在此时形成。原始的心脏出口是一根动脉总干，在动脉总干的内层对侧各长出一纵嵴，两者在中央轴相连，将动脉总干分开而形成主动脉和肺动脉。因此，心脏胚胎发育关键时期是在妊娠的第2～8周，在此期间若受到某些内在和（或）外来因素的影响，易引起心血管发育畸形。

考点：心脏胚胎发育的关键时期

二、胎儿血流循环及特点

胎儿期的营养和气体代谢都是通过胎盘与母体之间的脐血管以弥散方式进行物质交换的。由胎盘来的动脉血经脐静脉进入胎儿体内，在肝脏下缘分成两支，一支入肝与门静脉吻合后再经肝静脉汇入下腔静脉，另一支经静脉导管直接进入下腔静脉，与来自下半身的静脉血混合，共同流入右心房。由于受到下腔静脉瓣的阻隔，使来自下腔静脉的混合血（以动脉血为主）进入右心房后，大部分经卵圆孔流入左心房，经左心室流入主动脉，主要供应心脏、头部和上肢。从上腔静脉来的静脉血进入右心房后，绝大部分进入右心室再到肺动脉。由于胎儿肺处于压缩状态，故肺动脉血液只有少量进入肺，经肺静脉回到左心房，而大部分血液通过动脉导管与来自主动脉的血汇合后，进入降主动脉，供应腹腔器官和下肢。再经脐动脉回流至胎盘，换取营养和氧气，再经脐静脉反复循环（图7-1）。

胎儿血液循环的特点：

（1）通过胎盘进行氧气和营养物质交换。

（2）静脉导管、卵圆孔和动脉导管是胎儿血液循环中的特殊通路。

（3）主要为体循环，虽有肺循环存在，但无气体交换。

（4）胎儿体内绝大部分为混合血。

（5）肺动脉压高于主动脉压。

（6）胎儿时期肝的含氧最高，心、脑、上肢次之，而下半身血的含氧量最低。

考点：胎儿血液循环的特殊通道、胎儿时期组织器官含氧量的高低

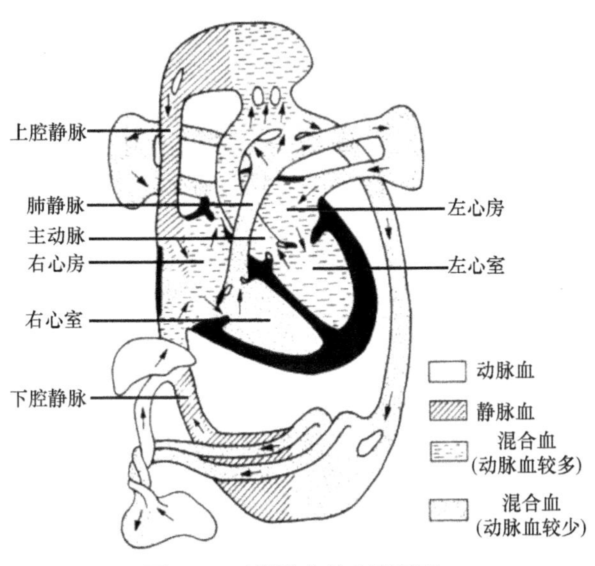

图 7-1　正常胎儿的血液循环

三、出生后血液循环改变

1. 脐-胎循环终止　出生后由于脐带结扎，脐-胎循环终止，新生儿呼吸建立后肺开始进行气体交换。由于肺的扩张，肺循环压力下降，脐血管于生后 6～8 周完全闭锁形成韧带。

2. 卵圆孔闭合　出生后脐血管阻断，呼吸建立，肺泡扩张进行气体交换。由于肺扩张，肺循环阻力下降，肺血流增加，通过肺静脉回到左心房的血量增多，左心房压力随之增高。当左心房压力超过右心房时，使第一房间隔与第二房间隔在卵圆孔部位紧贴，形成功能上的关闭。

3. 动脉导管关闭　由于肺循环的压力降低和体循环的压力升高，当两者压力相等时，动脉导管血流中断，加上血氧升高，促使导管平滑肌收缩，动脉导管逐渐闭塞，最终成为动脉韧带，形成两个互不相通的循环，即体循环和肺循环。

四、正常小儿心脏、心率、血压的特点

1. 心脏　小儿心脏整个体积相对比成人大。新生儿心脏的重量为 20～25g，占体重的 0.8%，而成人只占体重的 0.5%。四个心腔容积初生时 20～22ml；1 岁时达 2 倍；7 岁时增至 5 倍，100～120ml；至 18～20 岁达 240～250ml。心脏的位置，在 2 岁以内的婴幼儿多呈横位，以后逐渐转为斜位。

新生儿的心尖搏动在胸骨左缘第三或第四肋间锁骨中线外 1cm 处，1～2 岁在胸骨左缘第四肋间锁骨中线外 1cm 处，2～7 岁在胸骨左缘第五肋间锁骨中线上，搏动范围直径为 2～3cm，成人一般位于胸骨左缘第五肋间锁骨中线内 0.5～1cm 处。

考点： 心尖冲动位置

2. 心率　小儿心率较快，主要是小儿新陈代谢旺盛，身体组织需要更多的血液供给，而心脏每次搏出量有限，只有通过增加搏动次数来满足身体代谢的需要。年龄越小心率越快，新生儿平均为 120～140 次/分；1 岁以内为 110～130 次/分；2～3 岁时 100～120 次/分；4～7 岁时 80～100 次/分；8～14 岁 70～90 次/分。

考点： 各年龄心率

小儿脉搏次数极不稳定，易受各种内外因素的影响，如进食、活动、哭闹和发热时脉搏加快，因此，应在小儿安静时测脉搏。小儿体温每升高 1℃，脉搏增加 10～15 次/分，睡眠

时可减少20次/分。

3. 血压　动脉血压简称血压，是血液在血管内流动时对血管壁的侧压力。动脉血压的高低主要取决于心搏出量和外周血管阻力，年龄越小血压越低。新生儿测量血压可用潮红法，但只能测得收缩压的近似值，用Doppler超声法测血压更为精确。小儿测血压时用的袖带宽度应为上臂长的1/2～2/3，否则会影响测量的结果。新生儿收缩压平均为8.6kPa（65mmHg）。4岁以前的收缩压大致在11.3～12kPa（85～90mmHg），4岁以后可采用下列公式推算，收缩压=[（年龄×2）+80]×0.133kPa。舒张压为收缩压的2/3，收缩压高于或低于此标准2.67kPa（20mmHg）考虑为高血压或低血压。正常情况下，下肢血压比上肢血压高2.67kPa（20mmHg）。

考点：血压的测量方法、正常值

五、辅助检查

1. 胸部X线　胸部X线检查为首选检查方法，包括透视和摄片，是心血管疾病重要的诊断方法之一。透视可以动态地观察心脏和大血管的搏动、位置、形态以及肺血管的粗细、分布，但难以观察细微的病变。摄片可以弥补这一缺点，并留下永久记录。常规拍摄正位片，必要时辅以心脏左前斜位片（观察左心室）、右前斜位片（观察左心房）和侧位片。

小儿心胸比例较成人大，随年龄的增长而逐渐减少，新生儿可达57%为正常，婴幼儿为55%，年长儿为50%。心胸比例受体型、体位、横隔的位置以及呼吸相的影响较大。

2. 心电图　心电图是反映心脏活动时电生理变化的图形，其对心脏病的诊断有一定帮助，尤其是各种心律失常，心电图是确诊的手段。在先心病的诊断中心电图可反映心房是否增大，心室有无肥厚及其程度，电轴偏移及心脏传导系统情况，有助于判断先天性心脏病的类型及程度，如房间隔缺损的V_1导联常呈不完全性右束支传导阻滞等。

3. 超声心动图　是一种无痛、无创伤性的检查方法，不仅可以提供详细的心脏解剖结构信息，而且还能提供心脏功能及部分血流动力学信息，操作方便，可以重复检查对比。

（1）M型超声心动图：是一条声束所通过的心脏内部结构的显像。能显示心脏各层结构，特别是瓣膜的活动，常用于测量心腔、血管的内径等。

（2）二维超声心动图：是通过多条声束回声做心脏扇形切面显像，它是目前各类超声心动图的图像基础，可实时地显示心脏和大血管各解剖结构的活动图像以及它们的空间毗邻关系。

（3）三维超声心动图：是应用计算机将二维超声心动图进行三维重建以立体方式显示心脏内部结构、大血管及其相互关系等。成像直观，立体感强，易于识别，较二维超声心电图可提供更多的解剖学信息。此外，还可对图像进行任意切割，充分显示感兴趣区，展现了极大的临床应用价值与前景。

（4）多普勒彩色超声血管显像：是以脉冲多普勒原理为基础，经彩色编码将多普勒信号转为彩色信号。有脉冲波多普勒、连续波多普勒及彩色多普勒血流显像三种，对心脏及大血管的分流、瓣膜口狭窄及反流的诊断具有十分重要的价值。

考点：心导管检查的意义

4. 心导管检查　是先天性心脏病进一步明确诊断和决定手术前的重要检查方法之一。根据检查部位的不同，分为左心和右心导管检查两种，临床上以右心导管检查比较常用。具体检查方法：在X线透视下，将不透X线的心导管由肘部贵要静脉或腹股沟部大隐静脉插入，经上腔或下腔静脉进入左心房，再入右心室可到达肺动脉。通过导管检查，了解心腔及大血管不同部位的血氧含量和压力变化，明确有无分流及分流部位。左心导管操作与右心导管相同，惟独导管是从肱动脉或股动脉插入，然后逆行进入主动脉和左心室。

5. 心血管造影　通过心导管检查而不能明确诊断时则需做心导管造影检查。一般采用选择性造影，根据需要将导管放入需要显影了解部位的近端，然后快速注入含碘的造影剂（如76%的泛影葡胺）进行快速连续摄片或拍摄电影，观察造影剂显示的心脏及血管结构，血流方向以及心室收缩、舒张活动情况，可帮助诊断。随着数字减影血管造影（DSA）技术的发展以及新一代造影剂的出现，降低了心血管造影对人体的伤害，使诊断更精确。

6. 放射性核素心血管造影　用精密的γ闪烁照相机将流经心腔的注入液，如常用的 ^{99m}锝静脉注射后，演示成可见的放射性核素心血管造影图，确定心脏及大血管的各种解剖异常。主要用于左向右分流畸形及心功能的检查。

7. 磁共振成像　磁共振成像（MRI）具有无电离辐射损伤，多剖面成像能力等特点，有多种技术选择，包括自旋回波技术（SE）、电影 MRI、磁共振血管造影（MRA）及磁共振三维成像技术等。临床常用于主动脉弓等血管病变的诊断，可很好地显示肺血管发育情况。

8. 计算机断层扫描　电子束计算机断层扫描（EBCT）和多层螺旋型 CT 已广泛应用于心血管领域。对大血管及其分支的病变；心脏瓣膜、心包和血管壁钙化等有较高的诊断价值。对先心病的心脏外大血管异常的诊断多层螺旋型 CT 能很好显示，但是先心病内部结构异常的显示 EBCT 和多层螺旋型 CT 不及超声显像。

第 2 节　先天性心脏病概论

学习目标

1. 了解先心病的病因。
2. 熟悉先心病的诊断程序。
3. 掌握先心病的分类。

先天性心脏病（congenital heart disease，CHD，先心病）是指胎儿期心脏及大血管发育异常所致的先天畸形，是小儿最常见的心脏病。国内据上海市徐汇和杨浦 2 个区的调查，在 1 年内出生的 20082 个活产婴儿中，出生后第 1 年内先心病的发病率为 6.87‰。国外的调查资料显示，先心病的发病率在活产婴儿中为 4.05～12.3。按照该比率计算，我国每年出生 10 万～15 万患有先心病的新生儿。各类先心病的发病以室间隔缺损最多，其次为房间隔缺损、动脉导管未闭。法洛四联症则是存活的紫绀型先心病中最常见的。先心病如不治疗因病情严重或复杂畸形约 1/3 死于生后 1 个月内，约 1/2 死于 1 岁内。近年来，由于诊疗技术的提高和普及，术后监护水平的提高，多数患儿可以早期诊断，若及时采取手术大多能达到根治。因此，先心病的预后已大为改观。

先心病手术治疗史

1938 年 Gross 及 Hubbard 首先成功地结扎了未闭动脉导管，开创了用心血管手术来治疗先天性心血管疾病的纪元，并在全国推广。吴英恺在我国亦首先开始了这项工作。1994 年在 Taussig 医师创议下，Blalock 医师采用锁骨下动脉-肺动脉吻合手术来减轻法洛四联症患者的发绀等临床症状，使该类病人的寿命大为延长，很快这种手术成为法洛四联症病人的主要治疗方法在世界范围内应用。上海石美鑫亦将这种手术在中国开展应用。1946 年 Crafoord 等用手术治疗先天性主动脉缩窄。1948 年 Brock 和 Sellers 将器械经右心室壁送入疏通右心室流出道的梗阻及切开狭窄的肺动脉瓣。Sondgarrd 用手指经心耳插入心房作为引导，从心外进针闭合房间隔缺损，Gross 等用橡皮手套的腕部缝于心房壁形成一井，内充满生理盐水，在水中切开右房壁进行房间隔缺损的修补。还有多种尝试性手术方法作为常见的先天性心脏病的治疗措施，不胜枚举。

链接

一、病　　因

先心病的病因目前尚不完全清楚。但是，近十多年来由于遗传学、胚胎学、生物化学、传染病学以及代谢性疾病的研究深入，对先心病病因的认识有了重大进展。

1. 内在因素　主要与遗传有关。特别是染色体的异位与畸变，如 21-三体综合征、12-三体综合征、18-三体综合征等。父母有先天性心脏病者，其后代的发病概率为 1.9%～4.9%。近年研究发现，房间隔缺损和动脉干畸形等与第 21 号染色体长臂某些区带的过度复制和缺失有关。第 7、12、15、22 号染色体上也有与形成心血管畸形有关的基因。

2. 外在因素　宫内感染为重要因素，特别是怀孕早期 3 个月内患病毒感染，如风疹、流感、流行性腮腺炎、柯萨奇病毒感染等容易发生先心病。此外，如孕母缺乏叶酸、接触放射线、服用药物（抗癌药、抗癫痫药等）、代谢性疾病（糖尿病、高钙血症等）以及宫内缺氧等均可成为致畸因素。

目前认为，先天性心脏病的发生 85%以上是环境因素与遗传因素相互作用的结果，即在胚胎发育的第 2 周至第 8 周受到各种内外因素干扰，影响了心血管胚胎发育，使心脏某一部分发育停顿或异常，从而造成先天性心脏畸形。

二、分　　类

先心病的种类很多，临床上主要根据心脏左、右两侧及大血管之间有无血液分流，将先心病分为以下三大类。

1. 左向右分流型（潜伏青紫型）　在左右心或大血管间有异常通道或分流。在一般情况下体循环压力高于肺循环压力，血液自左向右（动脉血流入静脉血）分流，而不出现青紫。但是，当右心或肺动脉压力增高超过左心或主动脉时，如剧烈哭闹、屏气、肺炎或心力衰竭时血液自右向左（静脉血流入动脉血）分流时可出现暂时性青紫，故也称为潜伏青紫型。常见有室间隔缺损、房间隔缺损和动脉导管未闭。

考点：先心病的分类

2. 右向左分流型（青紫型）　左右心之间存在异常通道及分流。某些原因（如肺动脉高压或右心流出道梗阻）致使右心压力增高并超过左心，使血液从右向左分流，或大动脉起源异常，使大量静脉血流入动脉血，临床出现持续性青紫。常见有法洛四联症和大血管转位。

3. 无分流（无青紫型）　即心脏左、右两侧或大血管之间无异常通道和分流，如肺动脉狭窄、主动脉缩窄和右位心等。

右位心

正常人的心脏大部分在左侧胸腔，如果心脏大部分或全部在右侧胸腔就称为右位心。在有四脚的哺乳动物，胸腔的背腹径大于左右径，心脏在中位。人类是用两足站起，躯干的左右径必须大于背腹径方易站立稳定，所以心脏必须偏向一侧方可使主动脉弓有足够宽的弧度上下供血。由此可见，心脏居中本为动物的正常位置，人类心脏的左位、右位不是关键问题，重要的是心腔血管的循环流程是否合乎生理要求。右位心分为两种：一是心腔如“镜影”样左右易位，前后位置不变，心尖指向右方，心房和心室的左右关系颠倒，常伴有内脏完全转位，即肝和阑尾在左侧，胃和脾在右侧，这种人心血管血流动力学无改变，可以认为是“正常”的。二是如果心腔非“镜影”，心脏的左右关系不颠倒，而可能有前后位的颠倒，常合并其他心脏畸形，出现一系列的临床病理生理改变。

链接

三、诊　断

先心病的诊断在基层主要依靠病史，心脏体征，胸部 X 线摄片，心电图的改变等作出初步诊断，最后确诊尚需依靠多普勒彩色超声血管显像，心导管及选择性心血管造影等检查。

小儿先心病的诊断程序，见图 7-2。

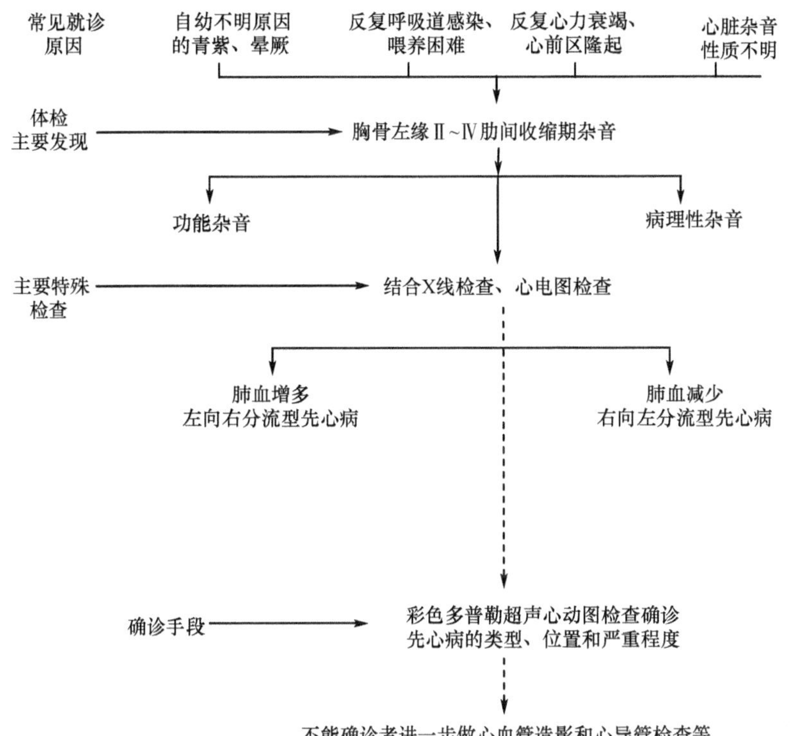

图 7-2　小儿先天性心脏病诊断程序

四、并　发　症

1. 支气管肺炎　左向右分流的先心病患儿由于肺血增多，容易患支气管肺炎。

2. 心力衰竭　心力衰竭的发生取决于左向右分流量的多少以及畸形的严重程度。

3. 感染性心内膜炎　因各种畸形引起血流改变而冲击于心内膜，病原菌（主要为草绿色链球菌及金黄色葡萄球菌）易在心内膜处停留、繁殖而致病。

4. 脑栓塞　因缺氧而使红细胞代偿性增多，血液黏稠度增高，故脑栓塞多见于紫绀型先心病，如法洛四联症在婴儿先心病中多见。也可因脱水（如腹泻或出汗过多）使血液浓缩而发生栓塞。脑栓塞在先心病中的发生率约占 2%。

5. 脑脓肿　由于存在右向左分流，如果有败血症或菌血症，细菌可以经过缺损处直接进入体循环到达脑部，而不经过肺血管床的过滤。当然，脑脓肿也可以通过邻近的感染病灶蔓延所致（如中耳炎、鼻旁窦炎、面部蜂窝织炎等）。脑脓肿多见于 2 岁以上的法洛四联症患儿。

考点：先心病并发症

五、治疗原则

1. 一般疗法　病儿应建立合理的生活制度，保证睡眠和休息，根据病情安排适当活动量，减轻心脏负担。严重患儿应卧床休息。重视营养搭配，保证充足的营养，以增强体质，提高对手术的耐受性。对喂养困难的患儿要耐心喂养，少量多餐，避免呛咳。心功能不全的患儿应吃无盐或低盐饮食。按时进行预防接种，预防各种传染病，但症状明显或有心力衰竭时宜暂缓，可采取保护性隔离，以免交叉感染。做扁桃体摘除或拔牙等小手术时应给予足量抗生素，预防感染性心内膜炎和脑脓肿的发生。

2. 药物治疗　发生心力衰竭时应用洋地黄类药物加以控制。法洛四联症因脑缺氧而致昏厥、抽搐时，可用普萘洛尔每次 0.1mg/kg 加于 5%～10%葡萄糖 20ml 内静脉注射，5～10 分钟注完。新生儿早期或早产儿因动脉导管未闭而致心力衰竭者，可试用吲哚美辛，有促使动脉导管关闭的作用。

3. 外科手术修补和根治　由于心脏外科的迅速发展，一般常见的左向右分流型和无分流型先天性心脏病大部分已能施行根治手术，效果较好，但发展至梗阻型肺动脉高压（系肺小动脉中层和内膜层增厚，使肺循环阻力增加而形成）伴右向左分流者已不宜手术。

4. 介入治疗　近年来，经导管介入治疗小儿先天性心脏病已取得了很大进展，该方法无需开胸，具有疗效确切、安全、可靠、病人恢复快、并发症少等优点。

第 3 节　室间隔缺损

学习目标

1. 了解室间隔缺损的血流动力学改变。
2. 熟悉室间隔缺损的辅助检查方法。
3. 掌握室间隔缺损的临床表现。

案例7-1

患儿男，11 个月，G1P1，因 2 天前出现发热、咳嗽，上午开始气促、烦躁不安而来医院就诊。患儿早产 1 周，无窒息，抢救史。母乳喂养，5 个月始添加辅食，出生后 2 个月和 7 个月时分别患过 2 次肺炎，平时吃奶速度比较慢，无青紫现象。母亲怀孕时未患过伤风感冒等疾病，也未服用过任何药物。家族中无先天性心脏病患儿。

体格检查：生长发育落后，体温 38.2℃，呼吸 56 次/分，脉搏 120 次/分，体重 8.1 kg，多汗，面色苍白，哭吵时口唇略有青紫。心肺听诊：两肺听诊有大量细湿啰音，心率 120 次/分，律齐，胸骨左缘第 3、4 肋间可闻及Ⅲ～Ⅳ级粗糙的全收缩期吹风样杂音，并触及收缩期震颤。肺动脉瓣第二音亢进，心尖区闻及低音调隆隆样舒张期杂音。X 线和心电图均显示左心室、左心房和右心室增大。

思考题

1. 最可能的临床诊断是什么？
2. 提出治疗原则。

室间隔缺损（ventricular septal defect，VSD，室缺）由胚胎期室间隔流入道、小梁部和流出道发育不全所致，是小儿最常见的先心病，约占我国先心病的 50%。可单独存在，约占 25%，其他近 2/3 的先心病合并室缺。

一、病理解剖与病理生理

室间隔缺损分为三种类型：①膜周部缺损：约占室间隔缺损的 85%。②肌部缺损：约占室间隔缺损的 10%。③双动脉下型缺损：约占室间隔缺损的 5%。缺损直径小于 5mm 或缺损面积＜$0.5cm^2/m^2$ 体表面积者为小型缺损，缺损直径 5～15mm 或缺损面积 0.5～$1.0cm^2/m^2$ 者为中型缺损，缺损直径大于 15mm 或缺损面积＞$1.0cm^2/m^2$ 体表面积者为大型缺损。

血流动力学改变：室间隔缺损属左向右分流型先心病，分流量的大小取决于缺损的大小、肺动脉的阻力以及左右心室之间的压力差。由于左心室的收缩压明显高于右心室，因此室间隔缺损时血液分流方向为左心室到右心室，其分流量取决于左右心室压力差和缺损大小。缺损小于 0.5cm 时，分流量很小，可以无功能上的紊乱。中型缺损其分流量超过体循环量的 1～2 倍，大型缺损可达 3～5 倍。可导致血流动力学上的严重紊乱。室间隔缺损时右心室除了接受从右心房流入的血液外，又额外接受了左心室分流来的血液，这样右心室舒张期负荷加重，排入肺动脉血液大大增加，肺动脉扩张，肺循环充血，回到左心房、左心室血液也增多，致使左心房、左心室肥大。但是左心室射血时一部分血流通过缺损处分流到右心室，真正进入体循环血液减少，造成体循环供血不足。随着病程进展，由于肺循环量持续增加，有相当高的压力冲向肺小动脉，致使肺小动脉产生痉挛，产生动力型肺动脉高压，久而久之肺小动脉的中层和内膜层增厚，肺循环阻力增加，发生梗阻型肺动脉高压，右心室压力随之增加。当右心室收缩压超过左心室收缩压时，左向右分流显著减少，最后逆转为双向分流或右向左分流，临床上出现持续性青紫，称为艾森曼格综合征（图 7-3，图 7-4）。

考点：艾森曼格综合征概念

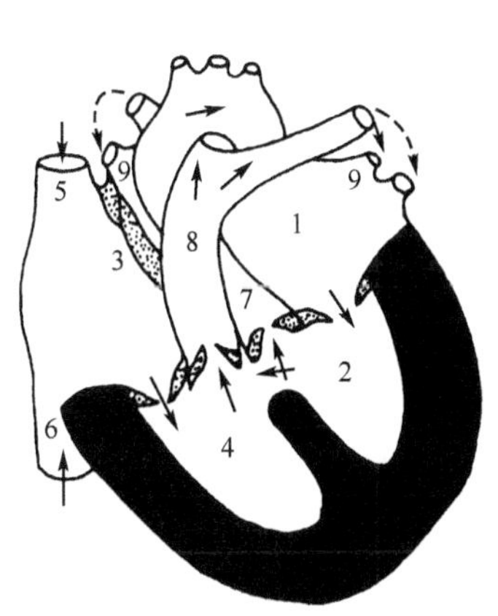

图 7-3　室间隔缺损血液循环

1. 左心房；2. 左心室；3. 右心房；4. 右心室；5. 上腔静脉；6. 下腔静脉；7. 主动脉；8. 肺动脉；9. 肺静脉

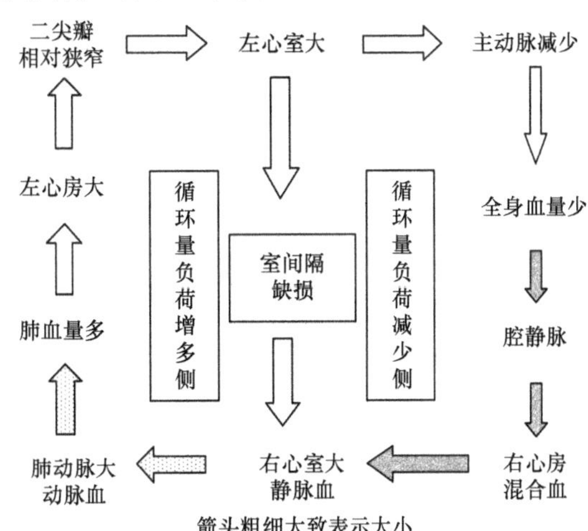

图 7-4　室间隔缺损血流动力学变化

二、临床表现

1. 症状　临床表现取决于室间隔缺损的大小和左右心室间的压差。小型缺损可无临床症状，一般活动不受限制。缺损较大时左向右分流量多，体循环血流量相应减少，在新生儿后期和婴儿期就可出现症状，如喂养困难、吮乳时气急、面色苍白、多汗、体重不增和生长迟缓等。由于肺循环充血易患肺炎，导致充血性心力衰竭。有时因扩张的肺动脉压迫喉返神经，引起声音嘶哑。年长儿表现为生长发育落后、消瘦、乏力，体力活动后常有心悸、气促等。

考点：主要症状

2. 体征　心前区隆起，心尖冲动弥散，心浊音界扩大。在胸骨左缘第 3～4 肋间可闻及

考点：心脏杂音部位、性质

响亮而粗糙的Ⅲ级以上的全收缩期杂音，向四周广泛传导，伴有收缩期震颤。肺动脉第二音亢进。分流量较大，当肺血流量大于体循环一倍以上时，二尖瓣出现相对狭窄，可在心尖区闻及低音调柔和的舒张期隆隆样杂音。大型缺损伴有明显肺动脉高压时，右心室压力显著升高，逆转为右向左分流，患儿出现青紫，并逐渐加重。

三、辅助检查

考点：心脏外形改变

1. X 线　小型室缺心肺 X 线检查可无明显改变，或肺动脉段延长或轻微突出，肺野轻度充血。中大型室缺左心房、左心室和右心室增大，主动脉弓影较小，肺动脉段突出，肺野充血，透视下可见肺门随心脏搏动而一明一暗的“肺门舞蹈征”。艾森曼格综合征的 X 线检查特点是肺动脉主支增粗，而肺外周血管影很少，宛如枯萎的秃枝，心影可基本正常或轻度增大。

2. 心电图　小型室缺心电图可正常，大型室缺心电图显示左心室舒张期负荷加重，左心室肥大，如 V_1 呈 rS 型，SV_1 波深，V_5、V_6 呈 qRs 形，RV_5、V_6 波高大，TV_6 高尖对称。肺动脉高压时心电图可显示双室肥厚或右心室肥厚。发生心力衰竭时可伴有心肌劳损。

考点：超声心动图改变

3. 超声心动图　可解剖定位和测量大小，但＜2mm 的缺损可能不易被发现。二维超声可见室间隔回声中断等缺损的直接征象；彩色多普勒超声可显示分流束的起源、部位、数目、大小以及方向等。频谱多普勒超声可测量分流速度、计算跨隔压力差和右心室收缩压，估测肺动脉压。

考点：右心室与右心房血氧含量变化

4. 心导管检查　确诊可做心导管检查，评价肺动脉高压程度、计算肺血管阻力及体肺循环分流量。小型缺损分流量少时，右心室与右心房血氧含量相差不大。大型缺损分流量大时，右心室血氧含量大于右心房 1.0vol/%，提示存在心室水平左向右分流。造影可显示心腔形态以及心室水平分流束的起源、部位和大小等。

四、并发症

常见并发症有肺炎、心力衰竭、感染性心内膜炎以及肺动脉高压等。

五、治疗

室缺有自然缩小和完全闭合的可能，据统计，室缺的自然闭合率可达 30%～50%，其中 80%发生于 2 岁内。因此，室缺患儿可在专科门诊随访，一般病例可于 2～5 岁手术。如果有难以控制的充血性心力衰竭，肺动脉压力持续升高超过体循环压的 1/2 或肺循环/体循环量之比大于 2∶1 时应及早外科手术修补。近年来，随着介入医学的发展，目前已有很多填补装置（如 Clamshell 伞、Rashkind 伞、Sideris 纽扣式补片等）用于经导管闭合室间隔缺损的介入治疗。

案例7-1分析

1. 初步诊断　患儿近 2 天出现发热、咳嗽等症状，体格检查发现口唇略有青紫，两肺听诊有大量细湿啰音，提示呼吸道感染。心脏听诊，患儿胸骨左缘第 3、4 肋间闻及Ⅲ～Ⅳ级粗糙的全收缩期吹风样杂音，触诊扪及收缩期震颤。根据病史和体格检查结果，以及辅助检查 X 线和心电图均显示左心室、左心房和右心室增大可初步诊断为室间隔缺损。由于室间隔缺损造成的左向右分流，肺循环充血是患儿反复发生呼吸道感染或支气管肺炎的基础，而气促、口唇青紫多与肺部感染所致缺氧有关。建议进一步做二维超声心动图和右心导管检查，如果二维超声心动图显示室间隔回声的连续性中断，断端部位回声增强以及右心导管检查右心室血氧含量超过右心房 0.9vol%。提示患儿心室水平存在左向右分流，可确诊为室间隔缺损。

2. 处理原则　积极控制感染，定期到小儿先天性心脏病专科门诊随访。

第4节 房间隔缺损

学习目标

1. 了解房间隔缺损的血流动力学改变。
2. 熟悉房间隔缺损的辅助检查方法。
3. 掌握房间隔缺损的临床表现。

案例7-2

患儿男，6 岁。因小学入学体格检查时发现心脏有杂音而来医院就诊。患儿平时容易感冒，稍稍活动后有气急，因此较少活动。患儿 G1P1，足月顺产。其母亲怀孕两个月时曾患上感。

体格检查：患儿体格瘦小，皮肤黏膜无发绀，血压 12/8kPa。心前区轻度隆起，心率 88 次/分，律齐，胸骨左缘第 2～3 肋间可闻及Ⅱ～Ⅲ级收缩期杂音，无震颤，肺动脉瓣第二音亢进，伴固定分裂。胸骨左下第 4～5 肋间处闻及短促舒张早中期杂音，吸气时更明显。X 线胸部透视示肺门增大，可见肺门舞蹈征，肺动脉段膨隆，右心房、右心室增大。心电图 V_1 导联呈 rSR′型。二维超声心动图探及低位房间隔的回声脱失，残端顶端回声增强。

思考题

1. 最可能的诊断是什么？
2. 提出处理原则。

房间隔缺损（atrial septel defect ASD，房缺）是小儿时期常见的先心病，该病的发病率约为活产婴儿的 1/1500，占先心病发病总数的 6%～10%，女孩多见，男：女约为 1∶2。房缺在小儿时期症状常较轻，不易早期发现。

一、病理解剖与病理生理

房间隔缺损根据解剖病变部位的不同分为：①原发孔（第一房间孔）型缺损，占 15%，缺损位于心内膜垫与房间隔交界处；②继发孔（第二房间孔）型缺损，占 75%，缺损位于房间隔中心卵圆窝部位；③静脉窦型缺损，占 5%，分为上腔型和下腔型。上腔型缺损位于上腔静脉入口处，下腔型缺损位于下腔静脉入口处；④冠状静脉窦型缺损，占 2%，缺损位于冠状静脉窦上端左心房间，造成左心房血流经冠状静脉窦缺口分流入右心房。房间隔缺损以继发孔型缺损最常见。

考点：最常见的缺损部位

血流动力学改变：房间隔缺损属左向右分流型先心病。出生后由于左心房压力高于右心房，房缺时右心房除了接受上下腔静脉回流的血液外，还额外接受经房间隔缺损来自于左心房的血液，接受的血液量的多少取决于缺损的大小以及左右心房间的压力差。当分流量大时，右心房、右心室舒张期负荷明显增加，右心房、右心室肥大，射入肺动脉的血量增多，肺动脉扩张，肺循环充血。此时，回流到左心房的血液也增多，但是，因房间隔缺损的存在，部分血液分流到右心房，真正进入左心室的血液却减少，发生体循环供血不足。由于流入肺动脉血液增多，初期可产生动力型肺动脉高压，晚期发生梗阻型肺动脉高压，当右心房压力超过左心房压力时出现持续性青紫（图 7-5，图 7-6）。

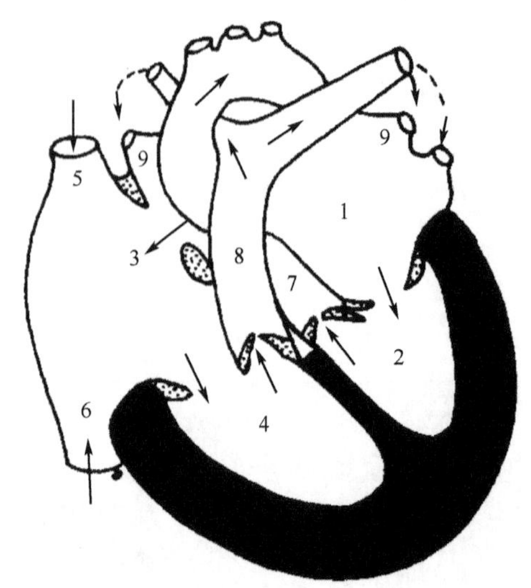

图 7-5 房间隔缺损血液循环

1. 左心房；2. 左心室；3. 右心房；4. 右心室；5. 上腔静脉；6. 下腔静脉；7. 主动脉；8. 肺动脉；9. 肺静脉

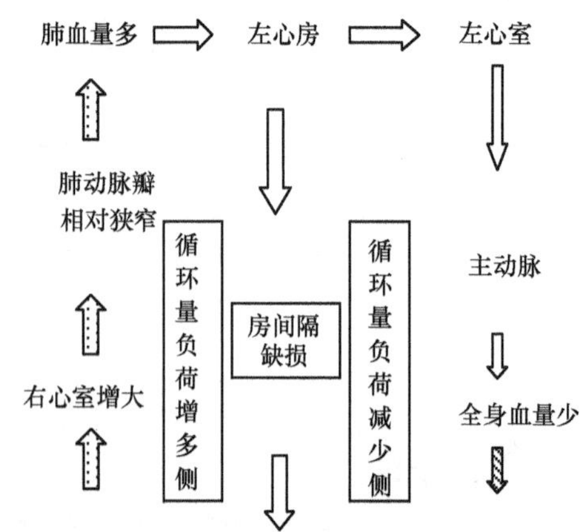

图 7-6 房间隔缺损血流动力学变化

二、临床表现

1. 症状　缺损小者多数无明显的临床症状，活动量正常，在体检时才被发现。缺损大者因肺循环充血易患肺部感染，因体循环供血不足表现为生长发育迟缓、活动后心悸、气急、乏力等。当患儿剧烈哭闹，患肺炎或出现心力衰竭时右心房压力高于左心房压力时可出现暂时性青紫。

考点： 杂音部位、性质

2. 体征　多数患儿在婴幼儿期无明显体征。2～3 岁后心脏增大，患儿心前区及剑突下可见隆起、心尖冲动弥散、心浊音界扩大，扪诊心前区有抬举冲动感，一般无震颤。听诊：胸骨左缘第 2～3 肋间可闻及 2～3 级收缩期喷射性杂音，此杂音为肺动脉瓣相对狭窄所致。肺动脉第二音亢进，可有不受呼吸影响的固定分裂（由于右心室扩张，收缩时喷射血流时间延长，肺动脉瓣关闭落后于主动脉瓣所致）。当肺循环血流量超过体循环达 1 倍以上时，则在胸骨左下第 4～5 肋间隙处出现三尖瓣相对狭窄的短促、低频的舒张早中期杂音，吸气时更响，呼气时减弱。

3. 并发症　常见有肺炎、感染性心内膜炎等。

三、辅助检查

考点： 肺门舞蹈征概念

1. X 线　缺损小者心脏外形正常。缺损大者以右心房、右心室增大为主，心胸比例大于 0.5。肺野充血明显，肺门血管影增粗，肺动脉段突出。透视下随着心脏的搏动肺门阴影有一阴一暗的变化，称为“肺门舞蹈征”，心影略呈梨形。

2. 心电图　多数有电轴右偏，右心房、右心室肥大。P-R 间期延长，V_1 及 V_3R 导联呈 rSR 或 rSR 等不完全性右束支传导阻滞的图形。分流量较大患者 P 波可出现切迹，手术后消失。

考点： 超声心动图表现

3. 超声心动图　二维超声可显示房间隔缺损的位置及大小。彩色多普勒超声可判断血液分流方向，估测分流量的大小及右心室收缩压和肺动脉压力。动态三维超声心动图可以从左心房侧或右心房侧直接观察到缺损的整体形态，缺损与毗邻结构的立体关系及其随心动周期的动态变化。

4. 右心导管检查　心导管可通过继发孔缺损处到达左心房。右心房血氧含量高于上下腔静脉平均血氧含量 1.9vol%。一般不做心血管造影，必要时将造影剂注入左心房，可见右心房立即显影。

四、治　　疗

小于 3mm 的房间隔缺损多在 3 个月内自然闭合，大于 8mm 的房间隔缺损一般不会自然闭合。缺损大者宜在 3～5 岁时体外循环下直视关闭。反复呼吸道感染，发生心力衰竭或合并肺动脉高压者应尽早手术治疗。房间隔缺损也可使用 AGA 封堵装置经导管介入封堵房间隔缺损。

案例7-2分析

1. 初步诊断　患儿平时活动后有气急和乏力等症状，其母亲怀孕两个月时曾患上感。体格检查发现心前区轻度隆起，听诊胸骨左缘第 2～3 肋间闻及Ⅱ～Ⅲ级收缩期杂音，肺动脉瓣第二音亢进，有固定分裂。根据病史和体格检查结果，结合辅助检查 X 线胸部透视示肺门增大，肺动脉段膨隆，右心房、右心室增大，心电图 V_1 导联呈 rSR′ 型，二维超声心动图探及低位房间隔的回声脱失，残端顶端回声增强应考虑房间隔缺损。若进一步做右心导管检查，右心房血氧含量超过腔静脉血氧含量 1.9vol%，可确诊为房间隔缺损。

2. 处理原则　随访，必要时可进行手术或介入治疗。

第 5 节　动脉导管未闭

学 习 目 标

1. 了解动脉导管未闭的血流动力学改变。
2. 熟悉动脉导管未闭的辅助检查方法。
3. 掌握动脉导管未闭的临床表现。

案例7-3

患儿女，2 岁。因一周前在社区卫生服务中心儿保门诊检查发现心脏有杂音而来医院就诊。患儿 G1P1，足月顺产，无窒息抢救史。生后母乳喂养，4 个月起添加辅食，一岁时患过支气管肺炎。母亲怀孕 2 个月时曾患过一次感冒。患儿平时易患呼吸道感染，有时哭闹时出现声音嘶哑。

体格检查：全身情况一般，但体格较瘦小，无青紫。体温 36.8℃，血压 84/42mmHg。心率 96 次/分，律齐，胸骨左缘第二肋间可闻及粗糙且响亮的连续性机器样杂音，向锁骨下传导，P_2 亢进，心尖部可闻及Ⅰ级舒张期杂音。患儿甲床有毛细血管搏动并扪及水冲脉，股动脉处可闻及枪击音。心电图显示左心室肥大。胸片提示：肺动脉段突出，左心房和左心室稍稍增大，肺纹理增粗。脉冲多普勒在动脉导管开口处可探测到收缩期与舒张期连续性湍流频谱。

思考题

1. 最可能的诊断是什么？
2. 提出治疗原则。

动脉导管未闭（patent ductus arteriosus，PDA）也是小儿先天性心脏病的常见类型之一，约占先天性心脏病发病总数的 15%，女多于男的 3 倍。胎儿期动脉导管被动开放是血液循环的重要通道，出生后，大约 15 小时即发生功能性关闭，80%在生后 3 个月解剖性关闭，一年后在解剖上应完全关闭。若动脉导管持续开放，并产生病理生理改变，即称为动脉导管未闭。

一、病理解剖与病理生理

动脉导管的位置一端在肺总动脉与左肺动脉连接处，另一端在主动脉降弓部左锁骨下动脉起始部的远端。未闭动脉导管分为管型、漏斗型和窗型，其中以管型最多见。动脉导管未闭大都单独存在，但有 10%的病例合并其他心脏畸形，如主动脉缩窄、室间隔缺损和肺动脉狭窄等。

考点：周围血管征、差异性青紫概念

血流动力学改变：动脉导管未闭属左向右分流型先心病。由于主动脉压力大于肺动脉压力，主动脉血液可通过未闭的动脉导管分流入肺动脉，其分流量取决于导管的直径、长度，主动脉与肺动脉间的压力差。动脉导管未闭时，肺动脉除了接受来自于右心室的血液外，还要额外接受来自主动脉分流的血液，肺动脉扩大，于是肺循环血液量明显增多，回流到左心房和左心室的量也增多，使左心房、左心室的舒张期负荷加重，造成左心房和左心室肥大。左心室将大量血液射入主动脉，主动脉血液经动脉导管分流一部分进入肺动脉，真正进入体循环的血液反而减低，造成体循环供血不足，此外，由于主动脉血液分流到肺动脉后，使周围动脉的舒张压降低，脉压增宽出现周围血管征。肺动脉压力增高的后期出现梗阻型肺动脉高压，当肺动脉压力高于主动脉时，就会发生右向左分流，即肺动脉的静脉血通过未闭的动脉导管分流入降主动脉，主要表现为下半身青紫，称为差异性青紫（图 7-7，图 7-8）。

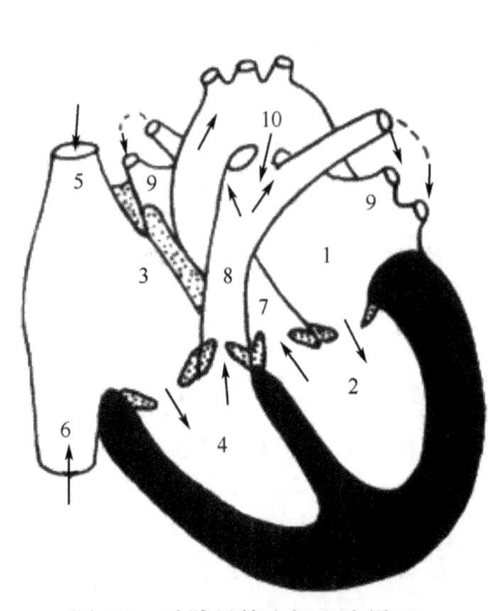

图 7-7 动脉导管未闭血液循环

1. 左心房；2. 左心室；3. 右心房；4. 右心室；5. 上腔静脉；6. 下腔静脉；7. 主动脉；8. 肺动脉；9. 肺静脉；10. 动脉导管

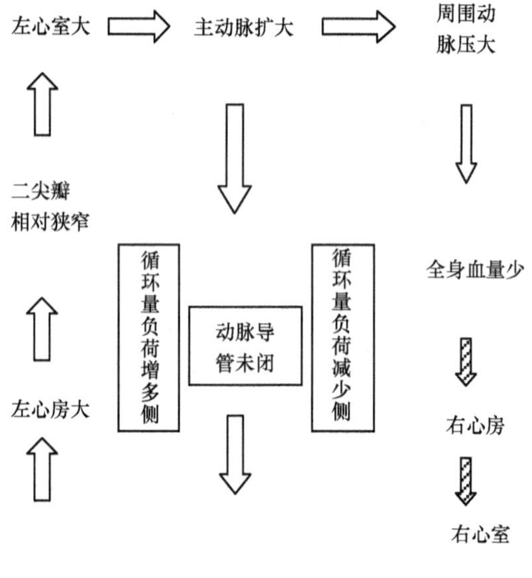

图 7-8 动脉导管未闭血流动力学变化

二、临 床 表 现

1. 症状　导管细、分流量小者多无症状。导管粗、分流量大者平时有疲乏、无力、面

色苍白、生长发育迟缓、易患呼吸道感染。因扩张的肺动脉压迫喉返神经可出现声音嘶哑。晚期可出现差异性青紫、心力衰竭等。

2. 体征　细小动脉导管未闭者多没有明显体征，或只有轻微的肺动脉瓣区收缩期杂音。部分患者可有心前区隆起，心尖冲动增强。典型病人胸骨左缘第二肋间闻及连续性机器样杂音，占整个收缩期与舒张期，并可扪及连续性震颤。杂音向左锁骨下、颈部和背部传导。因相对性二尖瓣狭窄在二尖瓣区可听到舒张期隆隆样杂音。肺动脉瓣区第二音亢进。但是，婴儿期患者在胸骨左缘第二、三肋间往往只有收缩期杂音，舒张期杂音多数不明显，很少出现典型的连续性机器样杂音。由于舒张压降低，脉压差增宽，可出现周围血管体征，检查可发现水冲脉，毛细血管搏动征和股动脉枪击音。

考点：杂音部位与性质、周围血管征

3. 并发症　常见肺炎和感染性心内膜炎。

三、辅助检查

1. X 线　分流量少时心影正常。分流量大时双侧肺血增多，肺动脉段突出，肺门血管影增粗。心胸比例增大，常见有左心房、左心室肥大，主动脉结增宽。

考点：心影改变

2. 心电图　分流量大时可有左心房、左心室肥大。肺动脉高压明显者，左、右心室肥厚。

3. 超声心动图　二维超声心动图可见肺动脉与降主动脉之间显示导管的粗细、长短和位置。脉冲多普勒在动脉导管开口处也可探到典型的收缩期与舒张期连续性湍流频谱。重度肺动脉高压时，当肺动脉压超过主动脉时，可见蓝色流柱自肺动脉经未闭的动脉导管进入降主动脉。

4. 右心导管检查　当肺动脉阻力增加或可能合并其他畸形时可做心导管检查，可见肺动脉血氧含量大于右心室血氧含量 0.5vol%以上，以及压力超过右心室。部分病例右心导管检查时导管通过未闭的动脉导管进入降主动脉可确诊。

四、治　　疗

早产儿动脉导管未闭一经诊断，可口服抗前列腺素 E 药物，如吲哚美辛每次 0.1～0.2mg/kg，8～12 小时重复 1～2 次，总剂量＜0.3～0.6mg/kg，可以促进动脉导管关闭。由于动脉导管较少在一岁以后自然闭合，所以一旦确诊应手术结扎或切断。动脉导管未闭封堵治疗已有近 50 年的历史，目前多采用弹簧圈、蘑菇伞等介入治疗来关闭动脉导管。

动脉导管粘堵术

1967 年，Porstman 等采用导管经股动脉置入塞子，成功地堵塞动脉导管未闭，开辟了根治动脉导管未闭的非手术途径。

1983 年，上海市儿童医院在国内率先开展非开胸动脉导管粘堵术。方法：在局麻下，将一根细长的不锈钢丝从大腿的动脉插入，经主动脉通过动脉导管进入右心室，另一根导管从同侧股静脉插入，并进入右心室，与钢丝对接，并把钢丝从股静脉拉出，钢丝在体内形成一条动脉进静脉出的轨道。然后把准备好的内有不锈钢芯外包泡沫材料做成圆锥形的塞子，穿在钢丝上，用心导管将塞子顶送到未闭的动脉导管腔内，阻断导管分流，心脏杂音立即消失。完成后，把钢丝缓慢地从大腿的静脉端抽出，大腿血管穿刺部位压迫止血即可。这种泡沫材料日久被吸收，由肉芽组织替代，堵塞的动脉导管永不再通。

链接

案例7-3分析

1. 初步诊断　患儿女性，根据患儿病史，心脏听诊在胸骨左缘第二肋间闻及粗糙且响亮的连续性机器样杂音，这是动脉导管未闭典型的杂音，以及体格检查发现周围血管体征是因为动脉导管未闭时舒张压降低，脉压差增宽所致，而患者平时哭闹时出现声音嘶哑则是扩张的肺动脉压迫喉返神经引起。结合辅助检查心电图显示左心室肥大，胸片肺动脉段突出，左心房和左心室稍稍增大。进一步做多普勒检查，脉冲多普勒在动脉导管开口处可探测到收缩期与舒张期连续性湍流频谱。彩色多普勒检查显示在肺动脉与降主动脉峡部间的异常管道中，整个心动周期均可探查到红五彩镶嵌色异常血流。右心导管检查提示肺动脉血氧含量超过右心室 1vol%，肺动脉压力超过右心室的压力，可确诊为动脉导管未闭。

2. 处理原则　动脉导管未闭可择时手术或介入治疗关闭动脉导管。

第 6 节　法洛四联症

学 习 目 标

1. 了解法洛四联症的血流动力学改变。
2. 熟悉法洛四联症的辅助检查方法。
3. 掌握法洛四联症的临床表现。

案例7-4

患儿男，3 岁。因“青紫进行性加重来儿童医院”就诊。患儿 G1P1，足月顺产。出生时未见异常，生后 4 个月患 “肺炎”时发现口唇青紫，肺炎痊愈后口唇仍有发绀，哭吵后青紫加剧，以后青紫进行性加重，呼吸比较快。患儿会走路后常常走一段路后因气急出现蹲踞片刻后再起立行走，平时常常述说头晕，因而少活动，喜欢独自一个人坐着玩。

体格检查：体重 11.2kg，体温 37.2℃，呼吸 38 次/分，血压 85.5/57mmHg，患儿体格发育明显落后，全身青紫。心前区隆起，心率 122 次/分，律齐，胸骨左缘第 2～3 肋间闻及粗糙的喷射性收缩期杂音，并可扪到局限性收缩期震颤，肺动脉瓣区第二音减弱。四肢指（趾）端膨大如鼓槌状。实验室检查：血红蛋白 170g/L，红细胞 6.0×10^{12}/L，股动脉血氧饱和度 85%。胸部 X 线片：心脏轻度增大，右心室增大，肺纹理减少，肺动脉段凹陷。心电图：心电轴右偏，右心室肥大。

思考题

1. 最可能的临床诊断是什么？
2. 提出治疗原则。

法洛四联症（tetralogy of Fallot）是存活婴儿中最常见的青紫型先天性心脏病，约占青紫型先天性心脏病的 70%，占所有先天性心脏病的 10%～15%。1888 年法国医生 Etienne Fallot 详细描述了该病的病理改变及临床表现，故而得名。

一、病理解剖与病理生理

法洛四联症的病理改变由以下四个畸形组成：①肺动脉狭窄：以漏斗部狭窄最多见。②室间隔缺损：多为膜周部缺损。③主动脉骑跨：主动脉跨于左、右两心室之上。④右心室肥厚：为肺动脉狭窄引起的右心室负荷增加所致。

考点：法洛四联症概念、最常见的畸形

血流动力学改变：影响法洛四联症血流动力学的主要畸形是肺动脉和（或）右心室流出道漏斗部狭窄与大型高位室间隔缺损。由于室间隔缺损为非限制性，左右心室压力基本相等，右心室流出道狭窄程度的不同，心室水平面可出现左向右、双向甚至右向左分流。严重的肺动脉狭窄，右心室血液进入肺循环受阻，右心室收缩期负荷增加，压力增高，当右心室压力与左心室之间压力相等时，右心室血液可以通过骑跨的主动脉（主动脉骑跨于两心室之上）进行体循环；若右心室压力高于左心室时，部分血液也可通过室间隔缺损处进入左心室后再通过主动脉进入体循环，出现持续性青紫。此外，由于肺动脉狭窄进入肺部进行气体交换的血流量减少，也进一步加重了青紫。

考点：青紫的原因

在动脉导管关闭前，肺循环血流量减少程度较轻，青紫可以不明显。但是，随着动脉导管的关闭和漏斗部狭窄的逐渐加重，患儿青紫日益明显，并出现杵状指（趾）。由于缺氧，刺激骨髓代偿性产生过多的红细胞，血液黏稠度增高，血流变得缓慢，容易引起脑血栓，若为细菌性血栓就易形成脑脓肿。法洛四联症的血流动力学改变见图 7-9，图 7-10。

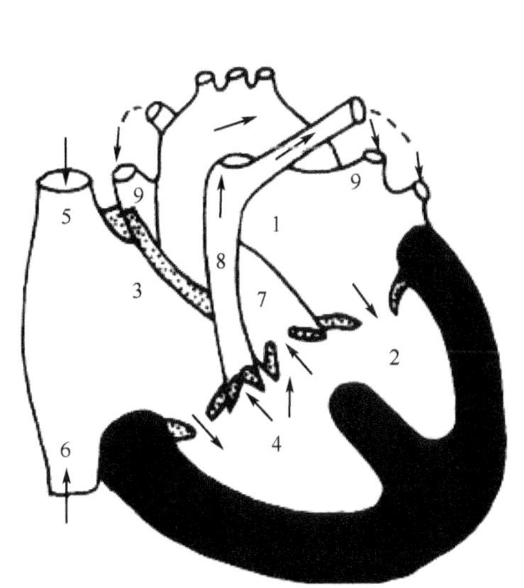

图 7-9　法洛四联症血液循环

1. 左心房；2. 左心室；3. 右心房；4. 右心室；5. 上腔静脉；6. 下腔静脉；7. 主动脉；8. 肺动脉；9. 肺静脉

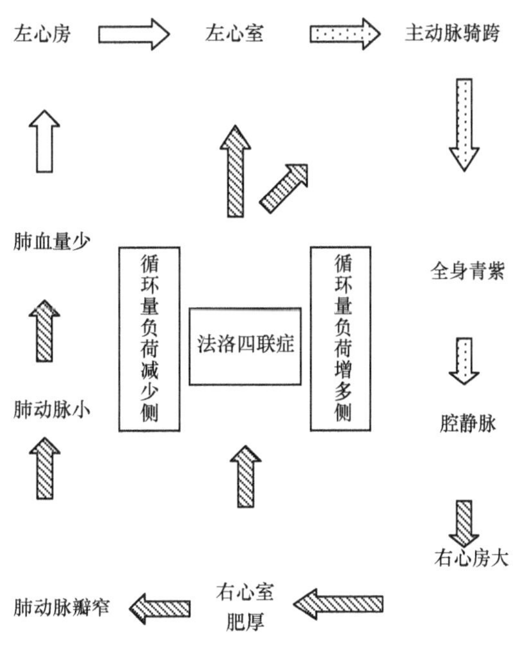

图 7-10　法洛四联症血流动力学变化

二、临床表现

1. 症状　皮肤黏膜持续青紫是其特征性表现，大多在生后 2～3 个月出现，以肢体末梢、口唇、鼻尖、耳垂以及指（趾）端明显。由于缺氧，患儿多有喂奶或进食困难，体重不增，

考点：临床表现特点

活动能力和耐力差，动作多缓慢。常有活动后呼吸困难、头晕、头痛、胸闷不适或类似心绞痛的发作性胸痛等。严重患儿因右心室流出道肌肉痉挛，肺血液量突然减少导致脑缺氧，出现意识障碍、抽搐、甚至死亡。幼儿常于行走或活动时主动下蹲片刻，不会行走的婴儿常常喜欢大人抱起，双下肢屈曲状，或睡觉时喜欢胸膝位。其原因主要是下蹲时下肢屈曲，使静脉回心血量减少，减轻了心脏前负荷；同时使下肢动脉受压，体循环阻力增加，因而减少了右向左分流量，缺氧症状暂时得以缓解。

考点：杂音的部位、性质。长期缺氧的体征

2. 体征　患儿体格发育落后，严重者智能发育也可能落后于正常儿童。心前区隆起，胸骨左缘第 2～4 肋间可闻及粗糙收缩期喷射性杂音，此为肺动脉狭窄所致，一般无收缩期震颤。肺动脉瓣区第二音减弱或消失。当患儿青紫持续 6 个月以上，由于组织缺氧可使指(趾）端毛细血管扩张与增生，局部软组织及骨组织也增生肥大，出现杵状指（趾）。

常见的四种先天性心脏病鉴别诊断见表 7-1。

表7-1　几种常见先天性心脏病的鉴别

		房间隔缺损	室间隔缺损	动脉导管未闭	法洛四联症
分类		左向右分流型			右向左分流型
症状		一般发育落后，乏力，活动后心悸、咳嗽、气短，晚期肺动脉高压时有青紫	同左	同左	发育落后，乏力，青紫，蹲踞，可有阵发性昏厥
心脏体征	杂音部位	胸骨左缘第 2～3 肋间	胸骨左缘第 3～4 肋间	胸骨左缘第 2 肋间	胸骨左缘第 2～3 肋间
	杂音性质和响度	Ⅱ～Ⅲ级收缩期吹风样杂音，传导范围较小	Ⅰ～Ⅴ级粗糙全收缩期杂音，传导范围广	Ⅱ～Ⅳ级连续性机器样杂音，向颈部传导	Ⅱ～Ⅳ级喷射性收缩期杂音，传导范围广
	震颤	无	有	有	可有
	P_2	亢进分裂固定	亢进	亢进	减低
X线检查	房室增大	右房、右室大	左、右室大，左房可大	左室大，左房可大	右室大，心尖上翘呈靴形
	肺动脉段	凸出	凸出	凸出	凹陷
	肺野	充血	充血	充血	清晰
	肺门舞蹈	有	有	有	无
心电图		不完全性右束支传导阻滞，右室肥大	正常，左室或左、右室肥大	左室肥大，左房可肥大	右室肥大

3. 并发症　常见有脑血栓、脑脓肿和感染性心内膜炎。

三、辅助检查

考点：周围血象特点

1. 实验室　周围血象红细胞高达 5×8.0^{12}/L 以上。血红蛋白达 170～200g/L 以上，红细胞压积 60%～80%。血小板降低，凝血酶原时间延长。

考点：靴形心概念

2. X 线　心影大小一般正常或轻度增大，典型者前后位心影呈“靴状”，即心尖圆钝上翘，肺动脉段凹陷（漏斗部狭窄所致），上纵隔较宽，肺门血管影细小稀疏，两侧肺纹理减少，透亮度增加。年长儿可因侧支循环形成，肺野呈网状纹理，25%的患儿可以见到右位主动脉弓阴影。

3. 心电图　典型病例显示电轴右偏，右心室肥大。V_1 呈 Rs 或 R 型，V_5 呈 Rs 型。肺动脉狭窄严重者往往出现心肌劳损，可见 PⅡ波高尖（右心房肥大）。

4. 超声心动图　二维超声可见主动脉内径增宽，骑跨于室间隔之上，并可判断主动脉骑跨的程度；室间隔中断，可见到右室流出道及肺动脉狭窄的位置和程度。此外，右心室、右心房内径增大，左心室内径缩小。彩色多普勒血流显像可见右心室直接将血液注入骑跨的主动脉内。

5. 右心导管检查　右心室压力明显增高，左右心室与主动脉压力基本相同，但肺动脉压力内明显降低。导管不易进入肺动脉提示肺动脉狭窄，而导管容易由右心室进入主动脉或左心室，说明存在主动脉骑跨和室间隔缺损。主动脉血氧饱和度降低，常小于 89%。

6. 心血管造影　典型表现是造影剂注入右心室后可见到主动脉与肺动脉几乎同时显影。选择性左心室及主动脉造影可进一步了解左心室发育情况及冠状动脉的走向。

四、治　　疗

1. 一般护理　患儿平时应该经常饮水，预防感染。有高热或腹泻等疾病时应及时补液，预防脱水和并发症的发生。此外，要加强婴幼儿护理，啼哭和大便后突然站立使体循环阻力骤然下降，易诱发缺氧发作。法洛四联症患儿的蹲踞是一种保护性反应，不要强行干预。

2. 缺氧发作的治疗　主要是紧急处理阵发性呼吸困难，解除流出道痉挛。轻度缺氧发作时使患儿取胸膝位即可缓解，重者应立即吸氧，给予去氧肾上腺素（新福林）每次 0.05mg/kg 静脉注射，或注射普萘洛尔（心得安）每次 0.1mg/kg。必要时也可皮下注射吗啡，每次 0.1～0.2mg/kg。经常有缺氧发作者，可口服普萘洛尔（心得安）1～3mg/（kg · d），预防缺氧发作。

3. 手术治疗　近年来，随着外科手术的不断发展，本病根治的死亡率也在不断下降。轻症患者可考虑于 5～9 岁行一期根治手术。年龄过小的婴幼儿可先行姑息分流手术，对重症患儿也宜先行姑息手术，待年长后一般情况改善，肺血管发育好转后再做根治术。

考点：法洛四联症缺氧发作的处理

案例7-4分析

1. 初步诊断　患儿自 4 个月起出现青紫，且逐渐加重，活动后出现气急、乏力、并有蹲踞现象。体格检查：体格发育落后，皮肤黏膜呈现明显的青紫，四肢指（趾）端可见杵状指（趾）。实验室检查：血红蛋白 170g/L，红细胞 6.0×10^{12}/L（因长期缺氧导致血红蛋白和红细胞代谢性增加），股动脉血氧饱和度 85%，提示患儿存在长期缺氧情况。此外，心脏听诊在胸骨左缘第 2～4 肋间闻及收缩期喷射性杂音，伴收缩期震颤。根据病史和体格检查结果，结合胸部 X 线显示心脏轻度增大，肺纹理减少，心尖上翘和肺动脉段凹陷，心影呈靴形；心电图显示心电轴右偏，右心室肥大可初步诊断为法洛四联症。进一步做右心导管检查和心血管造影可以明确诊断。

2. 处理原则　加强护理，预防缺氧发作和并发症的发生。择期手术根治。

第 7 节　病毒性心肌炎

学 习 目 标

1. 了解病毒性心肌炎的发病机制。
2. 熟悉病毒性心肌炎治疗的要点。
3. 掌握病毒性心肌炎的诊断标准。

案例7-5

患儿男，6 岁。因上呼吸道感染一周余，感到乏力、胸部不适、胸闷、心悸一天而来医院就诊。足月顺产，无窒息抢救史。患儿平素健康，喜欢体育运动，很少感冒。

体格检查：一般情况良好，面色略显苍白，体重 22kg，体温 37.2℃，脉搏 118 次/分，呼吸 24 次/分，血压 90/60mmHg。心脏听诊：心率 122 次/分，第一心音低钝，心律不齐。二肺听诊无异常。腹软，肝肋下 1.5cm，质软。实验室检查：血红蛋白 121g/L，白细胞 9.8×10^9/L，CK、CK-MB 和 LDH1 均升高，cTnT 阳性。心电图检查：心动过速，T 波低平，QT 间期延长，频发室性早搏。X 线检查：心影轻度增大。

思考题

1. 最可能的诊断是什么？
2. 治疗原则是什么？

病毒性心肌炎（viral myocarditis，VMC）是指病毒感染引起心肌细胞变性、坏死和间质性炎性细胞浸润及纤维渗出的过程，有时病变也可累及心包和心内膜。本病好发于学龄儿童，近年来，发病率有增加的趋势，已成为严重威胁小儿健康的常见病和多发病。

一、病　　因

考点：常见病毒

目前已知有 20 多种病毒可以引起心肌炎，如柯萨奇病毒、艾柯病毒、流感病毒、副流感病毒、腺病毒、合胞病毒、流行性腮腺炎病毒、风疹病毒、麻疹病毒、水痘病毒、单纯疱疹病毒、肝炎病毒、流行性出血热病毒以及 EB 病毒等。国内主要以 CoxB2、3、4 为主，占 40%～50%。当人体受细菌感染、发热、过度疲劳等机体抵抗力降低时，病毒容易侵犯心肌细胞而发生病毒性心肌炎。值得注意的是新生儿期柯萨奇 B 组病毒感染可导致群体流行，其死亡率可高达 50%以上。

二、发病机制

任何病毒感染都可累及心脏，常见的病毒有柯萨奇病毒、艾柯病毒、流感和副流感病毒等。病毒性心肌炎的发病机制尚不完全清楚，但随着分子病毒学、分子免疫学的发展，揭示病毒性心肌炎发病机制涉及病毒对被感染的心肌细胞直接损害和病毒触发人体自身免疫反应而引起心肌损害。病毒性心肌炎急性期，柯萨奇等病毒通过心肌细胞的相关受体侵入心肌细胞，在细胞内复制，并直接损害心肌细胞，导致变性、坏死和溶解。机体受到病毒的刺激，通过一系列免疫反应，促使细胞毒性 T 细胞（CD8+）有选择地损害心肌组织黏附、浸润和攻击，导致病毒性心肌炎。

三、临床表现

小儿病毒性心肌炎的临床表现轻重不一，取决于年龄和感染的急性或慢性过程，轻者可以无心脏方面的自觉症状，少数重者可突然发生心源性休克等，甚至猝死。

1. 症状　多数患儿在出现心脏症状前 2～3 周有上感、腹泻或其他病毒性疾患。发热、全身不适、咽痛、肌痛、腹泻、呕吐等症状。心脏受累时，轻者可无症状，仅有心电图改变。一般病例有精神萎靡、多汗、面色苍白、烦躁、呼吸困难。年长儿可诉心前区不适、胸闷、心悸、头晕和全身乏力等。严重者可突然发生心源性休克、严重心律失常、心脑综合征而猝死。

2. 体征 心脏大小可正常或扩大，多无明显器质性杂音。心尖区第一心音低钝。常见的心律失常有心动过速、心动过缓、期外收缩和传导阻滞等。有心包炎时可闻心包摩擦音。危重者可有心力衰竭的体征。

考点：常见症状和体征

四、辅助检查

1. 实验室 以血清酶学检查最重要。磷酸激酶（CPK）在早期多有升高，其中以来自心肌的同工酶（CK-MB）为主。乳酸脱氢酶及同工酶（LDH1）升高。心肌肌钙蛋白 T（cTnT）及心肌肌钙蛋白 I（cTnI）均为心肌所特有，因而其特异性较 CK-MB 高，心肌轻度损伤时两者均阳性。此外，早期可从咽拭子、咽冲洗液、粪便、血液中分离出病毒，但需结合血清抗体测定才更有意义。恢复期血清同型抗体滴度比较第一份血清升高 4 倍以上结合临床可诊断为病毒性心肌炎。

考点：酶学检查的临床意义

心肌活检仍被认为是诊断的金标准，但由于取样部位的局限性，其阳性率并不高。

2. 心电图 具有多变性、多样性和易变性的特点，常出现 QRS 波低电压、ST 段偏移、T 波低平、双向或倒置。房室传导阻滞较常见，各种期外收缩中以室性早搏更多见，部分呈多源性，可有阵发性心动过速、心房扑动或颤动，甚至心室颤动。由于心电图缺乏特异性，应强调动态观察的重要性。

3. X 线 轻者心影正常，重者心脏不同程度增大，搏动减弱。严重病例伴有肺淤血或肺水肿。

五、诊 断

病毒性心肌炎诊断标准（1999 年修订草案，中国昆明）

1. 临床诊断依据

（1）心功能不全、心源性休克或心脑综合征。

（2）心脏扩大（X 线、超声心动图检查具有表现之一）。

（3）心电图改变：以 R 波为主的 2 个或 2 个以上主要导联（Ⅰ、Ⅱ、aVF、V_5）的 ST-T 改变持续 4 天以上伴动态变化，窦房、房室传导阻滞，完全性右或左束支传导阻滞，成联律、多型、多源、成对或并行早搏，非房室结及房室折返引起的异位性心动过速，低电压（新生儿除外）及异常 Q 波。

（4）CK-MB 升高或心肌肌钙蛋白（cTnl 或 cTnT）阳性。

2. 病原学诊断依据

（1）确诊指标：自心内膜、心肌、心包（活检、病理）或心包穿刺液检查发现以下之一者可确诊。①分离到病毒；②用病毒核酸探针查到病毒核酸；③特异性病毒抗体阳性。

（2）参考依据：有以下之一者结合临床表现可考虑心肌炎由病毒引起。①自粪便、咽拭子或血液中分离到病毒，且恢复期血清同型抗体滴度较第一份血清升高或降低 4 倍以上；②病程早期血中特异性 IgM 抗体阳性；③用病毒核酸探针自患儿血中查到病毒核酸。

3. 确诊依据 具备临床诊断依据两项，可做出临床诊断。发病同时或发病前 1～3 周有病毒感染的证据支持诊断者。

（1）同时具备病原学确诊依据之一者，可确诊为病毒性心肌炎。

（2）具备病原学参考依据之一者，可临床诊断为病毒性心肌炎。

（3）凡不具备确诊依据，应给予必要的治疗或随访，根据病情变化，确诊或除外病毒性心肌炎。

（4）应除外风湿性心肌炎、中毒性心肌炎、先天性心脏病，由风湿性疾病以及代谢性疾病（如甲状腺功能亢进症）引起的心肌损害、原发性心肌病、原发性心内膜弹力纤维增生症、先天性房室传导阻滞、心脏自主神经功能异常、β受体功能亢进及药物引起的心电图改变。

考点：病毒性心肌炎的诊断标准

4. 分期

（1）急性期：新发病，症状及检查阳性发现明显且多变，一般病程在半年以内。

（2）迁延期：临床症状反复出现，客观指标迁延不愈，病程多在半年以上。

（3）慢性期：进行性心脏增大，反复心力衰竭或心律失常，病情时轻时重，病程在 1 年以上。

六、治　　疗

病毒性心肌炎尚无特效疗法，目前的治疗以改善心肌代谢及心功能，促进心肌修复，减轻心脏负荷为原则。

考点：卧床休息时间

1. 一般疗法　为了减轻心脏负担充分休息至关重要，急性期应绝对卧床休息 2～3 个月，有心脏扩大，心功能不全者绝对卧床休息不少于 3～6 个月，以后视病情逐渐增加活动量。饮食应少量多餐，富有营养和易消化，尤其是多吃新鲜蔬菜和水果，保持大便通畅。对有严重心律失常的患儿应持续心电监护。

2. 药物治疗

（1）抗病毒感染：对处于病毒血症阶段的早期病人，可选用抗病毒治疗。α-干扰素：剂量为每日 100 万 U 肌内注射，疗程 7～14 天。利巴韦林：肌内注射或静脉滴注 10～15mg/（kg · d），分 2 次，5～7 天为 1 个疗程，也可用大剂量丙种球蛋白，通过免疫调节作用减轻心肌细胞损害，2g/（kg · d），2～3 天静脉滴注。

（2）改善心肌营养：1，6-二磷酸果糖：可改善心肌细胞代谢，增加心肌能量，抑制中性粒细胞氧自由基生成。剂量为每次 100～250mg/kg，每日 1 次，静脉注射，疗程 10～14 天。大剂量维生素 C：可改善心肌代谢，有助于心肌炎症消失，剂量为每次 150mg/kg，用葡萄糖液稀释后静脉注射，每日 1 次，疗程 2～4 周。辅酶 Q10：为自由基清除剂，对心肌有保护作用，剂量为每次 10mg，每日 3 次，口服。

（3）肾上腺皮质激素：通常不主张使用，但对重症患儿合并心源性休克，严重心律失常，心功能不全者可早期、足量应用。剂量：氢化可的松 10mg/（kg · d）或地塞米松 0.25～5mg/（kg · d），静脉滴注。

考点：洋地黄的合理使用

（4）洋地黄：心肌炎患儿出现心力衰竭时可使用洋地黄治疗，但是，心肌炎时心肌细胞对洋地黄耐受性差，易出现中毒。因此，剂量宜偏小，用有效剂量的 1/3～1/2 即可，并注意补充氯化钾，以避免洋地黄中毒。

3. 其他　有心律失常可选用抗心律失常药物治疗。

病毒性心肌炎只要及时治疗，大部分病人经过数周至数月都能痊愈，少部分病人会迁延不愈，发展为迁延性或慢性病毒性心肌炎。极少数重症病例在急性期发生心力衰竭和心源性休克。

七、预　　防

要加强体格锻炼，增强体质，让孩子多参加户外活动及各种体育活动，提高机体的耐寒能力。建立良好的生活制度，加强营养，保证充足的睡眠，增强机体抵御外邪入侵的能力，预防病毒性心肌炎的发生。

案例7-5分析

1. 初步诊断　患儿为学龄期儿童，发病前有上呼吸道病毒感染的前驱病史，近日出现胸部不适、胸闷和心悸等心脏受累的症状。体格检查：心脏听诊第一心音低钝，律不齐。结合心电图检查：心动过速，T 波低平，QT 间期延长，频发室性早搏，血清酶学检查 CK、CK-MB 和 LDH1 均升高，cTnT 阳性以及 X 线检查：心影轻度增大，可临床诊断为病毒性心肌炎。建议：有条件的可以做心内膜活检或心包穿刺液检查分离到病毒或用病毒核酸探针查到病毒核酸就可以确诊为病毒性心肌炎。

2. 处理原则　早期应绝对卧床休息，同时进行抗病毒、营养心肌、抗氧化和自由基清除剂等治疗。

目标检测

一、A1 型题

1. 胎儿时期含氧量最高的脏器是（　　）
   A. 肝　B. 心　C. 脑　D. 肺　E. 肾
2. 1～2 岁幼儿心尖冲动的位置在（　　）
   A. 胸骨左缘第三肋间锁骨中线外 1cm
   B. 胸骨左缘第三肋间锁骨中线上
   C. 胸骨左缘第四肋间锁骨中线外 1cm
   D. 胸骨左缘第四肋间锁骨中线上
   E. 胸骨左缘第五肋间锁骨中线上
3. 小儿体温每升高 1℃，脉搏增加（　　）次/分
   A. 3～5　B. 5～8　C. 8～12　D. 10～15　E. 12～18
4. 5 岁小儿收缩压与舒张压（mmHg）分别为（　　）
   A. 80/50　B. 90/60　C. 100/70　D. 110/75　E. 120/80
5. 根据室间隔缺损的血流动力学改变，首先引起增大的心腔是（　　）
   A. 右心室　B. 右心房　C. 肺动脉扩张　D. 左心室　E. 左心房
6. 艾森曼格综合征最多见于（　　）
   A. 房间隔缺损　B. 室间隔缺损　C. 动脉导管未闭　D. 卵圆孔未闭　E. 肺动脉瓣狭窄
7. 房间隔缺损杂音产生的机制是（　　）
   A. 血流通过缺损口　B. 主动脉瓣相对狭窄　C. 肺动脉瓣相对狭窄　D. 三尖瓣相对狭窄　E. 二尖瓣相对狭窄
8. 房间隔缺损的血流动力学改变常引起（　　）
   A. 左心房、左心室、右心室增大
   B. 右心房、右心室、左心室增大
   C. 右心房、左心室增大
   D. 右心房、右心室增大
   E. 右心房、右心室、左心房增大
9. 动脉导管未闭常引起（　　）
   A. 左心房、左心室、右心房增大
   B. 右心房、右心室、左心室增大
   C. 右心室、左心室增大
   D. 左、右心房和左、右心室均增大
   E. 左心房、左心室增大
10. 动脉导管未闭的血流动力学改变常引起（　　）
    A. 左心室增大　B. 左心房增大　C. 肺动脉扩张　D. 右心室增大　E. 右心房增大
11. 下列哪项不是法洛四联症的临床表现(　　)
    A. 活动后头晕、胸闷不适
    B. 活动后蹲踞
    C. 昏厥
    D. 胸骨左缘第 2 肋间机器样杂音
    E. 四肢杵状指（趾）
12. 法洛四联症胸部 X 线检查可见（　　）
    A. 烧瓶心　B. 梨型心　C. 靴型心　D. 肺血多　E. 左心室肥大
13. 病毒性心肌炎的主要体征是（　　）
    A. 心包摩擦音
    B. 心尖区收缩期杂音
    C. 心尖区第一音低钝和早搏
    D. 主动脉瓣区第二音亢进
    E. 肺动脉瓣区第二音减弱
14. 病毒性心肌炎有心力衰竭者绝对卧床休息不少于（　　）

A. 2～4 周　　B. 1～2 个月
C. 2～3 个月　　D. 3～4 个月
E. 3～6 个月

二、A2 型题

15. 3 岁女孩。患先心病，无发绀。胸骨左缘第 2～3 肋间有Ⅲ级收缩期喷射样杂音，肺动脉瓣第二音亢进，X 线检查示右心房、右心室增大、肺血量增多。下述哪种诊断可能性大（　　）
A. 室间隔缺损　　B. 动脉导管未闭
C. 房间隔缺损　　D. 法洛四联症
E. 艾森曼格综合征

16. 患儿男，3 岁。4 个月起发现青紫，逐渐加重，1 岁半时昏厥一次。查体：胸骨左缘第 3 肋间有Ⅱ级收缩期杂音，肺动脉瓣第二音减弱，有杵状指。最可能的诊断是（　　）
A. 房间隔缺损　　B. 室间隔缺损
C. 动脉导管未闭　　D. 法洛四联症
E. 肺动脉狭窄

17. 患儿男，1 岁。发热、咳嗽 3 天，气促一天来医院就诊。体格检查：体温 38.5℃，呼吸 62 次/分，口唇发绀，有鼻翼翕动及三凹征；两肺有大量中细湿啰音，心率 160 次/分，心音低钝，胸骨左缘第 3～4 肋间有Ⅲ级粗糙全收缩期吹风样杂音，伴震颤，肺动脉瓣第二音亢进；腹软，肝肋下 3cm；X 线胸片检查见左心室增大，双下肺有散在点片状阴影。最可能的诊断是（　　）
A. 房间隔缺损合并肺炎，心力衰竭
B. 动脉导管未闭合并肺炎，心力衰竭
C. 法洛四联症合并肺炎，心力衰竭
D. 室间隔缺损合并肺炎，心力衰竭
E. 肺动脉狭窄合并肺炎，心力衰竭

18. 患儿女，8 岁。发热、咳嗽、流涕 2 天来医院就诊。患儿平素有膝关节痛病史。体格检查：一般情况良好，面色正常，咽部充血；胸骨左缘第二肋间可闻及Ⅱ～Ⅲ级连续性机器样杂音，肺动脉瓣第二音亢进；X 线胸片显示左心房、左心室增大。应考虑诊断为（　　）
A. 房间隔缺损，上感
B. 室间隔缺损，上感
C. 动脉导管未闭，上感
D. 肺动脉瓣狭窄，上感
E. 风湿性心脏病，上感

19. 患儿男，8 岁。上呼吸道感染后 2 周出现心前区不适，胸闷、心悸。现突然发生烦躁不安、面色苍白、四肢湿冷及末梢发绀。曾经心电图检查示各导联 ST 压低，T 波低平和频发室性早搏，诊断为病毒性心肌炎。现在最可能的并发症是（　　）
A. 频发室性早搏
B. 阵发性室性心动过速伴心肌劳损
C. 充血性心力衰竭
D. 二度房室传导阻滞
E. 心源性休克

20. 患儿女，2 岁。生后 3 个月发现口唇青紫，活动后加剧。半年内曾发生昏厥 2 次，均在哭吵后发作，经 1～2 分钟自行恢复。今天午后又因哭吵二次出现昏厥，持续时间达 3～4 分钟。体格检查：神志清楚，口唇发绀明显，有杵状指（趾），血压 90/60mmHg，心率 100 次/分，胸骨左缘第 2～3 肋间闻及Ⅱ～Ⅲ级收缩期杂音，无震颤，肺动脉瓣区第二音减弱。患儿昏厥的原因主要是（　　）
A. 长期缺氧　　B. 血流缓慢
C. 血液黏稠　　D. 漏斗部肌肉痉挛
E. 脑血栓形成

三、A3 型题

（21～23 题共用题干）

患儿男，8 个月。因 6 个月起发现口唇青紫，哭闹时加重而入院检查。入院检查时患儿哭闹不停，面色青紫，突然出现两眼上翻，四肢抽动。心脏听诊闻及胸骨左缘第 3 肋间Ⅲ级收缩期杂音，肺动脉瓣第二音减弱。

21. 患儿惊厥的原因可能是（　　）
A. 艾森曼格综合征伴手足搐搦症
B. 艾森曼格综合征伴低血糖
C. 法洛四联症，肺动脉漏斗部痉挛
D. 法洛四联症，脑血栓形成
E. 大血管错位伴低血糖

22. 患儿应采取以下哪种抢救措施（　　）
A. 静脉注射 10%葡萄糖酸钙+吸氧
B. 静脉注射 25%葡萄糖+吸氧
C. 静脉注射 20%甘露醇+吸氧
D. 静脉注射毛花苷 C+吸氧
E. 让患儿取胸膝位+吸氧+皮下注射吗啡

23. 为进一步明确诊断，应首选下列哪项检查(　　)
A. 头颅 CT 检查　　B. 胸部 X 线检查
C. 心脏彩色超声检查　　D. 血钙检测
E. 血糖检测

（24～26 题共用题干）

患儿男，7 岁。体检发现心脏杂音来医院进一步检查。体格检查：生长发育良好，鸡胸，胸骨左缘第 2～3 肋间可闻及Ⅱ～Ⅲ级收缩期喷射样杂音，第二心音亢进伴固定分裂；X 线胸片显示右心房、右心室增大；右心导管检查发现右心房血氧含量高于上下腔静脉平均血氧含量 2.4vol/%。

24. 临床可以诊断为（　　）
    A. 室间隔缺损　　B. 房间隔缺损
    C. 动脉导管未闭　　D. 法洛四联症
    E. 肺动脉狭窄

25. 患儿心脏产生杂音的机制是（　　）
    A. 血流经房间隔缺损部位产生涡流
    B. 血流经室间隔缺损部位产生涡流
    C. 肺动脉相对狭窄
    D. 二尖瓣相对狭窄
    E. 三尖瓣相对狭窄

26. 患儿胸骨左缘下方闻及舒张期杂音，提示（　　）
    A. 二尖瓣相对狭窄 B. 三尖瓣相对狭窄
    C. 肺动脉瓣狭窄　D. 肺动脉瓣关闭不全
    E. 主动脉瓣关闭不全

四、B1 型题

（27～29 题共用备选答案）

A. 肺血少，肺动脉段突出
B. 由肺动脉狭窄等四种畸形组成
C. 易合并肺炎和心力衰竭
D. 易出现心律失常
E. 肺动脉瓣第二音固定分裂

27. 法洛四联症（　　）
28. 室间隔缺损（　　）
29. 房间隔缺损（　　）

（30～32 题共用备选答案）

A. 心率 120～140 次/分 B. 心率 110～130 次/分
C. 心率 100～120 次/分 D. 心率 80～100 次/分
E. 心率 70～90 次/分

30. 新生儿（　　）
31. 学龄儿（　　）
32. 学龄前儿（　　）

（33～35 题共用备选答案）

A. 肺动脉血氧含量较右心室高
B. 右心房血氧含量高于上下腔静脉平均血氧含量
C. 右心室血氧含量较右心房高，分流大时右心室及肺动脉压力升高
D. 右心室压力高，肺动脉压力降低，股动脉血氧饱和度降低
E. 股动脉血氧含量降低，肺动脉血氧含量高于主动脉，导管插入右心室后很快进入主动脉

33. 房间隔缺损（　　）
34. 室间隔缺损（　　）
35. 动脉导管未闭（　　）

（36、37 题共用备选答案）

A. 6 个月左右或生后不久开始出现青紫
B. 学龄期后开始出现青紫
C. 学龄期后期出现下半身较明显的差异性青紫
D. 生后不久即出现下肢较上肢为轻的青紫
E. 无青紫

36. 患儿男，10 岁。患动脉导管未闭合并梗阻型肺动脉高压并出现青紫，其青紫特点是（　　）
37. 患儿女，5 岁。患法洛四联症。其青紫特点是（　　）

五、X 型题

38. 左向右分流先心病常见的症状和体征有（　　）
    A. 生长发育落后
    B. 活动耐力差，易疲乏
    C. 出生后持续青紫
    D. 易反复发生肺部感染
    E. 可有血红蛋白增高和蹲踞征

39. 10 个月患儿，生后 1 个月患肺炎住院时发现心脏杂音，考虑先心病。10 个月内已患肺炎三次。体格检查：生长发育较差，面色苍白，胸骨左缘 3～4 肋间可闻及Ⅲ～Ⅳ级粗糙收缩期杂音，伴有震颤，P_2亢进，应考虑有（　　）
    A. 室间隔缺损　　B. 左向右分流较大
    C. 伴有肺动脉高压　　D. 合并心力衰竭
    E. 右向左分流较大

40. 下列哪些先天性心脏病属于潜伏青紫型（　　）
    A. 室间隔缺损　　B. 房间隔缺损
    C. 动脉导管未闭　　D. 法洛四联症
    E. 肺动脉狭窄

41. 周围血管体征应包括（　　）
    A. 甲床毛细血管搏动 B. 杵状指（趾）
    C. 股动脉枪击音　　D. 差异性青紫
    E. 水冲脉

42. 确诊病毒性心肌炎的病原学依据包括（　　）
    A. 心肌活检分离到病毒
    B. 心包穿刺液分离到病毒
    C. 心内膜特异性病毒抗体阳性
    D. 血液中分离到病毒
    E. 粪便中分离到病毒

（唐建华）

第 8 章　泌尿系统疾病

第 1 节　小儿泌尿系统解剖生理特点

学习目标

1. 了解正常小儿尿液特点。
2. 熟悉小儿泌尿系统解剖生理特点。
3. 掌握小儿少尿和无尿的标准。

一、解剖特点

1. 肾脏　肾脏位于腹膜后脊柱两侧，左右各一。小儿年龄愈小，肾脏相对愈大，位置相对较低，腹壁肌肉薄而松弛。因此，2 岁以内健康小儿腹部触诊时肾脏容易触及。

2. 输尿管　婴幼儿输尿管长而弯曲，管壁肌肉和弹力纤维发育不良，容易受压及扭曲而导致梗阻，易发生尿潴留而诱发感染。

考点：小儿易发生泌尿系统疾病的解剖生理特点

3. 膀胱　婴儿膀胱位置较高，尿液充盈时，膀胱顶部常在耻骨联合之上，容易扪及，随年龄增长逐渐下降至盆腔内。膀胱容量（ml）≈[年龄（岁）+2]×30。

4. 尿道　女婴尿道很短，外口暴露，接近肛门，容易受细菌污染引起上行性感染。男婴尿道虽较长，但常有包茎，积垢时也易引起上行性细菌感染。

二、生理特点

（一）肾功能

肾脏有许多重要功能，小儿出生后肾功能不成熟，1～2 岁时接近成人水平。新生儿肾小球滤过率低，过量的水分和溶质不能有效排出。出生后 2 年，电解质、酸碱平衡调节机制有限，应激状态下，不能做出相应的反应，容易发生钠潴留、水肿和酸中毒。尿浓缩功能差，应激状态下保留水分的能力低，摄入量不足时易发生脱水甚至诱发急性肾功能不全。尿稀释功能虽然接近成人，但利尿速度慢，大量水负荷或输液过快时易出现水肿。

（二）小儿排尿及尿液特点

1. 小儿排尿特点　婴儿出生后不久即开始排尿，一般不超过 48 小时。婴儿每日排尿量为 400～500ml，幼儿为 500～600ml，学龄前儿童为 600～800ml，学龄期儿童为 800～1400ml。当婴幼儿每日排尿量＜200ml，学龄前儿童＜300ml，学龄期儿童＜400ml 时即为少尿。小儿每日尿量＜50ml 为无尿。一般至 3 岁左右小儿已能控制排尿。

考点：小儿尿液特点、少尿与无尿标准

2. 小儿尿液特点　婴幼儿正常尿液淡黄色透明，pH 为 5～7。生后 2～3 天尿色深，稍浑浊，放置后有红褐色沉淀（尿酸盐结晶）。寒冷季节放置后可变浑，此乃盐类结晶析出所致。新生儿尿比重为 1.006～1.008，随年龄增长逐渐增高，1 岁后接近成人水平。正常小儿尿中仅含微量蛋白，定性为阴性。正常新鲜尿离心后沉渣镜检，红细胞＜3 个/HP，白细胞＜5 个/HP，偶见透明管型。12 小时尿细胞计数（Addis count）：红细胞＜50 万，白细胞＜

100 万，管型＜5000 个为正常。

第 2 节　急性肾小球肾炎

学 习 目 标

1. 了解急性肾小球肾炎的发病机制。
2. 熟悉急性肾小球肾炎的主要病因。
3. 掌握急性肾小球肾炎的临床表现和防治原则。

案例8-1

患儿男，9 岁。因间断水肿、肉眼血尿 2 周，加重 2 天入院。患者于 2 周前感冒受凉。10 天后出现水肿，以晨起眼睑水肿和双下肢水肿明显，伴肉眼血尿，尿色为洗肉水样，无明显头痛、头晕，无尿频、尿急、尿痛，无关节疼痛和皮肤出血点等。在当地医院查尿常规 PRO（++），潜血（+++），考虑为急性肾小球肾炎，给予静脉滴注青霉素治疗，尿蛋白曾经阴转 1 次，后多次复查均为（+）。近 2 天，患者水肿加重，尿量逐渐减少，600ml/24h，为进一步诊治而到我院。

查体：体温 36.9℃，脉搏 90 次/分，呼吸 24 次/分，血压 140/95mmHg。发育正常，营养中等，精神差，眼睑轻度水肿，心肺腹无异常。腹部移动性浊音（−），肠鸣音存在。双下肢有凹陷性水肿，四肢关节无明显异常。实验室检查：Hb124g/ L，WBC5.6×10^9/L，中性粒细胞 0.72，24 小时尿量 500 ml，尿蛋白（+），红细胞 15 个/HP，白细胞 3 个/HP，比重 1.010，24 小时尿蛋白定量 1.8g。补体 C3 下降，ASO 增高。

思考题

1. 本案例最可能的临床诊断是什么？
2. 应采取哪些治疗措施？

急性肾小球肾炎（acute glomerulonephritis，AGN）简称急性肾炎，是小儿时期最常见的一种肾脏疾病，多有前驱感染，临床以急性起病，水肿、少尿、血尿、高血压为主要表现。多见于 5～14 岁小儿，2 岁以下少见，男女比例为 2∶1。小儿急性肾炎绝大多数发生于溶血性链球菌感染之后，称急性链球菌感染后肾炎（acuteposts-treptococal glomerulonephritis，APSGN）。

一、病　　因

本病绝大多数属 A 组 β 溶血性链球菌急性感染后引起的免疫复合性肾小球肾炎，其中上呼吸道感染或扁桃体炎最为多见，其次是脓皮病或皮肤感染。另有急性咽炎（主要为溶血性链球菌感染 12 型）后肾炎与猩红热后肾炎发生。除 A 组 β 溶血性链球菌之外，其他细菌、病毒等病原体也可导致急性肾炎。

考点：急性肾小球肾炎的主要病因

二、发 病 机 制

A 组 β 溶血性链球菌中的致肾炎菌株作为抗原刺激机体产生相应抗体，形成抗原抗体复合物，沉积于肾小球基膜并激活补体，引起一系列免疫损伤和炎症反应，使基膜断裂，血浆蛋白及红细胞、白细胞和各种管型渗出到肾小球囊内，临床上出现血尿、蛋白尿、白细胞尿及管型尿。炎性损伤使肾小球毛细血管管腔变窄，甚至闭塞，导致肾小球血流量减少，肾小球滤过率下降，体内水钠潴留，细胞外液和血容量增多，临床上出现不同程度水肿和高血压。严重病例可发生严重循环充血、高血压脑病和氮质血症（图 8-1）。

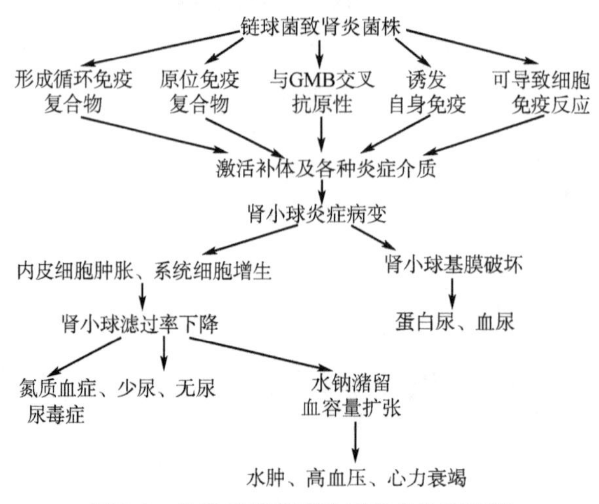

图 8-1 急性链球菌感染后肾炎发病机制

三、临 床 表 现

发病前 1～3 周常有前驱感染的病史，部分患儿仍可见呼吸道感染症状或皮肤感染病灶。临床表现轻重不一，轻者可无临床症状仅发现镜下血尿，重者可危及生命。

1. 典型表现 通常在链球菌感染后 1～2 周出现症状和体征。

（1）水肿、少尿：70%病例有水肿，同时伴有尿量减少，为最常见和最早出现的症状。水肿先从眼睑及面部开始，晨起明显，可逐渐遍及全身，多为轻、中度水肿，呈非凹陷性。水肿一般在 2～3 周随尿量增多而消退。

（2）血尿：几乎所有病例起病时都有血尿，轻者仅有镜下血尿，50%～70%病例有肉眼血尿。呈茶褐色或烟灰水样（酸性尿）或洗肉水样（中性或弱碱性尿）。肉眼血尿多在 1～2 周消失，镜下血尿可持续数月。血尿同时伴有轻、中度的蛋白尿。

（3）高血压：30%～80%的病例有轻度至中度血压增高，一般于 1～2 周后随利尿消肿而降至正常。

2. 严重表现 少数患儿起病 1～2 周可出现下列症状而危及生命，应早发现、早治疗。

（1）严重循环充血：常发生在起病 1 周内，由于水钠潴留，血浆容量增加而出现循环充血。轻者仅出现呼吸增快，肝大；严重者表现明显气急，端坐呼吸、颈静脉怒张、频繁咳嗽、咳粉红色泡沫痰，两肺布满湿啰音，心脏增大，心率增快，甚至出现奔马律等，应用利尿剂常能使其缓解。危重者可因急性肺水肿而在数小时内死亡。

考点：急性肾小球肾炎典型病例与严重病例的表现

（2）高血压脑病：由于血压（尤其是舒张压）急剧升高，脑血管痉挛，导致缺血、缺氧，血管渗透性增高而发生脑水肿。表现为剧烈头痛、烦躁不安、恶心呕吐、复视或一过性失明、惊厥、昏迷等。高血压若能及时控制，脑水肿症状可迅速消失。

（3）急性肾功能不全：由于肾小球滤过率降低，出现少尿、无尿等症状，引起暂时性氮质血症、高钾血症和代谢性酸中毒，一般持续 3～5 天。若持续时间过长，预后差。目前尚缺乏有效预防措施，已成为肾炎死亡的主要原因。

原发性隐匿性肾小球肾炎

隐匿性肾小球肾炎又称隐匿性肾小球疾病，以往称无症状性蛋白尿和（或）血尿；以轻、中度蛋白尿和（或）血尿、病程迁延为特点，多不伴有水肿、高血压及肾功能损害的一种疾病。查体多无阳性体征。辅助检查：24 小时尿蛋白定量多在 2g 以下，以白蛋白为主。绝大多数伴镜下血尿，红细胞呈多形性、多样性。肾功能正常，类风湿因子及抗核抗体阴性，补体正常。应与功能性或体位性蛋白尿、IgA 肾病、泌尿系统结核、肾肿瘤等相鉴别。同位素肾、肾脏 B 超及静脉肾盂造影正常。

链接

四、辅助检查

1. 尿液检查　可见多少不等的红细胞，尿蛋白（+～+++），可见透明、颗粒或红细胞管型。

考点：急性肾炎实验室检查主要变化

2. 血液检查　红细胞及血红蛋白可稍低。白细胞计数可正常或增高。血沉增快。抗链球菌溶血素“O”（ASO）多数升高。早期血清补体 C3 下降，多于病后 6～8 周恢复正常。明显少尿时血尿素氮和肌酐可升高。

五、诊断及鉴别诊断

（一）诊断

一般有呼吸道或皮肤前期链球菌感染史，1～3 周后急性起病，具备血尿、蛋白尿和管型尿、水肿及高血压等特点，急性期血清 ASO 滴度升高，血清补体 C3 下降，均可临床诊断急性肾炎。

（二）鉴别诊断

1. 其他病原体感染的肾小球肾炎　多种病原体可引起急性肾炎，可从原发感染灶及各自临床特点相区别。

2. IgA 肾病　以血尿为主要症状，表现为反复发作性肉眼血尿，多在上呼吸道感染后 24～48 小时出现血尿，多无水肿、高血压，血清补体 C3 正常。确诊靠肾活检免疫病理诊断。

考点：急性肾炎诊断依据

3. 慢性肾炎急性发作　既往肾炎史不详，无明显前期感染。除有肾炎症状外，常有贫血，肾功能异常，低比重尿或固定低比重尿，尿改变以蛋白增多为主。

4. 特发性肾病综合征　具有肾病综合征表现的急性肾炎需与特发性肾病综合征鉴别。若患儿呈急性起病，有明确的链球菌感染的证据，血清补体 C3 降低，肾活检病理为毛细血管内增生性肾炎者有助于急性肾炎的诊断。

5. 其他　还应与急进性肾炎或其他系统性疾病引起的肾炎，如紫癜性肾炎、狼疮性肾炎等相鉴别。

六、治疗

本病是自限性疾病，目前尚无特异性治疗。防治呼吸道及皮肤感染是预防本病的关键。急性期主要是限制活动、控制水钠摄入、对症处理、防止并发症发生。

1. 休息　一般起病 1～2 周患儿应卧床休息；待水肿消退、血压降至正常、肉眼血尿消失，可下床轻微活动或户外散步；血沉正常可上学，但应避免体育活动；尿检完全恢复正常后可恢复正常活动。

2. 饮食护理　以低盐饮食为主，每日限制食盐量 1～2g，严重水肿或高血压者需无盐饮食；有氮质血症时限制蛋白质的入量，可给优质动物蛋白 0.5g/（kg·d）；供给高糖饮食以满足小儿热量需要；每天水的摄入量等于前一天液体排出量加 500ml，可以减轻水肿、减轻循环充血、减轻肾脏负荷；每周测体重 2 次；每周取晨尿送检 2 次，及时观察病情变化。在尿量增加、水肿消退、血压正常后，可恢复正常饮食，以保证小儿生长发育的需要。

3. 抗感染　应用青霉素 7～10 天，目的是消除体内感染灶内残存的链球菌，阻断抗原抗体反应。

4. 对症治疗

（1）利尿：经控制钠水入量仍水肿少尿者首选氢氯噻嗪 1～2mg/（kg · d），分 2～3 次口服。无效时需用呋塞米，口服剂量 2～5mg/（kg · d），注射剂量 1～2mg/（kg · 次），每日 1～2 次，注意静脉注射剂量过大时可有一过性耳聋。

（2）降压：凡经休息，控制水盐摄入、利尿而血压仍高者均应给予降压药。①首选硝苯地平：开始剂量为 0. 25mg/（kg · d），最大剂量 1mg/（kg · d），分 3 次口服。②卡托普利：初始剂量为 0.3～0.5mg/（kg · d），最大剂量 5～6mg/（kg · d），分 3 次口服，与硝苯地平交替使用降压效果更佳。

5. 严重循环充血　治疗原则是应用快速利尿剂呋塞米 1～2mg/（kg · 次），肌内注射或静脉注射以纠正水钠潴留，恢复正常血容量。有肺水肿者除一般对症治疗外可加用硝普钠，5～20mg 加入 5%葡萄糖溶液 100ml 中，以 1μg/（kg·min）速度静脉滴注，每分钟不宜超过 8μg/kg。滴注硝普钠应新鲜配制，避光，严密监测血压，准确控制液体速度及浓度，防止低血压及遇光后变色、分解，影响疗效。

考点： 急性肾炎典型病例和严重病例的治疗原则

6. 高血压脑病　治疗原则为镇静、止痉、吸氧、降压。选用降压效力强而迅速的药物，首选硝普钠，用法同上。也可选用肼屈嗪 0.1～0.3mg/（kg·次）静脉注射或者二氮嗪 5mg/（kg·次）静脉注射，配合使用呋塞米效果更好。

7. 急性肾衰竭　治疗原则是维持水、电解质、酸碱平衡，选择高糖、低蛋白、高维生素食物，控制钠水摄入，配合使用利尿药、透析等方法。

七、预防及预后

根本的预防是防治链球菌感染。平时应加强锻炼，注意皮肤清洁卫生，以减少呼吸道及皮肤感染，如一旦感染则应及时彻底治疗。感染后 2～3 周时应查尿常规以及时发现异常。小儿急性肾小球肾炎预后良好，大多数可完全恢复。急性期死亡主要与严重并发症有关，绝大多数患儿 2～4 周肉眼血尿消失，尿量增多，水肿消退，血压逐渐恢复，残余少量蛋白尿及镜下血尿多于 6 个月内消失，少数重症患者可迁延 1～3 年，甚至发展成慢性肾炎或慢性肾功能不全。

案例8-1分析

1. 初步诊断　患儿男，9 岁。间断水肿、肉眼血尿 2 周，加重 2 天。2 周前有感冒受凉史，后出现水肿，以晨起眼睑水肿和双下肢水肿明显，伴肉眼血尿，尿色为洗肉水样。查体尿量减少，血压增高，补体 C3 下降，ASO 增高。最可能的临床诊断是急性肾小球肾炎。

2. 治疗原则　充分休息，合理饮食，对症治疗同时加用青霉素抗感染治疗。

第 3 节　肾病综合征

学习目标

1. 了解原发性肾病综合征的发病机制和病理生理特点。
2. 熟悉原发性肾病综合征的诊断与鉴别诊断。
3. 掌握原发性肾病综合征的临床表现及治疗原则。

案例8-2

患儿男，9 岁。因全身水肿 5 天入院。患者于 5 天前无明显诱因出现颜面及眼睑水肿，继而出现四肢，直至腰腹部水肿，伴有腹痛、腹泻，腹痛以脐周为明显。每日大便 7～8 次，为稀水样黄便。并有尿量减少，每日 1～2 次，每次 100～200ml，色黄。无发热、畏寒、皮疹，无畏光及关节疼痛。无恶心、呕吐，无尿频、尿急、尿痛等。在当地医院查尿常规示：蛋白（+++），隐血（+++），诊断为肾病综合征，给予泼尼松治疗，患者全身水肿无明显好转，来我院就诊，门诊以肾病综合征收入。自发病以来，患者精神睡眠差，食欲下降，大便呈稀黄色，每天 3～4 次，小便如前述，体重增加 1kg。

体格检查：体温 36.6℃，脉搏 64 次/分，呼吸 18 次/分，血压 114/82mmHg，一般状况差，神志清楚，眼睑及颜面明显水肿，咽无充血，扁桃体无肿大。双肺呼吸音清，未闻及干湿啰音，心律齐，未闻及明显杂音。腹部膨隆，无压痛，反跳痛，肝脾肋下未及，移动性浊音（+），双肾区无叩痛，双下肢重度指凹性水肿，生理反射存在，病理反射未引出。辅助检查：血常规：WBC 8.2×10^9/L，N 0.84，L 0.12，Hb 110g/L，PLT 229×10^9/L。血生化：胆固醇 10.56mmol/L，甘油三酯 1.86mmol/L，白蛋白 16.3g/L，球蛋白 19.4g/L，A/G0.84，BUN 19.4mmol/L，Cr 105.0μmol/L。ASO 和 CRP 都正常。尿常规：RBC 2～5 个/HP，尿蛋白（++++），比重 1.020。便常规：黄色稀便，脓球 1～2 个/HP。

思考题

1. 该患儿首先考虑何种临床诊断？
2. 本病例的治疗原则是什么？

肾病综合征（nephritic syndrome，NS）是一组以肾小球基膜通透性增高为主要病变导致血浆内大量蛋白从尿中丢失而引起的一种临床综合征。临床具有四大特点：①大量蛋白尿；②低白蛋白血症；③高脂血症；④明显水肿。以上①②两项为必备条件。2～7 岁小儿多见，男女比例 3.7∶1。按病因可分为原发性、继发性和先天性三大类。小儿时期 90%的肾病都是原发性，按其临床表现分为单纯性和肾炎性两型；按病理类型 75%左右属于微小病变型；按激素疗效可分为激素敏感、激素部分敏感、激素耐药三型。本节主要讲述原发性肾病综合征。

考点：肾病综合征各种分类及四大特点

一、病　因

病因尚未明确，多认为与机体免疫功能异常有关。近年发现肾病综合征的发病具有遗传基础，还有家族性表现。流行病学调查发现，本病发病与人种及环境有关。

二、发病机制

1. 大量蛋白尿　最根本的病理生理改变。免疫因素使肾小球滤过膜对血浆蛋白通透性增加，大量血浆蛋白漏入原尿中，超过近曲小管回吸收能力，形成大量蛋白尿。

2. 低蛋白血症　大量的血浆蛋白从尿中丢失和从肾小球滤出后被肾小管重吸收的蛋白分解是造成肾病低蛋白血症的主要原因。

3. 高脂血症　低蛋白血症使肝脏合成脂蛋白增加，加上原来血浆中大分子的脂蛋白不能从肾小球基膜滤过，导致血清总胆固醇、三酰甘油、低密度脂蛋白和极低密度脂蛋白均增高，形成高脂血症。

4. 水肿　主要由于低蛋白血症使血浆胶体渗透压降低，体液从毛细血管外渗到组织间，形成水肿。另外与血浆胶体渗透压降低使血容量减少，刺激肾素血管紧张素-醛固酮兴奋，导致水钠潴留有关。

三、临 床 表 现

临床上分为单纯性肾病和肾炎性肾病两型。一般起病隐匿，大约 30%有病毒感染或细菌感染史，70%肾病复发与病毒感染有关。

1. 单纯性肾病　最多见，占 80%，多在 2～7 岁起病。主要表现：①大量蛋白尿：尿中大量蛋白，主要为白蛋白，称为选择性蛋白尿。②低蛋白血症：以白蛋白下降为主，白/球比例倒置。③高胆固醇血症：血浆胆固醇明显升高。④高度水肿：是最常见、最突出的表现，开始见于眼睑、颜面，以后逐渐遍及全身，呈凹陷性。严重时出现胸腔积液、腹水和阴囊水肿。常伴有尿量减少，大多数血压正常，一般肾功能正常。

2. 肾炎性肾病　较少，多在 7 岁以后起病。除具有肾病综合征的四大特征以外，还有血尿、高血压、氮质血症、补体 C3 降低四项中的一项或多项表现。

3. 并发症

考点：单纯性与肾炎性肾病的异同点和常见并发症

（1）感染：肾病患儿最常见的并发症和引起死亡的主要原因。常见呼吸道、皮肤、泌尿道感染和原发性腹膜炎等，尤以上呼吸道感染最多见，占 50%以上。呼吸道感染中以病毒感染常见，细菌感染中以肺炎链球菌为主。

（2）电解质紊乱和低血容量：常见的电解质紊乱有低钠、低钾、低钙血症。在各种诱因引起低钠血症时易出现低血容量性休克。低血容量又可导致急性肾衰竭。

（3）血栓形成：肾病血液高凝易致各种动、静脉血栓形成，以肾静脉血栓形成最常见。

（4）急性肾衰竭：多数为低血容量所致的肾前性急性肾衰竭，部分与原因未明的滤过系数（Kf）降低有关，少数为肾组织严重增生性病变所致。

（5）生长延迟：见于长期接受大剂量皮质激素治疗或反复复发的患儿。

四、辅 助 检 查

1. 尿液检查　尿蛋白定性多为（+++～++++），24 小时尿蛋白定量＞0.1g/kg，可见透明管型和颗粒管型，肾炎性肾病尿内红细胞可增多。

考点：肾病综合征实验室检查特点

2. 血液检查　血浆总蛋白低于正常，白蛋白降低更为明显（＜30g/L），白、球（A/G）比例倒置；胆固醇明显增高（＞5. 7mmol/L），血沉明显增快；肾炎性肾病可有血清补体 C_3 降低及不同程度的氮质血症。

五、诊断与鉴别诊断

（一）诊断

大量蛋白尿（+++～++++）持续时间＞2 周，24 小时尿蛋白总量＞0.1g/kg 或＞0. 05g/kg；血浆白蛋白＜30g/L；血胆固醇＞5. 7mmol/L；水肿可轻可重。以上 4 项条件中以大量蛋白尿和低蛋白血症为必备条件。

考点：肾病综合征诊断依据

凡符合上述四个标准的为单纯性肾病综合征。除以上四项外，具有以下四项中之一或多项者可诊断为肾炎性肾病综合征：①尿镜检红细胞数多次超过 10 个/HP；②反复高血压者，学龄儿童＞130/90mmHg，学龄前儿童＞120/80mmHg；③持续氮质血症，尿素氮＞10.7mmol/L；④血清补体 C3 反复降低。

（二）鉴别诊断

1. 紫癜性肾炎　有腹痛及便血等过敏性紫癜的特征，又伴有血尿、蛋白尿、高血压及水肿等肾小球肾炎的特点。在疾病早期往往有血清 IgA 增高，皮损处做皮肤活检，可见到毛细血管壁有 IgA 沉积。肾活检多数为增殖性肾小球肾炎，免疫荧光检查多有 IgA 沉积，新月体形成较常见。少数患儿在皮损消退后数月或更久才发生肾炎性肾病综合征症状，因此，必须详细追溯既往病史。

2. 狼疮性肾炎　患者多有发热、皮疹及关节痛，面部蝶形红斑（最具诊断价值）。表现为镜下或肉眼血尿，常伴多系统受累的表现。通过查血补体 C3、抗核抗体、狼疮细胞及肾活检，一般不难鉴别。

3. 乙肝病毒相关性肾炎　患儿可表现为血尿，多伴有大量尿蛋白，但该病多有肝大及肝功能异常，HBsAg 阳性和（或）HBeAg 阳性。

4. 急性肾小球肾炎　患儿多有链球菌感染史，以血尿为主要的症状表现，可伴有水肿及高血压，血沉常增快，血清总补体及 C3 常明显下降。但没有高胆固醇血症及低蛋白血症的表现。

5. 进行性系统性硬化症　本病可并发肾病综合征，患者多数先有雷诺现象，后有面部及指部肿胀僵硬，皮肤增厚，吞咽困难等症状。血清 γ 球蛋白及 IgG 增高，抗核抗体、抗 SCI-70 及 AcA 抗体呈阳性。

六、治　　疗

1. 一般治疗

（1）休息：严重水肿和高血压时需卧床休息，避免过度劳累，一般不需严格限制活动，即使卧床也要经常变换体位，防止血管栓塞的发生。

（2）饮食护理：给予易消化、优质蛋白（乳类、蛋、鱼、家禽等）少量脂肪、足量糖类及高维生素饮食；明显水肿或高血压时短期限盐，水肿消退、尿量正常后则不应长期限盐，以免造成患儿低钠血症和食欲低下；大量蛋白尿时，蛋白摄入量不宜过多，控制在 2g/（kg·d）左右为宜，若摄入大量蛋白，会造成肾小球高滤过，肾小管重吸收蛋白增加，蛋白分解亢进，导致肾小管功能受损；为减轻高脂血症，少食动物脂肪，以植物性脂肪为宜；在应用糖皮质激素过程中，应增加富含钾食物的摄入，适量补钙及维生素 D。

考点：肾病综合征的饮食营养

（3）防治感染：抗生素不作为预防用药，·旦发生感染则应积极选用抗生素控制感染。肾病患儿由于免疫力低下易继发感染，而感染又可导致病情加重或复发，甚至可危及生命。应采取保护性隔离，每日病室进行空气消毒，减少探视人数；避免受凉，不去人群拥挤场所。监测体温和白细胞计数。加强皮肤、口腔护理，皮肤破损者可涂碘伏预防感染；用苏打液漱口每天 2～3 次；应保持皮肤清洁、干燥，及时更换内衣，被褥应松软，避免擦伤和受压，经常翻身。水肿严重时，臀部及四肢可垫上橡皮气垫或棉圈，有条件可使用气垫床。水肿的阴囊可用棉垫或吊带托起，皮肤破裂处应盖上消毒敷料，以防感染；尽量避免肌内注射药物，因严重水肿常致药物滞留、吸收不良或注射后针孔药液外渗，导致局部潮湿、糜烂或感染。

考点：肾病综合征的皮肤、口腔护理

（4）利尿：对糖皮质激素耐药或未使用糖皮质激素，而水肿较重伴尿少者可配合使用利尿剂。但需密切观察出入水量、体重变化及电解质紊乱。通常选用氢氯噻嗪、螺内酯（安体舒通）、呋塞米（速尿）等，对水肿显著的患儿可给低分子右旋糖酐，也可输入血浆或白蛋白。

2. 肾上腺糖皮质激素治疗　肾上腺糖皮质激素是治疗肾病的首选药物，常选用泼尼松治疗。采用 8 周短疗程、6 个月的中疗程及 9 个月长疗程方案。目前国内多采用中、长程疗法。

（1）短程疗法：泼尼松 2mg/（kg · d）（按标准身高体重，以下同），最大量每天 60mg，分次服用，共 4 周。4 周后不管效应如何，均改为泼尼松 1.5mg/kg 隔日晨顿服，共 4 周，全

疗程共 8 周，然后骤然停药。短程疗法易于复发，国内少用。

（2）中、长程疗法：可用于各种类型的肾病综合征。先以泼尼松 2mg/（kg·d），最大量每天 60mg，分次服用。若 4 周内尿蛋白转阴，则自转阴后至少巩固两周方始减量，以后改为隔日 2mg/kg 早餐后顿服，继用 4 周，以后每 2～4 周减总量 2.5～5mg，直至停药。疗程必须达 6 个月（中程疗法）。开始治疗后 4 周尿蛋白未转阴者可继续服至尿蛋白阴转后 2 周，一般不超过 8 周。以后再改为隔日 2mg/kg 早餐后顿服，继用 4 周，以后每 2～4 周减量一次，直至停药，疗程 9 个月（长程疗法）。

考点：激素的中长程疗法、激素疗效判断

（3）激素疗效判断：①激素敏感：激素治疗后 8 周内尿蛋白转阴，水肿消退。②激素部分敏感：治疗 8 周内水肿消退，但尿蛋白仍（+～++）。③激素耐药：治疗满 8 周，蛋白尿仍在（++）以上。④激素依赖：激素治疗后尿蛋白转阴，但停药或减量后又出现（+）以上，再次用药或恢复用量后尿蛋白转阴两次以上者（除外感染及其他因素）。以上尿变化指分布在 7～10 天 3 次尿常规检查结果。

3. 免疫抑制药治疗　对复发、反复、激素耐药及依赖或出现严重副作用的患儿加用免疫抑制药。

（1）环磷酰胺（CTX）：一般剂量 2.0～2.5mg/（kg·d），分 3 次口服，疗程 8～12 周，总量不超过 200mg/kg。或用环磷酰胺冲击治疗，剂量 10～12mg/（kg·d），加入 5%葡萄糖氯化钠液 100～200ml 内静脉滴注 1～2 小时，连续 2 天为 1 个疗程，用药期间嘱多饮水，每两周重复 1 个疗程，累积量＜150～200mg/kg。副作用：白细胞减少，脱发，肝功能损害，出血性膀胱炎等，少数可发生肺纤维化。最令人瞩目的是其远期性腺损害。病情需要者可小剂量、短疗程、间断用药，避免青春期前和青春期用药。

（2）其他免疫抑制药：可根据病情需要选用苯丁酸氮芥、环孢素 A、硫唑嘌呤霉酚酸酯及雷公藤多苷片等。

4. 抗凝及溶栓疗法　肾病常常存在高凝状态和纤溶障碍，易发生血栓，需要抗凝和溶栓治疗。常用的药物有肝素和尿激酶等。

5. 免疫调节药　左旋咪唑能调节免疫应答，可以重建被抑制的免疫功能，一般作为糖皮质激素的辅助治疗，适用于感染、频发或激素依赖者。因其能导致粒细胞减少，故用药时应监测血常规。

激素治疗的副作用

长期超生理剂量使用糖皮质激素可见以下副作用：①代谢紊乱，可出现明显库欣貌、肌肉萎缩无力、伤口愈合不良、蛋白质营养不良、高血糖、尿糖、水钠潴留、高血压、尿中失钾、高尿钙和骨质疏松。②消化性溃疡和精神欣快感、兴奋、失眠甚至呈精神病、癫痫发作等，还可发生白内障、无菌性股骨头坏死，高凝状态，生长停滞等。③易发生感染或诱发结核灶的活动。④急性肾上腺皮质功能不全，戒断综合征。

七、预防及预后

考点：肾病综合征复发的主要原因

感染和劳累是造成复发的主要诱因，患儿预防接种要待停药 1 年后方可进行。复发在第 1 年比以后更常见。3～4 年未复发者，其后有 95%的概率不复发。肾病综合征的预后转归与其对糖皮质激素治疗的反应关系密切，若对糖皮质激素敏感则预后较好，但可死于感染或糖皮质激素严重副作用。

案例8-2分析

1. 初步诊断 患儿男，9岁，主因全身水肿5天起病，患儿具有“三高一低”（大量蛋白尿、高度水肿、高脂血症、低蛋白血症）的典型表现，诊断为肾病综合征。

2. 治疗原则 ①卧床休息，限制钠水入量，合理使用利尿剂，改善微循环，抗感染。②正确使用肾上腺糖皮质激素泼尼松（中长程疗法）。治疗中注意感染、血液高凝及血栓形成、钙及维生素D代谢紊乱、低血容量、急性肾衰竭等并发症。

第4节 泌尿道感染

学 习 目 标

1. 了解泌尿道感染的病因。
2. 熟悉泌尿道感染的发病机制。
3. 掌握泌尿道感染的临床表现、诊断和防治原则。

案例8-3

患儿女，10岁。主因右腰部疼痛伴畏寒、发热2天入院。患者于入院前2天出现右侧腰部疼痛，畏寒、发热，体温最高达39.5℃，伴尿频、尿急、尿痛，无肉眼血尿，无咳嗽、咳痰，无腹痛、腹泻。为进一步治疗到我院就诊。

体格检查：体温38.5C，脉搏100次/分，呼吸20次/分，血压92/68mmHg，咽部和心肺腹未见异常。右肾区压叩痛可疑阳性，双下肢无水肿，余未见异常。辅助检查：血常规：WBC 20.1×10^9/L，N 0.83，L 0.07；尿常规：RBC（+），WBC（++），尿蛋白（+）；血浆总蛋白、白蛋白、总胆固醇、补体C3、BUN均正常。

思考题

1. 本病例首先考虑什么诊断？
2. 宜采取哪些治疗措施？

泌尿道感染（urinary tract infection，UTI）是指细菌直接侵入尿路，在尿液中生长繁殖，并侵犯尿路黏膜或组织而引起损伤。炎症可累及尿道、膀胱、肾盂和肾实质，小儿时期感染很少局限于某一部位，临床上又难以准确定位，故统称为泌尿道感染。2岁以下小儿发生率较高，女孩多于男孩。

一、病 因

任何致病菌均可引起泌尿道感染，但绝大多数为革兰阴性杆菌，如大肠埃希菌、副大肠杆菌、变形杆菌、克雷伯杆菌、铜绿假单胞菌，少数为肠球菌和葡萄球菌。最常见的致病菌是大肠埃希菌，占60%～80%，其次为变形杆菌或其他肠杆菌。

考点：泌尿道感染常见致病菌

1. 新生儿和小婴儿 使用尿布、幼儿穿开裆裤、坐地玩耍致尿道口污染、留置导尿管、尿路损伤或异物等导致尿道口常受细菌污染。且局部防御能力差，女婴尿道短，男婴包茎积垢等易致上行感染。

2. 先天性或获得性尿路畸形 增加尿路感染的危险性。

3. 膀胱输尿管反流　为小儿反复尿路感染的重要原因。

4. 其他　糖尿病、高钙血症、肾病综合征、营养不良等全身性疾病及长期使用糖皮质激素或免疫抑制剂的患儿由于免疫功能低下容易患泌尿道感染。

膀胱输尿管反流

正常的输尿管膀胱连接部具有活瓣样功能，只允许尿液从输尿管流进膀胱而不允许尿液从膀胱向输尿管的倒流，因某种原因使这种活瓣样功能受损时尿液即倒流入输尿管，严重时到达肾脏，这种现象称膀胱输尿管反流（vcsicoureteral reflux）。膀胱输尿管反流分为原发性和继发性两种，前者系活瓣功能先天性发育不全，后者继发于下尿路梗阻，如后尿道瓣膜神经源性膀胱等膀胱输尿管反流与尿路感染和肾瘢痕之间有密切的关系，反流可导致高血压和肾衰竭。

链接

二、发病机制

1. 上行性感染　致病菌从尿道口上行并进入膀胱，再经输尿管移行至肾脏，这是婴幼儿期泌尿道感染最主要的途径，多见于女孩。

考点：泌尿道感染常见感染途径

2. 血源性感染　多见于新生儿及婴幼儿。

3. 淋巴感染　肠道内的细菌和盆腔感染可通过淋巴管感染肾脏。

4. 直接蔓延　肾脏周围邻近器官和组织的感染也可直接蔓延。另外小儿泌尿系统解剖生理特点，先天性或获得性尿路畸形，膀胱输尿管尿液反流等均可成为易感因素。

三、临床表现

不同年龄组和急、慢性感染的临床表现差异较大。

1. 急性感染

（1）新生儿：多由血行感染引起，临床症状极不典型，以全身症状为主，可有发热或体温不升、体重不增、皮肤苍白、拒乳、腹泻、嗜睡和惊厥等。局部的尿路刺激症状多不明显，但常伴有败血症。

（2）婴幼儿：女婴多见，全身症状重，局部症状轻微。主要表现为高热、呕吐、面色苍白、腹痛、腹泻等，甚至出现精神萎靡和惊厥。部分患儿有尿路刺激症状如尿线中断、排尿时哭闹、尿布有臭味等。

考点：急、慢性泌尿道感染的临床表现

（3）年长儿：与成人相似，上尿路感染常有发热、寒战、肾区叩击痛、遗尿等；下尿路感染以膀胱刺激症状如尿频、尿急、尿痛为主。

2. 慢性感染 病程迁移6个月以上，轻者可无明显症状，也可间断出现发热、脓尿或菌尿。病程久者可有贫血、乏力、发育迟缓、高血压及肾功能减退等。

四、辅助检查

1. 尿常规　清晨首次中段尿离心后镜检，白细胞＞5个/HP为异常，如脓细胞成堆或有白细胞管型则诊断价值更大。

2. 尿细菌培养　中段尿培养，菌落计数＞10^5/ml可确诊，10^4～10^5/ml为可疑，＜10^4/ml系污染。通过耻骨上膀胱穿刺获取的尿培养，只要发现有细菌生长，即有诊断意义。

3. 尿涂片找细菌　取一滴混匀新鲜尿置玻片上烘干，革兰染色，油镜下每个视野细菌数≥1个，有诊断意义。

4. 影像学检查　常用的有B超检查、静脉肾盂造影加断层摄片、排泄性膀胱尿路造影、

肾核素造影、CT 扫描等。

五、诊断与鉴别诊断

（一）诊断

1. 临床表现　年长儿尿路刺激症状明显，结合实验室检查可立即得以确诊。婴幼儿尿路刺激症状不明显或缺如，而常以全身表现较为突出，易致漏诊。故对病因不明发热患儿都应反复做尿液检查，争取在用抗生素治疗前进行尿培养、菌落计数和药敏试验。

2. 实验室检查　凡清洁中段尿定量培养菌落数≥10^5/ml 或球菌≥10^3/ml，或耻骨上膀胱穿刺尿定性培养有细菌生长，即可确立诊断。

3. 其他　已确诊泌尿道细菌感染还应进一步确定以下内容：①本次感染系初染、复发或再感；②确定致病菌的类型并做药敏试验；③有无尿路畸形如膀胱输尿管反流、尿路梗阻等，如有膀胱输尿管反流，还要进一步了解“反流”的严重程度和有无肾脏瘢痕形成；④感染的定位诊断，即上尿路感染或下尿路感染。

考点：泌尿道感染的诊断要点

（二）鉴别诊断

1. 急性尿道综合征　患儿临床表现为尿频、尿急、尿痛、排尿困难等尿路刺激症状，但清洁中段尿培养无细菌生长或为无意义性菌尿。

2. 肾结核　患儿有结核中毒症状、PPD（+）、普通细菌尿培养阴性。尿沉渣可找到抗酸杆菌，尿培养结核杆菌阳性可鉴别。

3. 急性肾小球肾炎　新近有皮肤感染，咽喉炎后出现血尿，还有水肿、高血压，首先要考虑急性链球菌感染后肾小球肾炎，尿检没有大量的白细胞，尿细菌培养阴性。

4. 肾结石　患儿多有典型肾绞痛、血尿；尿常规检查以红细胞为主；肾脏超声、静脉肾盂造影可发现结石而明确诊断。

六、治　　疗

治疗目的是积极控制感染、去除诱发因素，预防复发。

1. 一般治疗 急性期需卧床休息，鼓励患儿多饮水，多排尿，女孩还应注意外阴部的清洁卫生，以减少细菌在尿道的停留和繁殖，减轻炎症反应。供给足够的热量、维生素和蛋白质，以增强机体抵抗力。对高热、头痛、腰痛的患儿应给予解热镇痛剂缓解症状，对尿路刺激症状明显者，可用阿托品、山莨菪碱等抗胆碱药物治疗或口服碳酸氢钠碱化尿液，以减轻尿路刺激症状。

2. 抗菌药物　应早期积极应用抗菌药物疗法，药物选择一般根据：①感染部位：对上行感染应选择血浓度高的药物如青霉素类、氨基糖苷类或头孢菌素类，而下尿路感染则应选择尿浓度高的药物如呋喃类或磺胺类。②尿培养及药物敏感结果。③对肾损害少的药物。

常用复方磺胺甲噁唑（SMZ-TMP），按 SMZ50mg/（kg · d），TMP 10mg/（kg · d）计算，分 2 次口服，连用 7～10 天。氨苄西林 100～200mg/（kg · d），分 3 次滴注，或用头孢噻肟钠，也可用头孢曲松钠 50～75mg/（kg · d）静脉缓慢滴注，疗程共 10～14 天。

考点：泌尿道感染的治疗原则

3. 积极矫治尿路畸形。

七、预防及预后

急性泌尿道感染经合理抗菌治疗，多数于数日内症状消失、治愈，但有近 50%患者可复发或再感染。绝大多数患儿复发多在治疗后 1 个月内发生。再感染多见于女孩，多在停药后 6 个月内发生。再发病例多伴有尿路畸形，其中以膀胱输尿管反流最常见。膀胱输尿管反流

考点：泌尿道感染的再发时间、随访时间

与肾瘢痕关系密切，一旦肾瘢痕引起高血压，如不能被有效控制，最终发展至慢性肾衰竭。预防要注意个人卫生，及时发现和处理男孩包茎、女孩处女膜伞、蛲虫感染等；及时矫治尿路畸形，防止尿路梗阻和肾瘢痕形成。强调按疗程应用抗生素，定期随访，急性感染每个月随访1次，连续3个月，反复发作者每3～6个月复查1次，共2年或更长时间。

案例8-3分析

1. 初步诊断　患儿女，10岁。主因右腰部疼痛伴畏寒、发热2天入院。伴尿频、尿急、尿痛，右肾区压叩痛可疑阳性，血常规：WBC 20.1×10^9/L，N 0.83，L 0.07；尿常规：RBC （+），WBC （++），尿蛋白（+）；肾功能正常，故首先考虑急性泌尿道感染。

2. 处理原则　卧床休息，多饮水，多排尿，积极应用抗菌药物治疗，按疗程应用抗生素。

目标检测

一、A1型题

1. 学龄前儿童尿量每日少于多少时称少尿（　　）
   A. 400ml　B. 300ml
   C. 200ml　D. 100ml
   E. 80ml
2. 小儿无尿概念是指昼夜尿量低于（　　）
   A. 0～30ml　B. 30～50ml
   C. 60～80ml　D. 80～100ml
   E. 150ml
3. 急性肾炎时应用青霉素是为了（　　）
   A. 治疗急性肾炎本身
   B. 预防肾炎复发
   C. 防止交叉感染
   D. 清除病灶内残留的链球菌
   E. 防止并发症
4. 急性肾炎严重病例常发生在（　　）
   A. 起病的1～2周　B. 起病的2～3周
   C. 起病的1个月　D. 起病的4～5周
   E. 起病的3～4周
5. 急性肾小球肾炎患儿恢复上学的主要指标是（　　）
   A. 水肿消退，肉眼血尿消失
   B. 水肿消退，尿常规转为正常
   C. 水肿消退，血压正常
   D. 血沉、补体恢复正常
   E. 水肿消退，尿蛋白正常
6. 对诊断急性肾炎血生化改变意义较大的是(　　)
   A. 抗“O”升高　B. 血浆蛋白明显下降
   C. 血清补体下降　D. 胆固醇升高
   E. 血沉增快
7. 急性肾小球肾炎最常发生于哪种感染之后(　　)
   A. 链球菌　B. 葡萄球菌
   C. 支原体　D. 病毒
   E. 立克次体
8. 肾病综合征患儿应用肾上腺皮质激素治疗6周，尿蛋白完全消失，其疗效属（　　）
   A. 敏感　B. 部分敏感
   C. 耐药　D. 肾上腺皮质激素依赖
   E. 以上均不是
9. 原发性肾病综合征的常见并发症是（　　）
   A. 心力衰竭　B. 高血压脑病
   C. 肾功能不全　D. 高钾血症
   E. 感染
10. 原发性肾病综合征的最主要病理生理改变是（　　）
    A. 无尿　B. 血尿
    C. 补体下降　D. 大量蛋白尿
    E. 高脂血症
11. 治疗肾病综合征的首选药物是（　　）
    A. 抗生素　B. 利尿药
    C. 冻干人血浆　D. 免疫调节药
    E. 肾上腺糖皮质激素
12. 原发性肾病综合征病人水肿的主要原因是（　　）
    A. 蛋白质合成障碍　B. 低白蛋白血症
    C. 高脂血症　D. 循环血容量不足
    E. 肾小管重吸收蛋白障碍
13. 儿童泌尿道感染最常见的感染途径是(　　)
    A. 血行感染　B. 上行感染
    C. 淋巴道感染　D. 组织直接扩散
    E. 尿路机械引流
14. 婴儿泌尿道感染最常见的病原菌是（　　）
    A. 金黄色葡萄球菌　B. 溶血性链球菌
    C. 脑膜炎奈瑟菌　D. 大肠埃希菌
    E. 铜绿假单胞菌

15. 急性肾炎合并急性肾功能不全时的临床表现为（　　）
A. 严重少尿或尿闭　B. 氮质血症
C. 代谢性酸中毒　D. 高钾血症
E. 以上均是

二、A2 型题

16. 患儿男，5 岁。因水肿 6 周，阴囊水肿 3 天入院。无少尿、血尿，头晕、头痛。查体：发育正常，营养稍差。面色苍白，心肺无异常，腹部移动性浊音（+），两下肢凹陷性水肿，阴囊水肿。尿常规：尿蛋白（++++）；血浆总蛋白 44 g/L（正常值 60～80g/L），白蛋白 9g/L（正常值 19g/L），总胆固醇 6.2mmol/L（正常值 2.86～5.98mmol/L）。该患儿最可能的诊断是（　　）
A. 急性肾小球肾炎　B. 单纯性肾病
C. 肾炎性肾病　D. 泌尿道感染
E. 病毒性肾炎

17. 患儿男，8 岁。4 周前曾患脓疱疮，2 天来眼睑水肿，尿少，有肉眼血尿，咽部充血，心脏无异常，未触及肝脾，血压 20/14.7kPa（150/110mmHg）；尿蛋白（+++），有大量红细胞，少数白细胞。血液检查：红细胞及血红蛋白轻度下降，抗链球菌溶血素“O”500U，CH50、C3 减少，非蛋白氮 35mg/dl。最可能的诊断是（　　）
A. 急性肾炎　B. 急进性肾炎
C. 肾炎性肾病　D. 慢性肾炎
E. 良性再发性血尿

18. 患儿 5 岁。因急性肾炎入院。今晨突然头痛，一过性失明，继之出现抽搐，此患儿有可能发生了下列哪种情况（　　）
A. 脑膜炎　B. 高血压脑病
C. 严重循环充血　D. 颅内出血
E. 急性肾衰竭

19. 患儿男，9 岁。因水肿、腹水收入院。查体：血压 120/90mmHg，尿蛋白（+++），尿 RBC：3～5 个/HP，血浆总蛋白 50g/L，BUN 6mmol/L。治疗其首选药物为（　　）
A. 环磷酰胺　B. 硫唑嘌呤　C. 泼尼松龙
D. 泼尼松　E. 氮芥

20. 患儿因急性肾小球肾炎入院，2 天后尿少、水肿加重，伴呼吸困难，两肺有湿性啰音，心律呈奔马律，肝脏增大，可能并发了（　　）
A. 支气管肺炎　B. 急性肾衰竭
C. 高血压脑病　D. 严重循环充血
E. 电解质紊乱

21. 泌尿道感染患儿，取清晨首次中段尿离心后镜检，以下结果哪项正确（　　）
A. 白细胞计数＞5 个/HP
B. 白细胞计数＞3 个/HP
C. 白细胞计数＞2 个/HP
D. 白细胞计数＞10 个/HP
E. 白细胞计数＞20 个/HP

22. 患儿 6 岁。晨起眼睑水肿 2 天，同时伴尿少，尿色呈洗肉水样，血压 16/12kPa（120/90mmHg），咽部充血，扁桃体Ⅱ度肿大，无脓性分泌物，心肺检查无异常发现，发病前 1 周患上呼吸道感染，最可能的诊断是（　　）
A. 肾病综合征　B. 急性肾炎
C. 肾结石　D. 泌尿系感染
E. 以上都不是

23. 急性肾炎患儿，在疾病早期要求绝对卧床休息，其目的主要是（　　）
A. 预防并发症的发生　B. 维持血压正常
C. 减轻血尿　D. 减轻水肿
E. 增加尿量

24. 患儿男，8 岁。因水肿入院，尿蛋白（++），血压 16/11kPa，头痛、头晕，初诊为急性肾小球肾炎，下述哪项处理最重要（　　）
A. 无盐饮食　B. 低蛋白饮食
C. 利尿、消肿、降压　D. 记出入液量
E. 肌内注射青霉素

25. 患儿女，5 岁。10 天前发热、咽痛，近 2 天水肿、尿少，尿色较深。体检：神志清，四肢轻度水肿，凹陷不明显，咽充血，心、肺、腹无异常，血压 12/9kPa（90/68mmHg）。拟诊急性肾小球肾炎，应首先做下列哪项检查（　　）
A. 血常规　B. 尿常规
C. 胸部 X 线透视　D. 心电图
E. 咽拭子培养

26. 患儿女，8 岁。急性肾小球肾炎治疗已 3 周，判断该患儿能够恢复上学的主要指标是（　　）
A. 水肿消退，肉眼血尿消失
B. 水肿消退，尿常规转为正常
C. 水肿消退，血压正常
D. 血沉、补体恢复正常
E. 水肿消退，尿蛋白正常

27. 患儿女，6 岁，因“肾病综合征”应用肾上腺皮质激素治疗 6 周后，尿蛋白完全消失，水肿消退。激素疗效为（　　）
A. 复发　B. 激素耐药
C. 激素依赖　D. 激素敏感
E. 激素部分敏感

三、A3 型题

（28～29 题共用题干）

患儿女，3 岁。因高热、尿频、尿急、尿痛 2 天来门诊就诊。无水肿、尿少、血尿。体检：体温 38.4℃，发育正常，心、肺听诊无异常。

28. 首先应考虑下列哪种疾病（ ）
A. 急性肾小球肾炎 B. 肾病综合征
C. 泌尿道感染 D. 慢性肾炎
E. 急进性肾炎

29. 为明确诊断，应进一步做下列哪些检查为宜（ ）
A. 血常规 B. 膀胱造影
C. 尿常规及中段尿培养 D. 血培养
E. 肾功能检查

（30～31 题共用题干）

患儿男，4 岁。全身严重凹陷性水肿，24 小时尿蛋白定量 0.15g/kg，血清白蛋白 10g/L，血胆固醇 9.2mmol/L，诊断为单纯性肾病。

30. 该患儿的治疗及护理正确的是（ ）
A. 不必限制活动 B. 饮食不必限盐
C. 首选环磷酰胺 D. 尽量避免皮下注射
E. 口服泼尼松总疗程不超过 8 周

31. 该患儿不会发生的并发症是（ ）
A. 低钠血症 B. 感染
C. 心力衰竭 D. 低钾血症
E. 静脉血栓形成

（32～34 题共用题干）

患儿女，7 岁。10 天前发热、咽痛，近 2 天水肿、尿少，尿色较深。体检：神志清，四肢轻度水肿，压之凹陷不明显，咽充血，心、肺、腹无异常，血压 12/9kPa（90/68mmHg），拟诊急性肾小球肾炎。

32. 应首先做下列哪项检查（ ）
A. 血常规 B. 尿常规 C. 胸部 X 线透视
D. 心电图 E. 咽拭培养

33. 对该患儿确诊最有价值的血清学检查是（ ）
A. 血沉与抗核抗体
B. 尿素氮与 C 反应蛋白
C. 抗“O”与补体 C3
D. 肌酐与免疫球蛋白
E. 血沉与黏蛋白

34. 该病急性期应卧床休息至（ ）
A. 血沉降至正常
B. 抗“O”降至正常
C. 补体恢复正常
D. 血尿完全消失，水肿消失，血压正常
E. 肉眼血尿消失，水肿消失，血压正常

四、A4 型题

（35～40 题共用题干）

患儿男，8 岁。以血尿、眼睑水肿 3 天，头痛 1 天入院。2 周前有发热、咽痛史。查体：血压 16/11kPa（128/83mmHg），发育正常，双睑水肿，两下肢呈非凹陷性水肿。辅助检查：尿常规：尿蛋白（++），RBC（++），WBC 4～6 个/HP，上皮细胞 0～4 个/HP；血常规：Hb 106g/L，WBC 8×10^9/L，N 0.64，L 0.36。

35. 该患儿最可能的诊断是（ ）
A. 急性肾小球肾炎 B. 尿路感染
C. 单纯性肾病 D. 肾炎性肾病
E. 病毒性肾炎

36. 为明确诊断，需做进一步检查，下列哪项检查不必要（ ）
A. BUN B. ASO 测定 C. ESR
D. C3 测定 E. 肾穿刺活检

37. 患儿入院后不久，自诉头痛加重，恶心、呕吐，并出现惊厥。此时患儿可能出现了下列哪种情况（ ）
A. 严重循环充血及心力衰竭
B. 高血压脑病
C. 急性肾衰竭
D. 肾炎合并低钙血症
E. 肾炎合并低钠血症

38. 此时予以紧急处理，下列哪项治疗措施不正确（ ）
A. 呋塞米静脉注射 B. 地西泮静脉注射
C. 立即吸氧 D. 硝普钠静脉滴注
E. 补充钙剂

39. 对于本患儿下列哪项措施不恰当（ ）
A. 2 周内应卧床休息
B. 限制钠盐摄入，每日食盐 1～2g
C. 每日测体重 1 次
D. 每周 2 次尿常规检查
E. 血沉正常后恢复正常生活

40. 本病发生水肿的原因是（ ）
A. 肾小球滤过率下降
B. 肾小球基膜受损
C. 低蛋白血症
D. 醛固酮分泌增多
E. ADH 分泌增多

（焦 健）

第9章　造血系统疾病

第1节　小儿造血与血液系统特点

学 习 目 标

1. 了解胎儿期造血的特点。
2. 熟悉生理性贫血概念。
3. 掌握小儿白细胞计数和分类特点。

一、造 血 特 点

1. 胚胎期造血　胚胎期造血始于卵黄囊的血岛，然后在肝、脾等髓外造血器官，最后在骨髓，共3个不同的造血期。

（1）中胚叶造血期：在胚胎第2～3周，卵黄囊的血岛生成原始血细胞。从胚胎第6周后，血岛开始退化。

（2）肝脾造血期：肝脏造血自胚胎第6周开始，至第5个月时达到高峰，成为胎儿中期的主要造血部位。第6个月后肝脏造血逐渐减少，约在初生时停止。脾在胚胎第8周左右才参与造血，胎儿第5个月后脾制造红细胞和粒细胞的功能减退、消失，但制造淋巴细胞的功能可持续终身。胎儿从第8～11周起，胸腺和淋巴结参与制造淋巴细胞。

（3）骨髓造血期：胚胎第6周出现骨髓，但胎儿4个月骨髓才出现造血功能，并迅速成为造血的主要器官，直至出生2～5周后成为唯一的造血场所。

考点：骨髓造血时间

2. 生后造血　出生后至成人的造血。

（1）骨髓造血：出生后骨髓是生成红细胞、粒细胞和巨核细胞的唯一器官。在生后5年内，所有的骨髓均为红骨髓，全部参与造血。5～7岁开始，长骨中逐渐出现脂肪细胞代替红髓变成黄髓，红髓仅限于肋骨、胸骨、脊椎和髂骨、颅骨、锁骨和肩胛骨等处。但黄髓具有潜在的造血功能，当造血需要增加时黄髓可重新转变成红髓恢复造血。

（2）骨髓外造血：正常情况下，骨髓外造血极少，但是，当机体遇到各种感染、失血、贫血等造血需要增加时，尤其在婴幼儿期，肝、脾、淋巴结又可恢复到胎儿时的造血状态，重新参与造血，称为骨髓外造血。表现为肝、脾、淋巴结可肿大，外周血中可见幼稚红细胞和（或）幼稚中性粒细胞。感染和贫血纠正后即恢复正常，这是小儿造血器官的一种特殊反应。

考点：骨髓外造血概念

二、血 液 特 点

小儿血液有明显的年龄特点。

1. 红细胞与血红蛋白　胎儿期氧能量相对较低，处于相对缺氧状态，出生时红细胞计数可高达（5～7）$\times 10^{12}$/L，血红蛋白为150～230g/L。由于自主呼吸的建立，血氧分压升高，促红细胞生成素减少，骨髓暂时性造血功能减低；另外胎儿红细胞寿命较短和破坏较多（生

考点：生理性贫血概念

理性溶血）；婴儿生长发育迅速，血容量增加；在2～3个月时红细胞降至3×10^{12}/L左右，血红蛋白为100g/L，出现轻度贫血，称为“生理性贫血”。3个月后红细胞和血红蛋白又缓慢上升，约12岁时达到成人水平。

2. 血红蛋白　胎儿期主要为胎儿型血红蛋白，出生时胎儿型血红蛋白占70%，成人型血红蛋白占30%，6～12个月时胎儿型血红蛋白仅占2%以下。

考点：中性粒细胞与淋巴细胞二次交叉时间

3. 白细胞计数与分类　出生时白细胞计数为（15～20）$\times10^9$/L，在10～20日时为（10～15）$\times10^9$/L，婴儿时期白细胞总数平均在10×10^9/L左右。8岁时接近成人水平，约为7×10^9/L。白细胞分类中，中性粒细胞与淋巴细胞的变化较为突出。出生时中性粒细胞占60%～65%，淋巴细胞占30%～35%，生后4～6天两者比例约相等（第一次交叉），随后淋巴细胞逐渐上升，4～6岁两者比例再次相等（第二次交叉）。7岁以后白细胞分类与成人相似。

4. 血小板　血小板数与成人相似，（150～300）$\times10^9$/L。

三、血　容　量

小儿血容量相对比成人多，新生儿血容量约占体重的10%，平均300ml，儿童占8%～10%。

第2节　小儿贫血

学习目标

1. 熟悉贫血的定义、诊断标准。
2. 掌握贫血的分类、分度。

一、贫血的定义

考点：贫血的定义、诊断标准

贫血是指末梢血中单位容积内红细胞数和（或）血红蛋白量低于正常。是小儿时期常见的一种症状。小儿贫血国内的诊断标准：新生儿期血红蛋白（Hb）＜145g/L，1～4个月Hb＜90g/L，4～6个月Hb＜100g/L，6个月至6岁Hb＜110g/L，6～14岁Hb＜120g/L为贫血。

1. 贫血程度分类　（表9-1）。

表9-1　小儿贫血程度分类

	轻度	中度	重度	极重度
血红蛋白（g/L）	90～120	60～90	30～60	＜30
红细胞数（$\times10^{12}$/L）	3～4	2～3	1～2	＜1

二、贫血的分类

考点：贫血分类概念、病因分类

2. 病因分类

（1）红细胞和血红蛋白生成不足：①造血物质缺乏：以缺铁性贫血（铁缺乏）、巨幼红细胞贫血（维生素B_{12}、叶酸缺乏）较多见。②骨髓造血功能障碍：如再生障碍性贫血等。

（2）溶血性贫血：①红细胞内在缺陷：包括红细胞膜结构缺陷、红细胞酶缺乏和血红蛋白合成或结构异常。②红细胞外在因素：常见有免疫因素（新生儿溶血症等）和非免疫因素（感染等）。

（3）失血性贫血：包括急性失血和慢性失血引起的贫血。

3. 形态分类　根据红细胞平均容积（MCV）、红细胞平均血红蛋白量（MCH）、红细胞平均血红蛋白浓度（MCHC）的值，将贫血分为四类（表9-2）。

表9-2　贫血的细胞形态分类

	MCV（fl）	MCH（pg）	MCHC（%）
正常值	80～94	28～32	32～38
大细胞性	>94	>32	32～38
正常细胞性	80～94	28～32	32～38
单纯小细胞	<80	<28	32～38
小细胞低色素性	<80	<28	<32

第 3 节　营养性缺铁性贫血

学习目标

1. 了解营养性缺铁性贫血的病因。
2. 熟悉营养性缺铁性贫血的临床表现。
3. 掌握营养性缺铁性贫血的防治原则。

案例9-1

患儿男，9 个月 12 天。因“面色苍白、发热、咳嗽、流涕 2 天”来诊。患儿 1 个月前无明显诱因出现面色苍白，精神稍差、胃纳可，皮肤无出血点，家长未加重视，未做特殊处理。2 天前患儿无诱因出现发热，体温不详，伴咳嗽，有痰不会咳出，咳嗽剧烈时伴呕吐胃内容物。流涕，为黄色黏涕。今日来诊，查血常规 Hb68g/L，遂以“发热、贫血查因”收住院治疗。患儿系 G1P1，足月顺产，母乳喂养，1 个月添加维生素 AD 滴剂，4 个月起除添加米粉外未添加其他辅食。

体格检查：体温 38℃，脉搏 150 次/分，呼吸 38 次/分，体重 9kg。面色及口唇黏膜苍白，指（趾）甲床苍白，精神稍差，反应差。心率 150 次/分，律齐。腹部平软，肝肋下 2.5cm，剑突下 3cm，质软。脾肋下刚触及。脊柱与四肢无畸形，活动正常，指（趾）甲床苍白。生理反射存在，病理反射未引出。实验室检查：Hb68g/L，RBC4.25×10^{12}，MCV70fl，MCH18.5pg，MCHC23.1%，HCT26%，血清铁 8.8μmol/L。

思考题

1. 说出患儿的初步诊断。
2. 提出基本的治疗原则。

营养性缺铁性贫血（nutritional iron deficiency anemia）是指由于体内铁缺乏，致使血红蛋白合成减少而引起的一种以小细胞低色素性、血清铁蛋白减少和铁剂治疗有效为特点的贫血，是小儿时期最常见的一种贫血。多见于 6 个月至 3 岁的婴幼儿，是我国重点防治的小儿常见病之一。

一、病　　因

1. 先天贮铁不足　胎儿于妊娠最后 3 个月从母体获得大量的铁，以供出生后 3 至 4 个月造血所需。因此早产、双胎、胎儿失血以及母亲孕期严重贫血都会影响胎儿体内铁的储存，导致存储铁减少。

2. 铁的摄入量不足　是导致缺铁性贫血的主要原因。人体内的铁来源于食物。婴儿食物以乳类为主，不论是母乳还是牛乳含铁量均很低。因此，婴儿4个月以后若不及时添加含铁丰富的辅食，容易发生缺铁性贫血。

考点：缺铁性贫血病因

3. 生长发育快　婴儿期是生长发育的第一个高峰，前3个月和1周岁时体重分别为出生时的2倍和3倍，而体重增加血容量也增加，因此铁需量较多，如不及时添加含铁丰富的食物易发生缺铁性贫血。

4. 铁的吸收和利用障碍　慢性腹泻、消化道畸形、反复感染和食物搭配不合理均会影响铁的吸收和利用。

5. 铁的丢失或消耗过多　婴幼儿牛奶过敏可引起肠道慢性失血（每1ml血约含铁0.5mg），慢性失血可至缺铁。另外肠息肉、迈克尔憩室、钩虫病等均可至慢性失血、缺铁。

二、发病机制

1. 铁是合成血红蛋的主要原料。铁由血循环运送到骨髓后，进入红细胞内，与原卟啉结合成血红素，血红素与珠蛋白合成血红蛋白。缺铁时血红蛋白合成减少，新生的红细胞内血红蛋白含量不足，胞质量较少，红细胞体积变小。而缺铁对幼红细胞的增殖、分化影响较小，故红细胞数量减少的程度不如血红蛋白减少明显，表现为小细胞低色素性贫血。

2. 缺铁可影响肌红蛋白的合成，使多种含铁酶的活性减低。导致机体出现体力下降、易疲劳、表情淡漠、注意力不集中、智力减退等。缺铁还可以引起组织器官的异常和细胞免疫功能降低，导致机体易患感染性疾病。

三、临床表现

1. 一般表现　皮肤、黏膜苍白，烦躁不安，以口唇、甲床和睑结膜明显，精神不振、易疲乏、不爱活动，年长儿可诉头晕，眼花、耳鸣等。

2. 髓外造血表现　由于骨髓外造血反应，可出现肝、脾和淋巴结肿大。年龄越小、贫血越重，肝脾大越明显。

考点：缺铁性贫血的临床特点

3. 非造血系统表现

（1）消化系统：食欲减退，少数可有异食癖。

（2）神经系统：易疲劳，注意力不集中、记忆力减退、理解下降，严重者智力减退。

（3）循环系统：严重贫血时心率增快、心脏扩大、出现杂音，可发生心功能不全。

（4）其他：免疫功能低下，易患感染性疾病。上皮组织异常而出现反甲。

异　食　癖

异食癖多见于1.5～5岁的小儿，男孩多于女孩。临床上以吞食异物为其特征。其病因可能与以下两种因素有关：①某种营养物质缺乏：有人认为锌缺乏或其他物质缺乏可造成异食癖，以试图从非食物中获取。②精神因素：这些儿童从父母那里常常得不到他所需要的东西，作为这种需要的补偿，小儿即吞食异物。

异食癖的临床表现为咬吃非食物性的东西，是该症最典型的临床表现。如灰泥、墙皮、泥土、沙子、油漆、头发、粉笔、纸、衣服等，甚至吞食污物、动物的粪便、石头等。有的儿童仅以某种物品为食，有的则以多种异物为食。

链接

四、辅 助 检 查

1. 周围血象 血红蛋白减少比红细胞减少明显，呈小细胞低色素性贫血。血涂片见红细胞大小不等，小细胞多，中央淡染区扩大。平均红细胞容积（MCV）＜80fl，红细胞平均血红蛋白量（MCH）＜26pg，红细胞平均血红蛋白浓度（MCHC）＜0.31。网织红细胞数正常或轻度减少。白细胞、血小板一般无改变（图 9-1）。

2. 骨髓象 骨髓增生活跃，以中晚幼红细胞增生为主，各期红细胞均较小，胞浆成熟度明显落后于胞核（图 9-2）。

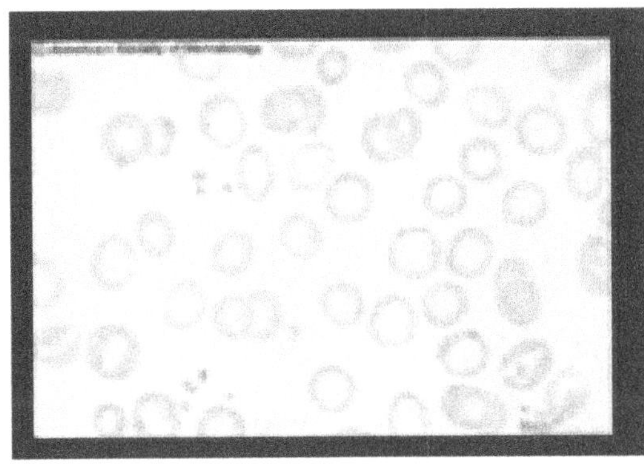

图 9-1 缺铁性贫血血象

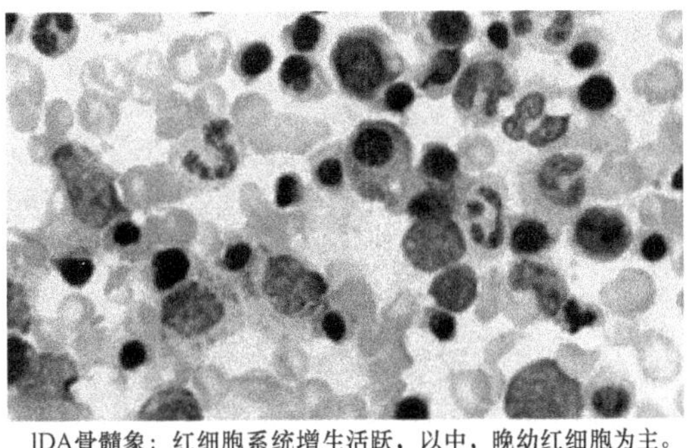

IDA骨髓象：红细胞系统增生活跃，以中，晚幼红细胞为主。幼红细胞体积偏小，核染色致密，胞浆少，偏蓝，边缘不整齐。

图 9-2 缺铁性贫血骨髓象

3. 生化检查 ①血清铁蛋白（SF）：当 SF＜12μg/L 时提示缺铁。②红细胞内游离原卟啉增加（FEP）：当 FEP＞0.9μmol/L 即提示细胞内缺铁。如 SF 值降低、FEP 升高而未出现贫血，这是红细胞生成缺铁期的典型表现。③血清铁（SI）、总铁结合率（TIBC）和转铁蛋白饱和度（TS）：这三项检查是反映血浆中铁含量，通常在缺铁性贫血期才出现异常，即 SI（正常值 12.8～31.3μmol/L，＜9.0～10.7μmol/L 有意义）和 TS（＜15%有诊断意义）降低，TIBC（＞62.7μmol/L 有意义）升高。

考点：实验室检查意义

4. 骨髓可染铁 骨髓涂片用普鲁士蓝染色镜检，缺铁时细胞外铁减少（0～+），红细胞内铁粒细胞数＜15%。

五、诊 断

根据病史，特别是喂养史、临床表现和血象特点，一般可以作出初步诊断。有关铁代谢的生化检查有确诊意义。必要时可做骨髓检查。用铁剂治疗有效可协助诊断。

六、治 疗

治疗的原则是去除病因和补充铁剂。

1. 一般疗法 首先是去除病因，积极治疗原发病。其次是加强护理，保证患儿充足的睡眠时间，避免感染。此外，提倡母乳喂养，合理添加辅食，提供富含蛋白质、维生素和铁的食物。培养孩子良好的饮食习惯，纠正偏食、挑食等不良习惯。

2. 铁剂治疗 目的在于纠正缺铁，治疗缺铁性贫血和恢复铁贮存。

（1）口服铁剂：首选口服铁剂。二价铁盐容易吸收，临床常用的口服铁剂以硫酸亚铁（含元素铁 20%）、富马酸亚铁（含元素铁 33%）、葡萄糖酸亚铁（含元素铁 12%）和多糖铁复合物（力蜚能，含元素铁 46%）等。口服铁剂的剂量为元素铁 4.5～6mg/kg，分 3 次口服。

考点：铁剂治疗的剂量和注意点

口服铁剂时应注意从小剂量开始，在两餐之间服用；最好与维生素C、稀盐酸合剂、果糖同服；忌与牛奶、茶水、咖啡、植酸盐、钙剂同服；用吸管服用水剂型铁剂，或服药后漱口避免牙齿黑染。

（2）注射铁剂：注射铁剂容易发生不良反应，甚至发生过敏反应致死，故要慎用。适应证：①诊断明确但口服铁剂无效；②口服铁剂胃肠道反应严重；③由于胃肠疾病手术后不能口服铁剂。常用注射剂：右旋糖酐铁复合物、葡萄糖氧化铁等。

3. 输血　一般不输血，仅用于严重贫血并发心力衰竭或伴感染者，每次输血量＜7ml/kg，速度宜慢。

七、预　　防

1. 预防早产、预防孕妇缺铁性贫血。

考点：预防缺铁性贫血的原则

2. 鼓励母乳喂养，做好喂养指导，及时添加含铁丰富且易吸收的辅食，并注意膳食合理搭配促进铁的吸收。婴儿若以鲜牛奶喂养，必须加热处理避免过敏导致肠出血。

3. 早产儿，尤其是极低体重的早产儿可于出生2个月起给予铁剂（元素铁每日2mg/kg）预防。

案例9-1分析

1. 初步诊断　患儿男，9个月。根据其出生后的喂养史，虽然是母乳喂养，但一直没有添加过含铁丰富的辅食和补铁的药品。体格检查：面色苍白、口唇黏膜苍白，精神萎靡，指（趾）甲床苍白都为中度贫血的体征。此外，患儿有因贫血免疫能力下降导致上呼吸道感染及髓外造血的重要体征，如肝脾轻度大。结合实验室检查，RBC4.25×10^{12}，血红蛋白仅为68g/L，提示中度贫血，而MCV、MCH、MCHC以及血清铁8.8μmol/L。可初步诊断为营养性缺铁性贫血（中度）。

2. 处理原则　去除病因，补充铁剂，尽量采用口服补铁。

第4节　营养性巨幼红细胞贫血

学 习 目 标

1. 了解营养性巨幼红细胞贫血的病因、发病机制。
2. 熟悉营养性巨幼红细胞贫血的临床表现。
3. 掌握营养性巨幼红细胞贫血的防治原则。

案例9-2

患儿女，11个月。因“面色蜡黄，精神萎靡不振2周而来医院”就诊。患儿足月顺产，生后人工喂养。“三鹿奶粉”事件后家长不敢用奶粉喂养，改为回老家取羊乳喂养两个月，很少食肉、蛋类食物。生后2个月能抬头、3个月抬胸，5个月会翻身，8个月能爬，会无意识地叫“爸爸”“妈妈”。近1个月来发现孩子不会翻身、不会爬，反应迟钝，少哭不笑，面色黄。父母均健康，非近亲婚配，否认有传染病和遗传病史。

体格检查：体温37.2℃，脉搏124次/分，呼吸26次/分，体重8.6kg。发育正常，神志清醒，毛发稀黄，面部及全身皮肤蜡黄。反应差，贫血貌，独坐不稳，不会爬，头部时有不自主震颤。心率124次/分，律齐，无明显病理性杂音，两肺听诊无异常。腹平软，肝肋下3.5cm，质软，脾未触及。四肢活动正常，有不自主震颤，肌力、肌张力正常。生理反射存在，病理反射未引出。实验室检查：Hb81g/L，RBC1×10^{12}，红细胞多数体积增大，大小不等，血红蛋白饱满，MCV＞94fl，MCH＞32pg。血清维生素B_{12}86ng/L。

思考题

1. 说出患儿的初步诊断。
2. 提出基本的处理原则。

营养性巨幼红细胞贫血（nutritional megaloblastic anemia）是由于维生素B_{12}和（或）叶酸缺乏，导致脱氧核糖核酸的生物合成减少，使其分裂和增殖的时间延长，细胞核的发育落后于细胞质，红细胞胞体变大的一种营养性贫血。营养性巨幼红细胞贫血是婴幼儿时期的常见病、多发病，病儿不仅出现贫血，还可发生严重的神经系统症状。

一、病　因

（一）维生素B_{12}缺乏

1. 摄入量不足　婴儿长期不添加辅食是本病的主要病因。单纯母乳喂养儿未及时添加辅食，而母亲又长期素食或患有维生素吸收障碍疾病者，可致维生素B_{12}摄入不足。羊乳叶酸含量很低，单纯羊乳喂养者，容易导致叶酸缺乏。

2. 吸收和转运障碍　食物中维生素B_{12}的吸收是先与胃底部壁细胞分泌的糖蛋白结合成维生素B_{12}-糖蛋白复合物后由末端回肠肠黏膜吸收，进入血循环后需与转钴蛋白结合，再运送到肝脏储存，在此过程任何一个环节异常均可致维生素B_{12}缺乏。

3. 需要量增加　小儿生长发育迅速，对维生素B_{12}的需要量增加，感染严重者维生素B_{12}消耗增加，若未及时添加辅食或添加的质和量不足，易发生本病。

（二）叶酸缺乏

1. 摄入量不足　羊奶含叶酸量很低，牛奶中的叶酸经煮沸后易破坏。因此，单纯用这些奶制品喂养而又未及时添加辅食的婴儿容易发生叶酸缺乏。

2. 药物影响　结肠内细菌含有叶酸，长期服用广谱抗生素者结肠内细菌被清除，可影响叶酸的供应。此外，长期服用抗癫痫药（如苯妥英钠等）也可导致叶酸缺乏。

考点：营养性巨幼红细胞贫血病因

3. 吸收不良　慢性腹泻、小肠病变等可致叶酸吸收障碍。

4. 需要量增加　早产儿、慢性溶血等对叶酸的需要量增加。

5. 维生素C缺乏　婴幼儿体内缺少维生素C时，叶酸代替维生素C参与核酸代谢而被额外消耗，可导致本病的发生。

二、发病机制

维生素B_{12}和叶酸均为DNA合成所必需，维生素B_{12}或叶酸缺乏使DNA合成减少。幼红细胞内的DNA减少使红细胞核的分裂和增殖时间延长，红细胞核发育落后于胞质，而胞质的血红蛋白合成不受影响，所以红细胞的胞体变大，形成巨幼红细胞。此外，粒细胞和血小板也因DNA不足而致成熟障碍，并出现巨大幼稚粒细胞、分叶过多的中性粒细胞及巨大血小板。由于维生素B_{12}参与神经髓鞘中脂蛋白的形成，具有保持含有髓鞘的神经纤维的功能完整性。当维生素B_{12}缺乏时，可导致中枢和外周神经髓鞘受损，因而出现神经精神症状。

叶酸缺乏主要引起情感改变，机制不明。

三、临 床 表 现

起病大多缓慢，多见于 6 个月至 2 岁的婴幼儿。

1. 一般表现　皮肤呈蜡黄色，黏膜苍白，毛发黄而稀疏，面部略显水肿呈虚胖样。睑结膜、口唇、指甲等处苍白，偶有轻度黄疸，常伴有肝脾大。严重者皮肤有出血点或瘀斑。

2. 消化系统症状　出现较早，常有厌食，恶心、呕吐，腹泻和舌炎等。

考点：营养性巨幼红细胞贫血临床特点

3. 精神神经症状　维生素 B_{12} 缺乏者可表现为表情呆滞、少哭不笑，对周围反应迟钝，不认亲人，智力发育和动作发育落后，甚至倒退。严重者常出现肢体、躯干、头部、甚至全身震颤、抽搐、共济失调、踝阵挛和巴宾斯基（Babinski）征阳性等。叶酸缺乏者不发生神经系统症状，但可导致神经精神异常。

四、辅 助 检 查

1. 外周血象　红细胞数降低比血红蛋白下降明显，红细胞多数体积增大，大小不等，血红蛋白饱满，呈大细胞性贫血。MCV＞94fl，MCH＞32pg。网织红细胞、白细胞、血小板计数常减少（图 9-3，图 9-4）。

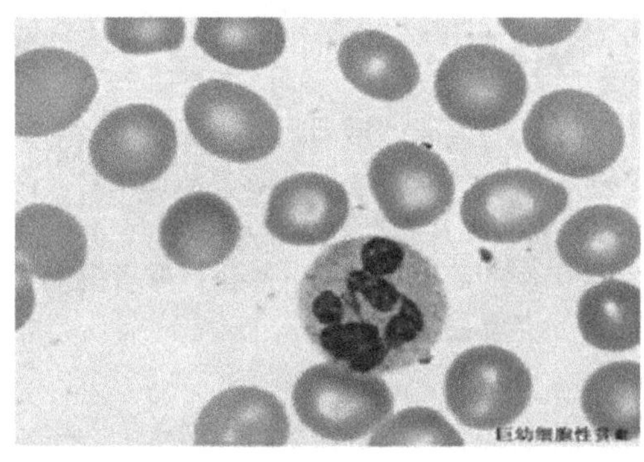

图 9-3　巨幼红细胞贫血血象

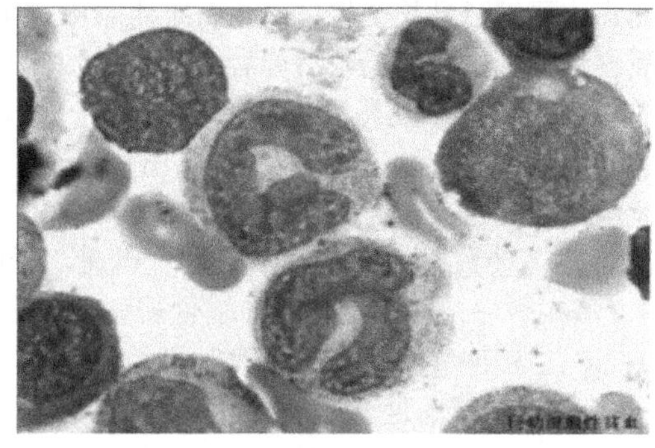

图 9-4　巨幼红细胞贫血血象

2. 骨髓象　增生明显活跃，红系增生为主，各阶段幼红细胞均有“巨幼变”，即胞体变大，核染色质粗松，胞核成熟程度落后于胞质。晚幼红细胞常呈畸形。粒细胞系中幼、晚幼及杆状核粒细胞，胞体较大，核形异常，染色质松散。巨核细胞可有分叶过多现象，见巨大血小板。

3. 血清维生素 B_{12} 和叶酸测定　血清维生素 B_{12} 正常值为 200～800ng/L，＜100ng/L 为缺乏。血清叶酸水平正常值为 5～6μg/L，＜3μg/L 有诊断意义。

五、诊　　断

根据临床表现、外周血象和骨髓象可诊断为巨幼红细胞贫血。在此基础上，如患儿精神神经症状明显，则考虑为维生素 B_{12} 缺乏所致。有条件可测定血清维生素 B_{12} 或叶酸有助于确诊。

六、治　疗

1. 一般治疗　及时添加辅食，饮食中逐渐增加富含维生素 B_{12} 和叶酸的食品，如动物肝、肉类、蛋黄、绿叶蔬菜等。若患儿有明显的食欲缺乏或拒食，家长须耐心喂食，随着食欲好转逐渐增加辅食种类，并纠正不良习惯。

2. 去除原发病　影响维生素 B_{12} 和叶酸吸收的胃肠道疾病以及消耗增加的感染性疾病，均应及时得到有效治疗。不要滥用肠道广谱抗生素，以防发生维生素 B_{12} 和叶酸的缺乏。

3. 特效治疗　用维生素 B_{12} 和叶酸同时进行治疗，若有明显的神经系统症状的，以维生素 B_{12} 治疗为主，单用叶酸反而有加重症状的可能。维生素 B_{12}500～1000μg 一次肌内注射，或每次 100μg 肌内注射，每周注射 2 次，连用 2～4 周，直至临床症状明显好转，血象恢复正常为止。同时可加服叶酸，每次 5mg，每日 3 次，连用 2～3 周可改为每日 1 次，共用 4～5 周即恢复体内充足的储存量。此外，在治疗同时，仍应补充维生素 C 每次 0.1g，每日 3 次，饭后口服，有助于使叶酸转变成四氢叶酸，增加疗效。贫血恢复期应加服铁剂，以免在红细胞增生旺盛时发生铁的缺乏。

考点：营养性巨幼红细胞贫血治疗原则

4. 对症治疗　患儿出现烦躁、震颤、抽搐时可用镇静剂，防止外伤。

七、预　防

哺乳母亲应重视膳食营养，婴儿应及时添加辅食，注意膳食平衡，及时治疗肠道疾病，合理应用抗叶酸代谢药物。

案例9-2分析

1. 初步诊断　患儿系人工喂养，连续羊乳喂养 2 个多月，很少进食肉蛋类食物，面色蜡黄，精神萎靡不振，且有精神神经症状，如智力、动作发育落后甚至倒退（近 1 个月来发现孩子不会翻身、不会爬，反应迟钝，少哭不笑等）。体格检查：毛发稀黄，面部及全身皮肤蜡黄，反应差，贫血貌，头部时有不自主震颤。肝肋下 3.5cm 提示有髓外造血的表现。结合实验室检查：血红蛋白明显降低，红细胞多数体积增大，大小不等，血红蛋白饱满，MCV＞94fl，MCH＞32pg，呈大细胞性贫血以及血清维生素 B_{12} 降低等。初步诊断为营养性巨幼红细胞贫血（维生素 B_{12} 缺乏）。

2. 处理原则　去除原发病，用维生素 B_{12} 和叶酸同时治疗，饮食中添加富含维生素 B_{12} 和叶酸的食品。

第 5 节　特发性血小板减少性紫癜

学 习 目 标

1. 了解特发性血小板减少性紫癜的病因。
2. 熟悉特发性血小板减少性紫癜的鉴别诊断。
3. 掌握特发性血小板减少性紫癜的临床特点、诊断依据及治疗原则。

案例9-3

患儿男，5岁。因“皮肤瘀点、瘀斑5天”入院。5天前无明显诱因出现面部、四肢散在大小不等的瘀点、瘀斑，伴刷牙时出血，未做特殊处理。今日四肢瘀点、瘀斑增多，躯干也有少量散布出血点，逐来院就诊。患儿无便血及血尿。2周前受凉后，出现发热、鼻塞、流涕，临床以“上呼吸道感染”给予对症治疗痊愈。既往无类似病史，家族史无特殊。体格检查：体温37℃，脉搏85次/分，呼吸22次/分，体重18kg，营养中等，全身皮肤有针尖大小瘀点、瘀斑，分布不均，以四肢较多（下肢尤甚），压之不褪色。浅表淋巴结不肿大，心、肺、腹无异常，神经系统检查未发现异常。实验室检查：血红蛋白120g/L，白细胞 8.0×10^9/L，淋巴细胞0.45，中性粒细胞0.47，血小板 45×10^9/L。

思考题

1. 本病例的诊断及诊断依据是什么？
2. 主要的治疗措施有哪些？

特发性血小板减少性紫癜（idiopathic thrombocy- topenicpurpura，ITP）是小儿最常见的出血性疾病。以皮肤、黏膜自发性出血，束臂试验阳性，血小板减少、出血时间延长和血块收缩不良为主要临床特点，严重者可因颅内出血而危及生命。

考点： 定义

一、病因及发病机制

目前认为病毒感染不是导致血小板减少的直接原因，而是由于病毒感染后使机体产生相应的抗体（PAlgG），这类抗体可与血小板膜发生交叉反应，使血小板受到损伤而被单核-巨噬细胞系统破坏，导致血小板减少，PAIgG的含量与血小板数呈负相关关系，但也有少数患者的PAIgG含量不增高。此外，在病毒感染后，体内形成的抗原-抗体复合物可附着于血小板表面，使血小板易被单核-巨噬细胞系统吞噬和破坏，血小板的寿命缩短，导致血小板减少。现已知道，血小板和巨核细胞有共同抗原性，抗血小板抗体同样作用于骨髓中巨核细胞，导致巨核细胞成熟障碍，巨核细胞生成和释放均受到严重影响，使血小板进一步减少。

考点： 病因

二、临 床 表 现

1. 一般症状　本病见于各年龄期，以1～5岁多见，男女发病数无差异，春季发病率较高。新诊断的ITP患儿发病前1～3周常有急性病毒感染史，以上呼吸道感染、风疹、麻疹、水痘居多，也可在疫苗接种后。起病急，大多数患儿在皮肤出血前无任何症状，部分可有发热。

2. 出血表现　以自发性皮肤、黏膜出血为突出表现，多为针尖大小出血点或瘀斑、紫癜，分布不均匀，通常以四肢多见，在易于碰撞的部位更明显；可伴有鼻出血或齿龈出血。消化道大出血少见，偶见泌尿道出血，少数可有眼结膜下及视网膜出血。脊髓或颅内出血少见，一旦出现可危及生命。出血严重者可致贫血，肝脾偶见轻度肿大，淋巴结不肿大。

考点： 临床表现

80%～90%患儿在1～6个月痊愈，10% ～20%患儿转为慢性病程，病死率为0.5%～1%，主要死因为颅内出血。

三、辅 助 检 查

1. 外周血象　血小板常 $<100\times10^9$/L。出血轻重与血小板数成正比，血小板 $<50\times10^9$/L

时可见自发性出血，<20×10^9/L 时出血明显，<10×10^9/L 时出血严重；失血较多可有贫血，白细胞数正常；出血时间延长，凝血时间正常，血块收缩不良，血清凝血酶原消耗不良。

2. 骨髓象　急性 ITP 骨髓巨核细胞数增多或正常，慢性 ITP 巨核细胞数显著增多。

3. 血小板抗体检查　血小板抗体增多。

4. 其他　束臂试验阳性，血小板黏附、聚集功能减弱，^{51}Cr 或 ^{111}In 标记血小板测定，其寿命缩短。

考点：实验室检查

四、诊断及鉴别诊断

（一）诊断

临床主要根据皮肤、黏膜出血表现，无明显肝、脾及淋巴结肿大，血小板降低，多次实验室检查血小板计数<100×10^9/L，骨髓检查巨核细胞数增多或正常，血清检出血小板抗体即可作出诊断。

考点：诊断依据

ITP 的诊断新进展

美国血液学会（ASH）根据 ITP 临床病程的长短将本症分为 3 型：①新诊断的 ITP（newly diagnosed ITP）：确诊后<3 个月。②持续性 ITP（persistent ITP）：确诊后 3～12 个月。③慢性 ITP（chronic ITP）：确诊后＞ 12 个月以上。

ASH 还界定：重症 ITP（severe ITP）：患儿发病时需要紧急处理的出血症状或者病程中新的出血症状必须应用提升血小板的药物治疗，包括增加原有药物的剂量。难治性 ITP（refractory ITP）：指脾切除术后仍为重型的 ITP 患儿。

链接

（二）鉴别诊断

1. 急性白血病　外周血白细胞不增高的急性白血病易与 ITP 相混淆，通过血涂片和骨髓检查见到白血病细胞即可确诊。

2. 再生障碍性贫血　患者表现为发热、贫血和出血，肝、脾和淋巴结不肿大，与 ITP 合并贫血者相似。但再障时贫血较重，外周血白细胞数和中性粒细胞数减少，骨髓造血功能减低，巨核细胞减少有助于诊断。

3. 过敏性紫癜　为出血性斑丘疹，对称分布，成批出现，多见于下肢和臀部，血小板数正常，一般易于鉴别。

4. 血小板消耗或者机械破坏导致的血小板减少　如弥散性血管内凝血（DIC）、血栓性血小板减少性紫癜（TTP）、脾功能亢进。

5. 继发性血小板减少性紫癜　严重细菌感染和病毒血症均可引起血小板减少，化学药物、脾功能亢进、部分自身免疫性疾病（如系统性红斑狼疮等）、恶性肿瘤侵犯骨髓和某些溶血性贫血等均可导致血小板减少，应注意鉴别。

五、治　　疗

1. 一般治疗　在急性出血期间以住院治疗为宜，尽量减少活动，避免外伤，明显出血时应卧床休息。积极预防及控制感染，避免服用影响血小板功能的药物（如阿司匹林等）。

2. 肾上腺糖皮质激素　为首选治疗方案，其主要药理作用：降低毛细血管通透性；抑制血小板抗体产生；抑制单核-巨噬细胞系统破坏有抗体吸附的血小板。多采用泼尼松 1.5～2mg/（kg · d），分 3 次口服，或者 4mg/（kg · d），连用 4 天。出血较重者可用冲击疗法：静脉滴注甲泼尼龙 20～30mg/（kg · d）或地塞米松 0. 5～2mg/（kg · d），连用 3 天，症状缓解后改用泼尼松口服。用药到血小板数回升接近正常水平即可逐渐减量，疗程一般不超过4周。停药后如有复发可再用泼尼松治疗。

3. 大剂量静脉丙种球蛋白　常用剂量为0.4g/(kg·d)，连续5天静脉滴注；或每次1g/kg静脉滴注，必要时次日可再用1次；以后每3～4周1次；副作用少，偶有过敏反应。单独应用大剂量静脉滴注丙种球蛋白的升血小板效果与激素相似。

4. 血小板输注　因患儿血循环中含有大量抗血小板抗体，输入血小板很快被破坏，故通常不主张输血小板；只有在发生颅内出血或急性内脏大出血、危及生命时才输注血小板，并需同时予以大剂量肾上腺皮质激素，以减少输入血小板的破坏。

5. 抗-D免疫球蛋白（anti-D immunoglobulin）　又称抗Rh球蛋白，其作用机制尚未完全清楚，其升高血小板作用较激素和大剂量丙种球蛋白慢，但持续时间长。常用剂量为25～50μg/(kg·d)，静脉注射，连用5天为1个疗程。主要副作用是轻度溶血性输血反应和Coombs试验阳性。

6. 脾切除　脾切除有效率约70%，适用于病程超过一年，血小板持续＜50×10^9/L（尤其是＜20×10^9/L），有较严重的出血症状，内科治疗效果不好者，手术宜在6岁以后进行。10岁以内发病的患者，其5年自然缓解机会较大，尽可能不做脾切除。术前必须做骨髓检查，巨核细胞数减少者不宜做脾切除。术前PAIgG极度增高者，脾切除的疗效亦较差。

考点：一般治疗、激素治疗、丙种球蛋白治疗

7. 免疫抑制剂　也有学者提出用免疫抑制剂治疗慢性型ITP，如长春新碱、环磷酰胺和环孢素A等，单药或联合化疗。

8. 其他　达那唑（danazo1）是一种合成的雄性激素，对部分病例有效，剂量为10～15mg/（kg·d），分次口服，连用2～4个月。干扰素-a2b对部分顽固病例有效，剂量为每次5万～10万U/kg，皮下或肌内注射，每周3次，连用3个月。利妥昔单抗用于治疗慢性ITP和难治性ITP。

六、预　　防

加强营养，积极锻炼，提高机体的抵抗力，减少各种病毒感染。

案例9-3分析

1. 初步诊断　诊断为特发性血小板减少性紫癜。诊断依据：患儿2周前有发热、鼻塞、流涕等上呼吸道感染，5天前面部、四肢出现散在瘀点、瘀斑，伴刷牙时出血。体格检查：全身皮肤有针尖大小瘀点、瘀斑，分布不均，以四肢较多（下肢尤甚），压之不褪色，其他未发现明显异常。实验室检查血小板45×10^9/L，明显减少。

2. 处理原则　①地塞米松每日25mg，连用3天，症状缓解后改口服泼尼松10mg/次，每日3次。用药到血小板数回升至接近正常水平即可逐渐减量，疗程一般不超过4周。②大剂量丙种球蛋白18g，静脉滴注，必要时次日可再用1次。③用青霉素及利巴韦林抗感染，清除感染灶。④对症处理。

第6节　急性白血病

学习目标

1. 了解急性白血病的相关病因、分类与分型。

2. 熟悉小儿急性白血病的化学药物治疗原则及分期。
3. 掌握急性白血病的临床特点。

案例9-4

患儿男，4岁。因"皮肤出血点，面色苍白，发热2周"入院。患儿2周前无明显诱因出现全身皮肤出血点及瘀斑，以躯干为多，鼻出血3次，每次量约30ml，不易止住。无咯血、呕血、血尿，无牙龈出血，大便呈黑色。同时出现间断不规则发热，体温最高达38.7℃，伴乏力、面色苍白、食欲缺乏，且进行性加重，入当地医院就诊，诊断为"上呼吸道感染"给予治疗，具体治疗不详，因治疗效果不佳而来我院。患儿系G1P1，足月顺产，母乳喂养至1岁断奶，生长发育无异常，家族中无特殊病史可询。体格检查：体温38.4℃，脉搏92次/分，呼吸25次/分，体重14kg。发育正常，营养一般，精神稍差，面色苍白，全身皮肤散在针尖大小出血点，背部见多处瘀斑，压之不褪色。颈部及腹股沟触及5～6个黄豆及花生米大小的淋巴结，质地中等，无压痛，活动可。睑结膜及口唇苍白，咽部无充血，胸廓无畸形，胸骨压痛明显。双肺呼吸音清晰，心率92次/分，律齐无杂音。腹平软，肝右肋下2.5cm，质软，轻度压痛，脾肋下3 cm，质软，轻度压痛。病理反射未引出。实验室检查：血常规：Hb65g/L，RBC2.0×10^{12}/L，WBC20×10^{9}/L，PLT40×10^{9}/L。血涂片：白细胞数偏多，分类可见4%幼稚细胞，血小板少见。骨髓检查：增生明显活跃。涂片中淋巴细胞异常增生，原始＋幼稚淋巴细胞占60%，细胞以小为主，胞质量少，核形规则，核染色质均匀，过氧化酶（POX）阴性，其他系受抑制，血小板少见。

思考题

1. 最可能的诊断及诊断依据是什么？
2. 治疗原则有哪些？

白血病（leukemia）是造血组织中某一血细胞系统过度增生，浸润到各组织和器官，引起一系列临床表现的恶性血液病。目前我国小于10岁小儿的白血病发生率为3/10万～4/10万，90%～95%为急性白血病（acute leukemia，AL），慢性白血病仅占3%～5%。任何年龄均可发病，尤以学龄前期和学龄期小儿多见，男孩多于女孩。

考点：白血病定义

一、病　　因

病因尚未完全明了，可能与下列因素有关。

1. 病毒感染　研究已证明属于RNA的反转录病毒（retrovirus）又称人类T细胞白血病病毒（HTLV），可引起人类T淋巴细胞白血病。病毒引起白血病的机制未明，可能与癌基因有关。

2. 理化因素　电离辐射、苯及其衍生物、氯霉素、保泰松、乙双吗啉和细胞毒药物均可诱发急性白血病。

3. 遗传因素　白血病不属于遗传性疾病，但可能与遗传因素有关。在某些遗传性疾病（如唐氏综合征、先天性再生障碍性贫血伴多发畸形、先天性睾丸发育不全症等）的患儿中，其患白血病的发病率比一般小儿明显增高；同卵双生儿中一个患急性白血病，另一个患白血病的概率为20%，比单卵双生儿的发病率高12倍。

考点：相关病因

二、发病机制

尚未完全明了，可能与原癌基因的转化、抑癌基因畸变、细胞凋亡受抑有关，也可能与“二次打击”学说有关。

三、分类和分型

急性白血病的分类或分型对于诊断、治疗和提示预后都有一定意义。根据增生的白细胞种类不同，可分为急性淋巴细胞白血病（ALL）和急性非淋巴细胞白血病（ANLL）两大类。目前，常采用形态学（M）、免疫学（I）、细胞遗传学（C）和分子生物学（M），即 MICM 综合分型，更有利于指导治疗和提示预后。ALL 按形态学分型分为 L1、L2、L3 三型；按免疫学分型分为 T、B 两大系列；按细胞遗传学改变分为染色体数目异常和核型异常；按分子生物学改变分为免疫球蛋白重链基因重排、T 淋巴细胞受体基因片段重排、ALL 表达相关的融合基因；按临床分型分为标危型（SR）、中危型（IR）、高危型（HR）。ANLL 按形态学分型分为 M1、 M2、M3、M4、M5、M6、M7 七型；按临床分型分为标危和高危。

考点：形态学分型

四、临床表现

大多起病较急，早期表现面色苍白、精神不振、乏力、食欲低下，鼻出血或齿龈出血等，少数以发热和关节疼痛为首发症状。

1. 发热　多为急性白血病的首发症状。多数患儿起病时即有发热，热型不定，常为不规则发热，一般不伴寒战。发热原因是白血病性发热或者继发感染。

2. 贫血　贫血出现较早，并随病情发展而加重，表现为苍白、虚弱无力、活动后气促等。贫血主要是由于骨髓造血干细胞受抑制所致。

3. 出血　以皮肤、黏膜出血多见，表现为紫癜、瘀斑、鼻出血、齿龈出血、消化道出血和血尿。偶有颅内出血并成为死亡的重要原因。出血主要原因：①白血病细胞浸润骨髓，巨核细胞受抑制使血小板的生成减少。②白血病细胞浸润血管，使毛细血管受损及通透性增高。③白血病细胞浸润肝脏，使凝血酶原及因子生成不足。④并发弥散性血管内凝血。

4. 白血病细胞浸润引起的症状和体征　肝、脾、淋巴结肿大；骨、关节疼痛是部分 ALL 患儿的首发症状，主要原因与骨髓腔内白血病细胞大量增生、压迫和破坏邻近骨质及浸润骨膜有关。白血病细胞侵犯脑实质和（或）脑膜时即导致中枢神经系统白血病。白血病细胞浸润眶骨、颅骨、胸骨、肋骨或肝、肾、肌肉等组织出现肿块（绿色瘤）；还可侵犯皮肤、睾丸和其他组织等而出现相应表现。

5. 并发症　感染是白血病最常见的并发症，常见感染是上呼吸道感染、肺炎、肠炎、肾盂肾炎、肛周炎等。其原因是粒细胞和淋巴细胞数量的减少、质的缺陷及其他免疫功能降低，同时化疗使免疫受抑制，故易合并感染。

考点：临床表现

髓外白血病

1. 中枢神经系统白血病（central nervous system leukemia，CNSL）　白血病细胞浸润脑实质和（或）脑膜所致，以 ALL 为多见，常见于化疗后缓解期。原因是因化疗药物不能通过血脑屏障，故中枢神经系统成为白血病细胞“庇护所”，是引起急性白血病复发的主要原因。

（1）症状：头痛、呕吐、嗜睡、昏迷、抽搐等颅内压增高表现。

（2）体征：脑膜刺激征阳性、颅神经麻痹、视盘水肿、瘫痪、眼球凝视、意识障碍等。

（3）脑脊液：白细胞数＞10×10^6/L，蛋白定量＞0.45g/L，涂片可见白血病细胞。

链接

（4）外周血：出现白血病细胞。

2. 睾丸白血病（testic leukemia，TL）　发生率为 10%～40%，原因为化疗药物不易透入睾丸。表现为单侧或双侧睾丸肿大，触痛，阴囊皮肤可呈红黑色。透光试验阴性；睾丸超声波检查可发现非均质性浸润灶；活组织检查可见白血病细胞浸润。

链接

五、辅助检查

1. 外周血象　红细胞及血红蛋白均减少，大多为正细胞正色素性贫血，网织红细胞数较低。白细胞计数高低不一，增高者约占 50%以上，分类以原始和幼稚细胞占多数。血小板减少。

2. 骨髓象　确定诊断和评价疗效的重要依据。典型骨髓象为该类型的原始细胞和幼稚细胞极度增生，幼红细胞和巨核细胞减少。

3. 组织化学染色　常用过氧化物酶、酸性磷酸酶、碱性磷酸酶、苏丹黑、糖原、非特异性酯酶染色以协助鉴别细胞类型。

考点：辅助检查特点

4. 溶菌酶检查　正常人血清溶菌酶含量为 4～20mg/L，尿液中不含此酶。测定血清及尿液中酶的含量可以协助鉴别白血病细胞类型。

六、诊断与鉴别诊断

（一）诊断

典型白血病根据临床表现、血象和骨髓象的改变即可作出诊断。

1. 临床表现　①贫血进行性加重，常见乏力、苍白、气促等。②出血症状：鼻出血、牙龈出血、皮肤瘀斑。③不规则发热。④脏器浸润的表现：骨痛，关节痛，肝、脾和淋巴结大，中枢神经系统、睾丸受累。

2. 血常规　血红蛋白降低，血小板减少，白细胞计数改变，白细胞分类以幼稚细胞为主。

考点：诊断依据

3. 骨髓象　骨髓形态学是确诊的主要依据：增生明显或极度活跃，均以淋巴细胞增生为主，原始加幼稚淋巴细胞≥30%。

（二）鉴别诊断

发病早期症状不典型，特别是白细胞数正常或减少者，其血涂片不易找到幼稚白细胞时，可使诊断发生困难，须与以下疾病鉴别。

1. 再生障碍性贫血　本病血常规呈全血细胞减少；肝、脾、淋巴结不肿大；骨髓有核细胞增生低下，无幼稚白细胞增生。

2. 传染性单核细胞增多症　肝、脾、淋巴结常肿大；白细胞数增高并出现异型淋巴细胞，易与急性淋巴细胞白血病混淆。但本病病程经过一般良好，血象多于 1 个月左右恢复正常；血清嗜异性凝集反应阳性；骨髓无白血病改变。

3. 类白血病反应　为造血系统对感染、中毒和溶血等刺激因素的一种异常反应，以外周血出现幼稚白细胞或白细胞数增高为特征。当原发疾病被控制后，血象即恢复正常。此外，根据血小板数多正常；白细胞中有中毒性改变，如中毒颗粒和空泡形成；中性粒细胞碱性磷酸酶积分显著增高等，可与白血病区别。

4. 风湿性关节炎　白血病有发热、关节疼痛症状者易与风湿性关节炎混淆，须注意鉴别。

七、治　　疗

采用以化疗为主的综合治疗。其原则是早诊断、早治疗、严格分型、按型选方案、争取尽快完全缓解。持续完全缓解2～3年者方可停止治疗。

（一）一般疗法

消除患儿恐惧心理，增强治疗的信心。注意休息，当发热、血小板低于20×10^9/L时卧床休息。饮食为高热量、高蛋白饮食，少食多餐，忌过硬、生冷、刺激性强的食物。注意口腔卫生，防止感染和黏膜糜烂。

考点：一般治疗

环境保护：尽量避免与外界接触，防止空气中细菌接触患儿，可采用空气层流室、超净单人病房或无菌室。注意个人卫生防护。禁用锐利或不安全的玩具用具，保护血管。

（二）支持疗法

1. 防治感染　在化疗阶段，保护性环境隔离对防止外源性感染具有较好效果。并发细菌性感染时，应根据不同致病菌和药敏试验结果选用有效的抗生素治疗。并发真菌感染，可选用抗真菌药物如二性霉素B或伏立康唑等治疗；并发病毒感染者可选用抗病毒药物如阿昔洛韦、更昔洛韦等治疗；怀疑并发卡氏肺囊虫肺炎者，应及早采用复方磺胺甲噁唑治疗。

2. 成分输血　明显贫血者可输红细胞，使血红蛋白达到70～80g/L；因血小板减少而致出血者，可输浓缩血小板，每日可给4～6个单位（400ml全血中可以获血小板1个单位），使血小板维持在30×10^9/L。有条件时可酌情静脉输注丙种球蛋白。

3. 集落刺激因子　化疗期间如骨髓抑制明显者，可给予粒细胞集落刺激因子（G-CSF）、粒-单核细胞集落刺激因子（GM-CSF）等治疗。

考点：成分输血治疗

4. 高尿酸血症的防治　在化疗早期，由于大量白血病细胞破坏分解而引起高尿酸血症，导致尿酸结石梗阻、少尿或急性肾衰竭，故应注意多喝水。为预防高尿酸血症，可口服别嘌呤醇。

（三）化学药物治疗

简称化疗，为白血病的主要治疗方法（表9-3）。

表9-3　小儿急性白血病化疗药物简介

药物	主要作用	给药途径	剂量和用法	毒性作用
泼尼松（Pred）	溶解淋巴细胞	口服	每日40～60mg/m^2，分3次	类Cushing综合征，高血压，骨质稀疏
地塞米松（Dex）	同上	口服	每日6～10mg/m^2，分3次	同上
环磷酰胺（CTX）	抑制DNA合成，使细胞停止在分裂期，阻止进入S期	口服 静脉注射	每日2～3mg/kg，每日1次 200～400mg/m^2，每周1次	骨髓抑制，肝损害，口腔溃疡，脱发，出血性膀胱炎
甲氨蝶呤（MTX）	抗叶酸代谢物，抑制叶酸辅酶，抑制DNA的合成	口服 肌内注射或静脉注射 鞘内注射	每次15～25mg/m^2，每日1次 同上，每周1～2次 每次10mg/m^2，隔天或1周1次	骨髓抑制，肝损害，口腔、胃肠道溃疡，恶心呕吐，巨幼红样变
巯嘌呤（6MP）	抑制嘌呤合成，使DNA和RNA的合成受抑制	口服	每次50～90mg/m^2，每日1次	骨髓抑制，肝损害
硫鸟嘌呤（6TG）	同6MP	口服	每次75mg/m^2，每日1次	同6MP

续表

药物	主要作用	给药途径	剂量和用法	毒性作用
阿糖胞苷（Ara-c）	抗嘧啶代谢，抑制 DNA 合成，作用于 S 期	静脉滴注或肌内注射	每日 100～200mg/m^2，分 2 次	骨髓抑制，脱发，口腔溃疡，恶心呕吐
		鞘内注射	每次 30mg/m^2，隔日或每周 1 次	
长春新碱（VCR）	抑制 DNA 合成，阻滞细胞分裂	静脉注射	每次 1.5～2mg/m^2，每周 1 次	周围神经炎，脱发
柔红霉素（DNR）	抑制 DNA 和 RNA 的合成	静脉滴注	每次 30～40mg/m^2，每日 1 次，共 2～4 次	骨髓抑制，心脏损害，局部刺激，恶心、呕吐
阿霉素（ADM）	抑制 DNA 和 RNA 的合成	静脉注射	每次 40mg/m^2，每日 1 次，共 3 天	骨髓抑制，心脏毒性，脱发，胃肠反应
阿克拉霉素（ACM-B）	抑制核酸合成	静脉滴注	每次 0.4mg/m^2，每日 1 次，共 10～15 天	骨髓抑制，心、肝、肾毒性，胰腺炎，过敏反应
去甲氧柔红霉素（IDA）	抑制 DNA 合成	静脉滴注	每次 10mg/m^2，每日 1 次，共用 2 天	骨髓抑制，心脏毒性，肝损害，恶心、呕吐
左旋门冬酰胺酶（L-Asp）	溶解淋巴细胞，分解细胞内、外门冬酰胺	静脉滴注	每日 0.5 万～1 万 U/m^2，隔日 1 次，共 6～10 次	过敏反应，肝损害，出血，胰腺炎，氮质血症，糖尿，低血浆蛋白
三尖杉碱（H）	抑制蛋白质合成，水解门冬酰胺	静脉滴注	每次 4～6mg/m^2，每日 1 次，共 5～7 天	骨髓抑制，心脏损害，恶心
依托泊苷（VP16）	抑制 DNA 和 RNA 合成	静脉滴注	每次 100～150mg/m^2，每日 1 次，共用 2～3 天	骨髓抑制，肝肾损害，恶心、呕吐
替尼泊苷（VM26）	破坏 DNA，阻断 G0 和 M 期	静脉滴注	同 VP16	同 VP16
全反式维生素 A 酸（ATRT）	诱导分化剂，与 PML/RARa 融合基因结合	口服	30～60mg/m^2，分 2～3 次	维生素 A 酸综合征
三氧化二砷（AS_2O_3）	下调 BCL-2 基因表达，诱导细胞分化和促进凋亡	静脉滴注	每日 0.2～0.5mg/kg	消化道症状，皮肤色素沉着，关节肌肉酸痛，肺、肾功能损害

1. 化疗原则

（1）早期：体内白血病细胞较少，而且处于增殖期的细胞多，易被化学药物杀灭，故应尽早采用缓解率高的化学药物及方案。

（2）联合：不同作用机制的药物联合应用能提高疗效，对杀灭白血病细胞有相加或协同作用。单独用一种药物治疗，不但缓解率低且容易产生耐药性。

2. 化疗分期　目前化疗多采用 4 个阶段疗法。

（1）诱导缓解：目的是在短期内用化学药物联合治疗，以杀灭更多的白血病细胞，使骨髓功能尽快地恢复正常，从而控制白血病的发展。

（2）巩固治疗：完全缓解后体内尚有白血病细胞，再给予诱导缓解药物 1～2 个疗程，以杀灭更多的白血病细胞。

（3）维持治疗：目的是巩固疗效，使患儿尽可能长期维持无病状态，并杀灭体内残存的白血病细胞，防止复发，争取治愈。维持治疗一般需 5 年左右。

（4）强化治疗：在维持缓解过程中，为提高疗效，可间歇给予诱导缓解药物 1～2 个疗程，称为强化治疗。

3. 常用化疗方案举例

（1）急性淋巴细胞白血病（ALL）

1）ALL 的诱导治疗：VDLP 方案：长春新碱（VCR）1.5 mg/m^2，静脉注射，于化疗的第 8、15、22、29 天使用。柔红霉（DNR）30mg/m^2，静脉滴注，第 8～10 天，共 3 次（高危组）；或第 8、9 天，共 2 次（标危组）。门冬酰胺酶（左旋门冬酰胺酶、L-ASP）5000～10000U/m^2，静脉滴注，第 11 天开始，每隔 2 天 1 次，共 10 次（高危组）；或第 10 天开始，共 8 次。泼尼松 60mg/（m^2·d），第 1～28 天，分次口服，第 29 天后，每 2 天减半，1 周减停。

2）ALL 的巩固治疗：CAM 方案：环磷酰胺（CTX）800～1000mg/m^2，静脉滴注，第 1 天。阿糖胞苷（Ara-C）1g/m^2 静脉滴注，每 12 小时 1 次，共 6 次，第 2～4 天。6-巯基嘌呤（6-MP）50mg/（m^2·d），晚间顿服，第 1～7 天。

3）ALL 维持治疗：6-MP75 mg/m^2，口服，晚上顿服，第 1～21 天。MTX：20～30mg/m^2，肌内注射或口服，每周 1 次，第 1、8、15 天。VCR：1.5mg/m^2，静脉滴注，第 22 天。Dex：8mg/m^2，口服，第 22～28 天。

（2）急性非淋巴细胞白血病（ANLL）

1）ANLL 的诱导治疗：DAE 方案：柔红霉素（DNR）30～40mg/m^2，静脉滴注，第 1～3 天。阿糖胞苷（Ara-C）150～200mg/m^2，分两次（每 12 小时），静脉滴注，第 1～7 天。依托泊苷（VP16）：100～150mg/m^2，每天一次，静脉滴注，第 5～7 天。

2）ANLL 的维持治疗：COAP 方案：环磷酰胺（CTX）800mg/m^2，静脉滴注，第 1 天。长春新碱（VCR）1.5mg/m^2，静脉滴注，第 1 天。阿糖胞苷（Ara-C）100mg/m^2，静脉滴注，每 12 小时 1 次，第 1～7 天。泼尼松 60mg/m^2，口服，第 1～7 天。

（3）注意事项

1）化疗前尽可能清除急、慢性感染灶。对疑似结核病者需予抗结核等治疗。

2）化疗期间粒细胞减低伴发热时，应尽快使用广谱抗生素，否则很可能导致败血症而死亡。诱导化疗期间有条件者可预防性用静脉丙种球蛋白。

3）加强口腔、皮肤和肛周的清洁护理；加强保护隔离，预防和避免院内交叉感染；不能进食、进食极少者可用静脉营养。

4）在诱导治疗过程中出现骨髓抑制时，不能轻易终止化疗，应该在积极支持治疗的同时，继续完成化疗。

5）在化疗过程中，一旦出现严重感染，应减缓或暂时中断化疗。

6）用 DNR 前后必须做心电图检查，并注意保护心脏功能，以防不可逆性心肌毒副作用。

（四）造血干细胞移植

造血干细胞移植是一种高风险（移植相关合并症及死亡）、高投入（经济承受力）的医疗手段，即使移植成功，仍存在复发的可能性，因此要严格掌握移植时机：①高危型（HR）ALL 第 1 次完全缓解（CR_1），中危型（IR）或标危型（SR）ALL 化疗期间（CR_2）。②HR-ANLL CR_1；复发 ALL CR_2。③M_3 治疗 1 年后融合基因仍持续阳性者。

造血干细胞移植

造血干细胞移植（hemotoicstem cell tramsplan-tation，HSCT）是将正常的造血干细胞移植到患儿骨髓内使其增殖和分化，以取代患儿原来有缺陷的造血细胞，重建其造血和免疫功能，从而达到治疗目的。

造血干细胞的来源有骨髓、外周血和脐带血。根据造血干细胞的基因来源有 3 种分类：同基因造血干细胞移植、异基因造血干细胞移植和自体干细胞移植。

适应证：除应用于白血病治疗外，其他适应证有①恶性肿瘤；②再生障碍性贫血；③免疫缺陷病；④遗传性疾病：如重型地中海贫血、黏多糖病、糖原累积病、戈谢病等。

八、预　　后

近十年来由于化疗的不断改进，急性淋巴细胞白血病已不再被认为是致死性疾病，小儿 ALL 预后优于成人，尤以 2～10 岁的小儿 ALL 预后更好，但小于 12 个月的婴幼儿预后极差。急性淋巴细胞白血病 5 年无病生存率达 70%～80%以上；急性非淋巴细胞白血病的初治完全缓解率亦已达 80%，5 年无病生存率 40%～60%。

案例9-4分析

1.初步诊断　患儿男。起病急，病程短；有出血表现：无明显诱因出现皮肤出血点及瘀斑，伴鼻出血，粪便为黑色；有发热，提示感染；有贫血的表现：面色苍白、睑结膜及口唇苍白、乏力、食欲缺乏，且进行性加重；有白细胞浸润体征：肝、脾、淋巴结肿大及胸骨压痛。辅助检查：①血常规：中度贫血，白细胞数增多，血小板减少，可见幼稚细胞。②骨髓检查：增生明显活跃，涂片中淋巴细胞异常增生，原始＋幼稚淋巴细胞占 60%，细胞以小为主，胞质量少，核形规则，核染色质均匀，过氧化酶（POX）阴性。根据临床表现和辅助检查可初步诊断急性淋巴细胞性白血病 L1。

2. 处理原则　采用以化疗为主的综合治疗，其原则是早诊断、早治疗、严格分型、按型选方案、争取尽快完全缓解。

目标检测

一、A1 型题

1. 生理性贫血发生的时间是（　　）
   A. 1～2 个月　B. 2～3 个月
   C. 3～4 个月　D. 4～5 个月
   E. 5～6 个月
2. 关于 5～7 岁以后儿童的造血组织，下列哪项是错误的（　　）
   A. 肋骨　B. 胸骨
   C. 胫骨　D. 脊椎
   E. 髂骨
3. 生后周围血象中性粒细胞与淋巴细胞生理性交叉的年龄是（　　）
   A. 3 天左右　B. 5 天左右
   C. 7 天左右　D. 14 天左右
   E. 30 天左右
4. 8 个月的婴儿血红蛋白低于（　　）g/L，可诊断贫血
   A. 90　B. 100
   C. 110　D. 115
   E. 120
5. 诊断缺铁早期最可靠的依据是（　　）
   A. 血清铁减少
   B. 运铁蛋白饱和度降低
   C. 小细胞低色素性贫血
   D. 血清铁蛋白降低
   E. 血清总铁结合力增高
6. 营养性缺铁性贫血最常见的原因是（　　）

A. 储存铁不足 B. 铁摄入不足
C. 生长发育较快 D. 铁丢失过多
E. 铁的吸收障碍

7. 下列哪项与营养性巨幼红细胞贫血的发生关系不大（ ）
A. 慢性腹泻
B. 肝脏疾病
C. 长期食荤菜
D. 长期应用广谱抗生素
E. 萎缩性胃炎

8. 营养性巨幼红细胞贫血有明显的神经系统症状，治疗应以（ ）为主
A. 维生素 B_1 B. 铁剂
C. 维生素 C D. 维生素 B_{12}
E. 叶酸

9. 特发性血小板减少性紫癜骨髓穿刺的目的是（ ）
A. 证明有血小板减少
B. 证明有无血小板抗体存在
C. 了解巨核细胞数量及成熟障碍
D. 了解有无缺铁性贫血
E. 了解骨髓增生程度

10. 特发性血小板减少性紫癜主要发病机制是（ ）
A. 骨髓巨核细胞生成减少
B. 骨髓巨核细胞成熟障碍
C. 产生抗血小板抗体
D. 脾功能亢进
E. 雌激素抑制血小板生成

11. 特发性血小板减少性紫癜具有确诊意义的是（ ）
A. 血小板计数减少
B. 可见巨大畸形血小板
C. 出血时间延长
D. 凝血酶原消耗不良
E. 以上都不是

12. 特发性血小板减少性紫癜的治疗首选（ ）
A. 糖皮质激素 B. 脾切除
C. 输新鲜血 D. 输血小板悬液
E. 大剂量免疫球蛋白滴注

13. 我国小儿恶性肿瘤发病率最高的是（ ）
A. 颅内肿瘤 B. 白血病
C. 恶性淋巴结瘤 D. 神经母细胞瘤
E. 肾母细胞瘤

14. 下列白血病细胞浸润引起的症状和体征以急性淋巴细胞性白血病为常见，但应除外（ ）
A. 肝脾淋巴结肿大 B. 骨关节疼痛
C. 中枢神经系统白血病 D. 睾丸白血病
E. 绿色瘤

15. 急性淋巴细胞性白血病和非急性淋巴细胞性白血病的 5 年无病生存率为（ ）
A. 40%～50%，10%～20%
B. 40%～60%，10%～30%
C. 60%～70%，30%～40%
D. 70%～85%，40%～60%
E. 80%～90%，60%～70%

16. 关于儿童急性白血病的治疗，正确的是（ ）
A. 首选干细胞移植
B. 联合化疗为主
C. 化疗+移植治疗为主
D. 都必须使用强化疗
E. 治疗效果差，保守治疗为主

17. 急性白血病出血的主要原因是（ ）
A. 血小板减少 B. 白血病细胞浸润
C. 感染 D. 免疫力下降
E. 弥散性血管内凝血

18. 对一位突发高热、严重贫血及皮肤广泛瘀斑的患儿，以下哪项检查有助于急性白血病的确诊（ ）
A. 体检 B. CT
C. 尿化验 D. 骨髓象
E. B 超

19. 急性白血病最常见的表现是（ ）
A. 贫血 B. 发热
C. 出血 D. 四肢关节痛
E. 骨骼疼痛

20. 急性白血病贫血的主要原因为（ ）
A. 骨髓造血干细胞受抑制
B. 红细胞寿命缩短
C. 出血致红细胞丢失过多
D. 红细胞生成素减少
E. 铁摄入不足或吸收不良

21. 急性白血病患儿突然出现发热，主要原因为（ ）
A. 代谢亢进 B. 严重贫血
C. 白血病细胞浸润 D. 化疗过敏反应
E. 感染

22. 白血病的主要临床表现有（ ）
A. 贫血，发热，出血，肝、脾和淋巴结大
B. 贫血，发热，肝、脾和淋巴结大，肾衰竭
C. 贫血，发热，肝、脾和淋巴结大，蛋白尿
D. 发热，出血，肝、脾和淋巴结大

E. 贫血，乏力，出血，肾衰竭

23. 急性白血病缓解后巩固维持治疗的主要目的是（　　）
A. 达到完全缓解
B. 消灭残存的白血病细胞
C. 防治并发症
D. 使血象恢复正常
E. 使骨髓象恢复正常

24. 白血病患儿在诱导化疗过程中出现急性肾衰竭，其原因最可能是（　　）
A. 高钾血症　B. 高磷血症
C. 高尿酸血症　D. 急性肾小管酸中毒
E. 急性肾小球肾炎

二、A2 型题

25. 患儿 9 个月。因巨幼红细胞贫血需口服叶酸，为提高疗效，可同时服用（　　）
A. 维生素 B_1　B. 维生素 D
C. 维生素 C　D. 维生素 B_{12}
E. 维生素 B_2

26. 1 岁小儿，诊断为营养性缺铁性贫血，口服铁剂治疗，为促进铁剂吸收，可（　　）
A. 给三价铁　B. 加大剂量
C. 加服维生素 C　D. 与牛奶同服
E. 饭前服用

27. 1 岁小儿，牛乳喂养，未加辅食，现面色苍白，肝、脾大，血常规检查显示：Hb90g/L，RBC3.0×10^{12}/L，红细胞体积大小不等，以小细胞为主，中心淡染区扩大。最可能的诊断是（　　）
A. 营养不良
B. 营养性缺铁性贫血
C. 营养性巨幼红细胞贫血
D. 失血性贫血
E. 再生障碍性贫血

28. 生后周围血象中性粒细胞与淋巴细胞第二次生理性交叉的年龄是（　　）
A. 3 岁左右　B. 4～6 岁
C. 7 岁左右　D. 10 岁左右
E. 14 天左右

29. 患儿女，5 岁。诊断为急性淋巴性白血病，在化疗过程中出现发热、胸闷、咳嗽，X 线检查怀疑并发卡氏囊虫肺炎，应及早采用哪种药物治疗（　　）
A. 红霉素　B. 青霉素
C. 阿昔洛韦　D. 两性霉素 B
E. 复方新诺明

30. 6 岁男性。急性白血病患儿，经诱导缓解治疗后，为防止复发可采用哪种疗法更好地消灭体内残存的白血病细胞（　　）
A. 骨髓移植　B. 中医治疗
C. 免疫治疗　D. 继续治疗
E. 身体锻炼

31. 患儿发热、贫血、皮下出血点、脾大，胸骨隐痛，最可能诊断是（　　）
A. 血小板减少性紫癜　B. 急性白血病
C. 再生障碍性贫血　D. 败血症
E. 慢性白血病

32. 患儿，女，2 岁。晨起时发现患儿面部及胸背部有大小不等的出血点。近 3 个月来，患儿多汗，食欲缺乏，偶有腹泻，3 周以前曾复种麻疹疫苗。面色稍苍白，肝脾淋巴结无肿大，RBC 3.8×10^{12}/L，Hb99g/L，MCV79fl，WBC 5.1×10^{9}/L，分类无异常，PLT19×10^{9}/L。初步诊断首先考虑（　　）
A. 再生障碍性贫血
B. 白血病
C. 特发性血小板减少性紫癜合并营养性缺铁性贫血
D. 特发性血小板减少性紫癜合并大细胞贫血
E. 骨髓异常增生综合征

33. 8 个月婴儿。近 10 天出现进行性面色苍白，皮肤多处出血斑。体检：躯干、四肢见数个皮下出血斑，颈浅淋巴结可扪及，肝肋下 5cm，脾肋下 4cm，血常规：Hb90g/L，RBC2.5×10^{12}/L，WBC 50×10^{9}/L，N 0.05，L0.10，幼稚细胞 0.85，PLT21 $\times10^{9}$/L。可能的诊断是（　　）
A. 白血病　B. 类白血病
C. 感染　D. 骨髓外造血
E. 正常

三、A3/A4 型题

（34～36 题共用题干）

早产儿，9 个月。单纯牛乳喂养，近 3 个月来面色苍白，心前区有二级杂音，肝肋下 3cm，脾肋下 1cm。Hb50g/L，RBC2.9×10^{12}/L，外周血涂片中显示红细胞形态大小不等，以小细胞为主，中央染色浅。

34. 该患儿属于（　　）
A. 轻度贫血　B. 中度贫血
C. 重度贫血　D. 极重度贫血
E. 超重度贫血

35. 该患儿服用铁剂治疗 1 周后可出现（　　）
A. 贫血症状消失　B. 血红蛋白升高
C. 网织红细胞增加　D. 红细胞数增加

E. 红细胞形态正常

36. 该患儿的处理下列哪项错误（ ）

A. 合理添加辅食

B. 加强皮肤及口腔护理

C. 服铁剂应在两餐之间

D. 服铁剂时与牛奶同服以减少对胃的刺激

E. 适当控制活动量

（37～41 题共用题干）

1 岁小儿。母乳喂养，未加辅食，近 2 个月来嗜睡，反应差，手、足、头震颤，面色蜡黄，智力倒退，Hb70g/L，RBC3.0×10^{12}/L。

37. 诊断考虑（ ）

A. 轻度缺铁性贫血

B. 中度缺铁性贫血

C. 重度缺铁性贫血

D. 轻度巨幼红细胞贫血

E. 中度巨幼红细胞贫血

38. 以下措施哪项不妥（ ）

A. 增加富含叶酸的辅食

B. 口服维生素 B_{12}

C. 加服维生素 C

D. 恢复期加服铁剂

E. 单服叶酸

39. 引起该患儿智力倒退的原因是（ ）

A. 贫血　　B. 维生素 B_{12} 缺乏

C. 叶酸缺乏　　D. 维生素 C 缺乏

E. 铁缺乏

40. 预防缺铁性贫血，以下做法错误的是（ ）

A. 鼓励母乳喂养，及时添加含铁的辅食

B. 预防早产

C. 避免孕妇发生缺铁性贫血

D. 早产儿出生 2 个月后给予铁剂

E. 早产儿出生 1 个月后给予铁剂

41. 羊乳喂养的小儿易患营养性巨幼红细胞贫血是因为羊乳中缺（ ）

A. 维生素 B_1　　B. 维生素 D

C. 叶酸　　D. 维生素 B_{12}

E. 维生素 B_2

（42～44 题共用题干）

患儿女，5 岁。发现皮肤出血点 2 天来院。病前 10 天有上呼吸道感染史。平时体健。查体：一般情况好，皮肤可见散在瘀点，无鼻出血及齿龈出血，肝脾肋下未及，血常规：Hb105g/L，RBC3.60×10^{12}/L，WBC4.0×10^9/L，N0.50，L0.45，PLT20×10^9/L。经骨髓细胞学检查和血小板相关抗体检测等实验室检查考虑为“急性特发性血小板减少性紫癜”。

42. 该病可出现下列实验检查表现，但应除外的是（ ）

A. 血块收缩不良B. PT 延长

C. 出血时间延长　　D. 束臂试验阳性

E. 骨髓巨核细胞增多

43. 该病首选的治疗是（ ）

A. 糖皮质激素

B. 输单采血小板

C. 抗-D 免疫球蛋白

D. 病程自限，只需要避免外伤，无须治疗

E. 免疫抑制剂（除糖皮质激素外）

44. 该病的诊断主要依据是（ ）

A. 外周血象＋血小板相关抗体检测

B. 临床表现＋外周血象＋骨髓细胞学检查

C. 病史＋临床表现＋外周血象

D. 临床表现＋外周血象＋出凝血试验

E. 外周血象＋出凝血试验＋骨髓细胞学检查

（45～47 题共用题干）

患儿女，5 岁。因“发热 1 个月，伴双下肢疼痛 1 周”入院。体检：体温 38.4℃，面色苍白，无皮疹。下肢散在出血点，浅表淋巴结可触及，心肺无特殊，肝肋下 3cm，脾肋下未及，无关节红肿，神经系统阴性。血常规：Hb90g／L，WBC20×10^9／L，N 0.12，L 0.82，PLT 50×10^9/L。血涂片示：原始+幼稚细胞 3%，直径＜12μm，核圆，偶有凹陷，折叠，核质较粗，核仁 1～2 个、较小，细胞质少，偏蓝，质内无明显颗粒，过氧化物酶染色阴性。血沉 50mm/h，经骨髓检查为急性淋巴细胞白血病。免疫分类为 B 细胞型。细胞遗传学检查显示有 48 条染色体。分子遗传学检查发现存在 BCR-ABL 融合基因。

45. 下列骨髓哪项与上述诊断项符合（ ）

A. 原始及幼稚细胞＞10%

B. 原始及幼稚细胞＞30%

C. 原始及幼稚细胞＜30%

D. 原始及幼稚细胞＜10%

E. 原始及幼稚细胞＞70%

46. 本例治疗的全部疗程是（ ）

A. 1～1.5 年　　B. 2.5～3.5 年

C. 3.5～4 年　　D. 4～4.5 年

E. 5 年

47. 如本例早期强化治疗期间出现头痛、呕吐、面瘫。为明确原因，应首先采取哪项诊断措施（ ）

A. 复查骨髓象　　B. 神经系统体格检查

C. 头颅 CT　　D. 脑电图检查

E. 腰椎穿刺，查脑脊液常规、生化及寻找异常细胞

四、B 型题

（48～50 题共用题干）

A. 正常细胞贫血　B. 小细胞低色素贫血

C. 大细胞性贫血　D. 单纯小细胞性贫血

E. 溶血性贫血

48. 营养性缺铁性贫血（　　）

49. 营养性巨幼红细胞贫血（　　）

50. 蚕豆病（　　）

51～53 题共用题干

A. Hb25g/L　B. Hb55g/L

C. Hb75g/L　D. Hb95g/L

E. Hb125g/L

51. 轻度贫血（　　）

52. 重度贫血（　　）

53. 极重度贫血（　　）

（陈　华　谢玲莉）

第 10 章　神经系统疾病

第 1 节　小儿神经系统解剖与生理特点

学 习 目 标

1. 了解小儿神经系统解剖生理特点。
2. 熟悉各类神经反射。
3. 掌握婴儿脑脊液的正常值。

（一）小儿神经系统解剖生理特点

1. 脑　在胎儿期神经系统发育最早，尤其是脑的发育最迅速。小儿出生时脑皮质细胞数已与成人相同，以后随着年龄的增长，主要是细胞体积增大和突触增多，功能不断成熟及复杂化。3 岁时脑细胞分化基本完成，8 岁时与成人无明显差别。生后 3 个月形成脑神经髓鞘，3 岁后形成周围神经髓鞘，故婴幼儿对外来刺激的反应常较缓慢而易于泛化，遇强刺激时易发生昏睡或惊厥。由于小儿大脑皮质发育较差，皮质下中枢兴奋性较高，常表现为肌张力较高，出现无意识的手足徐动。

2. 脊髓　出生时发育已较成熟，功能基本具备，但与脊柱发育不平衡。出生时脊髓末端位于第 3～4 腰椎水平，4 岁时上移到第 1～2 腰椎水平，故对婴幼儿行腰椎穿刺时位置要低，以第 4～5 腰椎间隙为宜，以免伤及脊髓末端神经。4 岁以后同成人。

3. 脑脊液　脑脊液由各脑室脉络丛产生。新生儿脑脊液量少，约 50ml，压力低，故抽取较为困难。正常脑脊液外观无色透明，细胞数不超过 10×10^6/L（新生儿可达 20×10^6/L），糖含量 2.8～4.4mmol/L，氯化物 118～128mmol/L，蛋白不超过 0.4g/L。

4. 神经反射

（1）出生时即存在以后永不消失的反射：角膜反射、瞳孔反射、结膜反射、吞咽反射及咽反射等。这些反射一旦减弱或消失，提示神经系统有病理改变。

（2）出生时存在以后逐渐消失的反射：觅食反射、吸吮反射、拥抱反射、握持反射、颈肢反射在出生时存在，生后 3～6 个月消失。这些反射在新生儿时期减弱或应该消失的年龄仍存在，则为病理状态。

（3）出生时不存在以后逐渐出现并终生存在的反射：腹壁反射、提睾反射及各种腱反射在新生儿期不易引出，到 1 岁时才稳定。提睾反射正常时可有轻度不对称。

（4）病理反射：2 岁以内引出踝阵挛、巴宾斯基征阳性可为生理现象，若单侧出现或 2 岁后仍出现为病理表现。

（5）脑膜刺激征：小儿重点检查颈强直、凯尔尼格征、布鲁津斯基征等。因小婴儿屈肌张力较高，故生后 3～4 个月表现为阳性多无病理意义。而在婴儿期因颅缝和囟门的未闭合可以缓解颅内压力，所以脑膜刺激征可表现不明显或出现较晚。

（二）神经系统常用检查方法

小儿神经系统的检查方法基本上同成人，但由于小儿神经系统处于不断生长发育阶段，因此，不同年龄阶段的正常标准和异常表现与成人不尽相同，而对小儿进行检查时多不能很好地配合，所以检查方法和判断结果也有其特点。通常需按不同年龄、患儿特点及不同病种做必要的检查，检查时还应重视小儿的心理和生理特征，在比较中判断正常与异常。检查应全面，又要有重点，不必拘泥于书本，对婴幼儿多通过游戏来完成。

1. 一般检查　包括意识（可根据小儿对外界的声、光、疼痛、语言等刺激的反应来判断意识有无障碍，由轻而重分为嗜睡、意识模糊、昏睡和昏迷）、精神行为状态（包括运动、语言适应能力，可根据小儿外界环境的反应和完成的能力来判断）、皮肤有无异常色素斑、脂肪瘤及血管痣等、身体有无特殊气味等。

2. 头颅和脊柱检查　应检查头颅大小（头围）、形状、前囟大小与张力、叩诊头部有无“破壶音”，对疑有硬脑膜下积液者，应做颅骨透照试验检查。脊柱检查包括有无畸形、脊柱裂、叩击痛和异常弯曲等。

3. 运动检查　运动检查包括肌容积、肌张力、肌力、共济运动、姿势与步态和不自主运动等。应观察头、躯干及四肢的随意动作，如卧、坐、立、走、跑、跳及大的运动，注意是否达到该年龄小儿的正常标准，运动系统疾病、发育落后和智力低下者可表现出随意运动障碍或落后。在小儿哭吵时检查肢体的肌张力多不准确，应反复进行。新生儿肌张力较高，手呈握拳状态，3 个月后才自然松开，否则属异常。6 个月做“蒙面试验”，发育正常小儿能将覆盖物从脸上移开，智力低下及肢体瘫痪小儿往往不能完成该动作。

4. 反射检查　终身存在的反射如浅反射、腱反射和暂时性反射，或称原始反射。小儿反射异常的表现：①不对称；②该出现的未出现；③应消失的未消失；④出现病理反射征。

考点：不同年龄神经反射的特点

原始反射的检查方法

觅食反射是检查者用手指触摸婴儿口角周围皮肤，婴儿出现头转向刺激侧并张口的动作，正常儿饱食后不易引出，饥饿时呈亢进状态；吸吮反射是检查者用手指轻轻触碰婴儿上下唇或将乳头、奶嘴放入婴儿口内，婴儿出现有力的吸吮动作，正常儿饱食后不易引出，饥饿时呈亢进状态；拥抱反射是将婴儿仰卧位，检查者用力拍打床面后，婴儿出现双臂伸直外展，双手张开，然后上肢屈曲内收，双手握拳呈拥抱状；握持反射是检查者将物品或手指放入婴儿手心中，婴儿立即将其握紧，若检查者上提手指，婴儿可短暂被拉起。

链接

第 2 节　化脓性脑膜炎

学习目标

1. 了解化脑的病因。
2. 熟悉化脑的辅助检查和诊断。
3. 掌握化脑的临床表现。

案例10-1

患儿男，8 个月。因“流涕，咳嗽 5 天伴发热 2 天，惊厥 1 天”入院。患儿于 5 天前出现流涕，轻咳，家长未在意。2 天前患儿出现发热，体温 38～39℃，时有呕吐，每日 2～3 次，喷射性。1 天前出现惊厥，表现为双眼凝视，呼之不应，四肢屈曲强直伴阵挛，持续 1～2 分钟自行缓解，共发作 3 次，之后精神萎靡。曾在当地医院给予“青霉素，钙剂”等，效果不佳，转来我院。既往无特殊病史。患儿 G1P1，足月顺产，母乳喂养，按时添加辅食，按时预防接种。

体格检查：体温 39℃，脉搏 150 次/分，呼吸 42 次/分，体重 8kg，嗜睡状态，对外界反应差，无黄疸及皮疹。头颅形态无特殊，头围 43cm，前囟 2cm×2cm，稍隆起，张力高，双瞳孔正圆等大，光反射灵敏。咽红，扁桃体不大，颈抵抗。双肺呼吸音清，无啰音，心率 150 次/分，律齐，心音有力，未及杂音。肝肋下 1cm，质软，脾未触及。四肢肌张力无明显增高，凯尔尼格征阴性，布鲁津斯基征阳性，巴宾斯基征未引出。

辅助检查：血常规：WBC 32×10^9/L，N 85%，L12%。脑脊液：外观清，压力 2.0kPa，白细胞 90×10^6/L，糖 1.0mmol/L，蛋白质 3.0g/L，氯化物 80mmol/L，涂片、培养均可见细菌生长。

思考题

1. 该患儿首先考虑何种临床诊断？
2. 本病例的治疗原则是什么？

考点：化脓性脑膜炎定义

化脓性脑膜炎（purulent meningitis）是小儿时期比较常见的神经系统感染，简称化脑，是由各种化脓性细菌引起的中枢神经系统急性感染性疾病，临床上以发热、头痛、呕吐、烦躁、惊厥、意识障碍、脑膜刺激征阳性及脑脊液化脓性改变为其特点。以婴幼儿发病较多，2 岁以内，尤其是 6-12 个月小儿多见，冬春季节常见。尽管由于抗生素的应用使其病死率明显下降，但在基层医院常由于诊断不及时及治疗不当，其死亡率（5%～15%）及致残率仍较高。由脑膜炎双球菌所致者，因其有流行病学特点，故在传染病学中介绍。

一、病　　因

考点：不同年龄病原菌的种类

1. 致病菌　引起本病的细菌种类随患儿年龄不同而异。病原菌多为化脓性细菌感染引起，新生儿以大肠埃希菌、变形杆菌、铜绿假单胞菌、金黄色葡萄球菌为多；婴幼儿以肺炎链球菌、流感嗜血杆菌多见；3 岁以后则主要为肺炎链球菌、脑膜炎双球菌。

2. 机体免疫状态　小儿的免疫和血脑屏障功能发育尚不完善是化脑易发生的一个主要原因。当小儿机体免疫功能低下时（如营养不良，原发性免疫缺陷病，长期应用肾上腺皮质激素或免疫抑制药时）易继发本病，尤其在新生儿和婴幼儿期更为明显。此时致病以表皮葡萄球菌、铜绿假单胞菌及变形杆菌为多见。

3. 先天畸形　先天性或获得性神经与皮肤的解剖异常，如脑脊膜膨出、枕部腰部皮肤窦道与蛛网膜下隙通连等先天畸形时，各种细菌易侵入脑膜而致本病。

二、发病机制

致病菌大多经血行播散侵入脑膜。致病菌一般来自上呼吸道，大多从呼吸道侵入。新生儿脐部、婴幼儿皮肤、黏膜、胃肠道，也是侵入门户。脑部邻近组织的炎症如中耳炎、乳突炎等病变波及脑膜。

考点：化脑感染途径

致病菌进入血循环后，主要通过侧脑室脉络丛侵及脑膜，由于脑脊液中补体成分和免疫球蛋白低于血清水平，故细菌进入脑膜后得以迅速繁殖导致发病。以软脑膜、蛛网膜最重。炎症开始在大脑顶部，后蔓延到颅底部和脊髓膜，表现为脑膜及其表皮血管有炎性细胞浸润、充血、水肿、出血、变性、坏死，大量纤维蛋白、中性粒细胞及血浆外渗，由于大量脓样渗出物覆盖在大脑顶部、颅底部和脊髓膜，出现脑水肿，引起颅内高压，甚至发生脑疝。随病情进展，出现脑室管膜炎、硬膜下积液或积脓、脑积水等，造成广泛的炎性粘连和脓液聚积。颅底部由于炎症后粘连，可引起视神经、动眼神经、展神经、面神经或听神经等颅脑神经损害，出现失明、面瘫、耳聋等相应的症状。

三、临床表现

各种化脓性脑膜炎的临床表现基本相似。病前可有上呼吸道或胃肠道症状。起病后表现全身感染中毒症状：高热、呕吐、烦躁、精神萎靡、嗜睡等。重者迅速出现惊厥、昏迷，甚至休克。多数病人有颈强直等脑膜刺激征。由于颅内压增高而有头痛、频繁呕吐、前囟饱满、心率减慢、血压升高，严重者可出现瞳孔大小不等、呼吸不规则等脑疝症状，甚至呼吸循环衰竭。在病程中可出现脑实质受损的体征，如不同部位的肢体瘫痪、颅神经麻痹等。

1. 新生儿及 3 个月以下婴儿　常缺乏典型的症状和体征，主要表现为：体温可高可低或体温不升；颅压增高可表现为呕吐、尖声哭叫或颅缝开裂；惊厥可仅见面部、肢体局灶或多灶性抽动或各种不显性发作；由于颅缝未闭故颅压增高及脑膜刺激征可不明显。

2. 年长儿　表现典型，1 岁半以下婴幼儿因前囟未闭、颅缝可裂开，颅内高压时有缓冲作用，故脑膜刺激征及颅内压增高症状不明显或出现较晚。

考点：婴幼儿脑膜刺激征及颅内压增高症状不明显的原因

（1）感染中毒症状及急性脑功能障碍症状：突起高热，年长儿常诉头痛，肌肉关节疼痛，精神萎靡；小婴儿表现为易激惹、烦躁不安、双眼凝视，摇头或用手打头、精神萎靡、嗜睡、甚至昏迷，重者呼吸、循环功能受累。

（2）颅内压增高：年长儿表现典型，有剧烈头痛、喷射性呕吐、视盘水肿，心率慢、呼吸慢、血压高。婴儿有前囟饱满，张力增高，颅缝增宽，脑膜刺激征不明显。严重者出现脑疝，呼吸衰竭。

（3）惊厥发作：20%～30%的患儿可出现部分或全身性惊厥发作，以流感嗜血杆菌及肺炎链球菌脑膜炎多见。

（4）脑膜刺激征：颈项强直、凯尔尼格征和布鲁津斯基征阳性，前囟未闭的婴儿脑膜刺激征不明显。

（5）局限性神经系统体征：部分患儿可出现视神经、动眼神经、展神经、面神经或听神经等颅神经受累或肢体瘫痪症状。

3. 常见化脓性脑膜炎的临床特点。

（1）肺炎链球菌脑膜炎：各年龄均可发病，主要见于婴幼儿，60%～80%于 1 岁以内发病。常继发于肺炎、中耳炎、鼻窦炎或脑外伤后。冬春季多见。炎症主要分布于大脑顶部表面，故脑膜刺激体征可不明显。起病急，易出现抽风、昏迷。病程迁延易复发，常合并硬脑膜下积液或积脓。脑脊液涂片易找到肺炎链球菌，阳性率 8%以上。

（2）流感嗜血杆菌脑膜炎：以 3 个月至 3 岁发病率最高。多见于冬季。先有上感症状，以后出现易激惹、嗜睡、尖叫等症状。病变常累及脑膜附近脑实质，合并硬膜下积液者多见，脑脊液涂片易找到病原菌。

（3）金黄色葡萄球菌脑膜炎：新生儿及学龄儿童多见。夏季多见。多继发于皮肤脓疱疮、新生儿脐炎、败血症、中耳炎、蜂窝织炎、脑外伤等。起病急，中毒症状严重。约半数病人出现皮疹，如荨麻疹、猩红热样皮疹、瘀点瘀斑等，易并发肺脓肿、肝脓肿、骨髓炎等。脑脊液呈脓性，易查到革兰阳性葡萄球菌，培养阳性率高。

（4）大肠杆菌脑膜炎：主要见于新生儿，临床表现不典型。发热或体温不升，烦躁，精神萎靡，常见呼吸节律不整或发作性呼吸暂停，呕吐、腹泻、拒食、惊厥等，前囟紧张。颈项强直不多见。

（5）脑膜炎双球菌感染所致的流行性脑脊髓膜炎（暴发型）：起病急骤，迅速出现广泛性血管和脑实质损伤，表现为皮肤黏膜瘀点或瘀斑，内脏出血，血压下降，发生休克、DIC

和意识障碍，若不及时治疗可在24小时内死亡。

四、辅 助 检 查

1. 血象　白细胞总数大多明显增高，可达（20～40）$\times 10^9$/L，分类中以中性粒细胞为主，可见中毒颗粒。但在严重感染或不规则治疗者，白细胞总数可减少。

考点：确诊化脑的重要依据，化脑脑脊液的特点

2. 脑脊液　脑脊液检查为本病确诊的重要依据（表10-1）。典型化脑所见：压力增高。外观浑浊或呈米汤样。白细胞数明显增加，多在1000$\times 10^6$/L以上，以中性粒细胞为主，蛋白定量增高，常>1000mg/L，糖定量降低，多<2.2mmol/L。涂片及培养可找到致病菌。脑脊液特殊检查：如用免疫学方法可快速确定脑脊液中的流感嗜血杆菌、肺炎链球菌和脑膜炎双球菌。

3. 其他

（1）血培养：如培养阳性有助于病原诊断。新生儿化脑血培养阳性率较高。

（2）皮肤瘀斑涂片找菌：为脑膜炎双球菌脑膜炎病因诊断的重要方法之一。

（3）局部病灶分泌物培养：如咽拭子培养，皮肤脓疱液或新生儿脐炎分泌物培养等，对病原诊断有一定参考价值。

（4）特异细菌抗原测定：利用免疫学方法检查患儿脑脊液中的细菌抗原，是快速确定致病菌的特异性方法。

表10-1　常见脑膜炎脑脊液的鉴别

类型	外观	压力（kPa）	白细胞计数（$\times 10^6$/L）	蛋白质（g/L）	糖（mmol/L）	氯化物（mmol/L）	其他
正常	清亮透明	儿童 0.69～1.96 新生儿 0.29～0.78	0～10 0～20	0.2～0.4 0.2～1.2	2.8～4.5 3.9～5.0	118～128 110～122	
化脓性脑膜炎	浑浊脓性	升高	数百至数千，以中性粒细胞升高为主	明显增高	明显降低	降低	涂片或培养可见致病菌
结核性脑膜炎	微浑或毛玻璃样	升高	数十至数百，以淋巴细胞为主	明显增高	明显降低	降低	涂片或培养可找到抗酸杆菌
病毒性脑膜炎	清亮或微浑浊	正常或升高	正常至数百，以淋巴细胞为主	正常或稍高	正常	正常	病毒抗体阳性
隐球菌性脑膜炎	微浑或毛玻璃样	升高	数十至数百，以淋巴细胞为主	增高或明显增高	明显降低	降低	墨汁涂片染色或培养可找到隐球菌

五、并 发 症

1. 硬膜下积液　发生率一般为15%～45%，若加上无症状者，发生率高达85%～90%。多见于1岁以下前囟未闭的婴儿。其诊断依据：①化脓性脑膜炎经治疗体温不退，意识障碍、惊厥或颅压增高等脑症状无好转，甚至进行性加重；②颅骨透照试验阳性或头颅CT检查有积液；③硬膜下穿刺，液体为黄色，量超过2ml，蛋白定量>0.4g/L，积液涂片和培养可有致病菌。

2. 脑室膜炎　亦是常见并发症，多见于小婴儿革兰阴性杆菌感染延误诊治的患儿。发生在脑室系统及其周围的炎症，本病以脑室内脑脊液化脓性改变为特征，当化脓性脑膜炎经

常规治疗无效，病情加重，频繁惊厥，呼吸衰竭，脑超声或 CT 检查显示脑室稍扩大，应考虑本症的可能，并进一步做脑室穿刺，若脑室液白细胞数≥50×10^6/L，糖定量<1.6mmol/L，蛋白质>0.4g/L。脑脊液涂片或培养阳性，即可确诊。

3. 脑积水　尤其多见于新生儿和小婴儿。脓性渗出物易堵塞狭小孔道，如室间孔、正中孔、外侧孔、中脑水管及脑室或发生粘连而引起脑脊液循环障碍所致。常见于治疗不当或治疗过晚的患者，表现为颅内压增高，前囟饱满，颅缝裂开，头颅增大，头皮静脉扩张，叩颅呈破壶音，额大面小，眼球向下呈落日状。头颅 B 超、CT、MRI 检查可见脑室扩大。

4. 脑性低钠血症　炎症累及下丘脑或垂体后，使抗利尿激素分泌过多导致钠水潴留，此外，呕吐、饮食少等原因引起水、电解质紊乱，临床表现为低钠血症和血浆渗透压降低，可加重脑水肿，促发惊厥发作并使意识障碍加重，出现昏睡、昏迷、水肿、全身软弱无力、四肢肌张力低下、尿少等症状。

考点：化脓性脑膜炎的并发症及其特点，最常见的并发症

5. 其他　脑实质受损可导致智力发育障碍，肢体瘫痪或产生继发性癫痫。脑神经受累可引起耳聋、失明等。

六、诊断与鉴别诊断

（一）诊断

本病的诊断除依赖病史，临床表现外，主要根据脑脊液的改变。因此，临床表现可疑时应及早做脑脊液化验以明确诊断。根据患儿年龄、病史，临床表现有发热、头痛、呕吐、烦躁、惊厥、脑膜刺激征阳性和脑脊液化脓性改变等特点即可作出诊断。经不规则抗生素治疗的病例，临床表现脑脊液改变可不典型，涂片及培养可找不到细菌，应结合病史、脑脊液特殊检查、头颅超声或 CT 检查进行综合分析，确立诊断。本病病死率较高，神经系统后遗症较多。因此，应早发现、早诊断、早治疗，彻底治疗，避免病情进一步加重。防止残疾发生。

新生儿脑膜炎因临床表现不典型，缺乏特异性体征，如发现精神萎靡、嗜睡、烦躁、拒乳、发作性呼吸暂停、惊厥等找不到适当原因者，应做腰椎穿刺检查脑脊液明确诊断。

（二）鉴别诊断

1. 病毒性脑膜炎　一般中毒症状不明显。脑脊液外观清亮或轻度浑浊，白细胞数正常或轻度增高，病初中性粒细胞稍增多，2～3 天后以淋巴细胞为主，蛋白定量正常或稍高，糖及氯化物正常，细菌学检查阴性。

2. 结核性脑膜炎　除婴儿外，多数起病缓慢，常有结核接触史和肺部或其他部位有结核病灶。脑脊液外观微浑浊或呈毛玻璃样，有时因蛋白含量过高而呈黄色，静置 12～24 小时后有薄膜形成，白细胞数（200～300）×10^6/L。偶尔超过 1000×10^6/L，以淋巴细胞为主，蛋白质明显增高，糖、氯化物均明显减低。普通细菌学检查阴性，结核杆菌检查阳性，脑脊液留膜涂片可找到抗酸杆菌即可确诊。另外，PPD 试验，在痰及胃液中寻找结核菌等以协助诊断。

3. 真菌性脑膜炎　其临床表现、病程及脑脊液改变与结核性脑膜炎相似，起病缓慢症状更为隐匿，病程更长，病情可起伏加重，头痛等颅压增高表现更持续和严重。确诊靠脑脊液墨汁染色见到厚荚膜的发亮圆形菌体，在沙氏培养基上可有新型隐球菌生长。

考点：比较不同脑膜炎脑脊液特点

七、治　　疗

1. 抗生素治疗

（1）抗生素的应用原则：①早期用药、足够剂量、足够疗程、静脉用药。②根据不同致病菌选择对其敏感、且能较高浓度透过血脑屏障的药物。③一般疗程不少于 2～3 周。

（2）药物选择：①病原菌尚未明确的初始治疗：任何年龄患儿均可选用氨苄西林200～300mg/（kg·d）与大剂量青霉素40万～80万U/（kg·d）合用，应分次静脉给药。青霉素稀释后应在1小时内输完，防止破坏，影响疗效；高浓度的青霉素须避免渗出血管外，防止组织坏死。由于流感嗜血杆菌对青霉素类药物有抗药性，氯霉素有发生骨髓抑制及灰婴综合征等副作用，故目前主张选用第三代头孢菌素，头脉孢噻肟50mg/（kg·d），每6小时静脉滴注1次；头孢曲松50～100mg/（kg·d），每12小时静脉滴注1次，疗程7天。②对于病原菌明确的治疗：应参照细菌药物敏感性试验结果选用抗生素，其疗程依病原菌种类而不同。肺炎链球菌、流感嗜血杆菌脑膜炎疗程为静脉给药10～14天；脑膜炎球菌用药7天；金黄色葡萄球菌和革兰阴性菌引起的脑膜炎，疗程在21天以上，有并发症者应适当延长给药时间。病原菌已查明，可参照药敏试验给药（表10-2）。

考点：化脑抗生素治疗

表10-2　治疗化脓性脑膜炎的抗生素选择

病原菌	推荐的抗生素
流感嗜血杆菌	氨苄西林、氯霉素、头孢呋辛钠、头孢曲松钠
肺炎链球菌	青霉素G、头孢噻肟钠
脑膜炎双球菌	青霉素G
革兰阴性菌	头孢噻肟钠、阿米卡星
金黄色葡萄球菌	萘夫西林、氨基糖苷类、头孢噻肟钠、头孢呋辛钠、万古霉素、利福平
新生儿脑膜炎	氨苄西林、氨基糖苷类、头孢呋辛钠、阿米卡星、头孢曲松钠

2. 肾上腺皮质激素　肾上腺皮质激素不仅可抑制多种炎症因子产生，减轻炎症反应和中毒症状，还可降低血管通透性，控制脑水肿和降低颅内高压。一般选用地塞米松0. 2～0. 6mg/（kg·d），分2～4次静脉给药，连用2～3天。

3. 对症及支持治疗

（1）供给营养：供给足够的热量和营养，注意水电解质平衡。

（2）控制惊厥：地西泮（安定）每次0.3～0.5mg/kg（婴儿最大量不超过5mg，儿童不超过10mg），缓慢静脉注射。苯巴比妥钠每次5～10mg/kg，肌内注射。

（3）处理高热：可用退热药及物理降温。体温超过38.5℃时，给予物理降温或药物降温，以减少大脑氧的消耗。

（4）降低颅内高压：及时用脱水药及利尿药。颅内高压者，静脉快速滴注20%甘露醇每次0.25～1.0g/kg，每4～8小时1次。

4. 并发症的治疗　①硬膜下积液：积液量少不必穿刺，积液多时应反复进行穿刺放液，开始每日或隔日一次，一般每次一侧<15ml，两侧<30ml，让液体自然流出，不能抽吸，1～2周后适当延长穿刺间隔时间；少数病例为硬膜下积脓，除穿刺放液外，需根据病原菌注入相应抗生素，必要时进行外科处理。②脑室管膜炎：除全身抗生素治疗外，可做侧脑室穿刺引流，减轻脑室内压；并脑室内注入适量的抗生素，青霉素每次0.5万～1万U，氨苄西林每次50～100mg。③脑性低钠血症：适当限制液体入量，酌情补充钠盐。

5. 其他治疗　保持病室安静，空气新鲜，避免光线刺激，置患儿于头肩15°～30°有利于静脉回流，降低颅内压，缓解疼痛，使患儿舒适。惊厥、昏迷者应侧卧位，防止窒息。做好眼睛、口腔、皮肤、大小便等日常生活护理，护理时动作轻快，每2小时翻身一次，预防坠积性肺炎和褥疮发生。保证足够的营养及能量供给，维持水、电解质酸碱平衡。意识障碍者给予静脉高营养或鼻饲，保持呼吸道通畅，防止反流或误吸窒息，密切观察病情变化，做好急救工作。定期做血常规检查；静脉输液速度不宜太快，以免加重脑水肿；保护好血管，保证静脉输液通畅；记录 24 小时出入量。

6. 康复治疗　保持瘫痪肢体于功能位置。病情稳定后，及时进行康复治疗，帮助患儿进行肢体的被动或主动运动，及早为患儿制订相应的功能训练计划，以减少后遗症的发生。

考点：控制惊厥的急救措施及首选药物

案例10-1分析

1. 初步诊断　8 个月婴儿，发热两天，惊厥 1 天；先有上呼吸道感染，之后出现神经系统症状。体格检查：嗜睡状，前囟隆起，张力高，颈抵抗及布鲁津斯基征阳性；辅助检查：外周血白细胞增高，中性粒细胞增高，脑脊液为典型的化脓性改变，脑脊液培养见细菌生长。最可能的临床诊断是急性化脓性脑膜炎。

2. 处理原则　主要是采取大剂量抗生素静脉给药以及肾上腺皮质激素和对症治疗等。

第 3 节　病毒性脑炎和脑膜炎

学 习 目 标

1. 了解病毒性脑炎和脑膜炎的病因。
2. 熟悉病毒性脑炎和脑膜炎的诊断与鉴别诊断。
3. 掌握病毒性脑炎和脑膜炎的临床表现。

案例10-2

患儿男，8 岁。因发热、咳嗽 5 天，伴头痛、幻觉 1 天入院。患儿于 5 天前出现发热，体温 38℃左右，伴有咽痛及干咳，自服"感冒胶囊"效果不明显。1 天前出现头痛，前额为主，伴恶心、呕吐、非喷射性。此后，精神萎靡，嗜睡，阵阵出现幻觉，突然恐怖状，诉看到"怪兽"来袭，持续数分钟。病后无惊厥及四肢运动障碍。体格检查：体温 38℃，脉搏 98 次/分，呼吸 28 次/分，血压 90/65mmHg，神清，嗜睡状，躯干少许米粒大小的淡红色皮疹，压之褪色，不痒，无瘀斑。头颅形态无特殊，双瞳孔正圆等大，光反射灵敏。咽红，颈抵抗，双肺呼吸音清，心率 98 次/分，心音有力，律齐，无杂音。腹平软，肝脾未扪及。四肢张力正常，膝反射及踝反射亢进，凯尔尼格征及布鲁津斯基征均阳性。

辅助检查：血常规：Hb 120/L，WBC 9.1×10^9/L，N 63%，L37%。脑脊液：外观清，压力 2.0kPa，白细胞 90×10^6/L，单核 70%，糖 3.8mmol/L，蛋白质 0.3g/L，氯化物 118mmol/L，培养 72 小时无细菌生长。

思考题

1. 该患儿首先考虑何种临床诊断？
2. 本病例的治疗原则是什么？

病毒性脑炎（viral encephalitis）和病毒性脑膜炎（viral meningitis）是由多种病毒所致的中枢神经系统感染，大多急性起病，临床表现轻重不一，或以脑膜炎症状为主，或以脑炎症状为主。若炎症过程主要累及大脑实质，则表现为病毒性脑炎，若炎症主要在脑膜，临床特

考点：病毒性脑炎和病毒性脑膜炎定义

点表现为病毒性脑膜炎，由于解剖上两者相邻近，若脑膜和脑实质同时受累，此时称为病毒性脑膜脑炎。病情轻重不等，轻者可自行缓解，危重者呈急进性过程，可导致死亡及留下神经系统后遗症。病程多在 2 周以内，一般不超过 3 周。但大多患者病程呈自限性。

一、病　　因

考点：病毒性脑炎和病毒性脑膜炎常见病原体

临床工作中，目前仅能在 1/4～1/3 的中枢神经病毒感染病例中确定其致病病毒。其中 80%肠道病毒，如埃柯病毒、柯萨奇病毒，全年均可发生，以 6～10 月较多；流行腮腺炎病毒、腺病毒等多在冬春季发病；单纯疱疹病毒、EB 病毒等无明显季节性。虽然目前多数患者尚难确定其病原体，但从其临床和实验室资料，均能支持急性颅内病毒感染的诊断。

二、发病机制

病毒侵入中枢神经系统的途径主要通过肠道或呼吸道进入淋巴系统繁殖，然后经血流感染颅外某些脏器时，临床上可有发热等全身症状。如病毒在定居脏器内进一步繁殖再次进入血流，则大量病毒可进一步向全身播散。由于小儿免疫功能低下，病毒即通过血脑屏障侵犯脑或脑膜组织，出现中枢神经系统症状。如果病毒在定居脏器进一步繁殖即可能入侵脑或脑膜组织出现中枢神经系统症状。单纯疱疹病毒可经嗅神经或三叉神经侵入，但这种途径较为少见。因此，颅内急性病毒感染的病理改变主要是病毒对神经组织的直接侵袭，病毒大量增殖，引起神经细胞变性、坏死和胶质细胞增生与炎症细胞浸润；由于神经组织对病毒抗原的强烈反应引起脱髓鞘病变、血管与血管周围脑组织损害。

三、病　　理

受累脑膜和（或）脑实质广泛性充血、水肿，伴单核细胞、淋巴细胞和浆细胞浸润，炎症细胞在小血管周围呈袖套样分布，可有血管内皮细胞及周围组织神经细胞变性、坏死和髓鞘崩解。神经细胞核内可形成包涵体，如果脱髓鞘程度严重但仍保留神经元及轴索，常提示感染后或过敏性脑炎。病理改变大多弥漫分布，但也可在某些脑叶突出，呈相对局限倾向，此种病理特征，代表病毒感染激发的机体免疫应答，提示“感染后”或“变态反应性”脑炎的病理学特点。不同病原引起的病变部位不同，如单纯疱疹病毒脑炎常侵犯颞叶皮质，虫媒病毒往往累及全脑。

四、临床表现

由于病变的部位和受累的程度差别很大，因此临床表现多种多样，且轻重不一。一般来说，病毒性脑炎的临床经过较脑膜炎严重，部分重症脑炎常死于急性期，存活者常留有后遗症。

1. 病毒性脑膜炎　急性起病，20%患儿有前驱呼吸道或消化道感染史。主要症状为发热、头痛、呕吐、颈强直。部分患儿有易激惹、嗜睡、呕吐等症状。惊厥少见，一般无瘫痪、昏迷。腮腺炎病毒感染者伴有腮腺肿大，单纯疱疹病毒感染者伴有皮肤黏膜疱疹，肠道病毒感染者伴有不同形态的皮疹。一般很少有严重意识障碍和惊厥。可有颈项强直等脑膜刺激征。无局限性神经系统体征。预后大多良好，病程一般 1～2 周。

2. 病毒性脑炎　由于病变部位和受累的程度差别较大，因此，临床表现多种多样，且轻重不一。本病大多呈急性起病，病情的轻重与病变部位有关，取决于病变主要是在脑膜或脑实质。一般说来，病毒性脑炎较脑膜炎严重，易发生死亡或后遗症。

病毒性脑炎起病急，临床主要表现为发热、反复惊厥发作、不同程度意识障碍和颅压增高症状。惊厥大多呈全部性，但也可有局灶性发作，严重者呈惊厥持续状态。患儿可有嗜睡、昏睡、昏迷、甚至去皮质状态等不同程度意识改变，严重者可发生脑疝。部分患儿可伴有偏瘫或肢体瘫痪表现。如同时累及脑膜，称脑膜脑炎，除脑膜炎症状外，有脑实质受累症状，如惊厥、昏迷、行为异常、瘫痪等。若病变主要累及额叶皮质运动区，临床出现反复惊厥，可呈全部性或局灶性强直-阵挛或阵挛性发作，少数表现为肌阵挛或强直性发作。若病变累及额叶底部、颞叶边缘系统，患者常表现为精神行为异常，如躁狂、幻觉、失语以及定向力、计算力与记忆力障碍等。病早期即可有颅内高压表现，少数病人随病情进展可迅速出现脑疝、中枢性呼吸衰竭而危及生命。

此外，还有以偏瘫、单瘫、四肢瘫或各种不自主运动为主要表现者。不少患者可能同时兼有上述多种类型表现。当病变累及锥体束时出现阳性病理体征。病毒性脑炎病程大多 2～3 周，多数可完全恢复，少数遗留癫痫、肢体瘫痪、智能发育迟缓等后遗症。

考点：病毒性脑炎和病毒性脑膜炎的不同点及临床表现

五、辅助检查

1. 血常规　白细胞总数正常或偏低，部分可轻度升高。

2. 脑脊液检查　外观清，压力正常或增加，白细胞数正常或轻度增多，为（10～500）$\times 10^6$/L，病初多以中性粒细胞为主，以后以淋巴细胞为主，蛋白质大多正常或轻度增高，糖及氯化物一般正常，涂片和培养无细菌发现。

3. 病毒学检查　取急性期和恢复期双份血清，如恢复期血清特异抗体滴度比急性期高 4 倍以上有助于诊断。部分病例用 PCR 技术能检出病毒 DNA，可早期快速诊断。

4. 脑电图　以弥漫性或局限性异常慢波背景活动为特征，少数伴有棘波、棘慢综合波。慢波只能提示脑功能异常，不能证实病毒感染性质。某些患者脑电图也可正常。

5. 影像学检查　头颅 CT 可发现脑水肿、局灶性低密度区。MRI 可发现脑实质 T_1 低信号、T_2 高信号病灶等。

六、诊断与鉴别诊断

（一）诊断

根据病史，临床表现及脑脊液变化，结合脑电图、影像学改变等可作出诊断，但进一步确诊需依靠病原学检查。大多数病毒性脑炎或脑膜炎的诊断有赖于排除其他中枢神经系统疾病。若明确并发于某种病毒性传染病或脑脊液检查证实特异性病毒抗体阳性者，可直接支持颅内病毒性感染的诊断。

（二）鉴别诊断

（1）急性化脓性脑膜炎：其脑脊液白细胞数和中性粒细胞数明显增加，糖定量减低，蛋白定量增高，涂片或培养可查到致病菌。

（2）结核性脑膜炎：多数起病缓慢，常有结核病接触史或结核病史，结核菌素试验阳性，体内可查到结核病灶。脑脊液细胞数中等增高，蛋白定量增加，糖和氯化物定量均降低，涂片可找到抗酸杆菌。

（3）脑肿瘤及脑脓肿：此两病常有局灶性体征及明显颅内高压症状。头颅影像学检查可协助诊断。

（4）瑞氏综合征（Reye 综合征）：此病常见于感染后，急性脑病表现有发热、昏迷、惊厥，因脑脊液无明显异常，使两病易于混淆，但 Reye 综合征患儿无黄疸而肝功明显异常，起病后 3～5 天病情不再进展，可有血糖降低，血清转氨酶升高，血氨增高等特点，可与病毒性脑膜炎或脑炎鉴别。

考点：Reye 综合征特点

七、治疗

本病缺乏特异性治疗。但由于病程自限性，急性期正确的支持与对症治疗，是保证病情顺利恢复、降低病死率和致残率的关键。

1. 抗病毒药物　阿昔洛韦（aciclovir），每次 5～10mg/kg，每 8 小时 1 次或其衍生物丙氧鸟苷（ganciclovir），每次 5mg/kg，每 12 小时 1 次。两种药物均需连用 10～14 天，静脉滴注给药对单纯疱疹病毒效果最好，对水痘-带状疱疹病毒、巨细胞病毒、EB 病毒也有抑制作用。其他病毒性脑炎可酌情用干扰素、利巴韦林（病毒唑）和中药等。

2. 对症治疗　及时处理发热、惊厥及颅内高压。①体温超过 38.5℃，给予物理降温或药物降温；②惊厥发作时应立即给止痉剂，如地西泮、苯巴比妥，并将患儿头偏向一侧，及时清理患儿呕吐物，口腔给予牙套保护以免咬伤舌，拉好床档，避免惊厥时受伤或坠床。③控制脑水肿和颅内高压，严格限制液体入量，静脉快速滴注 20%甘露醇每次 0. 25～1. 0g/kg，每 4～8 小时 1 次。呋塞米（速尿）每次 0.5～lmg/kg 稀释于 20ml 液体中静脉滴注，每日 2～3 次。重症病例中加用地塞米松，0.25～0.5mg/（kg·d），静脉滴注，连用 3 天。

3. 支持疗法　维持水、电解质平衡与合理营养的供给，对营养状况不良者给予静脉营养或白蛋白。

考点：惊厥的急救措施及首选药物

4. 其他治疗　保持病室安静，空气新鲜，避免光线刺激，置患儿于头肩 15°～30°，惊厥、昏迷者应侧卧位，防止窒息。做好各种日常生活护理，护理时动作轻快，每 2 小时翻身一次，预防坠积性肺炎和褥疮发生。密切观察病情变化，做好急救工作，保护好血管，保证静脉输液通畅；记录 24 小时出入量。

5. 康复治疗　保持瘫痪肢体于功能位置。病情稳定后，及时进行康复治疗，帮助患儿进行肢体的被动或主动运动，及早为患儿制订相应的功能训练计划，以减少后遗症的发生。

案例10-2分析

1. 初步诊断　年长儿，有发热，呼吸道感染症状，皮疹，并且伴有脑膜刺激征及精神症状（嗜睡及幻觉）等；血常规：Hb 120/L，WBC 9.1×10^9/L，N 63%，L37%；脑脊液：外观清，压力 2.0kPa，白细胞 90×10^6/L，单核 70%，糖 3.8mmol/L，蛋白质 0.3g/L，氯化物 118mmol/L，培养 72 小时无细菌生长。最可能的临床诊断是病毒性脑膜脑炎。

2. 处理原则：抗病毒药物、对症处理与康复治疗等。

第4节　脑性瘫痪

学习目标

1. 了解脑性瘫痪的病因。
2. 熟悉脑性瘫痪的诊断与鉴别诊断。
3. 掌握脑性瘫痪的临床表现。

案例10-3

患儿男，1 岁半，因至今不会行走来诊。自幼运动发育即有落后，5 个月才会勉强抬头，至今不能稳定独坐，仍不会爬，也不会走，扶走时呈“剪刀样”步态，不会有意识发音，不认人，否认癫痫发作。第 2 胎，7 月早产，有宫内窒息史，出生后经复苏抢救，当时诊断新生儿窒息（轻度）。

体格检查：不能独站，不能走，扶走时双足足尖着地，且双腿交叉呈剪刀状，四肢肌张力高，双上肢肘关节及腕关节屈曲，拇指内收，肘不能过中线，双下肢张力高，双大腿外展困难，双膝反射亢进，双踝阵挛阳性，双侧巴宾斯基征阳性。辅助检查：头颅 CT：双侧额叶，颞叶萎缩，脑沟增宽，EEG：未见明显异常。尿有机酸筛查：未见异常变化。

思考题

1. 该患儿首先考虑何种临床诊断？
2. 本病例的治疗原则是什么？

脑性瘫痪（cerebral palsy）是指各种原因引起的出生前到出生后 1 个月内脑损伤所致的非进行性综合征，又称儿童脑性瘫痪综合征，简称脑瘫。临床主要表现为中枢性运动功能障碍及姿势异常，严重者可伴有智力低下、癫痫、行为异常、视听觉或语言功能障碍。发达国家患病率在 1‰～4‰，我国在 2‰左右。本病不是一种独立的疾病，是小儿时期常见的中枢神经障碍综合征，是儿科康复中的主要对象。

考点：儿童脑瘫的定义

一、病　　因

小儿脑性瘫痪的病因大多数难以明确，可由多种原因引起，约 1/4 的病例找不到病因。足月脑瘫患儿出生前因素占主要地位，而早产脑瘫患儿出生时及新生儿期因素占主要地位。

1. 出生前因素　母孕早期感染和宫内不良因素、遗传病、严重营养缺乏、中毒、放射线照射，胎儿期的发育畸形等。

2. 出生时因素　主要是各种原因（如胎盘早剥、脐带绕颈等）引起的脑缺氧，以及早产、难产、感染、颅内出血等。

考点：儿童脑瘫的病因

3. 出生后因素　新生儿期严重感染、胆红素脑病（核黄疸）、惊厥、窒息、外伤及代谢性疾病等。

二、临床表现

脑瘫以出生后非进行性运动发育异常为特征，临床表现由于受损的部位不同而异，但其共有症状为：①运动发育落后，主动运动减少。患儿不能完成同龄正常儿应能完成的动作。②肌张力异常，大多肌张力增高，但也可表现为肌张力低下，因不同的类型有其不同的表现。患儿往往以运动障碍为主，可以有智力障碍，也可以智力正常。③姿势异常，其姿势与肌张力异常及原始反射延缓消失有关。④反射异常，一般表现为原始反射延缓消失，保护性反射延缓出现。痉挛型脑瘫可表现腱反射亢进，踝阵挛及巴宾斯基征阳性。

脑瘫患儿除运动障碍外，常合并其他功能障碍，常见的有智力低下、癫痫、斜视，其次有眼震、发音障碍、听力障碍、小头畸形、关节脱位等。脑瘫虽然是复杂严重的脑损伤综合征，而且不能治愈，但采取康复措施与不采取康复措施的结局是完全不同的。

1. 根据运动功能障碍特点分类

考点：儿童脑瘫的特点

（1）痉挛型：最常见，占脑瘫的 60%～70%。病变波及锥体束。表现为肌张力增高，肌力差、肢体活动受限，上肢内收，肘腕关节屈曲，手指屈曲呈紧握拳状，拇指内收，双下肢伸直，大腿内收，髌关节内旋，踝关节跖屈，足尖着地，双腿交叉呈剪刀状。腱反射亢进，锥体束征阳性。

（2）手足徐动型：约占脑瘫的 20%。主要病变在锥体外系统。表现为难以控制的、无目的不自主运动或手足徐动，入睡时消失，常有语言困难，多数患儿无惊厥，通常无锥体束征，智力发育障碍不严重。

（3）强直型：很少见。主要为锥体外系症状：全身肌张力显著增高，常伴严重智力低下。

（4）共济失调型：较少见。主要病变在小脑。症状表现为步态不稳、肌张力低下。

（5）震颤型：很少见。表现为四肢震颤。

（6）肌张力低下型：本型多为婴幼儿脑瘫的暂时阶段，以后大多转为痉挛型或手足徐动型。

（7）混合型

考点：儿童脑瘫的分型

2. 按受累的部位不同分类　①四肢瘫；②双瘫；③截瘫；④偏瘫；⑤双重性偏瘫；⑥三肢瘫；⑦单瘫。

3. 根据病情程度分类　①轻度：生活完全自理。②中度：生活部分自理。③重度：生活不能自理，需终身照顾。

三、诊断与鉴别诊断

（一）诊断

脑瘫为致残性疾病，早期发现和早期诊断对降低致残率是非常重要的。一般诊断不难。可以通过询问病史（个人史、发育史、既往史、家族史等）、体格检查、辅助检查等方法对脑瘫患者全面评定。1/2～2/3 的患儿 CT、MRI 异常，但正常者不能否认脑瘫的诊断。影像学的检查往往只对查找病因、判断预后有参考价值。本病早期诊断很重要，如小儿常有过度哭闹、入睡困难、喂养困难、过度敏感、易激惹、护理困难等表现时应做详细检查，以排除脑瘫的可能。对脑瘫患儿进行全面评定有助于了解患儿所存在的功能障碍及障碍的程度，为康复治疗方法的选择和判断康复治疗效果提供客观依据。

（二）鉴别诊断

考点：儿童脑瘫的早期诊断方法

1. 脑白质营养不良　为遗传性疾病，患儿出生时表现为明显的肌张力低下，症状呈进行性加重，表现为步态不稳，痉挛性双侧瘫痪，惊厥，语言障碍，视神经萎缩等，最终呈去大脑强直状态。检测血清、尿或外周血白细胞的活性可确诊。

2. 唐氏综合征　又称先天愚型，是一种因常染色体畸变而引起的先天性脑发育障碍的遗传性疾病。根据其特殊面容以及异常体征一般诊断难。但有些病例新生儿时期症状不明显，只表现面部无表情，对周围无兴趣，肌张力明显低下，肌力减弱，活动减少。有时候可误认为脑瘫，但本病腱反射减弱或难引出，这是与脑瘫明显的不同点。做染色体检查即可确诊。

3. 婴儿型脊髓性肌萎缩　患儿智力正常，腱反射消失，肌张力低下，可资鉴别。

4. 脊髓病变　包括脊髓炎、脊髓压迫症。截瘫呈进行性，双下肢可不对称，可有感觉障碍平面。当出现脑脊液循环障碍时，可见脑脊液蛋白量增加。

5. 孤独症　有些孤独症小儿行走时使用脚尖着地，有时候误认为是脑瘫痉挛型。但体检可发现跟腱不挛缩，趾背屈无障碍，腱反射不亢进，无病理反射，这些特点都可与脑瘫鉴别。

四、治　　疗

目的是促进各系统功能的恢复和正常发育，纠正异常姿势，减轻其伤残程度。原则是早期发现、早期诊断、早期康复。治疗效果与患儿的智力水平高低有密切的关系，智力好，疗效好，年龄越小，效果越佳。

（一）治疗原则

早期发现、早期治疗有助于神经的分化和髓鞘的发育，容易取得疗效。

（二）综合治疗

1. 早期治疗　小儿脑瘫越早治疗效果越好，最佳时期为1岁以前。3个月左右患儿为“早、早、早”期治疗极佳阶段，一般家长不易发现，错过了“超早期极佳治疗阶段”。6～9 个月患儿为“早、早”期治疗阶段，如在半岁左右及时治疗，病程短，效果好，稳定性强。1～3 岁的患儿都属“早”期治疗阶段，效果也较好，治愈率可达 90%以上。脑瘫患儿的治疗，最好不要超过 4 岁，最迟不要超过 6 岁。早期治疗促使正在发育的中枢神经系统得到进一步发育，发育障碍的症状得到改善，异常姿势和运动模式会被有效地抑制，这种异常模式一旦形成，再予纠正十分困难并阻碍正常运动姿势的产生。

2. 治疗方法

（1）以功能训练为主

1）体能运动训练：针对各种运动障碍和异常姿势进行物理学手段治疗。

A. 正确的卧姿：一般采用侧卧位，可以有效抑制全身伸肌痉挛和各种紧张性反射的作用，也有利于患儿在胸前进行各种活动；为帮助患儿抬头和增强上肢支撑力，可采用俯卧位，在胸前垫一个楔形垫，患儿俯卧在上面，头和双手放在楔形垫的前方。不能抬头的患儿，治疗师要协助患儿抬头，楔形垫的前面可以放一些玩具，便于患儿玩耍，整个治疗过程中必须有人看护，避免患儿发生窒息。仰卧位很少采用，因为它可以引起全身伸肌痉挛。

B. 正确的坐姿：坐地板和床上：背部挺直，髋关节屈曲 90°，膝关节伸直，两大腿外旋分开。如果患儿不能独自保持正确的坐姿，治疗师可坐在小儿身后协助完成。坐椅子上：坐在合适的椅子上，头应保持正直呈中立位，胸背挺直，髋、膝、踝关节屈曲 90°，两脚平放在地板上。如果患者不能坐稳，可以在椅子上安装支撑板，支撑躯干和手臂，并用安全带固定，使髋部、膝部、踝部关节屈曲，或治疗师协助患者保持正确坐姿。

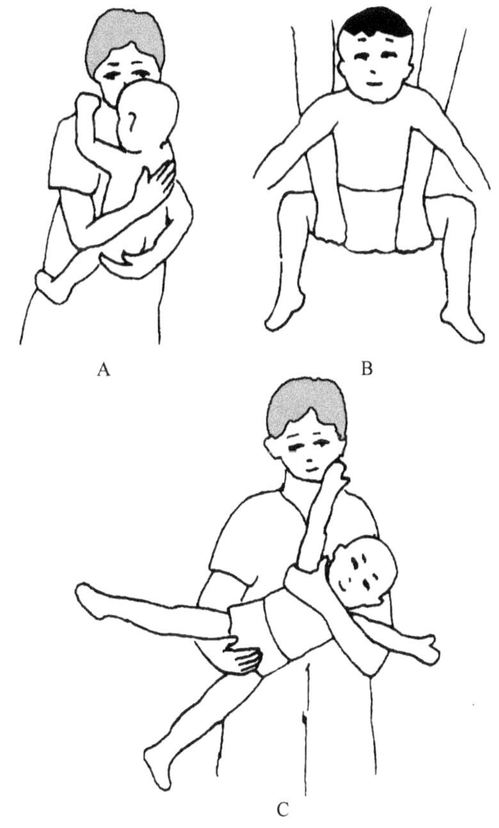

图 10-1　正确的抱姿

C. 正确的抱姿：使患儿头颈脊柱竖直，尽可能使双上肢和手保持正中位，双下肢屈曲分开。有三种抱法：面对面抱法（图 10-1A）；面对背直抱法（图 10-1B）；面对背斜抱法（图 10-1C）。

2）技能训练：重点训练上肢和手的精细运动，提高患儿独立生活技能。语言训练：包括听力、发音、语言和咀嚼吞咽功能的协同矫正。近年来，针对痉挛的运动疗法学说发展比较多。

Bobath 法：认为脑瘫所引起的运动发育障碍主要表现为：婴儿期的原始运动模式延长，使主动运动的产生受到限制；作为正常运动基础的正常姿势反射发育延迟或发育不完善。

Bobath 法的治疗重点为：阻止原始反射；促进正常的姿势反射发育；发展正常的自动反应和运动能力。在具体训练方法上强调按正常婴幼儿运动发育的各个阶段来进行训练。如：抬头—翻身—坐—爬—跪—站—走。

B. Peto 法（引导式教育）：是目前国际上流行的较好的康复力法，这种方法是由匈牙利 Peto 教授创造的。Peto 主张对脑性瘫痪儿童进行全面的康复训练。Peto 提出：一个患儿所需要的各种训练治疗和教育应由一个人，在同一个居住环境中给予，这个人被称为引导者

(conductor)。他是由受过医学、教育、物理治疗、语言治疗及心理学训练的引导者组织并向身体残疾的儿童提供的一种教育。在治疗训练时，引导者要全面负责患儿的粗动作、感觉运动、自主技能的训练和特殊教育。

引导式教育的目的是使儿童从生理上到心理上得到综合完善的发展，使儿童能获得作为社会上一个有用的成员所需要的基本素质，因此它不是一种简单的康复技术和治疗，而是一个全面的教育体系。引导式教育的基本方法：首先对患儿进行功能评定，在此基础上，他们把条件相似（年龄、残疾种类、智力水平）的患儿放在一起，进行小组训练。每一次训练任务被分解成若干个按顺序排列的单一动作。患儿先学习掌握每一个单一动作，然后将这些单一动作串起来，就完成了训练任务。在训练单一动作时，引导者用简要的语言提示，将动作要求编成歌谣或歌曲，并让患儿边做动作，边学着说或唱。这样，同时也进行了语言训练。Peto 法还设计了特殊的木制训练家具，如梯凳、条栅式治疗台、床。使患儿能安全地抓握推动，进行日常活动训练。

（2）家庭训练：本病的康复是个长期过程，家庭训练占有一定的位置，应加强其父母的信心及功能训练手法学习，在医生指导下共同制定训练计划，合理、适度地进行训练。必须教会家长掌握康复方法，应把训练贯穿于日常生活活动中去，保证病儿在家庭中得到长期、系统、合理的训练治疗。由于亲情关系，病儿易配合，更易取得较好的训练效果。作业疗法（简称 OT）：以游戏的方式，让患儿对一项特定的作业产生兴趣，通过作业活动，对身体的、精神的功能损伤进行康复，增强协调运动，最大限度地发挥其以生活基本自理为目的的功能。作业治疗侧重于上肢功能和日常生活动作的掌握，通常以进食训练、穿脱衣服、大小便训练为主。①进食训练：应首先摆正进食的姿势，以减轻痉挛，加强咀嚼能力。还应注意对患儿的餐具进行选择，最好选择硬塑料碗、盘等餐具，餐具最好有把手和防滑等。进食训练应尽早进行，在训练中尽早完成从坐在腿上到座位上进食，尽早完成从奶瓶到勺、杯、手进食的转变。②穿脱衣服训练：训练应该先从简单的衣物开始，并让患儿了解穿脱衣服的顺序，一般是穿衣先穿患侧，脱衣先脱患侧。先给予辅助，逐渐变为独立穿脱衣服。患儿穿的衣服也应剪裁的肥大、宽松一些，质地尽量选择手感舒适、柔软、无刺激的布料。③大小便训练：从 2 岁开始训练，包括穿脱裤子、站立、坐位平衡和手功能的训练，直至能独立完成大小便，同时也要养成定时排便的习惯。

（3）心理治疗：康复工作者亲切美好的语言和行为，会给患儿以温暖、信任，减少其畏惧、胆怯心理，便于引发病儿的主动性，起到单纯训练治疗所起不到的良好医疗作用。避免训练的单调、乏味，应将训练与游戏、娱乐、教育融为一体。对其在治疗中取得的点滴进步，应及时给以鼓励肯定，增强病儿和家长的信心。

（4）药物治疗：脑瘫患儿的康复治疗，药物治疗的作用不可低估。通过中西药物的应用，恢复和改善脑细胞功能。选择性的运用一系列有助于改善血液循环、减轻脑缺氧，改善大脑能量和营养代谢，激活和恢复脑功能的药物，针对患儿的不同症状，选择用药，改善患儿的症状、情绪、行为、肌张力、动作协调性和注意力，提高智力，症状改善明显、不反弹，远期疗效好。

（5）按摩：按摩是根据中医的经络学说，运用现代运动学的原理，采用推、拿、揉、摇、抖、按压、弹拨等多种手法，通过疏通经络，调和气血，强筋骨，达到矫治肢体挛缩畸形，纠正患儿肢体关节功能障碍，改善功能。

考点：儿童脑瘫的治疗方案

（6）矫形器的应用：功能训练中，配合使用一些支具或辅助器械，有助于矫正异常姿势，抑制异常反射。

（7）手术治疗：主要用于痉挛型，目的是矫正畸形，恢复或改善肌力与肌张力的平衡。

（8）其他：如高压氧舱、水疗、电疗等，对功能训练有辅助作用。

小儿脑瘫的治疗

目前由于急救医学的发展，高危新生儿存活率明显提高，小儿脑瘫的发病率呈上升趋势，严重地影响了儿童的身心发育，如不能及时有效得到诊治，极有可能造成患儿终身残疾，给孩子造成极大的痛苦，给家庭和社会带来沉重负担。因此，积极探索小儿脑瘫的有效治疗方法，利用现有资源最大限度地降低患儿的伤残程度，提高治疗效果，是当前儿科的一项重要研究课题。近年来，对于小儿脑瘫的康复治疗，通过国内外医学工作者的努力，已经取得了一定的突破。脑瘫是儿科康复中的主要对象。

链接

五、预　　防

轻症瘫痪、智力正常或接近正常者，瘫痪的肢体经过锻炼可得到改善，预后较好。瘫痪严重、智力低下者则较难恢复，常因感染、严重营养不良而危及生命。因此，做好预防工作，防止脑瘫的发生，是提高人口素质，减轻家庭、社会负担的根本措施。

1. 围生期预防　宣传孕期保健知识，增进孕妇健康，做好产前诊断，防止发生先天性疾病。

2. 产程中的预防　预防早产、难产。提高医护人员的助产技术，避免产伤。

3. 后天性脑瘫的预防　后天性脑瘫是由脑部感染、脑血管疾病、脑外伤、脑缺氧等引起的。因此加强预防措施，一旦发生上述疾病，应积极抢救和治疗，尽量减少对大脑的损伤，在病情稳定时应尽早进行康复治疗。是预防后天性脑性瘫痪的根本。

案例10-3分析

1. 初步诊断　患儿 1 岁半，病史中存在发生脑瘫的危险因素；自幼运动发育落后：5 月才会勉强抬头，至今不能稳定独坐，仍不会爬，也不会走；姿势异常及肌张力异常：双足足尖着地，且双腿交叉呈剪刀状，双大腿外展困难，上肢肘关节及腕关节屈曲，拇指内收，肘不能过中线；反射异常：双膝反射亢进，双踝阵挛阳性，双侧巴宾斯基征阳性；头颅 CT：脑萎缩；尿有机酸检查：未见异常（不支持代谢性疾病）。最可能的临床诊断是脑性瘫痪（痉挛型）。

2. 处理原则　早期治疗、综合长期治疗、家庭参与、患儿主动性参与、因人而异制订康复训练计划。

第 5 节　注意缺陷障碍（伴多动）

学 习 目 标

1. 了解注意缺陷障碍的病因。
2. 熟悉注意缺陷障碍的诊断与鉴别诊断。
3. 掌握注意缺陷障碍的临床表现。

案例10-4

患儿男，9 岁。因多动，注意力不集中，学习困难，成绩不理想就诊。患儿在幼儿时期就活动过多，如过分地跑跳、翻滚或爬，不走直路；到入学后更为明显，上课做小动作，不时翻弄书本，敲桌子，摇椅子，玩铅笔，咬指甲，拔头发，撕纸；在教室里不能静坐，经常来回奔跑，过度喧闹，话多，不听命令。上课时注意力不集中，常心不在焉，东张西望，做作业时，边做边玩。近 3 个月来出现说谎、逃学、打架、破坏公物，学习困难，成绩较差。患儿的父亲小时就多动。体格检查：头颅、心肺、腹、四肢、神经反射均正常，语言表达和智商也正常，但注意力不集中，动作较多，难以安静。

思考题

1. 该患儿首先考虑何种临床诊断？
2. 本病例的治疗原则是什么？

考点： 注意缺陷障碍（伴多动）定义

注意缺陷障碍（伴多动）又称儿童多动症（hyperkinetic syndrome of childhood），以注意力不集中、多动，但智力基本正常等表现为其特点，又称多动综合征。半数患儿<4 岁起病，1/3 以上患儿伴有学习困难和心理异常。是儿童时期常见的心理行为障碍之一，以往曾称为“轻微脑功能障碍（minimal brain dysfunction，MBD）”，其中 70%的患儿症状可持续到青春期，部分患儿可持续到成年人。

一、病　　因

原因至今不清，目前认为是多种因素相互作用所致。

考点： 注意缺陷障碍（伴多动）病因

1. 遗传因素　通过对本病家系、双胎及寄养儿等的研究证实，遗传因素在本病的发生中起了非常重要的作用。父母童年期有多动历史者较多，多动症儿童的同胞兄弟姐妹患病率高于对照组 3 倍。通过家系调查发现本病具有家族聚集现象。患儿的父母、同胞和亲属中，在儿童期患该病者较一般家庭为多。患儿的双亲患病率 20%，一级亲属患病率 10.9%，二级亲属患病率 4.5%。单卵双生子同病率 51%～64%，双卵双生子同病率 33%。这些研究支持遗传因素的作用，可能为多基因遗传。

2. 环境及心理因素　父母关系不好、孩子学习困难或学习压力过重等，患儿用行动代替了说话，从而表现出各种行为问题而诱发本病。

3. 其他因素　导致大脑损害的因素，如宫内感染、缺氧、出生时窒息等，影响神经系统的功能，可能与本病有关。维生素缺乏，食物过敏，食品的调味剂、添加剂，血铅水平升高，血锌水平降低等也可能促使产生多动。

二、发病机制

研究证明多动症患儿脑内儿茶酚胺的通路存在异常。他们脑脊液的测定显示多巴胺更新率降低或是多巴胺的敏感性增高，验证了多动症的低多巴胺状态的假说，可能有多巴胺代谢障碍。患儿全脑葡萄糖代谢率减低，尤其在运动前回和前额皮质。

1. 生物化学因素　研究证明多动症患儿脑内儿茶酚胺的通路存在异常。他们脑脊液的测定显示多巴胺更新率降低或是多巴胺的敏感性增高，验证了多动症的低多巴胺状态的假说，可能有多巴胺代谢障碍。有学者认为可能与脑内神经递质去甲肾上腺素、5-羟色胺等的不足有关。

2. 神经生理学因素　有学者认为该病可能与大脑前额叶发育迟缓有关。前额叶在生物进化史上发育最晚，患儿全脑葡萄糖代谢率减低，尤其在运动前回和前额皮质。此区的神经纤维髓鞘化过程也最迟，注意缺陷障碍（伴多动）患儿则更晚，至少年期后才完成，遂于青春期后多动现象减少，注意集中困难改善。

三、临 床 表 现

本病症状多种多样，活动过多和注意力分散是本病两个突出的表现。

1. 活动过多　多动症状出现较早，有的胎儿时期就胎动频繁；婴儿期可表现得更活泼，不安宁，手脚乱动，喂养困难，难以入睡；大多开始于幼儿期，幼小儿童的活动过度常表现在全身粗大活动上，如过分地跑跳、翻滚或爬，不走直路；到入学后更为明显，小动作丛生，变化莫测，不论在何种场合，都处于不停活动的状态中，如上课不断做小动作，不时翻弄书本，敲桌子，摇椅子，玩铅笔，咬指甲，拔头发，撕纸，玩弄小辫子，卷衣角，在教室里不能静坐，经常来回奔跑，过度喧闹，话多，不守纪律，不听命令，越是需要保持安静和遵守纪律的环境中，多动越突出，喜欢玩危险的游戏。多动可分为持续性多动及情境性多动，前者多动性行为较严重，不分场合，在学校及家中表现均明显。

2. 注意力不易集中　主动注意功能明显减弱，而被动注意亢进，常被环境中的无关刺激所吸引，注意力很难集中，或注意力集中时间短暂。入学后表现更为典型，有意注意短暂，上课小动作多，课堂纪律差，老师无法控制其行为，注意力易被分散，且是不自觉的、不能控制的，做任何事不能全神贯注，如作业不能按时完成，因而导致学习困难。注意力不集中与活动过多不一样，后者随年龄的增长而逐渐减少或消失，但前者可持续到青春期。

3. 冲动性　不经思考即开始行动，由于缺乏克制能力，容易激惹，对愉快或不愉快的事件常作出过度兴奋或愤怒的反应，表现为在教室内大声喊叫，与同学争吵和打架。

患儿智商虽大多在正常范围，但考试成绩常不理想。因三大症状常引起一系列继发性后果，学习困难，粗心大意，在朗读、作文、语言口头表达等方面存在问题。特别在三、四年级时表现尤为突出。由于自制力不足，常发生某些行为问题，如说谎、逃学、打架、偷窃、破坏公物，大多数儿童有情绪障碍，如自卑、消沉等。

考点：注意缺陷障碍（伴多动）的临床特点

四、诊断与鉴别诊断

（一）诊断

对本病的诊断主要依靠病史、对孩子行为的观察及神经系统检查。

发病必须<7 岁，病程在 6 个月以上，无广泛性发育障碍标准。根据父母及幼儿园、学校老师的连续性观察记录，按照诊断标准可进行诊断。按照美国 DSM -Ⅳ（1991）标准，小儿注意缺陷障碍（伴多动）的临床表现可分为注意力项和多动项 2 类，本病的诊断必须至少具备这两项中的各 4 种表现，或某 1 项中的 8 种表现。

1. 注意力项　包括①无监督时难于有始有终地完成任务；②难以持久性集中注意（作业、游戏）；③听不进别人在说什么；④经常丢失生活及学校用品；⑤在学校课堂注意力分散、成绩不佳；⑥不能组织达到一定目的的活动；⑦一事未完又做另一事。

2. 多动项　包括①常未加思考即开始行动；②集体活动中常不按次序；③常在问题尚未说完时即抢答；④难于安静地玩耍；⑤做出过分行动，如爬高、乱跑；⑥参与危险活动；⑦坐立不安，动手动脚；⑧常干扰别人；⑨说话过多。

考点：注意缺陷障碍（伴多动）的诊断标准

（二）鉴别诊断

1. 精神发育迟缓 也有动作过多现象，但突出的是智力低下，情绪反应与年龄不符，动作笨拙等。

2. 儿童秽语 多动症也有多动表现，如眨眼、弄眉、耸肩、弄舌等。但常于肌肉抽动的同时口内发出咒骂的秽语。病变在基底神经节，服氟哌啶醇有一定疗效，服哌甲酯（利他林）或匹莫林（苯异妥英）反使症状加剧。

3. 儿童焦虑症 常由各种精神紧张刺激所引起。小儿表现坐立不安，注意集中困难，脾气暴躁和冲动等，但突出症状是焦虑。如仔细了解，可见这些情绪反应有明显的心理社会因素，并与外界环境有密切联系。

4. 儿童精神病 儿童精神分裂症早期也可有活动过多和行为冲动。但有个性改变、情感冷淡和行为怪异等。随后，思维联系不连贯，内容离奇，如妄想幻觉等日益明显。婴儿孤独症常有活动过度和注意集中困难等，但有极端孤独及其他特征性表现。

5. 风湿热舞蹈病 可有肢体不自主的舞蹈样动作及情绪的改变。实验室检查有助于风湿热的诊断。

6. 癫痫 也常有活动过多。但有阵发性发作表现，脑电图有特殊改变。发作控制后，活动过多和冲动性等症状可获改善。

五、治 疗

（一）实施合理教育

应让患儿、父母和老师知道多动症是一种行为障碍，以配合治疗。首先应用支持性心理疗法，改进教育方法。防止孩子常被歧视而产生自卑或反抗心理，身心发育受到影响。要对孩子采用较合适的训练方法，对于多动儿童的要求，切莫像对待正常孩子那样严格，只要求他们的多动行为能控制在一个不太过分的范围内。加强集中注意力的培养，可以从看图书、听故事做起，逐渐延长其集中注意力的时间，帮助他们养成自我控制的能力。

（二）药物治疗

目前主要用中枢神经兴奋药。6 岁以下患儿由于中枢神经兴奋药物对活动过多的症状改善不明显，故不主张用药物治疗。

1. 兴奋药物 应用兴奋药应遵守以下原则：①药物剂量宜从小量开始，逐渐加量，直到取得理想效果，或剂量太大，或症状恶化为止，如剂量过大可引起畏缩、哭泣和嗜睡。②哌甲酯、苯丙胺和匹莫林均可抑制体重和身高的增长，且与剂量的大小有关。药物对身高、体重的影响，除因所引起的食欲减低使摄入食量减少外，尚可能与生长介质分泌减少（下丘脑-垂体系统受抑制）有关。在用药期间要监测身高、体重和血压，应做听力评价，偶尔需要做脑电图。③用药的目的是为了改善儿童的学习，因此，在多数情况下是在上学或当小儿需要满意的注意力时给药。教师对药效的评价是重要的。

（1）哌甲酯：为首选药，剂量 0.3mg/（kg·d），每天早晨上课前半小时服用一次，2 周后症状无改善可加至每早 0.5～0.7mg/（kg·d）服一次，直到症状控制为止，最大剂量每天 60mg，如服药 1 个月无效者停药；副作用：以食欲缺乏、皮肤苍白（由于血管收缩）、头晕、腹痛为常见，一般于用药后 1~2 周逐渐减轻或消失；其次可见心率加快、精神紧张、失眠以及过敏反应，如皮疹、发热、关节痛、剥脱性皮炎等；个别有头痛、心律不齐、谵妄、运动障碍及恐惧等。

（2）匹莫林：剂量 2.25mg/（kg·d）；该药的优点：副作用轻，尤其拟交感神经的作用，故服药后心悸、面色苍白等少见；胃肠道副反应亦轻，对食欲影响不大，排泄较慢，停药后仍可维持一定时期的疗效；药物在血中达到一定浓度后，半衰期为 12 小时左右，故只需每日上午服药一次即可。③苯丙胺的副作用与哌甲酯相仿，唯食欲减退较明显。

2. 三环类抗抑郁药（如丙咪嗪、地昔帕明） 有些患儿对此类药的治疗反应良好，用药时需要记录心电图、ALT、胆红素、全血细胞计数的基线水平，当药物达到最大剂量时，需予复查。丙咪嗪可降低发作阈。丙咪嗪可自 10mg 开始，每天 1 次，每 3～4 天增加剂量一次，直到最大剂量 3mg/（kg·d）为止。

考点：注意缺陷障碍（伴多动）的治疗方法

六、预 后

随着年龄增长，神经系统逐渐发育正常，孩子身上的毛病会减轻或消失。坐立不安、多动症的表现到青春期以后就会消失，而注意力不集中和冲动行为可能延续到成年，可严重影响学习成绩和社会的适应能力。神经系统检查基本正常，IQ 基本正常。

案例10-4分析

1. 初步诊断 患儿，9 岁，在幼儿时期就活动过多，到入学后更为明显，注意力不集中、冲动这些症状均符合多动症的表现。结合体格检查：头颅、心肺、腹、四肢、神经系统均正常，语言表达，智商也正常，其父亲小时就有多动的特点。最可能的临床诊断是注意缺陷障碍（伴多动）。

2. 治疗原则 心理干预和药物治疗。

目 标 检 测

一、A1 型题

1. 新生儿化脓性脑膜炎最常见的病原体是（　　）
   A. 肺炎链球菌　B. 金黄色葡萄球菌
   C. 溶血性链球菌　D. 大肠埃希菌
   E. 变形杆菌

2. 脑性瘫痪最常见的类型是（　　）
   A. 痉挛型　B. 手足徐动型
   C. 共济失调型　D. 混合型
   E. 肌张力低下型

3. 关于病毒性脑膜炎以下哪项不正确（　　）
   A. 起病急
   B. 是一种自限性疾病，轻者可自行缓解
   C. 脑脊液蛋白和白细胞数轻度升高，糖和氯化物正常
   D. 多数患儿留有后遗症
   E. 脑脊液中可分离出病毒

4. 病毒性脑炎与化脓性脑膜炎、结核性脑膜炎的主要鉴别点是（　　）
   A. 脑脊液检查　B. 高热、头痛、呕吐
   C. 脑膜刺激症状　D. 脑神经障碍
   E. 嗜睡、昏迷

5. 关于化脓性脑膜炎合并硬脑膜下积液，不符合的是（　　）
   A. 化脓性脑膜炎最常见的并发症
   B. 多见于 1.5 岁以上小儿
   C. 经合理的治疗后，脑脊液好转，但体温持续不退
   D. 治疗中体温有反复
   E. 颅骨透照试验（+）

6. 化脓性脑膜炎病原菌未明时，首选的抗生素是（　　）
   A. 青霉素+头孢菌素
   B. 氯霉素+头孢菌素
   C. 青霉素+氨苄西林
   D. 青霉素+链霉素
   E. 青霉素+卡那霉素

7. 新生儿及小婴儿化脓性脑膜炎脑膜刺激征常不明显的原因是（　　）
   A. 神经发育不成熟
   B. 前囟及颅缝未闭
   C. 呕吐　D. 惊厥
   E. 以上都不是

8. 婴幼儿腰穿位置在（　　）
   A. 第 1～2 腰椎间隙
   B. 第 2～3 腰椎间隙
   C. 第 3～4 腰椎间隙
   D. 第 4～5 腰椎间隙
   E. 以上都可以

9. 化脓性脑膜炎脑脊液特点错误的说法是(　　)
A. 外观浑浊呈脓样
B. 糖和氯化物减少
C. 蛋白质明显升高
D. 静止 12～24 小时有薄膜形成
E. 白细胞在 1000×10^6 /L 以上

10. 生时存在且永久保存的反射是（　　）
A. 握持反射　　B. 拥抱反射
C. 吸吮反射　　D. 角膜反射
E. 各种腱反射

11. 注意缺陷障碍（伴多动）诊断最主要的依据是（　　）
A. 父母及教师对孩子的行为评估
B. 智力测定　　C. 围生期异常病史
D. EEG 检查　　E. 注意力测试

12. 病毒性脑膜炎最可靠的诊断依据是（　　）
A. 发热、头痛、呕吐
B. 脑膜刺激征阳性
C. 惊厥　　D. 脑电图异常
E. 脑脊液病毒分离

13. 病毒性脑膜炎脑脊液正确的说法是（　　）
A. 外观浑浊
B. 糖和氯化物正常
C. 蛋白质明显升高
D. 静止 12～24 小时有薄膜形成
E. 白细胞在 1000×10^6/L 以上

14. 以下神经反射的说法，错误的是（　　）
A. 握持反射生后 3～4 个月消失
B. 婴儿期腹壁反射不容易引出
C. 1 岁以内巴宾斯基征阳性属病理现象
D. 新生儿凯尔尼格征阳性属生理现象
E. 新生儿提睾反射引不出

15. 以下哪项脑脊液改变对确诊小儿化脓性脑膜炎意义最大（　　）
A. 压力升高
B. 外观浑浊呈脓性
C. 白细胞数目明显增多
D. 蛋白升高，糖和氯化物下降
E. 查到病原菌

16. 病毒性脑炎和病毒性脑膜炎主要的病原体是（　　）
A. 腮腺炎病毒　　B. 疱疹病毒
C. 虫媒病毒　　D. 乙脑病毒
E. 肠道病毒

二、A2 型题

17. 患儿女，10 个月。患化脓性脑膜炎，巡视时发现患儿出现喷射性呕吐、烦躁不安、惊厥，有颅内压增高的可能。此时应给予的处理措施正确是（　　）
A. 保持安静，俯卧位
B. 腰椎穿刺，放出脑脊液
C. 加快输液速度，防止休克
D. 输液时宜量少、速度慢
E. 各项护理操作分开进行

18. 化脓性脑膜炎患儿治疗 1 周后全身症状明显好转，但不久前囟又隆起，头围渐大，又出现惊厥、双眼下视，考虑合并（　　）
A. 硬膜下积液
B. 电解质紊乱
C. 化脓性脑膜炎复发
D. 脑积水
E. 脑水肿

19. 患儿女，9 个月。因发热 2 天，呕吐 3 次来院就诊。前囟紧张，脑脊液浑浊，白细胞 1100×10^6/L，蛋白质增高，糖降低。入院后频繁抽搐，病情观察的重点是（　　）
A. 体温、脉搏　　B. 心率、血压
C. 呼吸、瞳孔　　D. 肌张力
E. 前囟张力

20. 患儿男，10 岁。智力发育正常，平时兴奋多动，思想不集中，冲动、任性，学习成绩时好时坏，诊断为儿童注意力缺陷多动综合征。下列哪点不是其主要临床特点（　　）
A. 学习困难　　B. 冲动、任性
C. 活动过多　　D. 喜欢独处
E. 注意力不集中

21. 患儿男，9 个月。因发热 2 天，惊厥 2 次入院，入院后确诊为化脓性脑膜炎，不妥的处理措施是（　　）
A. 及早选用有效的抗生素进行治疗
B. 每日要保证足够的热量及液体量
C. 及时处理高热及惊厥
D. 必要时抽放脑脊液以降颅压
E. 急性期可应用糖皮质激素

22. 患儿男，2 岁。因发热 1 天，抽搐 3 次入院。体格检查：体温 40℃，嗜睡状，呕吐 2 次，四肢抽动。脑脊液检查：压力升高、外观清亮，白细胞 200×10^6/L，以淋巴细胞为主，糖和氯化物正常，1 周前曾患上呼吸道感染。该患儿可能的诊断是（　　）
A. 病毒性脑膜炎
B. 化脓性脑膜炎
C. 结核性脑膜炎
D. 中毒性脑病

E. 高热惊厥

三、A3 型题

（23、24 题共用题干）

患儿女，3 岁。发热、咳嗽 5 天，伴呕吐、抽搐 1 天入院。查体：体温 40℃，嗜睡，胸、腹部及四肢皮肤有瘀斑，前囟隆起，双肺呼吸音粗糙，可闻及少许干性啰音。脑脊液检查：外观浑浊，白细胞 1200×10^6/L，，以中性粒细胞为主。

23. 患儿可能发生的疾病是（ ）
    A. 中毒性脑病　B. 癫痫
    C. 化脓性脑膜炎　D. 高热惊厥
    E. 败血症

24. 为明确病原菌，应首先选择（ ）
    A. 血常规检查　B. CT 检查
    C. 胸部 X 线片　D. 脑电图检查
    E. 脑脊液常规+细菌培养

（25～26 题共用题干）

患儿 2 个月。发热，呕吐 2 天，烦躁或嗜睡，尖叫，拒乳。查体：前囟膨隆，头向后仰，脑膜刺激征（－）。血常规：WBC：20.0×10^6/L。脑脊液检查：外观浑浊，白细胞 1300×10^6/L，以中性粒细胞为主。

25. 目前最可能的诊断为（ ）
    A. 结核性脑膜炎
    B. 病毒性脑炎
    C. 化脓性脑膜炎
    D. 癫痫
    E. 脑先天畸形

26. 如给该患儿输入 20%甘露醇，以下操作不恰当的是（ ）
    A. 用药前检查药液是否有结晶
    B. 不能与其他药液混合静脉滴注
    C. 若有结晶加碱性液使其消失后再用
    D. 应在 30 分钟内快速静脉滴入
    E. 静脉滴注时不能渗漏到血管外

（27、28 题共用题干）

患儿女，10 个月。吃奶后频繁呕吐，眼神呆滞，意识模糊，前囟隆起。脑脊液检查：白细胞 1100×10^6/L，糖 2.0mmol/L，氯化物 90mmol/L，蛋白质 0.72g/L。

27. 最可能的诊断是（ ）
    A. 流行性乙型脑炎
    B. 化脓性脑膜炎
    C. 病毒性脑炎
    D. 结核性脑膜炎
    E. 隐球菌脑膜炎

28. 经抗感染治疗 10 天，发热不退，惊厥频繁。CT：脑室扩大，脑室穿刺检查，白细胞 25×10^6/L，糖 1.5mmol/L，氯化物 112mmol/L，蛋白质 0. 02g/L，其可能的并发症是（ ）
    A. 硬脑膜下积液　B. 脑积水
    C. 脑室管膜炎　D. 脑脓肿
    E. 癫痫

（29～30 题共用题干）

5 个月女婴，突然高热、烦躁，吃奶后频繁呕吐，眼神呆滞，意识模糊，前囟饱满。脑脊液细胞 590×10^6/L，其中多核细胞 68%，糖 2.1mmol/L，氯化物 126 mmol/L，蛋白 1.4g/L，经青霉素治疗 2 日后，脑脊液已正常，但仍发热，又出现呕吐，前囟隆起，并出现全身性惊厥。

29. 应首先考虑下列哪项诊断（ ）
    A. 病毒性脑炎
    B. 化脓性脑膜炎合并硬脑膜下积液
    C. 金黄色葡萄球菌脑膜炎
    D. 结核性脑膜炎
    E. 脑脓肿

30. 对该并发症处理选用哪种方法（ ）
    A. 马上引流
    B. 积液多时，每次放液 30～50ml
    C. 不必穿刺
    D. 积液多时，每次放液两侧<30ml
    E. 禁止任何药物局部注射

（王丽群）

第11章　感染性疾病

第1节　麻　　疹

学 习 目 标

1. 了解麻疹的鉴别诊断及流行病学特点。
2. 熟悉麻疹的发病机制及病理改变。
3. 掌握典型麻疹的临床特点及并发症。

案例11-1

患儿女，2岁。因发热、咳嗽、流涕3天来院就诊。患儿于3日前无明显诱因出现咳嗽伴流涕、打喷嚏、发热，体温波动于38.2～39.8℃，无咳痰，无呕吐、腹泻，在当地诊所按"感冒"予以治疗，效果不佳。患儿系足月顺产，母乳喂养，现已断奶。未曾接种过麻疹疫苗。

体格检查：体温40℃，生长发育正常，营养良好。咽部充血，眼部分泌物多、眼睑红肿、结膜充血。在第一臼齿相应的颊黏膜可见灰白色小点。耳后发际处红色斑丘疹，疹间皮肤正常。患儿呼吸较快，50次/分，肺部听诊有较多细湿啰音。血常规：白细胞降低，淋巴细胞增高。胸部X线检查：肺部可见点片状、云絮状阴影。

思考题

1. 最可能的诊断是什么？
2. 本病例的治疗原则是什么？

麻疹（measles）是由麻疹病毒引起的急性呼吸道传染病，具有高度传染性。主要表现为发热、呼吸道卡他症状及眼结膜炎，特征性表现为麻疹黏膜斑（又称科氏斑）和皮肤红色斑丘疹，疹后遗留色素沉着伴糠麸样脱屑，肺炎是最常见并发症。病后大多可获得终身免疫。在普遍接种麻疹疫苗以前，其死亡率可达10%～20%。我国自从20世纪60年代普种麻疹疫苗以来，麻疹流行得到控制，发病率大幅度下降，死亡率明显降低。但是近几年来我国及世界各地麻疹的发病率都有上升趋势。

一、病　原　学

麻疹病毒属副黏液病毒科，呈球形，无亚型，直径为100～250nm，中心为单股负链核糖核酸。有六种结构蛋白。麻疹病毒只有一个血清型。人是麻疹病毒唯一的自然宿主，该病毒在体外生存能力较弱，在流动的空气中、在阳光下，半小时即失去活性，对紫外线和消毒剂均很敏感，耐寒、耐干燥。

二、流行病学

（一）传染源

麻疹患者是唯一的传染源，患者出疹前后的 5 天均有传染性，若有并发症则传染期可延长至出疹后 10 天。

（二）传播途径

主要经呼吸道飞沫传播；亦可经密切接触者污染的手传播；通过污染的衣物、玩具等间接传播的机会很少。

（三）易感人群

人类对麻疹病毒普遍易感，患病后可获得终身免疫。

（四）流行特征

本病好发年龄为 8 个月至 5 岁；四季均可发生，但以冬春季最多。在普遍接种麻疹减毒活疫苗后，发病率明显下降，周期性流行特征少，季节性发病高峰明显降低。近年来，青少年、成年人发病率及小婴儿发病率有增多趋势，轻型麻疹病例增多。随着接种后麻疹抗体水平的下降，出现隐性感染。

考点：麻疹的传染源、传播途径

三、发病机制及病理改变

（一）发病机制

病毒通过患者呼吸道飞沫到达易感者呼吸道或眼结膜，在上皮细胞及附近淋巴组织中繁殖，并释放入血，产生病毒血症。病毒随血液到全身靶器官，主要部位有呼吸道、眼结膜、口咽部、皮肤、胃肠道等，引起一系列临床表现。

（二）病理改变

最基本的细胞病变是多核巨细胞。多核巨细胞为组织中相邻的受感染细胞融合而成，直径达 15～100μm，含有 10～100 多个核，核内有嗜酸性包涵体（为病毒集落）。在麻疹的整个病程中，整个呼吸道（鼻、咽、喉、气管、支气管甚至肺间质）病变均显著，有充血、水肿、单核细胞浸润，管腔中有较多炎性渗出物。真皮浅层毛细血管充血、通透性增加，有浆液渗出到血管外等毛细血管炎表现，形成高出皮面、压之褪色的红色斑丘疹和麻疹黏膜斑。恢复期红色斑丘疹消退，留下脱屑、棕色色素沉着等皮损也是真皮毛细血管炎的结果。此外，心、肝、肾等可见浑浊肿胀、脂肪变性和灶性坏死。

四、临床表现

潜伏期短的仅 6 天，长的可达 18 天，平均为 10～14 天。

（一）典型麻疹

1. 前驱期　前驱期是指从开始发热到出皮疹前，也称出疹前期，持续 3～4 天。

（1）发热：首先出现的症状，急性起病，体温多为逐渐升高，多为中度以上，热型不一。

（2）上呼吸道炎及结膜炎表现：为此期主要症状，在发热同时出现全身乏力、咽痛、流涕、喷嚏、咳嗽等上呼吸道感染症状和畏光、流泪、眼部分泌物多、眼睑红肿、结膜充血等眼结膜炎表现。

（3）麻疹黏膜斑（Koplik's spots）：又称科氏斑，是麻疹早期的特异性体征。在发热后的 2～3 天，在第一磨牙所对应的颊黏膜上，出现多个 0.5～1mm 针尖大小的白色斑点，斑点周围有红晕，初起时仅数个，1～2 天迅速增多融合，扩散至整个颊黏膜，形成表浅溃疡 2～

考点：卡他症状、麻疹黏膜斑

3 天后很快消失，对麻疹的早期诊断有重要意义。

（4）其他：部分年长儿童可诉头痛，婴幼儿可出现胃肠道症状如呕吐、腹泻等。

考点：出疹时间、顺序；高热出疹及皮疹特点

2. 出疹期　发热 3～4 天后，开始出皮疹，至皮疹出齐，持续 3～4 天，此期全身中毒症状加重，体温进一步升高，可高达 40℃；上呼吸道炎和眼结膜炎表现进一步加重，患者肺部可闻及干性或湿性啰音。皮疹是此期最突出的临床症状，皮疹初为淡红色斑丘疹，大小不等，直径 2～5mm，压之褪色，疹间皮肤正常，不伴瘙痒。最先出现的部位为耳后发际处，再逐渐波及面部、颈部、躯干、四肢，最后到达手心足底。此期患者精神萎靡、进食量减少加重，还可出现肝、脾、淋巴结轻度肿大。严重者肺部可闻及干、湿啰音，可出现心功能衰竭。

考点：皮疹消退后皮肤有细小脱屑及色素沉着斑

3. 恢复期　皮疹出齐以后进入恢复期，该期为 3～5 天。皮疹按出疹顺序依次消退，皮疹消退后皮肤出现细小脱屑，并留有棕色色素沉着斑，色素沉着斑可持续 2～3 周，对麻疹有回顾性诊断价值。全身症状逐渐减轻、消失，体温逐渐下降，上呼吸道炎和眼结膜炎逐渐缓解，精神食欲好转。

（二）非典型麻疹临床表现

1. 轻型麻疹　发生于有部分免疫的患者，如 6 个月前婴儿，近期接受过被动免疫，或曾接种过麻疹疫苗。潜伏期长，可达 21～28 天，前驱期短，一过性低热、上呼吸道炎和眼结膜炎轻，全身情况良好，可无麻疹黏膜斑。皮疹稀疏、色淡，疹退后无脱屑及色素沉着，并发症少。

2. 重型麻疹　多见于免疫功能低下者，如营养不良、肾上腺皮质激素使用者、肿瘤患者、艾滋病（AIDS）患者等。病情危重，中毒症状重，体温常持续 40℃以上，可有嗜睡、谵妄、抽搐、甚至昏迷等神经系统表现。皮疹可密集，甚至出现出血性皮疹（即黑麻疹）；若并发气急、发绀、面色苍白、心率增快、心音低钝、四肢冰凉、血压下降等心功能不全表现，皮疹稀少或皮疹隐退。该型并发症多，死亡率高。

其他类型的麻疹

1. 无疹型麻疹 注射过麻疹减毒活疫苗者可无典型黏膜斑和皮疹，甚至整个病程中无皮疹出现。此型诊断不易，只有依赖前驱症状和血清中麻疹抗体滴度增高才能确诊。

2. 异型麻疹 为接种灭活疫苗后引起。表现为高热、头痛、肌痛，无口腔黏膜斑；皮疹从四肢远端开始延及躯干、面部，呈多形性；常伴水肿及肺炎。国内不用麻疹灭活疫苗，故此类型少见。

3. 成人麻疹 由于麻疹疫苗的应用，成人麻疹发病率逐渐增加，与儿童麻疹不同的是肝损坏发生率高；胃肠道症状多见，如恶心、呕吐、腹泻及腹痛；骨骼肌病，包括关节和背部痛；麻疹黏膜斑存在时间长，可达 7 天，眼部疼痛多见，但畏光少见。

五、并 发 症

1. 肺炎　最常见的并发症，年龄越小，发生率越高，占麻疹患儿死因的 90%以上，为麻疹患者死亡的主要原因。麻疹并发肺炎原因：①原发性肺炎：由麻疹病毒本身引起，以肺间质病变为主，临床表现不重。②继发性肺炎：继发金黄色葡萄球菌、肺炎双球菌、流感杆菌、腺病毒等感染，以肺泡实质性改变为主，其临床表现重，易并发脓胸、脓气胸、纵隔气肿等。

2. 喉炎　可由麻疹病毒本身引起，也可继发于细菌感染（溶血性链球菌、金黄色葡萄球菌等）。临床表现：声音嘶哑、犬吠样咳嗽、吸气性呼吸困难及三凹征，重者有喉梗阻表

现甚至窒息死亡。

3. 脑炎及亚急性硬化性全脑炎　麻疹脑炎发病率为 1‰～2‰，为麻疹病毒直接侵犯脑组织所致，与麻疹的严重程度无关，临床表现与病毒性脑炎相同。亚急性硬化性全脑炎（SSPE）为麻疹远期并发症，潜伏期可长达 2～17 年，发生率为 1/100 万；其发生与麻疹病毒变异有关；为亚急性、进行性脑组织退化性病变，临床表现为性格改变、智力逐渐下降、运动失调，最后发生昏迷、去大脑强直、死亡。

4. 心肌炎　2 岁以下婴幼儿易导致心肌病变，表现为气促、烦躁、面色苍白、发绀，听诊心音低钝、心率快。皮疹不能出全或突然隐退。心电图示 T 波和 ST 段改变。

5. 营养不良和维生素 A 缺乏症　由于感染、持续高热的消耗、胃肠道功能紊乱以及不良的传统习惯“忌口”，可导致营养不良、维生素 A 缺乏症。维生素 A 缺乏症又名眼干燥症，表现为角膜干燥，重者出现角膜浑浊、角膜软化甚至穿孔、失明。

考点：麻疹常见并发症

六、辅助检查

1. 血常规　白细胞正常或降低，淋巴细胞相对增高。如继发细菌感染，白细胞可增高、以中性粒细胞为主。

2. 麻疹特异性 IgM 抗体检测　在病程早期即可阳性。

3. 多核巨细胞检查　在患者鼻咽部或眼部分泌物的脱落细胞内找到多核巨细胞，比麻疹黏膜斑出现早。

4. 麻疹病毒抗原检测　采用免疫荧光法检测患儿鼻咽部分泌物中麻疹病毒抗原，有助于早期快速诊断。

5. PCR 检测　RT-PCR 检测麻疹病毒 RNA。

6. 病毒分离　前驱期或出疹初期血、尿或鼻咽分泌物接种人胚肾细胞或羊膜细胞做麻疹病毒分离。

考点：麻疹的血常规特点；麻疹特异性 IgM 抗体检测

七、诊断与鉴别诊断

（一）诊断

根据流行病学资料、麻疹接触史以及临床上出现急性发热、畏光、上呼吸道炎及结膜炎等症状，应怀疑麻疹的可能。皮疹出现以前依靠麻疹黏膜斑可确诊，疹退后皮肤有脱屑及色素沉着等特点，可作出回顾性诊断。麻疹特异性 IgM 抗体阳性或分离到麻疹病毒可确诊。

（二）鉴别诊断

需与麻疹相鉴别的出疹性疾病（表 11-1）。

1. 风疹　为风疹病毒引起的一种出疹性疾病，临床为发热、轻微呼吸道症状，发热 1～2 天后出疹，为红色斑丘疹，1～2 天后皮疹消退，疹退后没有脱屑、没有色素沉着；无麻疹黏膜斑；特殊体征为耳后、枕后淋巴结肿大。

2. 幼儿急疹　人疱疹病毒 6 型感染引起的出疹性疾病，常见于婴幼儿，临床特点为突起高热，伴呼吸道感染表现，发热持续 3～5 天后体温迅速下降，热退疹出，为红色斑丘疹，1～3 天退尽，无脱屑、无色素沉着。

3. 猩红热　前驱期发热，咽痛明显，1～2 天后全身出现针尖大小红色丘疹，疹间皮肤充血，压之褪色，面部无皮疹，口周苍白圈，皮疹持续 3～5 天消退，出现大片脱皮，外周血白细胞总数及中性粒细胞增高显著。

4. 药物疹 近期服药史，皮疹多有瘙痒，低热或无热，停药后疹渐消退，血嗜酸粒细胞可增多。

考点：麻疹与风疹、幼儿急疹、猩红热的鉴别

表11-1 小儿出疹性疾病的鉴别诊断

疾病名称	病原	症状	皮疹特点	发热与皮疹的关系
麻疹	麻疹病毒	呼吸道卡他症状、眼结膜炎、科氏斑	红色斑丘疹，自头面部→躯干→四肢，褪疹后有色素沉着及细小脱屑	发热3～4天出疹，出疹期热更高
风疹	风疹病毒	全身症状轻，耳后、枕部淋巴结肿大并触痛	面部→躯干→四肢，斑丘疹，疹间有正常皮肤，退疹后无色素沉着及脱屑	发热后半天到1天出疹
幼儿急疹	人疱疹病毒6型	一般情况好，高热时可有惊厥，耳后、枕部淋巴结肿大	红色斑丘疹，颈及躯干部多见，1天出齐，次日消退	高热3～5天，热退疹出
猩红热	乙型溶血性链球菌	高热，中毒症状重，环口苍白圈，咽峡炎，杨梅舌，扁桃体炎	皮肤弥漫充血，有密集针尖大小丘疹，持续3～5天消退，1周后全身大片脱皮	发热1～2天出疹，出疹时高热
肠道病毒感染	艾柯病毒、柯萨奇病毒	发热、咽痛、流涕、结膜炎、腹泻，全身或颈、枕后淋巴结肿大	散在斑疹或斑丘疹，很少融合，1～3天消失，不脱屑，有时可呈紫癜样或水疱样皮疹	发热时或热退后出疹
药物疹		原发病症状	皮疹样感，摩擦及受压部位多，与用药有关，斑丘疹、疱疹，猩红热样皮疹、荨麻疹	发热、服药史

八、治疗

目前尚无治疗麻疹的特效药物，主要为对症治疗、加强护理和防治并发症。

（一）一般治疗

卧床休息，衣被不应过多过厚；房间应通风，保持空气新鲜；不忌口，鼓励多给予易消化营养丰富的食物，必要时静脉补充多种维生素；保持衣服、口腔、眼部的清洁卫生。

（二）药物治疗

1. 高热时最好物理降温或用小剂量退热药，以免骤然退热而致皮疹隐退。咳嗽剧烈者可用止咳化痰药或超声雾化。可用抗生素眼药水滴眼，给予维生素A制剂预防眼干燥症。体弱病重患儿可早期注射丙种球蛋白，必要时给氧，保证水电解质及酸碱平衡等。

2. 并发肺炎、喉炎者，应选用相应抗生素；喉炎者还应加用肾上腺皮质激素以缓解喉水肿，严重者可给予镇静药。对不能缓解的Ⅲ度喉梗阻应立即做气管切开。并发脑炎者给予降颅内压等对症治疗，防止脑疝发生。

九、预防

（一）控制传染源

早发现、早诊断、早隔离、早治疗。确诊患者应进行呼吸道隔离至出疹后5天，有并发症者应隔离至出疹后10天。对密切接触的易感者，应检疫3周，并给予被动免疫。流行期间，儿童机构应加强检查，及时发现患者。

（二）切断传播途径

在流行期间，易感者应避免到人群聚集的场所。尽可能减少麻疹的传播机会，轻者可居家隔离。患者停留过的房间应通风，并用紫外线照射消毒。

（三）保护易感者

1. 被动免疫 对密切接触了麻疹患者、尤其是免疫功能低下的易感者，接触麻疹后5

天内给予丙种球蛋白 0. 25ml/kg，肌内注射，可以阻止发病；如果在接触后 5 天后注射，只能减轻症状。被动免疫效果只能维持 3 ~ 8 周。

2. 主动免疫　接种麻疹减毒活疫苗是预防麻疹的最主要、最有效的措施。8 个月前小儿可从母体获得抗体，故接种对象为 8 个月龄以上、未患过麻疹的儿童，0.2～0. 25ml 皮下注射。接种后 2 周出现抗体，1 个月达高峰，可维持 4～6 年。7 岁时复种 1 次。

考点：控制传染源、接种麻疹疫苗的时间与次数

案例11-1分析

1. 初步诊断　患儿，2 岁，未曾接种过麻疹疫苗，"上感"症状 3 天；体温 40℃，卡他症状明显；口腔第一白齿黏膜有针尖大小灰白色小点，为麻疹黏膜斑，是麻疹的早期表现；耳后、颈部、发缘有稀疏的不规则的红色斑丘疹，疹间皮肤正常符合麻疹皮疹特点。患儿呼吸较快，50 次/分，肺部听诊有较多细湿啰音。血常规：白细胞降低，淋巴细胞增高。胸部 X 线检查：肺部可见点片状、云絮状阴影。根据发病年龄、临床表现特点及辅助检查结果最可能的诊断为麻疹合并肺炎。

2. 处理原则　卧床休息，注意饮食卫生，降温，应用抗生素对症治疗。

第2节　风　　疹

学 习 目 标

1. 了解风疹流行病学特点。
2. 熟悉风疹的鉴别诊断及预防要点。
3. 掌握风疹的临床表现。

案例11-2

患儿男，2 岁。因"发热 2 天，伴皮疹半天"来院就诊。患儿于 2 天前无明显诱因出现发热，体温逐渐达 39.5 ℃，发热后用退热药一次，体温下降 6 小时后再次升高，伴轻度咳嗽、流涕。于半天前面部首先出现浅红色，稍稍隆起于皮肤的皮疹，后逐渐波及躯干四肢，无恶心、呕吐，无腹泻等其他不适。患儿母乳喂养，8 个月开始添加辅食。

体格检查：体温 39℃，发育良好，精神可，食欲差，皮疹布满颜面、胸背、躯干和四肢，背部皮疹密集，但手掌、脚底无皮疹。皮疹直径大多 2mm，为红色斑丘疹，周围似有红晕，耳后、枕部、颈后淋巴结肿大，心肺检查正常。医生通知家长回家用药观察，不适随诊。

思考题

1. 此案例最可能的临床诊断是什么？
2. 该患儿的治疗原则是什么？

风疹（rubella）是小儿常见的一种较轻的急性呼吸道传染病。其临床特征为上呼吸道的轻度炎症、低热、特殊的斑丘疹和耳后与枕部淋巴结的肿大。一般病情较轻，病程短，预后良好。

一、病　原　学

风疹病毒属披膜病毒科，呈球形，直径 50～70nm。风疹病毒抗原结构相当稳定，只有

一个血清型，只对人、猿致病。病毒在体外的生活力弱，对紫外线、乙醚、氯化铯、去氧胆酸等均敏感。pH<3 可将其灭活。此病毒不耐热，56℃30 分钟，37℃1.5 小时均可将其杀死，在−60～−70℃可保持活力 3 个月，干燥冰冻下可保存 9 个月。

二、流 行 病 学

（一）传染源

患者是风疹惟一的传染源，包括亚临床性或隐性感染者，其实际数目比发病者高，因此是易被忽略的重要传染源。传染期在发病前 5～7 天和发病后 3～5 天，起病当天和前一天传染性最强。患者口、鼻、咽部分泌物以及血液、大小便中均可分离出病毒。

（二）传播途径

通过飞沫传播，胎盘传播；病原体也可由口、鼻及眼部的分泌物直接传给易感者。

（三）易感人群

人类对风疹病毒普遍易感，育龄妇女感染可致胎儿畸形。风疹病毒可在胎盘或胎儿体内（以及出生后数月甚至数年）生存增殖，产生长期、多系统的慢性进行性感染。患病后可获得持久性免疫。

（四）流行特征

多在冬、春季节发病，本病多见于 5～9 岁的儿童，男女发病率均等。母亲的抗体可保护 6 个月内婴儿不发病。广泛使用疫苗后发病率降低，发病年龄提高。

三、发 病 机 制

患者感染风疹病毒后，风疹病毒首先在上呼吸道黏膜及颈淋巴结生长增殖，然后进入血循环引起病毒血症，播散至全身淋巴组织引起淋巴结肿大，病毒直接损害血管内皮细胞发生皮疹。目前多认为皮疹是由于风疹病毒引起的抗原抗体复合物造成真皮上层的毛细血管炎症所致。本病病情比较轻，病理改变不多，皮肤和淋巴结呈急性、慢性非特异性炎症。风疹病毒可引起脑炎、脑组织水肿，非特异性血管周围浸润、神经细胞变性及轻度脑膜反应，也可感染数十年后由于慢性持续性病变而导致慢性全脑炎。孕母在妊娠时感染风疹病毒，可通过胎盘传播，导致小儿先天性风疹综合征。

考点：风疹胎盘传播的严重性

先天性风疹综合征

先天性风疹综合征系孕妇在妊娠早期感染风疹病毒，病毒通过胎盘感染胎儿而致先天性风疹或称先天性风疹综合征。风疹病毒造成特殊畸胎的原理仍未完全知晓。孕妇感染风疹，在出疹前 1 周已有病毒血症。母体感染风疹越早，传递给胎儿的机会越多。婴儿可在生后即出现症状，亦可数周、数月甚至数年后才逐渐表现出来。先天感染风疹后可以发生早产、死产、有畸形的活产甚或完全正常的新生儿，也可为隐性感染。胎儿几乎所有的器官都可发生暂时的、进行性的或永久性病变。如新生儿血小板减少性紫癜，长骨的骺部钙化不良、肝脾大、肝炎、溶血性贫血和前囟饱满，或有脑脊液的细胞增多，低体重、先天性心脏病、白内障、耳聋及小头畸形，胎内感染风疹亦能导致中枢神经致病，智力、行为和运动方面的发育障碍。

链 接

四、临床表现

（一）潜伏期

潜伏期平均为 18 天（14～21 天）。

（二）前驱期

此期 1～2 天，症状较轻微。低热或中度发热、头痛、食欲减退、疲倦、乏力，出现咳嗽、喷嚏、流涕、咽痛、结膜充血等轻微上呼吸道感染症状。偶伴呕吐、腹泻、鼻出血、齿龈肿胀等。体温通常在 38～39℃。发热大多数是骤起，持续 1～2 天后开始出皮疹。病初可在软腭及咽部附近见到玫瑰色或出血性红点，如针头大小，对早期诊断有帮助。婴幼儿前驱期症状常较轻微，或无前驱期症状。年长儿则较显著，并可持续 3～6 天。

考点：前驱期对早期诊断有帮助的体征

（三）出疹期

常于发热 1～2 天后出现皮疹，皮疹初见于面颈部，迅速向下蔓延，1 天内布满躯干和四肢，但手掌、足底大都无疹。皮疹初起呈细点状淡红色斑疹、斑丘疹部分融合类似麻疹。躯干尤其背部皮疹密集，融合成片，又类似猩红热。皮疹一般持续 3 天（1～4 天）消退，亦被称为“三日麻疹”。面部有疹为风疹之特征。少数患儿出疹呈出血性，同时全身伴出血倾向。出疹期常伴低热，轻度上呼吸道感染症状，全身浅表淋巴结肿大，尤以耳后、枕部、颈后淋巴结肿大最为明显，肿大淋出结轻度压痛，不融合，不化脓。皮疹消退后一般不会留色素沉着，亦不脱屑。

考点：发热 1 天左右出皮疹即出疹特点；手掌、足底无疹特点

出疹期白细胞数正常或减低，淋巴细胞在最初 1～4 天减少，其后增多。患病 1 周内血沉增快。

（四）先天性风疹综合征

主要因宫内感染所致。母亲在妊娠时，感染了风疹病毒，风疹病毒通过胎盘直接传播给胎儿。胎儿被感染后，重者可导致死胎、流产、早产。轻者可导致胎儿发育迟缓、出生体重、身长、头围、胸围等均比正常新生儿低，小儿出生时即具有多种不同的临床表现，体格检查可发现先天畸形或某些特殊症状。

考点：典型皮疹与先天性风疹综合征表现特点

五、并发症

风疹并发症很少，偶见扁桃体炎、中耳炎和支气管炎。毛细支气管炎及支气管肺炎可能在风疹高峰期发生。风疹后数星期，偶见引发肾小球肾炎，其临床表现与猩红热后肾炎相似。文献中曾有并发血小板减少和不减少性紫癜的报道。出疹后 1～6 天，甚或晚至消退后数周，有并发或续发脑炎可能。患者有头痛、昏睡、呕吐、复视、颈部或四肢强直等症状，甚至发生惊厥与昏迷。共济失调、颅神经麻痹、偏瘫、截瘫和尿潴留，亦偶然发生。脑脊液的变化与其他脑炎相仿。病程一般不长，普通为 3～7 天。此类脑炎病例大部分痊愈。个别报道有合并心肌炎。

六、辅助检查

1. 血常规　白细胞总数正常或减少，淋巴细胞增多。
2. 病毒抗原检测　直接免疫荧光法查咽拭子涂片剥脱细胞中风疹病毒抗原。
3. 病毒分离　鼻咽分泌物分离病毒，再用免疫荧光法鉴定。
4. 血清抗体检测　红细胞凝集试验等可有助诊断。

七、诊断与鉴别诊断

风疹的症状与其他出疹性疾病有很多相似表现，确诊比较困难，尤其是散发性病例和非典型性病例。诊断的主要根据为流行病史、很短的前驱期、轻微的上呼吸道感染症状、低热、弥漫的全身性斑丘疹和耳后与枕部的淋巴结肿胀等。测定血内风疹病毒的特异性抗体，可明确诊断。风疹的形态介于麻疹与猩红热之间，这三种病的鉴别要点见表 11-2。

表11-2　风疹与麻疹和猩红热的鉴别诊断

	麻疹	风疹	猩红热
潜伏期	6～18 天	10～21 天	2～7 天
前驱期及其常见症状	通常 3 天，卡他症状严重，咳嗽较重，发热每个月有缓解期	0.5～1 天，或无前驱期，卡他症状轻微，发热轻或不发热	约 1 天，剧烈咽痛、呕吐高热，脉搏增快可有显著症状
麻疹黏膜斑	有	无	无
皮疹	暗红色斑丘疹，形状不齐整，先于面部自上至下逐步出现，于第 2 天或第 5 天出透，通常于第 4 天开始隐退	淡红色斑丘疹，较麻疹为小，分散或融合，先见于面部，发展迅速，24 小时内发遍全身，第 3～4 天或更早隐退	皮肤普遍充血，上有鲜红斑点疹，先见于颈、胸。面部无疹，但可见口周苍白圈。发展较快，2～3 天发遍全身，第 6～7 天或更久隐退，有时可短
淋巴结	全身淋巴结肿大	耳后或枕部淋巴结常肿胀	颌下或颈部淋巴结常明显肿胀
色素沉着	有	无	无
脱屑	有	有或无	大块脱皮
舌苔	舌有厚苔	有薄苔或无	杨梅样舌，常剥落
血常规	白细胞减少，发疹期内淋巴细胞减少	白细胞大都减少，发疹期内淋巴细胞较多	白细胞增高，多形粒细胞尤甚

考点：风疹与麻疹、幼儿急疹、猩红热的鉴别

风疹与幼儿急疹及药物疹有相似之处。幼儿急疹仅限于婴儿时期，热度较高，发热 3～4 天后，多于退热时或退热后出现皮疹。至于药物疹则大都无发热及卡他症状，鉴别须注意出疹前是否应用苯巴比妥、磺胺类或抗生素等药物。传染性单核细胞增多症等有时也可发生皮疹，易与风疹混淆，但嗜异性抗体试验可资鉴别。肠道柯萨奇病毒感染（A 组 4、9、16 等型）和 ECHO 病毒感染（1、2、4、6、9、14、16 等型）往往发生类似风疹的皮疹，也须注意根据它们的临床特点作出正确诊断。

八、治　　疗

1. 一般治疗　风疹患儿一般症状轻微，不需要特殊治疗。症状较显著者，应卧床休息，流质或半流质饮食。

2. 对症治疗　高热、头痛应用解热镇痛药；咳嗽可用止咳糖浆；结膜炎可用 0.25%氯霉素、碘苷滴眼数日；若皮肤发痒，可局部应用炉甘石洗剂。

3. 并发症治疗

（1）脑炎高热惊厥者：镇静止惊，地西泮、苯巴比妥钠；伴脑水肿可用甘露醇降低颅内压；此外，可按病毒性脑炎治疗原则处理。

（2）出血倾向严重者：可用肾上腺皮质激素治疗，必要时输新鲜全血。

考点：风疹的治疗

4. 抗病毒治疗。

九、预　　防

患儿隔离至出疹后 5 天。对风疹患儿的接触者虽然不进行严格检疫，但在 3 周内最好不要去公共场所。妊娠早期的妇女应尽量避免与风疹患儿接触。可通过被动免疫方法为易感者肌内注射免疫血清球蛋白可减轻症状；对年龄为 8 个月以上的风疹易感者、青春期少女及育龄期妇女接种风疹减毒活疫苗，通过主动免疫方式降低风疹发病率。

考点：隔离时间与接种疫苗的人群

案例11-2分析

1. 初步诊断　患儿有轻微呼吸道症状，发热 2 天后出皮疹，出疹顺序是面颈部→躯干→四肢，背部皮疹密集，皮疹直径大多 2mm，为红色斑丘疹，周围似有红晕，手掌、脚底无皮疹，符合风疹出疹时间及皮疹特点；体格检查：患儿除体温升高，耳后、枕部、颈后淋巴结肿大，面部及躯干皮疹明显外，心肺无异常，精神状态无异常，一般情况良好。根据患儿出疹时间、皮疹特点及体格检查结果初步考虑患儿为风疹。

2. 处理原则　退热、抗病毒治疗，同时隔离患儿，注意预防并发症。

第3节　幼 儿 急 疹

学 习 目 标

1. 了解幼儿急疹流行病学特点。
2. 熟悉幼儿急疹的鉴别诊断。
3. 掌握幼儿急疹临床表现。

案例11-3

患儿男，1 岁。因“发热 3 天，今晨热退全身出现皮疹”来院就诊。患儿于 3 天前无明显诱因出现发热，体温由 37.4℃于两小时内骤然升高至 39℃，家长给予退热药后降至正常，后再次升高至 39.6℃，伴有轻度鼻塞、流涕，食欲减退，无呕吐，大便正常。今晨体温降至正常，但全身出现皮疹。体格检查：体温 40℃，精神尚可，咽部及眼结膜轻度充血，眼睑轻度水肿，颈部及耳后淋巴结明显肿大；两肺未闻及异常，心脏未见异常，肝脾未见肿大，腹软，肠鸣音增强。双侧病理征均阴性。血常规：白细胞 4×10^9/L，淋巴细胞 0.80，大便常规（–），尿常规（–）。

思考题

1. 此案例最可能的诊断是什么？
2. 治疗措施有哪些？

幼儿急疹（exanthem subitum）也叫婴儿玫瑰疹，是由病毒引起的一种小儿急性呼吸道传染病（多由人类疱疹病毒 6 型引起）；临床上以突起发热，热退疹出为特点，此病多发生于春秋季，无性别差异，多见于 6 个月至 2 岁婴幼儿。

一、病　原　学

病原体为人类疱疹病毒 6 型（HHV-6）。HHV-6 具有典型的疱疹病毒科病毒的形态特征，病毒颗粒呈圆形，由162个壳粒组成20面体对称的核衣壳，直径90～110nm；外面由皮质粒组成皮质层，厚20～40nm；最外面覆盖一层脂质膜，表面有不规则糖蛋白突起。核心是线状双链 DNA 缠绕在一核心蛋白周围形成轴丝；释放的成熟病毒颗粒直径 180～200nm。HHV-6可通过唾液飞沫及密切接触（如接吻、共用餐饮器具等）、输血或器官移植传播。三岁婴幼儿HHV-6抗体阳性率达95%以上。

二、流行病学

1. 传染源　患儿或无症状的成人患者。
2. 传播途径　主要通过空气、飞沫传播。同时不排除间接接触传播的可能。
3. 易感人群　6个月至2岁婴幼儿多见。患病后可获得持久免疫。
4. 流行特征　春、秋季多见，在婴儿病室中可流行。

三、临床表现

（一）潜伏期

本病的潜伏期为7～17天，平均10天左右。起病急，无前驱症状，发热39～41℃，常突起高热，病初可伴有惊厥，但临床体征不明显，仅有咽部和扁桃体轻度充血和头颈部淋巴结轻度肿大，患儿可有轻微流涕、咳嗽、眼睑水肿、眼结膜炎症表现，表现为高热与轻度的症状及体征不相称。

（二）出疹期

考点：出疹期及皮疹特点

大多数患儿于体温下降以后出皮疹，少数于热退同时出皮疹。皮疹为大小不一玫瑰红色斑疹或斑丘疹，直径2～3mm，周围有浅色红晕，皮疹散在，很少融合，压之褪色。初起于躯干，很快波及全身，躯干、腰、臀部为最多，面部及肘、膝部则较少或无。口腔黏膜一般无异常，有些患儿软腭与悬雍垂上可见淋巴组织增生现象，或暂时出现浅红色、针尖大小的凸点，出疹后即消失。皮疹在1～2天消退，无色素沉着或脱屑。肿大的淋巴结可无压痛，消退较晚。

四、并发症

一般很少有并发症。高热可致惊厥，偶有并发中耳炎和脑炎的报道。

五、辅助检查

考点：幼儿急疹血常规特点

1. 血常规　白细胞总数减少，中性粒细胞减少，淋巴细胞计数可增高至70%～90%。嗜酸性粒细胞和嗜碱性粒细胞减少。
2. 病毒分离　检测病毒HHV-6。
3. 病毒抗原的检测　病毒抗原检测适于早期诊断。
4. 病毒抗体的测定　采用ELISA方法和间接免疫荧光方法测定人类疱疹病毒6型IgG、IgM抗体，IgM抗体一般产生于感染后5天，可持续存在2～3周，IgG抗体于感染后7天产生，4周后达高峰，可持续很长时间。

六、诊断与鉴别诊断

1. 诊断　临床诊断主要依靠病儿的年龄，出疹前是否有呼吸道或消化道症状，如咽炎、腹泻，同时颈部周围淋巴结普遍增大，骤发高热及热退后开始出现皮疹；白细胞减少，淋巴细胞增多；皮疹多不规则，为小型玫瑰斑点，皮疹1～2天消退，不留色素斑及病程短暂，都有助于诊断。在皮疹未出现以前，诊断较为困难。如果病儿除发热外一般情况良好，或虽伴有惊厥而没有其他神经系统症状，应考虑本病。

早期诊断

通过临床观察，临床早期诊断可从以下几点考虑：①发病主要在春季或冬春、春夏季节转换时，年龄在 18 个月内，尤其是 3～8 个月，骤起高热，持续 2～3 天不退，精神、食欲等一般情况好。②咽峡部对称性小溃疡和斑丘疹是幼儿急疹的一个早期体征。发热后期可在耳后、颈后、枕骨下触及肿大淋巴结，前囟隆起患儿无其他神经系统体征。③辅助检查：发热早期白细胞数升高，中性粒细胞为主，2 天后白细胞数下降，以淋巴细胞为主。④排除上感和疱疹性咽峡炎等发热性疾病。

链接

2. 鉴别诊断

（1）麻疹：呼吸道卡他症状，颊内黏膜有麻疹黏膜斑，全身症状较重。皮疹于体温达高峰时出现。在出疹初期热度持续不退。

（2）风疹：皮疹与幼儿急疹相似。但风疹发热一般不高。皮疹出现较早，分布遍及全身，并多融合一处，颈部淋巴结肿大较显著，且常形成流行，易于鉴别。

（3）药物疹：药物疹多融合一处，分布范围亦较广泛，药物停用后皮疹即消退。

考点：幼儿急疹与麻疹、风疹的鉴别

七、治　　疗

本病无需特殊治疗，为自限性疾病，主要是加强护理及对症治疗。

1. 一般治疗　患儿应充分休息，补充水分。如多喝白开水、菜汤、果汁等。婴幼儿饮食以流质或半流质为主，饮食应营养丰富，易于消化吸收。

2. 对症治疗　高热可用头部冷湿敷，或给退热药；烦躁或惊厥者，可给予镇静、止惊药物，如地西泮。避免应用苯巴比妥类镇静药，因其易产生皮疹，对诊断造成困难。

3. 其他治疗　对于出现的并发症，应及时给予治疗。

八、预　　防

流行期间勿带婴儿去公共场所。加强护理，保持室内空气流通，避免风寒。对患儿的玩具、餐具、用具应及时消毒。饮食宜清淡，营养丰富，易于消化，多饮开水。与患儿接触过的婴幼儿应在 10 天内加强观察。

案例11-3分析

1. 初步诊断　患儿 1 岁，为高发年龄，体温骤然升高，伴有轻度鼻塞、流涕，食欲减退，精神尚可，咽部及眼结膜轻度充血，眼睑轻度水肿，颈部及耳后淋巴结明显肿大，血常规显示淋巴细胞升高，3 日后体温骤降，且降温后即有周身皮肤红色玫瑰斑疹符合幼儿急疹出疹特点；皮疹为大小不一玫瑰红色斑疹，直径 2～3mm，周围有浅色红晕，皮疹散在，很少融合，压之褪色，躯干较为密集，面部及颈部分布较少，符合幼儿急疹皮疹特点；出疹期间小儿一般情况良好，为幼儿急疹出疹后临床表现特征。根据上述依据，初步诊断为幼儿急疹。

2. 处理原则　以对症治疗为主。充分休息，给予营养丰富、易于消化的流食或半流食；多饮水；不要到公共场所；患儿的玩具、餐具、用具应及时消毒。

第4节 水 痘

学习目标

1. 了解水痘的流行病学特点。
2. 熟悉水痘的并发症及预防要点。
3. 掌握水痘的临床特点。

案例11-4

患儿男，5岁。因“间断发热3天，皮疹1天”来院就诊。患儿于3天前无明显诱因出现发热达38.0℃，后自诉咽痛，食欲差，偶有恶心、呕吐，呕吐物为胃内容物，无咳嗽流涕，无腹泻，应用退热药后体温可降至正常，1天来皮肤出现水泡样皮疹，首先出现于躯干部、头面部、并逐渐增多达四肢来医院就诊。患儿自发病以来食欲差，二便正常。

体格检查：体温38.7℃，精神尚可，眼结膜轻度充血，咽部充血，扁桃体未见肿大，面部、躯干及四肢皮肤可见大小不等的斑丘疹、疱疹、结痂，呈向心性分布，有痒感，且皮肤有抓痕。心肺无异常，腹软，无压痛，肠鸣音正常，病理反射未引出。血常规：提示白细胞总数减少，淋巴细胞分类增高。

思考题

1. 最可能的诊断是什么？
2. 患儿需要采用什么治疗？

水痘（varicella，chicken pox）是由水痘-带状疱疹病毒引起的急性呼吸道传染病，传染性极强，与带状疱疹为同一病毒引起的两种临床表现不同的疾病。水痘为原发感染，其主要的临床表现为皮肤黏膜同时存在的斑疹、丘疹、疱疹和结痂，呈向心性分布，全身症状轻，预后多良好，感染后可获得持久免疫。

一、病 原 学

水痘带状疱疹病毒为双链DNA病毒，属于疱疹病毒科α亚科，只有一个血清型，具有潜伏活化特性。病毒呈球形，直径150～200nm，病毒衣壳是由162个壳粒排成的对称20面体，外层为脂蛋白包膜，核心为双链 DNA。病毒主要存在于患者疱疹的胞质内、口咽部分泌物和血液中，在体外抵抗力低，不耐热和酸，不能在痂皮中存活，能被乙醚等消毒剂灭活。人是已知的自然界中的唯一宿主。

二、流 行 病 学

（一）传染源

水痘患者和带状疱疹患者是唯一的传染源。病毒存在于患者上呼吸道和疱疹液中，发病前1～2天至皮痂完全结痂为止均有传染性。

（二）传播途径

主要通过呼吸道飞沫传播和直接接触传播，亦可通过接触被污染的用具传播。

（三）易感人群

人类对该病毒普遍易感，好发于学龄前儿童及学龄儿童，易感儿童接触后 90%发病，6 个月以下婴儿较少见。感染后可获得持久免疫。四季散发，冬春季为流行季节。孕妇在妊娠早期感染水痘可导致胎儿多发性畸形，若孕妇发生水痘数天后分娩可导致新生儿水痘，病死率可达 25%～30%。

考点：水痘传染期、传播途径

三、发病机制

病毒经呼吸道侵入易感者体内，在局部黏膜及淋巴结内复制，病毒释放入血形成病毒血症。病毒进入单核巨噬细胞系统繁殖，再次入血，形成第二次病毒血症。病毒散布到全身脏器，尤其是皮肤、黏膜，导致发病。

四、病理改变

皮肤真皮毛细血管内皮细胞肿胀。皮肤棘细胞层肿胀变性、裂解、并有组织液渗出而形成水疱疹。病情严重者，病毒可波及全身多脏器，受累器官有充血、水肿、局灶性坏死、出血等。

五、临床表现

（一）典型水痘

潜伏期为 10～24 天，典型水痘可分为以下两期。

1. 前驱期　短，不超过 24 小时，症状轻。出疹前 1～2 天可有发热、全身不适、咽痛、恶心、呕吐等前驱症状。少数无前驱症状，皮疹和全身症状同时出现。

2. 出疹期　皮疹首先出现于躯干部、头面部、并逐渐增多，最后达四肢；皮疹以头面部、躯干部为主，四肢少，即呈向心性分布；开始为斑疹、丘疹，继之变为透明水疱，24 小时疱液变浑浊并中间凹陷，易破溃，2～3 天结痂，1～2 周后结痂脱落。皮疹瘙痒明显，由于分批出现，故在高峰期同一皮肤区域可见斑疹、丘疹、疱疹和结痂同时存在。眼结膜、口腔及外阴部等黏膜可有皮疹，为丘疹、水疱及溃疡。轻型水痘多具有自限性，10 天左右痊愈，全身症状及皮疹较轻。皮疹结痂后一般不留瘢痕。

考点：典型水痘皮疹特征

（二）非典型水痘

1. 出血性、进行性和播散性水痘　发生于免疫功能低下者，如肾上腺皮质激素使用者、免疫抑制药使用者、免疫缺陷者、肿瘤患者和新生儿等。全身中毒症状重，易并发心肌炎、脑炎、肺炎等，死亡率高。出血性水痘疱疹内有血性渗出，或正常皮肤上有瘀斑、瘀点；进行性水痘病程长达 2 周以上；散播性水痘皮疹密集、遍及全身。

2. 新生儿水痘　孕妇产前 4 天以内患水痘，其新生儿出生后 5～10 天发病，易形成散播性水痘。

3. 大疱型水痘　疱疹融合为大疱，皮肤及皮下组织坏死而形成坏疽性水痘，全身中毒症状重。

六、并发症

继发细菌感染为最常见并发症，包括皮肤感染、蜂窝织炎和急性淋巴结炎。神经系统并发症有水痘脑炎、横断性脊髓炎、瑞氏综合征等，少数病例还可并发心肌炎、肝炎、肺炎和肾炎等。

考点：水痘常见并发症

七、辅 助 检 查

1. 血常规　白细胞总数正常或稍增高，以淋巴细胞为主。

2. 血清学抗体检查　血清水痘-带状疱疹病毒 IgM 阳性，有助于诊断。急性期、恢复期双份血清特异性 IgG 滴度升高 4 倍以上可回顾性诊断。

3. 病原学检查

（1）病毒抗原检测：对病变皮肤刮取物，用免疫荧光法检查病毒抗原。其方法敏感、快速，并容易与单纯疱疹病毒感染相鉴别。

（2）病毒分离：取疱疹液、血液或咽部分泌物进行病毒分离，可做进一步鉴定。

八、诊断与鉴别诊断

（一）诊断

根据流行病学资料，典型的皮疹特点，典型水痘诊断多无困难，非典型水痘患者须依赖于实验室检查确定。

（二）鉴别诊断

水痘需与引起疱疹的其他疾病相鉴别。

1. 脓疱疮　为儿童常见的细菌感染性疾病，好发于鼻唇周或四肢暴露部位，初为疱疹，其后为脓疱，再结痂，皮疹无分批出现特点，无全身症状。

2. 丘疹样荨麻疹　系皮肤过敏性疾病，为菱形水肿性红色丘疹，中心有针尖的丘疱疹或水疱，较硬、甚痒，无结痂；分布于四肢或躯干，不累及头部、黏膜。

3. 手足口病　由肠道病毒 71 型、柯萨奇病毒 A 组 16 型等肠道病毒所致。发热、皮疹分布于手足，为斑丘疹和疱疹，无结痂，口腔中见疱疹与溃疡。

手足口病

手足口病是由肠道病毒引起的传染性疾病，好发于儿童尤其 3 岁以下小儿，主要通过消化道、呼吸道和密切接触传播。普通病例起病急，多有发热，可伴有咳嗽、流涕、食欲缺乏等症状。口腔内可见散发性的疱疹或溃疡，手、足和臀部出现斑丘疹和疱疹，皮疹消退后不留瘢痕或色素沉着多在 1 周内痊愈，预后良好。少数病例病情进展迅速，在发病 1～5 天出现脑膜炎、脑炎、肺水肿、循环障碍等，极少数病例病情危重可致死亡，存活病例可留有后遗症。患儿应进行隔离，本病流行期间不宜带儿童到人群聚集的公共场所，注意保持环境卫生，勤洗手，居室要经常通风，勤晒衣被，关键在于预防。

链接

九、治　　疗

1. 一般治疗和对症治疗　水痘为自限性疾病，无并发症时以对症治疗为主。保持空气流通，给予易消化食物及充足水分，止痒，酌情退热，降温时禁用阿司匹林退热。皮肤瘙痒可局部使用炉甘石洗剂。加强护理，修剪指甲，防止抓破皮疹，疱疹破裂后可涂甲紫或抗生素软膏。勤换衣被，保持皮肤清洁。禁用肾上腺皮质激素，有导致病毒播散的可能，正在使用肾上腺皮质激素者应在许可情况下，尽快减至生理剂量，必要时停药。

2. 抗病毒治疗　发病 48 小时内使用阿昔洛韦，效果较好，口服 20mg/（kg·次），每天 4 次。重症者应静脉给药，10～20mg/（kg·次），每 8 小时 1 次。

3. 防治并发症　有皮肤继发感染者，可局部用抗生素，感染较重者可全身使用抗生素。重症水痘及严重并发症可给予丙种球蛋白静脉滴注。

考点：水痘禁用药物

十、预　　防

患者应呼吸道隔离至全部疱疹结痂为止。对接触的易感者应检疫 3 周。被患者分泌物及疱疹液污染的物品，应给予紫外线照射或煮沸。主动免疫是预防的主要措施，易感者接种水痘减毒活疫苗，能有效预防水痘的发生。

考点：呼吸道隔离及接触者检疫时间

案例11-4分析

1. 初步诊断　患儿 5 岁，为水痘好发年龄；有发热，咽部疼痛，偶有恶心、呕吐上感前驱症状；皮肤出现水泡样皮疹，首先出现于躯干部、头面部、并逐渐增多达四肢皮肤同时存在斑疹、丘疹、疱疹、结痂；皮肤瘙痒是水痘皮疹特点；血常规：白细胞总数减少，淋巴细胞增多。根据出疹前后临床表现及皮疹特点，结合血常规检查结果考虑患儿最可能的诊断为水痘。

2. 处理原则　给予易消化的食物，多饮水；降温，局部止痒；保持皮肤清洁，预防感染；患儿需要呼吸道隔离至全部疱疹结痂为止。

第5节　猩　红　热

学 习 目 标

1. 了解猩红热的流行病学特点。
2. 熟悉猩红热常见并发症及预防要点。
3. 掌握猩红热的皮疹特点及治疗要点。

案例11-5

患儿女，8 岁。发热 2 天，皮疹 1 天。患儿 2 周前有上呼吸道感染病史。近 2 天发热，呈持续性，体温波动于 38.5～39.7℃，伴咽部疼痛，食欲减退，偶有恶心呕吐，无腹泻等不适，1 天前于颈部首先出现皮疹，后蔓延至胸部、躯干及四肢而来医院就诊。

体格检查：体温 39.2℃，精神欠佳。咽部充血，扁桃体Ⅱ度肿大，黏膜上有点片状脓性分泌物；舌乳头肿胀、凸出覆以白苔；颜面部位充血，口鼻周围充血不明显，形成“口周苍白圈”。周身皮肤可见弥漫性、充血性皮疹，疹间皮肤潮红，皮疹为分布均匀的针尖大小的丘疹，压之褪色，触之有砂质感；皮肤皱褶处的皮疹密集呈紫红色线状；心肺检查未见异常，腹软，无压痛反跳痛，病理反射未引出。血常规：白细胞计数 13×10^9/L，中性粒细胞 0.80，有中毒颗粒。

思考题

1. 最可能的诊断是什么？
2. 针对该患儿应采取哪些治疗？

猩红热（scarlet fever）为 A 组乙型溶血性链球菌感染引起的急性呼吸道传染病。临床特征为发热、咽峡炎、全身弥漫性鲜红色皮疹和疹退后明显的脱屑。少数患者患病后由于变态反应而出现心、肾、关节的损害。本病一年四季都有发生，尤以冬春季发病为多。好发年龄5～15岁，多见于小儿。

一、病 原 学

主要致病菌为乙型溶血性链球菌A组菌株（A组乙型溶血性链球菌），该菌直径为0.5～2.0μm，革兰染色阳性，刚从体内检出时常带有荚膜，无鞭毛、芽胞，易在含血的培养基上生长。该菌对热及干燥抵抗力不强，56℃30分钟及一般消毒剂均能将其杀灭，但在痰和脓液中可生存数周。机体感染后，可产生抗红疹毒素的抗体，但不同抗原性的红疹毒素间无交叉免疫。因而患一次猩红热后，若感染了另一种红疹毒素的A组乙型溶血性链球菌仍可再发病。

红疹毒素

同一个儿童可第二次患猩红热。猩红热的病原菌为A组乙型溶血性链球菌，根据其M蛋白抗原性不同可分为50多型。患过某一型链球菌感染后，只产生对该型链球菌的抗体，对其他型不起作用。所以可多次受不同型的链球菌感染。链球菌产生的各型不同的红疹毒素至少有三种。当患过一次猩红热后再发生链球菌感染，如该链球菌的红疹毒素与上次感染的链球菌相同，则不出皮疹。如其红疹毒素不同，则可出现皮疹。所以患过一次猩红热后可以再患第二次，甚至第三次。

链 接

二、流 行 病 学

（一）传染源

主要是猩红热患者及带菌者，A组乙型溶血性链球菌引起的其他疾病的患者也可视为传染源。猩红热患者自发病前1天至出疹期传染性最强。

（二）传播途径

主要通过空气飞沫（说话、咳嗽、打喷嚏）直接传染，也可由带菌的玩具、生活用品等间接传播，偶尔也可通过被污染的牛奶或其他食物传播。个别情况下，病菌可由皮肤伤口或产妇产道侵入，而引起外科猩红热或产科猩红热。

（三）易感人群

人群普遍易感，加之红疹毒素有3～5种血清型，无交叉免疫，故猩红热可再患第二次，甚至第三次。每次感染后，人体可产生两种免疫力，即产生抗菌免疫和抗毒免疫。

（四）流行特点

猩红热系温带疾病，热带、寒带少见。在我国一年四季均可发病。以冬春季多见。夏季偶有流行。可发生于任何年龄，但以5～15岁多见。

三、发 病 机 制

病原体侵入人体后引起咽部化脓性病变，毒素入血引起毒血症，使皮肤产生病变，严重时肝、脾、肾、心肌、淋巴结也可出现炎症性病变。个别患儿于发病2～3周后可在全身多器官组织产生。

1. 化脓性病变　A组乙型溶血性链球菌借助脂壁酸（LTA）黏附于黏膜上皮细胞，进入组织引起炎症，通过M蛋白保护细菌不被吞噬，在玻璃酸酶、链激酶及溶血素作用下，使炎症扩散和引起组织坏死。

2. 中毒性病变　病原菌所产生的红疹毒素及其他产物经咽部丰富的血管侵入血流，引起发热、头痛、食欲缺乏等全身中毒症状。红疹毒素则引起皮肤血管充血并发疹。肝、脾、淋巴结等可有充血和脂肪变性，心肌可有水肿和变性。肾可有间质性炎症。

考点： A组乙型溶血性链球菌感染损害脏器

3. 变态反应性病变　仅发生于个别病例，于病程第 2、3 周时出现。可能系因 A 组链球菌某些型与被感染者的心肌、心瓣膜、肾小球基膜的抗原相似，当产生特异免疫后引起的交叉免疫反应；或可能因抗原抗体复合物沉积而致心、肾、关节的变态反应性病变。

四、病理改变

病原菌及其毒素等产物在侵入部位及其周围组织引起炎症和化脓性变化，并进入血循环，引起败血症，红疹毒素引起发热和红疹。主要病理变化是皮肤真皮层毛细血管充血、水肿，表皮有炎性渗出，毛囊周围皮肤水肿、上皮细胞增生及炎性细胞浸润，表现为丘疹样鸡皮疹，恢复期表皮角化、坏死，大片脱落。少数可见中毒性心肌炎，肝、脾、淋巴结充血等变化。

五、临床表现

潜伏期为 1～7 天，一般为 2～3 天。

（一） 普通型（典型猩红热）

1. 前驱期　表现为上呼吸道感染症状及全身感染中毒症状。

（1）发热：多为持续性，伴有一般中毒症状，发热的高低及热程与皮疹的多少一致。

（2）咽峡炎：咽痛、吞咽痛，局部充血、咽部黏膜及扁桃体红肿，扁桃体上有黄白色点状或片状渗出物，易擦掉。软腭水肿充血，并有米粒大小的红疹或出血点，称为猩红热内疹或出血性黏膜疹。可先于皮疹出现。

2. 出疹期　发热第 2 天开始发疹，从耳后、颈底及上胸部开始，1 日内即蔓延及胸、背、上肢，最后及于下肢，少数需经数天才蔓延及全身。典型皮疹特点：全身皮肤弥漫性充血，皮疹为分布均匀、针尖大小的丘疹，压之褪色，伴有痒感。部分患者可见有带黄白色脓头且不易破溃的皮疹，称为“粟粒疹”。严重者可见出血性皮疹。在皮肤皱褶处如腋窝、肘窝、腹股沟部可见皮疹密集或由于摩擦出血呈紫色线状，称为“帕氏线”（亦称 Pastia 线）。在颜面部位仅有充血而无皮疹，口鼻周围充血不明显，与面部充血相比显得发白，称为“口周苍白圈”。腭部可见充血或出血性黏膜内疹。出疹同时可见舌乳头肿胀，初期舌覆白苔，肿胀的舌乳头凸出覆以白苔的舌面，称为“草莓舌”。2～3 天后舌苔开始脱落，于第 1 周末舌苔消退，舌面光滑呈绛红色，而肿胀凸起的舌乳头更加明显，故又称为“杨梅舌”。由“草莓舌”变成“杨梅舌”可作为猩红热的辅助诊断条件。

考点： 猩红热皮疹特点、疹退手脚大片状脱皮

3. 恢复期　退疹后一周内开始脱皮，脱皮部位的先后顺序与出疹的顺序一致。躯干多为糠状脱皮，手掌足底皮厚处多见大片膜状脱皮，甲端皲裂样脱皮是典型表现。脱皮持续 2～4 周，不留色素沉着。

（二）轻型

近年多见，表现为轻至中等度发热，咽峡炎轻微。皮疹亦轻且仅见于躯干部位，疹退后脱屑不明显，病程短，可能出疹数小时即消退，但仍有发生变态反应的可能。

（三）中毒型

体温突然高达 40.5℃，常有头痛、剧烈呕吐，甚至神志不清，皮疹多为瘀点。患儿中毒

症状明显，可有中毒性心肌炎及周围循环衰竭、化脓性脑膜炎、中毒性休克、败血症等。此型病死率高，目前很少见。

（四）脓毒型

本型罕见。主要表现为咽部严重的化脓性炎症、坏死及溃疡，常伴有化脓性中耳炎、鼻窦炎、肺炎等。病原菌亦可侵入血循环引起败血症及迁徙性化脓性病灶。

（五）外科型或产科型

病原菌经伤口或产道侵入，故没有咽峡炎，潜伏期常仅 1～2 天，皮疹始于伤口或产道周围，然后延及全身，中毒症状较轻，预后也较好。可从伤口分泌物中培养出病原菌。

六、并 发 症

考点：猩红热并发症

常有化脓性并发症，如化脓性淋巴结炎、中耳炎；中毒性并发症，多发生于早期，如中毒性心肌炎、中毒型肝炎；变态反应性并发症，常见有风湿热、肾小球肾炎。

七、辅 助 检 查

1. 血常规　白细胞总数均高，多在（10～20）$\times 10^9$/L，中性粒细胞常在 0.8 以上，可出现中毒颗粒。出疹后嗜酸性粒细胞增加，可占 0.05～0.1。

考点：血常规、病原学检查

2. 尿液检查　早期可有一过性轻度蛋白。若发生肾脏变态反应并发症时，则尿蛋白增加并出现红、白细胞和管型。

3. 细菌学检查　鼻咽拭子培养可有 A 组乙型溶血性链球菌生长。亦可用免疫荧光法检测咽拭涂片以进行快速诊断。

4. 血清学检查　恢复期可检测抗链球菌溶血素 O 等抗体。

八、诊断与鉴别诊断

（一）诊断

考点：流行病学、临床表现、血常规特点

根据流行病学资料：流行情况，接触史；临床表现；实验室检查：白细胞总数升高达（10～20）$\times 10^9$/L，中性粒细胞占 0.8 以上，胞质内可见中毒颗粒，出疹后嗜酸性粒细胞增加，红疹毒素试验：发病早期阳性，恢复期转阴有助于诊断。咽拭子、脓液培养获得 A 组乙型溶血性链球菌为确诊依据。

（二）鉴别诊断

（1）发疹性疾病：麻疹、风疹、药疹（表 11-1）。

（2）金黄色葡萄球菌感染：疹消退快，无脱屑，全身感染中毒症状重，疹退后症状不减轻。

九、治　　疗

（一）一般治疗

体温过高者，可给予抗生素，24 小时即可降温。出疹期皮肤瘙痒时，忌用肥皂水擦洗，勿搔抓，以防损伤皮肤。不要用手撕剥大块脱皮，以防感染。急性期应卧床休息，年长儿咽痛可用生理盐水漱口，给清淡易消化的饮食，禁食辛辣刺激性食物及海产品。合理营养，维持水、电解质和酸碱平衡。消毒隔离 6 天。

考点：首选青霉素、皮肤瘙痒忌用肥皂水擦洗

（二）药物治疗

早期选用抗生素治疗，要求足量、足疗程用药，以缩短病程，减少并发症。青霉素 G 为首选药物，儿童每日 2 万～4 万 U/kg，分 2～4 次，根据病情选用肌内注射或静脉给药途径，疗程 7～10 天。中毒型或脓毒型者可加大用药剂量。80%用药 24 小时后可退热，

皮疹亦随之逐渐消退，咽拭子培养大多阴转。青霉素对 A 组乙型溶血性链球菌感染疗效显著，很少有耐药者。对青霉素过敏者可选用红霉素，儿童每日 40mg/kg，分 3 次给药，疗程同青霉素，亦可酌情选用氯霉素、林可霉素或第一代头孢菌素等。

（三）其他治疗

若发生感染中毒性休克，要积极补充血容量，纠正酸中毒，给血管活性药等。对已化脓的病灶，必要时给予切开引流或手术治疗。

十、预　　防

1. 控制传染源　应对患儿进行 6～10 天隔离治疗。对接触者医学观察 7 天，并可用苄星青霉素 120 万 U 一次肌内注射进行预防。儿童机构内有本病流行时，对咽峡炎和扁桃体炎患者亦应按猩红热隔离治疗。

2. 切断传播途径　流行期间应避免到人群密集的公共场所。接触患儿时应戴口罩，患儿的分泌物或污染物应随时消毒。

考点：猩红热的传染源控制

3. 保护易感者　目前尚无供临床使用的菌苗，以 M 蛋白抗原试制的菌苗尚在研究中。

案例11-5分析

1. 初步诊断　患儿发病前有上呼吸道感染史，出疹前发热、咽峡炎，符合猩红热发病过程中前驱症状特点；出疹期有典型的皮疹，有特征性的“草莓舌”及“口周苍白圈”。血常规：白细胞计数 13×10^9/L，中性粒细胞 0.80，有中毒颗粒，支持链球菌感染的血象特征。根据上述临床特点，结合血常规检查结果，患儿最可能的诊断是猩红热。

2. 处理原则　早期、足量、足疗程应用抗生素，合理营养饮食，加强皮肤护理，防治并发症。

第 6 节　细菌性痢疾

学习目标

1. 了解细菌性痢疾发病机制及病理改变。
2. 熟悉细菌性痢疾的鉴别诊断。
3. 掌握急性细菌性痢疾临床特点。

案例11-6

患儿男，9 岁。因发热、腹痛、腹泻 1 天来院就诊。患儿于 1 天前出现恶心、腹痛，后出现发热及腹泻，体温迅速升高，最高达 40℃，呕吐一次，呕吐物为胃内容物。腹泻十余次，开始呈稀水样，量多，继而呈黏液脓血状，量少，伴里急后重。患儿有饮食不洁史，于患病前生食大量瓜果。

体格检查：体温 39.6℃，脉搏 120 次/分，呼吸 22 次/分，血压 90/60mmHg。急性病容，面色苍白，精神差，口腔黏膜光滑，咽微充血。心律齐，双肺呼吸音清晰。

左下腹压痛明显，肝脾未触及，肠鸣音活跃。膝腱、跟腱反射未引出，颈无抵抗，凯尔尼格征（-），布鲁津斯基征（-），双侧巴宾斯基征（+）。血常规：血红蛋白 120g/L，白细胞计数 22.5×10^9/L，中性粒细胞 0.80，中性杆状 0.08，淋巴细胞 0.22，血小板 10×10^9/L，灌肠取大便检查：少量脓血便，镜检白细胞 30～40 个/HP，红细胞 3～8 个/ HP。

思考题

1. 该患儿最可能的诊断是什么？
2. 主要治疗措施是什么？

细菌性痢疾（bacillary dysentery）简称菌痢，是由志贺菌（也称痢疾杆菌）引起的常见肠道传染病。其主要病理变化为直肠、乙状结肠的炎症与溃疡，临床上以发热、腹痛、腹泻、里急后重感及黏液脓血便为特征。各年龄组小儿均易感，多见于 3 岁以上儿童。全年均可发病，多流行于夏秋季节。

一、病 原 学

痢疾杆菌（dysentery bacilli）为肠杆菌科志贺菌属（shigella），革兰阴性杆菌，无鞭毛及荚膜，不形成芽胞，有菌毛。近来研究证明 A 群 I 型及部分Ⅱ型、B 群 2a 型及个别 D 群可产生外毒素，该外毒素是神经毒素、细胞毒素与肠毒素均参与致病作用。尤其外毒素的毒力很强，可加重肠黏膜的炎性变化以及肠道外病变。

志贺菌属

志贺菌属（Shigella）是一类革兰阴性杆菌，是人类细菌性痢疾最为常见的病原菌，通称痢疾杆菌，耐寒，能在普通培养基上生长，形成中等大小，半透明的光滑型菌落。在肠道杆菌选择性培养基上形成无色菌落。依据抗原结构不同，分为 A、B、C、D 四群，即志贺痢疾杆菌、福氏痢疾杆菌、鲍氏痢疾杆菌及宋内痢疾杆菌以及 47 个血清型（含亚型）。本菌对理化因素的抵抗力较其他肠道杆菌为弱。对酸敏感，在外界环境中的抵抗力能以宋内氏菌最强，福氏菌次之，志贺氏菌最弱。一般 56～60℃经 10 分钟即被杀死。在 37℃水中存活 20 天，在冰块中存活 96 天，蝇肠内可存活 9～10 天，对化学消毒剂敏感，1%石碳酸 15～30 分钟死亡。

二、流 行 病 学

（一）传染源

传染源包括患者和带菌者。患者中以急性非典型菌痢与慢性隐匿型菌痢为重要传染源。

（二）传播途径

本病主要经粪-口途径传播。志贺菌随患者粪便排出后，通过手、食物、水、蚊蝇等，经口感染。另外，还可通过生活接触传播，即接触患者或带菌者的生活用具而感染。

考点：细菌性痢疾的传染源和传染途径

（三）易感人群

人群对痢疾杆菌普遍易感，学龄前儿童患病多，与不良卫生习惯有关。病后可获得一定的免疫力，但持续时间短。不同菌群间以及不同血清型痢疾杆菌之间无交叉免疫，故造成重复感染或再感染而反复多次发病。

（四）流行病学特征

细菌性痢疾呈全年散发，以夏秋两季多见，主要原因：①气温条件适合痢疾杆菌生长繁殖。20～30℃痢疾杆菌在主食及肉类食品中 4 小时可增殖 100～800 倍，12 小时超过 50000 倍，在瓜果蔬菜中 8～24 小时可增殖 20～800 倍；②苍蝇多，传播媒介多；③天热易感者喜冷饮及生食瓜果蔬菜等食品；④胃肠道防御功能降低，如大量饮水后胃酸等消化液被稀释，抵御痢疾杆菌能力下降。

三、发病机制与病理改变

（一）发病机制

志贺菌进入机体后是否发病，取决于三个要素：细菌数量、致病力和人体抵抗力。痢疾杆菌进入胃，易被胃酸杀灭，未被杀灭的细菌到达肠道，正常人肠道菌群对外来菌有拮抗作用；肠黏膜表面可分泌特异性 IgA，阻止细菌吸附侵袭。当机体抵抗力下降，或病原菌数量多时，可借助于菌毛贴附并侵入结肠黏膜上皮细胞，在细胞内繁殖，随之侵入邻近上皮细胞，然后通过基膜进入固有层内继续增殖、裂解，释放内毒素、外毒素，引起局部炎症反应和全身毒血症。当肠黏膜固有层下小血管循环障碍，水肿、渗出、上皮细胞变性、坏死，形成浅表性溃疡等炎性病变时，刺激肠壁神经丛使肠蠕动增加。临床上表现为腹痛、腹泻、里急后重、黏液脓血便等。感染 A 群菌可释放外毒素，由于外毒素的特性，故肠黏膜细胞坏死，如水样腹泻及神经系统症状明显。

（二）病理变化

考点：结肠化脓性炎症和脓血便的形成

1. 急性期菌痢　急性菌痢的典型病变过程为初期急性卡他性炎，随后出现特征性假膜性炎和溃疡，最后愈合。肠黏膜的基本病理变化是弥漫性纤维蛋白渗出性炎症，表现为充血、水肿、出血点。黏膜下斑片状出血，肠腔充满黏液脓血性渗出液，黏膜坏死脱落形成表浅溃疡，重症病例可见溃疡修复过程中呈干涸的烂泥坑样改变。

2. 慢性期菌痢　慢性菌痢肠黏膜水肿和肠壁增厚，肠黏膜溃疡不断形成和修复，导致瘢痕和息肉形成，少数病例可出现肠腔狭窄。

3. 中毒性菌痢　大脑及脑干的弥漫性充血，神经细胞变性。

四、临床表现

潜伏期一般为 1～3 天（数小时至 7 天）。病前多有不洁饮食史。临床上依据其病程长短及病情轻重分为急性与慢性两型。

（一）急性菌痢

1. 普通型（典型）　起病急，畏寒、发热，体温多为39℃以上，伴头晕、头痛、恶心等全身中毒症状；胃肠道症状明显，腹痛、腹泻，大便开始呈稀糊状或稀水样，量多，继而呈黏液或黏液脓血便，量少，大便次数多（每天>10 次），伴里急后重。左下腹压痛明显，可触及痉挛的肠索，肠鸣音亢进。重者可有脱水、循环衰竭、酸中毒、电解质紊乱、神志模糊。病程约 1 周，多数可自行恢复，少数转为慢性。个别病例于起病 24～48 小时转化为中毒型菌痢，应予以重视。

2. 轻型（非典型）　全身毒血症状轻微，一般不发热或有低热，腹痛轻，腹泻次数少，每日 3～5 次，黏液多，一般无肉眼脓血便，无里急后重。病程一般为 4～5 天。体征轻或不明显。

3. 急性中毒型　此型多见于 2～7 岁健壮儿童，起病急骤，进展迅速，病情危重，病死率高。突起畏寒、高热，全身中毒症状严重，可有嗜睡、昏迷及抽搐，迅速发生循环和呼吸衰竭，而局部肠道症状很轻或缺如。开始时可无腹痛及腹泻症状，但发病 24 小时内可出现痢疾样粪便。依其临床表现分为 3 种临床类型。

（1）休克型（周围循环衰竭型）：较为常见的一种类型。起病急，发展快，肠道症状不明显，以感染性休克为主要表现：①面色苍白，口唇或甲床发绀，上肢湿冷，皮肤呈花纹状，②血压下降，通常收缩压小于 10.7kPa（80mmHg），脉压缩小，小于 2.7kPa（20mmHg）；③脉搏细数，心率快（>100 次/分），小儿可达 150～160 次/分，心音弱；④尿少或无尿；⑤出现意识障碍。以上 5 项也是判断病情好转与否的重要指标。重症病例休克不易逆转，易并发 DIC、肺水肿等，可致外周性呼吸衰竭或多系统器官功能衰竭而危及生命。

考点：急性中毒型细菌性痢疾表现特点

（2）脑型（呼吸衰竭型）：中枢神经系统症状为主要表现。由于脑血管痉挛，引起脑缺血、缺氧，导致脑水肿、颅内压增高甚至脑疝。早期可有剧烈头痛、频繁呕吐，典型呈喷射状呕吐；面色苍白、口唇发灰；血压可略升高，呼吸与脉搏可略减慢；随病情进展很快进入昏迷、频繁或持续惊厥；瞳孔大小不等、对光反射消失，呼吸深浅不匀、节律不整、甚至呼吸停止。此型较严重，死亡率高。

（3）混合型：以上两型同时或先后存在，是最为严重的一种临床类型，病死率 90%以上。该型实质上包括循环系统、呼吸系统及中枢神经系统等多器官功能损害与衰竭。

（二）慢性菌痢

反复发作或病情迁延不愈超过 2 个月以上者称作慢性菌痢，多与急性期治疗不及时或不彻底，细菌耐药或机体抵抗力下降有关，也常因饮食不当、受凉、过劳或精神因素等诱发。依据临床表现分为以下 3 型。

1. 急性发作型　此型约占 5%，其主要临床表现同急性典型菌痢，但程度轻，恢复不完全，一般是半年内有痢疾病史或复发史，而除外同群痢疾杆菌再感染，或异群痢疾杆菌或其他致腹泻细菌的感染。

2. 慢性迁延型　发生率约 10%，常有腹部不适或隐痛，腹胀、腹泻、黏液脓血便等消化道症状时轻时重，迁延不愈，亦可腹泻与便秘交替出现，左下腹压痛，可扪及乙状结肠，呈条索状。长期腹泻可导致营养不良、贫血、乏力等。

3. 慢性隐匿型　此型发生率 2%～3%，1 年内有菌痢史，临床症状消失 2 个月以上，但粪培养可检出痢疾杆菌，乙状结肠镜检查可见肠黏膜病变。此型在流行病学上具有重要意义。

五、辅 助 检 查

1. 血常规　急性期白细胞总数多数增至（15～20）$\times 10^9$/L 或更高，中性粒细胞为主，可有核左移。当有 DIC 时，血小板明显减少。慢性患者可有贫血表现。

考点：菌痢大便常规特点

2. 粪便常规检查　粪便外观多为黏液脓血便，大便镜检可见较多白细胞（≥15 个/HP）或成堆脓细胞，少量红细胞和巨噬细胞。血水便者红细胞可满视野。

3. 病原学检查

（1）细菌培养：粪便培养出痢疾杆菌可以确诊。在抗菌药物使用前采集新鲜标本，取脓血部分及时送检和早期多次送检均有助于提高细菌培养阳性率。

（2）特异性核酸检测和免疫学检查：近年来开展荧光抗体染色法、荧光菌球法、增菌乳胶凝集法、玻片固相抗体吸附免疫荧光技术等方法，比较简便、快速，敏感性亦较好，有利于早期诊断。

4. 乙状结肠镜检查　非急性期常规检查。慢性期的肠黏膜多呈颗粒状，血管纹理不清，呈苍白肥厚状，有时可见息肉或瘢痕等改变。

六、诊断与鉴别诊断

（一）诊断

通常根据流行病学史、症状体征及实验室检查进行综合诊断，确诊依赖于病原学检查。菌痢多发于夏秋季节，有不洁饮食或与痢疾患者接触史。急性期、慢性患者及中毒性患者有其相应的临床表现，粪便镜检有大量的白细胞（≥15 个/高倍视野）、脓细胞及红细胞即可诊断。确诊有赖于粪便培养出痢疾杆菌。

（二）鉴别诊断

1. 急性菌痢　根据病史体征和实验室检查有助于鉴别以下疾病：①流行性乙型脑炎：与中毒型菌痢鉴别。流行季节相同，但惊厥的发生时间不同，中毒性菌痢多在起病当天发生惊厥，乙脑则多在起病后 3～4 天才发生惊厥，且多有病理征阳性。粪培养和腰穿脑脊液检查可鉴别。②霍乱：无发热、腹痛及里急后重，先泻后吐，腹泻，米泔水样便；霍乱弧菌培养阳性。③急性阿米巴痢疾：大便常规可见溶组织阿米巴。④其他急性肠道感染性腹泻：侵袭性大肠杆菌肠炎也表现为发热、腹泻和脓血便，鉴别主要依靠大便培养。

考点：中毒型细菌性痢疾的鉴别诊断

2. 慢性菌痢　临床上注意与以下疾病鉴别：①直肠癌与结肠癌；②非特异性溃疡性结肠炎；③慢性血吸虫病。

七、治　　疗

（一）急性菌痢的治疗

1. 一般治疗　卧床休息，消化道隔离。给予易消化、高热量、高维生素流食或半流食，忌食生冷、油腻及刺激性食物。对于高热、腹痛、脱水者给予退热、止痉，口服或静脉补液。中毒症状严重时可注射地塞米松或口服泼尼松，以减轻中毒症状。

2. 药物治疗　由于耐药菌株增加，最好应用 2 种或 2 种以上抗菌药物。可酌情选用下列药物：①磺胺类：如复方新诺明，首次加倍，50mg/（kg·d），连用 5～7 天，注意多饮水。②喹诺酮类：吡哌酸、诺氟沙星。③抗生素：可适当选用庆大霉素或卡那霉素肌内注射或静脉滴注，疗程均为 5～7 天。还可选用阿米卡星及头孢菌素类。④近年有用利福平治愈的报道。利福平为广谱抗生素，对革兰阴性杆菌和革兰阳性杆菌均有较强的杀灭作用。

（二）中毒性菌痢的治疗

中毒性菌痢应采取综合急救措施，力争早期治疗。

1. 降温止惊　可综合使用物理、药物降温或亚冬眠疗法。惊厥不止者，可给予地西泮 0.3mg/kg 肌内注射或静脉注射（每次最大剂最≤10mg）或水合氯醛 40～60mg/kg 保留灌肠；还可肌内注射苯巴比妥钠每次 5～10mg/kg。

2. 感染性休克　抗休克治疗是逆转病情降低死亡率最关键的措施。需迅速建立两条静脉通道。有条件的应放置中心静脉导管。

（1）第 1 小时快速输液：常用 0.9%氯化钠，首剂 20ml/kg，10～20 分钟静脉推注。注意心肺功能。

（2）血管活性药物：在补液基础上休克难以纠正，血压仍低或仍有明显灌流不足表现，可考虑使用血管活性药物以提高血压，改善脏器灌流量。可选用多巴胺、肾上腺素、多巴酚丁胺和硝普钠等药物。

（3）肾上腺皮质激素。

（4）纠正凝血功能障碍。

（5）维持内环境的稳定；保证营养素的供给。

3. 防治脑水肿和呼吸衰竭　保持呼吸道通畅和给氧。首选 20%甘露醇液降颅内高压，剂量为每次 0.5～1g/kg 静脉注滴，每 6～8 小时 1 次，疗程 3～5 天，还可与利尿药交替使用；可短时间静脉注射地塞米松。出现呼吸衰竭者及早应用呼吸机。

4. 抗菌治疗　迅速控制感染，通常选用两种痢疾杆菌敏感的抗生素静脉滴注。近年来痢疾杆菌对氨苄西林、庆大霉素等耐药菌株日益增多，故可选用阿米卡星、头孢噻肟钠或头孢曲松等药物。

（三）慢性菌痢的治疗

1. 寻找诱因，对症处理　防止腹部受凉，禁食生冷饮食。体质虚弱者应及时使用免疫增强药。切忌滥用抗菌药物，根据病原菌药敏结果选用有效抗菌药物，通常联用 2 种不同类型药物，疗程需适当延长，必要时可给予多个疗程治疗。出现肠道菌群失衡时，可用乳酶生或培非康等，以利肠道厌氧菌生长。加用 B 族维生素、维生素 C 和叶酸等。此外，口服左旋咪唑或肌内注射转移因子等免疫调节药，可加强疗效。

2. 对于肠道黏膜病变经久不愈者，同时采用保留灌肠疗法。

八、预　　防

（一）管理好传染源

早期发现患儿和带菌者，早期隔离。患儿隔离治疗至症状消失 1 周或 2 次大便培养阴性；或直至粪便培养隔日 1 次，连续 3 次阴性方可解除隔离。早治疗，彻底治疗。对于托幼、饮食行业、供水等单位人员，定期进行查体、做粪便培养等，以便及时发现带菌者。对于慢性菌痢带菌者，应调离工作岗位，彻底治愈后方可恢复原工作。

（二）切断传播途径

对于菌痢等消化道传染病来说，切断传播途径是最重要的环节。认真贯彻执行“三管一灭”（即管好水源、食物和粪便，消灭苍蝇），改善环境卫生。注意个人卫生，养成饭前便后洗手的良好卫生习惯，防止病从口入。

（三）保护易感人群

（1）接种多价痢疾减毒活疫苗：保护率 66%～99%，免疫期 6～12 个月。不同型之间无交叉免疫作用。

（2）流行期间口服大蒜、马齿苋等有预防效果。

案例11-6分析

1. 初步诊断　患儿有发热、腹痛、腹泻、恶心、呕吐一次，呕吐物为胃内容物。腹泻十余次，开始呈稀水样，量多，继而呈黏液脓血状，量少，伴里急后重。有饮食不洁史，于患病前生食大量瓜果。查体左下腹压痛明显，肠鸣音活跃。血常规：血红蛋白 120g/L，白细胞计数 22.5×10^9/L，，中性粒细胞 0.80，中性杆状 0.08，淋巴细胞 0.22，血小板 10×10^9/L，灌肠取大便检查见少量脓血便，镜检白细胞 30～40 个/HP，红细胞 3～8 个/HP，符合细菌性痢疾实验室检查特点。根据临床表现及检查结果，患儿最可能的诊断是急性细菌性痢疾。

2. 处理原则　卧床休息，消化道隔离，合理饮食；使用有效抗生素，积极控制感染；防止 DIC 发生。

第 7 节　寄 生 虫 病

学 习 目 标

1. 了解蛔虫病、蛲虫病病因及发病机制。
2. 熟悉蛔虫病、蛲虫病的诊断及预防。
3. 掌握蛔虫病、蛲虫病临床表现。

蛔　虫　病

案例11-7

患儿男，7 岁。因“近日经常发生脐周不定时反复腹痛”来院就诊。患儿 2 个月前曾因低热、乏力就医，伴咽部异物感，阵咳，常呈哮喘样发作，痰少，偶尔痰中带血丝，同时伴有食欲减退、恶心、便秘。

体格检查：体温 36.3℃，脉搏 92 次/分，呼吸 20 次/分，血压 100/70mmHg。生长发育正常，营养良好，精神可。口腔黏膜光滑，咽部轻度充血，扁桃体无肿大。心律齐，双肺呼吸音粗，可闻及干啰音。肝脾未触及，腹软，脐周压痛明显，肠鸣音活跃。膝腱、跟腱反射未引出，颈无抵抗，凯尔尼格征（-），布鲁津斯基征（-），双侧巴宾斯基征（-）。血常规：血红蛋白 110g/L，白细胞增高，嗜酸性粒细胞增高。粪便常规：可见大量蛔虫卵。胸部 X 线检查：肺门阴影增粗，肺部可见点片状、云絮状阴影。

思考题

1. 该患儿最可能的诊断是什么？
2. 采取什么治疗方案？

蛔虫病（ascariasis）是由似蚓蛔线虫寄生于人体小肠或其他器官所致的寄生虫病。儿童发病率高，临床表现依寄生或侵入部位、感染程度不同而异。仅限于肠道者称肠蛔虫病，多无症状，蛔虫若钻入胆管、胰腺、阑尾等脏器，或蚴虫移行至肺、脑、眼等器官可引起相应的异位病变，并可导致严重并发症。

一、病　原　学

蛔虫是寄生在人体内最大的线虫，雌雄异体，成虫形似蚯蚓，淡红色或乳白色。雄虫较小，雌虫较大。雌虫每天产卵约 20 万个，随粪便排出，在外界适宜的环境条件下发育成感染性虫卵。人吞食感染性虫卵后，大部分虫卵被胃液杀死，少数进入小肠孵化成幼虫，侵入小肠黏膜和黏膜下层进入微血管，经门静脉到肝，再经下腔静脉、右心到达肺动脉、肺毛细血管、肺泡、细支气管，穿破肺部毛细血管进入肺泡，在肺泡停留 10 天左右经过两次蜕皮，此时幼虫活动力增强，沿着细支气管、支气管向上移行至气管到达咽部，随着吞咽动作，再次返回小肠内发育成成虫。在移行过程中幼虫也可随血流到达其他器官，一般不发育为成虫，但可造成器官损害。成虫可钻向胆道、阑尾、胰管引起相应部位的炎症。这一移行发育过程需 2～3 个月，成虫寿命 1～2 年。

二、流　行　病　学

（一）传染源

主要为蛔虫病患者及带虫者。此外，猪、犬、猫、鸡、鼠等动物以及苍蝇等昆虫，可携带虫卵或吞食后排出存活的虫卵，也可成为传染源。

（二）传播途径

主要是吞入感染期蛔虫卵感染，污染的水、土壤、蔬菜、瓜果、玩具等是主要媒介。

考点：蛔虫病的传染源及传播途径

（三）易感人群

人对蛔虫普遍易感。学龄期儿童感染率高。世界各地均有流行，发展中国家发病率高。我国大部分农村属重度和中度流行区，常为散发，也可发生集体感染，且本病可重复感染。

三、发病机制

蛔虫病的临床表现与蛔虫发育史中不同阶段(幼虫和成虫)所引起的病理生理改变有关。蛔虫幼虫经过肺部时由于其代谢产物和幼虫死亡可产生局部炎性反应。幼虫可损伤肺毛细血管引起出血、嗜酸和中性粒细胞浸润。支气管黏膜炎性渗出与分泌物增多，可引起支气管痉挛与哮喘；成虫寄生于空肠与回肠上段，以人体小肠乳糜液为营养，可致患者营养不良，如损伤肠黏膜，可引起肠道功能紊乱。严重感染者，大量成虫可缠结成团，引起不完全性肠梗阻、肠坏死等。蛔虫有钻孔习性，可离开肠腔钻入胆总管、胰管、阑尾等引起移位性损害和相应的临床表现。

四、临床表现

1. 幼虫移行引起的症状　见于短期内生食了含有大量受精蛔虫卵的蔬菜、瓜果者。潜伏期7～9天。

(1)幼虫移行至肺：可引起蛔幼性肺炎或蛔虫性嗜酸粒细胞性肺炎(Loeffler综合征)，出现咳嗽、气喘、发热、血丝痰或哮喘样发作症状等，嗜酸粒细胞增多。肺部体征不明显，胸片可见双侧肺门阴影加深，肺纹理增多，可见一过性的点、片状或絮状阴影。病程持续7～10天，逐渐缓解。

(2)幼虫移行至肝、脑、眼等器官：可出现右上腹痛、肝大、肝功能异常、惊厥、眼睑肿胀等相应症状。蛔虫某些分泌物作用于神经系统可引起头痛、失眠、智力发育障碍，严重时出现癫痫、脑膜刺激征或昏迷。

考点：蛔虫病的临床表现

2. 成虫引起的症状　成虫寄生于肠道，多数病例无症状。儿童可有腹痛，为脐周不定时反复腹痛，脐周压痛，无腹肌紧张，伴食欲减退、恶心、腹泻或便秘，可呕出蛔虫或由大便排出蛔虫。部分患儿可有夜惊、磨牙、异食癖等。长期大量蛔虫寄生时，常造成小儿营养不良、体重下降、贫血等，甚至影响生长发育。蛔虫代谢产物可引起宿主发生过敏反应，表现为哮喘、荨麻疹等。

五、并发症

1. 胆管蛔虫症　是最常见的并发症，临床起病急，表现为阵发性右上腹剧烈绞痛，患儿面色苍白、哭叫翻滚，常伴恶心、呕吐，可呕出胆汁或蛔虫。部分患儿可发生胆管感染。

考点：蛔虫病的并发症

2. 蛔虫性肠梗阻　起病突然，表现为脐周阵发性剧痛、呕吐、腹胀等。腹壁可见肠型和蠕动波，触诊可扪及条索状包块，有活动性绳索感，为缠结成团的蛔虫所致。

3. 其他　有急性胰腺炎、急性胆囊炎、肠穿孔、蛔虫性腹膜炎等。

六、辅助检查

1. 血液常规检查　幼虫移行症期间或并发感染时白细胞总数增高，以嗜酸性粒细胞增多为主。

2. 粪便检查　采用0.9%氯化钠溶液直接涂片镜检易查到虫卵。加藤厚涂片法虫卵检出率较高。

3. 影像学检查　B超检查可发现蛔虫位于扩张的胆总管腔内，并能看到蛔虫蠕动，但阳性率不高。CT或MRI检查主要对胰管内微小蛔虫诊断有一定帮助。

七、诊断及鉴别诊断

根据流行病学史、临床症状和体征、有排蛔虫或呕吐蛔虫史、粪便涂片查到蛔虫卵即可确诊。血中嗜酸性粒细胞增高有助于诊断。若出现上述并发症时需与其他外科急腹症鉴别。

八、治　　疗

1. 驱虫治疗　为治疗蛔虫病的主要措施。常用广谱驱虫药为苯咪唑类药物如阿苯达唑（肠虫清）、甲苯达唑（安乐士）、复方甲苯达唑片（速效肠虫净）。阿苯达唑>2 岁驱蛔虫剂量为 400mg，睡前 1 次顿服，如需要可 10 日后重复 1 次，<2 岁者慎用；甲苯达唑>2 岁驱蛔虫剂量为每次 100mg，每日 2 次，或每日 200mg 顿服，连服 3 日。严重感染者需多个疗程。苯咪唑类药物具有广谱、高效、低毒的优点，用药期间不忌饮食。

2. 并发症处理　不完全性肠梗阻时应禁食、胃肠减压、解痉止痛、补液，口服豆油或花生油 60ml，有松懈蛔虫团的作用，腹痛缓解后驱虫；胆管蛔虫症以解痉止痛、驱虫、控制感染为主，并发感染时应尽早使用在肝胆内浓度高的抗生素控制感染，必要时外科手术治疗。阑尾蛔虫病、肝脓肿、出血性坏死性胰腺炎均需及早外科治疗。

考点：蛔虫病的治疗措施

九、预　　防

注意儿童饮食卫生和个人卫生，普及卫生知识，养成良好的卫生习惯，不随地大小便，做好粪便管理，加强对污水的处理，为易感人群投用药物以降低感染。

案例11-7分析

1. 初步诊断　患儿经常发生脐周不定时反复腹痛，同时伴有食欲减退、恶心、便秘。这是肠道蛔虫病的表现；低热、乏力伴咽部异物感，阵咳，常呈哮喘样发作，痰少，偶尔痰中带血丝，胸部闻及干啰音，胸部 X 线检查：肺门阴影增粗，肺部可见点片状、云絮状阴影。这是幼虫移行至肺的表现，血常规：血红蛋白 110g/L，患儿有贫血的表现，白细胞增高，嗜酸性粒细胞增高。粪便常规：可见大量蛔虫卵即可确诊。故该患儿最可能的诊断是蛔虫病。

2. 处理原则　驱虫治疗，并发感染时应尽早使用抗生素控制感染，必要时外科手术治疗。

蛲　虫　病

案例11-8

患儿女，5 岁。因“肛周瘙痒 1 周余”来院就诊。患儿于 1 周余前自诉肛门周围瘙痒似虫爬行感，未引起家长重视。1 周以来间断出现，以夜间为甚，影响睡眠，常用手搔抓。近日出现夜惊、烦躁、哭闹表现，无腹痛、腹泻、恶心、呕吐等不适。患儿自发病以来精神饮食可，睡眠差，二便正常。

体格检查：体温 36.1℃，脉搏 90 次/分，呼吸 20 次/分，血压 96/70mmHg。生长发育正常，营养良好，精神可。眼结膜无充血，口腔黏膜光滑，咽部无充血，扁桃体无肿大。心律齐，双肺呼吸音清。腹软，无压痛、反跳痛。肛门周围及外阴皮肤充血可见明显抓痕。病理征均阴性。实验室检查：于患儿肛门皮肤皱褶处用棉签拭子法检出蛲虫卵。

思考题

1. 该患儿最可能的诊断是什么？
2. 采取什么治疗方案？

蛲虫病（enterobiasis）是由蛲虫（又称蠕形驻肠线虫）寄生于人体小肠末端、盲肠、结肠所引起的一种小儿时期常见寄生虫病，主要症状为夜间肛门周围和会阴部瘙痒。易在集体儿童机构中流行。

一、病 原 学

蛲虫为乳白色小线虫，雌雄异体。雌虫长8～13mm，宽0.3～0.5mm，体直，尾部尖细；雄虫大小约是雌虫的1/3，尾部向腹部卷曲，有一交合刺。成虫寄生在人体的小肠下段、回盲部、结肠及直肠。雄虫交配后死亡，雌虫于夜间移行至肛周、会阴部皮肤皱折处产卵，多数产卵后干枯死亡，少数产卵后由肛门可返回肠腔，或进入尿道、阴道等处造成异位寄生。虫卵在肛周约6小时内发育成感染性卵，经污染手指、衣被等被小儿吞食，即形成自身感染。成虫的寿命一般不超过2个月。蛲虫虫卵对外界抵抗力较强，一般消毒剂不易将其杀死。在室内阴凉、潮湿不通风的环境中可存活2～3周以上。煮沸、5%苯酚、10%甲酚皂溶液及10%煤酚皂可杀灭虫卵。

二、流 行 病 学

（一）传染源

患者是唯一的传染源，人是蛲虫的唯一终宿主，排出体外的虫卵即有传染性。

（二）传播途径

感染方式主要通过肛门-手-口直接感染。也可经污染的食品、生活用品间接感染。此外，虫卵可漂浮于空气尘埃中，从口鼻吸入而咽下感染。

考点：蛲虫病的传染源及传播途径

（三）易感人群

人对蛲虫普遍易感，儿童感染率高，有家庭聚集性。

三、发 病 机 制

蛲虫头部吸附于肠黏膜吸取营养，引起炎症和细小溃疡，引起食欲减退、消化功能紊乱等，由于蛲虫寄生期短暂，故肠黏膜病变轻微，很少引起穿破肠壁的病变。雌虫在肛周产卵，刺激皮肤引起局部瘙痒，夜间更加明显，长期慢性刺激可产生局部皮损、出血和继发感染，影响睡眠；雌虫还可进入阴道、尿道、眼部等处异位寄生，引起幼儿阴道炎、子宫内膜炎、输卵管炎和尿道炎、结膜炎等，危害性大。

四、临 床 表 现

大多数患儿无明显症状，仅在雌虫移行至肛周排卵时引起肛门和会阴部皮肤奇痒和虫爬行感，以夜间为甚，影响睡眠；患儿常有夜惊、烦躁、哭闹、遗尿、磨牙等。局部皮肤可因搔破而致皮炎和继发感染。

1. 典型表现　大多数患儿无明显症状，蛲虫病的主要症状为肛门周围及会阴部瘙痒，夜间为甚，影响睡眠。患儿常有夜惊、烦躁、哭闹、遗尿、磨牙等。局部皮肤可因搔破而致皮炎和继发感染。

考点：蛲虫病的临床表现

2. 局部表现　通过污染的手侵入患儿眼部，可引起流泪、充血、瘙痒等结膜炎表现；爬入女孩阴道、尿道可产生相应的局部炎症；此外，偶有蛲虫侵入阑尾或腹膜，引起阑尾炎和腹膜炎。

3. 全身表现　轻度感染者一般无全身表现，个别患儿因虫体对胃肠的机械性刺激可引起激惹而出现恶心、呕吐、腹部不适等症状。

五、辅 助 检 查

1. 成虫检查　根据雌虫的生活习性，于患儿入睡后1～2小时，可在肛门、会阴、内衣等处查找成虫，反复检查大多可以明确诊断。

2. 虫卵检查 最常用的是透明胶纸粘贴法及棉签试纸法。于清晨便前用一小段市售透明胶纸贴于患儿肛门皱襞处，黏附虫卵，撕下该透明胶纸后置于干净玻片上找虫卵。也可用0.9%氯化钠溶液浸润的棉签刮拭患儿肛门皮肤皱褶处获取虫卵。多次检查可提高阳性率。

六、诊　　断

主要依靠临床症状，同时检出虫卵或成虫即可确定诊断。

七、治　　疗

驱蛲虫治疗可快速有效治愈该疾病，由于感染途径和生活史的特性，治疗需重复1～2次。

1. 驱虫治疗 恩波吡维铵（扑蛲灵）是治疗蛲虫感染的首选药物，剂量为5mg/kg（最大量0.25g），睡前1次顿服，2～3周后重复治疗1次。口服本品可将粪便染成红色。此外，也可应用噻嘧啶、甲苯达唑（甲苯咪唑）等驱虫。

考点：蛲虫病的治疗原则及首选药物

2. 局部用药 每晚睡前清洗会阴和肛周，局部可涂10%氧化锌油膏或蛲虫软膏以杀虫止痒，或用噻嘧啶栓剂塞肛。

八、预　　防

根据本病的流行特点，单靠药物不易根治，需采取综合性防治措施。应强调预防为主，培养良好的卫生习惯，饭前便后洗手，勤剪指甲，纠正吮手指的习惯，婴幼儿尽量少穿开裆裤，玩具、用具、被褥要经常清洗和消毒。

案例11-8分析

1. 初步诊断 患儿有肛门周围瘙痒似虫爬行感，1周以来间断出现，以夜间为甚，影响睡眠，常用手搔抓。近日出现夜惊、烦躁、哭闹表现，无腹痛、腹泻、恶心、呕吐等不适。体格检查肛门周围及外阴皮肤充血可见明显抓痕。于患儿肛门皮肤皱褶处用棉签拭子法检出蛲虫卵即可确诊。故该患儿最可能的诊断是蛲虫病。

2. 处理原则 重点是驱虫治疗，关键在于预防。培养良好的卫生习惯。

目标检测

一、A1 型题

1. 麻疹早期诊断最有意义的临床表现是（　　）
   A. 发热、流涕、咳嗽
   B. 有感冒接触史
   C. 耳后淋巴结肿大
   D. 手、足出现红色斑丘疹
   E. 麻疹黏膜斑（Koplik's 斑）
2. 麻疹与风疹的主要鉴别点是（　　）
   A. 全身症状轻
   B. 皮疹为全身性分布
   C. 呈充血性斑丘疹
   D. 皮疹1日内出齐
   E. 外周血白细胞减少
3. 风疹发病高峰是（　　）
   A. 夏季　B. 秋季
   C. 冬、春季　D. 老年人
   E. 出生后4周
4. 幼儿急疹的多发年龄（　　）
   A. 生后2～4个月　B. 3～5岁
   C. 学龄期儿童　D. 6个月至2岁
   E. 生后1个月以内
5. 幼儿急疹常见的病原体（　　）
   A. 柯萨奇病毒A组
   B. 腺病毒
   C. 单纯疱疹病毒
   D. 人类疱疹病毒6型

E. 轮状病毒

6. 关于水痘不符合的是（　　）

A. 皮疹成批出现，斑疹、丘疹、疱疹和结痂同时存在

B. 皮疹呈向心性分布

C. 仅由呼吸道传播

D. 患儿为主要传染源

E. 水痘为自限性疾病，病程 10 天左右

7. 猩红热是由哪种产红疹毒素的病原菌引起（　　）

A. A 组 α 溶血性链球菌

B. A 组乙型溶血性链球菌

C. B 组 α 溶血性链球菌

D. B 组 β 溶血性链球菌

E. 金黄色葡萄球菌

8. 不符合典型的猩红热临床表现是（　　）

A. 皮疹 24 小时遍布全身

B. 环口苍白圈

C. 草莓舌

D. 皮疹呈红色斑丘疹，压之褪色，疹间皮肤充血

E. 皮肤划痕症

9. 确诊中毒型细菌性痢疾的依据是（　　）

A. 夏秋季急性起病，高热

B. 黏液脓血便

C. 腹泻、呕吐

D. 血压下降

E. 大便检查发现痢疾杆菌

10. 不符合预防菌痢感染的措施有（　　）

A. 隔离病人和带菌者

B. 患者的食具用物煮沸 15 分钟消毒

C. 做好环境、水源、粪便管理及食品卫生

D. 饭前便后要洗手

E. 大便培养阴性 1 次可解除隔离

11. 蛔虫的感染方式为（　　）

A. 经口　　B. 经皮肤

C. 输血感染　　D. 直接接触

E. 母婴垂直传播

12. 下列哪项不是蛔虫病的防治原则（　　）

A. 治疗病人

B. 加强卫生宣传教育

C. 手足涂抹防护剂

D. 加强粪便管理

E. 注意饮食卫生

13. 蛲虫病的主要临床表现是（　　）

A. 腹泻、腹痛　　B. 便秘

C. 尿道刺激征

D. 肛周和会阴部瘙痒

E. 睡眠不安、夜惊、烦躁、磨牙

二、A2 型题

14. 患儿男，2 岁。1 周前无明显诱因发热，流泪、畏光，当地医院疑“上感”给予口服抗生素，4 天后患儿病情加重，咳嗽，出现皮疹，今日来我院。体检见皮肤红色斑丘疹，诊断：麻疹。麻疹出疹的特点是（　　）

A. 向耳后沿发际边缘、面、颈部出疹，渐及躯干、四肢，3 天出齐

B. 自面部出疹渐及躯干、四肢，1 天内遍及全身

C. 红色斑丘疹，颈及躯干部多见，1 天出齐，次日消退

D. 皮疹见于颈、胸、腹部，1 天内遍及全身，呈弥散鲜红色

E. 皮疹见于面部、躯干及四肢、形态多样

15. 患儿，2 岁。发热 1 天出现皮疹，为红色斑丘疹，由面部开始 1 天遍及全身，伴枕部、耳后及颈部淋巴结肿大。诊断最可能为（　　）

A. 麻疹　　B. 风疹

C. 幼儿急疹　　D. 猩红热

E. 荨麻疹

16. 6 个月女婴。发热 3 天，体温 39℃。查体：一般情况良好，咽充血，耳后淋巴结肿大，心肺无异常，肝脾未触及。若患儿热退后，出现皮疹。可能的诊断是（　　）

A. 风疹　　B. 麻疹

C. 水痘　　D. 猩红热

E. 幼儿急疹

17. 患儿男，3 岁。低热 2 天，今全身可见水疱疹，诊断为水痘。去年因肾病住院治疗至今。有关水痘，以下哪项是不正确的（　　）

A. 水痘病毒与带状疱疹病毒相同

B. 水痘病毒为 RNA 病毒

C. 糖皮质激素治疗中的病儿感染水痘时，常转成重型水痘

D. 水痘主要发生在四肢远端，手掌、足底少

E. 本病发病时尽量避免使用含阿司匹林的退热药

18. 患儿男，6 岁。昨日开始发热、咽痛、腹痛，口服速效感冒胶囊，热退，今晨又发热。查体：颜面潮红，口周苍白圈，咽部充血，双扁桃腺肿大，躯干皮肤见红色细小丘疹，压之褪色，心肺正常。诊断最可能为（　　）

A. 麻疹　　B. 风疹

C. 药疹 D. 肠道病毒感染
E. 猩红热

19. 患儿女，5 岁。高热 2 小时，反复惊厥 3 次，于晚 6 点就诊，追问病史，该患儿上午曾进食玉米及葡萄等。体格检查：体温 40.5℃，神志不清，呈抽搐状。面色发青，四肢凉，血压 8/6kPa。心肺正常，膜软。双瞳孔等大，光反应迟钝。颈项强直，凯尔尼格征阴性。该患儿最可能诊断为（ ）
A. 癫痫 B. 中暑
C. 病毒性脑炎
D. 中毒性细菌性痢疾
E. 流行性乙型脑炎

20. 患儿女，4 岁。右眼内眦奇痒 20 余天。流泪，左眼正常，右眼结膜内充血，角膜巩膜无异常，在下眼睑上发现乳白色尖细约 1.5mm，摆动频繁的东西。用眼科镊子夹出线头样小虫，一连取出 7 条。取出后测量 10.5mm2 条，11mm4 条，4.3mm1 条。既往有肛门瘙痒史，自觉有小虫钻动感。于患儿肛门皮肤皱褶处检出蛲虫卵。该患儿最可能的诊断是（ ）
A. 蛲虫病 B. 蛔虫病
C. 钩虫病 D. 丝虫病
E. 旋毛虫病

三、A3 型题

（21、22 题共用题干）

患儿女，1.5 岁。发热 4 天，流泪、畏光，全身出皮疹 1 天，伴咳嗽。近 3 天患儿病情加重而来医院就诊。体格检查：体温 39℃，睑结膜充血，卡他症状严重，皮肤可见大小不等的斑丘疹，疹间皮肤无充血，双肺闻及湿啰音。

21. 患儿最可能的诊断（ ）
A. 麻疹合并肺炎 B. 水痘
C. 猩红热 D. 幼儿急疹
E. 风疹

22. 此患儿皮疹消退后（ ）
A. 皮肤有细小脱屑及色素沉着斑
B. 皮肤无脱屑
C. 皮肤有大片状脱皮，可呈手套、袜套状脱皮
D. 脱皮后不留色素沉着斑
E. 皮肤没变化

（23～27 题共用题干）

患儿男，1 岁。发热 3 天，流涕、咳嗽，咽部及眼结膜充血，口腔黏膜充血，第一白齿黏膜有针尖大小灰白色小点，既往未接种麻疹疫苗，该患儿诊断为麻疹。

23. 患儿为麻疹病程哪一期（ ）
A. 潜伏期 B. 前驱期
C. 卡他期 D. 出疹期
E. 恢复期

24. 实验室检查早期可发现（ ）
A. 麻疹特异性 IgM 抗体
B. 白细胞增高
C. 红细胞减少
D. 红细胞增多
E. 碱性磷酸酶增高

25. 1 天后，从耳后开始出现红色斑丘疹，咳嗽加重，伴喘，口周发绀，鼻翼扇动，肺部有中小水泡音，心率 180 次/分，肝肋下 3.0cm，诊断为（ ）
A. 麻疹并发肺炎
B. 风疹并发肺炎
C. 麻疹并发肺炎，心力衰竭
D. 风疹并发肺炎，心力衰竭
E. 猩红热并发肺炎

26. 此时首要的治疗是（ ）
A. 应用血管活性药物
B. 应用抗生素
C. 应用呼吸兴奋药物
D. 静脉给抗病毒药物
E. 强心、利尿、应用血管活性药物

27. 此患儿应隔离至（ ）
A. 出疹后 5 天
B. 出疹后 1 周
C. 疹后 10 天
D. 疹后 2 周
E. 出疹后 3 周

（28、29 题共用题干）

患儿男，5 岁。发热 1 天，伴皮疹半天来医院就诊。查体：体温 37.5℃，精神尚好。咽部轻度充血，心肺未见异常，腹部软，肝脾无肿大。面部及全身皮肤可见斑丘疹，躯干尤其背部皮疹密集，融合成片，耳后、枕部、颈后淋巴结明显肿大。血常规：白细胞减少，淋巴细胞增多。

28. 患儿最可能的诊断（ ）
A. 麻疹 B. 水痘
C. 猩红热 D. 风疹
E. 幼儿急疹

29. 患儿应该隔离至（ ）
A. 出疹后 10 天 B. 出疹后 2 天
C. 出疹后 5 天 D. 出疹后 7 天
E. 出疹后 12 天

（30～32 题为共用题干）

患儿女，1 个月。出生体重 2400g，身长 44cm，头围 31cm。哭声弱，反应较差，吃奶少。

体格检查：体温 36℃，心脏听诊胸骨左缘 2～3 肋间可听到收缩期杂音，肝脾大，皮肤有瘀点及散在紫癜。血常规示：血小板减少。

30. 患儿最可能的诊断是（　　）
   A. 麻疹　　B. 白血病
   C. 再生障碍性贫血
   D. 先天性风疹综合征
   E. 营养性贫血

31. 主要病原是（　　）
   A. 柯萨奇病毒 A　　B. 腺病毒
   C. 麻疹病毒　　D. 风疹病毒
   E. 柯萨奇病毒 B

32. 病毒的传播方式是（　　）
   A. 飞沫传播　　B. 粪-口传播
   C. 接触传播　　D. 胎盘传播
   E. 虫媒传播

（33～35 题共用题干）

7 个月患儿。发热 3 天，体温 39～40℃，流涕、轻咳。查体：一般情况好，除咽部充血外，未见其他异常，患儿一直服用中药治疗。今日热退，因皮肤出现红色斑丘疹而就诊，诊断为幼儿急疹。

33. 皮疹最先出现在（　　）
   A. 面部　　B. 四肢
   C. 颈部　　D. 手脚心
   E. 躯干

34. 本病的潜伏期平均（　　）
   A. 16 天　　B. 15 天
   C. 10 天　　D. 5 天
   E. 21 天

35. 皮疹主要分布在（　　）
   A. 四肢　　B. 面部
   C. 躯干、腰及臀部
   D. 全身均匀分布
   E. 手脚心有密集皮疹

（36、37 题共用题干）

患儿 6 岁。发热 1 天后，出现皮疹、躯干多，四肢末端少，为粉红色斑丘疹，数小时后变成小水疱，瘙痒感重。

36. 患儿的皮肤可以（　　）
   A. 因感染并发蜂窝织炎
   B. 用温水擦洗
   C. 用激素软膏止痒
   D. 用针将水疱挑破
   E. 每天洗个冷水澡

37. 患儿隔离时间（　　）
   A. 5 天　　B. 7 天
   C. 3 周　　D. 皮疹全部结痂
   E. 不需要隔离

（38～40 题共用题干）

患儿男，9 岁。患急性淋巴细胞性白血病已 1 年，给予激素和抗肿瘤药物治疗中，近 2 天有发热，皮肤上可见到较多皮疹，有丘疹、疱疹，疱内色清，向心分布，体温高达 40℃，精神萎靡。

38. 从临床上考虑又发生了哪种疾病（　　）
   A. 水痘　　B. 脓疱疮
   C. 带状疱疹　　D. 天疱疮
   E. 丘疹性荨麻疹

39. 可以确诊的辅助检查是（　　）
   A. 外周血白细胞计数升高
   B. 临床观察皮疹发展情况
   C. 疱疹脓液做细菌培养
   D. 血培养
   E. 疱疹液病毒分离

40. 此患儿病情进展，皮疹发展呈播散性、出血性。此时应采取的措施，下列哪项是错误的（　　）
   A. 静脉应用干扰素
   B. 加强抗生素治疗
   C. 激素应减量至生理需要量
   D. 给予特异性高效价免疫血清
   E. 激素加量

（41～42 题共用题干）

患儿，6 岁。发热 2 天，伴咽痛、皮疹 1 天，体检：体温 38.7℃，咽部充血，草莓舌，面部潮红，躯干部见细小鲜红色充血性皮疹。患儿诊断为猩红热。

41. 患儿最可能出现哪些特异体征（　　）
   A. Koplik's 斑　　B. 形成水疱
   C. 帕氏线
   D. 皮疹相互融合成大片状丘疹
   E. 斑丘疹、疱疹、结痂同时出现

42. 该患儿最合适的治疗是（　　）
   A. 红霉素　　B. 头孢唑啉
   C. 氯霉素　　D. 青霉素
   E. 磷霉素

（43～45 题共用题干）

患儿女，10 岁。发热伴咽痛 1 天，在院外来诊拟为上呼吸道炎，口服利巴韦林（病毒唑）口服液。次日体温上升至 39℃，面红，全身瘙痒，皮肤可见到弥漫性鲜红色小皮疹，扁桃体红肿，来院门诊，考虑为猩红热。

43. 引起本病后的变态反应主要累积（　　）
   A. 肝　　B. 脾
   C. 脑　　D. 心和肾
   E. 以上都不是

44. 本病恢复期皮肤的特点是（　　）
A. 颜色转棕褐色伴脱屑
B. 颜色从鲜红色转暗红色，逐渐隐退
C. 疹退脱皮后无色素沉着
D. 颜色转暗红后隐退，不同程度脱皮或脱屑
E. 颜色转淡，全部褪色，无脱屑或脱皮

45. 接触患儿的易感儿童应医学观察（　　）
A. 2 周　　B. 3 周
C. 4 周　　D. 7 天
E. 不用检疫

（46～47 题共用题干）

患儿男，3 岁。因发热半天来诊，伴呕吐 2 次，腹痛、腹泻 14 次，开始为稀便，后有黏脓，有里急后重感来诊。体格检查：体温 38.2℃，神志清，心、肺无异常，腹软。大便常规检查黏脓状有血，镜检红细胞 10～15 个/HP，白细胞 20～40 个/HP，吞噬细胞 0～2 个/HP。

46. 该患者最可能的诊断是（　　）
A. 急性细菌性痢疾
B. 沙门菌感染
C. 空肠弯曲菌肠炎
D. 阿米巴痢疾
E. 嗜盐菌肠炎

47. 应做的主要检查是（　　）
A. 大便培养　　B. 血培养
C. 大便找阿米巴　　D. 肥达反应
E. 大便还原性物质检测

（48～50 题共用题干）

患儿女，12 岁。因发热 1 天来诊，呕吐 1 次，腹痛、腹泻 6 次，大便呈脓血样，有里急后重。大便常规：黏液（++），白细胞 50～60 个/HP，红细胞 20～25 个/HP，吞噬细胞 3～5 个/HP。诊断为急性细菌性痢疾。

48. 细菌性痢疾主要病变的部位是（　　）
A. 倒盲部　　B. 盲肠
C. 结肠　　D. 十二指肠
E. 小肠

49. 细菌性痢疾的典型症状腹痛、腹泻、脓血便是由于（　　）
A. 肠毒素对肠黏膜刺激
B. 痢疾杆菌内、外毒素的共同作用
C. 内毒素激活白细胞，释放内源性致热原所致
D. 痢疾杆菌侵入黏膜下层引起炎症
E. 痢疾杆菌侵入黏膜固有层后引起小血管痉挛，而形成浅表溃疡所致

50. 大便培养痢疾杆菌阳性，根据药敏试验予治疗，3 天后症状消失。复诊时告诉家长对急性细菌性痢疾患者的隔离期应是（　　）
A. 隔离治疗至症状消失后 1 周
B. 停药 1 天后
C. 疗程结束停药 5 天
D. 症状消失，大便培养 1 次阴性
E. 选用口服抗生素 7～10 天后

（焦　健）

第 12 章　免疫性疾病

第 1 节　支气管哮喘

学习目标

1. 了解支气管哮喘的病因。
2. 熟悉支气管哮喘的诊断标准。
3. 掌握支气管哮喘的临床表现和治疗原则。

案例12-1

患儿男，2 岁 4 个月。因“咳嗽、喘息 3 天，加重半天”入院。患儿于 3 天前无明显诱因出现咳嗽、喘息，活动后及夜间明显，伴低热。昨夜患儿咳嗽、喘息加重，伴烦躁、多汗，呼吸困难不能平卧。患儿 1 岁前面部湿疹较重，1 岁时开始出现发作性喘息，已发作 3 次，均出现在“感冒”之后。其父有“过敏性鼻炎”。

体检：体温 37.4℃，呼吸 35 次/分。神志清楚，烦躁，不能平卧。无皮疹及出血点。咽部充血，双侧扁桃体不大。呼吸急促，口周略发绀，鼻翼扇动。胸廓饱满，双肺叩诊呈过清音，听诊可闻及满布的哮鸣音和少量粗湿啰音。辅助检查：WBC4.5×10^9/L，N0.46，L0.48，嗜酸粒细胞 0.02。X 线胸片：双肺透亮度增加，提示肺气肿。

思考题

1. 该患儿最可能的诊断及诊断依据。
2. 该患儿的治疗原则是什么？

支气管哮喘（bronchial asthma）是由嗜酸性粒细胞、肥大细胞和 T 淋巴细胞等多种炎性细胞参与的气道慢性炎症。临床特点为反复发作的喘息、呼吸困难、胸闷和（或）咳嗽等症状。常在夜间或凌晨发作、加剧，常常出现广泛多变的可逆性气流受限，多数患儿可自行缓解或经治疗缓解。我国哮喘患病率约为 1%，儿童达 3%，全国约有 0.1 亿以上哮喘患者。男女患病率大致相同，约 40%的患者有家族史。发达国家高于发展中国家，城市高于农村。

一、病因与发病机制

哮喘的病因及发病机制非常复杂，遗传和环境因素共同影响哮喘的发展。过去一直认为哮喘是一种平滑肌功能异常性疾病。20 世纪 80 年代以来，通过纤维支气管镜对支气管黏膜进行病理学研究，对支气管肺泡灌洗液进行细胞及生化免疫学研究，认识到哮喘是一种气道慢性炎症性疾病。一般认为是一种与多基因遗传有关的变态反应性疾病，环境因素对发病也起重要的作用。

（一）遗传因素

流行病学调查表明，哮喘患者亲属患病率高于普通人群患病率，亲缘关系越近，患病率越高，病情越严重。目前，哮喘的相关基因尚未完全明确，多数人认为哮喘是一种多基因遗传病，其遗传度在 70%～80%。

特应性与遗传性是哮喘的重要危险因素。目前认为特应性[皮肤过敏原试验阳性和（或）体外特异性 IgE 增高]是通过多基因以一种复杂方式进行遗传。如父母一方有哮喘，有 25%子女可能发生哮喘；如父母双方都有哮喘，则 50%子女可能发生哮喘。

链接

（二）促发因素

环境因素在哮喘发病中有重要的促发作用。相关的促发因素较多，包括吸入室内变应原（如：尘螨、蟑螂变应原、动物变应原、真菌等）和室外变应原（如：花粉和真菌）；药物（阿司匹林和其他非甾体抗炎药）和食物添加剂；呼吸道感染（如病毒、支原体、衣原体、细菌等）；其他因素如吸烟、运动和过度通气、过度情绪激动等。

（三）气道高反应性

气道高反应性（气道对各种刺激物反应性增高）是哮喘患者发病的一个重要因素。目前普遍认为气道炎症使易感者对各种激发因子具有气道高反应性，并可引起气道缩窄。

1. 速发型哮喘反应（IAR）　进入机体的抗原与肥大细胞膜上的特异性 IgE 抗体结合，肥大细胞会释放出多种介质和细胞因子，引起支气管平滑肌痉挛，黏膜微血管通透性增高，气道黏膜充血、水肿，黏液分泌增加，并诱发气道高反应性而发病。患儿接触抗原后十分钟内产生反应，10～30 分钟达高峰，1～3 小时过敏原被机体清除，症状自行缓解，常表现为突然发作及突然停止。

2. 迟发型哮喘反应（LAR）　约 6 小时左右发病，持续时间长，可达数天。LAR 的发病机制较复杂，不仅与 IgE 介导的肥大细胞释放介质有关，更主要的是气道炎症反应诱发气道高反应性所致。炎症使肺部的血管通透性增加，黏性分泌物增加，阻塞气道，使得呼吸道狭窄，导致哮喘发作。

二、临床表现

起病可急可缓，这与起病原因有关。婴幼儿发病前 1～2 天常有上呼吸道感染的表现。

典型的表现为反复发作伴有哮鸣音的呼气性呼吸困难。一般急性发作时开始干咳，继而喘息、呼吸急促、呼气延长，严重者出现被迫坐位、耸肩曲背，甚至冷汗淋漓、发绀等。哮喘症状多在接触一些促发因素（如冷空气、有毒烟雾、过敏源等）数分钟内发作，经数小时至数天自行缓解或应用支气管扩张药后缓解。哮喘的发病特征：①发作性：当遇到促发因素时呈发作性加重。②节律性：常在夜间及凌晨发作或加重。③季节性：常在秋冬季节发作或加重。④可逆性：支气管扩张药通常能缓解症状，可有明显的缓解期。

缓解期可无异常体征。发作期胸廓膨隆，呼气延长，叩诊呈过清音，全肺可闻及哮鸣音。严重哮喘发作时常有呼气费力、大汗淋漓、发绀、心率增快、奇脉等体征。

考点：哮喘发作的临床特点

哮喘持续发作超过 24 小时，经合理使用拟交感神经药物和茶碱类药物，呼吸困难不能缓解者，称为哮喘持续状态。

三、辅助检查

1. 血常规检查　红细胞、血红蛋白、白细胞总数及中性粒细胞一般正常，发作时外周血嗜酸性粒细胞可增高，如合并细菌感染可有白细胞总数增高，中性粒细胞比例增高。

2. 肺功能检查　使用肺量仪和峰流速仪测定肺功能可对气流受限程度和可逆性作出评估，有助于疾病的诊断和监测。第一秒用力呼气量（FEV1）是评价气道阻塞情况和哮喘严重程度最好的单项指标。峰流速（PEF）是气体流过气道的最大速率。临床常用 PEF 变异率来判断哮喘程度及治疗效果，当变异率<20%，20%～30%，>30%时，分别提示轻度、中度、重度哮喘。

3. 血气分析　一般表现为低氧血症。$PaCO_2$下降提示呼吸性碱中毒，$PaCO_2$上升提示呼吸性酸中毒，缺氧明显可合并代谢性酸中毒。

4. 胸部 X 线检查　发作期可见两肺透亮度增加，呈过度充气状态；缓解期多无明显异常。如合并呼吸道感染，可见肺纹理增粗及炎症性浸润阴影。

5. 特异性过敏原的检测　皮肤检查过敏原是发现和明确哮喘的促发因素和协助诊断最基本、简捷的方法。常用室内变应原有尘螨、花粉、霉菌、动物皮毛、蚕丝等。

四、诊断与鉴别诊断

（一）诊断

通过详细询问病史，一般不难作出诊断，1998 年全国儿科哮喘协作组制定的儿童哮喘防治常规（试行）对儿童哮喘的诊断标准如下。

1. 婴幼儿哮喘诊断标准　①年龄<3 岁，喘息发作≥3 次；②发作时双肺闻及呼气相哮鸣音，呼气相延长；③具有特应性体质，如过敏性湿疹、过敏性鼻炎等；④父母有哮喘病或其他过敏史；⑤除外其他引起喘息的疾病。凡具有以上第①、②、⑤条即可诊断哮喘。如喘息发作 2 次，并具有第②、⑤条，诊断为可疑哮喘或喘息性支气管炎。如同时具有第③和（或）第④条时，可考虑给予哮喘治疗性诊断。

2. 3 岁以上儿童哮喘诊断标准　①年龄≥3 岁，喘息呈反复发作者（或可追溯与某种变应原或刺激因素有关）；②发作时双肺闻及以呼气相为主的哮鸣音，呼气相延长；③支气管扩张药有明显的疗效；④除外其他引起喘息、胸闷和咳嗽的疾病。

考点：哮喘的诊断标准。

3. 咳嗽变异性哮喘诊断标准　①咳嗽持续或反复发作>1 个月，常在夜间（或清晨）发作、痰少、运动后加重。临床无感染征象，或经较长期抗生素治疗无效；②用气管扩张药可使咳嗽发作缓解（基本诊断条件）；③有个人过敏史或家族过敏史，气道呈高反应性，变应原试验阳性等可作辅助诊断。

（二）鉴别诊断

1. 毛细支气管炎　由呼吸道合胞病毒及副流感病毒感染，也有呼吸困难和喘鸣，但其呼吸困难发生较慢且对支气管扩张药反应差。好发于 2～6 个月婴儿，常于冬春季流行，广州、温州、山西均有流行报道。

2. 支气管淋巴结结核　可因肿大淋巴结压迫支气管分叉处出现阵发性、痉挛性咳嗽伴喘息，但常伴有疲乏、低热、盗汗、消瘦等结核中毒症状，可做 PPD 试验、痰结核菌检查、X 线检查等协助诊断。

3. 充血性心力衰竭　一般由左心衰竭引起，常见于老年人。小儿可见于肺炎、急性肾炎及风湿热，可根据原发病病史，咳粉红色泡沫痰，两肺满布湿啰音、哮鸣音等加以鉴别。

五、治　　疗

哮喘治疗的目标：①有效控制急性发作症状，并维持最轻的症状，甚至无症状；②防止症状加重或反复；③尽可能将肺功能维持在正常或接近正常水平；④防止发生不可逆的气流受限；⑤保持正常活动能力；⑥避免药物的不良反应；⑦防止因哮喘而致死亡。

哮喘的治疗原则是坚持长期、持续、规范、个体化治疗。发作期治疗重点为抗炎、平喘，快速缓解症状。缓解期应长期应用预防药物，降低气道高反应性，防止气道重塑，避免促发因素及加强自我保健。

1. 近期疗效标准
临床治愈：喘息症状及肺部哮鸣音消失。
显效：喘息症状及肺部哮鸣音明显好转。
有效：喘息症状及肺部哮鸣音有好转。
无效：喘息症状及肺部哮鸣音无好转或加重。
2. 远期疗效标准
临床治愈：不需任何药物，保持无症状一年以上。
显效：偶用平喘药物而缓解喘息。
无效：症状无改善。

（一）一般治疗

注意休息，去除可能的促发因素，提供舒适的环境，保持适宜的温度与湿度，给予营养丰富、高维生素的食物，鼓励患儿多饮水，积极治疗和清除感染灶。

（二）糖皮质激素

糖皮质激素是当前防治哮喘最有效的药物。由于激素是抑制气道黏膜下炎症最有效的药物，并能增强 β_2 受体激动药的反应性，故在支气管哮喘治疗中的地位受到高度重视，应用范围较以往明显放宽。

1 吸入用药　由于气雾剂型直接作用于呼吸道，有起效快、用量小、副作用少等优点，临床备受重视。干粉型吸入剂避免了用定量气雾剂需要手口同步的问题，使用更为方便。常用的吸入激素有丙酸培氯松（BDP）、布地奈德（BUD）等。根据哮喘病情吸入剂量一般每日 100～400μg，重度哮喘年长儿可达每日 600～800μg。吸入激素疗程较长，应持续 1 年以上，现也有主张轻、中度患者疗程可达 3～5 年。

以最小而又有效，但随着病情变化而变化的剂量进行长期治疗，这就是哮喘的阶梯治疗方案。

链接

2. 口服用药　因治疗不足所致后果要比激素所致副作用更严重，故病情较重的急性患儿，可短期口服泼尼松治疗（1～7 天），每天 1～2mg/kg，分 2～3 次。

3. 静脉用药　严重哮喘发作经以上治疗效果不明显时，可静脉给予氢化可的松，每次 5～10mg/kg，一般 1～7 天，症状缓解立即停止静脉给药。

（三）支气管扩张药

1. β_2 受体激动药　短效 β_2 受体激动药（沙丁胺醇、特布他林）是最有效、临床应用最广的支气管扩张药，目前主张有症状时按需吸入，症状未完全控制时作为激素吸入的补充治疗。严重哮喘发作时第 1 小时可每 20 分钟吸入 1 次，以后每 2～4 小时可重复吸入。药物剂量：每次用沙丁胺醇 2.5～5.0mg 或特布他林 5～10mg。

2. 短效茶碱　短效茶碱可作为缓解药物用于哮喘急性发作的治疗，现主张将其作为综合性治疗方案的一部分，而不单独用于治疗哮喘。

3. 抗胆碱药物　吸入型抗胆碱药物，如异内托溴铵舒张支气管的作用比 β_2 受体激动药弱，起效也较慢，但优点是不良反应少，长期使用不易产生耐药性。

（四）其他药物

色苷酸二钠是一种非皮质激素抗炎药物，能稳定肥大细胞膜，抑制介质释放。目前能成功应用于临床的半胱氨酰白三烯受体拮抗药有扎鲁斯特等。

（五）哮喘持续状态的治疗

给氧、纠正水电解质失衡、纠正酸中毒、保持患儿安静（必要时使用镇静药）、给予皮质激素、静脉滴注氨茶碱。严重病人可考虑使用机械呼吸。

六、预　　防

支气管哮喘是一种慢性疾病，病因复杂，病程漫长，目前国际上比较公认的观点：只有通过哮喘管理计划的 6 个部分才能有效控制哮喘，包括：①教育病人配合哮喘管理计划，与医生建立合作伙伴关系；②用临床症状，最好同时用客观的肺功能测量方法来评估和监测严重程度；③回避或控制哮喘的促发因素；④制订管理哮喘的个体化医疗计划；⑤制订管理急性发作期哮喘的医疗计划；⑥提供定期随访保健。

案例12-1分析

1. 初步诊断　该患儿 2 岁 4 个月，临床特点为反复发作的咳嗽、喘息。患儿本人是过敏体质，家族中（父亲）有过敏患者。体检：呼吸急促，口周发绀，鼻翼扇动，胸廓饱满，双肺叩诊过清音，双肺可闻及满布的哮鸣音和少量粗湿啰音。X 线胸片：提示肺气肿。以上特点符合婴幼儿哮喘诊断标准，可初步诊断为支气管哮喘。

2. 处理原则　哮喘的治疗原则是坚持长期、持续、规范、个体化治疗。发作期治疗重点为抗炎、平喘，快速缓解症状。缓解期应长期应用预防药物，降低气道高反应性，防止气道重塑，避免促发因素及加强自我保健。

第 2 节　过敏性紫癜

学 习 目 标

1. 了解过敏性紫癜的病因。
2. 理解过敏性紫癜的诊断与鉴别诊断。
3. 掌握过敏性紫癜的临床表现和治疗原则。

案例12-2

患儿男，6 岁。因“皮肤瘀点、瘀斑 3 天，关节疼痛、腹痛 1 天”入院。患儿 1 周前有鼻塞、流涕和咽部不适。3 天前，患儿臀部、下肢出现大小不等的瘀点、瘀斑，对称性分布，无瘙痒，继而陆续出现相同皮疹。1 天前右侧膝、踝关节开始疼痛，活动受限，同时出现脐周阵发性的绞痛。

体检：体温 36.5℃，呼吸 24 次/分。双侧臀部及下肢可见对称分布的较密集紫红色及暗紫色紫癜，大小不等，略高出皮面，压之不褪色。颈部触及数枚黄豆大小淋巴结，质软，活动度可，无触痛。咽部轻度充血，双侧扁桃体Ⅰ度肿大。脐周轻压痛，无反跳痛及肌紧张。右侧膝、踝关节略肿胀、触痛，活动受限。实验室检查：PLT267×10^9/L。大便潜血（+），CRP＜8mg/L，血沉 2mm/h。

思考题

1. 该患儿最可能的诊断是什么？
2. 该病的治疗原则有哪些？

过敏性紫癜（anaphylactoid purpura）是儿童时期最常见的血管炎之一，临床特点为血小板不减少性皮肤紫癜，常伴有关节肿痛、腹痛、便血、血尿和蛋白尿。多见于 2～8 岁儿童，1 岁以内婴儿少见，男性多于女性；发病有明显的季节性，以冬春季节多发，夏季少见。

一、病因与发病机制

病因及发病机制尚不完全清楚，近年来大量的基础及临床研究发现，本病的发病与 IgA 介导的免疫反应有关，由于辅助性 T 淋巴细胞及 B 淋巴细胞活性增强，产生大量 IgA 免疫复合物，沉积在全身小血管壁而致血管炎。多数人认为，致敏因素主要有感染（包括细菌、病毒、寄生虫等）、食物（如鱼、虾、蛋、乳等）、药物（阿司匹林、抗生素等）、疫苗接种、麻醉等，但均无确切证据。

本病的基本病理变化为广泛的白细胞碎裂性小血管炎，除毛细血管外，也可累及小动脉和小静脉。血管壁可有纤维素样坏死，中性粒细胞浸润，周围散在核碎片；浆液及红细胞外渗导致间质水肿；内皮细胞肿胀可致血栓形成。病变累及皮肤、肾、关节、胃肠道，严重可累及心、肺等脏器。

二、临床表现

多数患儿起病前 1～3 周有上呼吸道感染史。多为急性起病，除有发热、食欲缺乏、乏力等一般表现外，主要表现有皮肤紫癜、胃肠道症状、关节肿痛及肾脏症状。各种症状组合不一，出现先后不一，首发症状以皮肤紫癜最多见，少数为腹痛、关节炎、泌尿系统症状。

考点：过敏性紫癜皮疹的特点

1. 皮肤紫癜　反复出现皮肤紫癜是本病的特征。多见于下肢远端、踝关节周围密集，其次见于臀部，分批出现、对称分布、伸侧多见，面部及躯干也可出现。典型紫癜大小不等，略高出皮肤表面，呈紫红色，压之不褪色，数日后转为暗紫色，最终变为棕褐色而消退。皮疹可融合成片，或呈疱疹状、荨麻疹样或多形性红斑。严重时偶可发生溃疡和坏死。

2. 胃肠道症状　较为常见，约 2/3 病例出现胃肠道症状。腹痛最常见，多为阵发性脐周绞痛，有压痛，但无反跳痛及肌紧张。是由于肠道病变引起肠蠕动增强或痉挛所致。同时伴有呕吐，约半数患儿大便潜血阳性，部分患儿出现血便，甚至呕血。如腹痛出现于皮肤紫癜之前，应与外科急腹症鉴别。少数患儿可并发肠套叠、肠梗阻、肠穿孔及出血性小肠炎，需外科手术治疗。

3. 关节症状　约 1/3 患儿出现，多累及大关节，膝、踝、腕、肘等关节肿胀、疼痛，触痛、活动受限。关节病变常为一过性，可在数日内消退，不留畸形及后遗症。

4. 肾脏症状　30%～60%的病例有肾脏受损的临床表现。肾脏症状多出现在起病 1 个月内，少尿是本病的首发症状。多数患儿表现为血尿、蛋白尿和管型尿，伴血压增高及水肿，称为紫癜性肾炎；少数表现为肾病综合征。多数能完全恢复，少数发展成慢性肾炎，预后不良。

5. 其他症状　偶见脑出血，则可出现惊厥、瘫痪、失语、昏迷等。出血倾向有鼻出血、牙龈出血、咯血、睾丸出血等，均极少见。偶尔累及循环系统发生心脏炎，累及呼吸系统发生喉头水肿。

三、辅助检查

1. 血液检查　白细胞正常或增高，中性粒细胞、嗜酸性粒细胞可增高。出血量多可有轻度贫血，血小板计数甚至增高，出、凝血时间正常，血块退缩试验正常。多数患者血沉增快，抗链球菌溶血素（ASO）可增高，血清 IgA 增高。

2. 尿常规　肾脏受累者尿中可出现红细胞、蛋白、管型。

3. 大便潜血　消化道出血时阳性。

4. 肾组织活检　可确定肾炎病变的病理性质，对治疗和预后的判定有指导意义。

四、诊断与鉴别诊断

（一）诊断

典型病例诊断不难，根据典型的皮肤紫癜、胃肠道症状、关节症状及肾脏症状，结合血小板，出、凝血时间等正常进行诊断。若临床表现不典型，紫癜延迟出现或不出现，应仔细观察与类似疾病鉴别，以防误诊。

1990 年美国风湿病协会制订的过敏性紫癜新的诊断标准：①可触性紫癜；②发病年龄<20 岁；③急性腹痛；④组织切片显示小静脉和小动脉周围有中性粒细胞浸润。符合 2 条及以上可诊断为过敏性紫癜。

（二）鉴别诊断

1. 特发性血小板减少性紫癜　根据紫癜的形态、数量、分布及血小板计数正常一般不难鉴别。过敏性紫癜皮疹如伴有血管神经性水肿、荨麻疹或多形性红斑更易区分。

2. 急腹症　在典型皮肤紫癜出现前发生剧烈腹痛易误诊为肠套叠、阑尾炎等，可根据明显的局部压痛、反跳痛、腹肌紧张等进行鉴别，必要时可借助 X 线或 B 超检查帮助诊断。

3. 败血症　脑膜炎双球菌败血症引起的皮疹与本病相似，但中毒症状重，白细胞明显增高，皮疹处涂片检查细菌可为阳性。

4. 风湿性关节炎　两者均可有关节肿痛及低热，于紫癜出现前较难鉴别，随着病情的发展，皮肤出现紫癜，则有助于鉴别。

五、治　　疗

1. 一般治疗　卧床休息，积极寻找和去除病因，避免接触可疑致敏物质。对患有慢性感染者应给予积极治疗，彻底清除感染灶。有消化道出血者应禁食。腹痛时应用解痉药，血管神经性水肿时应用抗组胺药物。

2. 糖皮质激素和免疫抑制药　急性期对腹痛和关节痛有明显效果，对肾炎往往疗效不佳，对预防肾脏损害无确切效果。泼尼松：每天 1.5～2.0mg/kg，分次口服；或用地塞米松，10mg，静脉滴注，症状缓解即可停用。严重紫癜性肾炎可加用免疫抑制药，如环磷酰胺、雷公藤多苷等。

3. 抗凝治疗　可用阻止血小板聚集和血栓形成的药物，如阿司匹林、肝素、尿激酶等。

4. 其他　应用钙拮抗药（如硝苯地平）、非甾体消炎药（如吲哚美辛）等，均有利于血管炎的恢复。也可应用补益肾气、活血化瘀的中成药，如复方丹参片、银杏叶片等。

六、预　　后

本病为自限性疾病，一般预后良好。肾脏受损程度是决定预后的关键因素，有报道在病初 3 个月内出现肾脏损害或病情反复发作并伴有肾病时常预后不良。

案例12-2分析

1. 初步诊断 该患儿1周前有上呼吸道感染史，近3天分批出现皮肤紫癜，特点为：压之不褪色，大小不等，不痒，对称分布。同时伴有腹痛、关节疼痛，结合辅助检查PLT为267×10^9/L，可初步诊断过敏性紫癜。

2. 处理原则 本病无特异性治疗方法，主要采取支持和对症治疗。此外，患此病的患者常常有肾脏损害，应加强随访。

第3节 皮肤黏膜淋巴结综合征

学习目标

1. 了解皮肤黏膜淋巴结综合征的治疗原则。
2. 理解皮肤黏膜淋巴结综合征的诊断与鉴别诊断。
3. 掌握皮肤黏膜淋巴结综合征的临床表现。

案例12-3

患儿男，4岁。因“间断发热7天”入院。7天前无诱因出现发热，体温最高达39℃，无畏寒、寒战及抽搐，无咳喘及吐泻。予以青霉素治疗两天无效。两天前出现皮疹，结膜充血。患病以来精神、食欲稍差。

体检：体温38.7℃，呼吸28次/分，脉搏112次/分。全身皮肤散在大小不等、形状不一的斑丘疹。结膜充血，无脓性分泌物。口唇略干燥，舌红似杨梅状，咽部充血，双侧扁桃体Ⅰ度肿大。颈部可触及数个花生米大小淋巴结，无压痛。两肺呼吸音清，无干湿啰音。心律齐，心音有力，无杂音。实验室检查：WBC15.2×10^9/L，N 0.85，CRP59mg/L，ESR50mm/h。治疗经过：经使用丙种球蛋白和阿司匹林，患儿体温下降，3天后出现指（趾）端膜状蜕皮。

思考题

1. 该患儿最可能的诊断是什么？
2. 患儿出院后应注意什么？

皮肤黏膜淋巴结综合征（mucocutaneous lymphnode syndrome，MCLS）又称川崎病（Kawasaki disease，KD），是一种以全身血管炎为主要病理改变的急性发热出疹性疾病。临床表现为急性发热、皮肤黏膜受损和淋巴结肿大。1967年日本医生川崎富首次报道。本病呈散发或小流行，四季均可发病，婴幼儿多见。近年发病增多，已取代风湿热成为我国小儿后天性心脏病的主要病因之一。由于本病可发生严重心血管病变，应引起重视。

一、病因与发病机制

病因尚未明确，流行病学资料提示可能与立克次体、短棒菌、葡萄球菌、链球菌、反转录病毒、支原体等感染有关，但均未能证实。

近年研究表明本病在急性期存在明显的免疫系统激活，在发病机制上起重要作用。推测感染源的特殊成分直接通过T细胞抗原受体片段结合，激活 $CD30^{+}$T 细胞和CD40配体表达。在T细胞的诱导下，B淋巴细胞多克隆活化和凋亡减少，产生大量免疫球蛋白（IgG、IgM、IgA、IgE）和细胞因子。抗中性粒细胞胞浆抗体、抗内皮细胞抗体损伤血管内皮细胞，从而促发内皮细胞溶解的细胞毒性作用，导致内皮细胞损伤引起血管炎。

本病基本病理变化为全身性血管炎。日本MCLS研究委员会1980年对217例死亡病例的总结，在病理形态学上，中等动脉尤其是冠状动脉病变最严重。本病血管炎变可分为四期。早期主要为细胞浸润，后期主要为增殖和瘢痕形成，导致血管阻塞，冠状动脉受累导致心肌梗死是本病的主要死亡原因。

MCLS的病理分期

Ⅰ期：1～9天，其特点为：①小动脉、小静脉和微血管及其周围的炎症；②中等和大动脉及其周围的炎症；③中性粒细胞、嗜酸性粒细胞及淋巴细胞浸润。

Ⅱ期：12～25天，其特点为：①小血管的炎症减轻；②以中等动脉的炎症为主，冠状动脉全血管炎多见，形成动脉瘤及血栓；③大动脉全血管炎少见；④单核细胞浸润或坏死性变化显著。

Ⅲ期：28～31天，其特点为：①小血管及微血管炎症消退；②中等动脉发生肉芽肿。

Ⅳ期：约7周或更久，血管的急性炎症大多消失，代之以冠状动脉的血栓形成、内膜增厚、动脉瘤及瘢痕形成。

二、临床表现

（一）主要表现

1. 发热　呈稽留热或弛张热，持续7～14天或更长。体温常达39℃以上，抗生素治疗无效。

2. 结膜充血　起病后3～4天出现，无脓性分泌物，热退后消散。

3. 唇及口腔表现　唇充血皲裂，口腔黏膜弥漫性充血，舌乳头充血、突起，呈草莓舌。

4. 手足表现　急性期手足呈硬性水肿和掌趾红斑，恢复期指（趾）甲和皮肤交界处出现膜状脱皮，指（趾）甲有横沟纹（Beau线），严重者指（趾）甲脱落。

考点：川崎病临床表现

5. 皮肤表现　躯干部多形性荨麻疹样皮疹、红斑或猩红热样皮疹，常在第1周出现。肛周皮肤发红、脱皮。

6. 颈部淋巴结　急性非化脓性一过性肿大，呈单侧或双侧，坚硬有触痛，表面发红。发热后3天内发生，数日后自愈。

（二）心脏表现

起病1～6周出现心肌炎、心包炎和心内膜炎。发生冠状动脉瘤或狭窄者可无症状，少数可有心肌梗死的表现。心肌梗死和冠状动脉瘤破裂可致心源性休克甚至猝死。3岁以下男孩，红细胞沉降率、血小板、C-反应蛋白增高是冠状动脉病变的高危因素。

（三）其他

可出现呕吐、腹痛、腹泻等。偶见关节疼痛或肿胀、咳嗽、流涕、轻度黄疸或无菌性脑脊髓膜炎的表现。

三、辅助检查

1. 血液检查　急性期白细胞总数及中性粒细胞百分数增高，核左移。轻度贫血，血沉明显增快，第 1 小时可达 100mm 以上；血清蛋白电泳显示球蛋白升高，尤以 α_2 球蛋白增多显著；血小板在第 2～3 周增多，血液呈高凝状态。C 反应蛋白增高，血清补体正常或稍高。

2. 免疫学检查　血清 IgG、IgM、IgA、IgE 升高；总补体和 C3 正常或增高。

3. 心电图　早期非特异性 ST-T 改变；心包炎时可有广泛性 ST 段抬高和低电压；心肌梗死时 ST 段明显抬高，T 波倒置及异常 Q 波。

4. 超声心动图　急性期可见心包积液，左心室扩大，二尖瓣、主动脉瓣或三尖瓣反流；冠状动脉扩张、冠状动脉瘤、冠状动脉狭窄等。最好在急性期和亚急性期每周检查 1 次，是监测冠状动脉瘤最可靠的无创伤性检查方法。

5. 冠状动脉造影　心电图有心肌缺血表现、超声心动图发现冠状动脉异常者需做此检查，以便观察冠状动脉病变程度及指导治疗。

四、诊断与鉴别诊断

（一）诊断标准

发热 5 天以上，伴有下列 5 项表现中 4 项，排除其他疾病后，即可诊断；如不足 4 项表现，但超声心动图有冠状动脉损害，也可诊断。标准如下：①四肢变化：急性期掌趾红斑，手足硬性水肿；恢复期指（趾）端膜状脱皮。②多形性红斑。③眼结膜非化脓性充血。④唇充血皲裂，口腔黏膜弥漫性充血，草莓舌。⑤颈部淋巴结急性非化脓性一过性肿大。

考点：川崎病诊断标准

（二）鉴别诊断

本病应与猩红热、渗出性多形红斑、幼年类风湿病、病毒性心肌炎、风湿性心脏炎等互相鉴别。

1. 猩红热　是由 A 组乙型溶血性链球菌所致的急性传染病，以发热、咽炎、草莓舌、全身弥漫性鲜红色皮疹、疹退后片状脱皮为主要特点，血象高。本病与猩红热不同之处：①皮疹在发病后第 3 天才开始出现；②皮疹形态接近麻疹和多形红斑；③好发年龄是婴幼儿；④青霉素无疗效。

草莓舌：舌面覆盖白苔，舌乳头红肿突出。杨梅舌：舌苔脱落，舌面光滑，露出充血舌面及肿胀乳头。

链接

2. 幼年类风湿病　本病与幼年型类风湿病不同之处：①热程较短，皮疹较弥散；②手足硬性水肿，掌跖发红；③类风湿因子阴性。

3. 渗出性多形红斑　本病与渗出性多形红斑不同之处：①眼结膜、唇部无脓性分泌物及假膜形成；②皮疹不包括水疱和结痂。

4. 病毒性心肌炎　本病与病毒性心肌炎不同之处：①冠状动脉病变突出；②特征性手足改变；③高热持续不退。

5. 风湿性心脏病　本病与风湿性心脏炎的不同之处：①冠状动脉病变突出；②无有意义的心脏杂音；③发病年龄以婴幼儿为主。

五、治　　疗

1. 阿司匹林　可抑制血小板凝集，防止血栓形成和冠状动脉阻塞，为治疗首选药物。但阿司匹林不能降低冠状动脉瘤的发生率。服用剂量每天 30～100mg/kg，分 2～3 次服用。热退后 3 天逐渐减量，2 周后减为每日 3～5mg/kg，一次顿服，维持 6～8 周。如有冠状动脉病变，应延长用药时间，直至冠状动脉恢复正常。

考点：川崎病的治疗

2. 丙种球蛋白　近年研究已证实早期静脉注射丙种球蛋白加口服阿司匹林治疗可降低川崎病冠状动脉瘤的发生率。必须强调在发病后 10 天之内用药。剂量 1～2g/kg，于 8～12 小时缓慢静脉滴注。应用 IVIG 的患儿 9 个月内不宜进行麻疹、风疹、腮腺炎等疫苗的接种。

3. 糖皮质激素　因糖皮质激素可促进血栓形成导致动脉瘤形成，影响冠状动脉病变修复，故不宜单用。IVIG 治疗无效者可考虑使用糖皮质激素，也可与阿司匹林和双嘧达莫合用，剂量为 2mg/kg，2～4 周。

4. 其他治疗　治疗目的为抗凝、溶栓、防止心肌损害，解除冠状动脉病变。恢复期病例用阿司匹林加双嘧达莫（潘生丁）口服，服用至血沉、血小板恢复正常。如无冠状动脉异常，一般在发病后 6～8 周停药。此后 6 个月至 1 年复查超声心动图，对遗留冠状动脉改变的病人需长期服用抗凝药物，并密切随访。对已有梗死及血栓形成的病人采用溶栓治疗。确定有冠状动脉瘤发生者，可考虑做冠状动脉搭桥术。

六、预　　后

川崎病为自限性疾病，多数预后良好。复发率为 1%～2%。无冠状动脉病变的患儿分别于出院后 1 个月、3 个月、6 个月及 1～2 年进行全面体格检查；未经治疗的患儿，冠状动脉瘤的发生率为 15%～25%，应每 6～12 个月随访 1 次。

案例12-3分析

1. 初步诊断　根据患儿的年龄，发热特点和病程经过以及临床皮肤黏膜的损害，如眼结膜充血、指（趾）端膜状蜕皮、多形性红斑、颈部淋巴结肿大等特点，完全符合川崎病的诊断标准，可以确诊为川崎病。

2. 处理原则　由于此病常常累及冠状动脉，且后果严重，故应长期随访观察，了解冠状动脉变化情况，以便得到及时处理。

第4节　风　湿　热

学 习 目 标

1. 了解风湿热的病因和辅助检查。
2. 熟悉风湿热的诊断标准。
3. 掌握风湿热的临床表现和治疗原则。

案例12-4

患儿男，9 岁，因“持续发热 10 余天，伴胸闷及双膝关节疼痛”入院。患儿 1 个月前受凉后出现咽喉部不适，伴发热，口服抗生素（具体不详）后好转。10 余天前再次发热，体温 38℃左右，伴胸闷、心悸，双膝关节疼痛，以往有类似发作史。

体格检查：体温 38.7℃，呼吸 22 次/分，脉搏 118 次/分。精神稍差，面色苍白，咽充血，扁桃体Ⅰ度肿大，无脓点及脓性分泌物。心尖冲动在左锁骨中线外 0.5cm，胸骨左缘第三肋间有Ⅱ级舒张期杂音，心尖区第一心音减弱，有奔马律和Ⅱ～Ⅲ级全收缩期杂音。二肺听诊无异常。腹软，肝肋下 1cm，剑突下 1.5cm，无压痛。双膝关节稍肿胀，有压痛，活动受限。双肘关节伸侧皮下扪及豌豆大小结节 3～4 个，活动好，无压痛。实验室：WBC28×10^9/L，N0.8，Hb90g/L，血沉 70mm/h，ASO 250U，CRP（+）。

思考题

1. 该患儿最可能的诊断是什么？
2. 该病处理原则是什么？

风湿热（rheumatic fever，RF）是一种由咽峡部感染 A 组乙型溶血性链球菌后所致的反复发作的急性或慢性全身性结缔组织非化脓性炎症，主要累及关节、心脏、皮肤和皮下组织，偶尔累及中枢神经系统、血管、浆膜等。临床表现以关节炎和心脏炎为主，可伴发热、皮疹、皮下小节及舞蹈病等。急性发作时通常以关节炎为主要表现，急性发作后常遗留不同程度的心脏损害，尤以瓣膜病变为著，形成慢性风湿性心脏病或风湿性瓣膜病。多见于 5～15 岁儿童，发病季节以冬春季多见，居住条件拥挤，社会经济情况差者发病较多。

一、病因与发病机制

病因及发病机制目前尚未完全阐明，临床及流行病学研究显示，A 组乙型链球菌感染与风湿热密切相关，风湿热是 A 组乙型溶血性链球菌咽峡炎后的晚期并发症。影响本病的发病因素：①链球菌在咽峡部存在的时间越长，发病的概率越大；②特殊的致风湿热 A 组溶血性链球菌菌株；③一些人群具有明显的易感性。

目前一般认为，风湿热的发病是由于链球菌感染后的免疫反应，A 组乙型溶血性链球菌的抗原体很复杂，各种抗原分子结构与机体器官抗原存在同源性，机体的抗链球菌免疫反应可与人体组织产生免疫交叉反应，导致器官损害。

风湿热是全身性结缔组织的免疫性炎症，早期以关节和心脏受累最常见，晚期以心脏瓣膜病变多见。其病理改变可分为以下三期。

1. 急性渗出期　受累部位，如关节、心脏、皮肤等处的结缔组织变性和水肿，淋巴细胞、巨噬细胞、浆细胞浸润；心包膜纤维素样渗出，关节腔浆液性渗出。这种渗出变性是风湿热一过性表现，对抗炎药物敏感。本期约持续 1 个月。

2. 增殖期　此期的特征性病理变化是形成风湿性肉芽肿或风湿小体（aschoff body），是病理学确诊风湿热的依据和风湿活动的指标。风湿小体的中央为纤维素样坏死物质，外周有淋巴细胞、浆细胞和巨大的多核细胞（风湿细胞）。主要发生于心肌和心内膜，也可分布于肌肉和结缔组织。此期持续 3～4 个月。

3. 硬化期　风湿小体中央的变性坏死物质逐渐被吸收，炎性细胞减少，纤维组织增生和瘢痕形成。二尖瓣最常受累，其次为主动脉瓣，三尖瓣很少累及。此期持续 2～3 个月。

二、临 床 表 现

发病前 1～6 周常有链球菌咽峡炎病史。风湿热的主要表现：游走性多发性关节炎、心脏炎、皮下小节、环形红斑、舞蹈病，这些表现可单独出现或合并出现。发热和关节肿痛是最常见的主诉。

（一）一般表现

发热是风湿热最常见的表现，急性起病者体温在 38～40℃，1～2 周后转为低热；隐匿性可为低热或无热。其他表现有精神不振、疲乏无力、食欲下降、体重减轻、面色苍白、多汗、鼻衄等。

（二）心脏炎

临床上 40%～50%的风湿热患者累及心脏，是风湿热唯一的持续性器官损害。心肌、心内膜、心包均可累及，称为风湿性心脏炎或全心炎，为小儿风湿热的最重要表现。

1. 心肌炎病变轻微者可无症状，重者可伴不同程度的心力衰竭。

（1）心动过速：心率常在 110～120 次/分以上，与体温升高不成比例。

（2）心脏扩大：心尖冲动弥散，心脏浊音界增大。

（3）心音改变：心尖部第一心音减弱，可闻及奔马律。

（4）心脏杂音：心尖部轻度收缩期吹风样杂音，75%的初发患儿主动脉瓣区可闻及舒张中期杂音。

（5）心电图检查：可有过早搏动、心动过速，不同程度的房室传导阻滞和阵发性心房颤动等心电图，以 P-R 间期延长，最为常见。此外可有 ST-T 改变，Q-T 间期延长等。

考点：二尖瓣形成器质性狭窄或关闭不全的时间

2. 心内膜炎　二尖瓣最常受累，主动脉瓣次之，三尖瓣和肺动脉瓣极少累及。二尖瓣关闭不全时心尖部 2～3/6 级全收缩期吹风样杂音，有时可闻及二尖瓣相对狭窄所致舒张期杂音。主动脉瓣关闭不全时胸骨左缘第 3～4 肋间闻及舒张期叹气样杂音。急性期瓣膜损害多为瓣膜充血水肿所致，恢复期可逐渐消失。多次反复发作可造成瓣膜永久性瘢痕形成，导致慢性风湿性心瓣膜病。一般二尖瓣形成器质性闭锁不全需要半年以上，器质性狭窄需要两年左右。

3. 心包炎　临床表现为心前区疼痛，可闻及心包摩擦音，持续数天至 2～3 周。积液量多时可出现心浊音界扩大，心音遥远，肝脾大，颈静脉怒张，奇脉等心包填塞表现。X 线检查示心影增大呈烧瓶状；心电图示低电压，早期 ST 段抬高，随后 ST 恢复，出现 U 波改变；超声心动图示有液性暗区存在。临床上有心包炎表现者，提示心脏炎严重，易发生心力衰竭。

考点：风湿热关节炎的特点

（三）关节炎

关节炎占急性风湿热的 50%～60%。典型表现是游走性多关节炎，常对称累及膝、踝、肩、腕、肘、髋等大关节；局部呈红、肿、热、痛，关节活动受限。每个受累关节症状持续数日后消失，愈后不留畸形。

（四）皮肤表现

1. 环形红斑　发生率为 6%～25%。为环形或半环形边界清楚的淡色红斑，边缘轻度隆起，环内皮肤颜色正常，不痒不痛，压之褪色。多见于躯干和四肢屈侧，呈一过性或时隐时现，消失后不遗留脱屑及色素沉着但可反复出现。

2. 皮下小结　发生率为 2%～16%，是风湿活动的表现之一。如豌豆大小、数目不等，坚硬无痛。常见于肘、膝、腕、踝等关节伸侧，或枕部、前额头皮或脊椎突起处，对称性分布，一般 2～4 周消失。

（五）舞蹈症

发生率为 3%～10%，多见于 8～12 岁的儿童，女性多于男性。表现为全身或局部肌肉无目的的不自主的快速运动，如挤眉弄眼、伸舌耸肩、手舞足蹈，同时有语言障碍、书写困难等，兴奋或注意力集中时加剧，入睡后消失。病程平均 3 个月，可持续 6～12 个月。

三、辅 助 检 查

（一）链球菌感染的证据

1. 血清溶血性链球菌抗体测定　抗链球菌溶血素 O（ASO）、抗链激酶（ASK）、抗透明质酸酶、抗脱氧核糖核酸酶 B 滴度增高。

2. 咽拭子培养　20%～25%患儿咽拭子培养可发现 A 组乙型溶血性链球菌。

（二）风湿活动的指标

1. 血常规　白细胞计数轻度至中度增高，中性粒细胞增多，核左移。

2. 血沉　血沉加速，但合并严重心力衰竭或经肾上腺皮质激素或水杨酸制剂抗风湿治疗后，血沉可不增快。

3. C 反应蛋白　风湿热患者血清中有对 C 物质反应的蛋白，存在于 α 球蛋白中。风湿活动期，C 反应蛋白增高，病情缓解时恢复。

4. 黏蛋白　黏蛋白系胶原组织基质的化学成分。风湿活动时，胶原组织破坏，血清中黏蛋白浓度增高。

5. 免疫指标检测　循环免疫复合物检测阳性；血清总补体和补体 C3 降低；血清 IgG、IgM、IgA 增高。

四、诊断与鉴别诊断

（一）诊断

迄今为止风湿热尚无特异性的诊断方法，临床上参照 1992 年美国心脏病协会修订的 Jones 诊断标准，包括 3 个部分：主要指标、次要指标、链球菌感染的证据。在确定链球菌感染的前提下，有两项主要指标或一项主要指标伴两项次要指标即可诊断（表 12-1）。近年风湿热不典型和轻型病例增多，WHO 于 2002—2003 年对风湿热的诊断标准做了如下修订：舞蹈病、隐匿性心脏炎、风湿热复发诊断可不必具有两项主要指标或一项主要指标伴两项次要指标；舞蹈病、隐匿性心脏炎可不必具有近期链球菌感染证据。

考点：风湿热诊断标准

表12-1　Jones诊断标准（1992）

主要指标	次要指标	链球菌感染证据
1.心脏炎	1.临床表现	1.近期患过猩红热
（1）杂音	（1）既往风湿热病史	2.咽培养溶血性链球菌阳性
（2）心脏增大	（2）关节痛	3.ASO 或其他抗链球菌抗体增高
（3）心包炎	（3）发热	
（4）充血性心力衰竭	2.实验室检查	
2.多发性关节炎	（1）ESR 增快、CRP 阳性、白细胞增多、贫血	
3. 舞蹈病	（2）心电图：PR 间期延长，QT 间期延长	
4.环形红斑		
5.皮下小结		

多发性关节炎作为主要指标时，关节痛不能作为一项次要指标；心脏炎作为主要指标时，心电图不能作为一项次要指标

（二）鉴别诊断

1. 与风湿性关节炎的鉴别

（1）幼年特发性关节炎：多在 3 岁以下起病，常侵犯指（趾）小关节，无游走性，反复发作后遗留关节畸形，手指受累常呈梭形变形。骨关节 X 线示关节面破坏、关节间隙变窄及邻近骨骼骨质疏松。

（2）急性化脓性关节炎：为脓毒血症的局部表现，常有原发感染病史及临床表现，中毒症状重，好累及大关节，血培养阳性。

（3）急性白血病：除发热、骨关节疼痛外，尚有贫血，肝、脾及淋巴结肿大。周围血象可见幼稚白细胞，骨髓检查可确诊。

（4）非特异性肢痛：又名“生长痛”，多见于 3～5 岁幼儿，疼痛部位为双膝及其附近的肌肉，偶见大腿及双踝部，夜间及入睡后发生，按摩可减轻，局部无红肿。

2. 与风湿性心脏炎的鉴别

（1）感染性心内膜炎：贫血、脾大、皮肤瘀斑及其他栓塞症状有助鉴别，血培养阳性，超声心动图可见心瓣膜或心内膜有赘生物。

（2）病毒性心肌炎：心脏杂音不明显，较少累及心内膜，易出现期前收缩等心律失常，实验室检查可找到病毒感染的证据。

五、治　疗

（一）一般治疗

1. 休息　卧床休息的时间取决于心脏受累的程度和心功能状态。急性期无心脏炎者卧床休息2周，随之逐渐恢复活动，2周内可达正常活动水平；有心脏炎无心力衰竭者卧床休息4周，随之4周内逐渐恢复正常活动；心脏扩大伴有心力衰竭者，则需卧床休息至少8周，2～3个月逐渐增加活动量。

2. 饮食　宜进食易消化和富有营养的饮食，宜少量多餐；心力衰竭患儿应低盐饮食。

（二）抗风湿治疗

常用的药物有水杨酸制剂和糖皮质激素两类。对无心脏炎的患者不必使用糖皮质激素，水杨酸制剂对急性关节炎疗效确切。

1. 水杨酸制剂　是治疗急性风湿热的最常用药物，对风湿热的退热、消除关节炎症和恢复血沉均有较好的效果，但对防止心脏瓣膜病变的形成无明显预防作用。水杨酸制剂以阿司匹林（乙酰水杨酸）和水杨酸钠较为常用，尤以阿司匹林效果最好。阿司匹林起始剂量为：儿童每日80～100mg/kg，分4～6次口服。使用水杨酸制剂应逐渐增加剂量，直至满意疗效。症状控制后剂量减半，维持6～12周。

2. 糖皮质激素　临床研究表明，糖皮质激素与阿司匹林对风湿热的疗效方面并无明显差别，且有停药后“反跳”现象和较多的副作用，故主要用于心脏炎患者。常用泼尼松，每天1.5～2mg/kg，分3～4次口服。直至血沉恢复正常。以后逐渐减量，维持量为每天5～10mg，总疗程2～3个月。病情严重者，可用氢化可的松每天300～500mg；或地塞米松每天0.25～0.3mg/kg，静脉滴注。

糖皮质激素停药后应注意低热、关节疼痛及血沉增快等“反跳”现象。在停药前合并使用水杨酸制剂，或静脉滴注促肾上腺皮质激素12.5～25mg，每天1次，连续3天，可减少“反跳”现象。

（三）清除链球菌感染

应用青霉素治疗，以彻底清除溶血性链球菌，用量80万U肌内注射，每日2次，连用2周。青霉素过敏者换用其他有效抗生素，如红霉素等。

（四）舞蹈症的治疗

抗风湿药物对舞蹈症无效。舞蹈症患者应保持安静、避免刺激。病情严重者可使用镇静药如苯巴比妥、地西泮（安定）等。舞蹈症是一种自限性疾病，通常无明显的神经系统后遗症，耐心细致的护理、适当的体力活动和药物治疗大多可取得良好的结果。

六、预　防

（一）预防初次风湿热

1. 防止上呼吸道感染，注意居住卫生、防潮、防寒，经常参加体育锻炼，提高健康水平。

2. 对猩红热、急性扁桃体炎、咽炎、中耳炎和淋巴结炎等急性链球菌感染，应早期予以积极彻底的抗生素治疗，以青霉素为首选，对青霉素过敏者可选用红霉素。

3. 慢性扁桃体炎反复急性发作者（每年发作2次上），应手术摘除扁桃体，手术前1天至术后3天用青霉素预防感染。扁桃体摘除后仍可发生溶血性链球菌咽炎，应及时治疗。

（二）预防风湿热复发

已患过风湿热的病人应积极预防链球菌感染，一般推荐使用苄星青霉素（长效西林），120万U每个月肌内注射一次。对青霉素过敏者可用磺胺嘧啶或磺胺异噁唑，儿童每天0.25～0.5g。一般认为预防用药期限：18岁以下的风湿热患者，必须持续预防用药；超过18岁且无心脏受累的风湿热患者，从风湿热末次发作起至少维持预防用药 5 年；已有心脏受累的风湿热患者，再次感染链球菌后极易引起风湿活动且容易发作心脏炎，所以须严格预防治疗。

案例12-4分析

1. 初步诊断　该患儿长期发热，伴有膝关节疼痛，胸闷，且有反复发作的病史；体检：皮下结节，心界扩大，胸骨左缘第三肋间有Ⅱ级舒张期杂音，心尖区Ⅱ～Ⅲ级全收缩期杂音，提示心肌、二尖瓣受损；结合实验室检查，抗"O"滴度增高、血沉加快、C 反应蛋白阳性等，可初步诊断为风湿热。

2. 处理原则　急性期应强调卧床休息，使用抗生素清除链球菌感染和积极的抗风湿药物治疗。由于风湿热有反复发作的倾向，且对心脏瓣膜构成严重损害，该患儿心脏受损明显，故要积极预防风湿热的再次发作。可使用苄星青霉素（长效西林）预防。

目标检测

一、A1 型题

1. 下列哪一种药物不属于支气管扩张药（　　）
   A. 沙丁胺醇　　B. 喘乐宁
   C. 苯妥英钠　　D. 异丙托溴铵
   E. 肾上腺皮质激素类

2. 支气管哮喘患者，持续发作约 26 小时，大汗淋漓，发绀，端坐呼吸，双肺肺气肿征，有散在哮鸣音。首选的治疗是（　　）
   A. 山莨菪碱（654-2）静脉注射
   B. 补液+糖皮质激素+氨茶碱
   C. 沙丁胺醇气雾剂吸入+溴化异丙托品吸入
   D. 色甘酸钠吸入+糖皮质激素
   E. 补液+氨茶碱

3. 关于过敏性紫癜的治疗哪项是不正确的（　　）
   A. 应用抗组胺药物作为一般治疗
   B. 腹痛可用阿托品
   C. 肾上腺皮质激素可改善腹痛
   D. 肾上腺皮质激素对肾型有较好疗效
   E. 维生素 C 可降低毛细血管脆性

4. 过敏性紫癜临床表现中，具有特征性的是(　　)
   A. 发病前往往有上呼吸道感染史
   B. 消化道出血
   C. 泌尿道出血
   D. 病程中反复出现皮肤紫癜
   E. 关节出血

5. 皮肤黏膜淋巴结综合征的好发年龄是（　　）
   A. 新生儿期　　B. 婴儿期
   C. 婴幼儿　　D. 学龄前期
   E. 学龄期

6. 下列哪个表现对皮肤黏膜淋巴结综合征具有诊断价值（　　）
   A. 发热为高热
   B. 双下肢对称性皮疹
   C. 双眼结膜充血
   D. 杨梅舌
   E. 四肢皮肤呈广泛性硬性水肿，继之手掌、足底有弥漫性红斑或膜样蜕皮

7. 皮肤黏膜淋巴结综合征最早出现的症状是（　　）
   A. 发热　　B. 皮肤黏膜受损
   C. 动脉瘤　　D. 淋巴结肿大
   E. 腹泻、呕吐

8. 皮肤黏膜淋巴结综合征死亡的主要原因是（　　）
   A. 广泛皮肤黏膜出血
   B. 颅内出血
   C. 严重感染
   D. 心肌梗死或动脉瘤破裂
   E. 消化道大出血

9. 导致风湿热的病原菌是（　　）
   A. 金黄色葡萄球菌
   B. 肺炎链球菌
   C. A 组乙型溶血性链球菌
   D. 流感杆菌
   E. 大肠杆菌

10. 风湿性心脏炎最常受累的是（　　）
    A. 心包膜　　B. 左心房内膜
    C. 左心瓣膜　　D. 右心瓣膜
    E. 右心房内膜

11. 确诊风湿热的次要表现哪一项是错误的（　　）
    A. 发热　　B. 关节酸痛
    C. 皮下结节　　D. 血沉加快

E. 有风湿热既往史

12. 下列哪一项是链球菌感染证据（　　）

A. 抗“O”>500U

B. 血沉增快

C. CRP 阳性

D. 扁桃体化脓

E. 白细胞增高

13. 风湿性关节炎特点中下列哪项是错误的（　　）

A. 主要累及大关节

B. 呈游走性和多发性

C. 局部可呈红肿热痛和功能障碍

D. 经治疗后可治愈

E. 常留有畸形

14. 风湿性舞蹈病的临床特征中哪一项是错误的（　　）

A. 多见于女性患者

B. 以四肢和面部为主的不自主、无目的的快速运动

C. 兴奋和注意力集中时消失

D. 病程呈自限性

E. 其动作入睡后可消失

15. 风湿热最常见的皮肤损害是（　　）

A. 环形红斑　　B. 结节性红斑

C. 多形红斑　　D. 蝶状红斑

E. 圆形红斑

16. 风湿性二尖瓣器质性狭窄的形成时间需（　　）

A. 1 年左右　　B. 2 年左右

C. 3 年左右　　D. 4 年左右

E. 5 年左右

17. 急性风湿热青霉素治疗至少需要多长时间（　　）

A. 2 周　　B. 3 周

C. 1 个月　　D. 2 个月

E. 10 天

二、A2 型题

18. 患儿 6 岁。近 2 个月反复出现发作性咳嗽，尤其在夜间或清晨为显著，痰少，运动后加重，无发热，一直使用先锋霉素和利菌沙治疗，效果不明显，近日使用沙丁胺醇，却有较好疗效。此病该做哪种诊断（　　）

A. 呼吸道异物

B. 呼吸道合胞病毒性肺炎

C. 儿童哮喘

D. 支气管炎

E. 咳嗽变异性哮喘

19. 患儿女，6 岁。近 3 天双下肢伸侧出现紫癜，分批出现，两侧对称、颜色鲜红，伴腹痛及关节痛，血小板 160×10^9/L，WBC10×10^9/L，Hb100g/L，凝血时间正常。应首先考虑（　　）

A. 过敏性紫癜

B. 特发性血小板减少性紫癜

C. 急性白血病

D. 再生障碍性贫血

E. 血友病

20. 患儿女，5 岁。近半年反复患咽扁桃体炎，现发热 2 周，每日热退时，精神状态良好，但面色渐苍白，肘膝关节不固定痛，查体，发现心音低钝，心尖区可听到吹风样收缩期杂音。提示该患儿可能患有（　　）

A. 风湿性心肌炎

B. 二尖瓣狭窄

C. 伴有先天性心脏病

D. 发热所致

E. 无临床意义

21. 患儿女，5 岁。因发热 10 天不退，皮肤出现环形红斑，并伴有肘膝关节游走性疼痛而入院，查抗“O”>500U，考虑为风湿热，治疗中给予青霉素静脉滴注，目的是（　　）

A. 防止心脏病变

B. 控制皮肤和关节症状

C. 制止风湿的活动

D. 清除链球菌感染病灶

E. 防止感染加重

22. 患儿 5 岁。半年来不规则发热，游走性大关节疼痛，伴局部红肿，查体，可见四肢屈侧有环形红斑，为了明确诊断医生做了一些实验室检查，请找出对诊断没有意义的指标（　　）

A. 抗“O”　　B. 血沉

C. 血常规　　D. C 反应蛋白

E. 谷草转氨酶

23. 患儿 5 岁。2 个月前确诊为风湿热，近日又开始不规则发热，为了确定是否为风湿活动，医生做了下列一些检查，请找出与风湿活动不相关的指标（　　）

A. 血沉增快

B. C 反应蛋白增高

C. 抗“O”>500U

D. 血常规白细胞数增高，血红蛋白降低

E. 心电 P-R 间期延长

三、A3 型题

24. 患儿女，6 岁。晚饭后突然出现喘憋，大汗，烦躁不安，不能平卧，该患儿在幼年时曾两次患毛细支气管炎。查体：痛苦面容，呼气

性呼吸困难，两肺闻及哮鸣音，体温正常。该患儿的临床诊断最大可能是（ ）

A. 肺结核　B. 大叶性肺炎
C. 气管异物　D. 支气管哮喘
E. 急性支气管炎

25. 下列检查哪一项对诊断有帮助（ ）
A. 胸部正侧位片　B. 气管镜检查
C. 肺功能检查　D. 胸部 CT 检查
E. 外周血嗜酸粒细胞计数

26. 下列哪一项应慎用或禁用（ ）
A. 给予抗生素静脉滴注
B. 肾上腺皮质激素
C. 沙丁胺醇雾化吸入
D. 10%葡萄糖静脉滴注
E. 苯巴比妥镇静

四、A4 型题

患儿男，18 个月。因"发热 8 天，伴有反复皮疹而入院."。体温 39.5℃，心率 135/min，结膜充血，口唇鲜红、干裂，草莓舌，皮肤有猩红热样皮疹，颈部淋巴结花生米大小，手掌、足底有膜样蜕皮。白细胞总数及中性增高。

27. 本患儿最可能患的疾病是（ ）
A. 风湿热　B. 类风湿热
C. 败血症　D. 过敏性紫癜
E. 皮肤黏膜淋巴结综合征

28. 本病最早出现的症状是（ ）
A. 颈部淋巴结肿大　B. 结膜充血
C. 发热　D. 皮下出血
E. 皮疹

29. 本病治疗可选择（ ）
A. 阿司匹林　B. 泼尼松
C. 青霉素　D. 丙种球蛋白
E. 阿司匹林+丙种球蛋白

五、B 型题

A. 出血性皮疹　B. 猩红热样皮疹
C. 环形红斑　D. 充血性皮疹
E. 荨麻疹

30. 风湿热（ ）
31. 过敏性紫癜（ ）
32. 皮肤黏膜综合征（ ）

六、X 型题

33. 婴幼儿哮喘的诊断依据有（ ）
A. 喘息发作≥3 次
B. 肺部出现哮鸣音
C. 喘息症状突然发作
D. 一定伴有发热
E. 一、二级亲属中有哮喘病史

34. 咳嗽变异性哮喘的诊断依据有（ ）
A. 咳嗽持续或反复发作>1 个月
B. 临床无感染征象，或经较长期抗生素治疗无效
C. 支气管扩张药可使咳嗽发作缓解
D. 有个人或家族过敏史
E. 常在白天发作，运动后减轻

35. 对哮喘持续状态的处理原则是（ ）
A. 吸氧
B. 立即使用脱敏疗法
C. 糖皮质激素类静脉滴注
D. 支气管扩张药
E. 补液纠正酸中毒

36. 过敏性紫癜的实验室检查特点（ ）
A. 毛细血管脆性试验阳性
B. 血小板明显减少
C. 嗜酸粒细胞可增高
D. 出血时间正常
E. 血块退缩试验正常

37. 过敏性紫癜的临床表现有（ ）
A. 关节症状　B. 皮肤紫癜
C. 肾脏表现　D. 血狼疮细胞阳性
E. 消化道表现

38. 皮肤黏膜淋巴结综合征治疗可选择（ ）
A. 丙种球蛋白
B. 皮质激素
C. 阿司匹林
D. 青霉素
E. 链霉素

39. 确诊风湿热的主要表现有哪项（ ）
A. 心脏炎
B. 游走性多发性关节炎
C. 舞蹈病
D. 发热
E. 环形红斑

40. 关于风湿热环形红斑的描述正确的是( )
A. 多见于四肢伸侧
B. 呈环形或半环形，中心肤色正常
C. 红斑出现缓慢
D. 数小时或 1～2 天消失
E. 消退后不留痕迹

41. 关于皮下小节的描述正确的是（ ）
A. 粟米或豌豆大小，圆形，质硬
B. 分布于肘、腕、踝、膝关节屈侧
C. 见于 5%～10%的风湿热病人
D. 起病数周后出现
E. 2～4 周自然消失

（陈忠英）

第 13 章　内分泌及代谢性疾病

第 1 节　先天性甲状腺功能减低症

学 习 目 标

1. 了解甲状腺功能减低症的病因及分类。
2. 熟悉甲状腺功能减低症的治疗原则。
3. 掌握甲状腺功能减低症的临床表现及实验室检查。

案例13-1

患儿女，2 岁。因“生后翻身、坐、立、走等均较延迟，为求证孩子发育有何异常”而来医院就诊。患儿至今走路不稳，只能说短语，说话不成句，表情少，1 岁时，还不会叫爸爸、妈妈，不会指出眼睛、鼻子，她从小非常安静，脾气特别好；吃得很少，腹部还常发胀。患儿系 G1P1，过期产儿，出生时体重 4000 克，无窒息抢救史。母乳喂养，5 个月开始添加辅食。

查体：体温 35.4℃，呼吸 25 次/分，脉搏 90 次/分，体重 10.2 kg，身长 75cm，落后于同龄儿童。全身皮肤、黏膜粗糙，表情淡漠，感觉迟钝。前囟尚未闭合，头大，颈短，头围 52cm，头发稀疏发黄，唇厚，口半张，眼睑水肿，眼距宽，眼裂小呈睡容。双肺无啰音，心率 90 次 / 分，律齐，心音低钝，未闻及病理性杂音。腹部略膨隆，有脐孔凸出，肝肋下 2cm，质韧，无压痛。四肢肌张力略低，膝腱反射存在，无项强，凯尔尼格征、布鲁津斯基征、双侧巴宾斯基征均阴性。X 线检查腕部骨化中心出现 2 个。

思考题：

1. 最可能的临床诊断是什么？
2. 指出处理原则。

先天性甲状腺功能减低症（congenital hypothyroidism）简称甲减，系有多种原因引起的甲状腺激素（TH）合成、分泌或生物效应反应，导致以全身新陈代谢率降低为特征的内分泌疾病，其主要临床表现为体格和智能发育障碍。以往称为呆小症或克汀病。发病率为 1/3000～1/5000，可分为散发性和地方性两种。散发性甲减是由于胚胎过程中甲状腺组织发育异常、缺如或异位，或是甲状腺激素合成过程中酶缺陷所造成；地方性甲减是由于水、土或食物中缺碘所致，多见于甲状腺肿流行地区，随着碘化食盐在我国的广泛使用，其发病率明显下降，近年来较少见。本病如始于胎儿、新生儿称先天性甲状腺功能减退。

一、甲状腺的解剖与病理生理

1. 甲状腺解剖　位于颈部气管前下方，分左右两叶及峡部。出生时约重 1. 5g，至成年人平均重约 25g。甲状腺发生于胚胎第 4 周初，第 11 周时，甲状腺滤泡出现，内含胶质，不久开始分泌甲状腺素。但 20 周前很低，胎儿血清中几乎测不出。TSH 不能通过胎盘进入小儿体内，甲状腺激素也很少通过。抗甲状腺药物，包括放射性碘，可自由通过胎盘，所以患甲状腺功能亢进的母亲，孕期接受治疗可出现甲状腺功能减退症合并甲状腺肿的新生儿。

2. 甲状腺的主要功能　合成甲状腺素（T_4）和三碘甲腺原氨酸（T_3）。甲状腺激素的主要原料为碘和酪氨酸，碘离子被摄取进入甲状腺上皮细胞后，经一系列酶的作用与酪氨酸结合。甲状腺素的合成与释放受下丘脑分泌的促甲状腺素释放激素（TRH）和垂体分泌促甲状腺激素（TSH）控制，而血清中 T_4 可通过负反馈作用降低垂体对 TRH 的反应性，减少 TSH 的分泌（垂体病损所致先天性甲状腺功能减低症，可使血清 T_4 降低、TSH 增高，TRH 刺激试验阴性；下丘脑病损所致先天性甲状腺功能低下，可使血清 T_4 降低、TSH 增高，TRH 刺激试验阳性）（图 13-1）。

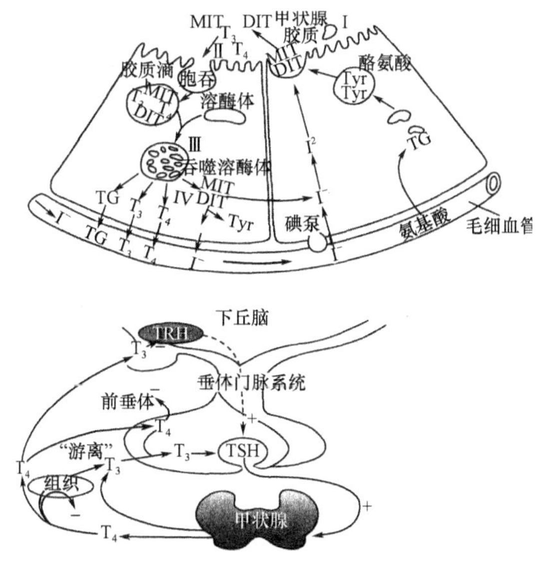

图 13-1　甲状腺的病理生理

3. 甲状腺激素的生理作用

（1）甲状腺激素加速细胞内氧化过程；促进新陈代谢。

（2）促进蛋白质合成，增加酶活性。

（3）增进糖的吸收和利用。

（4）加速脂肪分解氧化。

（5）促进钙、磷在骨质中的合成代谢。

（6）促进中枢神经系统的生长发育。

因此，当甲状腺功能不足时，可引起代谢障碍、生理功能低下、生长发育迟缓、智能障碍等。

二、病因及分类

1. 散发性先天性甲减 甲状腺不发育、发育不全或异位。

（1）甲状腺激素合成障碍：主要为家族性酶的缺陷。

（2）促甲状腺激素缺乏：下丘脑、垂体发育缺陷或功能障碍。

（3）甲状腺或靶器官反应低下：甲状腺细胞膜上的蛋白、受体缺陷，对 T_3 和 T_4 不反应。

考点：先天性甲状腺功能减低症的病因

（4）母亲因素：服用抗甲状腺药物或存在抗甲状腺抗体，影响胎儿，为暂时性，通常3个月后逐渐恢复。

2. 地方性先天性甲减 多因孕妇缺碘，导致胎儿因碘缺乏出现甲状腺功能减退，见于地方性甲状腺肿流行地区。

3. 根据血清促甲状腺素含量分类

（1）促甲状腺素（TSH）水平升高：①原发性甲低，包括甲状腺缺如、发育不良、异常和甲状腺合成障碍；②暂时性甲低，包括孕妇服用抗甲状腺药物、胎儿受X线照射、未成熟儿。

（2）TSH 水平正常：①下丘脑、垂体性甲低，包括垂体发育不良，透明中隔-视神经发育不良；②低甲状腺素结合球蛋白（TBG），包括遗传性、低蛋白血症。

三、临 床 表 现

（一）散发性甲状腺功能低下

因在胎内受健康母亲甲状腺激素的作用，出生时多无症状。症状出现的早晚与轻重，同患儿甲状腺组织多少及功能低下程度有关。无甲状腺组织的患儿，生后1～3个月出现症状，有少量腺体者多于6个月后，偶可至4～5岁时才渐显症状。

考点：主要症状

1. 新生儿期甲减 生理性黄疸时间延长，多是新生儿最早出现的症状，同时伴有腹胀、便秘、脐疝、反应迟钝、喂养困难、哭声低等。

2. 典型的呆小症

（1）特殊面容和体态：表现为头大，颈短，皮肤粗糙，面色苍黄，头发稀少而干枯，眼睑水肿，眼距宽，鼻梁宽平，舌大而宽厚、常伸出口外，呈特殊面容，囟门闭合迟，出牙迟。

考点：患儿的特殊面容

（2）神经系统：表现为动作发育迟缓，少哭、少动，反应迟钝，智能发育低下，表情呆板。记忆力、注意力均下降，常伴有听力减退，嗜睡、严重时可昏迷。

（3）生长发育停滞：身材矮小，躯体长，四肢短，上下部量比值>1.5，骨龄发育落后。

（4）消化道功能紊乱：食欲差，腹胀、便秘，胃酸减少，常有脐疝。

（5）心血管功能低下：低体温，脉搏与呼吸均缓慢，心音低钝，可伴有心包积液、胸腔积液，心电图呈低电压、P-R 间期延长、传导阻滞等。

（二）地方性甲状腺功能减低症

临床表现有两种，一种以神经系统症状为主，出现共济失调、痉挛性瘫痪、聋哑和智力低下，而甲状腺功能减低的其他表现不明显。另一种以黏液性水肿为主，有特殊的面容和体态，智力发育落后而神经系统检查正常。

四、辅 助 检 查

新生儿筛查，在我国已列入"母婴保健法"的法定筛查项目，采用出生2～3天的新生儿干血滴纸片检测 TSH 浓度作为初筛，结果>20mU/L 时，再采集血标本测血清 T_3、T_4 和 TSH 以诊断。

1. 血清 T_4、T_3 及 TSH 浓度测定 T_3、T_4 降低；TSH 水平增高，必要时测游离 T_3 和游离 T_4 及甲状腺素结合球蛋白。

2. 甲状腺自身免疫性抗体　甲状腺球蛋白抗体（TG-Ab）和甲状腺过氧化物酶抗体（TPO-Ab）测定，以除外慢性淋巴性甲状腺炎所致甲减。

考点：主要的实验检查

3. 基础代谢率　降低，能合作的较大患儿可进行此项检查。

4. 血胆固醇、肌酸激酶和甘油三酯常增高。

5. X 线检查　骨化中心出现延迟，骨龄落后于实际年龄（一岁以下者应拍膝关节），骨质疏松。

6. 甲状腺核素扫描有助于甲状腺发育不全、缺如或异位的诊断。

新生儿筛查的意义

自 20 世纪 70 年代已将本病列入筛查计划。1995 年，我国颁布的《母婴保健法》已将其列入法定筛查内容。目前，国内外大都采用生后 2～3 天新生儿（足跟采血)干血滴纸片酶联免疫测定法，检测 TSH、T_4。该法精确、敏感，且简便易行，只需几滴血，滴到特定滤纸上自然干燥即可检测，为患儿早期确诊提供可靠依据。据资料统计，散发性克汀病在新生儿期及 3 个月小婴儿给予治疗，预后 80%～100%智力正常，身高落后不明显。6 个月后诊治几乎 100%智力有不同程度受损，且终生不可逆，给个人、家庭、社会带来巨大损失。

五、诊断及鉴别诊断

根据病史及典型临床表现和实验室检查，诊断不难。

1. 先天性巨结肠　患儿出生后即开始便秘、腹胀，并常有脐疝，但其面容、精神反应及哭声等均正常，钡灌肠可见结肠痉挛段与扩张段。

2. 21-三体综合征　患儿智能及动作发育落后，但有特殊面容：眼距宽、外眼角上斜、鼻梁低、舌伸出口外，皮肤及毛发正常，无黏液性水肿，常伴有其他先天畸形。染色体核型多为 21-三倍体分析可鉴别。

3. 佝偻病　患儿有动作发育迟缓、生长落后等表现。但智能正常，皮肤正常，有佝偻病的体征，血生化和 X 线片可鉴别。

4. 骨骼发育障碍的疾病　如骨、软骨发育不良、黏多糖病等都有生长迟缓症状，骨骼 X 线片和尿中代谢物检查可鉴别。

考点：先天性甲状腺功能减低症要与哪些疾病相鉴别

5. 脑发育不全　眼神呆滞，常有外斜视，全身比例正常，皮肤细，无黏液性水肿。

6. 垂体性侏儒　智力正常，全身比例正常，面容正常，很少黏液性水肿与便秘，血中生长激素减少。

7. 苯丙酮尿症　智力低下，尿有鼠尿霉臭味，毛发黄，皮肤白，湿疹，可有抽搐，血苯丙氨酸常>1. 22mmol／L，尿三氯化铁试验可呈阳性。

先天性甲减危象

先天性甲减病人遇有感染，特别是气候寒冷则出现低体温，体温低于 32℃，血压低，心动极度过缓，脑血流不足、缺氧、二氧化碳潴留致昏迷。一旦进入昏迷难于逆转，治疗难度极大。

急救措施：①静脉注射甲状腺素（T_4)6μg／kg 或 T_3 2μg／kg，氢化可的松 2～6mg／kg；②无甲状腺素可口服或鼻饲甲状腺粉 2mg／kg，每日 3 次（甲状腺粉 40mg=$T_4$100μg)，监测 T_3、T_4；③注意保温，使体温逐渐上升；④静脉输注抗生素；⑤补液量要适当，以防止心力衰竭及脑水肿；⑥保持呼吸道通畅，注意吸氧、吸痰。

六、治　疗

为患儿早期确诊治疗、避免神经精神发育严重缺陷、减轻家庭和国家负担，切要积极采取防治措施。一般在生后 1～2 个月，早发现、早诊断、早治疗，90%智力可达正常。

1. 左甲状腺素钠（levothyroxine sodium、四碘甲状腺原氨酸钠、优甲乐） 0～3 个月 10～13μg/kg；3～6 个月 8～10μg/kg，每天 25～50μg；7～12 个月 6～8μg/kg，每天 50～70μg；1～5 岁 5～6μg/kg，每天 25～100μg；6～12 岁 4～5μg/kg，每天 100～150μg；>12 岁 2～3μg/kg，每天 150～200μg；青春期 1.6μg/kg。以后每 2 周递增 25μg，直到完全替代剂量，均每日 1 次，早餐前服。

2. 甲状腺素 <1 岁每天 8～ 15mg；1～2 岁每天 20～45mg；>2 岁每天 30～120mg；均分 3 次服。直至临床症状改善，血清 T_4、TSH 正常，即作为维持量使用。药量过小，会影响智力及体格发育。

治疗时应注意：①治疗开始之后，应定期复查血中甲状腺激素及 TSH。开始每周查 1 次，血中激素浓度达到正常范围之后，每 3 个月复查 1 次；病情稳定后，6 个月至 1 年复查 1 次。每年必须检查腕骨 X 线，观察骨龄的发育。②在治疗过程中，要注意观察孩子的精神状况，一般用药治疗 2～3 周后即可出现食欲增加，语言和活动增多，便秘改善、尿量增加。在治持续用药 1 个月至数月后，暂时停药观察 T_3、T_4 及 TSH 变化，若 T_4、TSH 在正常水平则为暂时性甲状腺功能减退症，可以停药，若 T_4 低、TSH 高则为永久性甲状腺功能减退症，应继续治疗。甲状腺发育不良者需治疗时间更长。③在治疗过程中由于孩子生长发疗一段时间后，有些患儿必须排除暂时性甲状腺功能减退症的可能，一般在育迅速，还应及时补充营养物质和多种维生素，如钙片、铁剂、维生素 B、维生素 C、维生素 A、维生素 D 等，尤其是 B 族维生素。有家族性酶缺陷引起的甲状腺功能减退症还应补碘。临床表现为每日 1 次正常大便，食欲好转，腹胀消失，儿童心率维持在儿童 110 次 / 分，婴儿 140 次 / 分，智能进步。药物过量可出现烦躁、多汗、消瘦、腹痛、腹泻、发热等。

考点：治疗方法

碘缺乏对孕妇、胎儿、新生儿的影响

各年龄组人群的碘需要量不同，婴儿及 0~6 岁儿童每天碘 90μg，青春期前的儿童每天需碘 120μg，青少年及成人每天需碘 150μg，孕妇及哺乳期妇女每天需碘 200μg。当碘的摄入量不能满足需要时，就会出现一系列碘缺乏的表现。不同年龄和性别中，碘缺乏易受害的对象顺序是胎儿、孕妇、新生儿、婴儿、儿童、育龄妇女和成人，其中胎儿对妊娠期发生的变化高度敏感。

胎儿时期甲状腺激素缺乏的主要危害是大脑发育障碍。胎儿期的中 3 个月及后 3 个月的早期是神经细胞增殖、分化、迁移的关键期，妊娠前及整个妊娠期间缺碘和甲状腺激素缺乏均可导致脑蛋白合成障碍，使脑内蛋白质含量降低，细胞体积减小，脑重量减轻，影响智力发育。故孕妇碘缺乏可造成胎儿大脑和听觉中枢发育障碍。

链 接

案例13-1分析

1. 初步诊断　患儿已 2 岁，出生时有脐疝。现病儿有智力迟钝、生长发育落后及基础代谢低下，又有典型的特殊面容，很可能得了克汀病（甲状腺功能低下）。这种病主要是由于甲状腺没有发育或发育不良，不能摄取碘合成甲状腺素；也可能母亲怀孕期间用过治疗甲状腺亢进的药物（甲巯咪唑、碘化物等）；或是甲状腺激素合成及功能障碍。建议进一步询问病史，做血清 T_4、T_3 及 TSH 浓度测定，必要时做甲状腺核素扫描。

2. 处理原则　本病治疗主要是长期终身服用甲状腺素，以替代患儿甲状腺激素的分泌不足，维持正常生理功能。同时饮食应给予足够的热量、蛋白质、维生素及矿物质等。密切观察病情，做好随访工作。

第 2 节　苯丙酮尿症

学 习 目 标

1. 了解苯丙酮尿症的发病机制。
2. 掌握苯丙酮尿症的临床表现、实验室检查。
3. 熟悉苯丙酮尿症饮食疗法的重要性。

案例13-2

患儿女，1 岁。顺产，出生时正常，因“出生 4 个月起发现不会发音，表情呆滞，爱哭闹，近来体格发育和神经精神发育滞后”而来院就诊。患儿父母亲系为表兄妹结婚。

查体：体温 36.4℃，呼吸 30 次/分，脉搏 120 次/分，体重 10 kg，身长 76cm，肌张力增高，反射亢进。婴儿有呕吐，为胃内容物，易激惹，面部、前胸有湿疹。生后外表与常人无异，不久皮肤白嫩，5 月龄后头发渐变棕色，逐渐色浅，虹膜在 4 个月后也由黑色变黄色，颜色渐淡。至今不能独坐，不会叫爸爸、妈妈。曾有过一次惊厥，尿有特殊气味，似霉味、鼠尿臭，尿三氯化铁试验呈阳性。

思考题

1. 最可能的临床诊断是什么？
2. 处理原则是什么？

苯丙酮尿症（pheny lketonuria，PKU）是一种先天性氨基酸代谢障碍性疾病，属常染色体隐性遗传。PKU 的遗传特点：①患儿父母都是致病基因携带者（杂合子）；②患儿从父母各得到一个致病基因，是纯合子；③患儿母亲每次生育有 1/4 可能为 PKU 患儿；④近亲结婚的子女发病率较一般人群为高。临床主要表现为智能低下，发育迟缓，皮肤、毛发颜色变浅，癫痫等。我国该病的发病率 1/11188。随着医学科学的发展，此病已能做到早期发现，并可通过饮食治疗，使患儿像正常孩子一样生长发育。

一、病因与发病机制

苯丙酮尿症是由于苯丙氨酸羟化酶缺乏或不足，造成苯丙氨酸不能按正常代谢途径转变成酪氨酸，使苯丙氨酸及代谢产物在体内大量蓄积，产生一系列临床表现。因酶缺陷不同分为：典型：苯丙氨酸-4-羟化酶缺陷，占 99%。非典型：四氢生物蝶呤合成酶、鸟苷三磷酸环化水合酶缺陷、6-丙酮酰四氢蝶呤合成酶缺陷、二氢生物蝶呤还原酶缺陷，约占 1%。

考点：苯丙酮尿症病因

由于染色体基因突变引起先天性酶的缺陷，病儿缺乏苯丙氨酸羟化酶（PAH），致使苯丙氨酸转变为酪氨酸的代谢过程发生障碍，使苯丙氨酸不能氧化成为酪氨酸，而只能变为苯丙酮酸。由于大量苯丙氨酸及其代谢产物苯丙酮酸堆积在血液及脑脊液中，抑制了脑组织中谷氨酸脱羧酶的活性，使脑组织氨基酸代谢发生障碍。脑组织的发育受到较明显的影响，以致病儿智力落后，同时过量的代谢产物由尿排出形成苯丙酮尿。此外，由于过量的苯丙氨酸能抑制酪氨酸酶的活性，使酪氨酸转变为黑色素的过程受阻，因而皮肤、毛发的色素减少（图 13-2）。

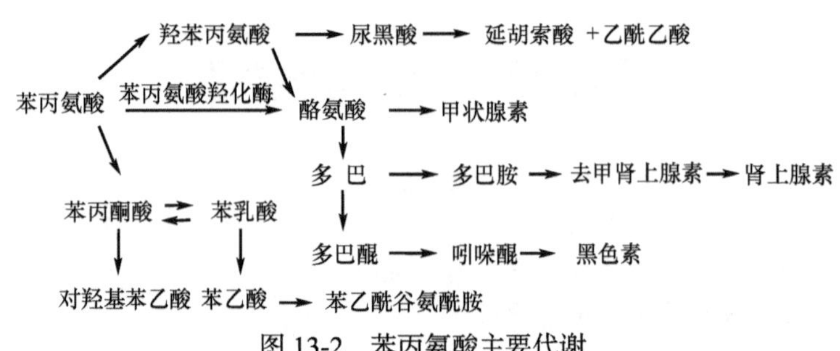

图 13-2 苯丙氨酸主要代谢

二、临 床 表 现

智力低下是本病最突出的特点。新生儿期无明显特殊的临床症状，部分患儿可能出现喂养困难、呕吐、易激惹等非特异性症状。患儿 3～6 个月开始出现症状，逐渐表现出智力、运动发育落后，头发由黑变黄，皮肤白，全身和尿液有特殊鼠臭味，常有湿疹。随着年龄增长，患儿智力落后越来越明显，年长儿约 60%有严重的智能障碍。2/3 患儿有轻微的神经系统体征，如肌张力增高、腱反射亢进、小头畸形等，严重者可有脑性瘫痪；约 1/4 患儿有癫痫发作，常在 18 个月以前出现，可表现为婴儿痉挛性发作、点头样发作或其他形式，约 80%患儿有脑电图异常；可出现一些行为、性格的异常，如忧郁、多动、自卑、孤僻等。

考点：主要症状

根据不同的临床类型，PKU 可分为：

1. 经典型 PKU　临床表现已如上述。

2. 中度型 PKU　临床表现相对较轻，患儿对治疗反应较好，血苯丙氨酸浓度较经典型患者易控制。

3. 轻型 PKU　临床表现轻或者无症状，见于极少数新生儿或早产儿，或者苯丙氨酸羟化酶残余酶活性较高者。

4. 四氢生物蝶呤（BH4）缺乏症　血苯丙氨酸＞120μmol/L 称为高苯丙氨酸血症，从病因上将高苯丙氨酸血症分两类：一类为苯丙氨酸羟化酶（PAH）缺乏，另一类是 PAH 的辅酶四氢生物蝶呤（BH4）缺乏，神经系统受损明显。

苯丙酮尿症

苯丙酮尿症的历史

1934 年挪威医师 Folling 用 FeCl3 检查智力障碍小儿，发现尿液呈绿色反应，并分离出苯丙酮酸。

1938 年 Folling 发现这类病人血苯丙氨酸浓度升高。

1947 年 Jervis 发现正常人肝脏组织的上清液能将苯丙氨酸转变为酪氨酸，PKU 病人肝组织不能转变。

1953 年德国医师 Bickel 首先报道用低 Phe 奶方治疗 PKU 获得成功。

1963 年美国 Guthrie 医师首创细菌抑制法进行新生儿筛查。

1976 年 Leeming 发现第一例生物蝶呤合成酶 PTPS 缺乏。

1983 年美国 Woo 克隆了 PKU 的致病基因苯丙氨酸羟化酶，为基因诊断和产前诊断开辟了道路。

三、辅 助 检 查

本病是少数可治疗的遗传代谢病之一，关键在于力求早期诊断，及早治疗才能预防智能低下及神经系统症状的发生。对于阳性家族史及父母之间有亲缘关系的新生儿以及临床上有可疑症状者，应选做以下检查。

1. 尿三氯化铁试验　取尿 5ml，滴入数滴 10%三氯化铁，如尿中存在苯丙酮酸，便立即出现绿色。由于病儿尿中苯丙酮酸的排泄是呈间歇性的，故一次阴性不能排除本病，应做多次检查。此方法简单易行，但缺乏特异性，而且也不适用于新生儿筛查，因为生后 4 周患儿尿中才会出现苯丙酮酸。

2. 尿 2，4-二硝基苯肼试验　1ml 尿液中加入 1ml 的 DNPH 试剂，阳性尿呈黄色或有黄色沉淀。新生儿 PKU 因苯丙氨酸代谢旁路尚未健全，患者尿液测定为阴性，该方法不能用于新生儿筛查。

3. 细菌抑制（guthrie）试验　测定血中苯丙氨酸含量，仍是目前国内外应用最广泛的新生儿筛查方法，简单易行，特异性高，结果可靠。生后 3～5 天，在新生儿足跟部采一滴血，吸在滤纸片上，放在含有抑制剂的变异型枯草杆菌培养基上进行培养，根据细菌生长带的大小，可估计血中苯丙氨酸（PA）含量，一般认为，PA 达 0. 24 mmol/L（4mg／dl）以上即为筛查阳性，应再复查并做定量测定以作诊断。PA 在生后 72 小时后才迅速增高，故在出生三日后采血最为理想。

考点：新生儿筛查

4. 血清苯丙氨酸浓度测定　为确诊试验，凡上述筛查的可疑病例，再进行血浆苯丙氨酸测定。正常人浓度为 0.061～0.18mmol／L（1～3mg／dl），而本病患者为 0.36～4.48mmol/L（6～80mg／dl），典型病例多持续高于 1.22mmol/L（20mg／dl）。应注意许多未成熟儿及部分足月新生儿，因苯丙氨酸羟化酶成熟延迟，血浆苯丙氨酸浓度可暂时性升高，但于出生后 2 周内降至正常。

5. 苯丙氨酸耐量试验　对于无临床症状的杂合子携带者，其苯丙氨酸羟化酶活性有一定程度的降低，可用苯丙氨酸负荷试验、血中酪氨酸及四氢生物蝶呤含量测定等来做进一步确诊。方法：口服苯丙氨酸 100mg／kg，1～4 小时后查血，发现血浆苯丙氨酸浓度增高。

6. 经典型和非经典型鉴别　四氢生物蝶呤负荷试验：口服或静脉注入 BH4，按 7.5mg／kg 计算，若为非典型苯丙酮尿症，其浓度于 4～6 小时降至正常，经典型者血浆浓度不降。

7. CT 或 MRI　多表现为弥漫性脑皮质萎缩等非特异性改变。

8. 脑电图　约 80%病儿可表现为高峰节律紊乱、灶性棘波等。

9. 智力测定　评估智能发育程度。

四、诊　　断

本病为少数可治性遗传性代谢病之一，应早期确诊和治疗，避免产生神经系统的不可逆性损伤。由于患儿在早期不出现症状，故诊断必须借助实验室检测。在 PKU 的典型症状出现以后，诊断并不困难，但已为时过晚，因已失去预防脑损伤的时机。必须强调症状前诊断，即在宫内或新生儿早期确诊。最近，国内已采用聚合酶链反应结合等位基因特异寡核苷酸探针杂交技术，进行产前诊断苯丙酮尿症。

五、治　　疗

一旦确诊，应立即治疗。以控制饮食为主，取得家长的配合，治疗的年龄越小，预后越好。

1. 饮食控制　血苯丙氨酸>600μmol／L 者必须严格控制饮食，给予包括低苯丙氨酸奶粉在内的低苯丙氨酸饮食，如在出生 1 个月内即开始治疗者，智力发育可接近正常；在 2～3 岁以前开始治疗者尚可限制脑损害的发展，但已发生脑损害后，则难以恢复。3 岁以上的病儿使用饮食疗法，智力虽无明显进步，但可使神经症状减轻，活动过多的症状得以改善。治疗从婴幼儿时期开始后，一般 6 岁以后可放松严格的饮食治疗，但仍应适当控制苯丙氨酸的摄入，治疗应持续至 8～10 岁或到成人甚至终身。苯丙氨酸为人体生长发育所必需的氨基酸，不可将其血浆浓度降得过低，对婴幼儿期患者血苯丙氨酸的浓度应控制在 120～360μmol/L，确保每天苯丙氨酸的摄入量在 250～500mg，要注意补充维生素和矿物质及微量元素。在 6 个月以内的小儿除治疗奶方外可适当增加母乳。6 个月以后的小儿应以米粉及奶糕为主食，随病儿年龄增长可选用大米、小米、大白菜、土豆、萝卜、南瓜、茄子、红薯及菠菜等，这些食物中苯丙氨酸含量较少。由于所有蛋白质内均含有 5%的苯丙氨酸，若将其全部限制则将导致苯丙氨酸不足，患者可表现乏力、食欲缺乏、贫血、低蛋白血症等，甚至影响病儿智能及体格发育，故每日允许摄入苯丙氨酸 15～30mg/kg，以维持生长及代谢的最低需要。饮食治疗期间应定期测病儿血中苯丙氨酸浓度，维持在 0.18～0.61mmol/L 为宜，并以此来调整饮食，根据患者的年龄制订恰当的食谱（表 13-1）。

2. 四氢生物蝶呤（BH4）、左旋多巴和 5-羟色胺　生物蝶呤（BH4）用于治疗对低苯丙氨酸饮食无反应的变异型。起初，所用生物蝶呤（BH4）剂量为每天 2.5mg/kg，并辅以左旋多巴每天 10～15mg/kg，5-羟色胺每天 4mg/kg，每个病例的治疗剂量应根据以下临床指标予以调整：①神经系统症状消失与否；②血清苯丙氨酸浓度应维持在 0.61mmol/L 以下；③尿中 5-羟色胺排出量正常。

3. 苯丙氨酸辅氨基裂合酶　近年有报道应用苯丙氨酸辅氨基裂合酶以替代苯丙氨酸单氧加氧酶来治疗苯丙酮尿症，苯丙氨酸辅氨基裂合酶无需辅助因子，可将苯丙氨酸转变成苯丙烯酸，后者为无害的代谢物。

4. 基因治疗　已有研究进行个体基因转移方法，可对 PKU 小鼠进行转基因治疗。相关的实验也证实静脉内推注，进行基因治疗的可行性，为临床基因疗法治疗铺平了道路。

表13-1 不同年龄血苯丙氨酸理想控制范围

年龄（岁）	Phe 浓度（μmol/L）
0～3	120～240
3～9	120～360
9～12	120～480
12～16	120～600
>16	120～900

六、预　　防

避免亲缘结婚，杂合子之间不应婚配。开展新生儿筛查，以早期发现、早治疗，以防止发生智力低下。对于高危家族，可做产前诊断以决定是否选择人工流产。对有本病家族史的夫妇必须采用 DNA 分析或检测羊水中蝶呤等方法对其胎儿进行产前诊断。

案例13-2分析

1. 初步诊断　1 岁女婴，主要临床特征是生后毛发、皮肤和虹膜色素及智力均正常，而数月后虹膜、头发颜色逐渐变浅、智能落后，还不能独坐，不会叫爸爸、妈妈，尿有特殊臭味；婴儿早期常有呕吐、易激惹、湿疹，父母亲系为表兄妹结婚。尿三氯化铁试验呈阳性。可诊断为苯丙酮尿症。

2. 处理原则　控制饮食，避免近亲婚配，推行新生儿筛查，早期发现苯丙酮尿症病人，这对有阳性家族史的新生儿尤为重要。

第 3 节　儿童糖尿病

学 习 目 标

1. 了解 I 型糖尿病的病因及发病机制。
2. 熟悉糖尿病治疗要点及胰岛素治疗注意事项。
3. 掌握糖尿病的临床表现及常见的并发症。

案例13-3

患儿男，6 岁。因“近两日出现精神不振、倦怠、乏力、皮肤瘙痒、视物模糊，嗜睡状态 2 天”入院。患儿 1 个月前出现多食、多饮、多尿，人渐渐消瘦，近几日症状加重，且有视物模糊、嗜睡而来院就诊。

查体：神志模糊，嗜睡，消瘦。体温 38.8℃，呼吸 26 次/分，脉搏 90 次/分，血压 115/85mmHg，体重 18kg，身长 110cm，营养中等。咽部充血、红肿、有遗尿症状出现，时有恶心、呕吐、腹痛、食欲缺乏。呼吸深长、节律不整，呼吸带有烂苹果味，心率 96 次／分，律齐，未闻及杂音，两肺听诊正常。腹部略凹陷，肝脾未触及。四肢凉，腱反射亢进，病理反射未引出。血常规：WBC 8. 3×10^9／L，N78%，L 22%，RBC 4.4×10^{12}/L，Hb 130g／L，PLT 215×10^9／L，血糖 19. 8mmol／L，尿糖（++）尿酮体（+）。

思考题

1. 最可能的临床诊断是什么？
2. 处理原则是什么？

糖尿病（diabetes mellitus）是由于胰岛素绝对或相对不足引起的糖、脂肪、蛋白质、水及电解质代谢紊乱的慢性全身性内分泌代谢病。糖尿病可分为原发性和继发性两类，以原发性占大多数。原发性又分两型：胰岛素依赖型（IDDM，即 1 型）和非胰岛素依赖型（NIDDM，即 2 型）。儿童糖尿病绝大多数为 1 型。病情多较成人重，易引起酮症酸中毒。本章节重点介绍 1 型糖尿病。

一、病 因

1 型糖尿病的主要病因尚未完全阐明，目前认为可能与胰岛自身免疫、遗传易感性以及环境因素，如病毒感染、化学毒物、食物中的某些成分等密切相关。

二、发 病 机 制

1. 目前认为第 6 号染色体短臂上具有组织相容抗原基因的人，在病毒感染或其他因子触发诱导下，绝大多数患儿容易产生自身免疫反应，直接或间接地损伤了胰岛 B 细胞，使胰岛素分泌功能低下而发病。

2. 胰岛素具有促进糖利用，促进蛋白质、脂肪的合成作用。当胰岛素分泌不足时，葡萄糖的利用减少，能量不足使机体乏力、软弱，组织不能利用葡萄糖，能量不足而产生饥饿感，引起多食。血糖不能利用，肝糖原合成减少，糖原异生增加使血糖增高，超过肾阈值，引起渗透性利尿（多尿）、电解质失衡和慢性脱水，进而产生口渴多饮。

三、临 床 表 现

考点：小儿糖尿病主要症状

（一）主要症状

1. 起病急，多尿、烦渴、消瘦、软弱和疲乏为主症。

2. 多食症状有的不明显，有时遗尿成为婴幼儿的早期症状。

3. 约有 40%的患儿第一次就诊时表现酮症酸中毒昏迷，多因急性感染、过食、诊断延误或突然中断胰岛素治疗等诱发。

（二）并发症

1. 急性并发症　酮症酸中毒、低血糖、感染、糖尿病高渗性非酮症性昏迷。

2. 中期并发症　注射部位皮下脂肪组织萎缩或肥厚、关节活动受限、骨质疏松、生长障碍、性成熟延迟、常反复发生低血糖可有智力损害、白内障、血糖反调节障碍。

3. 慢性并发症　主要是微血管和大血管系统引起的病变，包括视网膜病、糖尿病肾病、神经病变等。

四、辅 助 检 查

考点：血糖和尿糖值

1. 血糖和尿糖　空腹血糖值常≥7.8mmol／L（≥140mg／dl），或一天内任何时候查血糖值均≥11.1mmol／L（≥200mg／dl），尿糖定性一般均阳性（+～++++）。

2. 糖耐量试验（OGTT）　血糖未达到上述标准时需做 OGTT，儿童服糖量按 1.75g/kg 计算（最大量限 75g）后 24 小时血糖≥11.1mmol／L。

3. 糖化血红蛋白　能反映其测定前 4～8 周的平均血糖水平。

4. 果糖胺　所测结果只反映测定前 2～4 周的平均血糖水平。

5. 胰岛素与 C 肽测定　患者胰岛 B 细胞功能降低，故胰岛素及 C 肽水平较低。

6. 抗体检测　目前能测定的抗体有胰岛细胞抗体（ICA）、谷氨酸脱羧酶抗体（GADab）、胰岛素自身抗体（IAA）和胰岛细胞表面抗体（ICSA）等。

7. 其他　血酮体及尿酮体测定、血气分析、血脂、肝肾功能、甲状腺功能以及尿微量蛋白等指标，应定期随访。

葡萄糖耐量试验

适用于无明显症状、尿糖偶见阳性、血糖正常或略高的患儿。通常采用口服葡萄糖法，试验当日 0 时起禁食，在清晨口服 1.75g/kg（最多不超过 75g，每克糖加水 2.5ml，于 3～5 分钟服完），在口服前和口服后 60 分钟、120 分钟、180 分钟，分别采静脉血测定血糖和胰岛素浓度。正常人口服前血糖<6.2mmol／L，服完 60 分钟血糖<10mmol/L，服完 120 分钟血糖<7.8mmol／L。糖尿病患儿 120 分钟血糖值>11mmol／L，胰岛素峰值下降。

链接

五、诊　　断

考点：主要诊断标准

1. 病史　询问起病之前有无急性感染史，重点了解患儿有无多尿、多饮、多食、消瘦病史，是否经常发生皮肤疮疖及遗尿现象，有无糖尿病家族史。

2. 血糖　空腹血糖≥6. 7mmol／L 和餐后 2 小时血糖≥11. 1mmol／L；随机血糖≥11. 1mmol／L 时可诊断。

六、防治原则

1. 目的　空腹血糖维持在 6. 7～7. 8mmol／L，餐后 2 小时血糖接近空腹水平。

2. 要求　临床应满足以下要求。

（1）完全消除临床症状。

（2）防止再次发生糖尿病酮症酸中毒。

（3）避免发生低血糖。

（4）保持正常的生长和青春期发育。

（5）防止肥胖。

（6）早期诊断制定治疗方案。

（7）注意患儿心理、情绪变化给予帮助。

（8）严格遵医嘱，防止并发症的发生。

3. 糖尿病（IDDM）的治疗方案　1 型糖尿病必须用胰岛素治疗，2 型糖尿病用口服降糖药血糖控制不满意时也需加用胰岛素治疗（表 13-2）。

表13-2　胰岛素的种类和作用时间

胰岛素种类	开始作用时间（小时）	作用最强时间（小时）	维持时间（小时）
速效（aspart）	10～20（分钟）	40（分钟）	3～5
短效（RI）	0.5	3～4	6～8
中效（NPH）	1.5～2	4～12	18～24

续表

胰岛素种类	开始作用时间（小时）	作用最强时间（小时）	维持时间（小时）
混合（短效+中效）	0.5	2～18	18～24
长效（PZI）	3～4	14～20	24～36
甘精胰岛素（glargine）	平稳释放		24

胰岛素应用方法：糖尿病初治剂量为 5 岁以前 0.5u／（kg·d），5 岁后 1.0 u／（kg·d），每天剂量分 4 次，于早、中、晚餐前 30 分钟皮下注射短效胰岛素，晚睡前再注射 1 次中效胰岛素（每天胰岛素总量的分配：早餐前 40%，中餐前 20%，晚餐前 30%，睡前 10%）。病情控制后晚睡前的一次可取消。一般经治疗 2 周至 1 个月，胰岛功能可逐步恢复，仍可分泌少量胰岛素。应每隔数天减少胰岛素 1～2u，一直减少到每天最少必需量，即进入缓解期。

考点：胰岛素的应用

（1）缓解期：可改中效胰岛素与短效胰岛素合用。中效的珠蛋白胰岛素（NPH）为全天胰岛素总量的 60%，短效（Rl）为 40%，分早、晚 2 次注射，早餐前用全天总量的 2／3，晚餐前用 1／3 量。无中效胰岛素时，可选用长效胰岛素与短效合用，分早、晚 2 次注射，PZl（长效的血清精蛋白锌胰岛素）与 Rl（短效的常规胰岛素）的比例为 1∶2 或 1∶3。部分缓解的患者胰岛素需要量往往低于 0.5u／（kg·d）。在这一时期（3～4 个月）内仍应注意调整胰岛素剂量，应避免发生低血糖。

（2）缓解期后，患者的胰岛素需要量增加。青春期前的儿童胰岛素需要量一般在 0.8u/（kg·d），青春期胰岛素需要量为 0.5～1.0u／（kg·d），青春期后胰岛素需要量有所减少。多数患者需每天注射 3～4 次胰岛素，即早餐前 NPH 加 Rl；晚餐前 Rl；睡前 NPH。每天注射 4 次者，中餐前加 Rl。

（3）根据血糖检测调整胰岛素用量：具体方法如下：如果早餐后 2 小时血糖高或午餐前血糖高于正常。则增加早餐前的 Rl；如果午餐后 2 小时或晚餐前血糖高，则增加早餐前的 NPH；若晚餐后 2 小时或睡前血糖高，则增加晚餐前的 Rl，早上空腹血糖高，可增加晚餐前的 NPH，但晚上易发生低血糖，易产生 Somogyi 反应，可将晚餐前的 NPH 移到睡前注射，若早上血糖仍高的话，再增加睡前的 NPH。反之， 若在上述时间出现低血糖，则应减少相应的胰岛素量。每次增加或减少胰岛素的剂量不宜过大，以 0.5～1.0u 为宜。

Somogyi 现象

Somogyi 现象指由于胰岛素过量，在午夜至凌晨 4 时发生低血糖，表现为出汗、恐怖感或惊叫、头痛。低血糖引起体内胰高血糖素、皮质醇、肾上腺素等分泌，出现反应性血糖升高，以至清晨血、尿糖异常增高，又称低血糖后的高血糖反应。

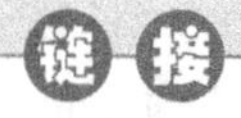

糖尿病治疗新方向

近年来，我国接受胎儿胰岛细胞移植的病人逐渐增多，尽管要达到完全停用胰岛素的要求还有较大距离，但胰岛细胞移植已给胰岛素依赖型糖尿病的根治带来了希望。人工胰岛素与胰岛素泵也已应用于临床。目前国内外学者正在积极研究基因治疗，寻求和发现恢复胰岛细胞功能的更多药物。

链接

4. 饮食治疗

食物热量要适合患儿的年龄、生长发育和日常活动的需要。

（1）热量计算：不宜过低，一日总热量需要量=1 000+（年龄−1）×100（将算出数乘以4. 184 换算成法定单位）。

（2）热量分配：糖类 50%，蛋白质 15%，脂肪 35%，3 岁以下可适当增加蛋白质，以保证生长发育所需。

（3）热量餐饮分配：早餐 30%，午餐 30%，晚餐 20%，其余 20%可作睡前和餐间点心，以免发生低血糖。全日热量分三餐，分别为 1/5、2/5、2/5 并由每餐中留少许食物作点心。脂肪应以植物油为主，蛋白质至少一半以上为动物蛋白质。碳水化合物应以米饭为主，蔗糖等精制糖应该避免。

考点：饮食治疗的方法

5. 运动治疗

主张糖尿病患者每天有 1 小时的运动，如球类运动、游泳和跳舞等均可。坚持每天固定时间运动，有利于摄入热量、胰岛素用量和运动量的调节。

6. 糖尿病教育及监控

（1）糖尿病教育：教会家长和儿童患者自我治疗所必需的知识和技能，以达到优良的代谢控制和糖尿病并发症预防的目的。因糖尿病是终身疾病，精神情绪、社会环境和家庭各种因素皆影响病情。因此，糖尿病教育一方面要普及对糖尿病患者自我保健的知识，另一方面更应注意鼓励患者树立战胜疾病的信心。

（2）糖尿病监控：糖尿病是慢性终身疾病，因此，对糖尿病的管理和监控非常重要。糖尿病监控措施如下：

糖化血红蛋白（HbAlc）：应每 3～4 个月检测 1 次。血糖及糖化血红蛋白控制标准见表 13-3。

表13-3　儿童青少年糖尿病血糖和糖化血红蛋白（HbAlc）控制标准

年龄（岁）	血糖目标值(mmol/L)		HbAlc（%）
	餐前	睡前/夜间	
<6	5.5～10	6.1～11.1	7.5～8.5
6～12	5.0～10	5.5～0	<8
13～19	5.0～7.2	5.0～8.3	<7.5

1）症状未控制者每天检测 4 次血糖（三餐前及睡前），每周测 1 次凌晨 2～3 时血糖。

2）每天测量尿糖和尿酮体（无血糖仪者应每天餐前及睡前测尿糖）。

3）患者每次复诊时（出院后 1～2 周 1 次，稳定后 2～3 个月 1 次）查尿微量白蛋白。

4）每年检测 1 次血脂，包括总胆固醇、三酰甘油、HDL（高密度脂蛋白）、LDL（低密度脂蛋白）和 VLDL（极低密度脂蛋白）。血脂应保持在正常范围内。

5）每年检测 1 次甲状腺功能，包括 TSH、T_3 和 FT_4；如果甲状腺肿大，则同时测甲状腺抗体。

6）每年检查 1 次眼底。

7）每次复诊时应测体重，儿童患者应测身高并记录青春期发育状况。

血糖控制目标

第一目标：将空腹血糖降至11．1mmol／L以下。

第二目标：将餐后血糖降至11．1mmol／L以下。

第三目标：将空腹血糖降至8mmol／L以下，将餐后血糖降至10mmol／L以下。

第四目标：将空腹血糖降至6.1mmol／L以下，将餐后血糖降至7.8mmol／L以下，即达到生理状况水平。

7. 糖尿病酮症酸中毒的治疗

患儿血糖、尿酮体阳性、血 pH<7.3 及 HCO_3<15mmol／L 即可诊断 DKA。儿童糖尿病常因感染或漏用胰岛素引起酮症酸中毒（DKA），重者可危及生命。应扩容治疗 1 小时后开始用胰岛素。

（1）输液治疗：扩容：0.9%NaCl 10ml／kg，于 1～2 小时快速静脉滴注，有休克者可重复使用。补液总量计算及用法：需要量=丢失量+维持量。丢失量=估计脱水量的百分数（%）×体重（kg）×1 000（1kg 相当 1000 ml）。

维持量计算见表 13-4。

表13-4 维持量计算

年龄（岁）	体重（kg）	维持液体量（每 24 小时 ml/kg）
<1	3～9	80
1～5	10～9	70
6～9	2～29	60
10～14	30～50	50
>15	>50	35

（2）补钾：见尿补钾，因应用胰岛素和扩容纠酸等治疗极易引起低血钾，使用胰岛素开始时即应及时补充钾，用磷酸氢二钾或醋酸钾可减少高氯血症。补钾量：每小时 0.5mmol/L（最大量）或 10%氯化钾 1～2ml／kg。

（3）小剂量静脉滴注胰岛素：胰岛素 0.1U／kg 加入 180～240ml 生理盐水，以每分钟 1ml 静脉滴注 3～4 小时后，复查血糖。当血糖<17mmol／L 时，应将输入液体换成含 0. 2%氯化钠的 5%葡萄糖溶液，并停止静脉滴注胰岛素，改为正规胰岛素皮下注射，每次 0.25～0.5u/kg，每 4～6 小时 1 次，直至患儿开始进食、血糖稳定为止。

（4）纠酸治疗：对酮症酸中毒不宜常规使用碳酸氢钠溶液，仅在 pH<7.1，HCO_3^-<12mmol/L 时，可按需补充的 $NaHCO_3$（mmol／L）=（15–所测 HCO_3^-）（mmol／L）×0.6×体重，给予 1.4%碳酸氢钠溶液静脉滴注，先用半量，当血 pH≥7. 2 时即停用，避免酸中毒纠正过快引起碱中毒而脑内仍为酸中毒，从而加重脑水肿。

案例13-3分析

1. 初步诊断　6岁男童，起病较急。常表现为多尿、多饮、多食及体重减轻的症状，成“三多一少”发病，有感染诱因、遗尿的症状出现，多饮多尿被忽视，直到发生酮症酸中毒后才来就诊。出现恶心、呕吐、腹痛、食欲缺乏及神志模糊、嗜睡等，同时出现呼吸深长、节律不正，呼吸带有烂苹果味。体格检查除见体重减轻、消瘦外，血糖 19 8mmol/L，尿糖（++），尿酮体（+）。根据患儿病史、症状、体征及现有的辅助检查应初步诊断儿童糖尿病。建议进一步做血糖检测。若空腹血糖≥6. 7mmol / L 和餐后 2 小时血糖≥11. 1mmol / L；随机血糖≥11. 1mmol / L 时可诊断。故可诊断为儿童糖尿病。

2. 处理原则　糖尿病治疗应采取综合措施。只要实行了合理的教育管理与治疗，寿命不断延长，生长发育亦大多不受影响。要特别重视①控制饮食；②防治低血糖和酮症酸中毒等并发症；③胰岛素替代疗法；④体育锻炼；⑤检测血糖和加强教育。

第 4 节　21-三体综合征

学 习 目 标

1. 了解 21-三体综合征的病因。
2. 熟悉 21-三体综合征的染色体核型及预防。
3. 掌握 21-三体综合征的临床表现及诊断。

案例13-4

患儿男，2 岁。因“发热 38.6℃，抽搐 1 次”来院就诊。患儿 4 小时前无明显诱因开始发热、抽搐，按压人中后缓解。

查体：小儿精神状况尚可，伴轻度流涕，不咳嗽，无呕吐及腹泻，面色潮红，口周略发绀。体温 38.4℃，呼吸 36 次/分，脉搏 128 次/分，体重 12 kg，身长 83cm。已 2 岁仍不会站立，发音不清，只会伊呀发音，智力发育落后同龄儿童。头型短，鼻梁扁平，眼距宽，眼裂小，口半张，舌伸出，流涎，四肢肌肉张力低，皮肤细嫩，手有通贯纹，小指短内弯；呼吸略促，双肺听诊呼吸音略粗，未闻及啰音。心音有力，在胸骨左缘 2、3 肋间闻及Ⅱ～Ⅲ级收缩期杂音，胸透心脏无扩大。腹软，肝脾不大。细胞遗传学检查，核型：47，XX（XY），+21。患儿系足月顺产，G3P1，生后无窒息。母亲 42 岁产下这一子，头二胎自然流产。已接种卡介苗及乙肝疫苗。否认肝炎、结核接触史。

思考题

1. 最可能的临床诊断是什么？
2. 治疗原则是什么？

21-三体综合征又称先天愚型或 Down 综合征（唐氏综合征），是一种因常染色体畸变而引起的先天性脑发育障碍性疾病。临床表现为智能障碍，特殊面貌，肌张力低，机体免疫力低下，发育迟缓，常合并有其他先天性畸形（如先天性心脏病等）。据统计，每 1000 个活产新生儿中有 21-三体综合征 1.5 个。

21-三体综合征

1846 年 Seynin 首次描述。

1866 年，英国医生唐·约翰·朗顿在学会首次发表了这一病症。它最早叫蒙古症（Mongolism）或者蒙古痴呆症（mongolian idiocy），因为唐医生发现他的病人的面部比正常人较宽，眼睛小而上挑，看起来与蒙古人有类同之处。这个名称被现今医学界认为是种族歧视和没有医学意义而没有普遍使用。

1959 年，法国遗传学家杰罗姆·勒琼（Jerome LeJeune)发现唐氏综合征是由人体第 21 对染色体的三体变异造成的现象。这也是人类首次发现的染色体缺陷造成的疾病。

1961 年，"唐氏综合征"一词由 The Lancet 编辑首先使用。

1965 年，WHO 将这一病症正式定名为"21-三体综合征"，又称唐氏综合征。

一、病　　因

确切的病因尚未明了，可能与下列因素有关：母亲的妊娠年龄过大、多胎、多年不育后妊娠、母亲怀孕早期受病毒感染、使用化学药物及放射线照射、内分泌障碍以及遗传因素等。上述因素可致使病儿体细胞内 21 对染色体发生畸变，即第 21 对染色体呈三体性，故也称 21 -三体综合征。

其发生主要由于生殖细胞在减数分裂时或受精卵在有丝分裂时发生不分离所致。唐氏综合征染色体核型有以下三种（图 13-3）。

1. 标准型　占 95%，核型为 47，XY 或（XX）+21。多为双亲一方，多见母亲的生殖细胞染色体在减数分裂时不分离所致。主要原因是母亲高龄产妇，父亲年龄＞55 岁，其他如化学药物、病毒感染、肝炎、慢性甲状腺炎等。

考点：21-三体综合征的核型

2. 易位型　占 2%，核型为 46，XY 或（XY），-14+t（14q；21q）父母一方为携带者，携带易位染色体，传给子代。为 14 号与 21 号易位，如患儿易位型，应查父、母核型，如父母一方为易位染色体携带者，则再发率高。此型与母亲年龄无关。

3. 嵌合型　占 3%～10%，核型为 47，XY（XY），+21/46，XY（XY）。

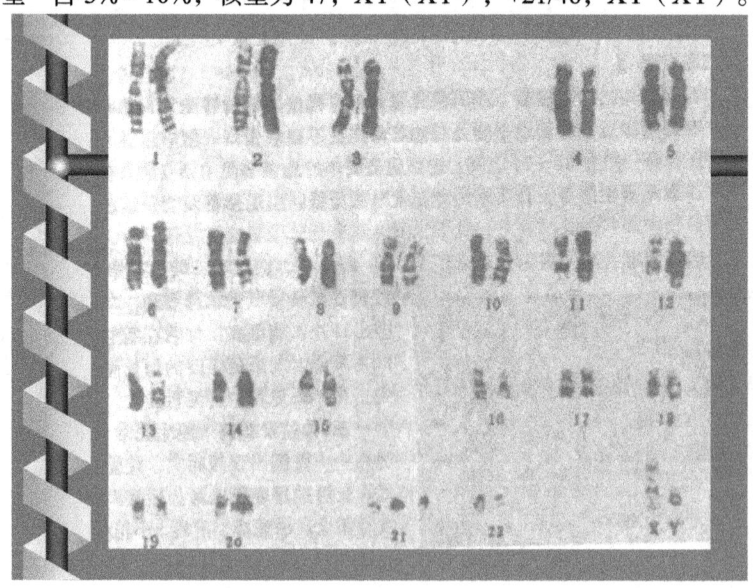

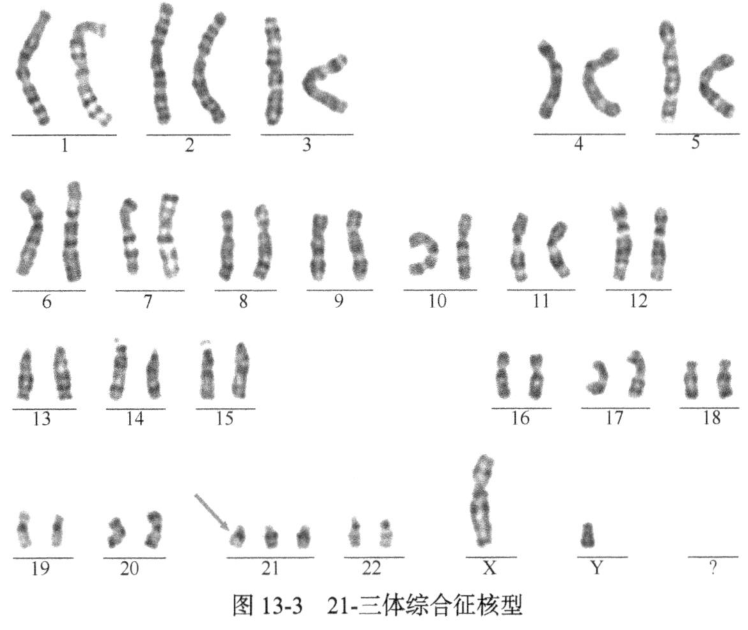

图 13-3　21-三体综合征核型

二、临 床 表 现

本病主要特征为智能落后、特殊面容和生长发育迟缓，并可伴有多种畸形。

1. 智能落后　绝大部分患儿都有不同程度的智能发育障碍，随年龄的增长日益明显。嵌合体型患儿若正常细胞比例较大则智能障碍较轻。

2. 生长发育迟缓　患儿出生的身长和体重均较正常儿低，生后体格发育、动作发育均迟缓，身材矮小，骨龄落后于实际年龄，出牙迟且顺序异常；四肢短，韧带松弛，关节可过度弯曲；肌张力低下，腹膨隆，可伴有脐疝；手指粗短，小指尤短内弯，中间指骨短宽，且向内弯曲。

3. 特殊面容　出生时即有明显的特殊面容，表情呆滞。眼裂小，眼距宽，双眼外眦上斜，可有内眦赘皮；鼻梁低平，外耳小；硬腭窄小，常张口伸舌，流涎多；头小而圆，前囟大且关闭延迟；颈短而宽（图 13-4）。

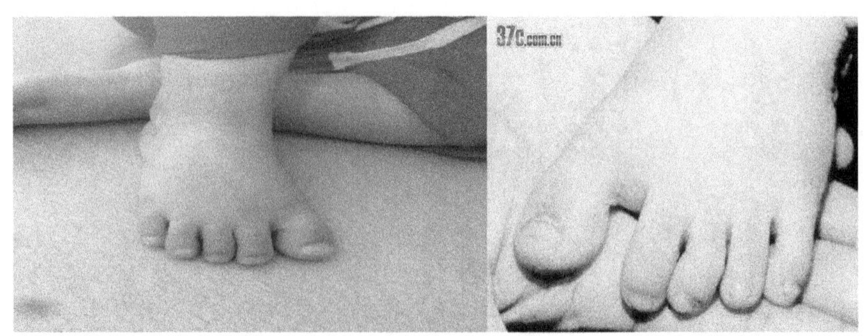

图 13-4　21-三体综合征

4. 皮纹特点　可有通贯手，手掌三叉点 t 移向掌心，atd 角增大，第 5 指有的只有一条指褶纹，第一趾与第二趾间距宽（图 13-5）。

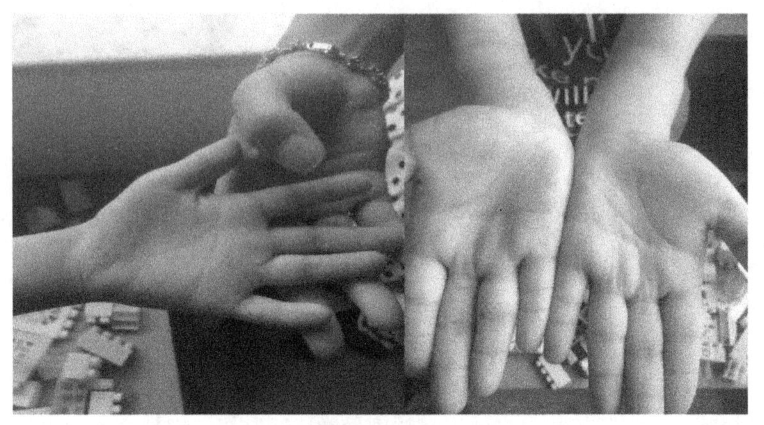

图 13-5　21-三体综合征通贯手

考点：典型的临床表现

5. 伴发畸形　约 50%患儿伴有先天性心脏病，其次是消化道畸形。先天性甲状腺功能减低症（16%～20%）和急性淋巴细胞性白血病的发生率明显高（1/150）于正常人群，免疫功能低下，易患感染性疾病；外生殖器发育一般正常，但男孩可有隐睾、小阴茎，无生殖能力，女孩性发育延迟，少数可有生育。

三、辅助检查

（一）细胞遗传学检查

羊水细胞染色体检查，适宜孕 16～20 周的孕妇，根据核型分析可分为三型。

1. 标准型　父母核型大都正常，仅极少数为家族遗传（母亲是 21-三体患者）。核型：47，XX（XY），+21。

2. 易位型　D/G 易位常见，核型：46，XX（XY），−14，+t（14q21q）。

考点：用于胎儿细胞遗传核型筛查

3. 嵌合体型　患儿体内存在两种细胞系，一为正常细胞，另一为 21-三体细胞。

（二）分子细胞遗传学检查

用荧光素标记的 21 号染色体的相应片段序列的探针，与外周血中的淋巴细胞或羊水细胞进行原位杂交（即 FISH 技术），在本病患者的细胞中呈现三个 21 号染色体的荧光信号。

四、诊断与鉴别诊断

典型病例根据特殊面容、智能与生长发育落后、皮纹特点等不难作出临床诊断，但应做染色体核型分析以确诊，并确定核型。嵌合型、新生儿或症状不典型者，更需核型分析确诊。本病应与先天性甲状腺功能减低症鉴别，后者有颜面黏液性水肿、头发干燥、皮肤粗糙、喂养困难、便秘腹胀等症状，可测血清 TSH、T_4 和核型分析进行鉴别。

五、并 发 症

21-三体综合征患者伴随有脏器畸形变异的概率较高，其中先天性心脏病患病比率高达 40%；白内障患病率为 2%；急性白血病患病率为 1%；甲状腺疾病患病率 3%。

六、治 疗

无特殊治疗方法，只能对症处理。由于患儿免疫力低下，宜注意预防感染，加强智能方面的训练和行为教育。如伴有先天性心脏病、胃肠道或其他畸形，可考虑手术矫治。此外，应采用综合措施，包括医疗和社会服务，对患者进行长期耐心的教育和训练，对弱智儿进行预备教育以使其能过渡到普通学校上学，训练弱智儿掌握一定的工作技能。耐心地教育和训练，在监护下，生活多可自理，甚至可做较简单的社会工作而自食其力。家长和学校应帮助孩子克服行为问题，社会应对残疾儿的父母给予道义上的支持。

七、预 防

1. 遗传咨询 专家提醒，下列 5 类属高发人群，应早期干预。

（1）妊娠前后有病毒感染、接触化学物质、药物、射线等。

（2）受孕时，夫妻一方染色体异常。

（3）夫妻一方年龄较大，母>35 岁，父>55 岁，为平衡易位携带者。

（4）有习惯性流产史、早产或死胎的孕妇。

（5）有先天愚型家族史并具有本病皮纹特征的孕妇。

2. 产前诊断 最近新的关于唐氏综合征的检测是利用新一代深度测序技术对母体外周血血浆中提取游离的 DNA 片段（来自母体和胎儿的 DNA 片段）进行高通量测序，并将测序结果进行生物信息分析（基于生物统计学基础上）得出相关结果。

八、预 后

我国每年大约有 26600 个唐氏儿出生，平均每 20 分钟就有 1 例出生，每例大约造成 25 万人民币的社会经济负担。估计我国现有病儿 60 万以上。此病患者在婴幼儿时期常反复患呼吸道感染，伴有先心病者常因此早期死亡。肌张力随年龄增长逐渐改善，而生长发育进度与正常儿差距逐渐加大。15 岁时已停止长高，身材矮，智商低，嵌合型者可达 50%以上。

案例13-4分析

1. 初步诊断 患儿 2 岁，仍不会站立，发音不清，只会伊呀发音，智力发育落后同龄。头型短，鼻梁扁平，眼距宽，眼裂呼小，口半张，舌伸出，流涎，四肢肌肉张力低，皮肤细嫩，手有通贯纹，小指短内弯。呼吸略促，双肺听诊呼吸音略粗，未闻及啰音。心音有力，在胸骨左缘 2、3 肋间闻及Ⅱ～Ⅲ级收缩期杂音。细胞遗传学检查，核型：47，XX（XY），+21，可诊断为 21-三体综合征伴先天性心脏病。

2、处理原则 对症处理，患儿免疫力低下，预防感染，加强智能方面的训练和行为教育。对于先天性心脏病可酌情手术治疗。

目标检测

一、A1 型题

1. 导致先天性甲状腺功能减低症的病因不包括（　　）
   A. 甲状腺不发育或发育不全
   B. 甲状腺素合成途径缺陷
   C. 促甲状腺激素缺乏
   D. 甲状腺或靶器官反应性低下
   E. 碘摄入过多
2. 垂体发育缺陷导致先天性甲状腺功能减低症的机制是（　　）
   A. 促甲状腺素缺乏
   B. 促甲状腺素释放激素缺乏
   C. 生长激素缺乏
   D. 促肾上腺皮质激素缺乏
   E. 碘缺乏
3. 有关先天性甲状腺功能减低症临床表现的描述，不正确的是（　　）
   A. 症状出现的早晚与残留的甲状腺分泌功能有关
   B. 酶缺陷患儿生后数年可出现甲状腺肿大
   C. 甲状腺发育不良患儿生后即出现明显症状
   D. 未经治疗的患儿在生命早期即可有严重的神经系统损害
   E. 新生儿期症状不明显
4. 先天性甲状腺功能减低症患儿的特殊面容和体态不包括（　　）
   A. 头大、颈短
   B. 面部黏液水肿，眼睑水肿
   C. 皮肤苍黄、干燥，毛发稀少
   D. 眼距宽，鼻梁宽平
   E. 呈匀称性矮小
5. 先天性甲状腺功能减低症的确诊靠（　　）
   A. 新生儿筛查
   B. 血 T_3、T_4、TSH 检查
   C. TRH 刺激试验
   D. 骨骼 X 线检查
   E. 放射性核素检查
6. 有关先天性甲状腺功能减低症治疗的描述，错误的是（　　）
   A. 需甲状腺素终生治疗
   B. 用量不足时影响小儿身高及骨骼增长
   C. 从大剂量开始用药以迅速缓解症状
   D. 治疗开始时间越早，治疗效果就越好
   E. 定期检测血 T_4、TSH 变化以调整用药剂量
7. 新生儿甲状腺减低症常见于（　　）
   A. 早产儿
   B. 足月儿
   C. 小于胎龄儿
   D. 过期产儿
   E. 低出生体重儿
8. 先天性甲状腺功能减低症服用甲状腺制剂的时间是（　　）
   A. 1～2 年
   B. 2～4 年
   C. 4～6 年
   D. 6～8 年
   E. 终生
9. 下列哪项不是新生儿甲状腺功能减低症的特点（　　）
   A. 精神及动作反应迟钝
   B. 食量少，吞咽缓慢，常腹泻
   C. 很少哭闹，声音嘶哑
   D. 生理性黄疸时间延长
   E. 不爱活动，多睡
10. 苯丙酮尿症属于（　　）
    A. 染色体畸变
    B. 常染色体显性遗传
    C. 常染色体隐性遗传
    D. X 连锁显性遗传
    E. X 连锁隐性遗传
11. 典型的苯丙酮尿症是因肝脏缺乏（　　）
    A. 苯丙氨酸羟化酶
    B. 酪氨酸羟化酶
    C. 谷氨酸羟化酶
    D. 二氢生物蝶呤合成酶
    E. 羟苯丙酮酸氧化酶
12. 苯丙酮尿症患儿通常在什么时候出现临床症状（　　）
    A. 出生时
    B. 生后 1～3 个月
    C. 生后 3～6 个月
    D. 生后 6～9 个月
    E. 生后 9～12 个月
13. 苯丙酮尿症神经系统表现主要为（　　）
    A. 行为异常
    B. 癫痫小发作
    C. 智力发育落后
    D. 肌张力增高
    E. 腱反射亢进
14. 苯丙酮尿症的发病是由于哪种物质的代谢障

碍（　　）

A. 碳水化合物
B. 脂肪酸
C. 氨基酸
D. 碳水化合物与脂肪酸
E. 碳水化合物与氨基酸

15. 苯丙酮尿症的诊断需做下列哪项检查(　　)
A. 染色体核型分析
B. 血清 T_3、T_4 测定
C. 血浆游离氨基酸分析
D. 骨骼 X 线检查
E. 尿液黏多糖检测

16. 苯丙酮酸尿症最突出的临床特点是（　　）
A. 肌张力减低　B. 头发黄褐色
C. 皮肤白皙　D. 智力低下
E. 伴有惊厥

17. 苯丙酮尿症可有下列临床特点，但应除外（　　）
A. 生后 4 个月左右，才发现智力低下
B. 可有抽搐发作或脑性瘫痪
C. 头发黄褐色，尿呈“霉臭”气味
D. 皮肤白皙，易出现湿疹样皮疹
E. 特殊面容，四肢粗短

18. 苯丙酮尿症造成体内苯丙氨酸积聚的原因是（　　）
A. 酪氨酸缺乏
B. 苯丙氨酸羟化酶缺陷或四氢生物蝶呤缺乏
C. 体内铜蓝蛋白缺乏
D. 磷酸化酶缺陷
E. 磷酸化酶激酶缺乏

19. 苯丙酮尿症的临床表现主要为（　　）
A. 智能低下＋惊厥
B. 智能低下＋毛发、皮肤和虹膜色浅＋尿特臭
C. 生后毛发、皮肤和虹膜色浅
D. 智能低下＋多发畸形
E. 惊厥＋多发畸形

20. 苯丙酮尿症的新生儿筛查采用的方法为（　　）
A. 尿三氯化铁试验
B. 2，4-二硝基苯肼试验
C. Guthrie 细菌生长抑制试验
D. 血浆游离氨基酸分析
E. 尿液有机酸分析

21. 典型苯丙酮尿症患者日后的智能水平取决于（　　）
A. 是否执行无苯丙氨酸饮食
B. 是否进行强化教育
C. 治疗开始的早晚和饮食控制是否严格
D. 是否应用药物四氢生物蝶呤
E. 治疗开始的早晚、饮食控制是否严格和足够的疗程

22. 下列哪项不是儿童糖尿病的临床特点(　　)
A. 起病较急
B. 婴儿多饮、多食、多尿及饥饿感较明显
C. 夜间可出现遗尿
D. 感染时易发生酮症酸中毒
E. 容易出现糖尿病性周围神经病变

23. 小儿糖尿病饮食治疗，下列哪项不妥（　　）
A. 饮食应能满足营养及热量需要
B. 供给充足维生素
C. 能量分配为糖类 50%、脂肪 35%、蛋白质 15%
D. 热量分配为早餐 30%、午餐 30%、晚餐 20%，其余 20%睡前和餐间
E. 限制蛋白质的需要量

24. 儿童糖尿病的饮食管理，下述哪项不妥（　　）
A. 食物热量要适合患儿的年龄、生长发育和日常活动的需要
B. 全日热量分三餐，分别为 1/5、2/5、2/5 并由每餐中留少许食物作点心
C. 热量分配：糖类 50%，蛋白质 35%，脂肪 15%
D. 脂肪应以植物油为主，蛋白质至少一半以上为动物蛋白质
E. 碳水化合物应以米饭为主，蔗糖等精制糖应该避免

25. 先天愚型的临床表现应除外下列哪项(　　)
A. 智力低下　B. 体格发育正常
C. 特殊面容　D. 喂养困难
E. 抵抗力低下

26. 关于 21-三体综合征下列哪项不正确（　　）
A. 本征不属于常染色体畸变
B. 小儿染色体病中最常见的一种
C. 母亲年龄越大本病的发病率越高
D. 60%的患儿在胎儿早期即夭折流产
E. 活婴中发生率约 1/1000

27. 先天愚型患儿的皮肤纹理特征之一是(　　)
A. 通贯手
B. atd 角正常
C. 第 3、4 指桡箕增多
D. 踇指球胫侧弓形纹无指褶纹
E. 第 5 指有两条指褶纹

28. 先天愚型患儿染色体检查核型 95%以上为（　　）
A. 47，XY（或 XX），+21
B. 46，XX（或 XY），-14，+t（14q21q）
C. 45，XX（或 XY），-14，-21，+t（14q 21q）
D. 46，XX（或 XY），-21，+t（21q21q）
E. 46，XX（或 XY），-22，+t（21q22q）
29. 21-三体综合征患儿的确诊需（　　）
A. 骨骼 X 线检查
B. 染色体核型检查
C. 血清 T_3、T_4 检查
D. 尿三氯化铁试验
E. 血浆游离氨基酸分析
30. 先天愚型患儿临床特点应除外（　　）
A. 特殊面容
B. 嗜睡
C. 喂养困难
D. 免疫功能正常
E. 易伴发先天性心脏病
31. 患儿女，3 个月。以哭闹后青紫就诊。查体：精神呆板，眼距宽，双眼外侧上斜，四肢短，双侧通贯掌，肌张力低，心尖部闻及Ⅱ～Ⅲ级收缩期杂音，入院初诊为（　　）
A. 先天性心脏病
B. 21-三体综合征
C. 先天性甲状腺功能低下症
D. 苯丙酮尿症
E. 垂体发育异常
32. 患儿女，5 岁。门诊诊断为 21-三体综合征，其核型分析为 46，XX，t（14q21q），最可能属于下列哪种染色体畸变所致（　　）
A. 染色体重叠
B. 染色体缺失
C. 染色体倒位
D. 染色体重复
E. 染色体易位
33. 患儿男，1 岁。医生怀疑患有 21-三体综合征，动员家长对患儿进行染色体检查。医生应告诉家长，患儿如下特点均支持这一诊断，除了（　　）
A. 经常伸舌　　B. 皮肤粗糙
C. 表现呆滞　　D. 眼距宽
E. 双侧通贯掌
34. 27 岁，已婚女性，因多次自然流产，且其姨表妹患 21 三体综合征，为避免她子代又患此病，来遗传病门诊咨询，请儿科医师指导采用下列预防措施中，哪项应除外（　　）
A. 夫妇双方应进行染色体检查
B. 妊娠期进行羊水细胞培养及染色体检查
C. 妊娠前后应避免接受 X 线照射
D. 妊娠期羊水细胞培养，并做酶及生化测定
E. 妊娠期应注意预防肝炎等病毒感染
35. 21-三体综合征属于（　　）
A. 常染色体疾病
B. 单基因遗传病
C. 多基因遗传病
D. 内分泌病
E. 免疫缺陷症
36. 下列哪项不是治疗先天愚型的方法（　　）
A. 饮食控制治疗
B. 耐心教育
C. 加强训练
D. 加强护理，预防传染病
E. 早期 r-酪氨酸治疗
37. 哪项不符合先天愚型的特点（　　）
A. 眼裂小，眼距宽
B. 张口伸舌流涎多
C. 皮肤粗糙增厚
D. 合并各种先天性畸形
E. 精神运动发育迟缓
38. 预防先天愚型的措施哪项错误（　　）
A. 35 岁以上妇女应节育
B. 有家族史者一旦妊娠应进行染色体检查
C. 母亲妊娠期后避免 X 线照射
D. 避免滥用化学药物
E. 孕期注意营养

二、A2 型题

39. 患儿女，30 天。过期产，出生体重 4500 克，母亲无糖尿病病史。生后人工喂养，常鼻塞，时有呼吸困难，吃奶差。哭声弱、反应差、便秘，脐孔凸出。体检：体温 35℃，脉搏 90 次/分，皮肤轻度黄染。血象：Hb 90g/L，RBC 3.6×10^{12}/L，WBC 11×10^{9}/L。对该患儿最主要的治疗是（　　）
A. 应用抗生素抗感染
B. 保肝、利胆、退黄
C. 不需用药，继续观察
D. 保暖给氧，支持呼吸
E. 服用甲状腺制剂
40. 患儿 4 岁。诊断为先天性甲状腺功能减低症，给甲状腺素片治疗，医生嘱咐，出现下列情况考虑为甲状腺素片过量，但哪项除外（　　）
A. 食欲好转　　B. 心悸

C. 发热　　D. 多汗

E. 腹泻

41. 患儿女，20 天。生后 3 天行新生儿筛查发现 TSH 浓度为 30mU/L，为进一步明确诊断，必须再进行以下何项检查（　　）

A. 骨龄测定

B. 染色体核型分析

C. 血清 T_3、T_4、TSH 测定

D. TRH 刺激试验

E. 血钙、磷及碱性磷酸酶测定

42. 患儿男，3 岁。确诊为先天性甲状腺功能减低症，服用甲状腺素片已 2 年，连续 3 次复查血清 T_4、TSH 正常。该患儿的下一步治疗是（　　）

A. 可停止用药

B. 甲状腺素可逐渐减量，3 个月后停药

C. 3 个月后再次复查血清 T_4、TSH，若正常则可停药

D. 维持原剂量继续治疗

E. 加大剂量继续治疗

43. 出生 25 天新生儿，胎龄 43 周，出生体重 4.5kg，反应迟钝，哭声低，大便 2～3 天一次。查体：肛温 35.4℃，前囟 3cm×3cm，喜伸舌，皮肤巩膜黄染，腹胀。该患儿最可能的诊断是（　　）

A. 新生儿肝炎综合征

B. 佝偻病

C. 先天性巨结肠

D. 21-三体综合征

E. 先天性甲状腺功能减低症

44. 患儿 1 岁半。来自山区，不会叫人，体格生长落后，实验室检查应首选（　　）

A. 血清锌测定

B. 血清铁测定

C. 血浆总蛋白测定

D. T_3、T_4、TSH 测定

E. 血清维生素 A 测定

45. 患儿 1 岁。生后 4 个月发现智力发育落后，尿有鼠尿臭味，毛发及皮肤颜色浅，10 个月开始出现癫痫小发作，实验室检查确诊为典型的 PKU，给予低苯丙氨酸饮食，每天允许苯丙氨酸的摄入量为（　　）

A. 5～10mg/kg

B. 10～20mg/kg

C. 20～30mg/kg

D. 30～50mg/kg

E. 50～70mg/kg

46. 患儿 8 个月。智力发育较同龄儿差，时有抽搐和肌痉挛，毛发、皮肤和虹膜色泽较浅，进食后常呕吐，常出湿疹，尿有鼠尿臭味，该患儿最有可能的诊断为（　　）

A. 先天愚型　　B. 呆小病

C. 苯丙酮尿症　　D. 癫痫

E. 佝偻病

47. 患儿男，9 个月。反复抽搐 4 次，智力差，表情呆滞。皮肤白嫩，头发黄色，尿有霉臭味，为明确诊断，应选择以下哪项检查（　　）

A. 血 T_3、T_4，TSH　　B. 染色体检查

C. 尿三氯化铁试验　　D. 脑电图

E. 腕部摄片

48. 患儿男，2 岁。生后 4 个月逐渐出现智力低下，毛发颜色变浅，皮肤白皙，抽风三次来诊。本病可能的病因是（　　）

A. 酪氨酸羟化酶缺乏

B. 二氨嘌啶还原酶缺乏

C. 苯丙氨酸羟化酶缺乏

D. 过氧化酶缺乏

E. 碘化酶缺乏

49. 患儿男，4 个月。抽搐一次来诊，表情呆滞，皮肤白皙，头发淡黄，智低下，首先考虑哪种疾病可能性大（　　）

A. 呆小病　　B. 先天愚型

C. 苯丙酮尿症　　D. 黏多糖 Ⅰ 型病

E. 婴儿痉挛症

50. 患儿男，8 个月。母乳喂养，因反复抽搐发作，智力低下而住院确诊。查体：反应迟钝，毛发呈黄褐色，皮肤白皙，尿有霉臭样气味。以下实验室检查方法中哪项对确诊无用（　　）

A. 尿三氯化铁试验

B. 血清苯丙氨酸浓度测定

C. Guthrie 试验（细菌抑制法）

D. 尿黏多糖试验

E. 苯丙氨酸耐量试验

51. 患儿男，8 个月。因智力低下就诊，初诊为苯丙酮尿症，下列病史体检，哪项不符合（　　）

A. 近 3～4 个月发现呆滞，智力落后

B. 可有抽搐发作，肌张力高

C. 毛发黄褐色

D. 皮肤粗糙，四肢短粗

E. 尿“鼠尿”味

52. 患儿 7 岁。多饮、多尿、消瘦 3 年，为明确诊断应做何种检查（　　）

A. 血气分析

B. 尿常规检查
C. 空腹血糖
D. 血 BMR（基础代谢率）
E. 血电解质

53. 1 岁患儿。平素易患肺炎，喂养困难，身材较同龄儿矮小，智力发育落后，两眼眼距宽，外眦上斜，鼻梁低平，舌常伸出口外，下列哪项诊断可能性最大（　　）
A. 21-三体综合征
B. 先天性甲状腺功能低下
C. 苯丙酮尿症
D. 18-三体综合征
E. 13-三体综合征

54. 5 岁患儿，因体格和智力发育落后来诊，体检身材矮小，眼距宽，舌常伸出口外，鼻梁低，外耳小，头围小于正常，骨龄落后于同年龄，通贯手，听诊心脏有杂音，患儿最需做下列哪项检查（　　）
A. 染色体核型分析　B. 血清 T_3、T_4 检测
C. 智力测定　D. 超声心动图检查
E. 头颅 CT

三、A3 型题

（55~57 题共用题干）

患儿男，10 个月。不能独坐，尚不能认识亲人与陌生人。平时少哭少动，经常便秘，进食少。查体：表情呆板，前囟未闭，头大，颈短，眼距宽，眼睑水肿，舌大常伸出口外，头发稀少，心率 86 次/分，心音稍低钝，腹部膨隆，腹胀明显。

55. 该患儿最可能的诊断是（　　）
A. 佝偻病
B. 先天愚型
C. 先天性巨结肠
D. 先天性甲状腺功能减低症
E. 黏多糖病

56. 应进行何项检查以明确诊断（　　）
A. 血钙、磷及碱性磷酸酶测定
B. 染色体检查
C. 腹部 B 超
D. 血 T_3、T_4、TSH
E. 骨骼 X 线片

57. 该患儿的治疗药物首选（　　）
A. 维生素 D　B. 钙剂
C. 甲状腺素　D. 特殊饮食疗法
E. 胃肠动力药

（58～59 题共用题干）

患儿 9 个月。生后 6 个月起进食后经常呕吐，皮肤有湿疹，智力及体格发育渐落后于同龄儿，喜睡，有癫痫小发作，尿有鼠尿臭味，毛发及虹膜颜色浅，皮肤白，尿三氯化铁试验阳性。

58. 最可能的诊断为（　　）
A. 苯丙酮尿症　B. 呆小病
C. 癫痫　D. 先天愚型
E. 组氨酸血症

59. 本病的治疗措施不包括（　　）
A. 治疗开始越早，效果越好
B. 予低苯丙氨酸奶粉喂养
C. 每日仍应保证 30～50mg/kg 的苯丙氨酸摄入
D. 饮食控制至少需持续至青春期
E. 添加辅食以蛋白质类食物为主

（60～62 题共用题干）

患儿女，1 岁。父母亲为表兄妹结婚，生后外表与常人无异，5 月龄后头发渐变棕色；以后色更浅，眼珠在 4 个月后也由黑色变棕色，至今不能独坐，不会叫爸爸、妈妈；曾有过一次惊厥，尿呈鼠尿臭，尿三氯化铁试验呈阳性。

60. 最可能的诊断是（　　）
A. 白化病
B. 脑白质营养不良症
C. 甲状腺功能低下
D. 糖原累积症
E. 苯丙酮尿症

61. 确诊的首选检查是（　　）
A. 测定血糖
B. 测定血苯丙氨酸浓度
C. 染色体检查
D. 测定血酪氨酸值
E. 肝脏活检病理学检查

62. 确诊后应（　　）
A. 立即进行低苯丙氨酸饮食治疗并至少维持至青春期以后
B. 立即进行无苯丙氨酸饮食治疗
C. 立即进行低苯丙氨酸饮食治疗至症状消失
D. 立即进行低苯丙氨酸饮食治疗并维持至学龄前期
E. 立即进行低苯丙氨酸奶粉喂养和生物蝶呤治疗

（63～66 题共用题干）

患儿 7 岁。食欲亢进伴多饮、多尿及消瘦 1 年余，近 1 周因咳嗽发热，饮用较多饮料后，突然出现呕吐，意识障碍，呼吸急促，急诊入院。

63. 最可能的诊断是（　　）
A. 上呼吸道感染
B. 病毒性脑炎
C. 糖尿病

D. 糖尿病伴酮症酸中毒
E. 高渗性昏迷

64. 为明确诊断应做何种检查（　　）
A. 血常规
B. 糖化血红蛋白
C. 血糖及血气分析
D. 血电解质
E. 心肌酶谱

65. 最先需要纠正的是（　　）
A. 高血糖　B. 高尿糖
C. 酮症酸中毒　D. 低钠血症
E. 高脂血症

66. 最主要的治疗药物是（　　）
A. 葡萄糖　B. 氯化钠
C. 胰岛素　D. 碳酸氢钠
E. 氯化钾

（67～69 题共用题干）

患儿 2 岁。智力低下，体格发育迟缓，眼距宽，鼻梁低平，眼裂小，有内眦赘皮，外耳小，舌常伸出口外，头围小于正常，出牙延迟，四肢短，关节可过度弯曲，atd 角增大。

67. 最可能的诊断为（　　）
A. 21-三体综合征
B. 高精氨酸血症
C. 先天性甲状腺功能低下
D. 苯丙酮尿症
E. 半乳糖血症

68. 下列哪项检查对明确诊断最有意义（　　）
A. 尿三氯化铁试验
B. 染色体检查
C. 血清甲状腺素检测
D. 尿蝶呤分析
E. 酶学检测

69. 该病可有下列情况，除外（　　）
A. 约 30%的患儿伴有先天性心脏病
B. 免疫功能正常
C. 白血病的发生率较正常儿增高 10～30 倍
D. 性发育延迟
E. 30 岁以后常出现老年性痴呆症状

四、B1 型题

（70～72 题共用备选答案）
A. 甲状腺功能正常
B. 血清 T_4 降低、TSH 增高，TRH 刺激试验阴性
C. 血清 T_4 降低、TSH 增高，TRH 刺激试验阳性
D. 血清 T_4 增高、TSH 降低
E. 血清 T_4 降低、TSH 增高

70. 垂体病损所致先天性甲状腺功能减低症（　　）
71. 下丘脑病损所致先天性甲状腺功能低下（　　）
72. 佝偻病（　　）

（73、74 题共用备选答案）
A. 多巴胺　B. 5-羟色胺
C. 四氢生物蝶呤　D. 酪氨酸羟化酶
E. 苯丙氨酸羟化酶

73. 典型苯丙酮尿症是由于缺乏（　　）
74. 非典型苯丙酮尿症是由于缺乏（　　）

（75、76 题共用备选答案）
A. 尿三氯化铁试验
B. 苯丙氨酸耐量试验
C. 血清苯丙氨酸浓度测定
D. 尿 2，4-二硝基苯肼试验
E. GuthriE 细菌生长抑制试验

75. 苯丙酮尿症新生儿筛查应采用的试验是（　　）
76. 苯丙酮尿症较大儿初筛应采用的试验是（　　）

（77～80 题共用备选答案）
A. 胰岛素依赖型
B. 非胰岛素依赖型
C. 胰岛 B 细胞数量明显减少
D. 自身免疫
E. 糖尿病酮症酸中毒

77. 1 型糖尿病是（　　）
78. 主要并发症是（　　）
79. 主要病理改变是（　　）
80. 主要病因是（　　）

（81～85 题共用备选答案）
A. 21-三体综合征最常见核型
B. 颜面黏液性水肿、头发干燥、皮肤粗糙
C. 21-三体综合征产前诊断方法
D. 21-三体综合征
E. D/G 易位常见核型

81. 又称先天愚型（　　）
82. 先天性甲状腺功能减低症（　　）
83. 47，XX（或 XY），+21（　　）
84. 抽取羊水进行羊水细胞染色体检（　　）
85. 46，XX（或 XY），-14，+t（14q21q）（　　）

（黄　宏）

第14章 儿科急症

第1节 小儿惊厥

学习目标

1. 了解小儿惊厥的常见病因。
2. 熟悉小儿惊厥的临床表现 。
3. 掌握小儿惊厥持续状态的处理。

案例14-1

患儿男，1岁4个月。因“咳嗽2天，发热1天，抽搐2次”入院。2天前患儿开始咳嗽，次日出现发热，体温最高达39.6℃，因突然全身抽搐，颜面发绀，持续1～2分钟后自行缓解，缓解后神志清，来院急诊。查体温39.6℃，血常规正常，以“上呼吸道感染，抽搐待查，高热惊厥可能”收入院。患儿足月顺产，出生体重3.6 kg，新生儿期体健。母乳喂养，运动发育正常，平素易感冒。

入院查体：体温 39.6℃，脉搏110次/分，呼吸30次/分，体重10kg，意识清，精神稍软，双眼瞳孔对光反射好，口唇无青紫。咽轻度充血，颈软；两肺听诊呼吸音对称，呼吸音粗，未闻干湿啰音；心音有力，心率110/min，律齐；腹软，肝肋下1.5 cm，质软，脾未及。神经系统无阳性体征，四肢活动好。入院后进行血常规和血糖检查正常；脑脊液生化、常规、培养均正常。头颅MRI及脑电图检查均未见异常。家族中无类似病人，否认遗传病史，按计划接种疫苗。否认传染病接触史及过敏史。

思考题

1. 最可能的诊断是什么？
2. 处理原则是什么？

小儿惊厥（convulsion）是小儿较常见的中枢神经系统器质或功能异常的急症，多见于婴幼儿。其临床表现为突然的全身或局部肌群呈强直性和阵挛性抽搐，常伴有意识障碍。小儿惊厥发生率是成人的10～15倍，其中高热惊厥是引起小儿惊厥的最常见原因之一。

一、病　　因

小儿惊厥的原因按有无感染，分为感染性疾病（热性惊厥）和非感染性疾病（无热惊厥）。

1. 感染性疾病

（1）颅内感染：各种细菌、病毒、原虫、寄生虫、真菌等引起的脑膜炎、脑炎及脑脓肿等。

（2）颅外感染：各种感染造成的高热惊厥、中毒性脑病和破伤风等，其中高热惊厥最常见。

2. 非感染性疾病

（1）颅内疾病：癫痫、占位性病变（如肿瘤、囊肿、血肿等）、颅脑损伤（如产伤、外伤、新生儿窒息、颅内出血等）、脑发育异常（如脑积水、脑血管畸形、头小畸形等）、脑退行性病等。

（2）颅外疾病：中毒（如杀鼠药、农药及中枢神经兴奋药等）、水电解质紊乱（如脱水、低血钙、低血镁、低血钠等）、肾源性（如肾性高血压脑病及尿毒症）、代谢性因素（如糖原累积病、半乳糖血症、苯丙酮尿症、肝豆状核变性、低血钙、低血糖、低血镁、低血钠、高血钠、维生素 B_1 或维生素 B_6 缺乏症）及其他（如缺氧缺血性脑病、窒息、高血压脑病、尿毒症、溺水、严重心肺疾病等）。

二、临床表现

1. 惊厥发作的典型表现　患者突然起病，意识模糊或丧失，四肢肌张力突然增加，全身强直，继而四肢发生阵挛性抽搐，呼吸突然急促、暂停或不规律，发绀、尿便失控，发作约半分钟自行停止，也有反复发作或呈持续状态者。发作时可有瞳孔散大，对光反射消失或迟钝，病理反射阳性等。发作停止后不久意识恢复，觉头痛和疲倦，不能回忆发作情况。

2. 局限性运动发作　主要是大脑皮质运动区器质性损害所引起。以一侧肢体或面部肌肉的阵挛性发作为特征，或自躯体某一部分开始向同侧其他部位扩展，一般无意识丧失。

3. 阵挛性发作　为短促的不自主的肌肉收缩，可侵犯一块肌肉或一群肌肉，广泛者影响一侧或整个身体，甚至全部肌肉。临床表现为点头、屈臂或突然整个身子屈曲而随之倒地，无明显意识丧失。

4. 惊厥持续状态　指惊厥持续30分钟以上，或两次发作间歇期意识不能完全恢复者。惊厥持续状态为惊厥的危重型，由于惊厥时间过长可引起高热、缺氧性脑损害、脑水肿甚至脑疝，可危及生命。

5. 其他　婴幼儿惊厥常表现为无定型多变的各种各样的异常动作，如呼吸暂停、不规则，两眼凝视、阵发性苍白或发绀。有时仅表现口角、眼角抽动，一侧肢体抽动或双侧肢体交替抽动。新生儿惊厥表现为全身性抽动者不多，常表现为呼吸节律不整或暂停，阵发性青紫或苍白，两眼凝视，眼球震颤，眨眼动作或吸吮、咀嚼动作等。确定新生儿尤其是早产儿是否惊厥有时很难。任何奇异的一惯性现象或细微的抽动反复性、周期性出现，尤其伴有眼球上翻或活动异常又有惊厥的病因时，都应考虑是惊厥发作。

考点： 惊厥发作的典型表现、惊厥持续状态概念

高热惊厥

小儿高热惊厥的特点：①常见于6个月至4岁小儿，绝大多数5岁后不再发作。②体温多半超过 39℃。③多在发热早期发生。④在一次发热疾病中很少连续发作多次，发作时间一般可由数秒至几分钟，很短的时间内结束，很少超过15分钟，其发作的典型临床表现是：意识突然丧失，多伴有双眼球上翻，凝视或斜视，面肌或四肢肌强直，痉挛或不停地抽动。⑤发作后意识恢复快，无神经系统阳性体征，一般抽动结束后神志即可恢复正常，状态较好，热退一周后脑电图恢复正常，预后良好。

链接

三、并　发　症

小儿惊厥反复发作，可出现并发症，主要为脑性瘫痪、智力障碍、癫痫。其他还有共济失调、多动、视听障碍、语言障碍和脑功能障碍综合征等。

四、辅助检查

1. 实验室检查　除血、尿、粪常规检查外，可选择性进行血糖、血钙、血镁、血钠、尿素氮及肌酐等测定，以了解代谢性因素（如低血糖、苯丙酮尿症）情况。疑苯丙酮尿症时，可做尿三氯化铁试验，或测定血苯丙氨酸含量。怀疑颅内感染者可进行脑脊液检查。

2. 器械检查　可进行心电图与脑电图检查，了解有无心肺严重疾病和癫痫等。其他检

查，如脑 CT、MRI、血管造影等，以了解有无占位性病变（如肿瘤、囊肿、血肿等）、颅脑损伤（如产伤、外伤等）、畸形（如脑积水、脑血管畸形、头小畸形等）。

五、诊　　断

结合小儿病史、临床表现、体检以及相应辅助检查可以进行诊断。按各年龄阶段，其病因诊断常常分为以下几种类型。

1. 新生儿期　产伤、窒息、颅内出血、败血症、脑膜炎、破伤风、胆红素脑病、先天性脑发育缺陷、代谢异常、巨细胞病毒感染及弓形体病等。

2. 婴幼儿期　高热惊厥、中毒性脑病、颅内感染、手足搐搦症、婴儿痉挛症多见。其他见于脑发育缺陷、脑损伤后遗症、药物中毒和低血糖症等。

3. 年长儿　中毒性脑病、颅内感染、癫痫、中毒、颅内占位性病变和高血压脑病等。

六、治　　疗

惊厥是小儿神经系统常见的严重症状，需及时正确处理。惊厥急诊处理的目的是防止惊厥性脑损伤，减少后遗症发生，解除长时间惊厥引起的颅内高压、代谢性和生理性紊乱。

1. 一般治疗　让患儿平卧在地上或床上，头偏向一侧，解开衣领，及时清除口、鼻，咽喉分泌物和呕吐物，保持呼吸道通畅，防止窒息。在患儿上、下磨牙间放置牙垫，防止舌咬伤。及时给氧，防止缺氧性脑损伤。高热者采用物理降温或给解热药物。密切观察患儿体温、呼吸、心率、血压、肤色、瞳孔大小和尿量。严重惊厥者需专人看护或加用护栏，防止从床上跌落。急救时若暂时无药，可针刺人中、十宣、内关、合谷、涌泉等穴（图 14-1）。

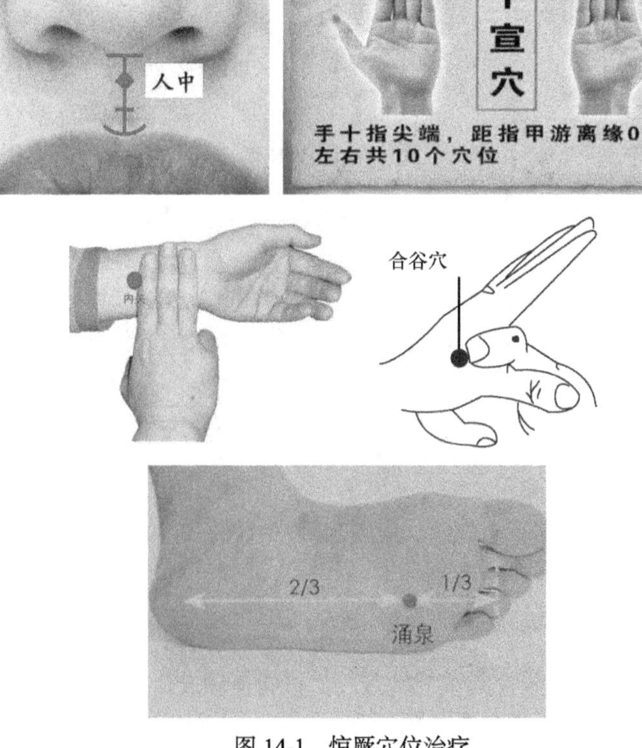

图 14-1　惊厥穴位治疗

2. 药物治疗

（1）地西泮（安定）：为首选，每次 0.3～0.5mg/kg，最大剂量 10mg，婴儿不超过 3 mg 直接静脉注射，速度每分钟 1mg，新生儿每分钟 0.2 mg，通常在用药后 1～3 分钟起效，有时数秒钟即可止惊，必要时可间隔 15～20 分钟重复注射一次。静脉注射有困难者，可按每次 0.5mg / kg 保留灌肠，地西泮注射液在直肠迅速直接吸收，但要注意本药对呼吸、心跳有抑制作用，需密切观察。

（2）10%水合氯醛溶液：每次 0.4～0.6mg/kg，加入 1～2 倍生理盐水保留灌肠或鼻饲，起效快，作用时间短，必要时 30 分钟后可重复一次。

（3）苯巴比妥钠：每次 5～10mg / kg，肌内注射，起效较慢，但维持时间长，可在控制惊厥发作后，作为维持治疗以巩固疗效。

（4）氯丙嗪：每次 1～2mg / kg，肌内注射。本药无呼吸抑制现象，但起效缓慢，且有潜在心律不齐危险。

（5）异戊巴比妥钠（阿米妥钠）：每次 5mg / kg，用 10%葡萄糖稀释成 1%溶液以每分钟 1ml 速度静脉注射，惊止即停注。在其他止惊药物无效时可选用。本药有呼吸抑制作用，对小婴儿和呼吸衰竭者谨慎使用。

（6）硫喷妥钠：如联合多次应用抗惊厥药物惊厥仍不能控制可考虑全身麻醉，选用此药。开始时静脉推注，剂量 4～5mg/kg，然后用 2.5%浓度溶液静脉滴注，滴速每分钟 2mg，发作停止后减速，停用。同时进行生命体征监测，使脑电图保持于爆发抑制状态或近于平坦波形，约 2 小时后可逐渐撤除全麻。新生儿和婴儿慎用。

3. 其他　积极控制感染，对感染性惊厥应选用抗生素有效控制感染。抽搐持续 2 个小时以上，易有脑水肿，应采用脱水疗法以降低颅内压，应用维生素 A、维生素 E、维生素 C 与甘露醇等抗氧化剂，并用维生素 B_1、维生素 B_6、维生素 B_{12} 等神经营养药物可防治惊厥性脑损伤。维持水、电解质平衡，保持轻度脱水和低钠状态，以利控制脑水肿。针对不同病因，采取相应的治疗措施。

七、预　　防

预防复发就是要在易发年龄（6 岁以前）完全避免再次发作，防止惊厥持续状态，避免智力发育障碍。目前常用间歇服药法，即初次发作以后，当发热时立即给予预防性抗惊厥药物，这种方法易被家长接受。可用地西泮栓剂，每次 5mg，在发热期间每 8 小时一次，有一定效果。注意不要让有惊厥病史的患儿独处，要在有人监护的情况下活动，防止出现抽搐时无人发现。

地西泮直肠灌肠

最近临床研究证实，地西泮直肠灌肠有预防和控制惊厥的双重作用，地西泮在直肠吸收迅速，目前治疗效果与静脉相同，易被患儿和家长接受，国外已把地西泮从静脉、直肠灌注，共同列入控制各种惊厥发作和预防高热惊厥的主要药物。地西泮直肠灌注首次负荷量为：新生儿 0.25～0.5mg/kg，婴儿 0.25～0.7mg/kg，儿童 0.50.7mg/kg（<3 岁）或 0.60.7mg/kg（>3 岁），一般不超过 5mg。地西泮直肠注入副作用小，主要为镇静作用，呼吸抑制不明显，偶有瘙痒，荨麻疹，个别可有直肠局部刺激。

链接

1. 初步诊断　患儿突然全身抽搐，持续1～2分钟后自行缓解，小儿惊厥诊断明确。结合患儿有发热、咳嗽症状，体温39.6℃，查体咽红，两肺听诊呼吸音粗，未闻干湿啰音，提示上呼吸道感染。入院时体检神经系统检查阴性；脑脊液检查正常；头颅MRI及脑电图检查均未见异常。初步诊断为高热惊厥。

2. 处理原则　控制惊厥，抗惊厥药物首选地西泮（安定）静脉注射，针刺穴位。对症及支持治疗，主要是监测生命体征，保持呼吸道通畅，必要时吸氧或人工机械通气，监测与矫治血气、血糖、血渗透压及电解质异常；防治颅内高压。

（朱晓红）

第2节　急性颅内压增高

学 习 目 标

1. 了解急性颅内压增高的病因及发病机制。
2. 熟悉急性颅内压增高的诊断、鉴别诊断。
3. 掌握急性颅内压增高的临床表现及治疗原则。

患儿男，4个月。因"发热5天，间断性抽搐1天"入院。患儿5天前开始发热，体温最高达39℃，伴流涕、咳嗽。今上午出现四肢抽搐，双眼上翻，牙关紧闭，口吐泡沫，来本院儿科急诊，经抢救后约30分钟抽搐停止。患儿抽搐停止后神志清楚，但反应差，眼神发呆，急诊以抽搐原因待查收住院。患儿无高热惊厥史，无结核接触史，无外伤史。查体：体温39℃，神清，嗜睡，眼神发呆，前囟饱满，颅缝轻度增宽。心率130次/分，呼吸30次/分，双肺呼吸音粗。四肢肌张力明显增高，颈抵抗（+），腱反射亢进，布鲁津斯基征（–），凯尔尼格征（+），双巴宾斯基征（+），血常规：WBC12. 4×10^9/L，N88%，L12%。

思考题

1. 初步诊断及其诊断依据。
2. 请提出初步的处理原则。

急性颅内压增高（acute intracarninal hypertension）简称颅内高压，是由多种原因引起脑实质或颅内液体量增加所致的一种严重临床综合征。临床上以头痛、呕吐、意识障碍、呼吸循环障碍为主要表现。重者可危及生命。儿科以急性感染性疾病较常见。

一、病　　因

1. 感染　颅内感染如各种脑膜炎、脑炎、脑脓肿等；颅外感染如败血症、重症肺炎、中毒性细菌性痢疾、暴发性肝炎等。

2. 脑血管疾病　脑血管畸形、脑血栓、脑栓塞等。

3. 脑脊液容积增加　多见于脑积水、脉络膜丛乳头瘤等。

4. 颅内占位性病变　多见于脑肿瘤、硬脑膜下积液、脑脓肿、颅内血肿等。

5. 颅内出血　如新生儿颅内出血、晚发性维生素K缺乏症、特发性血小板减少性紫癜等。

6. 其他　脑缺血、缺氧、呼吸衰竭、窒息、休克等。

考点：急性颅内压增高的常见原因

二、发病机制

颅内压是指颅腔内各种结构（脑组织、脑血管系统及脑脊液）所产生的压力总和，引起颅腔内容物体积增加的因素均可导致颅内压增高，若颅内压超过一定界限，即可引起一系列临床表现。脑水肿是颅内高压的最常见原因。感染、中毒、脑缺氧、脑外伤、水电解质紊乱等可使血管通透性增加或脑细胞内能量代谢障碍，钠泵失常而导致细胞内、外液量增多。脑脊液循环障碍致脑积水、脑脊液量增加，严重高血压、颅内占位性病变（肿瘤、血肿）均可引起颅腔内容物体积增加而导致颅内高压。

三、临床表现

1. 神经系统表现

（1）头痛：颅内高压最常见的症状。初为间歇性，后为持续性，可阵发性加重，一般晨起较重，哭闹、咳嗽、用力、头位改变时可使其加重。小婴儿表现为尖叫等。

（2）喷射性呕吐：多与头痛同时存在，多呈喷射性，晨起空腹时较易发生，呕吐与进食无关，不伴恶心。

（3）意识改变：早期有性格变化、淡漠、迟钝、学习成绩和记忆力下降、嗜睡或不安，呈进行性加重，严重者出现昏迷。

（4）肌张力增高及惊厥：表现为抽搐，常伴有意识障碍。重者可出现肌张力明显增高。

（5）脑疝：严重颅内压增高可引起小脑幕切迹疝或枕骨大孔疝。脑疝早期表现为意识障碍加重、肌张力增高、呼吸不规则、两侧瞳孔不等大、对光反射迟钝或消失等，若未及时处理，可发生呼吸、循环衰竭而死亡。

2. 生命体征

（1）血压升高：较早出现的生命体征改变，脉压增宽，血压音调增强。

（2）呼吸障碍：呼吸节律不整或暂停，多为脑疝的前驱症状。

（3）循环障碍：脉搏减慢、皮肤苍白、肢端凉、指（趾）发绀。

（4）体温调节障碍：高热或超高热，可持续性，有时难以控制。

3. 眼部表现　可有眼球突出、球结膜充血、水肿、眼外肌麻痹、眼内斜（展神经麻痹）、眼睑下垂（提上睑肌麻痹）、落日眼（前颅凹压力增高）等。眼底检查可见视盘水肿、小动脉痉挛、静脉扩张，严重者可见视网膜水肿。

4. 新生儿、小婴儿表现　新生儿、小婴儿因前囟及颅骨缝未闭合，对颅内压增高有一定缓冲作用，故早期头痛不明显。颅内压增高症状表现为拒乳、抓头、烦躁、双眼凝视、脑性尖叫等；体征表现为头围增大、头面部浅表静脉怒张、头部叩诊破罐征阳性、颅骨缝增宽、前囟紧张或隆起，张力增高。

考点：主要症状，新生儿、小婴儿颅内高压体征

四、辅助检查

1. 颅内压（ICP）测定　颅内压测定是诊断颅内高压的重要手段，多采用腰椎穿刺测脑脊液压力，但明显高颅压时腰穿可诱发脑疝，故腰穿要慎重。必要时先用脱水剂降颅压并用较细腰穿针谨慎进行，术中控制脑脊液滴速和量，放液不能过多和过快。

腰部脑脊液平均压力评估

ICP通常由腰部脑脊液平均压力评估：新生儿0.098～0.196kPa（10～20mmH_2O），婴儿 0.294～0.784 kPa（30～80mmH_2O），幼儿0.392～1.47 kPa（40～150mmH_2O），年长儿0.588～1.76 kPa（60～180mmH_2O）。

链接

考点：具有诊断意义的辅助检查

2. 实验室检查 血尿便常规检查、脑脊液检查、血气分析及血清电解质测定等有助于诊断和指导治疗。

3. 影像学检查 头颅 CT、核磁共振（MRI）可观察脑水肿的部位、程度、脑室扩大及移位情况等，并协助诊断颅内压增高的病因。头颅 X 线平片、头颅超声波、脑电图等有助于颅内占位性病变及脑水肿的诊断。

五、诊　　断

考点：诊断方法

根据患儿有导致脑水肿或颅内压增高的病因以及颅内压增高的临床表现，结合颅内压（ICP）测定、影像学检查、脑电图、脑脊液检查、硬膜下穿刺液检查等有助于诊断。

六、治　　疗

1. 病因治疗　是治疗的根本措施。如抗感染、纠正缺氧、改善通气功能、清除颅内占位性病灶等。

2. 一般治疗与护理

（1）密切监测生命体征。

（2）保持绝对安静，保持呼吸道通畅，头肩抬高 25°～30°，以利颅内血液回流。有脑疝前驱症状时，宜平卧位。

（3）积极纠正缺氧、水、电解质、酸碱失衡等。

考点：治疗原则

（4）保证营养供给：液体量限制到30～60ml/（kg·d）。

（5）控制惊厥：适当使用镇静剂。

3. 降低颅内压　轻症者以口服泼尼松 1～2 mg/(kg · d)，分 2 次或乙酰唑胺为主。重症或有脑疝者可合并使用呋塞米、地塞米松以及 20%甘露醇等脱水剂。此外，还可使用过度换气、穿刺放液及手术等方法降低颅内压。

案例14-2分析

1. 初步诊断 依据患儿的年龄，有呼吸道感染病史，临床表现有发热、抽搐，抽后神志清，有颅内压增高表现（前囟饱满、颅缝增宽）、肌张力增高、颈抵抗和凯尔尼格征阳性，结合外周血白细胞升高，以中性粒细胞为主，可初步诊断为化脓性脑膜炎。建议做脑脊液检查，可确诊。

2. 处理原则　①抗感染：根据脑脊液药敏选用抗生素，静脉用药。②降颅内压：可选用 20%甘露醇，必要时可合并使用呋塞米、地塞米松等药物降颅内压。③对症及支持疗法：包括退热和镇静处理。

第3节 充血性心力衰竭

学习目标

1. 了解充血性心力衰竭的病因及发病机制。
2. 熟悉充血性心力衰竭的诊断、鉴别诊断。
3. 掌握充血性心力衰竭的临床表现及治疗原则。

案例14-3

患儿男，8个月。因发热3天，呼吸困难1天入院。患儿3天前发热，体温波动在37.0～40.5℃。咳嗽呈阵发性，有痰。非喷射性呕吐数次，呕吐物为胃内容，混有黄色黏液痰。今起呼吸困难来院就诊。患病以来，食欲明显下降。尿量明显减少。无抽搐。既往健康。患儿为G1P1，母孕期健康，足月顺产，生后母乳喂养，规律添加辅食。生长发育过程无异常。预防接种按时进行。家族中无结核、肝炎病史。

体格检查：体温39.5℃，脉搏176次/分，呼吸66次/分。发育良好，营养中等，热病容，神志清楚，精神烦躁。皮肤弹性尚好，无出血点，无黄染，颈部和躯干部可见风团样斑丘疹。浅表淋巴结未触及肿大。前囟未闭，0.5cm×0.5cm，张力不高。鼻翼扇动，口周发绀，呼气伴呻吟。气管居中。胸廓对称，肋间隙无明显改变，可见吸气性三凹征。右肺部肩胛下叩诊浊音，呼吸音减弱，可闻中细湿啰音，语音传导增强，无胸膜摩擦音。心音低钝，心率176次/分，心律齐，无杂音。腹略显膨隆，无压痛及反跳痛，肝于肋下4.5cm，边缘钝，表面无结节，脾可触及边缘，肠鸣音减弱。四肢活动自如，双手及双足凉。神经系统检查无异常体征。

辅助检查：血常规白细胞总数5.2×10^9/L，中性粒细胞81%，杆状核粒细胞3%，淋巴细胞16%。胸部X线片显示双肺门影增浓，肺纹理增强，右肺中野大片密度增高阴影，双侧肋膈角锐利清晰。

思考题

1. 请列出初步诊断及诊断依据。
2. 说出处理原则。

小儿充血性心力衰竭（congestive heart faiture，CHF）是由于心脏收缩功能和（或）舒张功能障碍，心输出量不能满足静息或活动情况下全身组织代谢需要，导致静脉回流受阻、脏器瘀血、动脉血液灌注不足等变化，产生一系列的临床症状和体征，是小儿时期常见的危重症之一。

一、病　　因

引起心力衰竭的原因很多。小儿时期心力衰竭以1岁以内发病率最高，其中尤以先天性心脏病引起者最多见。肺炎是诱发婴幼儿心力衰竭的最主要原因。儿童时期以风湿性心脏病和急性肾炎所致者最为常见。根据血流动力学和病理生理改变可分为以下几类。

1. 心肌收缩功能障碍　包括病毒性或中毒性心肌炎、风湿性心脏病、心肌病、心内膜弹力纤维增生症和心糖原累积病等。

2. 心室负荷过重　包括心室容量负荷（前负荷）过重和心室阻力负荷（后负荷）过重。

前者常见于左向右分流型先天性心脏病、瓣膜反流性疾病和输液过多等；后者见于主动脉狭窄、肺动脉狭窄、高血压等。

考点：心力衰竭的常见病因

3. 心室充盈障碍　见于缩窄性心包炎、心包填塞等。

4. 其他　缺氧、重度贫血、电解质紊乱、甲状腺功能亢进、维生素 B_1 缺乏、低血糖等也可引起心力衰竭。

二、发 病 机 制

心脏的主要功能是向全身各组织、器官输送足够的血液，以满足机体的正常代谢活动和生长发育的需要。当各种原因导致心肌损害或心脏长期负荷加重，心肌收缩力就逐渐减弱。早期机体通过直接或间接地改变心脏前、后负荷及心肌收缩力，以调节心输出量，其最终目的是使心输出量在静息状态下能维持或接近正常水平。早期机体通过加快心率、心肌肥厚、心脏扩大、神经体液调节等进行代偿，但随着心功能的进一步减退，由代偿期变为失代偿期，身体各组织和器官血液灌注减少，静脉回流受阻，体内水分潴留、肺淤血等，即为充血性心力衰竭。

三、临 床 表 现

年长儿心力衰竭的症状与成人相似，主要表现为乏力、劳累后气急、食欲减退、腹痛及咳嗽。安静时心率增快；呼吸表浅、增快；颈静脉怒张；肝增大、有压痛；肝颈静脉反流试验阳性。病情较重者可有端坐呼吸，肺底部可有湿啰音、水肿、尿量减少等。

婴幼儿心衰特点：呼吸快、浅，频率可达 50～100 次/分，喂养困难，体重增长缓慢，烦躁多汗，哭声低弱，肺部可闻及干啰音或哮鸣音，肝增大达肋下 3cm 以上。心脏增大，心率可增快达 150～200 次/分。水肿首先于颜面、眼睑等部位，严重时鼻唇三角区呈现青紫。

1. 交感神经兴奋和心脏功能减退的表现

（1）心动过速：婴儿心率＞160 次/分，学龄儿童＞100 次/分。

（2）烦躁不安、哭闹。

（3）多汗、尿少。

（4）心脏扩大及奔马律，提示严重心功能不良。

（5）末梢循环障碍：患儿有脉搏无力，血压偏低，脉压变小，可有奇脉或交替脉，四肢端发凉和皮肤发花等表现。

2. 肺循环淤血的表现

（1）呼吸急促：婴儿呼吸可达 60～100 次/分，主要是肺静脉瘀血，肺毛细细管压力升高，肺间质水肿所致。重者可因肺泡及细支气管充血水肿，导致呼吸困难加重伴吸气性三凹征。

（2）喘鸣音：小气道阻力增大而产生喘鸣音，是婴儿左心衰竭的表现。

（3）湿性啰音：肺泡内积聚一定数量的液体时，可闻及湿性啰音，婴儿多听不见湿啰音。有时可见血性泡沫痰。

（4）发绀：肺泡内积聚的液体影响气体交换时，可致发绀。

（5）呼吸困难及咳嗽：年长儿左心衰竭的症状与成人相似，主要表现为乏力、劳累后气急、食欲减退及咳嗽。 特征是运动后呼吸困难及阵发性夜间呼吸困难。婴儿表现为喂养困难、哺乳时间延长、喜竖抱、体重增长缓慢、烦躁多汗等。

3. 体循环静脉淤血的表现　右心衰竭或肺动脉高压，可出现以下表现。

（1）肝大：肝进行性肿大，是体循环静脉淤血最早、最常见的体征。年长儿可有肝区疼痛或压痛，长期肝淤血可出现轻度黄疸。

（2）颈静脉怒张和水肿：多见于较大儿童或限制性心肌病及缩窄性心包炎患儿。

（3）腹痛：因内脏淤血及肝大引起。

考点：临床症状与体征

四、辅助检查

1. 胸片 心影呈普遍性扩大，可见心搏动减弱，肺纹理增多和肺淤血。

2. 心电图检查 可示房室肥厚、复极波及心律的变化，有助于病因诊断及应用洋地黄药物的参考，但不能判断有无心力衰竭。

3. 超声心动图检查 可见心室、心房内径增大，心室收缩时间延长及射血分数降低。

4. 血气分析及 pH 测定 肺水肿、左心衰竭时出现 PaO_2 下降，$PaCO_2$ 上升，易发生呼吸性酸中毒。严重心力衰竭时因组织灌注不良，酸性代谢产物积蓄，可导致代谢性酸中毒。

五、诊断

1. 安静时心率增快，婴儿>180 次/分，幼儿>160 次/分，不能用发热或缺氧解释者。

2. 呼吸困难，青紫突然加重，安静时呼吸达 60 次/分以上。

3. 肝大达肋下 3cm 以上，或短时间内较前增大超过 1.5cm 以上。

4. 心音明显低钝或出现奔马律。

5. 突然烦躁不安，面色苍白或发灰，而不能用原有疾病解释者。

6. 尿少、下肢水肿，已除外营养不良、肾炎、维生素 B_1 缺乏等原因所致者。其中是前四项为主要依据。

考点：诊断标准

六、治疗

治疗原则是积极去除病因和诱因，加强心肌收缩力，改善周围循环，加速液体排出，减轻体、肺循环淤血，恢复及维持心脏的有效泵功能。

1. 一般治疗

（1）休息：保证患儿休息、防止躁动，必要时用镇静药，如苯巴比妥、西地泮等。采取半卧位、供给湿化氧，并做好护理工作，避免便秘及排便用力。婴儿宜少量多次进食，给予营养丰富、易于消化的食品。急性心力衰竭或严重水肿者，应限制钠盐及入液量，钠盐每日不超过 0. 5～1g，每日总液量 50～60ml/kg。

（2）吸氧：有气急和发绀者应给予吸氧，采用 40%～50%氧气湿化后经鼻导管或面罩吸入。

（3）限制水、钠的摄入。

（4）纠正电解质、酸碱失衡、低血糖、低血钙等。

2. 洋地黄制剂 由于地高辛的吸收和排泄迅速，作用可靠，给药途径方便（静脉、肌内注射、口服），故儿科应用最广。地高辛肌内注射局部疼痛，且吸收速度不稳定，故一般少用。若病情较重或不能口服者，可选用地高辛或毛花苷 C 静脉注射。

（1）洋地黄化法：首次给总量的 1 / 2，余量分成 2 次，每间隔 4～6 小时 1 次，多数患儿在 8～12 小时达洋地黄化量。

（2）维持量法：首次给药 24 小时后（或洋地黄化 12 小时）开始给维持量，维持量为饱和量的 1/4。将每日维持量分 2 次，隔 12 小时分服。对于轻度或慢性心力衰竭者，可开始用地高辛维持量。5～7 天后缓慢洋地黄化。小儿常用剂量和方法见表 14-1。

（3）洋地黄中毒：用药期间应密切观察洋地黄的毒性反应。最常见表现为心律失常，如房室传导阻滞、过早搏动、阵发性心动过速、心动过缓。其次为胃肠道反应，有食欲缺乏、恶心、呕吐；神经系统症状如嗜睡、头晕、色弱等则较少见。未成熟儿及初生 2 周内的新生儿，肝肾功能障碍、电解质紊乱（低钾、低镁、高钙）、严重弥漫性心肌损害及大量使用利尿药后均易发生洋地黄中毒。发现洋地黄中毒时立即停用洋地黄及利尿剂，并补钾盐。

表14-1 临床常用洋地黄类制剂

洋地黄类制剂	给药方法	洋地黄化总量（mg/kg）	每日维持量	显效时间	效力最大时间	中毒作用消失时间	药效消失时间
地高辛	口服<2 岁	0. 04～0. 06	1/5化量	120分钟	4～8小时	1～2天	4～7 天
	>2 岁	0. 03～0. 05					
		（总量不超过1. 5mg）					
	静脉	口服量的1/2～2/3		10分钟	1～2小时		
毛花苷C(西地兰）	静脉<2 岁	0. 03～0. 04	1/4化量	10～30分钟	1～2小时	1天	2～4 天
	>2岁	0. 02～0. 03					

3. 利尿剂 利尿剂为控制水、钠潴留、治疗心力衰竭的一项重要措施。急性心力衰竭或肺水肿者，宜选用利尿酸或噻嗪类利尿剂。慢性心力衰竭常联合使用噻嗪类和保钾利尿剂，并采用间歇疗法维持疗效，以防电解质和酸碱平衡紊乱。

考点：治疗原则

4. 血管扩张药 血管扩张药主要通过扩张静脉容量血管和动脉阻力血管，减轻心脏前、后负荷，以提高心输出量，减低心肌耗氧，改善心功能。常用药物有肼屈嗪（肼酞嗪、肼苯达嗪）、卡托普利（疏甲丙脯酸）、硝普钠及酚妥拉明。近年来应用血管扩张药治疗顽固性心力衰竭取得一定疗效，但在小儿心力衰竭治疗中应用经验尚不多，须谨慎使用。

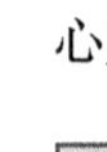

案例14-3分析

1. 初步诊断 根据患儿急性起病，临床表现为发热、咳嗽、呼吸困难及肺部固定湿啰音提示肺部炎症。患儿有烦躁、发绀，呼吸 66 次 / 分，心率 176 次 / 分，肝大，提示心力衰竭可能。结合胸部 X 线显示右肺中野大片密度增高阴影，血常规中性粒细胞增高提示细菌感染以及病情进展快，全身中毒症状明显，肺部体征出现较早，胸片有片状阴影，提示可能感染金黄色葡萄球菌至肺部炎症。临床可初步诊断为支气管肺炎合并心力衰竭。

2. 处理原则 去除病因和诱因，改善通气功能；加强心肌收缩力，改善周围循环，减轻体、肺循环淤血，恢复及维持心脏的有效泵血功能；控制感染；纠正水、电解质、酸碱失衡；加强护理，防止并发症。

第4节 急性呼吸衰竭

学习目标

1. 了解急性呼吸衰竭的病因及发病机制。
2. 熟悉急性呼吸衰竭的诊断、鉴别诊断。
3. 掌握急性呼吸衰竭的临床表现及治疗原则。

案例14-4

患儿男，3岁。3天前发热，体温最高达38.5℃，伴流涕、咳嗽，四肢阵阵抽动。2天前出现昏迷，在当地医院对症处理后，无明显好转，以化脓性脑膜炎收入院。无高热惊厥史，无结核接触史，无外伤史。入院查体：体温38.3℃，脉搏140次/分，呼吸快慢不均，有双吸气。发育良好，营养中等，热病容，神志清楚，精神烦躁。皮肤弹性尚好，无出血点，无黄染。浅表淋巴结未触及肿大。两肺未闻湿啰音，心率140次/分，心律齐，无杂音，无胸膜摩擦音。腹平软，无压痛及反跳痛，肝于肋下0.5cm，边缘锐，无压痛，脾可触及边缘。四肢肌张力增高。神经系统检查有颈抵抗，病理反射阳性。辅助检查：血气 $PaO_2$45 mmHg，$PaCO_2$55mmHg。

思考题

1. 请列出初步诊断及诊断依据。
2. 给出相应的治疗原则。

急性呼吸衰竭（acute respiratory failure，ARF）是由于各种原因引起的中枢性和（或）外周性的呼吸生理功能障碍，致通气和换气功能异常而引起的低氧血症和高碳酸血症。儿童呼吸衰竭多为急性呼吸衰竭，临床表现为发绀、呼吸困难、呼吸不规则、节律不整等症状。本症是儿科的危重病，预后较差，死亡率较高。

急性呼吸衰竭按病变部位主要分为中枢性和周围性两种。中枢性呼吸衰竭是因呼吸中枢病变，呼吸运动发生障碍，呼吸节律的改变，通气功能障碍出现呼吸衰竭。周围性呼吸衰竭是因呼吸器官的严重病变或呼吸肌麻痹，导致通气和换气功能均出现障碍。在临床上这两种呼吸衰竭可以同时存在。按血气分析结果分为Ⅰ型（单纯低氧血症）和Ⅱ型（低氧血症伴高碳酸血症）呼吸衰竭。Ⅰ型见于呼吸衰竭的早期和轻症；Ⅱ型见于呼吸衰竭的晚期和重症。

一、致病因素

儿童呼吸衰竭的病因按病变部位、病因、年龄有较大的差异。

1. 病变部位

（1）严重肺实质疾病：肺炎、肺间质病变、肺出血、呼吸窘迫综合征等。

（2）气道阻塞性疾病：气道异物、毛细支气管炎、支气管哮喘等。

（3）胸膜胸壁疾病：张力性气胸、血胸、胸膜炎等。

（4）神经肌肉系统疾病：病毒性脑炎、脑疝、颅内出血、重症肌无力等。

2. 病因

（1）感染性：肺炎和全身感染，常见病原体有细菌、病毒、支原体、霉菌等。

（2）非感染性：先心病、肺动脉高压、肺血管疾病、先天遗传代谢性疾病、药物中毒、肿瘤等。

考点：呼吸衰竭的常见病因

3. 年龄

（1）新生儿：窒息、呼吸窘迫综合征、上呼吸道梗阻、颅内出血和感染比较常见。

（2）婴幼儿：以支气管肺炎、急性喉炎、异物吸入和脑炎为主。

（3）儿童：支气管肺炎、哮喘持续状态、多发性神经根炎和脑炎较常见。

二、发 病 机 制

呼吸衰竭的基本病理变化为缺氧、低氧血症和高碳酸血症，并由此引起机体代谢紊乱和重要脏器功能障碍。缺氧、高二氧化碳、酸中毒和脏器功能损害形成病理生理的恶性循环，最终导致循环衰竭或多脏器功能衰竭。

三、临 床 表 现

除原发病的症状外，主要表现为低氧血症和高碳酸血症引起的症状和体征。

1. 呼吸系统症状

（1）呼吸困难：呼吸频率加快、鼻翼扇动及三凹征，主要见于气道阻塞性疾病。呼吸肌麻痹者，呼吸浅而无力。中枢性呼吸衰竭者主要为呼吸节律不齐，深浅不匀，出现潮式呼吸、叹息样呼吸、双吸气、呼吸暂停及下颌呼吸等。

（2）呼吸抑制：多因神经系统疾病、镇静剂和安眠药中毒引起。有呼吸肌麻痹、呼吸中枢抑制、脑神经损害等表现。

2. 低氧血症表现

（1）发绀：是缺氧的主要表现。以唇、口周、甲床等处最为明显。但严重贫血，血红蛋白低于 50g/L 时，可不出现发绀。

（2）心血管功能紊乱：急性缺氧早期有血压上升、心率增快及心排血量增加。以后则因严重缺氧心率减慢、心律不齐、心排血量减少，出现休克。

（3）神经精神症状：早期有烦躁、易激动、视物模糊，继则神志淡漠、嗜睡、意识障碍，严重者可有颅内压增高，脑疝的表现。

（4）消化系统症状：严重缺氧可引起肠麻痹，少数可致肝功能异常、消化道出血等。

考点：常见症状与体征

（5）肾功能障碍：少尿或无尿，尿中可检出蛋白尿、红细胞、白细胞及管型，甚至肾衰竭。

（6）代谢障碍、电解质和酸碱紊乱：组织缺氧，乳酸增加，引起代谢性酸中毒；钠泵失灵，细胞内酸中毒，细胞外钾增加，电解质和酸碱失衡更为严重。

3. 高碳酸血症表现 常见表现有出汗、摇头、烦躁不安、意识障碍；皮肤潮红、瞳孔缩小、脉速、血压升高及脉压差增大；严重者出现昏迷、惊厥、肢体颤动。

四、辅 助 检 查

动脉血血气分析：在海平面、休息状态、呼吸室内空气的情况下，$PaO_2 \leqslant 6.65kPa$（50mmHg），伴或不伴 $PaCO_2 \geqslant 6.65kPa$（50mmHg），为呼吸衰竭。

五、诊 断

主要依靠临床表现、原发疾病和血气分析等进行早期诊断。

1. 病史 了解有无原发病病史及诱因，如中枢性呼吸衰竭有无颅内感染、颅内出血、颅内压增高等病史，周围性呼吸衰竭有无气管炎、肺炎、肺不张、肺气肿、气管异物等病史。

2. 血气分析 动脉血血气分析是诊断呼吸衰竭可靠的指标。

按照血气分析结果，急性呼吸衰竭可分为以下两型。

考点：诊断标准

Ⅰ型：即低氧血症呼吸衰竭。$PaO_2 \leqslant 6.65kPa$（50mmHg），$PaCO_2$正常。

Ⅱ型：即高碳酸血症呼吸衰竭。$PaO_2 \leqslant 6.65kPa$（50mmHg），$PaCO_2 \geqslant 6.65kPa$（50mmHg）。

六、治　　疗

治疗的基本原则是治疗原发病及去除诱因；防治感染；改善呼吸功能，恢复正常的气体交换，纠正缺氧和减少二氧化碳潴留；维持心脑肾等脏器功能；纠正酸碱失衡及电解质紊乱。

1. 保持气道通畅　头后仰位，伸展头颈部，适度抬高上半身体位。及时清除呼吸道分泌物，湿化痰液。定时翻身拍背，体位引流。

2. 氧疗　鼻导管给氧，新生儿0. 3～0. 5L/min，婴幼儿0. 5～1L/min，儿童氧流量1～2L/min；头罩给氧，氧流量3～6L/min。

3. 病因治疗　分析引起呼吸衰竭的病因和诱因，及时处理。

4. 呼吸兴奋剂应用　兴奋呼吸中枢或刺激颈动脉窦和主动脉体的化学感受器反射性地兴奋呼吸中枢。尼可刹米、洛贝林交替肌内注射或静脉推注。

5. 防治感染　肺部感染是引起呼吸衰竭的常见原因，其他病因引起的呼吸衰竭也常并发呼吸系统感染，应及时做细菌培养及药敏试验，合理选用抗生素。

6. 维持心脑肾等脏器功能　呼吸衰竭可引起多脏器损害，根据具体情况做相应治疗，维护脏器功能。

7. 脱水剂和利尿剂　常用脱水剂为20%甘露醇和呋塞米0.5～1.0mg/kg。

8. 肾上腺皮质激素　可增加患儿应激能力，减少炎症渗出，缓解支气管痉挛，改善通气，降低脑血管通透性，减轻脑水肿。常用药物为地塞米松。

9. 纠正电解质和酸碱失衡

（1）补液：呼吸衰竭时应适当补液，并发脑水肿时应限制补液量。一般补液量为60～80ml/kg，合并脑水肿时按每天30～60ml/kg补给。如有发热、腹泻等，可酌情增加。

（2）电解质的补充：呼吸衰竭时常有高血钾、低血钠、低血氯等，呼吸衰竭纠正后常有低血钾，应及时处理。

（3）纠正酸中毒：呼吸衰竭时的酸碱失衡主要是呼吸性酸中毒，可通过改善通气予以纠正。代谢性酸中毒时可适当补充碳酸氢钠。碳酸氢钠液只有在通气功能良好的情况下才能纠正酸中毒，否则会增加二氧化碳潴留，加重酸中毒。

10. 特殊的呼吸支持

对重症呼吸衰竭在常规呼吸支持无效的情况下，可给予较特殊的呼吸或生命体征支持。

（1）液体通气：全氟化碳液体由于其理化特性与众不同，以氧和二氧化碳高度溶解，对气流的阻力很低，能显著降低表面张力。以全氟化碳液体进行气体交换或部分液体通气（全氟化碳液体仅补充功能残气量，潮气量以常规呼吸机提供）能增加肺顺应性、改善氧合、降低二氧化碳分压及增加pH。

体外膜氧合（ECMO）

体外膜氧合原理为将非氧全血引出体外，通过膜氧合器进行氧合，再进入患者循环，起到人工肺的作用。其适应证之一必须是肺原发疾病是可逆的。但该方法所需设备复杂、人力及费用投入较大。

链接

考点：治疗原则

（2）高频通气：高频通气越来越多被用于急性呼吸衰竭。通常在 ARDS 应用高频通气时将平均气道压较常频呼吸机提高，这种使用方法可提高氧合，心排出量并未受到影响，气漏的发生率也未增加。在某些情况下，如支气管胸膜漏，高频通气明显优于常规呼吸机。高频通气可与 NO 吸入、体外膜氧合（ECMO）等联合使用，提高疗效。

案例14-4分析

1. 初步诊断　根据患儿起病急的病史，临床表现有发热、昏迷、颈阻、病理征阳性，提示有颅内感染、化脓性脑膜炎的可能；由于患儿出现呼吸快慢不均，双吸气等呼吸困难表现结合实验室检查，血气 PaO_2 45mmHg（<50 mmHg），$PaCO_2$ 55mmHg（>50 mmHg），可初步诊断急性呼吸衰竭。

2. 处理原则　①治疗原发病；②控制感染，根据脑脊液培养结果选择有效抗生素；③保持气道通畅，改善呼吸功能，恢复正常的气体交换，纠正缺氧和减少二氧化碳潴留，并给予吸氧；④纠正酸碱失衡及电解质紊乱；⑤对症：必要时，选用 20%甘露醇（降低颅内压）和呼吸兴奋药。

第5节　急性肾衰竭

学习目标

1. 了解急性肾衰竭的病因及发病机制。
2. 熟悉急性肾衰竭的诊断、鉴别诊断。
3. 掌握急性肾衰竭的临床表现及治疗原则。

案例14-5

患儿男，9 岁。水肿、血尿 10 天，进行性少尿 8 天。患儿 10 天前晨起发现双眼睑水肿，尿色发红。8 天前尿色变浅，但尿量进行性减少，每日 130～150ml，化验血肌酐 498.6μmol/L，拟诊为肾实质性肾功能不全，曾给扩容、补液、利尿、降压等处理，病情仍较重。3 天前给予甘露醇和中草药交替灌肠，口服氧化淀粉及呋塞米等治疗，尿量增至每日 300～400ml。患儿 2 个月来有咽部不适，无用药史。患病以来精神食欲稍差，大便正常，睡眠可。既往曾患气管炎、咽炎，无肾病史。

查体：体温 36.9℃，脉搏 90 次/分，呼吸 24 次/分，血压 146/80mmHg，发育正常，营养中等，重病容，精神差，眼睑水肿，结膜稍苍白，巩膜无黄染。咽稍充血，扁桃体 I°～II°肿大，未见脓性分泌物，黏膜无出血点。心肺无异常。腹稍膨隆，肝肋下 2cm，无压痛，脾未及，移动性浊音（–），肠鸣音存在。双下肢可凹性水肿。

化验：Hb83g/L，RBC2.8×10^{12}/L，网织红 1.4%，WBC11.3×10^{9}/L，分叶 82%，淋巴 16%，单核 2%，血小板 207×10^{9}/L，ESR110mm/h，尿蛋白（++），红细胞 10～12 个/HP，白细胞 1～4 个/HP，比重 1.010，24 小时尿蛋白定量 2.2g。血生化：尿素氮 36.7mmol/L，肌酐 546.60μmol/L，总蛋白 60.9g/L，白蛋白 35.4g/L，胆固醇 4.5mmol/L，补体 C_3 0.48g/L，抗 ASO800U/L。

思考题

1. 请列出初步诊断及诊断依据。
2. 给出相应的治疗原则。

急性肾衰竭（acute renal failure，ARF）是指肾生理功能于短期内急剧减低甚至丧失的一组临床综合征。临床上主要表现为氮质血症、水电解质及酸碱失衡。本症为儿科危重病症之一，死亡率较高；近年由于对其病理生理认识的提高及采用包括透析疗法在内的综合治疗，死亡率有所下降。

一、病　　因

急性肾衰竭按病因可分为肾前性（约占 55%）、肾实质性（约占 40%）和肾后性（约占 5%）三大类。

（一）肾前性

由于肾灌注减少，肾小球滤过率（GFR）显著降低而出现急性肾衰竭。由于肾脏本身无器质损害，病因消除后肾功能随即恢复。

1. 低血容量　如大出血，胃肠道失液（如腹泻、呕吐、胃肠减压），肾脏失液（如渗透性利尿、利尿剂、肾上腺功能不全），皮肤丢失（如烧伤、大量出汗），第三间隙失液（如胰腺炎、腹膜炎、大面积损伤伴挤压伤）。

2. 心输出量降低　充血性心力衰竭、心包填塞、心源性休克等。

3. 全身性或肾血管收缩　麻醉、大手术、α 肾上腺素能激动药或高剂量多巴胺、肝肾综合征。

4. 全身性血管扩张　使用降压药、败血症和扩血管药物过量、过敏反应等。

（二）肾实质性

常见原因有急性肾小管坏死，如急性肾缺血（创伤、烧伤、大手术、大出血及严重失盐、脱水等）、肾毒性物质损伤；急性肾小球肾炎和（或）血管炎，如急性链球菌感染后肾炎、急进性肾炎、肺出血肾炎综合征、急性弥漫性狼疮性肾炎、紫癜性肾炎等；急性间质性肾炎；急性肾实质坏死；肾血管疾病，如坏死性血管炎、肾动脉血栓形成或栓塞、双侧肾静脉血栓形成等。败血症也可引起弥散性血管内凝血（DIC），导致急性肾衰竭等。

（三）肾后性

各种原因所致的泌尿道梗阻；肾实质因受挤压而损害，时间久后反射性收缩肾血管，引起肾缺血性损害，若伴继发感染，更加重损害。见于输尿管肾盂连接处狭窄、肾结石、肿瘤压迫、血块等。

考点：常见原因

二、发 病 机 制

急性肾衰竭的发病机制目前不清楚，不同的病人，不同的病因、病情和病期发病机制不完全相同。新生儿期以围产期缺氧、败血症、严重溶血或出血较常见；婴儿期以严重腹泻脱水、重症感染及先天畸形引起为多见；年长儿常因各型肾炎、各型休克引起。急性肾小管坏死导致急性肾衰竭起始期主要是肾血管持久收缩，导致肾小球滤过率下降，尿量减少，而致肾小管坏死。发展期主要为肾小管损伤，一是肾小管腔内有脱落上皮细胞、蛋白、溶血后产生物等的堵塞；二是肾小管基底膜及细胞损伤，管内液反漏入间质，出现持续少尿，病情进一步加重。

三、临 床 表 现

根据尿量减少与否，急性肾衰竭可分为少尿型和非少尿型。临床伴少尿或无尿表现者称少尿型。血尿素氮、血肌酐迅速升高，肌酐清除率迅速降低，而不伴少尿表现者称为非少尿型。

（一）少尿型肾衰竭

临床常见，分为三期，即少尿期、利尿期、恢复期。

1. 少尿期　急性肾小管坏死，常有明显少尿期，持续 1～2 周，长者可达 4～6 周，持续时间愈长，肾损害愈重。持续少尿大于 15 天或无尿大于 10 天者，预后较差。

（1）少尿：新生儿期尿量<1ml/（kg·h），婴幼儿每天<200ml，学龄前期每天<300ml，学龄期每天<400ml 即为少尿，如每天<50ml 则为无尿。

（2）氮质血症：血尿素氮（BUN）、肌酐（Cr）增高，并出现由于毒素在体内潴积而引起的全身各系统中毒症状，①消化系统：厌食、恶心、呕吐、腹泻等。②心血管系统：高血压、心力衰竭，还可引起心律失常。③血液系统：常有正细胞正色素性贫血，并随肾功能恶化而加重。④神经系统：可有嗜睡、焦虑、昏迷和自主神经功能紊乱（多汗、皮肤干燥）。

（3）水钠潴留：全身水肿、血压升高，并可出现肺水肿、脑水肿、心力衰竭等表现，有时因水钠潴留可出现稀释性低钠血症。

（4）电解质紊乱：常见高钾、低钠、低钙、高镁、高磷、低氯血症等。

（5）代谢性酸中毒：表现为恶心、呕吐、食欲下降、疲乏、嗜睡、呼吸深快，甚至昏迷、休克等。

（6）感染：急性肾衰竭最常见的并发症，以呼吸道及尿路感染多见，病原体主要是革兰阴性杆菌和金黄色葡萄球菌。

考点：主要临床表现

2. 利尿期　当 24 小时尿量>250ml/m^2 时即进入多尿期。一般持续 1～2 周（长者可达 1 个月），肾功能逐渐恢复，血 BUN 及 Cr 在多尿开始后数天下降，毒物积蓄所引起的各系统症状减轻。此期由于大量排尿，易出现脱水及低血钾、低血钠。

3. 恢复期　多尿期后尿量渐恢复正常，血 BUN、Cr 逐渐正常，肾小管浓缩功能需要数月才能恢复正常，少数可遗留不同程度的不可逆性的肾功能损害。此期患儿表现为消瘦、营养不良、贫血、免疫功能低下等。

（二）非少尿型肾衰竭

药物引起的急性肾小管坏死多为非少尿型肾衰竭，临床上较少尿型肾衰竭症状轻、并发症少、病死率较低。

四、辅助检查

1. 尿液　肾实质性肾衰竭时尿比重<1.010，尿渗透压<350mOsm/L，尿钠>40mmol/L，可见不同程度蛋白、红细胞、白细胞及管型等。肾前性肾衰竭时尿比重>1.020，尿渗透压>500mOsm/L，尿钠<20mmol/L，尿常规正常。

考点：尿液特点

2. 血生化测定　少尿期改变最为显著。常见尿素氮、肌酐明显上升，碳酸氢根明显下降。可出现多种电解质紊乱，以高钾及低钠最为多见，也可发生低钙和高磷。多尿期早期也多有明显的低钾或高钠、代谢性酸中毒、氮质血症。

3.肾影像学检查　腹部 X 线平片、超声、CT、磁共振等有助于了解肾脏大小、形态，输尿管、膀胱有无梗阻，肾血流量、肾小球及肾小管的功能。

4. 肾活体组织检查　对原因不明的急性肾衰竭，肾活检是可靠的诊断方法，可了解肾脏病理类型及程度，有助于制定治疗方案及判断预后。

五、诊断与鉴别诊断

根据病史，结合临床表现及相关辅助检查即可作出诊断。诊断一旦确定，须鉴别是肾前性、肾实质性还是肾后性急性肾衰竭。

1. 诊断依据

（1）病史：详细的病史可协助找出肾衰竭的原因。呕吐、腹泻及发热提示脱水及肾前性氮质血症；先有咽喉感染提示链球菌感染后的肾小球肾炎；腰部肿物可能是肾静脉栓塞、肿瘤、囊性病或尿路梗阻等。

（2）临床表现及相关辅助检查：①尿量显著减少：少尿（每日尿量<250ml/m^2）或无尿（每日尿量<50ml/m^2）。②氮质血症：血清肌酐≥176μmol/L，血尿素氮≥15mmol/L，或每日血肌酐增加≥44μmol/L，或血尿素氮≥3. 57mmol/L。有条件者测肾小球滤过率（如内生肌酐清除率）≤30ml/1.73 m^2。③有水、电解质和酸中毒等表现。④无尿量减少者为非少尿型肾衰竭。

考点：诊断标准，肾前性、肾实质性肾功衰区别

2. 鉴别诊断

（1）肾前性需与肾实质性急性肾衰竭鉴别：可通过尿比重、尿渗透压、尿钠、尿常规等进行鉴别（见前尿液检查）。

（2）肾后性急性肾衰竭：泌尿道影像学检查有助于发现引起尿路梗阻的原因。

六、治　　疗

基本的治疗原则：祛除病因，积极治疗原发病；减轻症状，改善肾脏功能；促进体内蓄积物向肾外排泄；保持水和电解质平衡；加强护理，防治并发症。

（一）少尿期治疗

1. 一般治疗

（1）去除病因：治疗原发病，避免接触肾毒性物质，严格掌握肾毒性抗生素的用药指征，根据肾功能调整用药剂量。密切观察生命体征，水肿情况，尿的颜色、量、比重变化，有无排尿异常，有无出血现象，有无继发感染，电解质及酸碱紊乱是否纠正；有无其他并发症等。

（2）休息：绝对卧床休息，可降低代谢产物产生，减轻肾脏负荷。

（3）饮食与营养：保证热卡 55～60kcal/（kg·d），给予高糖、低盐、低蛋白、低钾、低磷、富含维生素的饮食，蛋白每天摄入量为 0.5g/（kg·d），选优质动物蛋白，脂肪占总热量 30%～40%。

2. 利尿　可采用新型利尿合剂即多巴胺和酚妥拉明各 0.3～0.5mg/（kg·次），呋塞米 2mg/（kg·次）一起加入 10%葡萄糖 100～200ml 中静脉滴注，每天 1～2 次，利尿效果优于单用呋塞米。

3. 控制液体摄入量　每天入量=前天尿量＋不显性失水[无热患儿为 300ml/（m^2·d）＋显性失水（呕吐、大便）－内生水量]。体温每升高 1℃应增加液体 75ml/m^2。

4. 维持电解质及酸碱平衡　包括高钾血症、低钠血症、低钙血症、高磷血症、代谢性酸中毒的处理。

5. 透析治疗　上述治疗无效时，应尽早进行透析，包括腹膜透析、血液透析、连续动静脉血液滤过三种技术，婴幼儿常用腹膜透析。

腹膜透析

腹膜透析是利用腹膜作为半渗透膜，利用渗透作用将配制好的透析液经导管灌入患者的腹膜腔，这样，在腹膜两侧存在溶质的浓度梯度差，高浓度一侧的溶质向低浓度一侧移动（弥散作用）；水分则从低渗一侧向高渗一侧移动（渗透作用）。通过腹腔透析液不断地更换，以达到清除体内代谢产物、毒性物质及纠正水、电解质平衡紊乱的目的。

链接

（二）利尿期治疗

此期监测尿量、电解质及血压变化，纠正水、电解质紊乱。当血浆肌酐接近正常时增加

饮食中蛋白质的摄入量。

（三）恢复期治疗

考点：治疗原则

此期患儿肾功能各项指标渐恢复正常，但可遗留营养不良、免疫功能低下，少数可遗留不同程度的不可逆性的肾功能损害，应注意休息和加强营养，预防感染。

案例14-5分析

1. 初步诊断 根据患儿为年长儿（9岁），有咽部感染史，临床表现有凹性水肿，血尿，高血压，少尿；辅助检查有蛋白尿（++），尿红细胞增多，血补体（C3）减低，ESR增快，ASO增高。可诊断为急性肾小球肾炎。由于尿少，血尿素氮和肌酐明显升高，故可初步诊断为急性肾衰竭。

2. 处理原则 ①祛除病因，注意休息，保证营养；②抗感染，可选用青霉素等；③利尿药，如呋塞米等；④降压；⑤严格液体管理，限制水量。

第6节 心跳呼吸骤停与心肺复苏

学习目标

1. 了解心跳呼吸骤停的病因及发病机制。
2. 熟悉心跳呼吸骤停的诊断标准。
3. 掌握心跳呼吸骤停的治疗。

案例14-6

患儿男，6岁。有心脏病史。于19时25分，在无明显诱因下突然倒地，随即呼之不应。19时40分救护车到达现场时，见患儿躺在地上，呼吸、心跳已停止，口唇发绀。体格检查：意识丧失，瞳孔散大固定，对光反射消失，口唇发绀，头枕部有一直径5cm肿块，无头皮破损，无耳、鼻、口出血，呼吸音消失，心音消失，无颈动脉搏动，肢体无自主活动。心电图提示心跳停止，立即予以三个循环的CPR。19时45分患者仍无颈动脉搏动，无自主呼吸。马上行气管插管和开通静脉，静脉给药：肾上腺素和阿托品，每间隔5分钟交替注射1次，于20时12分患者出现自主心律，心电图表现：室性心动过速，但仍无自主呼吸，继续给予呼吸支持。20时20分患者刚搬运到救护车上时，心电图提示心跳停止，随即CPR，直至医院未出现自主心律和呼吸。

思考题

1. 请列出初步诊断及诊断依据。
2. 提出心跳呼吸骤停的急救原则。

心跳呼吸骤停（cardiopulmonary arrest，CPA）是儿科最紧急的危重症，表现为呼吸、心跳突然停止，意识丧失或抽搐，脉搏消失，血压测不出。若不能及时抢救，患儿很快会因严重缺氧而死亡。对心跳呼吸骤停的急救措施称心肺复苏（cardiopulmonary resuscitation，CPR）。

一、病　　因

1. 心搏骤停的原因

（1）继发于呼吸功能衰竭或呼吸停止：如肺炎、窒息、溺水、气管异物等，是小儿心搏骤停最常见的原因。

（2）各种治疗、操作及麻醉意外：气管插管或切开、纤维支气管镜检查、心导管检查、心包穿刺、心脏手术、麻醉等均可发生心搏骤停。

（3）意外损伤、中毒、药物过敏：如颅脑或胸部外伤、烧伤、电击及药物过敏等，1岁以后的小儿多见。青霉素过敏、洋地黄、奎尼丁、氟乙酰胺类灭鼠药等药物中毒。

（4）循环系统疾病：心肌炎、心肌病、心包炎、急性心包填塞、严重心律失常、休克、心力衰竭等。

（5）水、电解质及酸碱失衡：如重度脱水、高血钾、低血钾、低血钙、严重酸中毒等均可导致心搏骤停。

（6）婴儿猝死综合征。

（7）迷走神经张力过高：不是小儿心搏骤停的主要原因。但如果患儿因咽喉部炎症，处于严重缺氧状态时，用压舌板检查咽部，可致心搏、呼吸骤停。

2. 呼吸骤停的原因

（1）呼吸系统疾病：①急性上、下气道梗阻：多见于肺炎、呼吸衰竭患儿痰堵、气管异物、胃食管反流、喉痉挛、喉水肿、哮喘持续状态、胸腔积液、气胸、血胸、强酸或强碱等化学物质引起气道烧伤。②严重肺部疾病：如重症肺炎、呼吸窘迫综合征等。③胸廓损伤或双侧张力性气胸。

（2）中枢神经系统疾病：严重颅脑损伤、炎症、颅内肿瘤、颅内出血、脑水肿、脑疝等。

（3）肌肉及周围神经疾患：如感染性多发性神经根炎、重症肌无力、进行性肌营养不良、晚期皮肌炎等。

（4）代谢性疾病：如低血钙、低血糖、甲状腺功能低下等。

（5）意外损伤及中毒：如溺水、药物中毒（安眠药、氰化物中毒、箭毒等）。

（6）继发于惊厥或心跳停搏。

（7）婴儿猝死综合征。

考点：常见病因

二、发病机制

1. 缺氧与代谢性酸中毒　心搏一旦停止，缺氧立即发生，随之发生代谢性酸中毒。酸中毒可抑制心肌收缩力，加重心肌损伤，引起心律失常，导致心搏骤停。同时，脑组织对缺氧十分敏感。供氧停止10～20秒就会出现惊厥、意识障碍，2～4分钟后可造成脑细胞不可逆损害，6～8分钟可致脑细胞死亡。

2. 二氧化碳潴留与呼吸性酸中毒　心跳呼吸骤停数分钟后，体内即有二氧化碳潴留，出现呼吸性酸中毒，二氧化碳潴留可抑制窦房结和房室结的兴奋和传导，引起心动过缓和心律不齐，还可直接减弱心肌收缩力，同时引起脑血管扩张和脑水肿，加重脑损伤。

3. 能量代谢受累与三磷腺苷（ATP）耗竭　葡萄糖无氧酵解时，ATP生成仅为有氧氧化时的1/18或1/19。因此能量供应大为减少，终至能量耗竭。

4. 水和电解质平衡紊乱　由于ATP供应不足，钠泵功能难以维持，使细胞内钠潴留、水肿和酸中毒，细胞外高钾。

5. 脑缺血后再灌注损伤及氧自由基损伤　脑细胞不可逆性损害并不完全是在心跳呼吸

骤停、脑血流灌注停止时形成，而是与灌注恢复后相继发生的脑血流过度灌注、脑充血水肿及其后的持续低灌注状态有关。再灌注后细胞内钙超载和氧自由基增多，进一步损害脑细胞，导致脑细胞水肿、死亡。

三、临床表现

临床表现为突然昏迷，部分有一过性抽搐，呼吸停止，面色灰暗或发绀，瞳孔散大，对光反射消失。大动脉（颈、股动脉）搏动消失，听诊心音消失，血压测不出。

四、辅助检查

1. 心电图检查特征 可见等电位线、电机械分离。

2. 心律失常 可有无脉性室性心动过速、心室颤动等。

五、诊断

一般在患儿突然昏迷及大血管搏动消失即可诊断，而不必反复触摸脉搏或听心音，以免延误抢救时机。

考点：心跳呼吸骤停诊断标准

诊断要点：①突然昏迷，可伴有抽搐。②面色灰暗或发绀，瞳孔散大、对光反射消失。③大动脉（颈、股动脉）搏动消失，血压测不出。④心音消失或心动过缓：心音消失，婴儿或年长儿心率<30次/分，伴灌流不良体征或新生儿心率<60次/分，为胸外心脏按压的指征。⑤呼吸停止或严重呼吸困难。⑥心电图呈等电位线、电机械分离或心室纤颤。

六、治疗

（一）心肺复苏术（CPR）

对于心跳呼吸骤停，现场抢救十分必要，应争分夺秒地进行胸外按压。重建循环和呼吸功能是CPR成功的关键，以保证心、脑等重要脏器的血液灌流及氧供应。心肺复苏成功后要做好复苏后处理，积极治疗原发病。儿童心肺复苏指南将儿童和新生儿CPR顺序更新为C-A-B。儿童心肺复苏的程序推荐使用C-A-B-D-E方法，即胸外按压（chest compressions，C），气道（airway，A），呼吸（breathing，B），药物（drugs，D），电击除颤复律（electricity，E）。

1. 重建循环（circulation，C）

（1）胸外按压（chest compressions，C）

胸外心脏按压：现场目击者评估患儿无反应且没有自主呼吸或自主呼吸非常微弱，则在不超过10秒内触摸大动脉的搏动，如果没有发现或不能确定是否有大动脉搏动，立即开始胸外按压。胸外心脏按压的指征：心音消失、婴儿或年长儿心率<30次/分，伴灌流不良体征或新生儿心率<60次/分。

胸外心脏按压的方法：对新生儿或小婴儿按压时可用一手托住患儿背部，将另一手两手指置于乳头线下一指处进行按压（图14-2A），或两手掌及四手指托住两侧背部，双手大拇指按压（图14-2B，14-2C）。对于1～8岁的儿童，可用一只手固定患儿头部，以便通气；另一手的手掌根部置于胸骨下半段（避开剑突）。手掌根的长轴与胸骨的长轴一致（图14-2D）。对于年长儿（>8岁），胸部按压方法与成人相同，将患儿置于硬板床上，一手掌根部交叉放在另一手背上，垂直按压胸骨下半部。按压深度（胸骨下陷深度）：新生儿1.5～2.0cm，（婴幼儿2～3cm，儿童3～4cm）。按压频率至少100次/分（新生儿为120次/分）。按压后1分钟判断有无改善，观察颈动脉、股动脉搏动，瞳孔大小及皮肤颜色等。在临床上当触及大动脉搏动提示按压有效；如经皮血氧饱和度监测，其值上升也提示有效。

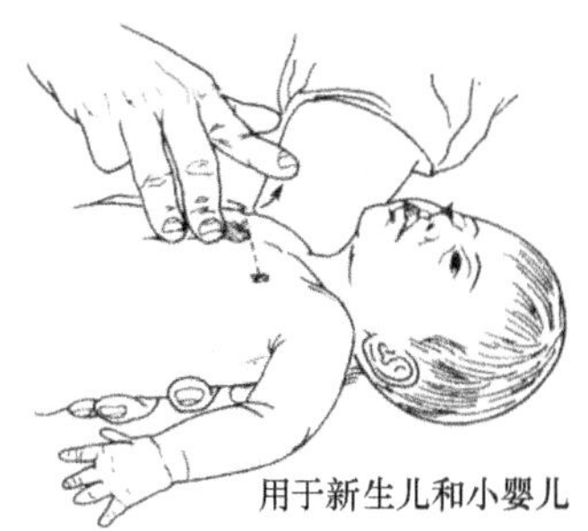

A. 双指按压法

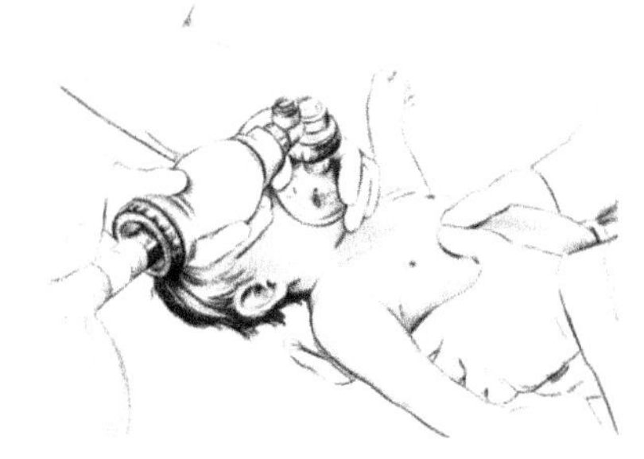

B. 双手拇指胸外心脏按压和气囊面罩通气

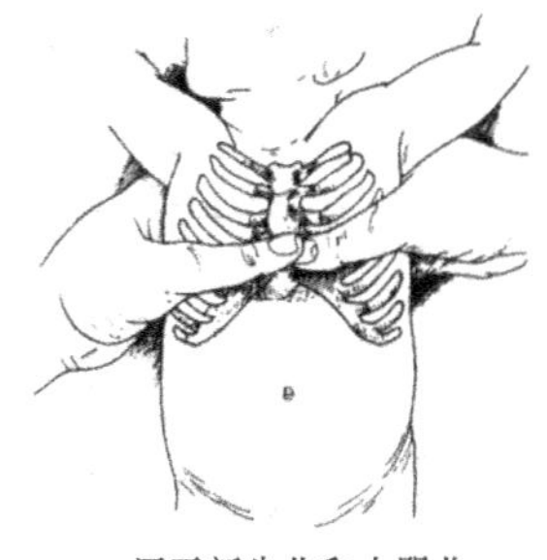

C. 双手拇指按压法

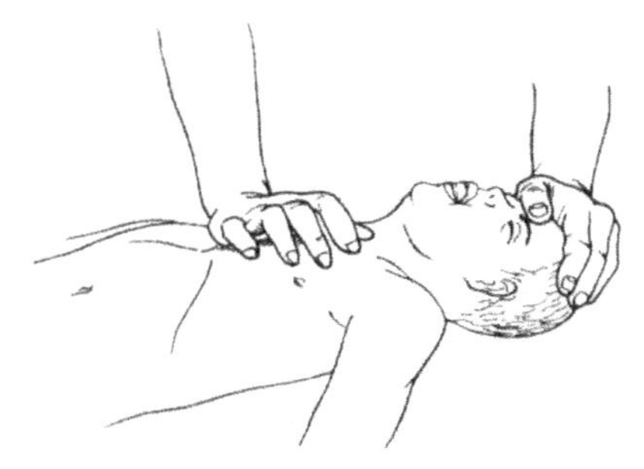

D. 1~8岁儿童心脏按压

图 14-2　胸外按压

心脏复苏成功的标志：①扪到颈、肱、股动脉跳动，测得血压>8kPa；②听到心音，心律失常转为窦性心律；③瞳孔收缩，这是组织灌流量和氧供给量足够的最早指征；④口唇甲床颜色转红。

（2）胸内心脏按压：胸外心脏按压无效时，立即进行胸内心脏按压，儿科仅限于心胸手术中突发心脏停搏。

2. 开放气道（airway，A）　去除气道内的分泌物、异物或呕吐物。将患儿头向后仰，抬高下颌，一只手置于患儿的前额，将头向背部倾斜处于正中位，颈部稍微伸展。用另一只手的几个手指放在下颌骨的颏下，提起下颌骨向外上方，注意不要让嘴闭上或推颌下的软组织，以免阻塞气道。当颈椎完全不能运动时，通过推下颌来开通气道（图 14-3）。

3. 人工呼吸（breathing，B）　与心脏按压同时进行。当呼吸道通畅后仍无自主呼吸时应采用人工辅助通气，维持气体交换。

（1）口对口人工呼吸：适合于现场急救。操作者先深吸一口气，如患者是 1 岁以下婴儿，将嘴覆盖婴儿的鼻和嘴（图 14-4）；如果是幼儿或儿童，用口对口封住，拇指和食指紧捏住患儿的鼻子，保持其头后倾；将气吹入，同时可见患儿的胸廓抬起，吹气时间与排气时间之比为 1∶2。停止吹气后，放开鼻孔，使患儿自然呼气，排出肺内气体。重复上述操作，婴儿与儿童频率为儿童 12～20 次 / 分。胸外心脏按压与人工呼吸的配合在新生儿为 3∶1，婴儿和儿童的单人复苏为 30∶2，双人为 15∶2。吹气时用力不宜过猛，以防肺泡破裂。口对口呼吸即使操作正确，吸入氧浓度也较低（<18%），操作时间过长，术者极易疲劳，故应尽快获取其他辅助呼吸的方法替代。

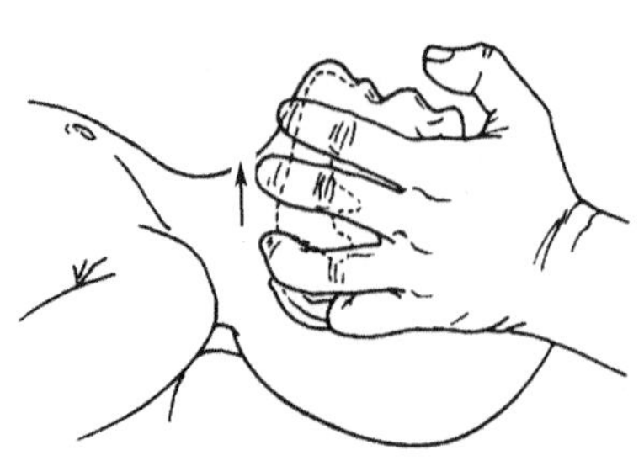

图 14-3　开放气道

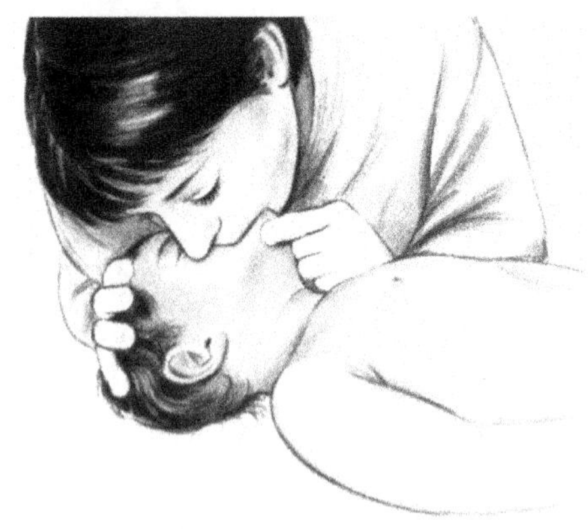

图 14-4　口对口鼻法适用于婴儿

（2）复苏囊面罩通气：根据患儿年龄选择合适的面罩，保证面罩与面部紧密接触，保证气道通畅（图 14-2B），每次通气时间大约 1 秒，所用力量和潮气量以胸部明显抬起为宜，避免过度通气至胃胀气。

（3）气管内人工呼吸：最安全、最可靠的辅助呼吸方法，通气频率 6～8 秒（8～10 次/分），与胸外按压同时进行。需较长时间人工呼吸、气道狭窄及插管困难者，可进行气管切开术。

4. 药物治疗（drugs，D）　为促进心跳及呼吸的恢复，在人工呼吸和心脏按压的同时，尽快建立静脉通路。给药途径首选静脉，其次为骨髓内给药。

（1）肾上腺素：儿科病人最常见的心律失常是心跳停止和心动过缓，肾上腺素有正性肌力和正性频率作用。首选药物，剂量：1∶1000 肾上腺素，每次 0.01mg/kg，静脉或骨髓腔内给药。间隔 3～5 分钟可重复 1 次。肾上腺素不能与碱液同用，也不能渗出，以免导致局部坏死，形成溃疡。

（2）碳酸氢钠：有效通气给氧、肾上腺素及胸外按压后心跳仍未恢复者，可用 5%碳酸氢钠 3～5ml / kg，稀释后静脉滴注。但碳酸氢钠可促进 CO_2 生成，而 CO_2 比 HCO_3^- 更易通过细胞膜，引起短暂的细胞内酸中毒，从而导致心功能不全。因此，有通气不足时，不宜使用碳酸氢钠。

（3）阿托品：可抑制迷走神经活性，适用于心脏复跳后的心动过缓。剂量：0. 01～0.02mg/kg，静脉注射或骨髓内给药，间隔 5 分钟可重复使用。最大剂量儿童不能超过 1mg，青少年不超过 2mg。

（4）利多卡因：当存在室性心动过速、室颤或频发性室性期前收缩时，可用利多卡因。剂量：负荷量为 1 mg / kg，静脉注射，负荷量后即给 20～50μg/（kg · min），静脉维持。

（5）心电图监护（electrocardiography，E）：心肺复苏同时，心电图监护有助于明确引起心搏骤停的可能原因和心律失常类型，以便抢救和选择用药。

（6）除颤（fibrillation，F）：心室颤动为多种疾病的临终危象，可用药物除颤和电击除颤。药物除颤首选利多卡因，如前所述。首次电击除颤 2 瓦秒/kg 开始，以后根据病情逐渐增至 4 瓦秒/kg 和 6 瓦秒/kg。除颤前应保证氧的供应，并纠正酸中毒。

电 击 除 颤

心脏电复律指在严重快速型心律失常时，用外加的高能量脉冲电流通过心脏，使全部或大部分心肌细胞在瞬间同时除极，造成心脏短暂的电活动停止，然后由最高自律性的起搏点（通常为窦房结）重新主导心脏节律的治疗过程。在心室颤动时的电复律治疗也常被称为电击除颤。

链 接

（7）其他治疗：根据情况酌情使用多巴胺、三磷腺苷、钙剂等。

（二）复苏后处理（postresuscitation stabilization，P）

原则是寻找原发病进行病因治疗，采取综合措施，维持有效循环，防止呼吸、心搏骤停的再发生，尽快恢复脑功能。

1. 维持有效循环　在补充血容量，纠正酸中毒基础上，使用血管活性药物维持血压和心输出量，改善心肌功能和脏器灌注。常用多巴胺 5～10μg／（kg·min）或多巴酚丁胺 5～20μg／（kg·min），静脉滴注。心动过缓者可用 654-2 提高心率，改善微循环。

2. 维持呼吸功能　保持呼吸通畅、湿化，及时吸痰，必要时进行气管插管或机械通气。同时要防治肺部感染，酌情选用有效抗生素。

3. 积极脑复苏　脑组织对缺氧、缺血的耐受力极差，心肺复苏后应采取脑复苏措施。

（1）氧疗：常规吸氧，有条件者高压氧治疗。

（2）低温疗法：低温可降低脑代谢，减少脑氧耗。可用人工冬眠或头部降温（戴冰帽）等方法。

（3）脱水疗法：若患儿有昏迷、惊厥，提示脑水肿，可用 20%甘露醇或呋塞米等进行脱水。

考点：心肺复苏操作步骤

4. 其他　积极治疗原发病，预防感染，维持水、电解质、酸碱平衡，给予保护心脑药物（如 1,6 二磷酸果糖、脑活素），加强支持疗法等。

案例14-6分析

1. 初步诊断　根据患儿突然昏迷，意识丧失，口唇发绀，瞳孔散大、对光反射消失，呼吸音消失，心音消失，颈动脉搏动消失，心电图提示心跳停止，可诊断心跳呼吸骤停。

2. 处理原则　①立即心肺复苏：药物治疗，如肾上腺素、阿托品、利多卡因及呼吸兴奋剂等；人工通气，如气管插管加机械通气等。②复苏后处理：病因治疗；维持有效循环，防止呼吸、心搏骤停的再发生；尽快恢复脑功能。

目 标 检 测

一、A1 型题

1. 小儿高热惊厥好发年龄是（　　）
   A. 6 个月以内
   B. 6 个月至 3 岁
   C. 3～5 岁
   D. 5～7 岁
   E. 7～12 岁

2. 下列哪一项不是小儿简单性高热惊厥的特点（　　）
   A. 多见于 6 个月至 3 岁
   B. 发作前均有发热，多在发热初起体温骤升时发作
   C. 惊厥呈全身性，持续时间不超过 10 分钟
   D. 多伴有呼吸道、消化道感染，而无中枢神经系统感染
   E. 发作 1 周后脑电图异常

3. 使用地西泮要特别注意观察（　　）
   A. 呼吸　　B. 体温
   C. 血压　　D. 心率
   E. 瞳孔

4. 治疗小儿惊厥首选的止痉药物是（　　）
   A. 地西泮
   B. 硫喷妥钠

C. 10%水合氯醛溶液
D. 苯巴比妥钠
E. 氯丙嗪

5. 控制惊厥使用药物地西泮（安定），其每次使用剂量为（　　）最大剂量为（　　）
A. 0.1～0.3mg/kg，5mg
B. 0.3～0.5mg/kg，5mg
C. 0.3～0.5mg/kg，10mg
D. 0.5～0.8mg/kg，15mg
E. 0.5～0.8mg/kg，20mg

6. 引起小儿心力衰竭的诱因是（　　）
A. 房间隔缺损
B. 输液过多、过快
C. 饮食不当
D. 肺动脉狭窄
E. 缺铁性贫血

7. 心力衰竭患儿饮食应注意（　　）
A. 多进甜食　B. 多进盐
C. 高蛋白饮食　D. 少盐或无盐
E. 多饮水

8. 急性呼吸衰竭氧气治疗，最常用给氧方式不包括（　　）
A. 鼻导管或鼻塞给氧
B. 开放式面罩给氧
C. 氧气头罩
D. 持续正压给氧（CPAP）
E. 高压氧舱

9. 进行心肺复苏可采取的措施不包括（　　）
A. 建立通畅气道
B. 人工呼吸
C. 心脏按压
D. 复苏药物应用
E. 人工冬眠

10. 急性颅内压增高的表现不包括（　　）
A. 意识障碍　B. 呕吐
C. 血压下降　D. 四肢肌张力
E. 呼吸不规则

11. 心力衰竭患儿的首选体位是（　　）
A. 平卧位　B. 侧卧位
C. 半卧位　D. 头低位
E. 足高位

12. 儿童洋地黄中毒的表现不包括（　　）
A. 可见各种类型的心律失常
B. 可伴有消化道症状
C. 严重的高钠血症
D. 黄视、绿视
E. 可出现神经系统症状

13. 胸外心脏按压时用掌的正确部位是（　　）
A. 左锁中线第四肋间
B. 剑突与胸骨交界处
C. 胸骨中下 1/3 交界处
D. 胸骨左缘第四肋间
E. 心脏前方的胸壁

14. 急性肾衰竭的治疗，需纠正以下哪项电解质（　　）
A. 高钾血症　B. 高钠血症
C. 高钙血症　D. 低磷血症
E. 低钾血症

15. 呼吸衰竭特征性的临床表现为（　　）
A. 吸气性呼吸困难伴喘鸣
B. 呼吸频率增快
C. 呼吸困难与发绀
D. 呼气时间延长
E. 鼻翼翕动

16. 急性肾衰竭的处理，开始阶段的治疗重点是（　　）
A. 注射强有力的利尿药
B. 控制液体入量
C. 静脉滴注葡萄糖、胰岛素
D. 腹膜透析
E. 静脉注射碳酸氢钠

17. 判断组织器官灌流不足的描述错误的是（　　）
A. 神志淡漠　B. 皮肤苍白
C. 收缩压<90mmHg
D. 中心静脉压 6～8cmH_2O
E. 尿量<30ml/h

18. 改善呼吸功能的措施不包括（　　）
A. 加强气道管理　B. 给氧
C. 应用呼吸兴奋剂　D. 机械通气
E. 使用强心药

19. 以下哪项原因可引起中枢性呼吸衰竭(　　)
A. 心力衰竭　B. 氮质血症
C. 颅脑损伤　D. 急性喉炎
E. 支气管哮喘

二、A2 型题

20. 患儿男，8 个月。咳嗽、流涕 2 天，发热半日，体温 39.3℃，惊厥 1 次，3 分钟后自行缓解。查体：神志清，前囟平坦，两肺呼吸音清，无脑膜刺激征。实验室检查：血常规白细胞 6.3×10^9/L，血钙 2.22mmol/L。最可能的诊断是（　　）
A. 上感，高热惊厥
B. 肺炎，中毒性脑病

C. 肺炎，维生素 D 缺乏伴手足搐搦症
D. 化脓性脑膜炎
E. 肺炎，高热惊厥

21. 患儿 3 岁。发热 3 天，昏迷 2 天。体温 38℃，伴有颈抵抗，病理反射阳性，呼吸快慢不均，有双吸气，两肺未闻湿啰音，心率 140 次 / 分，血气 $PaO_2$45mmHg，$PaCO_2$55mmHg。应考虑为（　　）
A. 肺炎　　B. 心力衰竭
C. 中枢性呼吸衰竭
D. 周围性呼吸衰竭
E. 喉炎

22. 患儿男，2 岁。因呼吸衰竭和心动过缓在急诊抢救室抢救。现已气管插管开放气道、供氧，但心动过缓不能缓解，无房室传导阻滞。此时最适合的药物是（　　）
A. 阿托品　　B. 多巴胺
C. 腺苷　　D. 肾上腺素
E. 去甲肾上腺素

三、A3 型题

（23、24 题共用题干）

患者女，8 个月。因"严重腹泻和脱水"入急诊抢救室。查体：体重 10kg，无反应，无脉搏。立即行 CPR、气管内插管、加压吸氧、开通静脉通路，并给予肾上腺素。此时心电监护示 HR44 次/分；外周搏动可及。

23. 下一步处理措施为（　　）
A. 2J/kg 除颤
B. 0.9%氯化钠溶液 20ml/kg，5～10 分钟静脉注射
C. 1∶1000 肾上腺素 0.1ml/kg，快速静脉注射
D. 胺碘酮 5mg/kg，静脉注射
E. 阿托品 0.03mg/kg，静脉注射

24. 对本例患儿实施 CPR 时，处理错误的是（　　）
A. 开放气道
B. 建立人工通气
C. 胸外心脏按压（按压/通气＝5∶1）
D. 胸外心脏按压（按压/通气＝15∶2）
E. 血管通路的建立

（25、26 题共用题干）

患儿女，6 岁。因"四肢屈曲抽动伴双眼凝视 3 小时，呼吸困难 1 小时"来诊。家长曾自行给患者"地西泮"灌肠止痉。既往有"癫痫"病史。查体：体温 38℃（肛温），呼吸 12 次/分；只对疼痛刺激有反应；气道分泌物多，双肺可闻及粗湿性啰音；HR70 次/分，心音有力，律齐，外周动脉搏动好；CRT 正常。经皮血氧饱和度 85%。

25. 该患者目前诊断为（　　）
A. 喉炎　　B. 呼吸衰竭
C. 休克　　D. 呼吸窘迫
E. 心力衰竭

26. 合理的治疗措施为（　　）
A. 多巴胺维持 5μg/（kg · min）
B. 吸引呼吸道分泌物，球囊-面罩加压通气，准备气管内插管
C. 胸外心脏按压
D. 立即开放静脉，0.9%氯化钠溶液扩容
E. 鼻导管吸氧

四、B1 型题

（27、28 题共用备选答案）

A. 动脉血 PaO_2≤50mmHg，$PaCO_2$≥50mmHg
B. 动脉血 PaO_2≤50mmHg，$PaCO_2$≤50mmHg
C. 动脉血 PaO_2≥50mmHg，$PaCO_2$≥50mmHg
D. 动脉血 PaO_2≥50mmHg，$PaCO_2$≤50mmHg
E. 动脉血 PaO_2≥80mmHg，$PaCO_2$≤40mmHg

27. Ⅰ型呼吸衰竭的实验室检查指标是（　　）
28. Ⅱ型呼吸衰竭的实验室检查指标是（　　）

（罗中元　朱晓红）

参 考 文 献

崔焱. 2012. 儿科护理学. 第 5 版. 北京：人民卫生出版社
冯学斌. 2007. 儿科学. 第 7 版. 北京：科学出版社
洪黛玲，朱念琼. 2006. 儿科护理学. 北京：北京大学医学出版社
胡亚美，江载芳. 2010. 诸福棠实用儿科学. 第 9 版. 北京：人民卫生出版社
黄力毅. 2006. 儿科护理学. 北京：人民卫生出版社
黎海芪. 2003. 儿科学. 北京：高等教育出版社
李兰娟，任红. 2014. 传染病学. 第 8 版. 北京：人民卫生出版社
邵肖梅，叶鸿瑁. 2011. 实用新生儿学. 第 4 版 .北京：人民卫生出版社
沈晓明，王卫平. 2008. 儿科学. 第 7 版. 北京：人民卫生出版社
沈晓明，王卫平. 2008. 儿科学学习指导及习题集. 北京：人民卫生出版社
唐建华. 2012. 儿科学. 第 3 版. 北京：科学出版社
汪翼. 2004. 儿科学. 第 5 版. 北京：人民卫生出版社
王卫平. 2014. 儿科学. 第 8 版. 北京：人民卫生出版社
于洁. 儿科学. 2009. 第 6 版. 北京：人民卫生出版社
张静芬，周琦. 2010. 儿科护理学. 北京：科学出版社
郑惠，黄华. 2014. 儿科学. 第 7 版. 北京：人民卫生出版社
专家编写组. 2015. 2015 年执业助理医生资格考试指导用书. 北京：人民卫生出版社

儿科学（高职、高专）教学基本要求

一、课程性质和任务

儿科学是高等职业学校医疗、乡村医生、药学、检验、康复和医学影像技术的一门主干专业课程，主要内容包括儿科基础、新生儿疾病以及小儿各种常见病和多发病。其任务是使学生掌握课程的基本理论和基本技能，为将来的医疗工作打下良好的基础。

二、课程教学目标

（一）知识教学目标

1. 掌握儿科基础中的生长发育、营养与喂养、儿童各年龄期保健以及常见病的临床表现。
2. 理解儿科疾病的病因和防治原则。
3. 了解儿科常见疾病的发病机制。

（二）能力培养目标

1. 初步学会体格发育的测量方法。
2. 学会运用课本知识识别儿科常见疾病。
3. 能运用学到的知识对儿科常见病提出初步的防治措施。

（三）思想教育目标

1. 通过学习与实践，培养勤奋的学习态度和理论联系实际的工作作风，加强职业道德修养。
2. 树立关爱患儿，为患儿服务的思想。

三、儿科学教学内容和要求

儿科学内容分为基础模块、实践模块和选学模块三部分，建议授课时间为56学时。

第四版《儿科学》教学大纲

基础模块

教学内容	教学要求			教学内容	教学要求		
	了解	理解	掌握		了解	理解	掌握
一、绪论				（五）儿童保健	√		
（一）儿科学的范围和特点	√			（六）儿科病历记录及体格检查			√
（二）小儿年龄分期及各期特点		√		（七）小儿药物治疗		√	
二、儿科基础				（八）小儿液体疗法			√
（一）生长发育规律及其影响因素			√	三、新生儿与新生儿疾病			
（二）体格生长发育及评价			√	（一）概述	√		
（三）神经心理行为发育及评价	√			（二）正常足月儿的特点	√		
（四）健康小儿的营养			√	（三）早产儿的生理特点	√		

续表

教学内容	教学要求		
	了解	理解	掌握
（四）新生儿窒息			
1. 病因		√	
2. 病理生理		√	
3. 临床表现			√
4. 辅助检查	√		
5. 诊断			√
6. 治疗		√	
7. 预防及预后		√	
（五）新生儿缺氧缺血性脑病			
1. 病因与病理生理	√		
2. 临床表现			√
3. 辅助检查	√		
4. 诊断			√
5. 治疗		√	
6. 预防及预后	√		
（六）新生儿颅内出血			
1. 病因与发病机制	√		
2. 临床表现			√
3. 辅助检查	√		
4. 诊断			√
5. 治疗		√	
6. 预防及预后	√		
（七）新生儿黄疸			
1. 新生儿胆红素代谢特点			√
2. 新生儿黄疸分类		√	
3. 病理性黄疸的常见原因		√	
（八）新生儿溶血病			
1. 病因与发病机制	√		
2. 临床表现			√
3. 并发症		√	
4. 辅助检查	√		
5. 诊断与鉴别诊断		√	
6. 治疗			√
（九）寒冷损伤综合征			
1. 病因与病理生理		√	
2. 临床表现			√
3. 辅助检查	√		
4. 诊断与鉴别诊断			√
5. 治疗		√	
（十）新生儿脐部疾病			
1. 新生儿脐炎		√	
2. 脐疝		√	
（十一）新生儿败血症			
1. 病因与发病机制	√		
2. 临床表现			√
3. 辅助检查	√		
4. 诊断			√
5. 治疗		√	
四、营养性疾病			
（一）蛋白质-能量营养不良			
1. 病因与病理生理		√	
2. 临床表现			√
3. 辅助检查	√		
4. 诊断			√
5. 治疗		√	
6. 预防	√		
（二）维生素D缺乏性佝偻病			
1. 维生素 D 的来源、代谢及生理功能	√		
2. 病因			√
3.发病机制		√	
4. 临床表现			√
5. 辅助检查	√		
6. 诊断与鉴别诊断			√
7. 治疗		√	
8. 预防			√
（三）维生素 D 缺乏性手足搐搦症			
1. 病因与发病机制	√		
2. 临床表现			√
3. 诊断与鉴别诊断	√		
4. 治疗			√
5. 预防		√	
（四）小儿单纯性肥胖症			
1. 病因			√
2. 发病机制	√		
3. 临床表现			√
4. 辅助检查	√		

续表

教学内容	教学要求			教学内容	教学要求		
	了解	理解	掌握		了解	理解	掌握
5. 诊断与鉴别诊断		√		（4）并发症		√	
6. 治疗		√		（5）辅助检查	√		
7. 预防		√		（6）诊断与鉴别诊断			√
五、消化系统疾病				（7）治疗		√	
（一）小儿消化系统解剖生理特点	√			（8）预防与预后			√
（二）口炎		√		七、循环系统疾病			
（三）腹泻病				（一）小儿循环系统解剖生理特点及辅助检查	√		
1. 病因与发病机制		√		（二）先天性心脏病概论		√	
2. 临床表现			√	（三）室间隔缺损			
3. 辅助检查	√			1. 病理解剖与病理生理		√	
4. 诊断与鉴别诊断			√	2. 临床表现			√
5. 治疗			√	3. 辅助检查	√		
6. 预防		√		4. 并发症		√	
六、呼吸系统疾病				5. 治疗	√		
（一）小儿呼吸系统解剖生理特点	√			（四）房间隔缺损			
（二）急性上呼吸道感染				1. 病理解剖与病理生理		√	
1. 病因		√		2. 临床表现			√
2. 发病机制	√			3. 辅助检查	√		
3. 临床表现			√	4. 治疗		√	
4. 并发症	√			（五）动脉导管未闭			
5. 辅助检查	√			1. 病理解剖与病理生理		√	
6. 诊断与鉴别诊断		√		2. 临床表现			√
7. 治疗		√		3. 辅助检查	√		
8. 预防			√	4. 治疗		√	
（三）急性支气管炎				（六）法洛四联症			
1. 病因		√		1. 病理解剖与病理生理		√	
2. 发病机制	√			2. 临床表现			√
3. 临床表现			√	3. 辅助检查	√		
4. 辅助检查	√			4. 治疗		√	
5. 诊断与鉴别诊断			√	（七）病毒性心肌炎			
6. 治疗		√		1. 病因			√
7. 预防			√	2. 发病机制		√	
（四）肺炎				3. 临床表现			√
1. 肺炎分类		√		4. 辅助检查	√		
2. 支气管肺炎				5. 诊断	√		
（1）病因		√		6. 治疗		√	
（2）病理生理	√			7. 预防		√	
（3）临床表现			√	八、泌尿系统疾病			

续表

教学内容	教学要求		
	了解	理解	掌握
(一)小儿泌尿系统解剖生理特点	√		
(二)急性肾小球肾炎			
1. 病因			√
2. 发病机制		√	
3. 临床表现			√
4. 辅助检查		√	
5. 诊断与鉴别诊断			√
6. 治疗		√	
7. 预防及预后		√	
(三)肾病综合征			
1. 病因	√		
2. 发病机制		√	
3. 临床表现			√
4. 辅助检查		√	
5. 诊断与鉴别诊断	√		
6. 治疗		√	
7. 预防及预后	√		
(四)泌尿道感染			
1. 病因	√		
2. 发病机制		√	
3. 临床表现			√
4. 辅助检查		√	
5. 诊断与鉴别诊断		√	
6. 治疗		√	
7. 预防及预后	√		
九、造血系统疾病			
(一)小儿造血与血液系统特点	√		
(二)小儿贫血概述		√	
(三)营养性缺铁性贫血			
1. 病因		√	
2. 发病机制		√	
3. 临床表现			√
4. 辅助检查	√		
5. 诊断			√
6. 治疗		√	
7. 预防			√
(四)营养性巨幼红细胞贫血			
1. 病因		√	
2. 发病机制	√		
3. 临床表现			√
4. 辅助检查	√		
5. 诊断			√
6. 治疗		√	
7. 预防	√		
(五)特发性血小板减少性紫癜			
1. 病因与发病机制	√		
2. 临床表现			√
3. 辅助检查	√		
4. 诊断与鉴别诊断		√	
5. 治疗		√	
6. 预防	√		
(六)急性白血病			
1. 病因	√		
2. 发病机制	√		
3. 分类和分型		√	
4. 临床表现			√
5. 辅助检查	√		
6. 诊断与鉴别诊断		√	
7. 治疗		√	
8. 预后		√	
十、神经系统疾病			
(一)小儿神经系统解剖与生理特点	√		
(二)化脓性脑膜炎			
1. 病因		√	
2. 发病机制	√		
3. 临床表现			√
4. 辅助检查		√	
5. 并发症		√	
6. 诊断与鉴别诊断		√	
7. 治疗			√
(三)病毒性脑膜炎和脑膜炎			
1. 病因		√	
2. 发病机制	√		
3. 病理	√		

续表

教学内容	教学要求		
	了解	理解	掌握
4. 临床表现			√
5. 辅助检查		√	
6. 诊断与鉴别诊断			√
7. 治疗		√	
（四）脑性瘫痪			
1. 病因	√		
2. 临床表现		√	
3. 诊断与鉴别诊断		√	
4. 治疗	√		
5. 预防			√
（五）注意缺陷障碍（伴多动）			
1. 病因	√		
2. 发病机制	√		
3. 临床表现			√
4. 诊断与鉴别诊断		√	
5. 治疗		√	
6. 预后	√		
十一、感染性疾病			
（一）麻疹			
1. 病原学		√	
2. 流行病学		√	
3. 发病机制与病理改变	√		
4. 临床表现			√
5. 并发症		√	
6. 辅助检查		√	
7. 诊断与鉴别诊断			√
8. 治疗		√	
9. 预防	√		
（二）风疹			
1. 病原学	√		
2. 流行病学		√	
3. 发病机制	√		
4. 临床表现			√
5. 并发症			√
6. 辅助检查		√	
7. 诊断与鉴别诊断		√	
8. 治疗			√
9. 预防		√	
（三）幼儿急疹			
1. 病原学		√	
2. 流行病学	√		
3. 临床表现			√
4. 并发症		√	
5. 辅助检查		√	
6. 诊断与鉴别诊断			√
7. 治疗		√	
8. 预防			√
（四）水痘			
1. 病原学		√	
2. 流行病学	√		
3. 发病机制		√	
4. 病理改变		√	
5. 临床表现			√
6. 并发症		√	
7. 辅助检查	√		
8. 诊断与鉴别诊断		√	
9. 治疗			√
10. 预防			√
（五）猩红热			
1. 病原学		√	
2. 流行病学		√	
3. 发病机制	√		
4. 病理改变	√		
5. 临床表现			√
6. 并发症		√	
7. 辅助检查		√	
8. 诊断与鉴别诊断			√
9. 治疗		√	
10. 预防		√	
（六）细菌性痢疾			
1. 病原学		√	
2. 流行病学		√	
3. 发病机制与病理改变	√		
4. 临床表现			√
5. 辅助检查		√	
6. 诊断与鉴别诊断		√	
7. 治疗			√
8. 预防			√

续表

教学内容	教学要求			教学内容	教学要求		
	了解	理解	掌握		了解	理解	掌握
（七）寄生虫病				3. 辅助检查	√		
1.蛔虫病				4. 诊断与鉴别诊断		√	
（1）病原学		√		5. 治疗		√	
（2）流行病学	√			6. 预防	√		
（3）发病机制	√			（四）风湿热			
（4）临床表现			√	1. 病因与发病机制	√		
（5）并发症		√		2. 临床表现			√
（6）辅助检查		√		3. 辅助检查		√	
（7）诊断与鉴别诊断			√	4. 诊断与鉴别诊断			√
（8）治疗			√	5. 治疗		√	
（9）预防			√	6. 预防		√	
2. 蛲虫病				十三、内分泌及代谢性疾病			
（1）病原学		√		（一）先天性甲状腺功能减低症			
（2）流行病学	√			1. 甲状腺的解剖与病理生理		√	
（3）发病机制	√			2. 病因及分类	√		
（4）临床表现			√	3. 临床表现			√
（5）辅助检查		√		4. 辅助检查	√		
（6）诊断			√	5. 诊断与鉴别诊断		√	
（7）治疗			√	6. 治疗			√
（8）预防			√	（二）苯丙酮尿症			
十二、免疫性疾病				1. 病因与发病机制	√		
（一）支气管哮喘				2. 临床表现			√
1. 病因与发病机制	√			3. 辅助检查	√		
2. 临床表现			√	4. 诊断		√	
3. 辅助检查		√		5. 治疗			√
4. 诊断与鉴别诊断			√	6. 预防	√		
5. 治疗		√		（三）儿童糖尿病			
6. 预防			√	1. 病因	√		
（二）过敏性紫癜				2. 发病机制		√	
1. 病因与发病机制	√			3. 临床表现			√
2. 临床表现			√	4. 辅助检查	√		
3. 辅助检查		√		5. 诊断与鉴别诊断		√	
4. 诊断与鉴别诊断		√		6. 预治原则			√
5. 治疗		√		（四）21-三体综合征			
6. 预防	√			1. 病因	√		
（三）皮肤黏膜淋巴结综合征				2. 临床表现			√
1. 病因与发病机制	√			3. 辅助检查		√	
2. 临床表现			√	4. 诊断与鉴别诊断		√	

续表

教学内容	教学要求			教学内容	教学要求		
	了解	理解	掌握		了解	理解	掌握
5.并发症	√			4. 辅助检查	√		
6. 治疗		√		5. 诊断		√	
7. 预防	√			6. 治疗			√
8. 预后	√			（四）急性呼吸衰竭			
十四、儿科急症				1. 病因		√	
（一）小儿惊厥				2. 发病机制	√		
1. 病因	√			3. 临床表现			√
2. 临床表现			√	4. 辅助检查		√	
3. 并发症		√		5. 诊断		√	
4. 辅助检查	√			6. 治疗			√
5. 诊断		√		（五）急性肾衰竭			
6. 治疗			√	1. 病因		√	
7. 预防			√	2. 发病机制	√		
（二）急性颅内压增高				3. 临床表现			√
1. 病因		√		4. 辅助检查		√	
2. 发病机制	√			5. 诊断与鉴别诊断		√	
3. 临床表现			√	6. 治疗			√
4. 辅助检查	√			（六）心跳呼吸骤停与心肺复苏			
5. 诊断		√		1. 病因		√	
6. 治疗			√	2. 发病机制	√		
（三）充血性心力衰竭				3. 临床表现			√
1. 病因		√		4. 辅助检查		√	
2. 发病机制	√			5. 诊断		√	
3. 临床表现			√	6. 治疗			√

实践模块

序号	教学内容	教学要求		
		初步学会	学会	熟练
二	儿科基础		√	
五	消化系统疾病			√
六	呼吸系统疾病			√
七	循环系统疾病		√	
八	泌尿系统疾病			√
十二	儿科急症		√	

选学模块

序号	教学内容	教学要求		
		会	理解	掌握
四	小儿单纯性肥胖		√	
七	风湿热	√		
九	急性白血病	√		
十	注意缺陷障碍（伴多动）	√		
十	病毒性脑炎	√		
十一	感染性疾病		√	
十二	儿童糖尿病	√		

学时分配（56学时）

序号	教学内容	学时数		
		理论	实践	合计
1	绪论	1		1
2	儿科基础	4	2	6
3	新生儿与新生儿疾病	5	1	6
4	营养性疾病	2	1	3
5	消化系统疾病	4	1	5
6	呼吸系统疾病	3	1	4
7	循环系统疾病	3	1	4
8	泌尿系统疾病	3	1	4
9	造血系统疾病	2	1	3
10	神经系统疾病	2		2
11	感染性疾病	4	1	5
12	免疫性疾病	3	1	4
13	内分泌及代谢性疾病	2		2
14	儿科急症	4	1	5
	机动	2		2
	总计	44	12	56

目标检测答案

第 1 章　绪论

一、A1 型题：1.D　2.D　3.E　4.B　5.C

二、B1 型题：6.A　7.B　8.C

第 2 章　儿科基础

一、A1 型题：1. A　2. C　3. E　4. C　5. B　6. A　7. B　8. C　9. C　10. B　11. E　12. C　13. A　14. E　15. D　16. C　17. B　18. D

二、A2 型题：19. E　20. C　21. C　22. B

三、A3 型题：23. D　24. B　25. C

四、B 型题：26. B　27. E　28. C　29. A　30. C

第 3 章　新生儿与新生儿疾病

一、A1 型题：1. D　2.E　3.C　4.B　5.A　6.D　7.D　8.D　9.B　10.D　11.C　12.C　13.D　14.C　15.D　16.E　17.C　18.A　19.D　20.C　21. C　22.C　23.B　24.C　25.B　26.A　27.C　28.D　29.B　30.C

二、A2 型题：31.D　32.C　33.C　34.A　35.D　36.B　37.E　38.D　39.C

三、A3 型题：40.D　41.B　42.D　43.A　44.E　45.D　46.B　47.C　48.D　49.B　50.E

四、B1 型题：51.B　52.A　53.D　54.A　55.B　56.A　57.C　58.D

五、X 型题：59.ABC　60.BCDE　61.ACDE　62.ABCD　63.ABCE

第 4 章　营养性疾病

一、A1 型题：1. D　2. E　3. B　4. C　5. A　6. A　7. D　8. C　9. A　10. E　11. A　12. B　13. E　14. B　15. E　16. B　17. E

二、A2 型题：　18. C　19. C　20. B　21. B　22. E　23. E　24. E　25. C　26. A

三、A3/A4 型题：　27. C　28. E　29. C　30. E　31. D　32. B　33. E　34. A

四、B1 型题：　35. C　36. E　37. A　38. D　39. B

第 5 章　消化系统疾病

一、A1 型题：1.C　2.E　3.E　4.D　5.A　6.C　7.A　8.B　9.E　10.A　11.B

二、A2 型题：12.E　13.C　14.A

三、A3 型题：15.C　16.B

四、A4 型题：17.D　18.A　19.E　20.C

五、B1 型题：21.B　22.E　23.A　24.D

第 6 章　呼吸系统疾病

一、A1 型题：1. E　2.B　3.D　4.E　5.E　6.D　7.A　8.D　9.D　10.E　11.C

二、A2 型题：12.D　13.B　14.D　15.D　16.B　17.D　18.C　19.C

三、A3 型题：20.D　21.A　22.B　23.D　24.A　25.B　26.D　27.C　28. C　29.A

四、A4 型题：30.C　31.A　32.E　33.D

第 7 章　循环系统疾病

一、A1 型题：1.A　2.C　3.D　4.B　5.A　6.B　7.C　8.D　9.E　10.C　11.D　12.C　13.C　14.E

二、A2 型题：15.C　16.D　17.D　18.C　19.E　20.D

三、A3 型题：21.C　22.E　23.C　24.B　25.C　26.B

四、B1 型题：27.A　28.C　29.E　30.A　31.D　32.E　33.B　34.C　35.A　36.C　37.A

五、X 型题：38.ABD　39.ABC　40.ABC　41.ACE　42.ABC

第 8 章　泌尿系统疾病

一、A1 型题：1.B　2.B　3.D　4.A　5.D　6.C　7.A　8.A　9.E　10.D　11.E　12.B　13.B　14.D　15.E

二、A2 型题：16.B　17.A　18.B　19.D　20.D　21.A　22.B　23.A　24.C　25.B　26. D　27.D

三、A3 型题：28.C　29.C　30.D　31.C　32.B　33.C　34.E

四、A4 型题：35.A　36.E　37.B　38.E　39.C　40.A

第 9 章　造血系统疾病

一、A1 型题：1.B　2.C　3.B　4.C　5.A　6.B　7.B　8.B　9. C　10. C　11. A　12. A　13. B　14. B　15. D　16. B　17. B　18. D　19. B　20. A　21. E　22. A　23. B　24. C

二、A2 型题：　25.C　26.C　27.B　28.B　29. E　30. D　31. B　32. C　33. A

三、A3/ A4 型题：　34.C　35.C　36.D　37.E　38.E　39.B　40.E　41.C　42. B　43. A　44. C　45. B　46. B　47. E

四、B 型题　48.B　49.C　50.E　51. D　52.B　53.A

第 10 章　神经系统疾病

一、A1 型题：1.D　2.A　3.D　4.A　5.B　6.A　7.B　8.D　9.D　10.D　11. A　12.E　13.B　14.C　15.E　16.E

二、A2 型题：17.D　18.D　19.C　20.D　21.D　22.A

三、A3 型题：23.C　24.E　25.C　26. C　27.B　28.C　29.B　30.D

第 11 章　感染性疾病

一、A1 型题：1.E　2.B　3.C　4.D　5.D　6.C　7.B　8.E　9.E　10.E　11. A　12.C　13.D

二、A2 型题：14. A　15.A　16.B　17.B　18.E　19.D　20.A

三、A3 型题：21.A　22.A　23.B　24.A　25.C　26.E　27.C　28.D　29.C　30. D　31.D　32.D　33.E　34.C　35.C　36.A　37.D　38.A　39.E　40. E　41.C　42.D　43.D　44.D　45.D　46.A　47.A　48.C　49.E　50.A

第 12 章　免疫性疾病

一、A1 型题：1.C　2.B　3.D　4.D　5.C　6.E　7.A　8.D　9.C　10.C　11.C　12.A　13.E　14.C　15.A　16.B　17.A

二、A2 型题：18.E　19.A　20.A　21.D　22.E　23.C

三、A3 型题：24.D　25.C　26.A

四、A4 型题：27.E　28.C　29.E

五、B1 型题：　30.C　31.A　32.B

六、X 型题：33.ABCE　34.ABCD　35.ACDE　36.CDE　37.ABCE　38.ABC　39.ABCE　40.BDE　41.AE

第 13 章　内分泌及代谢性疾病

一、A1 型题：1. E　2. A　3. C　4. E　5. B　6. C　7. D　8. E　9. B　10. C　11. A　12. C　13. C　14. C　15. C　16. D　17. E　18. B　19. B　20. C　21. E　22. E　23. E　24. C　25. B　26. A　27. A　28. A　29. B　30. D　31. B　32. E　33. B　34. D　35. A　36. A　37. C 38. E

二、A2 型题：39. E　40. A　41. C　42. D　43. E　44. D　45. D　46. C　47. C　48. C　49. C　50. D　51. D　52. C　53. A　54. A

三、A3 型题：55. D　56. D　57. C　58. A　59. E　60. E　61. B　62. A　63. D　64. C　65. C　66. C　67. A　68. B　69. B

四、B1 型题：70. B　71. C　72. A　73. E　74. C　75. E　76. A　77. A　78. E　79. C　80. D　81. D　82. B　83.A　84.C　85.E

第 14 章　儿科急症

一、A1 型题：1. B　2. E　3. A　4. A　5. C　6. B　7.D　8.E　9.E　10.C　11.C　12.C　13.C　14.A　15.C　16.A　17.D　18.E　19.C

二、A2 型题：20.A　21.C　22.D

三、A3 型题：23.B　24.C　25.B　26.B

四、B1 型题：27.B　28.A